常德市工商行政管理志

（1989—2012）

常德市地方志编纂委员会
常德市工商行政管理局　编

方志出版社
Publishing House of Local Records

图书在版编目（CIP）数据

常德市工商行政管理志. 1989～2012 / 常德市地方志编纂委员会，常德市工商行政管理局编. -- 北京 ：方志出版社，2015.8
ISBN 978-7-5144-1672-5

Ⅰ. ①常… Ⅱ. ①常… ②常… Ⅲ. ①工商行政管理—概况—常德市—1989～2012 Ⅳ. ①F203.9

中国版本图书馆CIP数据核字(2015)第20349号

常德市工商行政管理志（1989—2012）

编　　者： 常德市地方志编纂委员会　常德市工商行政管理局
责任编辑： 罗　滔
出 版 人： 冀祥德
出 版 者： 方志出版社
地址　北京市朝阳区潘家园东里9号（国家方志馆4层）
邮编　100021
网址　http://www.fzph.org
发　　行： 方志出版社发行中心
电话（010）67110500
经　　销： 各地新华书店
印　　刷： 常德市湘北彩印厂　　0736-7187272
开　　本： 889×1194　　1/16
印　　张： 42
字　　数： 899 千字
版　　次： 2015 年 8月第 1 版　2015年8 月第 1 次印刷
印　　数： 001～800 册

ISBN 978-7-5144-1672-5　　**定价：** 200.00 元

常德市地方志编纂委员会

顾　　问　王　群　徐正宪　刘　明　李爱国

主　　任　周德睿

副 主 任　朱水平　黄清宇　陈　华　吉荣华

委　　员　周代惠　涂碧波　王兴钊　沈　跃　朱　明　任克勤

李百艳　胡以军　汤祚国　诸戈文　马　慧　唐子钧

龚美爱　曾　勇　尹正锡　张运华　刘建跃　杨成英

戴君耀　向美华　黄云新　向才焰　涂贤春　黄修林

洪振海　张克武　张国政　刘新华　伍彩霞　郑家火

覃志云　张亦贤　夏国祥　刘李波　陈集群　周华辉

《常德市工商行政管理志(1989—2012)》编修工作领导小组

组　　长　胡祖国

副 组 长　周发仁　晏丰儒　徐巨波　刘从宏　曾　遥　欧阳平安

屠家云

成　　员　李明秋　王　平　王伯仲　金忠辉　徐晓斌　杨明智

胡荣山　侯红华　潘绪庆　李学军　曾拥军　陈　杰

刘绍清　廖毅军　周理峰　陈　红　盛咏梅　罗劲军

胡志红　青　松　杜　平　孙振清　徐剑波　钟　敏

徐　红　向绪军　孙超云　杜红波　罗会刚　彭贤琼

周平安　胡　波　詹国华　张维登　刘家瑛　葛湘红

《常德市工商行政管理志(1989-2012)》编修人员

主　　编　胡祖国

副 主 编　周发仁　晏丰儒　徐巨波　刘从宏　曾　遥
　　　　　欧阳平安(常务)

执行主编　周明安

执行副主编　熊全广　童芳清

总　　纂　周明安

编　　辑　屠家云　熊全广　李明建　童芳清　岳彦臣　曾思远
　　　　　肖庆华　杨　兵　李文生　鲁敬军　李文献　徐隆广
　　　　　徐庭新　夏治金　张雪平　陆仁民　谢建新　苏　军

目录英文编辑　袁　妮

《常德市工商行政管理志(1989—2012)》编修工作领导小组办公室

主　　任　周明安

成　　员　屠家云　熊全广　李明建　童芳清　曾思远

《常德市工商行政管理志(1989—2012)》审稿验收人员

刘李波　周华辉　葛　锐　周　波　丁兴宇
程　关　刘锦章　蒯　甜　孟　韵

常德市工商行政管理局机关办公楼位于常德市武陵区武陵大道248号，始建于2002年，2003年竣工，土地面积8189.23平方米，建筑面积8271.18平方米，总投资2481.22万元

不断发展壮大的工商行政管理队伍

截至2012年底，全市工商系统共有干部职工2441人，其中在职1761人，
市工商局机关有干部职工170人，其中在职134人，离退休人员36人

人员680人；中共党员1099人；本科以上学历的558人，大专以上学历的1371人；

2007年2月11日，国家工商总局局长周伯华（左一）在湖南省政府副省长郭开朗，省工商局局长张汉良、副局长刘尧臣，市领导武吉海、陈君文、刘明、杨先平、李爱国、徐超文及市工商局局长邓毅等陪同下，深入汉寿县考察农村食品安全监管工作。图为周伯华局长视察汉寿县工商局太子庙工商所时与所长夏新波亲切交谈

2011年4月6日，全国政协常委、经济委员会副主任、原国家工商总局局长王众孚（左六）在省工商局副局长强国跃、市政府副市长沈习森、市政协副主席韦绍斌、市工商局局长胡祖国等陪同下，到常德视察调研经济与旅游市场监管工作

1995年5月18日，国家工商局副局长杨培青（前排右五）在省工商局局长欧阳松、市人大常委会副主任肖有志、临澧县委书记刘春林、市工商局局长滕国华等陪同下到临澧县考察调研，并与相关人员合影留念

2004年5月16日，国家工商总局副局长甘国屏（右二）在省工商局副局长刘尧臣、市政府秘书长叶培明及市工商局局长黄腊喜陪同下调研常德市工商行政管理工作。图为甘国屏考察市消费者委员会

2007年9月10日，国家工商总局副局长刘凡（左一）在省政府党组成员刘力伟、省工商局副局长刘尧臣、市政府副市长徐超文、市工商局局长胡祖国等陪同下，考察常德市商品质量及食品安全监管工作。图为刘凡考察甘露寺蔬菜批发市场

2009年11月18日，中纪委驻国家工商总局纪检组组长石见元（左四）在省工商局纪检组长于云彩、市工商局局长胡祖国等陪同下，考察调研工商机关党风廉政建设工作，并与市工商局部分负责人合影留念

2008年7月18日，湖南省政府副省长刘力伟（左六）在省工商局局长刘国湘、市委副书记曹国儒、副市长李爱国及市工商局局长胡祖国等陪同下，考察常德市无传销社区创建工作

2010年9月29日，国家工商总局副局长钟攸平（左三）在省工商局局长刘国湘、副局长鲁先华，市领导罗宏全以及市工商局局长胡祖国等陪同下考察常德市工商行政管理工作。图为钟攸平在市工商局“12315”指挥中心考察

2012年11月15日，湖南省政府副省长盛茂林（左五）在省政府副秘书长谈敬纯，省人大教科文卫副主任委员万伏秀，市政府市长陈文浩，省工商局局长李金东、副局长阳芳华等陪同下，考察调研常德市流通领域食品安全电子监管工作。图为盛茂林在鼎城区工商局玉霞工商所考察

2006年7月6日，省工商局党组书记、局长张汉良（右三）率省局人教处、法制处、财务处、办公室等有关处（室）负责人对市工商局工作情况进行检查和调研。图为张汉良考察市工商局信息中心

2008年10月21日，省工商局局长刘国湘（右六）在市政府副秘书长马麦秋、市工商局局长胡祖国陪同下，到武陵分局机关及城南工商所检查工商市场管理费、个体管理费停收和预收款退还工作

2012年10月19日，省工商局局长李金冬（右九）到常德调研流通领域食品安全监管工作。图为李金冬在鼎城区工商局辖区内现场观看工商干部操作该局自行研发的流通领域食品安全电子监管系统

受理消费举报投诉

销毁假冒

进行食品快速检测

全市各级工商机关加强市场监
维护了市场经济秩序

开展“红盾护农”行动

查处传销案件

商品现场

依法查处各类违法、违章案件，有效

捣毁地沟油黑作坊

强化超市食品安全监管

加强成品油市场监管

取缔“黑网吧”

全市工商系统拔河比赛

举办全市工商系统第一届篮球运动会

举行综合知识辩论赛

全市工商系统歌咏比赛

工商行政管理人员书画作品

举办“红盾杯”健美操赛

第一届“红盾杯”运动会开幕式

红盾之春文艺晚会

队伍队列会操表演

全市工商系统加强队伍及工商文化建设，不断提高队伍凝聚力及整体素质，为工商事业全面发展提供坚强组织保障

市工商局开通“登记绿色通道”，支持国有、集体企业改革发展

为企业发展出谋划策

全市各级工商行政管理机关围绕地方党委、政府中心工作，加大市场主体服务力度，促进经济社会快速、健康、持续发展

服务农民专业合作社发展

开展农村经纪人培训

搭建银企融资签约平台

服务商标品牌建设

全市工商系统加强基层基础建设，有效提升市场监管效能，促进工商职能到位

数据网络中心

基层工商行政管理所

工商执法车辆

食品检测车

市工商局省特级档案室

工商执法船

常德市工商行政管理局现任领导班子：局长胡祖国（左三），副局长晏丰儒（右三）、徐巨波（左二）、刘从宏（右二）、曾遥（左一），纪检组长欧阳平安（右一）

《常德市工商行政管理志》编辑部人员。左起：周明安、熊全广、屠家云、李明建、童芳清、曾思远

序

胡祖国

《常德市工商行政管理志》在全市工商系统干部职工及全体编纂人员共同努力下编修出版了，这是常德工商系统的大喜事，也是常德市工商文化建设的一项重要成果。

回首24年不懈开拓的奋斗历程，常德市工商行政管理局在中共常德市委、市人民政府和湖南省工商行政管理局领导下，经过全体工商行政管理人员实践探索、艰苦创业，工商行政管理在全市经济社会生活中的地位和作用发生了根本性变化，随着工商行政管理职能不断变化，工商部门在打击投机倒把过程中艰难发展，在扶持个体私营经济过程中壮大成长，在培育商品交易市场过程中辉煌蜕变，特别在建立社会主义市场经济体制后，各级党委、政府对工商行政管理工作日益重视，工商行政管理工作步入蓬勃发展的黄金期，工商行政管理机构职能得以拓展，队伍素质不断提升，执法力度明显加强，已成为维护市场秩序、促进经济发展的重要力量，自身建设硕果累累，服务发展成就辉煌。

一是坚持依法行政、恪尽职守，在维护市场经济秩序中担当重任。加强反垄断与反不正当竞争执法、广告管理、商标专用权保护、重要商品市场监管等工作，强化对不同时期扰乱市场秩序行为的各项整治，先后集中开展打假治劣、维护流通环节食品安全、取缔黑网吧、打击传销、治理商业贿赂等专项整治行动，有力地促进市场秩序好转。

二是坚持立足本职、服务大局，在促进经济社会又好又快发展中倾注全力。20世纪80年代至90年代初，市、县两级工商行政管理机关在当地党委、政府领导下，积极参与培育建设城乡集贸市场，为繁荣市场、活跃经济发挥重要作用。积极支持国有、集体企业改制、改组和改革，大力促进个体私营经济和外商投资企业健康发展。同时，认真落实国家调整经济结构、转变发展方式的方针政策，严把市场主体准入关，依法做好产能过剩、技术落后、破坏资源、污染环境等企业变更登记和注销登记工作，坚决查处取缔无照经营，为各类市场主体营造良好发展环境。大力推进社会主义新农村建设，充分发挥职能作用，不断完善"红盾护农、经纪活农、合同帮农、商标富农、权益保农、政策惠农、市场助农"工作机制，有力地推动农村增产、农业增效和农民增收。全力服务中心工作，主动配合、积极参与城市创建活动及社会治安综合治理，对口开展农村扶贫帮困等工作，大力促进经济社会协调发展。

三是坚持以人为本、关注民生，在维护社会和谐稳定中积极作为。充分发挥职能作用，以培育健康的消费理念为重点，深入开展消费教育，以推进"12315"行政执法体系建设为抓手，促进建立消费维权新体系，强化商品和服务领域消费维权。积极落实优惠政策，鼓励、扶持下岗失业人员和大学毕业生从事个体私营经济，自主创业，自谋职业。大力支持发展劳动密集型产业和服务业，多渠道增加就业岗位。

四是坚持改革创新、科学定位，在完善市场监管体制机制中不断探索。在市委、市政府正确领导和各地党委、政府关心支持下，工商行政管理体制机制改革稳步推进，历经多次机构改革，逐步确立工商部门市场监管和行政执法职能定位，形成从市工商局到基层工商所三级贯通、运转协调的分层管理体制，建立布局合理、管理规范的基层监管执法体系，实现由驻场制监管向巡查制模式转变，由静态管理向动态的综合监管转变，由监管型工商向服务型工商转变，由传统型向现代化转变。特别是实行省以下垂直管理体制后，全市工商系统按照建设法治政府、服务政府、责任政府、效能政府要求，切实转变政府职能，加快了法治工商、信用工商、信息工商建设步伐，增强执法的统一性、权威性和有效性。同时，不断探索市场监管方式创新，在全系统推进信用分类监管、商品市场准入制度、“12315”行政执法体系建设等一系列行之有效的市场监管制度改革，促进工商行政管理新体制建立和完善。

五是坚持科学管理、多措并举，在打造一流工商行政管理队伍上成效显著。24 年来，通过坚持不懈强化教育培训，大力加强党风廉政建设，强力推进用人机制创新，努力建设一支“政治、业务、作风”三过硬的工商行政管理队伍，工商行政管理队伍政治素质明显提高，业务能力明显增强，工作作风明显改进，执法形象明显改善，在人民群众心目中的地位不断提升，已成为维护市场秩序的坚强卫士、促进经济社会发展的重要力量。

《常德市工商行政管理志》真实记载了常德市 1989 年以来工商行政管理工作历程，记录了 24 年来常德工商行政管理机构演变，展示了常德工商人栉风沐雨、艰苦创业动人风采，既是一部思想性、资料性、时代性都很强的历史工具书，也是一部工商行政管理业务知识的优秀教材。盛世修志，修志目的在于用志。衷心希望全市广大工商行政管理人员熟读、用好《常德市工商行政管理志》，坚持以科学发展观统领工商行政管理工作全局，大力加强工商行政管理效能建设，为创业富民、创新发展，早日建成“现代常德，幸福家园”做出新的更大贡献。

2015 年 8 月

（作者系常德市工商行政管理局党组书记、局长）

凡　例

一、本志以马克思列宁主义、毛泽东思想、邓小平理论和“三个代表”重要思想为指导，深入贯彻落实科学发展观，坚持辩证唯物主义和历史唯物主义，实事求是地记述常德市工商行政管理事业历史与现状。

二、本志记述时限上承《常德地区志·工商行政管理志》之下限1989年，下迄2012年。为有助于记述事物的完整性，个别章节适当上溯及下延。

三、本志体例和行文，均按中国地方志指导小组制定的《地方志书质量规定》《〈湖南省志〉编写行文通则》和《常德市志书编纂工作细则》执行。组织机构和领导人职务，一律采用当时使用的称谓。

四、机构中领导成员名录，以该单位党政正职的任期为一时间区段。

五、本志采用述、记、志、图、表、录等体裁，以志为主体，随文插入图片，力求图文并茂。记述采用语体文，记述体。本志编纂主要按工商部门主要职能归类后设篇，横排门类，纵述史实。篇下设章、节、目，辅之以子目。各篇及部分章下设无题述，概括提示要点。区县(市)工商局、分局工商行政管理工作概要独立设篇。

六、本志资料主要来源于市工商局档案室和机关各科室，少数取自常德市档案馆、湖南省工商局档案室、区县(市)工商局、分局档案室及有关单位编印的资料、书刊等。采用的统计数字以统计部门公布的为准；非统计部门管理的，采用工商系统统计数据。

七、本志对有关法律、法规、文件、机关等名称表述，首次出现时使用全称，其后一般用简称，如《中华人民共和国公司法》简称《公司法》;“中国共产党常德市委员会”简称“市委”;“常德市人民政府”简称“市政府”。

八、本志工商行政管理机构及挂靠社团组织称谓,依工商系统行文习惯表述,如“湖南省工商行政管理局”简称为“省工商局”,“常德市工商行政管理局”简称为“市工商局”。国家工商行政管理局,以2001年4月30日为界,之前称“国家工商局”,之后称“国家工商总局”。市工商局、区县(市)工商局(分局)一般简称“市、县工商局”;区县(市)工商局(分局)一般简称“县级工商局”;消费者委员会简称“消委”;个体劳动者协会简称“个协”;私营企业协会简称“私协”;个体劳动者私营企业协会简称“个私协”。

目 录

第二篇　市场主体准入与监管

第三篇　市场经济秩序管理

第四篇 服务社会经济发展

第五篇　法制建设

第六篇　县级工商局工作概要

附　录

CONTENTS

Market Access and Supervision & Administration

Market Economic Order Management

Suporting Economic and Social Development

Legal Construction

General Tasks for County-level Administration of Industry and Commerce

Appendix

概　述

一

常德市位于湖南省西北部，东滨洞庭，南通长沙，西连川黔，北邻鄂西，史称“黔川咽喉，云贵门户”，全市总面积1.8万平方公里，辖两区六县一市四管理区，总人口623万人，是湘西北的交通枢纽、能源基地和经济文化中心。常德历史悠久，人杰地灵，文化底蕴深厚，人文历史可以追溯到6000多年前，是中国农耕文化和道德文化的发祥地。早在2000多年前的秦汉时期，就已筑城设郡，是湘楚文化的摇篮之一。屈原、宋玉、陶渊明、刘禹锡等先贤曾在此留下许多名篇佳作；林修梅、蒋翊武、宋教仁、刘复基等近现代仁人志士在这里孕育成长，新中国的开国元勋林伯渠、文学家丁玲、史学家翦伯赞也诞生在这块热土上。常德交通便捷，是湖南省除长沙之外同时拥有水陆空立体交通网络的城市，有六条已建、在建和计划建设的高速公路在常德交汇，是全国公路交通运输枢纽城市之一。开通了直达北京、上海、广州、昆明、重庆等城市的航班。是湖南省重要的火电和水电基地，总装机容量250万千瓦。外向型经济服务机构健全，海关、商检、外汇管理、出口货物联运和外商投诉协调等服务机构齐备。先后被国家有关部门授予“国家卫生城市”“全国文明城市”“中国优秀旅游城市”“国家园林城市”“全国交通管理模范城市”“全国社会治安综合治理先进城市”“全国城市环境综合整治先进城市”“中国魅力城市”等荣誉称号，进入“中国城市生活质量排行榜”50强。

常德市工商行政管理局现辖12个区县(市)工商局、分局，88个工商所；市工商局机关内设17个科(室)、2个直属行政机构、3个事业单位，2个挂靠社团组织。全市工商系统有干部职工2441人，其中在职1761人；市工商局机关有干部职工170人，其中在职134人，负责全市市场监督管理并行使行政执法职能。1989—2012年是中国深化改革、扩大开放和社会主义市场经济体制建立与完善的重要社会转型时期，在这一历史进程中，市工商局依照法律法规和机构改革“三定”(即定职能、定机构、定编制)方案要求，对工商行政管理体制进行一系列重大改革，充分运用法律、法规、政策和行政执法手段，对全市各市场主体及其市场行为进行综合监督管理。1989年，常德撤区建市，将城区工商局改为分局，强化城区工商行政管理统一执法力度；1995年，实行“市场办管脱钩”；2000年，实行省以下工商机关垂直管理，建立起适应社会主义市场经济发展的工商行政管理新体制，进一步加强工商机关执法监管的权威性与统一性；2005年，实行“小局大所”改革，充实基层一线执法力量，拓宽工商所职责权限，促进工商行政管理职能到位；2008年，停征工商市场管理费和个体管理费(以下简称“两费”)，工商部门积极思考和探索职能转变，把工作重点从过往以执收、执罚为重点，转变为依法规范市场秩序，促进经济社会又好又快发展上来。通过上述改革，进一步界定工商机关职能，理顺工商行政管理体制机制，拓宽监督管理领域，创新监督管理方式，提高监督管理层次。工商机关监管领域由低端向高端延伸，监管方式从粗放型向精细型转变，监管方法由突击性、专项性向日常规范型转变，监管手段由传统向现代化转变。这一时期，全市工商系统作为政府主管市场监督管理和行政执法的重要职能部门，任务更加繁重，效能逐步提升，作用日益突出，地位不断提高。

二

20世纪80年代末期以后，全市工商系统按照常德市委、市政府确定的经济发展战略，自觉服从和服务于经济发展大局，以服务发展为第一要务，牢固树立服务理念，促进经济又好又快发展。

立足职能，发挥优势，服务市场主体发展。一是积极支持国有、集体企业改革发展。支持企业改制、改造，组织工商行政管理人员深入企业开展调查研究，帮助企业分析市场形势，热情服务改制企业，提前介入，当好参谋，优先办理登记注册；支持企业通过兼并、联合、重组等形式，组建一批拥有自主知识产权、主业突出、核心能力强的公司和企业集团，增强企业参与市场的竞争能力；支持企业经济结构调整，促进高新技术成果产业化，鼓励企业以高新技术投资入股，实现高新技术成果转化。对调整产业、产品结构的企业及时办理登记手续，对具备条件的企业集团及时审核登记，积极支持股份制试点，帮助企业坚持和完善承包经营责任制；支持企业开拓市场，采取优惠政策，帮助企业进入集贸市场从事经营；帮助企业牵线搭桥，增设销售网点，扩大经营销售网络，提供市场信息，拓宽产品销售渠道，搞活生产经营；适当扩大企业经营范围，组织个体贩运户为国有大中型企业推销产品，主动撤关撤卡，推动货畅其流；利用经济合同仲裁手段，帮助企业清理“三角债”；认真清理“乱检查、乱收费、乱罚款、乱摊派”行为；慎重使用暂停支付银行存款、暂扣物资、强行划拨、停业整顿、吊销营业执照等强制性措施，制止侵犯企业合法权益的行为。二是优质服务外商投资企业发展。全市工商系统认真贯彻国家对外开放政策，坚持“积极、合理、有效”利用外资的方针，在国家法律法规允许的范围内，出台一系列放宽政策、简化程序、降低门槛、提高效率、促进外向型经济发展的政策和措施，以出资和年检为重点，通过推行注册资本催缴制、实缴资本公示制，规范外资企业经营行为，支持外商投资企业加快发展。积极探索利用外资改造国有、集体企业的新途径，引导外资参与公有制企业改组、改制，鼓励外资投向先进制造业、现代服务业、高技术含量生产环节和研发领域，外商投资企业的产业结构日趋合理，非生产型项目得到较好控制，外商投资企业在增加全市经济实力的同时，也带来先进科学技术和管理方法，提升全市对外开放水平，并为经济发展注入新活力。三是全力扶持个体私营经济发展。全市个体私营经济发展在经历了20世纪80年代初期历史性突破后，由于种种原因，出现了1989—1992

年四年“徘徊期”。1992 年以后，由于党和国家的政策扶持，各级党委、政府及工商等相关部门的积极支持，个体私营经济又进入迅猛发展阶段。到 1999 年年底，全市个体工商户达 19.6 万户 43.8 万人，涌现出 100 万元以上注册资金的私营企业 112 家，固定资产过 1000 万元的私营企业 20 家，年创 1000 万元产值的 17 家。个体私营经济在国民经济中所占的比重已形成“三分天下有其一”的格局。进入 21 世纪后，市工商局大力支持个体私营企业做大做强，根据国家有关政策和上级有关精神，出台放宽市场准入条件，实行非禁即入、开辟企业注册登记绿色通道、实行注册登记一站式服务、放宽投资人范围、信用企业免年检制度、帮助企业运用品牌战略开拓市场及申办知名商标、著名商标、驰名商标等一系列措施，为个体私营经济健康发展创造平等市场环境，拓展个体私营经济发展空间，个体私营经济不断上规模、上档次，已成为县级财政收入主要来源，是支撑县域经济的重要力量，并由改革开放初期“拾遗补阙”发展成为社会主义市场经济重要组成部分，成为全市国民经济新的增长点。截至 2012 年年底，全市共有各类市场主体 172047 个，市场主体总量位居全省第三。其中内资企业 3748 家、私营企业 14470 家，企业集团 18 家，外资企业 323 家，个体工商户 152347 户。

转变服务理念，延伸服务职能，提高服务质量。一是实施“品牌战略”。积极引导、扶持企业开展商标注册，争创中国驰名商标、国家地理标志证明商标、湖南省著名商标、常德市知名商标，运用商标战略开拓市场。截至 2012 年年底，全市共有有效注册商标 5759 件，其中，中国驰名商标 16 件，国家地理标志证明商标 6 件，湖南省著名商标 125 件，常德市知名商标 146 件，形成了“芙蓉王”“金健”“心相印”等在国内享有盛誉的著名品牌，不仅促进了经济增长方式转变和产业结构优化，而且在全市经济发展中发挥了带动作用。二是积极扶持广告业发展。改革广告管理体制，取消对广告经营的总量限制，实行广告代理制，培养现代化广告企业。至 2012 年年底，全市广告经营(兼营)单位达 1433 家，对扩大常德企业和产品的知名度，提高市场占有率起到了积极的推动作用。三是积极开展合同帮扶活动。指导企业完善合同管理制度，及时调解、仲裁合同纠纷，帮助企业清理“三角债”、追讨拖欠款；加强合同管理岗位培训，为企业培养大量合同管理人才；充分发挥抵押登记职能，拓宽企业融资渠道；广泛深入开展“守合同、重信用”活动，促进“诚信常德”建设。四是大力实施再就业工程。针对国有企业下岗职工增多等情况，通过分流安置、市场安置、个体安置和私营吸纳四个渠道，安置大量下岗职工；同时，鼓励大中专毕业生，转业、复员军人自主创业，从事个体私营经济，为促进改革、发展、稳定做出了重要贡献。五是服务新农村建设。2003 年以来，全市各级工商机关认真落实市委、市政府工作部署，全力服务新农村建设，大力推进农业产业化。立足登记职能，重点支持发展涉农企业，扶持农民发展专业合作组织，促进农业向专业化、产业化发展；积极实施农产品品牌战略。加强对地方特色名优农产品申请驰名商标、著名商标和地理标志证明商标的指导、推荐和认定工作。以石门柑橘、桃源大叶茶、武陵蔬菜、鼎城茶油及汉寿甲鱼为样板，抓好典型示范，不断壮大农产品知名品牌队伍。认真开展涉农合同帮扶，推进订单农业工作。通过签订订单合同，建立稳定产销关系。积极培育发展农村经纪人。通过提供优质准入服务及举办培训班等形式,不断壮大农村经纪人队伍,逐步提升农村经纪人素质。同时,加强行业自律,查处经纪欺诈行为,不断规范经纪行为。至2012年年底,全市共有农村执业经纪人6228人,实有农民专业合作社1141个。开展“红盾护农”农资打假工作,以整治假劣农药、种子、化肥、农机具及配件为重点,加强农资市场监管,对农资经营主体进行全面清理,严厉打击无照经营及销售假劣农资等违法行为,切实维护农民合法权益。

三

20世纪90年代,全市各级工商机关以打击假冒伪劣、走私贩私、不正当竞争、商标侵权、虚假广告、合同欺诈、侵害消费者权益等违法行为为重点,抓住社会反映的热点问题,及时开展专项整治,加大市场监管执法力度。通过市场主体登记准入与监管,加强对企业出资人出资行为的监督检查,严厉查处虚报注册资金、虚假出资、抽逃出资、虚设住所和法定代表人的行为,坚决取缔无资金、无场地、无人员企业,严厉查处无照经营;通过年检、验照和回访核实登记事项,规范市场主体生产经营行为;通过推行市场巡查制、不作为追究制,提高市场监管的整体水平;通过推行经济合同制,积极引导企业和其他当事人使用国家统一制定的合同文本,加强经济合同鉴证,规范企业签约履约行为;通过加强商标印制管理,帮助企业健全商标使用管理制度,查处商标假冒侵权案件,保护注册商标专用权;通过实行广告管理全面监测和审查制度,加强户外广告管理,打击虚假、违法广告,整顿广告经营秩序。同时,全市各级工商机关按照国务院、省政府和市政府的要求,加强粮食、棉花、蚕茧、农资、成品油、机动车等重要商品市场的管理,维护重要商品的流通秩序。仅1989—1993年间,全市各级工商机关立案查处各类经济违法违章案件5641起,其中大要案件1023起,罚没金额5089万元,挽回经济损失2002万元。1994—1996年间,全市工商系统加大打假治劣力度,出动执法人员3271人次,开展大规模的打假行动366次,捣毁制假窝点53个,查处伪劣案件1295起,罚没金额达295.5万元,查处劣质柴油57吨,假烟7384条,假酒12.3万瓶,劣质酱油4582吨,并公开销毁1585.25万元以上假冒伪劣商品。

工商部门实行省以下垂直管理体制以后,全市各级工商机关充分发挥垂直管理的体制优势,进一步拓宽监管领域,突出重点,标本兼治,深入整顿和规范市场经济秩序。以打击制售假冒伪劣商品特别是食品、药品、农业生产资料等违法行为为重点,开展“打假保节日”“打假保健康”“打假保名牌”“红盾护农”“反误导、打虚假”等专项执法活动,维护消费者权益,促进打假工作纵深发展;以查处商业贿赂为重点,深入开展纠正医药购销及医疗服务中的不正之风;以供电、供水、供气、邮政、通信、交通等与人民群众生活密切相关的公用企业为重点,严厉查处各类限制竞争行为;开展“限塑”专项整治行动,严厉打击传销和变相传销及走私贩私违法行为,开展抗击“非典”及雨雪冰灾期间市场应急管理,抓好禽流感、珠链球菌等重大动物疫病防控,开展“扫黄”、“打非”、“禁毒”和反假币等活动。为应对市场经济和中国加入世贸组织后市场主体多元化、经营方式多样化、营销手段现代化的新变化，市工商局不断创新监管模式，先后推出企业信用分类监管、个体工商户分层分类登记管理和“五无”（即无无照经营、无假冒伪劣、无消费投诉积案、无传销活动、对管区工商干部无举报）监管区创建、“金信工程”建设、商品市场准入制度、“12315”行政执法体系建设等改革措施，对市场主体准入行为、交易行为、竞争行为和退出行为实施全程监管，保护消费者和经营者的合法权益，维护市场秩序和社会稳定。

为适应严峻的食品安全监管新形势，2002 年，市政府启动食品“放心工程”，2009 年 5 月，市工商局成立流通环节食品安全监督管理科，随之，各县级工商局也相继设立了流通环节食品安全监管机构。全市各级工商机关严格食品管理，依法对食品经营者实施流通许可，在流通环节食品经营主体中全面推行进销货“一票通”记录单制度，加快推进“农村食品安全示范店联系点”建设，建立健全食品安全监管协作机制，将工商部门行为上升为政府行为。实施快速检测，斥资 100 万元建立快速检测站，购置了 2 台食品检测车，为各基层工商所配备 100 个食品检测箱。全市工商系统配备兼职食品快速检测员 114 名，采取“工商初检 + 中心检测 + 工商处理”的模式实行流通环节食品质量监管。同时，市工商局按照“源头可控、去向可查、问题可溯、责任可追”的新要求，开发并启动食品安全电子监管系统，极大地提升食品安全监管效能。进一步强化消费维权。1989—2012 年，市工商局建立市、县、所三级“12315”消费维权机构，全市工商系统配齐 106 名专职消费维权人员，配备 70 余台“12315”行政执法车辆。开展“12315”进商场、进市场、进乡镇、进社区、进企业、进学校活动，全市共建立各类维权点 3556 个，构建了一张全方位、立体式的消费维权网络。为全面提升消费维权效能，市工商局向全市消费者承诺：需现场处理消费纠纷的，城区在 15 分钟之内赶到现场，农村第一时间赶赴现场，做到及时妥善化解消费纠纷。在市商业步行街设立维权流动岗，增设流动维权车，工作日实施全天候巡逻值班。自 2009 年 1 月开通“12315”新系统以来，“12315”申诉举报中心共受理消费者来电 42496 件，日均受理量 39 件，为消费者挽回经济损失 666.27 万元。

四

1989 年以后，全市工商系统适应社会经济发展需要，按照“建一处市场、兴一门产业、活一片经济、富一方群众”的思路，采取多种形式，利用不同融资渠道，开展大规模市场建设活动，全市市场建设进入快速发展时期。从 20 世纪 80 年代初开始，全市各级工商机关把建设培育市场作为一项重要工作来抓，充分发挥市场布局规划、培育建设的职能作用，组织动员社会各方面力量，大力兴办市场。1989—1993 年，全市工商系统抓住市场建设第二次高潮来临大好机遇，积极修建和参与修建一批规模大、档次高、服务设施配套的现代化大市场。5 年间，全市工商系统累计投资 1.2 亿元，共修建各类集贸市场 106 个。其中投资 400 万元以上、建筑面积10000平方米以上的各类集贸市场共20个。采取有效措施,加强市场管理,搞活市场流通,集市贸易成交额由1988年的8.6亿元增加到1993年的21.1亿元。其间,全市有常德市桥南、龙港巷市场先后被评为“全国文明市场”,17个市场被评为“全省文明市场”。1992年,省财办、省工商局先后2次在常德市召开市场建设现场会,充分肯定常德市市场建设和管理经验。同时,经过工商部门精心培育、发展,全市生产资料市场和生产要素市场发展迅速,并初具规模。1993—1997年,全市各级工商机关通过加强市场统一规划布局和市场登记管理,加大招商引资力度,扶持和引导大型市场培育,推动各类市场健康发展。集贸市场成交量大幅上升。1994年全市集贸市场成交总额达38.1亿元,比1993年增长75.6%,集市成交额占全市社会商品零售总额的53%;1995年全市集市贸易成交额达到49亿元, 比1994年上升30.3%,1996年全市集市贸易成交额51.08亿元,比上年增加9.2%。这期间市场建设由工商一家投资兴建改为多家投资兴建,吸引越来越多的国有企业、集体企业、乡镇企业、家庭工业商品及农产品进入市场,形成以农产品、工业品市场为依托,采购原料、推销产品,多种经济成分同场竞争、优势互补、共同发展的良好局面。为防止登记重复、混乱,自1994年始,对商品交易市场实施登记管理。截至1996年年底,全市经登记注册的集贸市场已有165个,其中工商部门自办49个,多家投资兴办116个。进入21世纪,全市工商系统积极为政府培育完善市场当好参谋,鼓励发展连锁经营、物流配送、网上交易等现代市场流通方式;放宽对市场开办主体和经营范围的限制,允许符合条件的各类经营主体开办市场;规范市场开办者开办行为和进场经营者经营行为,整顿和规范市场秩序;积极推进农贸市场特别是城市农贸市场和乡镇集贸市场的升级改造,大力促进信息、劳动力、金融等生产要素市场发展;围绕市场秩序、执行政策、市场建设、市场服务、市场卫生等内容,开展规范化文明市场创建活动,积极培育放心市场、无假货市场,树立名牌市场。全市城乡商品交易市场已发展成为大中小结合、专业综合协调、批发零售配合的多层次、多类型、多功能商品流通网络,为配置社会资源、满足居民消费、增加社会就业和税收、促进社会主义市场经济发展发挥了巨大作用。

五

全市各级工商机关大力加强法治工商、干部队伍、工商文化和基层设施建设,不断提高广大干部的政治理论水平、业务素质和监管执法能力,努力改善基层工作、生活条件,为工商事业的发展提供有力保障。

加强“法治工商”建设。牢固树立法制工作是工商工作“生命线”“总抓手”的观念,围绕“坚持依法行政、建设法治工商”目标,以强化执法监督、推进依法行政为统领,以法制工作“一票否决”和行政执法过错责任追究为动力,推行“案件主办人”制度和执法程序程式化、执法文书格式化、执法档案标准化、执法监督流程网络化,实行对执法工作“全领域、全过程和全方位监督”,依法行政水平不断提高。

加强干部队伍建设。全市各级工商机关始终把干部教育培训摆在重要位置，多渠道、多层次地开展干部学历教育；通过多种形式和各种途径，加强干部初任培训、任职培训、更新知识培训、专门业务培训和岗位培训工作，开展“一月学一法”“一月评两案”及岗位资格达标、岗位大练兵等系列活动。同时大胆创新干部选拔任用机制，有效提高广大干部履行岗位职责能力。至2012年年底，全市工商系统78.3%的公务员达到大专以上学历。认真落实党风廉政建设责任制，坚持标本兼治、综合治理、惩防并举、注重预防的方针，努力构建教育、制度、监督并重的惩治和预防腐败体系，在全系统形成责任明确、齐抓共管格局；通过开展廉政教育，进一步筑牢干部职工思想道德防线，增强廉洁从政的自觉性。狠抓国家工商总局“六项禁令”和省工商局“八条禁令”贯彻落实，严肃查纠损害群众利益的不正之风；充分发挥行政效能投诉、“12315”申诉举报中心和社会监督员、行风热线及新闻媒体的监督作用，全面推行政务公开，窗口单位实行“一条龙”办公、“一站式”服务，推行行政许可事项告知“一口清”制度，进一步规范监管执法行为，提高行政效率，树立工商形象，政风行风建设取得明显成效。

加强基层设施建设。市工商局坚持“服务和投入向基层倾斜”，大力推进基层工商所硬件及机制、制度建设。2000年实行垂直管理体制以后，在全系统开展工商所建设改造工程，投入资金1671.05万元，新建和购买工商所26个，投入资金785.32万元，维修改造工商所63个；加大信息化建设力度，认真落实基层工商机关计算机管理和信息联网工作。截至2012年年底，全市工商系统共投资近1000万元建成了覆盖市、县、所三级工商机构的大型局域计算机网络，实现“无纸化”办公，有效提高了基层工商所现代化管理水平，进一步促进了工商职能的全面履行。

加强工商文化建设。全市工商系统不断丰富工商文化，着力增强工商文化的影响力和凝聚力，营造团结和谐工作环境、勤奋向上学习环境、健康活泼文化环境。积极组织和参加各类文体活动，先后在全市工商系统举办登山、羽毛球、乒乓球、篮球、广播操、健美操、田径、歌咏会、法律知识竞赛等活动；为大力倡导全体干部职工参与全民健身，市工商局机关组建了健美操、乒乓球、羽毛球、篮球、登山、棋牌、朗诵7个文体兴趣小组，局领导每人带领一个兴趣小组，定期开展训练活动；同时集中财力，增加活动经费投入，完善硬件设施，建立了乒乓球室、健美操活动中心、文体活动室等，全面调动干部职工运动热情和积极性；积极参加常德市举办的各项文体竞赛活动，并在历届市直机关运动会、常德市春季长跑比赛、常德市职工棋类比赛等竞赛活动中取得良好成绩；坚持不懈开展“学雷锋”活动。成立“学雷锋、三关爱”志愿者服务队，积极参与“博爱满人间”“金秋助学”以及每年组织参加义务献血等社会公益活动，为弱势群体伸出援助之手，传递爱与道义的力量，诠释常德工商人的博爱与善良。截至2012年年底，全市工商系统累计向灾区、扶贫点、社区、学校募捐善款110余万元，衣物2200多件，开展义务劳动、植树活动50余次，全局参加义务献血700余人次，累计献血20万毫升。

24年来，市工商局在市委、市政府及省工商局的坚强领导下，充分发挥职能作用，积极作为，务实创新，各项工作取得显著成绩，先后获得“全国工商系统信息化工作先进单位”“全国全民健身活动先进单位”“全市优秀学习型党组织”“书香机关”等国家、省、市级荣誉400多项。2010年市工商局被省委、省政府授予“省级文明单位”荣誉称号，12个县级工商局中有5个单位被评为“市级文明单位”；2011年市工商局被评为“湖南省人民满意的公务员集体”；在常德市建设人民满意政府相关评选活动中，2009年、2010年，连续2年市工商局获得“十佳人民满意机关”、局长胡祖国获得“十佳人民满意公仆”荣誉称号；2011年、2012年，市工商局连续2年被评为“人民满意标兵单位”；2008—2012年，连续5年获得“全省工商系统绩效考核先进单位”；2012年被省委、省政府授予“湖南省2012届文明标兵单位”称号，2013年，被人力资源和社会保障部、国家工商总局联合授予“全国工商系统先进集体”荣誉称号，2014年，被中央文明委授予“全国文明单位”荣誉称号。

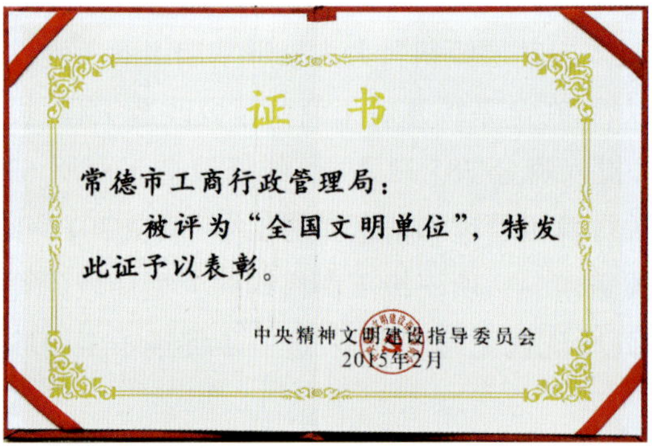

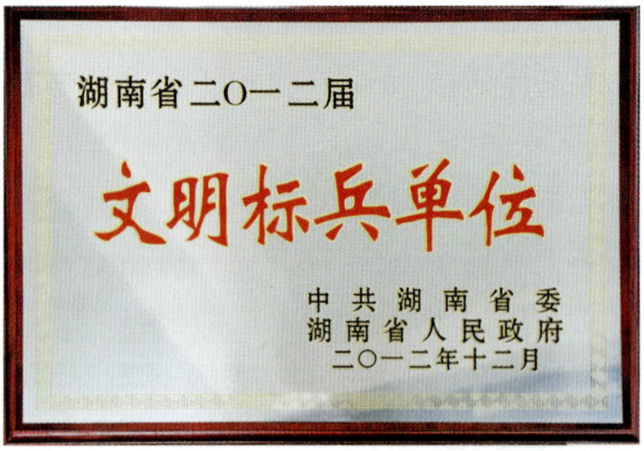

市工商局获得的部分荣誉证书及奖牌

大　事　记

1988 年 8 月，由于常德撤地建市，“常德地区工商行政管理局”更名为“常德市工商行政管理局”。10 月 13 日，根据市委、市政府（常通字〔1988〕11 号）和市委办、市政府办文件（常办发〔1988〕3 号），市编办印发文件（常编发〔1988〕63 号），同意市工商局设立办公室、市场管理科、工商管理科、个体经济管理科、商标广告管理科、经济合同管理科等 5 个科室。9 月 6 日，根据市人大常委会人干字〔1988〕2 号文件，滕国华任常德市工商行政管理局局长。

1989 年

1 月 8 日，慈利县工商局划归大庸市管辖，市工商局领导班子成员到慈利县工商局参加欢送会。

1 月 12 日，依据常编办〔1989〕10 号文件，市工商局增设“常德市直属企业登记管理所”。

3 月，省工商局确定在市工商局设立北京财贸学院常德函授站，招生由省工商局统一管理，行政管理由市工商局负责。

3 月 5 日，市工商局被市委确定为廉政建设试点单位，并按试点单位建设要求制定并完善“两公开，一监督”（即办事制度、办事结果公开，接受群众监督）等 16 项廉政工作制度体系。

3 月 6 日，湖南省委副书记、省政协主席刘正带领部分省政协委员到武陵区龙港巷综合市场考察。

4 月 5 日，市政府财贸办公室、市计划委员会、市商业局、市工商局联合印发常工商〔1989〕15 号文件，确定常德五交化等 45 家企业为彩色电视机专营单位，未被列入专营单位的企业不准经销彩色电视机，违者由工商部门按超经营范围查处。

4 月 8 日，市工商局、市个体劳动者协会联合发出常工商〔1989〕13 号文件，明确个协工作人员工资待遇标准。

5 月 3 日，市工商局在澧县工商局召开全市工商局长会议，会议组织与会人员到华容县工商局考察学习。

5 月 15 日，市工商局撤销常德地区工商局劳动服务公司，人员和业务移交给由市文联主管的常德市广告公司。

5 月 21 日，市工商局在石门县召开商标管理工作现场会，现场会共展出 83 件注册商标图案及商品。

7月25日,湖南省人民政府办公厅印发《关于将省辖市工商局改为市工商局直接领导的分局的通知》(湘政办函〔1989〕173号),明确省辖市区工商局改为市工商局直接领导的分局,实行人财物统一管理,区工商局领导体制变更后,机构不升格,人员不增编,党团组织关系和思想政治工作及精神文明建设由所在地党组织领导。

8月24日,市工商局在临澧县工商局召开全市工商系统大抓基层建设第二次大会,全市工商系统各县级工商局局长和工商所长参加会议,大会进一步明确强化基层基础工作三年目标任务,力争每个工商所达到"五有":有办公室、有宿舍楼、有电话、有交通工具、有小食堂(农村所增加:有猪圈、有菜地及鱼塘)。会议总结交流了1988年全市工商系统第一次基层基础建设大会贯彻落实情况,并对23个文明工商所进行表彰。全市工商系统通过强化基层基础建设,基层工作、生活条件得到很大改善,基层工商行政管理人员工作热情高涨,先进人物不断涌现。

8月29日,市工商局副局长刘锦章带领市工商局政工科、办公室和武陵分局负责人到衡阳市工商局学习分局体制管理经验。

11月2日,常德市人民政府办公室印发常政办通〔1989〕12号文件,明确将"武陵区工商局"更名为"常德市工商行政管理局武陵分局"。

12月,全市工商系统办结合同纠纷案件由1988年的130起增加至1200起,办结数位居全省第二,市工商局被省工商局评为"经济合同管理先进单位"。

12月6日,市工商局、武陵区政府和市、区两级人事、劳动等有关部门办理武陵区工商局交接手续,武陵分局交由市工商局直接管辖。

1990年

1月4日,市工商局启动全市"打击假冒行为,取缔虚假广告"专项行动,专项行动为期4个月,其间,全市工商系统共查处假冒劣质商品277种,销毁假冒商标标识25.73万套,取缔虚假广告450处。

1月10日,市工商局工会委员会成立,陈三桂当选为工会主席,尹利清当选工会副主席。2月12日,市总工会常工组字〔1990〕13号文件批复陈三桂任工会主席,尹利清任工会副主席。

1月13日,市工商局召开全市工商系统1989年度总结表彰大会,会期2天,市工商局党组成员、各县级工商局局长、市工商局机关全体工作人员参加会议,临澧、桃源、汉寿3个县级工商局和19个先进股(所),22个文明集市,46名先进个人,50名六好市管员受到表彰。

1月15日,市工商局企业统计工作获得省工商局单项先进。

2 月 15 日，市编委批复同意市工商局将财务工作从办公室划出，成立财务科。

2 月 25 日，根据市政府常政人〔1990〕7 号文件，任命屠家云为市工商局副局长，免去徐世清市工商局副局长职务。

3 月 1 日，市工商局在桃源县工商局召开全市市场管理工作会议，市、县工商局局长、分管市场管理工作的副局长，各县级工商局市场管理股长参加会议，会议主要任务是研究贯彻省工商局《湖南省城乡集贸市场管理规范》，部署全市城乡集贸市场规范化管理试点工作。

3 月 10 日，市工商局经济检查科配备北京吉普车一台，无线对讲机 34 台用于执法办案。

3 月 26 日，根据常政人〔1990〕9 号文件，李世成任市工商局副局长，免去李继训市工商局副局长职务。

4 月 8 日，市工商局副局长刘锦章带领办公室、合同科负责人前往宜昌参加焦柳、襄渝、成渝铁路沿线 18 市工商局第二次协作会议。会议推介常德市经济合同仲裁办案经验。

4 月 9 日，市工商局副局长李世成带领部分抽调的市场管理专干参加由城管、公安、卫生、工商等单位联合组成的常德市创建文明卫生城市治理整顿办公室，并开展创建日常工作。

4 月 17 日，省工商局在常德市召开企业法人验证管理工作会议，会期 3 天。

4 月 21 日，市工商局按照工资调整有关文件规定，完成局机关干部职工 116 人工资微调。

5 月 24 日，根据中共中央精神，行政机关恢复党组，市委印发常干发〔1990〕81 号文件，批准成立市工商局党组，滕国华任党组书记，刘锦章、李世成、屠家云为党组成员。

同日，市工商局与市物资局召开联席会议，就进一步理顺重要工业品生产资料市场管理问题形成会议纪要，明确市工商局二分局下属旧汽车交易所从当年 7 月 1 日起与市物资贸易中心旧汽车交易所合并为常德市旧汽车交易所。

6 月 18 日，市编办印发常编办直〔1990〕45 号文件，批准原“武陵分局”更名为“常德市工商行政管理局一分局”，“市直市场管理所”更名为“常德市工商行政管理局二分局”。

6 月 22 日，市工商局组织曾在工商部门工作过的 28 名老干部对《常德地区志·工商行政管理志》进行初稿评议，会议收集修改意见 21 条。

6 月 24 日，市工商局组织 45 名干部职工参加市总工会和市体委联合举办的市直机关广播体操比赛，荣获团体总分第一名。

6 月 29 日，经市直机关工委批准，市工商局成立机关党委，下辖 4 个支部，即市工商局机关两个党支部，一分局党总支、二分局党支部，刘锦章任党委书记。

7 月 1 日，市工商局生产资料要素市场管理所挂牌成立。

7 月 2 日，市工商局组织全市工商系统 86 个股（室）负责人、79 个工商所所长及市工商局机关部分干部共 184 人参加《中华人民共和国行政诉讼法》培训学习。

8 月 26 日，全省工商系统人事教育、廉政建设经验交流会在常德市芷园宾馆召开，会期5天。市工商局副局长刘锦章代表常德市工商局作典型发言。

8 月 27 日，市工商局组织人员参加全省工商系统中文打字竞赛获团体第一名。

8 月 28 日，全市个体私营经济工作经验交流大会在桃林宾馆召开，市政府副市长李江出席会议并讲话。

9 月 5 日，市工商局依据常编办直〔1990〕80 号文件，成立法制应诉科、纪检监察室。

10 月 2 日，常德市桥南市场、龙港巷市场被评为“全国文明集市”。

10 月 3 日，市工商局召开征求企业意见座谈会，向企业代表广泛征求工作意见，47 位企业代表参加会议，会上收集工作意见 24 条。

10 月 4 日，市工商局举办为期 1 个月的新招干部职工岗前培训班，系统学习工商法律法规，并进行工商职业道德教育。

10 月 5 日，根据常干发〔1990〕138 号文件，任命邹永忠为市工商局党组成员、纪检组长。

10 月 10—12 日，市个协举办首届“个协杯”象棋赛，汉寿县个协、临澧县个协分别荣获团体冠、亚军。

10 月 13 日，市工商局财务工作通过全市财经纪律检查，经过严格审计检查，市工商局被认定为合格单位。

11 月 8 日，湘鄂边境部分地市工商局协作会议在湖北省沙市市召开，市工商局派代表参加会议。

11 月 10 日，常德市工商行政管理学会第二次代表大会召开，选举产生新的理事会和理事。市工商局局长滕国华当选为学会会长，陈三桂、李吉新当选副会长。

12 月 10 日，市工商局办公室被评为 1990 年度市政府财办系统先进单位，信息工作被市委、市政府评为先进单位。

12 月 15 日，市工商局财务科被评为全省工商系统财务工作先进单位。

同日，市工商局经济合同管理科被评为全省工商系统合同和仲裁工作先进单位。

12 月 31 日，市工商局合同仲裁工作在全省工商系统评比中获得第一名。全市工商系统1990 年度合同仲裁办结 231 起，为企业挽回损失 440 万元，规费及罚没收入共 210 万元。

1991 年

1 月 1 日，国务院颁布的《行政复议条例》实施，至年底，全市工商系统共审理行政复议案件 70 起，其中作出行政复议决定 36 起，自动撤回 5 起，转县级工商局处理 5 起。

1 月 4 日，市工商局副局长李世成被市委指定为市委社教队驻桃源县向家桥乡工作队队长，干部李明建、晏丰儒随同参加社教，历时一年。

1 月 15—18 日，市工商局在公安、标准计量等部门配合下，在全市范围内开展打击假冒伪劣商品专项行动。

1 月 19 日，全省工商系统市场管理工作会议在株洲召开，市工商局副局长李世成、市场管理科科长朱月清、桥南市场管理所所长刘文科参加会议，桥南市场、龙港巷市场管理工作经验受到大会推介。

2 月，根据市政府市长办公会议要求，市工商局完成《常德市集贸市场建设“八五”规划》编制工作，市政府和有关部门对该规划给予充分肯定。

2 月 5 日，根据共青团市直机关工委常直团组〔1991〕4 号文件批复，成立市工商局机关第一届中国共产主义青年团常德市工商行政管理局委员会，由汪望秋、余红武、徐勇、欧阳平安等 4 人组成，汪望秋任团委副书记并主持工作。

2 月 6—8 日，市工商局召开全市工商系统 1990 年度总结表彰暨基层建设经验交流会议。局长滕国华作工作报告，总结 1990 年工作，部署 1991 年工作；副局长刘锦章总结全市工商系统基层建设工作；会议还对 3 个先进县级工商局、29 个文明工商所、31 个文明集市、16 个先进股（室）及 46 名先进个人进行表彰。

3 月 2 日，市工商局组织开展为期 1 个月的《湖南广告十年》资料收集及广告认刊工作，共收集资料 8 份，认刊 39 户，受到省工商局好评。

3 月 23 日，根据市财贸工委常财工字〔1991〕1 号文件批复，成立市工商局第一届妇女委员会，肖淑萍任主任，文慧群任副主任。

4 月 20 日，省工商局在常德市临澧县工商局召开全省经济检查工作现场会，会议推介了常德市工商局经检办案工作经验。

4 月 27 日，为加强城区市场管理，根据市编办常编办直〔1991〕26 号文件，成立常德市市场监督检查大队。

4 月，市工商局完成广告经营单位年检注册工作，并举办广告业务员培训班，换发全国统一广告业务员证 78 个。

5 月 3 日，全省工商行政管理系统办公室工作经验交流会在衡阳市南岳召开，市工商局办公室及临澧、桃源、安乡等县级工商局办公室主任参加会议并作经验交流发言。会上，市工商局办公室被评为全省工商系统办公室工作先进单位。

5 月 4 日，市政府召开全市工业交通工作会议，市工商局局长滕国华在大会上发言，并对支持搞活企业提出了 10 条具体扶持服务措施。

5 月 5 日，市政府财办系统召开支农工作会议，市工商局副局长刘锦章就支持搞活农村经济发言，并提出 10 条支农工作措施。

5 月 15—18 日，襄渝枝柳铁路沿线 18 个城市第三次工商行政管理协作会议在湖北省十堰市召开，市工商局局长滕国华、办公室副主任邵国华、二分局副局长谭建忠参加会议。会上，市工商局作“加强生产资料市场管理，狠抓干部培训”经验交流发言。

5 月 20 日—6 月 20 日，市工商局举办 3 期工商职业道德与纠正行业不正之风学习班，各县级工商局股(所)长及以上干部共269人参加脱产轮训。

6月9日,市工商局与市建设委员会、市建设银行联合印发《常德市加强建筑安装工程承包合同暂行规定》。

6月,市工商局机关及一、二分局清理辞退临时工47名。

7月4日,市工商局组织举办《建筑安装工程合同示范文本》使用方法培训班,全市建筑安装企业负责人共200人参加培训。

7月18—19日,市工商局组织《民事诉讼法》学习研讨班,各县级工商局合同股、法制股股长共20人参加学习研讨。

7月30日,北京财贸学院工商行政管理系常德函授站88级函大班学员经过3年函授学习完成学业,北京财贸学院向113名考试合格学员颁发毕业证书,两名学员颁发结业证书。

7月,常德市遭受百年不遇特大洪灾,市工商局派邹永忠、徐世清等5人到澧县余家台乡参加抗洪抢险,并为受灾群众捐款1万元。

9月7日,市政府召开市长办公会专题研究市工商局关于城区市场建设有关问题,市政府市长蔡长松、副市长李江、市政府办及有关部门负责人共17人参加会议,会议专题讨论研究城区市场建设和经费筹措等问题,形成专题会议纪要并下发各部门。

9月10日,国家商标局局长李续忠到市工商局检查商标印制和商标档案管理工作。

9月16日,根据中共常德市委常委干〔1991〕21号文件,任命徐世清为市工商局党组成员。

10月10日—11月25日,市工商局举办工商所长培训班。各县级工商局基层工商所68名正、副所长参加培训,并按规定完成全部7门课程学习,考试全优率达95%。

10月17—31日,市工商局组织法制科、经检科等机构相关人员组成检查组,在市政府法制办指导下,对各县级工商局执法工作进行检查,市工商局就规范层执法工作在市政府法制工作会议上作典型发言。

12月8日,市工商局机关新建宿舍楼竣工,该宿舍楼建筑面积2400平方米,总投资120万元,共设置30套住房。

12月14日,常德市消费者协会成立,会议通过协会章程。推选87名理事,33名常务理事,11名正、副会长,4名正、副秘书长。聘请市政府常务副市长李江、市人大常委会副主任揭乐田、市政府副市长刘士六为名誉会长,会长由市工商局副局长刘锦章担任。

12月16日,《常德地区志·工商行政管理志》由中国科学出版社出版发行,该志书共设7章18节,计18.5万字,记载了从清代咸丰五年(1855年)至1988年常德市工商行政管理工作133年历史。

12月18日,湘鄂毗邻地区部分地市、县工商行政管理第二次联谊会在常德市召开,湖北省沙市工商局、荆州地区工商局、松滋县工商局、公安县工商局、石首市工商局和湖南省常德市工商局及其所辖的鼎城、澧县、津市等县级工商局代表共48人参加会议。

12月19日，市工商局组织发放新式工商制服，分发服装18558件、帽子4444顶、标志7772副。

12月20日，全市工商企业更换统一注册号码，是年，全市工商系统各级企业登记机关共新登记各类企业2116家，办理各类变更登记2017家、注销登记322个、更换统一注册号码8169家。

12月22日，根据市编办常编办〔1991〕79号文件，“常德市工商行政管理局直属企业登记管理所”更名为“常德市工商行政管理局直属企业监督管理所”。

1992年

1月4日，省工商局召开全省工商系统法制工作会议，市工商局局长滕国华和法制科科长参加会议，大会印发临澧县工商局、澧县工商局、桃源县工商局等47个单位依法行政经验材料。

1月18日，市工商局召开全市工商系统1991年度总结表彰会召开，市工商局局长滕国华作工作报告，会议总结1991年度工作，布置1992年度工作。大会表彰了3个县级工商局、26个工商所、30个文明集市。

2月8日，市工商局局长滕国华带领各县级工商局局长及先进单位、个人代表共15人，参加全省工商系统1991年度工作总结表彰会议。

3月1日，市工商局首次制定《常德市工商系统法制工作考核评分细则》，并以文件形式印发实施。

3月15—20日，市工商局按照市政府要求，制定1992年桃花源游园会市场管理规范，强化马路市场整治。

3月17—20日，市物价局、市财政局分别对全市工商系统收费项目标准和年度罚没收入入库情况进行检查，并认定为合格单位。

4月6日，常德市个体私营经济领导小组成立，市委副书记彭孟芝任组长，市政府副市长洪明祥、市人大常委会副主任蔡汝栋、市政协副主席李明安任副组长，市公安局、市工商局、市税务局、市民政局、市财政局等12个部门为成员单位，领导小组办公室设在市工商局，市工商局副局长刘锦章任办公室主任。

4月9—25日，市工商局统一为全市各县级工商局企业登记机构配置电脑，并建立配套机房，企业营业执照从此采用电脑打印，手写企业营业执照成为历史。

5月2日，市工商局副局长刘锦章带领16名个体管理专干，赴南昌、上饶、义乌、温州、石狮、厦门、汕头、深圳、广州考察个体私营经济发展及管理工作，考察活动历时15天。

5月3日，市政府市长蔡长松考察北站市场一期扩建工程，市工商局局长滕国华等陪同。

5月4日,市政府召开专题会议,研究北站市场农贸区更新改造,计划总投资380万元,资金来源以摊主筹资为主,银行贷款为辅,建设时间要求年底完工,会议同意减免有关税费,市政府市长蔡长松出席会议,市工商局局长滕国华及一分局局长盛德志参加会议。

5月6日,湖北省荆州地区行署有关单位负责人共80人参观常德市龙港巷及北站等市场,市政府副市长李江、杨万柱和市工商局局长滕国华陪同。

6月6日,市工商局副局长刘锦章带领市工商局有关科室人员到四川内江市参加成渝、襄渝、焦柳铁路沿线21城市工商协作会议。

6月10日,市工商局立案查处常德市华湘企业集团公司倒卖烟丝案,涉案烟丝158.2吨,价值570万元,罚款57万元上缴国库。

6月19日,市工商局在津市市工商局召开全市个体私营经济管理工作会议,会议传达省委常委1992年第十六次会议精神,研究加快个体私营经济发展工作。同时,安排部署全市个体工商户新版营业执照换发工作。

6月25日,省工商局在常德市召开全省工商系统市场建设管理现场会,省工商局有关领导出席会议,各地代表参观城区大型市场,省工商局编纂印发《全省市场建设管理现场会资料汇编》,并推介市工商局市场建设及管理经验。

6月27日,市工商局按照市人大常委会要求,组织开展打击"假冒伪劣商品"专项检查及"假冒伪劣商品"集中焚烧活动。

6月29日,市工商局副局长刘锦章前往省工商局参加湖南省纪念《中华人民共和国经济合同法》实施十周年暨"重合同、守信用"企业表彰大会,大会交流推介市工商局"严签约、诚履约、细管理、增活力"等合同监管工作经验。

8月8日,根据市委常发〔1992〕21号文件精神,成立常德市工商行政管理局德山经济开发区分局,确定工商专项事业编制11名,设企业登记股、个体私营经济管理股、经济检查合同股、办公室、市场管理所等"三股一室一所"。

8月9日,市工商局局长滕国华带领有关人员到海南、广东等地参观考察个体私营经济发展和市场建设管理工作。

8月10日,市工商局为迎接全国文明卫生城市检查,按照市委、市政府工作要求,重新修订《市场整治工作方案》,组织大规模市场专项整治行动。

8月11日,市工商局按照市政府指示,组织相关人员调查临澧县工商局佘市工商所非法上路拦车的相关情况,并配合省工商局调查处理该案。之后,全市工商系统自行设置的公路检查站全部撤销。

9月10日,应湖北省荆州地区工商局邀请,常德市工商局副局长刘锦章率领李明建、李玲、崔明参加荆州首届楚文化节活动。

9月18—20日,市工商局举办工商所长培训班,组织工商所长集中学习《工商所初级规范》,交流基层工商行政管理工作经验,研究探讨如何当好工商所长。

10月8日,市工商局举行北站市场一期扩建工程竣工暨试营业入场仪式,市委、市人大、市政府、市政协领导及市工商局、市公安局、市税务局等相关部门负责人参加入场仪式。市工商局副局长李世成致辞,市政府副市长陈德铨讲话。

10月15日,市工商局一分局冻结常德市永安贸易商行财产一案被起诉,市工商局法制科出庭应诉。市工商局在一审败诉后提起上诉,二审胜诉。

10月27日,根据市编办常编直〔1992〕29号文件,批准市工商局设置外商投资企业登记管理科。

12月20—22日,省工商局在市工商局召开经济合同管理工作座谈会。

1993年

1月3日,市政府办明确市城区16处临时“五小”摊担区(小蔬菜摊、小水果摊、小烟酒槟榔摊、小饮食摊、小肉摊)由市工商局监督管理。

1月4—12日,市工商局、市消协开展首次“消费者信得过单位”评选活动,经各级消协推荐、审查、评比,市武陵百货大楼、市交电大厦、澧县兰江百货大楼和县供销大楼4家单位被评为市级“消费者信得过单位”。武陵百货大楼和交电大厦被推选为“湖南省消费者信得过单位”。

1月15日,市编办下发常编直〔1993〕2号文件,批准市工商局“生产资料管理所”更名为“常德市工商行政管理局生产资料管理专业分局”。

2月12日,根据市委常委干〔1993〕24号文件,任命刘锦章为市工商局党组书记,免去滕国华党组书记职务,改任党组副书记,任命吴跃进为市工商局党组成员。

2月20日,市政府办公室印发《关于同意常德市消费者协会更名的批复》,同意“常德市消费者协会”更名为“常德市消费者委员会”。

2月17日,根据市政府常政人〔1993〕3号文件,任命吴跃进为市工商局副局长。

2月22—24日,全市工商系统1992年度总结表彰会议暨工商行政管理工作会议在市工商局召开,临澧县工商局、石门县工商局和市工商局一分局被评为1992年度先进单位,并与全市工商系统24个先进股(所)、8个省级文明集市及28个市级文明集市一同在大会上受到表彰。

4月21—23日,襄渝、成渝、枝柳铁路沿线21城市工商行政管理协作会议在市君蓓宾馆召开,出席会议代表80人,会议确定下届年会在河南平顶山市召开。

4月22日,市工商局局长滕国华参加市政府组织的经贸团赴美国纽约、旧金山等城市考察。

4月23日,国家工商局印发工商企字〔1993〕109号文件,授权市工商局代表国家工商局行使辖区内外商投资企业核准登记及监督管理权。

5月9—23日,市工商局副局长刘锦章率市工商局办公室主任、各县级工商局局长赴东南亚考察。

同月,市工商局副局长屠家云参加省工商局组织的东南亚考察团考察学习。

6月8日,贺家山农场成立工商所,市工商局副局长刘锦章参加授牌仪式。

6月21日,市工商局通过省工商局验收合格,正式行使受理外商投资企业登记注册及监督管理工作。

7月20日,市工商局组织各县级工商局分管个体私营经济监督管理工作副局长及股长在汉寿县召开调研会,分析个体私营经济统计数据下降原因,研究全市个体私营经济加快发展措施。

8月11日,市工商局房改领导小组及办公室成立,市工商局机关及各分局共227名干部职工参加房改。

9月10日,北京财贸学院在山西太原召开函授工作会议,常德市函授站被评为“全国先进函授站”。

10月3日,市工商局按照省工商局、省个协下达的个协工作人员招录计划,开展个协工作人员招录工作并于11月底结束。

10月12日,市工商局依据常编直〔1993〕71号文件,成立常德市商标事务所。事务所职能包括商标设计、商标监测、商标注册、商标续展、商标转让、法律事务、商标异议复审、商标侵权诉讼等。

10月26日,市工商局组织全市工商系统打假成果参加省工商局组织的全省工商系统首届打假成果展览,并荣获一等奖。

11月24日,市政府召开常务会议,会议专题研究发展个体私营经济工作,市工商局副局长刘锦章代表市工商局作专题汇报,提出发展个体私营经济“六个继续,六个重点”思路,即:在继续抓好个体工商户发展的同时,重点抓好私营企业发展;在继续抓好流通服务行业发展的同时,重点抓好生产加工业的发展;在继续抓好工农贸市场建设与管理的同时,重点抓好各类专业批发市场培育与管理;在继续抓好城乡个体私营企业普遍发展的同时,重点围绕城镇抓发展;在继续抓好个体私营企业就地经营的同时,重点抓好在外经营空间拓展;在继续抓好“独资经营企业”发展的同时,重点抓好股份合作私营企业发展,得到市委、市政府肯定。

12月5日,市工商局“畅安”工程工作被市政府评为第二名,在“畅安”工程建设中,市工商局主要负责整顿马路市场,全年共取缔马路市场17处、整顿改造22处。

12月8日,市工商局组织文明市场评比活动,龙港巷市场、桥南市场被评为国家级文明市场。

12月10日,澧县、临澧县、桃源县、安乡县、鼎城区个协被市委、市政府授予“发展个体私营经济先进单位”称号。

12 月 25 日，国家工商局打击走私贩私工作座谈会在常德市桃林宾馆召开，会议组织与会人员参观临澧县工商局、桃源县工商局等打击走私贩私工作先进单位。

12 月 26 日，市工商局干部职工创作的舞蹈《蝶恋花》参加全市“纪念毛泽东同志诞辰 100 周年文艺会演”，获第二名。

12 月 28 日，市工商局注销市工商局机关开办的咨询服务公司及其 3 个服务部。

12 月 30 日，市工商局注册登记探讨无主管部门企业登记注册工作，共登记注册 10 家市直无主管部门企业。

12 月 31 日，市工商局被省工商局评为年度干部教育培训先进单位。是年，市工商局组织基层干部年度岗位培训班 4 期，培训 595 人，累计达 897 人。

1994 年

3 月 3 日，市工商局副局长刘锦章率领全市工商系统个体专干分两批到邵东县考察学习发展个体私营经济工作。

3 月 5 日，常德市广告协会成立，市工商局副局长屠家云任首届会长。

4 月 18 日，市工商局召开职业道德建设动员大会。局长滕国华作动员报告，大会印发查岗、禁赌等八项制度及职业道德建设“十无”标准等资料。

6 月 2 日，市民政局民社团字〔1994〕11 号文件批复，成立常德市私营企业协会。6 月 29 日，常德市私营企业协会召开成立大会，会议通过常德市私营企业协会《章程》，选举协会理事，市工商局副局长刘锦章担任首届会长。协会主要职责为：引导私营企业经营者开展文明经营，优质服务活动，促进私营经济健康发展；协助政府和有关部门做好对私营企业的管理工作，组织私营企业进行自我管理；维护私营企业的合法权益和利益，反映私营企业的合理意见和要求，提供法律咨询与服务；进行生产经营指导，开展业务技术培训，为私营企业人才落户、职称评定、资金融通、信息交流、出国出境和生产经营服务；指导私营企业建立和健全工会组织，协调劳资双方关系，教育和督促私营企业维护职工的合法权益；向社会宣传私营企业的先进典型，先进人物；表彰先进，推介代表人士；组织私营企业经营者开展社会公益活动；指导全市各级私营企业协会工作。

6 月 20 日，市工商局在市电力局宾馆举办首次《中华人民共和国公司法》《中华人民共和国公司登记管理条例》学习培训班，各县级工商局分管企业登记副局长及企业登记机构负责人共 30 人参加培训，培训时间 2 天，为 7 月 1 日正式实施公司登记做好准备工作。

9—12 月，全市工商系统开展棉花市场管理“百日战役”，共出动执法人员 1200 人次，办案车辆 80 余台次，查处违法违章经营棉花案件 1200 多起，没收棉花 5 万余公斤，罚款 30 多万元。

12 月 23 日,根据市委常委干〔1994〕86 号文件,免去徐世清市工商局党组成员职务;12 月 27 日,根据市政府常政人〔1994〕17 号文件,任命徐世清为市工商局助理调研员 。

12 月 29 日,市工商局组织全市工商系统集中销毁假冒伪劣商品。是年,全市共开展了 93 次规模较大打假行动,出动执法人员 1461 人次,查处假冒伪劣商品案件 537 起,罚款 33 万元,没收假劣商品价值 400 余万元,其中假烟 576926 条、假酒 175 万瓶、假化肥 275.6 吨、假种子 9.7 吨。

1995 年

3 月 8 日,由市工商局牵头组织的全市个体私营经济发展工作会议在市芷园宾馆召开。

4 月 12 日,根据市委常委干〔1995〕26 号文件,任命熊永钧为市工商局党组成员,并提名市个协会长候选人。

5 月 18 日,国家工商局副局长杨培清到常德考察指导工作,省工商局局长欧阳松、市政府副市长杨万柱、市工商局局长滕国华及副局长刘锦章前往湖北省公安县迎接并陪同考察。

6 月 30 日,市工商局机关党委第二次党员代表大会在市桃林宾馆召开。出席会议代表 125 人,邹永忠当选为机关党委书记。

9 月 16 日,根据市政府市政人〔1995〕12 号文件,任命李平之为市工商局副局长。

11 月 10 日,市工商局开始实施“三定”方案和市场办管脱钩工作。

11 月 13 日,市工商局对所属一分局、二分局管辖区域作出调整。以市城区武陵大道为界,东侧为一分局管辖范围,西侧为二分局管辖范围。

12 月 26 日,市工商局组织全市工商系统召开销毁假冒伪劣商品现场会。

同月,市工商局组织开展清理“三无四假”(即无资金、无场地、无机构和假全民、假集体、假外资、假福利企业)企业专项检查行动,全市各级工商机关共清理出“三无四假” 企业 560 家,其中注销 348 家,整改 120 家,吊销 92 家。

1996 年

1 月 4 日,市工商局局长滕国华参加市政府 1996 年第一次常务会议,并汇报常德市清理“三无四假”企业情况。

1 月 29 日,市编委印发《关于印发常德市工商行政管理局职能配置、内设机构和人员编制方案的通知》(常编发〔1996〕2 号),明确市工商局职能转变重点及主要职责。内设机构调整为办公室、财务审计科、法制科、市场监督管理科、企业注册管理科、外商投资企业注册管理科、个体私营经济监督管理科、商标广告监督管理科、经济合同监督管理科、人事教育科

（与纪检、监察合署办公）。市工商局核定行政编制 29 个，事业编制 5 个，下设城东分局、城西分局及生产资料生产要素分局，内设机构及人员编制维持原状。

3 月 7 日，全市工商行政管理工作会议在市工商局召开，市工商局机关全体干部职工、各县级工商局局长及办公室主任参加会议，市工商局局长滕国华作工作报告，市政府助理巡视员郑景阳出席大会并讲话。临澧县工商局、石门县工商局、桃源县工商局、澧县工商局等 4 个先进县级工商局、14 个科室（股室）、18 个工商所、10 名“十佳”工商管理人员及 43 名先进个人在会上受到表彰。

4 月 9 日，市工商局召开个体私营经济发展工作会议，确定发展个体私营经济、加强规范化管理“三规范”工作思路，即：规范证照管理；规范经营行为；规范个体管理费征收。

4 月 24 日，根据市委常委干〔1996〕48 号文件。任命黄腊喜为市工商局党组副书记，免去滕国华市工商局党组副书记职务。

4 月 29 日，根据市政府常政人〔1996〕8 号文件，任命黄腊喜为市工商局局长，免去滕国华市工商局局长职务。

5 月 23 日，市工商局城东分局查获市卫发贸易公司销售 7 万多支劣质注射器，该公司为获取 10%的回扣，购进 7 万支一次性注射器销售给医院及诊所，患者使用该批注射器后，身体出现溃烂，有的患者因此先后 5 次住院手术，严重侵害了患者的利益，此案引起省内及国家有关部门高度重视，中央电视台经济频道分 2 期对其进行了报道，《法制日报》《中国工商报》《中国消费者报》等媒体也相继予以报道，该案被列入当年全国十大侵权案之一。

6 月 3—30 日，市工商局抽调局机关及分局 70 名工作人员对城区 7 个工商所个体办照、缴纳个体管理费和无照经营情况进行专项检查，查出无照经营 1330 户，假集体企业 586 家，补缴个体管理费 3 万元。

8 月上旬，市工商局组织相关人员对全市医疗单位及药品生产经销企业在药品购销中给予、收受回扣等违法行为进行专项检查，全市共抽查 56 家单位，查出各类折扣 4370 万元、回扣137 万元。

11 月 1 日，市工商局召开全市个体私营经济规范化管理工作会议，各县级工商局分管个体私营经济工作副局长及个体股长参加会议，市工商局副局长刘锦章在会上讲话，提出发展与监管并重思路。

12 月 5 日，按照市委、市政府部署，市工商局派黄良策、谭建中等 3 人到石门县所街乡双岭凸村开展扶贫帮困工作，时间一年。

12 月 7 日，市工商局召开全市工商行政管理工作会议，市工商局机关全体工作人员、各县级工商局局长参加会议，市工商局局长黄腊喜作工作报告，会议总结回顾 1996 年度工作，并对 1997 年工作进行部署安排。临澧县工商局、澧县工商局、石门县工商局等 3 个县级工商局、11 个先进工商所及 12 名先进个人在会上受到通报表彰。

1997 年

3 月 20 日,市工商局印发《关于对全体医疗诊所、药店进行登记和监督管理的通知》(常工商字〔1997〕23 号),部署个体医疗诊所、药店登记和监督管理工作。

5 月 12 日,为制止乱收费,规范个体工商户收费工作,维护个体工商户合法权益,市工商局制定并推行个体工商户"两卡"("个体工商户收费项目卡""个体工商户收费登记卡")制度,全市共印发"两卡"8 万套,个体工商户户均一套。

5 月 30 日—6 月 13 日, 市工商局副局长刘锦章率领县级工商局分管个体私营工作副局长、部分工商所所长和个体管理专干共 19 人到哈尔滨、大庆、黑河、沈阳、大连等地考察学习个体私营经济监督管理及发展工作。

7 月 3 日,市工商局制定并发布《关于规范内部工作人员行政执法行为与接受社会监督通告》,同时公布举报电话,广泛接受社会监督。

7 月 16 日,市工商局按照市委、市政府关于全市推行目标管理岗位责任制,量化考核工作会议要求,印发并实施《常德市工商行政管理局目标管理岗位责任制量化考核实施意见》。

8 月 8 日,私营企业常德市金鑫人造宝石有限公司超核准经营范围经营,擅自以出租加工设备和人造宝石为幌子,骗取下岗职工押金 30 多万元后公司负责人外逃,近百名受害者聚集到市工商局机关上访。市政府信访办介入调查,认定该公司虽由市工商局登记发照,但登记机关无过错,案件移交公安局调查处理。

11 月 4 日,市工商局印发《常德市著名商标认定通知》(常工商字〔1997〕67 号),认定常德卷烟厂"芙蓉王"及湖南常德武陵酒业有限公司"武陵"等 33 件注册商标为常德市著名商标,有效期为 3 年。

12 月 26 日,市工商局召开全市工商行政管理工作会议,市工商局机关全体工作人员、各县级工商局局长参加会议,市工商局局长黄腊喜作《以十五大精神为动力,开创工商行政管理工作新局面》的工作报告,报告总结回顾 1997 年度工作,并对 1998 年工作进行部署安排。

1998 年

2 月 16 日,市工商局在汉寿县蒋家嘴镇设立水上工商所,人员从市工商局生资分局抽调,借用汉寿县工商局执法船一艘,李明秋任所长。水上工商所主要负责全市沅澧水域的工商行政管理工作。

3 月 15 日,市工商局、市消委在桃源县举行"3·15"国际消费者权益日咨询服务活动。桃源县工商局和县消委具体组织实施接待群众咨询上千人次,市工商局领导参加活动。

4 月 7 日,市工商局牵头召集市公安局、市国税局、市地税局召开联席会议,研究贯彻由省公安厅、省工商局、省国税局、省地方税务局联合印发的湘工商个字〔1997〕190 号文件精神，对无照经营进行综合治理，联席会议形成"会议纪要"，部署无照经营行为清理整顿工作。

5 月 28 日，市个协和市私协在桃林宾馆召开全市个体劳动者第四次暨私营企业第二次代表大会，大会宣布常德市个体劳动者协会与常德市私营企业协会合并为常德市个体劳动者私营企业协会，熊永钧当选为会长。

8 月 4 日，市工商局局长黄腊喜率汉寿县工商局局长熊全广陪同省工商局局长欧阳松到国家工商局汇报省、市、县工商体制改革相关情况，所反映情况引起国家工商局局长王众孚高度重视，为基层工商体制改革提供了重要参考。

10 月 8 日，根据市委常委干〔1998〕57 号文件，杨万太任市工商局党组成员。

10 月 22 日，根据市政府常政人〔1998〕6 号文件，杨万太任市工商局副局长。

11 月 24 日，国务院印发《国务院批转国家工商行政管理局工商行政管理体制改革方案的通知》（国发〔1998〕41 号），决定改革工商管理体制，实行省以下工商行政管理机关垂直管理。人员编制上收省管，部分人员分流到市场服务中心。工商部门与所办市场实行管办脱钩，机构、职责、财务、人员"四分离"，工商部门不再担负市场建设职责。

12 月 30 日，市工商局召开全市工商行政管理工作会议，市工商局机关全体工作人员、各县级工商局局长参加会议，市工商局局长黄腊喜作工作报告，会议总结回顾 1998 年度工作，并对 1999 年工作进行部署安排。

1999 年

3 月 17 日，市工商局印发《关于批准成立汉寿县工商局等 6 个运输市场管理所的批复》（常工商字〔1999〕5 号）文件，批准汉寿、桃源等 6 个县级工商局成立运输市场管理所，全市运输市场管理工作全面启动。

5 月 14 日，市工商局与石门县人民政府办理石门县工商局上收交接手续。至此，各县级工商局上收交接手续全部完成，隶属市工商局直接领导。

6 月 16 日，全省个体私营经济工作会议在怀化市工商局召开，各市州工商局分管个体私营经济工作的副局长、个体私营经济管理科科长参加会议。市工商局副局长刘锦章在会上作题为《狠抓规范化管理，促进个体私营经济健康发展》典型发言。

7 月 30 日，省工商局副局长周森保在市工商局副局长刘锦章陪同下到汉寿县考察工商所遭受水灾基础设施受损情况。

9 月 5 日，市工商局、市个私协联合举办"荃友杯"迎国庆、迎澳门回归卡拉 OK 歌手大奖赛，城东分局个私协、桃源县个私协、津市市个私协分别获得一、二、三等奖。

11 月 24 日，全市工商系统换发第二代"中华人民共和国工商行政管理执法证"，执法证为深红色。

2000年

3月24日，市工商局召开体改上收分流动员大会，市工商局机关和各直属分局全体人员参加会议。

5月29日，市工商局组织常德市100名个体私营企业主参加由市委党校举办为期1周的个体私营经济发展培训班。

6月，市工商局向市市场服务中心办理移交手续。青阳阁农贸市场、茉莉村农贸市场、新一村农贸市场、桥北综合市场、新五村农贸市场、龙港巷综合市场、北站综合市场、长胜桥农贸市场、洞庭北路综合市场、东沿路农贸市场共10个由工商部门自建或参与联建的集贸市场连同产权债务一并交常德市市场服务中心管理。

9月11日，市工商局启动全市工商系统取缔无照经营专项整治工作，印发并张贴《常德市工商行政管理局关于依法取缔无照经营和照章征收工商管理费的通知》公告10万份，出动宣传车150台次，依法取缔无照经营21000户，补收个体管理费28万元。

9月20日，市工商局副局长、市个体私营经济领导小组办公室主任刘锦章率全市各区县(市)个私办负责人共12人前往南昌、义乌、上海、苏州、无锡等地考察学习个体私营经济管理工作。

9月22日，市工商局副局长李世成与石门县东山峰农场场长吴建辉办理东山峰农场工商所移交石门县工商局管辖手续。

10月，市工商局管办脱钩及人员分流完成，市直工商机关共分流53人到市市场服务中心工作，其中城东分局21人、城西分局11人、生产资料专业管理分局11人。

12月29日，依据省工商局湘工商人编〔2000〕1号文件，市工商局对所辖城东分局和城西分局予以撤并，新设立常德市工商行政管理局武陵分局。

2001年

2月13日，市工商局召开全市工商行政管理工作会议，会议总结2000年工作，对2001年工作进行部署。市工商局机关全体工作人员、各县级工商局局长参加会议，市工商局局长黄腊喜作工作报告。

4月，常德市工商系统完成工商体制改革工作，实行省以下垂直管理和市场办管脱钩，市场物业及机构人员划归市政府市场服务中心管理。

5月9日，市工商局召开全市首次工商行政管理系统纪检监察工作会议。市工商局机关全体工作人员，各县级工商局局长、纪检组长、监察室主任参加会议。

8月24日，根据省工商局党组湘工商干〔2000〕19号及工商局湘工商人〔2001〕24号、31

号、32 号文件，任命黄腊喜为市工商局党组书记、局长，屠家云为党组副书记、副局长，杨万太为党组成员、副局长，熊永钧为党组成员、纪检组长，胡祖国为党组成员、副局长。免去刘锦章市工商局党组书记、李世成党组成员职务。免去刘锦章、李世成、李平之市工商局副局长职务。李平之任市工商局调研员，并批准刘锦章、李世成提前离岗，刘锦章享受副厅级待遇，李世成享受正处级待遇。

9 月 4 日，根据省编办〔2001〕19 号、省工商局湘编办〔2001〕3 号文件精神，市工商局印发常工商字〔2001〕38 号文件，决定成立常德市工商行政管理局西洞庭分局，10 月 18 日，西洞庭分局正式挂牌成立，市工商局局长黄腊喜，副局长刘锦章、杨万太，西洞庭管理区党委书记张志英、主任贺丽君等出席挂牌仪式。

12 月 15 日，常德市工商行政管理局西湖分局成立。

2002 年

1 月 4 日，根据省工商局湘工商人编〔2002〕12 号文件精神，市工商局设立信息培训中心，同日，根据省工商局工商人编〔2002〕18 号文件，批准市工商局内设办公室、政策法规科、财务基建科、商标广告监管科、企业和个体私营经济监管科（外商投资企业监管科）、消费者权益保护科（12315 申诉举报指挥中心）、合同监管科、人事教育科等 8 个职能科室，市场规范管理分局、注册登记分局、公平交易分局等 3 个直属行政机构，武陵分局、德山分局、西湖分局、西洞庭分局等 4 个直属分局。

1 月 8 日，市工商局机关从武陵区光荣路迁址至武陵区武陵大道与育才路交汇处。

2 月 9 日，市工商局召开全市工商行政管理工作会议。会议回顾总结上年全市工商行政管理工作，对 2002 年工作进行全面部署。

2 月，常德卷烟厂“芙蓉王”商标被国家工商总局商标局认定为“中国驰名商标”，这是常德市首枚“中国驰名商标”。

4 月 2 日，市工商局在桃花源仙源山庄召开全市工商系统工作调度会，市工商局全体党组成员、各科室负责人，各县级工商局局长、财务股长和监管股长参加会议。桃源县工商局介绍“四方定费、送费上门、电脑管理”工作经验，会议部署在全市工商系统推广桃源“阳光收费”模式。

6 月 1 日，市工商局完成市工商局、县级工商局、工商所三级直通计算机网络建设，并对全市工商系统 150 余名计算机操作员进行培训。

6 月 3 日，市工商局成立常德市工商行政管理局案件审理委员会。局长黄腊喜任主任委员，副局长屠家云、杨万太、熊永钧、胡祖国任副主任委员，廖瑞清、潘绪庆任委员。委员会主要对全市工商系统重大、疑难案件进行审理并作出决定。

6 月 21 日，经市委组织部批复同意，中共常德市个私协会第一次代表大会在芷园宾馆召开,出席会议党员代表100人,大会选举产生中共常德市个私协代表大会第一届委员会:书记熊永均;副书记李明建、曾腊梅;委员刘春建、陈燕妮、徐背福、代曙明。

11月25日,市工商局印发《常德市工商行政管理局执法办案暂行规定》。

12月24日,根据省工商局湘工商人〔2002〕37号文件,任命屠家云为市工商局调研员,陈国耀为助理调研员。

12月27日,根据省工商局党组〔2002〕55号文件,任命黄继兵为市工商局副处级干部(工会主席)。

12月28日,市消委被中国消费者协会授予"全国消费者协会组织先进集体"称号。

2003年

2月,市工商局被市委、市政府授予"城市创建工作红旗单位"称号。

2月1日,市工商局在全市工商系统推行《党风廉政建设警示牌登记栏》制度,将廉政建设15个事项及时登记张榜公示。

2月3日,市工商局被市政府授予"抗击'非典'先进集体"称号。

2月17日,市工商局召开全市工商行政管理工作会议。会议总结上年度工作,对2003年工作进行部署。市工商局机关全体工作人员、各县级工商局局长参加会议,市工商局局长黄腊喜作工作报告。

3月14日,省工商局在常德市召开"全省工商系统个体私营经济监管和财务工作暨经验交流会议"。桃源县工商局局长李宏祥向大会作《实行四方定费,电脑管理,努力促进工商职能到位》典型发言。会议组织与会人员参观桃源县工商局漳江工商所和陬市镇工商所。会议决定在全省工商系统推广桃源"阳光收费"经验。

3月21日,市工商局印发《常德市工商行政管理局关于在全市工商系统范围内实行禁酒令的通知》,全市工商系统干部职工工作日中餐一律不准饮酒。

6月30日,市工商局机关办公楼搬迁工作全部完成。办公楼位于武陵大道与育才路交汇处,于2002年开始动工,土地面积8189.23平方米,建筑面积8271.18平方米,总投资2481.22万元。

11月25日,市工商局印发《常德市工商行政管理局行政过错责任追究办法》。

2004年

2月6日,为预防和控制高致病性禽流感,市工商局在全市工商系统部署开展超市和集贸市场专项检查整治行动。

2月9日,根据省工商局工商人字〔2004〕17号文件,批准市工商局增设外商投资企业注册管理科，主要负责拟定全市外商投资企业登记注册管理的具体措施、办法，承担全市外商投资企业、外国（地区）企业常驻代表机构登记注册工作并监督检查其登记注册行为，承担外商投资企业登记注册信息的分析、公开工作。加挂在企业监督管理科的外商投资企业监督管理科牌子同时摘除。

2 月 21 日，市工商局召开全市工商行政管理工作会议。会议总结上年工作，对 2004 年的工作进行部署。

3 月，市消委被省消委授予“全省消委系统 2003—2004 年度维护消费者合法权益先进集体”称号。

4 月 11 日，市工商局对照国家公布的 45 种劣质奶粉名单，组织全市工商系统开展清理不合格奶粉专项整治行动，共查扣不合格奶粉 1638 公斤。

5 月 16 日，国家工商总局副局长甘国屏在市委书记程海波、省工商局副局长刘尧臣、市政府秘书长叶培明及市工商局局长黄腊喜陪同下调研常德市工商行政管理工作。其间，甘国屏深入市工商局信息中心、市消委、武陵分局城南工商所考察并看望工商行政管理人员。

7 月 20 日，市工商局组织开展全市城乡网吧经营场所专项检查，全市共取缔“黑网吧”97 家，责令 35 家不规范网吧进行停业整顿。

8 月 10 日，省工商局印发湘工商干字〔2004〕24 号及湘工商人字〔2004〕22 号文件，免去屠家云市工商局党组副书记、副局长职务。

8 月 31 日，市政府副市长徐超文到市工商局调研，要求全市工商系统要进一步改进和完善工商行政管理工作，加强市场监管，实行行政提速。

9 月 24 日，市个私协第五次代表大会在芷园宾馆召开，出席会议代表 118 人，会议选举产生市个私协第五届理事会，市工商局纪检组长熊永钧当选会长。市委副书记曹儒国、市人大常委会副主任李学林、市政府副市长徐超文、市政协副主席张新民被市个私协聘为第五届理事会名誉会长。

12 月 8 日，市工商局组织全市工商系统开展“红盾雷霆”暨“元旦、春节”食品安全专项整治行动，重点检查超市、集贸市场、学校周边等区域；严查假冒伪劣、过期霉变、有毒有害食品。

12 月 11 日，根据省工商局湘工商人〔2003〕28 号文件，任命李宏祥、潘兴海、卜功鑫为助理调研员。

12 月 21 日，鼎城区武陵镇桥南市场内发生火灾，大火将桥南市场西区全部烧毁，财产损失惨重。市工商局迅速下发通知要求各县级工商局做好集贸市场防火、防盗和安全保卫工作。

2005 年

2 月 7 日，市工商局召开全市工商行政管理工作会议。会议总结上年度工作，对 2005 年工作进行部署。市工商局机关全体工作人员、各县级工商局局长及办公室主任参加会议,市工商局局长黄腊喜作工作报告。

2月19日,市工商局召开保持共产党员先进性教育动员大会,传达贯彻市委及省工商局有关会议精神,部署全市工商系统开展"保先"教育活动。

3月15日,市消委纪念"3·15"国际消费者权益日暨第三届四次理事大会在芙蓉大酒店召开,市政府副市长徐超文、市政协副主席胡子达到会并讲话。理事会聘请徐超文为市消委名誉会长。

3月22日,省工商局党组下发湘工商干字〔2005〕8号文件、省工商局下发湘工商人字〔2005〕4号文件,对市工商局领导班子作出重大调整,任命邓毅为市工商局党组书记、局长,免去黄腊喜市工商局党组书记及局长职务,并改任市工商局调研员。

4月26日,湖南省非法音像制品集中销毁行动常德现场会启动仪式在市体育中心举行。全市各级工商行政管理机关对该项工作进行全程配合。

5月4日,市工商局团工委被共青团湖南省委授予"五四红旗团支部(总支)"荣誉称号。

5月9日,市工商局召开全市工商系统流通领域商品质量监管工作会议。市政府副巡视员叶培明、市政府副秘书长孙大忠到会并讲话。

6月1日,市工商局组织市工商局机关干部和武陵工商分局股、所长以上干部共120人到常德市武陵监狱进行反腐倡廉奉公守法法制教育,听取在押犯人忏悔告白,接受现场警示。

6月2日,省工商局副局长阳芳华率检查组到常德市检查流通领域商品质量监管工作。检查组对全市工商系统建立和实施的食品准入制度、食品召回制度和食品安全信息公示制度给予高度评价。

6月30日,根据省工商局党组湘工商干字〔2005〕23号及省工商局湘工商人字〔2005〕16号文件,任命熊永钧为市工商局副局长,并免去其市工商局纪检组长职务,晏丰儒任市工商局党组成员、副局长,余自贵任市工商局党组成员、纪检组长,万红为助理调研员。

7月20日,国家工商总局消保局副局长陈文谕、中国消费者协会处长刘建军在省工商局消保处有关领导陪同下到常德市调研,指导流通领域商品质量监管工作。

8月8日,市工商局与市电视台《都市频道》联合推出的《都市"3·15"》栏目开播。该栏目设置了"行动'3·15'、市场风向标、消费警示、教您一招、执法尖兵、来电应答"等6个板块,致力于引导消费科学消费,受理消费者投诉,宣传法律法规,树立工商良好形象。

8月16日,全省工商行政管理系统市场主体监管制度改革暨登记监管信息数据录入建库操作第3期培训班在市桃林宾馆举行,来自湘西自治州、怀化市、张家界市及常德市工商系统企业监管、信息化管理分管局长,科股长共102人参加培训,省工商局副局长周森保到会并讲话。

10月14日,市政府市长陈君文、副市长龚建明一行在市工商局局长邓毅陪同下考察常德市玉洁食品有限公司、甘露寺蔬菜大市场和武陵分局城南工商所,市领导对市工商局强化流通环节食品质量监管所取得的成绩给予充分肯定。

10 月 20 日,市工商局、市消委在桃源县漆河镇政府会议室举办农村“三位一体”(即受理投诉、调解争议、查处违法)消费维权服务站站长培训班,来自桃源县漆河镇、黄石镇和九溪乡 116 个行政村村支部书记参加培训,全市农村消费维权服务试点工作正式启动。次月 10 日,市工商局、市消委在桃源县召开农村“三位一体”消费维权服务站点建设现场经验交流会。市政府副市长龚建明、省消委副秘书长刘德良、桃源县委副书记龚德汉、桃源县人民政府副县长林行军出席会议。

11 月 3 日,由原省人大常委会副主任董志文,省司法厅、省高院、省依法治省办等部门组成的全省“四五”普法验收组在市人大、市政法委、市司法局有关领导陪同下到市工商局检查验收。

11 月 30 日,省工商局食品安全督查组对全市流通环节食品质量监管工作开展专项督查,并对市工商局食品安全监管工作给予高度评价。

12 月 7 日,市工商局首次实施企业年检免检制度,并举行全市 2005 年度年检免检企业授牌仪式,常德卷烟厂等 44 家企业被授予 2005 年度企业年检免检单位。市政府副市长徐超文出席授牌仪式并讲话。

2006 年

1 月 16 日,国家工商总局法规司司长王学政带领新疆、内蒙古、河南、湖北等省、自治区工商局法规处长到市工商局进行 2005 年度全国工商行政管理行政执法检查,省工商局副局长周森保、法规处处长甘应龙陪同。

1 月 20 日,市工商局食品安全监测车启动仪式在市火车站农贸市场隆重举行,市政府副秘书长孙大忠、市政府食品放心办副主任贺圣国以及市工商局局长邓毅、副局长熊永钧参加启动仪式。

2 月 9 日,全市工商行政管理工作暨总结表彰会议在桃林宾馆召开。市委副书记、市纪委书记曹儒国,市人大常委会副主任邹克忠,市政府副市长徐超文,市政协副主席张新民出席会议。各区县(市)政府及德山开发区、西湖、西洞庭管委会分管工商工作负责人参加会议。市工商局长邓毅作工作报告,曹儒国、徐超文发表重要讲话。

2 月 20 日,中央电视台《焦点访谈》节目播出《谁在强收保护费》节目,曝光桃源工商局在“市场管理费和个体管理费”征收管理方面存在一系列问题,随后,国家工商总局,省、市工商局派出工作组前往桃源县工商局调查处理《焦点访谈》反映的问题,并对相关责任人进行处理。

2 月 27 日,市工商局对常德市金鹰拍卖有限公司恶意串通拍卖违法行为作出罚款 207

万元行政处罚,该案是全省查获的首例特大恶意串通拍卖案。

3月15日,市消委、市工商局在市城区商业步行街联合举办消费维权活动,市委副书记戴军勇、市政府副市长徐超文到现场指导工作。

3月28日,省工商局纪检组长于云彩在市工商局纪检组长余自贵陪同下到西洞庭分局调研。

3月31日,市工商局召开行风建设主题教育活动动员暨党风廉政建设和反腐败工作会议,拉开2006年全市工商系统"规范执法行为,创建满意工商"行风建设主题教育活动序幕。市纪委副书记、市监察局局长敖建斌等出席会议。

4月21日,根据省工商局党组湘工商干字〔2006〕9号及省工商局湘工商人字〔2006〕11号文件,任命胡祖国为市工商局党组副书记,任命杨万太为市工商局调研员,免去其党组成员、副局长职务。

5月11日,国家工商总局公平交易局反垄断处处长桑林一行在省工商局公平交易分局局长郭建平陪同下,对市工商局治理商业贿赂工作进行检查。

6月5日,根据省工商局湘工商人编〔2006〕4号及湘工商人编5号文件,批准市工商局增设后勤服务和干部培训中心,"信息培训中心"更名为"信息中心"。

7月6日,省工商局局长张汉良率省工商局办公室、人教处、法制处、财务处负责人对市工商局相关工作进行检查和调研。

8月7日,市委书记武吉海、市委常委李平、市委副秘书长涂碧波一行到市工商局考察指导工作。武吉海对市工商局工作给予充分肯定,要求市工商局要充分发挥工商行政管理职能,促进工业园区建设,保护本地著名商标,培养农村经纪人,加强队伍、行风建设,更好地服务全市经济建设。

8月16日,全省工商系统推进信息化建设暨办公自动化应用经验交流会在常德市工商局召开。省工商局局长张汉良,副局长刘尧臣、阳芳华及省工商局有关处室负责人,各市州工商局分管信息化工作副局长、办公室主任、信息中心主任参加经验交流会。常德市工商局作典型发言,市政府副市长徐超文到会并致辞。

8月25日,市经纪人协会成立暨培育发展经纪人工作大会在芷园宾馆召开,会议由市政府副秘书长马麦秋主持。市政府副市长徐超文到会并讲话。会议审议通过《常德市经纪人协会章程》,选举晏丰儒为协会会长,徐超文、马麦秋为名誉会长。

9月9日,市工商局举行食品质量快速检测箱发放仪式,将首批85套食品质量快速检测箱配发到基层工商所。食品质量快速检测箱用于快速初步检测各类食品、蔬菜和水果、水产品及加工制品添加剂或农药残留是否超标。

9月12日,市工商局在市体育中心隆重举行全市工商系统"精神风貌展示"队列会操汇报表演。市委常委、市委副书记曹儒国、市人大常委会主任莫道宏,市政府副市长徐超文、市政协副主席张新民、市军分区后勤部部长吴先军、省工商局人教处处长张国平、省工商局机关工会主席张松保、省工商局人教处副处长吴晶梅等出席并观看。

9 月 21 日，市消委、市工商局联合举办的"宣传《消费者权益保护法》农村千里行"活动启动，市人大常委会副主任李学林、市政府副市长徐超文、市政协副主席胡子达参加启动仪式。

10 月 30 日，市直单位电子政务工作座谈会在市工商局召开。市政府信息化办公室主任李长春，市工商局副局长胡祖国，市政府办、市财政局、市公安局、市广电局、市税务局等 30 多家市直单位分管信息化工作负责人参加会议。会上，李长春向与会人员介绍市工商局信息化建设管理及应用工作经验。

11 月 16—17 日，国家工商总局消保局巡视员谢林带领甘肃、云南、贵州 3 省工商局消保处负责人对全市食品安全监管工作进行检查。省工商局副局长阳芳华、消保处处长伍作法等陪同。检查组对市工商局实行的"三位一体"管理模式及在城区各大农贸市场设立蔬菜检测站的做法给予高度评价。

2007 年

1 月 30 日，市工商局召开行政执法责任制试点工作听证会。省工商局纪检监察室、市监察局、市优化办、市政府法制办、市纪委效能监察室负责人及省、市人大代表、政协委员、优化环境监督员、行风监督员、企业代表共 60 人参加会议。

1 月 31 日，市个私协召开五届六次会议。市政府副市长徐超文、市政协副主席张新民出席会议并讲话。

2 月 6 日，市工商局召开全市工商行政管理工作会议，省工商局副局长寇勇、市政府副市长徐超文出席会议并讲话。市工商局副科级以上干部、各县级工商局局长及办公室主任参加会议，市工商局局长邓毅作工作报告。会议对 2006 年工作进行总结，确定 2007 年为"加强基层建设年、构建和谐工商年、农村食品市场整顿年"，并围绕上述工作进行全面部署和要求。会议表彰了 2006 年度目标管理先进单位及年度先进个人、优秀党员。

2 月 11 日，国家工商总局局长周伯华到常德市考察，慰问基层工商行政管理人员。周伯华一行先后考察汉寿县城东市场、太子庙工商所，并听取汉寿县农村食品安全工作情况汇报。省政府副省长郭开朗，省工商局局长张汉良、副局长刘尧臣，市领导武吉海、陈君文、刘明、杨先平、李爱国、徐超文、叶培明及市工商局局长邓毅等陪同考察。

3 月 9 日，市消委庆祝"3·15"国际消费者权益日暨四届一次理事大会在市城区国际大酒店召开，市人大常委会副主任万善志、市政府副市长徐超文等出席会议。会议选举市工商局副局长晏丰儒为第四届常务理事会会长，特聘万善志、徐超文为第四届理事会名誉会长。

4 月 9 日，省工商局党组下发湘工商干字〔2007〕15 号文件，省工商局下发湘工商人字〔2007〕7 号文件，对市工商局党组作出重大调整，任命胡祖国为市工商局党组书记、局长，张志雄为党组副书记、副局长,免去邓毅党组书记、局长职务。

4月26日,市个私协、市工商局、市商务局等13家部门联合发文,开展“常德市私营企业100强”暨“影响常德·十大魅力德商”评选表彰活动。经过申报、初审、复审等环节,湖南杰新纺织印染集团、湖南金钻置业投资有限公司等100家企业荣获“常德市私营企业100强”荣誉称号,湖南重庆啤酒国人有限公司总经理李开喜、湖南雪丽造纸有限公司董事长刘湘松、常德德达房地产开发有限公司董事长曾培安等10名企业家荣获“影响常德·十大魅力德商”荣誉称号。

5月15日,全市打击传销工作会议在常德国际大酒店召开。会议通报常德市打击传销和非法直销情况,市政府副市长徐超文到会并讲话。

同日,市工商局召开农村食品市场整顿新闻发布会,副局长晏丰儒主持会议,局长胡祖国通报落实国家工商总局、省工商局“农村食品市场整顿年”工作情况。《湖南日报》《湘声报》《潇湘晨报》、常德电视台、《常德日报》及“中国常德”政府门户网站等12家省市媒体参加新闻发布会。

5月18日,市政府副巡视员叶培明、市食品安全办主任贺圣国在市工商局副局长晏丰儒、汉寿县政府副县长袁佑清以及汉寿县工商局有关负责人陪同下调研汉寿县农村食品安全工作。

6月14日,市工商局在鹏程大酒店召开2007年度全市商标培育和争创品牌培训会,全市130多家企业负责人参加培训。

6月20日,市工商局印发《关于开展“一月学一法”活动的通知》,利用网络信息化平台组织全市工商系统干部职工开展“一月学一法”活动。

6月22日,国家工商总局消保局肖学文处长一行在省工商局消保处处长伍作法、市工商局副局长晏丰儒陪同下,到汉寿县检查农村食品安全整治工作。

7月3日,市工商局召开加强队伍作风建设,服务地方经济发展工作会议。市政府副市长徐超文出席会议并讲话。

7月19日,全市农村食品安全工作会议在汉寿县召开,会议要求10月底以前,常德市各村(社区)建立食品安全和消费者维权联络站,市政府副市长徐超文到会并讲话。

7月24—25日,由湖南省广播电视局副巡视员兼社管处处长蒋新建带领的湖南省广告整治工作专项督查组到市工商局检查广告整治工作。

8月6日,市工商局在鼎城区公安局、工商局配合下,捣毁鼎城区武陵镇康乐园社区民宅内2个涉嫌假冒“美的”等知名品牌浴霸产品储存仓库,依法查扣涉嫌假冒产品共计1100台。

8月14日,根据省工商局党组湘工商干〔2007〕29号及省工商局下发湘工商人〔2007〕26号文件,任命徐巨波为市工商局党组成员、纪检组长,任命余自贵为市工商局副局长并免去其纪检组长职务,任命熊永钧为市工商局调研员并免去其党组成员、副局长职务。

8月25日，常德市工商系统第一届“红盾杯”运动会在湖南文理学院开幕，来自全市工商系统500多名运动员参加运动会。武陵分局代表队、石门县工商局代表队、汉寿县工商局代表队分别获得团体总分一、二、三名，桃源县工商局代表队，津市市工商局代表队、鼎城区工商局代表队荣获“体育道德风尚奖”，石门县工商局代表队、澧县工商局代表队、汉寿县工商代表队荣获运动会单位代表组织奖，张婕、李炜、向水平、赵大秀等20名运动员荣获优秀运动员称号。

9月10日，国家工商总局副局长刘凡一行在省政府党组成员刘力伟，省工商局副局长刘尧臣、李沐，市政府副市长徐超文，市工商局局长胡祖国等陪同下，考察市工商局流通环节商品质量监管及食品安全监管工作。

9月27日，市委常委、市纪委书记刘剑英率市纪委副书记、监察局局长敖建斌、市纪委行政效能监察室主任陈剑到市工商局视察指导工作，并就纪检监察、优化经济发展环境等工作听取汇报。刘剑英对市工商局落实优化经济发展环境，服务地方经济发展的“八条举措”、“四项纪律”、“七项承诺”以及严禁利用年检搭车收费等规定给予高度评价。

10月10日，市工商局召开全市工商系统产品质量和食品安全监管工作视频会议，全面部署落实全市商品质量和食品安全监管长效机制。市食安办主任贺圣国到会并讲话。

10月24日，市消委在市城区国际大酒店召开新闻发布会，发布2007年度消费者喜爱的“名、优、特、新”品牌。市政协副主席、市消委名誉会长胡子达出席新闻发布会。

10月，常德市第一件国家地理标志证明商标“石门银峰”注册成功。

11月24日，市委、市纪委在市工商局举行优化经济发展环境专题调研座谈会。座谈会由市委常委、市纪委书记刘剑英主持。市委书记武吉海到会并讲话，要求各部门要认真学习贯彻党的十七大精神，优化经济发展环境，促进常德经济发展。

12月10日，国家工商总局直销监管局副局长郜展一行在省工商局局长张汉良、副局长李沐，市政府副市长徐超文、副巡视员叶培明，市工商局局长胡祖国等陪同下对全市产品质量和食品安全专项整治工作进行检查。

11月20日，省工商局湘工商人〔2007〕30号文件，任命王典军为副处级干部。

12月14日，根据省工商局党组湘工商干字〔2007〕41号及省工商局湘工商人字〔2007〕39号文件，任命潘忠良为市工商局党组成员、副局长。

2008年

1月18日，省工商局副局长刘尧臣在省工商局信息中心主任江卫国、省企业信用信息管理局局长邓建军陪同下到市工商局慰问老干部。

1月22日，市政府副市长李爱国在市政府副秘书长罗忠义等人员陪同下，到市工商局考察指导工作，和市工商局班子成员进行座谈，并看望慰问工商干部。

1 月 25 日,市消委四届一次常务理事会在市城区国际大酒店召开,会议决定聘请市人大常委会副主任张启祥、市政府副市长李爱国、市政协副主席张新民为市消委名誉会长。

2 月 19 日,市工商局 2008 年“红盾之春”新春文艺晚会在常德电视台演播厅举行。市直机关工委、市文明办、市总工会有关负责人,市工商局党组全体成员及正副调研员、各县级工商局领导等共 400 多人观看演出。

3 月,市工商局被省工商局、省消委评为 2007 年度全省食品安全监管工作考核第一名。

3 月 7 日,市消委四届二次理事大会在市城区国际大酒店召开,市人大常委会副主任张启祥、市政府副市长李爱国出席会议并讲话。

3 月 13 日,全市工商行政管理工作会议在市工商局会议室召开。市工商局局长胡祖国作工作报告,会议回顾总结 2007 年全市工商行政管理工作,对 2008 年全市工商系统扎实推进制度化、规范化、程序化、法制化建设等工作进行全面部署。并对全市工商系统 2007 年目标管理先进单位、十佳工商所长、十佳工商行政管理人员等进行表彰。市工商局全体工作人员、各县级工商局局长参加会议,市政府副市长李爱国到会并讲话。

3 月 15 日,市工商局、市消委联合有关部门在市城区步行街广场举行纪念国际消费者权益日暨“消费与责任”年主题宣传活动启动仪式。市人大常委会副主任、市消委名誉会长张启祥宣布“消费与责任”年主题宣传活动启动仪式开始。市政府副市长、市消委名誉会长李爱国出席会议并讲话。

3 月 25 日,全省工商系统消费者权益保护工作会议在常德市共和大酒店召开,来自全省各市(州)工商局相关负责人共 60 多人参加会议,省工商局副局长阳芳华、市政府副市长李爱国出席会议并讲话。

4 月,市工商局被市委、市政府授予“2007 年度学习型机关”称号,被省审计厅授予“2005—2007 年度全省内部审计工作先进单位”称号。

5 月 22 日,在市政府打击和取缔传销整体行动指挥部领导下,由市政府副市长李爱国任总指挥,市政法委副书记姚景平任副总指挥,市政府副秘书长马麦秋、市工商局局长胡祖国、市公安局副局长王汉桃任指挥,组织工商、公安、宣传、民政、交通、卫生部门相关负责人及执法人员共 1320 人组成 16 个联合执法组,在全市开展打击和取缔传销专项整治行动。整治行动共取缔传销窝点 50 个,查处传销人员 465 人,解救受骗群众 35 人,遣返传销人员 440 人。

6 月 13 日,省工商局副局长鲁先华带领省工商局公平交易分局、市场处负责人到市工商局督查贯彻落实省工商局《关于规范行政处罚有关事项的紧急通知》(湘工商明电〔2008〕30 号)的情况。

6 月 20 日,全市工商系统第一届法律知识抢答赛在市工商局机关举行。市工商局机关和各县级工商局共 12 支代表队参加比赛。市工商局机关第一代表队获得一等奖,石门县和汉寿县工商局代表队并列二等奖,市工商局机关第二代表队、澧县、临澧县工商局代表队获三等奖。

7 月 3 日,省工商局党组成员、纪检组长于云彩等一行 3 人在市工商局局长胡祖国陪同下到汉寿县工商局调研,并深入坡头工商所检查基层依法行政工作情况。

7 月 10 日,湖南省打击传销督查组对全市打击传销工作情况进行督查。督查组对全市打击传销工作给予"部门配合协调、目标责任明确、基础工作扎实"的整体评价。

7 月 11 日,由《中国工商报》社组织的全国工商系统新闻报道摄影培训班在市工商局举办,来自北京、福建、甘肃等 21 个省、市、自治区工商系统 70 多名通讯员齐聚常德,开展为期 6 天摄影学习、交流和采风活动。

7 月 18 日,省政府副省长刘力伟、副秘书长谈敬纯、省工商局局长刘国湘及副局长鲁先华、省公安厅经侦总队队长唐祥生及省政府办公厅、省工商局相关负责人一行到常德考察全市打击传销工作,并听取市工商局打击传销工作汇报。市委副书记曹国儒,市政府副市长李爱国,市政府副市长、市公安局局长汤向荣,市工商局局长胡祖国等陪同。

7 月 22 日, 市直食品安全监管和取缔无证无照经营工作联席会议在市工商局召开,市政府副市长李爱国、副巡视员叶培明、副秘书长马麦秋,市食品安全办主任贺圣国,市工商局局长胡祖国、副局长晏丰儒及市质监局、市出入境检验检疫局、市委宣传部、市外侨办等 15 个相关单位负责人参加会议,会议由市政府副巡视员叶培明主持。

7 月 23—24 日,省工商局副局长阳芳华带领由省工商局消保处、省食品药品监督管理局、省国税局、长沙海关等相关部门负责人组成的省食品安全专项整治工作督查组到常德督查全市迎奥运百日食品安全专项整治工作。

8 月 4 日,市工商局成立"12315"指挥中心。主要职责是:受理消费者为生活需要购买、使用商品或接受服务合法权益受到侵害的申诉;受理对侵害消费者权益、制售假冒伪劣商品及其他经济违法行为的举报;受理农民购买、使用直接用于农业生产的生产资料申诉、举报;调度工商行政管理机关有关执法力量,快速查处经济违法案件;分流应由系统其他机构处理的申诉、举报;移送应由其他行政部门处理的申诉、举报;调解消费者与经营者发生的消费者权益争议;提供工商行政管理法律、法规和规章的咨询服务等。

8 月 21 日,全省工商系统治理"两烟"(即卷烟和烤烟)市场工作座谈会在市城区华天大酒店召开,省工商局总会计师张其术,经检总队、法规处、市场处、商广处、消保处等处室负责人及全省各市州工商局经检支队负责人共 30 多人参加会议。

8 月 28 日,全市工商系统综合知识辩论赛落下帷幕。汉寿县工商局获得第一名,市工商局机关获得第二名,澧县工商局彭小平夺得最佳辩手。市委宣传部、市委讲师团、市直机关工委负责人观看比赛。

8 月,市工商局认定"精为天"等 19 件商标为第一批常德市知名商标。

9 月 1 日,经国务院批准,财政部、发改委、国家工商总局联合发出通知,停止征收工商个体管理费和市场管理费。

9 月 10 日,市工商局投入 40 万元资金对局机关综合档案室进行升级改造,配置可存入

30年档案的密集架31列155组,其中文书库房密集架6列30组、人事库房密集架4列20组、财务库房密集架4列20组、企业库房密集架17列85组,排架长度1674米,配备铁质文件柜3个;安装库房温湿度自动控制系统、库房火灾烟雾报警系统和防磁、防腐、防虫害系统;配备干粉灭火器8个;复印机、打印机、照相机、刻录机、扫描仪、空气消毒机等设备齐全,其配置可安全保存本单位未来30年的档案资料。

9月25日,市工商局组织全体干部职工收看全国工商行政管理系统纪念改革开放30周年和工商行政管理机关恢复建制30周年暨"双优"表彰电视电话会议。

9月26日,市工商局举办信息化知识竞赛,各县级工商局共10支代表队参赛。石门县工商局代表队获得第一名,津市市工商局和鼎城区工商局代表队并列第二名,安乡县工商局、桃源县工商局和汉寿县工商局并列第三名。

9月25—26日,省工商局副局长李沐、监管处处长甘应龙一行到常德市检查问题奶粉清查工作情况。李沐对市工商局查处问题奶粉工作表示满意。

10月10日,市工商局举行工商系统食品安全快速检测大比武,各县级工商局共12支代表队参加比武活动。安乡县、津市市工商局获得第一名,临澧、桃源工商局获得第二名,澧县、鼎城区工商局获得第三名。

10月21日,省工商局局长刘国湘、副局长李沐带领省工商局有关处室人员,在市政府副秘书长马麦秋和市工商局局长胡祖国等陪同下,到武陵分局机关及城南工商所检查工商市场管理费和个体管理费停收和预收款退还工作。

10月23日,全省创建"无传销社区、乡(镇)"试点工作会在常德市召开,会议推介常德市打击传销工作经验。省打击传销联席会议办公室主任、省工商局副局长鲁先华,省综治办、省公安厅、各市(州)工商局、社区有关负责人参加会议。

11月11日,市工商局局长胡祖国带领市工商局监管科、注册分局、法制科、消保科等相关科室负责人做客"市长热线",现场回答群众最为关心的"两费"停征和预收退费、打击传销和落实大学生自主创业优惠措施等问题。

11月6—7日,省工商局在市工商局举办全省工商系统信息化知识竞赛。全省各市(州)工商局14支代表队共56名选手参加比赛。怀化市工商局代表队获得第一名,娄底、岳阳市工商局代表队获第二名,自治州、常德市工商局代表队获第三名。

11月13日,市工商局在九楼会议室召开"常德市工商局优化经济发展环境暨行政责任工作政企恳谈会"。市人大、市政协、市委统战部、市优化办领导,市工商局党组成员及各科室负责人、优化环境监督员及企业代表共80余人参加会议。市优化办副主任、监察局副局长熊连初到会并讲话。

12月,市工商局被市委、市政府授予"创建全国文明城市工作先进单位"称号。

12月1日,全市工商系统统一换发第三代"中华人民共和国工商行政管理执法证",执法证为竖式黑色皮质夹式。

12 月 27 日，根据省工商局党组湘工商干字〔2008〕34 号及省工商局湘工商人字〔2008〕26 号文件，任命周发仁为市工商局党组副书记、副局长，免去张志雄市工商局党组副书记、副局长职务。任命曾遥为市工商局党组成员、副局长。

2009 年

1 月 15 日，市工商局机关举行 2009 年度市工商局机关全体正、副科长及新调进公务员宣誓大会。科长、副科长、新调进公务员先后列队，面向党旗、国徽庄严宣誓，表达对工商事业的热爱和忠诚。

1 月 16 日，中央电视台三鹿奶粉事件曝光后，市工商局加大对非法使用添加剂食品检查力度，联合市食安办对市城区步步高、家润多、大润发等超市部分食品使用添加剂情况开展专项检查，共抽查腊制品、海产品、小食品等几大类 20 多个品种，并对销售问题食品行为立案调查。

1 月 20 日，市工商局机关举行“情系工商、共建和谐”迎新春文艺演出。

2 月 16 日，省工商局授予市工商局 2008 年度“全省工商系统综合考核先进单位”荣誉称号。

2 月 23 日，工商明苑召开业主大会，投票选举产生首届业主委员会成员，刘绍清、李明建分别当选业主委员会主任、副主任。

2 月 27 日，市工商局召开“全市工商行政管理工作”视频会，各县级工商局局长、办公室主任及市工商局机关全体在职人员在市工商局九楼会议室主会场参会，分会场设在各县级工商局视频会议室。

3 月 7 日，在市工商局局长胡祖国、副局长周发仁、工会主席黄继兵带领下，百余名工商干部在市体育中心参加“常德市 2009 年全民健身月启动仪式暨‘中国移动杯’春季长跑活动”。

3 月 10 日，市工商局召开新闻发布会，向社会发布常德市工商行政管理局《关于促进常德经济平稳较快发展的十条措施》。《湖南日报》《潇湘晨报》、常德电视台等 16 家媒体，常德市优化经济发展环境 6 名行风监督员参加新闻发布会。

3 月 10 日，市工商局在市体育中心举行“12315”行政执法体系启动仪式。市人大常委会副主任张启祥宣布活动正式启动。常德市部分行风监督员，全市工商系统“12315”有关工作人员，市工商局机关科室负责人，《湖南日报》《潇湘晨报》、常德电视台等省市 16 家新闻媒体记者共 124 人参加启动仪式。

3 月 13 日，市工商局出动食品检测车对龙港巷农贸市场和沃尔玛超市水发食品和熏腊制品进行突击抽检。

3 月 15 日，由市工商局和市消委联合举办的“消费与发展”年主题宣传活动在市城区步行街举行,并现场受理投诉80余起,回复咨询50起。市人大常委会副主任张启祥、市政府副市长李爱国、市政协副主席张新民出席活动。

3月16—17日,省工商局副局长强国跃带领省工商局有关处室负责人,到市工商局督查调研贯彻落实全省工商行政管理工作会议精神和省工商局《关于促进经济平稳较快发展的若干措施》及推进工商职能转变等情况。调研期间,强国跃一行前往安乡、武陵、桃源县三个县级工商局和基层工商所现场察看。并与武陵、鼎城、德山、临澧、桃源工商局13名工商所所长进行座谈。

3月20日,市工商局公开选拔8名干部到县级工商局任职,20名干部报名竞争,参加法律法规考试、公文写作和即兴演讲等环节考试,陈军、文英等8人列为考察对象。

3月26日,市工商局党组就工商系统深入学习实践科学发展观活动作出总体部署,从2009年3月开始,到2009年8月结束,分学习调研、分析检查、整改落实3个阶段。次日,市工商局召开深入学习实践科学发展观活动动员大会。市工商局全体干部职工、各县级工商局局长、纪检组长、监察室主任近150人参加会议。

4月8日,市政府副市长石谋军一行在市工商局领导陪同下,检查指导市工商局学习实践科学发展观活动,考察市工商局企业档案查询中心、电教中心、信息中心和食品检测室。

4月16日,常德工商行政管理学会第五届理事会会员代表大会在市工商局九楼会议室召开。市工商局机关全体干部职工、各县级工商局工商学会会长、秘书长共计150余人参会。

5月4日,市工商局举行全市首家股权出资企业颁照仪式。市工商局局长胡祖国、副局长周发仁为湖南锦云天投资有限公司颁发营业执照。

5月14日,省工商局副局长李沐、省工商局企业监管处处长王志辉等到桃源县工商局调研工商行政管理机关服务"一化三基"(即新型工业化和基础设施、基础产业、基础工作)工作,市工商局党组书记、局长胡祖国陪同调研。

5月15日,市工商局为湖南洞庭水殖股份有限公司办理名称变更登记,变更为大湖水殖股份有限公司,简称"大湖股份",成为常德市第一家名称不含行政区划的公司。

5月16—19日,市工商局组队参加市直机关工委举办的"欣运杯"乒乓球赛。市工商局代表队罗寅获男子单打第一名;罗寅、张代新、王先文、刘华获得男子团体第三名。

5月27日,市工商局按照学习实践科学发展观活动总体要求召开党组民主生活会。市政府副市长石谋军、省工商局人教处副处长刘建国、市委学习实践活动检查指导组第十组组长向才登、党员群众代表共15人出席会议并督导检查。

6月15日,市工商局举行全市工商系统"'践行科学发展观、开展优质服务年'暨庆'七·一'演讲比赛",12支代表队参赛。石门县工商局盛卫卫获得一等奖;安乡县工商局钟敏和市工商局机关邵超获得二等奖;市工商局机关青松、津市工商局李凌、石门工商局陈军获三等奖。

6月16日,市工商局、市个私协、工商银行常德分行、常德市财鑫担保有限公司联合组织全市 98 家中小企业，在市工商局召开全市促进个体私营经济发展银企融资恳谈会，达成融资意向 1.8 亿元。

6 月 18 日，市工商局老年人门球队在长沙参加湖南省工商系统首届老年人门球赛，荣获第三名。

6 月 24 日，常德市工商系统第一届篮球运动会在石门县体育馆开幕。各县级工商局共 10 支代表队参赛，武陵分局、临澧县工商局代表队分获冠、亚军，澧县工商局、石门县工商局代表队并列第三名。

7 月 2 日。省委学习实践科学发展观驻常德指导检查组组长张汉良一行，在市工商局局长胡祖国、汉寿县委副书记张克武陪同下，视察汉寿县工商局科学发展观学习实践活动开展情况。

7 月 3 日，市工商局按照省工商局统一部署，召开全市工商系统队伍教育整顿动员大会。各县级工商局局长、人教股长、监察室主任及市工商局机关干部职工 120 人参加会议。局长胡祖国作动员报告。省工商局副局长李沐、市政府副秘书长马麦秋、市委学习实践科学发展观活动指导检查组有关领导出席会议并讲话。

7 月 13—14 日，省工商局副局长李沐率省工商局队伍教育整顿督查小组在市工商局副局长周发仁陪同下到汉寿县工商局、西洞庭分局和西湖分局督导检查队伍教育整顿活动开展情况，听取当地党委、政府对工商工作总体评价。

7 月 14 日，在常德市打击传销联合执法行动指挥部牵头组织下，市工商局与多部门整体联动，在武陵区、德山开发区、鼎城区“三区”开展联合打击传销执法行动，共刑事拘留传销头目 51 人，治安拘留 145 人，对收审的 776 人进行集中遣返，现场捣毁一批组织传销网络，解散下线人员近万名。

7 月 16 日，市工商局调整户外广告登记审批管辖权，将武陵区、柳叶湖开发区范围内发布户外广告登记审批管辖权移交武陵分局。委托武陵分局办理常长、常张、常吉高速公路常德段及人行天桥上发布户外广告登记证。

7 月 17 日，市工商局召开全市工商系统贯彻实施《食品安全法》培训工作会议。各县级工商局长、分管副局长、食品安全监管股股长和市工商局机关科级以上干部和食品安全监管专干共 110 人参加培训。组织与会人员系统学习《食品安全法》，明确工商部门监管职责、权利和义务。

7 月 24 日，市工商局召开全市工商局长座谈会议。传达贯彻全国、全省工商局长座谈会议精神；总结上半年工作，安排下半年工作。

8 月 5 日，全市工商系统队伍教育整顿、廉政风险点防范管理暨“五无”监管区创建工作会议在市工商局九楼会议室召开，省工商局队伍教育整顿督查组领导、市工商局领导及市工商局队伍教育整顿督查组成员、各县级工商局局长、市工商局机关科室负责人参加会议。

8 月 10 日，全市工商系统创建“五无”监管区工作现场会在桃源县工商局茶庵铺工商所召开,市工商局全体党组成员、各科室负责人,各县级工商局局长、分管副局长及市属7家新闻媒体记者共100余人参加会议。桃源县委副书记唐汇诰、茶庵铺镇党委书记龚开贵出席会议。

8月15日,省工商局副局长阳芳华带领省工商局消保处一行3人到常德督查食品安全和两节市场食品安全工作。市工商局局长胡祖国、副局长晏丰儒陪同检查。

8月16日,省工商局队伍教育整顿督导组李沐副局长一行参加并指导市工商局党组民主生活会和民主测评会。市工商局机关全体干部,各县级工商局党组书记、局长,党组副书记及纪检组长参加测评大会。

8月18日,市工商局联合湖南文理学院和光荣路社区开展“拒绝传销进校园、进社区”活动,市政府副秘书长马麦秋和市工商局全体局领导参加活动。

8月19日,市工商局召开建设人民满意机关暨队伍教育整顿座谈会。省工商局副局长李沐、市政府办副主任兼建设人民满意政府办公室主任蔡新、10位政府监督员、市工商局领导、队伍教育整顿督导组组长及各科室负责人参加座谈。

8月25日,市工商局与湖南省经纪事务所联合举办一般经纪人执业培训班,64名经纪人参加培训并参加执业资格考试,并获得职业资格。

8月29日,市工商局、常德市第一人民医院、常德益丰大药房联合举办“支援社会主义新农村建设暨专家义诊、访贫问苦”活动。市工商局班子成员、科室负责人、局机关青年团员参加活动,向鼎城区白鹤山乡东山村捐赠药品1万元,为困难大学生发放慰问金5600元。

8月30日,市工商局组织代表队参加常德市第五届运动会,石门县工商局干部覃伟获“男子登山个人(乙组)第一名”。

9月2日,省工商局副局长李沐一行3人在市工商局局长胡祖国、副局长潘忠良陪同下,对石门县工商局队伍教育整顿工作进行督导检查,并走访湖南双佳农牧科技有限公司和湖南石门特种水泥有限公司,听取公司负责人对工商部门在支持企业扩大生产规模、创立名优品牌等情况汇报。

10月12日,湖南省治理“小金库”领导小组组长周柏发一行8人到市工商局检查工作。

10月26日,省工商局副局长周森保一行到市工商局调研“一化三基”工商联络员及商标品牌工作,并深入常德水表制造有限公司和湖南湘鲁万福农产品有限公司实地考察,市工商局局长胡祖国、副局长周发仁陪同调研,

10月30日,省档案局副局长胡振荣在省工商局副局长强国跃陪同下对市工商局综合档案规范化管理进行晋级评估,评估认定市工商局综合档案室晋升为省特级。

11月12日,市工商局机关举行创满意机关演讲比赛,唐鹏程获一等奖。常德市政府创满意机关办公室主任蔡新和市委文明办主任王子平观看比赛。

11月17—18日,国家工商总局消保局副局长黄建华一行在省工商局副局长阳芳华、市政府副市长李爱国、副巡视员叶培明等陪同下,对全市流通环节食品安全、“家电下乡”、市场

专项整治工作进行督查。

11 月 18 日，国家工商总局纪检组长石见元在省工商局纪检组长余云彩陪同下到市工商局考察，市工商局局长胡祖国汇报工作。

11 月 24—27 日，省工商局队伍教育整顿检查验收组到市工商局检查验收，并抽查鼎城、桃源、石门三个县级工商局，常德市获得 103 分，在全省各市州工商局中名列前茅。

11 月，市工商局委托国家统计局常德调查队对市工商局机关和 12 个县级工商局开展“常德市工商行政管理局创建人民满意机关满意度测评”调查，调查结果满意度为 92.1%。

12 月 6 日，市工商局完成首篇《常德市市场主体发展报告》编纂工作，熊全广担任主编，该报告报送市委、市政府和市直有关部门、领导阅示后，受到极高评价。之后，编纂上报市场主体报告成为市工商局每年常态工作。

12 月 11 日，市工商局在市政务中心工商登记窗口设立“残疾人办证优先窗口”。此举在全市尚属首次，受到残疾人士欢迎。

12 月 21 日，市工商局在九楼会议室举办烟、酒识假打假培训会。公平交易、消保、商广、市场规范管理、法规机构相关打假执法人员共 70 多人参加培训。

2010 年

1 月 4—7 日，省工商局副局长、全省工商系统绩效考核评估组副组长鲁先华一行 9 人对市工商局 2009 年度工作进行考核，市政府副市长李爱国陪同考核。

2 月 1 日，市工商局被省工商局评为 2009 年度全省工商系统绩效考核先进单位。

2 月 5 日，市工商局机关全体干部职工和离退休人员共 130 人在常德市百家演艺厅举办迎新春文艺演出。

3 月 4 日，全省工商系统 2010 年度“红盾护农”电视电话会议在长沙召开。市工商局设立分会场，局长胡祖国在分会场作表态发言。

3 月 5 日，市政府市长陈文浩在副秘书长马麦秋陪同下到市工商局调研，明确拨付给市工商局打假经费 30 万元。

3 月 7 日，常德市工商行政管理工作会议在芷园宾馆召开。市政府市长陈文浩、省工商局副局长鲁先华、市人大常委会副主任张启祥、市政协副主席张新民和各区县(市)分管工商工作副区县(市)长等领导出席会议。

3 月 11 日，全省工商系统“责任、使命”先进典型巡回报告会在市工人文化宫举行。巡回报告团由省工商局副局长强国跃领队，全省工商系统 12 名先进典型作先进事迹报告，常德市工商系统近 600 人参加报告会。

同日，常德工商系统 2010 年“红盾护农”农资打假专项行动启动仪式在市体育中心举行。省工商局副局长强国跃、市人大常委会副主任石成林、市政府副市长徐万发、市政协副主席彭明健等出席启动仪式。全市工商系统近80人、40台执法车辆参加启动仪式。

3月12日,市工商局在市工人文化宫召开常德市2009年度获得“中国驰名、省著名、市知名商标”企业、“守合同、重信用”单位,“消费者信得过单位”授牌大会。市委常委、市委统战部部长、市消委名誉会长李爱国,市人大常委会副主任文承保,市政协副主席朱传宏等出席会议。全市工商系统有关人员及所有授牌企业和2009年度消费者权益保护工作先进单位、先进个人近600人参加会议。

3月16日,市工商局荣获“常德市十佳人民满意机关”第二名,局长胡祖国荣获“常德市十佳人民满意公仆”第一名。

3月26日,广州市工商局专业市场管理局局长夏会臣一行15人到市工商局考察学习专业市场管理经验,局长胡祖国、副局长曾遥陪同。

3月27日,根据省工商局党组湘工商干〔2010〕12号、省工商局湘工商人字〔2010〕5号文件,任命刘从宏为市工商局党组成员、副局长,免去潘忠良市工商局党组成员、副局长职务。

4月1日,全市工商系统“爱岗敬业、依法监管、优质服务、争先创优”首场宣讲教育课在桃源县工商局开课,桃源县工商局组织干部职工186人听课。

4月15日,西安市工商局政治部主任一行5人到市工商局学习队伍教育整顿工作。

5月10日,市工商局局长胡祖国,副局长周发仁带领企业监管和档案管理人员前往湖北荆州市工商局学习移动监管和档案管理工作经验。

5月20日,市工商局召开全市工商系统服务“一化三基”创满意机关工作会议。省工商局副局长李沐、市政府满意办主任蔡新、市政府满意机关监督员、各县级工商局局长、分管局长、办公室主任、“一化三基”工作办公室负责人、市工商局机关全体人员参加会议。

5月20—26日,省物价检查组一行6人对市工商局行政事业性收费(年检费、变更费)、信息中心经营服务收费(红网收费)进行检查。

5月24—27日,全市工商系统“工商杯”羽毛球、乒乓球运动会在安乡举行。省体育局、安乡县委、市体育局部分领导,市工商局领导及参赛选手参加开幕式。武陵分局获乒乓球团体和男、女单打金牌,汉寿县工商局获羽毛球团体冠军。

6月2日,省工商局副局长李沐一行5人到市工商局调研工商所设置情况,并前往安乡、津市工商局现场听取情况汇报,市工商局副局长周发仁陪同调研。

6月9日,市工商局、市打击传销办公室、市职业技术学院联合组织在市职业技术学院举行“防止传销进校园”宣传教育活动,省工商局经检总队队长毛爱伦现场观摩并指导活动。

6月9—10日,全市工商系统首届“红盾杯”老年人门球赛在市体育中心康乐园门球场举行。市老年人体育协会主席刘昌进、省工商局老干处处长刘光华、市老干局副局长石林、市体育局副局长何英杰等出席开幕式。

6月21日,市工商局在局机关九楼会议室召开全市工商系统基层党组织和党员深入开展创先争优活动暨队伍教育整顿“回头看”动员大会。市工商局机关全体人员、县级工商局局长及分管人事工作的副局长、人教股股长参加会议。

6 月 30 日，全市工商系统举行争先创优庆“七一”文明礼仪知识竞赛，各县级工商局组成 10 支代表队参赛。武陵分局代表队获一等奖，汉寿县、石门县工商局代表队获二等奖，澧县、鼎城区、临澧县工商局代表队获三等奖。

7 月 1 日，市工商局机关正式启动网上绩效考核系统，施行网上绩效考核。

7 月 2 日，市工商局机关召开全市工商系统创建“五无”监管区工作会议，市政府副秘书长马麦秋、省工商局副局长强国跃、办公室主任卓精华出席会议。

7 月 5 日，全市工商系统推行“行政许可事项告知一口清”经验交流会在澧县政务中心召开，市工商局局长胡祖国，副局长刘从宏、徐巨波，市行风监督员，市政务中心、市满意办等单位负责人参加会议。

7 月 13 日，市工商局局长胡祖国召集武陵分局、德山分局、鼎城区工商局班子成员就市城区农贸市场创建工作进行专题调度，会后形成《关于建立长效机制，整治农贸市场“脏、乱、差”问题的调查与思考》的调研报告，市委、市政府领导作重要批示。

7 月 26—29 日，省工商局副局长周森保带领财务处处长、商广处处长、信息中心主任等一行 5 人到常德市调研和检查指导工作。对澧县、津市、鼎城、德山、西洞庭等县级工商局基建维修进行实地考察安排。市工商局领导胡祖国、周发仁、徐巨波陪同调研。

8 月 25 日，省工商局下发湘工商干〔2010〕26 号及湘工商人〔2010〕20 号文件，任命徐巨波为市工商局副局长，欧阳平安为市工商局党组成员、纪检组长，免去徐巨波市工商局纪检组长职务。

8 月 30 日，省工商局工作督导组在常德市工商局九楼会议室召开市工商局队伍教育整顿“回头看”活动满意度测评大会。市工商局机关全体干部职工，部分人大代表、行风监督员、企业和个体工商户代表 105 人参加会议。

9 月 15 日，市政府办、市长热线办、市政府网站负责人一行 7 人到市工商局调研“12315”申诉举报中心工作。市工商局局长胡祖国、副局长徐巨波参加汇报。

9 月 29 日，应邀出席 2010 年度湖南经济合作洽谈会暨第四届湘商大会的国家工商总局副局长钟攸平，在省工商局局长刘国湘、副局长鲁先华，市政府领导罗宏全及市工商局局长胡祖国陪同下考察常德市工商行政管理工作。其间，钟攸平听取了市工商局局长胡祖国工作汇报，考察了市工商局“12315”指挥中心、荣誉室、综合档案室、多媒体电教室，并深入桃源县工商局陬市工商所慰问离退休老干部。

9 月 30 日，省文明办副主任李晓平一行在市委常委、市委宣传部部长覃清香陪同下，到市工商局现场考察省级文明单位创建情况。

10 月 18 日，省工商局与中国工商银行湖南省分行，省个私协联合举办“2010 湖南省促进个体私营经济发展银企融资洽谈第二次签约会”，常德分会场共有 96 个单位上台签约，融资贷款额达 12.96 亿元。

10 月 21 日,桃源县工商局理公港工商所干部肖清河被市文明办评为常德“见义勇为身边好人”。

10 月 28 日—11 月 4 日,市工商局局长胡祖国率各县级工商局局长、相关科室负责人一行 16 人赴山西怀仁县工商局、新疆水磨沟工商局考察学习监管执法、信息化建设和绩效考核工作。

11 月 16 日,市政协主席刘春林率领市政协第三十七次主席会议与会领导在市政府副市长沈习淼陪同下视察市工商局实施商标品牌战略工作。

11 月 17 日,湖南省打击传销督查小组组长陈曙光一行到常德市考察打击传销工作。市打击传销办公室副主任、市工商局副局长曾遥就全市打击传销工作作专题汇报。

11 月 26 日,市人大常委会主任刘本之率领市人大常委会成员考察市工商局,市政府副市长沈习淼陪同考察。

12 月 2 日,国家工商总局数据质量检查督导组付湘林一行,在省工商局信息中心主任江卫国等陪同下,对市工商局信息化数据质量进行检查验收。

12 月 6 日,湖北省荆州市工商局一行 10 人到常德市工商局交流学习。

12 月 27—29 日,省工商局副局长阳芳华率省工商局处室负责人和部分地州市科长一行12 人到市工商局进行年终绩效考核评估,先后走访市政府办、市纪委及市直工委纪工委,抽检鼎城区工商局和澧县工商局工作。

2011 年

1 月 16 日,市工商局被省工商局评为 2010 年度全省工商系统绩效考核第一名。

1 月 17 日,市工商局被市委、市政府评为 2010 度市直机关效能建设与优化经济环境工作先进单位。

1 月 19 日,省工商局副局长寇勇到市工商局慰问离退休老同志。

1 月 25 日,市工商局在市博物馆举办市工商局机关第八套全民广播体操比赛。监管科获第一名,信息中心获第二名,人教科获第三名。

1 月 26 日,市工商局在桃花源剧场举行 2011 年度“我健康,我快乐,心系工商”春节联欢会。

2 月 18 日,市工商局政务中心窗口被市委精神文明建设指导委员会授予“2010 年度常德市文明窗口”称号。

2 月 22 日,市工商局调整下放行政许可权限,明确自然人投资住所在武陵区、注册资本在 200 万元以下的有限责任公司的登记, 企业名称与区名称连用的内资企业名称,《食品流通许可证》的发放等由武陵分局受理。

2 月 24 日，市工商局召开 2011 年全市工商行政管理工作会议，市政府副市长沈习淼出席会议并讲话，市长陈文浩作批示：希望工商部门继续发扬敢为人先、争创一流的精神，为建设现代常德、幸福家园做出更大贡献。

2 月 28 日，市政府市长陈文浩考察市政务服务中心工商窗口，充分肯定工商部门取得的成绩。

3 月 10 日，福建省厦门市湖里区工商局纪检组长陈则彦一行 8 人到常德市工商局考察信息化建设、档案规范化管理工作。

3 月 15 日，在全市建设人民满意政府工作会议上，市工商局再次被授予“十佳人民满意机关”称号，局长胡祖国再次被授予“十佳人民满意公仆”称号。

3 月 16 日，市工商局被湖南省文明委授予“省级文明单位”荣誉称号。

3 月 18 日，市工商局荣获全市“全民健身先进单位”称号。

3 月 21 日，全市工商系统党风廉政建设暨建设人民满意工商工作会议在市工商局九楼会议室召开，各县级工商局局长、纪检组长、监察室主任、信息中心主任、市工商局机关全体干部职工共 150 余人参加会议。

3 月 22 日，市工商局获得常德市 2010 年度城市管理工作“红旗单位”荣誉称号。

3 月 29 日，共青团常德市委、常德市工商局联合举办的“长沙银行杯”常德市“十大杰出青年企业家”、“十大杰出创业青年”评选活动正式启动，各区县(市)团委书记、各县级工商局分管局长共 30 余人参加会议，共青团常德市委书记杨昶出席会议并讲话。

4 月 6 日，全国政协常委、经济委员会副主任、原国家工商总局局长王众孚一行到常德考察、调研经济工作和旅游市场监管工作，省工商局副局长强国跃、市政府副市长沈习淼、市政协副主席韦绍斌、市工商局局长胡祖国等陪同考察。

4 月 7 日，市工商局机关青年干部学习班在市工商局三楼会议室首场开课，市工商局机关 40 岁以下青年干部共 43 人参加学习， 市工商局局长胡祖国出席开班仪式并要求青年干部通过系统学习，达到“六会”，即：会服务、会监管、会维权、会办案、会电脑、会协调。

4 月 11 日，全市工商系统推行工商证照邮寄送达便民举措正式启动。

4 月 25 日，市城区农贸市场创建办点示范流动现场会在芷兰农贸市场召开。市政府副市长朱晓平、市政府副秘书长张跃华出席会议，听取市工商局建立“示范市场”工作汇报，并在市工商局局长胡祖国、副局长刘丛宏陪同下，视察芷兰农贸市场。市工商局相关科室及个私协负责人，武陵及德山分局、鼎城区工商局局长，城区工商所所长，城区 15 家农贸市场负责人和文明经营户代表共计 70 人参加流动现场会。

5 月 5 日，全省工商系统信息化工作经验交流会在常德市城区金悦国际大酒店召开。市工商局局长胡祖国作《加强档案信息化建设，推进工商行政管理事业科学发展》典型发言。

5 月 9 日， 湖南省财政厅通报 2010 年度省直行政事业单位非税收入票据年检情况，市工商局被评为年度票据管理优秀单位。

5 月 18 日,市工商局组队 41 人参加常德市第四届市直机关运动会“体彩杯”第八套广播体操比赛,获得第二名。

同日,全市城区农贸市场创建及长效管理制度建设调度会在市工商局召开,市政府副市长朱晓平主持会议,市委常委、市政府常务副市长刘小明讲话。

5 月 19 日,市工商局组织 12 名队员参加常德市第四届市直机关运动会“体彩杯”登山比赛,获团体第一名。

6 月 1—2 日,市工商局局长胡祖国、纪检组长欧阳平安带领市工商局办公室、人教科、财务基建科、纪检监察室、信息中心和武陵分局相关人员共 11 人,到岳阳市工商局学习考察信息化建设、岗位绩效考核和农贸市场管理工作模式与经验。

6 月 1 日,市工商局在《食品安全法》实施两周年之际,在市城区步行街开展主题为“严厉打击食品非法添加行为,保障人民群众饮食安全”食品安全宣传活动。市委常委、市政府常务副市长刘小明、市政协副主席张新民、市食安办主任贺圣国到现场观看宣传展板。

6 月 3 日,市工商局、市个私协、市工商银行在华都大酒店联合主办 2011 年湖南省促进个体私营经济发展银企融资洽谈签约会,并成功签约 9.77 亿元。

6 月 9 日,市工商局聘请李建春等 16 位不同行业的代表担任市工商局行风监督员。

6 月 10 日,上海市工商局闵行分局副局长钱杰仁率队 9 人到常德市工商局考察交流工作。

6 月 23 日,全市工商系统在常德卷烟厂职工俱乐部举行庆“‘七一’颂歌献给党”歌咏比赛,全市工商系统共 600 余人参加比赛,市工商局机关获得一等奖。

6 月 28 日,市工商局组成 100 人方阵参加市委、市政府庆祝中国共产党成立 90 周年大型歌咏晚会,市工商局演唱的《苗岭连北京》获金奖。

7 月 1 日,市工商局局长胡祖国带领机关青年干部一行 37 人到“全国爱国主义教育基地”——临澧县修梅镇凉水井村参观林伯渠故居。

7 月 26—28 日,市工商局局长胡祖国连续三天分别在市长热线、行风热线、市信访接待室接听市民来电、受理投诉、处理问题。

8 月 12 日,市直机关工委在市工商局九楼会议室举行“对人民负责,为人民服务,受人民监督,让人民满意”主题演讲赛,市工商局干部杨文斌获得二等奖。

8 月 21—26 日,省工商局在长沙举办全省工商系统“12315”培训班暨知识竞赛活动,市工商局代表队获三等奖。

8 月 31 日,根据全国工商系统对口支援新疆工作座谈会议精神,新疆吐鲁番地区工商局 6 名干部到市工商局进行为期 1 个月的挂职锻炼。

9 月 15 日,市政协副主席、市工商联主席、市创建办市场管理组组长陈伟俊在市工商局召开农贸市场、商场(超市)迎国检冲刺专题调度会。市工商局副局长刘从宏参加会议。

9 月 16 日,省委编办彭范知处长在省工商局人教处处长韦翔陪同下调研常德工商系统机构编制情况。

9月22日，市委书记卿渐伟到市工商局主持召开市直机关党的建设座谈会，并听取市直机关工委、市工商局、市财政局等8家市直部门党建工作汇报。

9月23日，市工商局在市城区国际大酒店三楼多功能厅举办“我们是一家人”联谊晚会，欢送新疆吐鲁番地区工商局6名挂职锻炼干部返疆。市工商局局长胡祖国致辞，新疆吐鲁番地区工商局副局长谢继强致答谢辞。

9月27日，市工商局召开新闻发布会。局长胡祖国就《常德市人民政府关于进一步加强工商行政管理工作的意见》和《常德市人民政府办公室转发〈市工商局关于推进全民创业促进经济发展的十二条措施〉的通知》两个文件内容向媒体进行解读，并回答省、市媒体记者提问。

10月10日，“湖南省人民满意公务员集体”考察组到市工商局进行考察，省工商局纪检组长王平陪同考察，市工商局局长胡祖国作工作汇报。

10月19日，市工商局在常德经济技术开发区与市行风热线联合举办“工商局长与您面对面”户外访谈节目，局长胡祖国参与访谈。市委副巡视员、常德经济技术开发区工委第一书记魏立刚、常德经济技术开发区管委会副主任熊清平、市纪委纠风办主任徐超云出席访谈。

10月25日，全市打击传销工作会议在市城区国茂大厦召开。市打击传销工作领导小组各成员单位负责人、各区县(市)政府分管领导、工商、公安分管局长等100人参加会议。市打击传销领导小组办公室主任、市工商局局长胡祖国作工作报告，市政府副市长沈习淼出席会议并讲话。

10月28日，市工商局组织50人方队，参加中央电视台《激情广场》在柳叶湖广场举行的群众性歌咏活动。

11月1日，市工商局纪检组长欧阳平安带领青年干部到鼎城区白鹤山乡东山村开展帮扶活动。走访了10户村民，并把市工商局机关全体干部职工捐赠的农资和200余件衣物发放到困难群众手中。

11月10日，常德市“巾帼建功”活动领导小组负责人刘珍一行对市政务中心市工商局窗口创建市级“巾帼文明岗”工作进行检查验收，检查组对市政务中心工商局窗口工作给予高度评价，认为窗口符合市级“巾帼文明岗”创建要求。

11月14日，市工商局在市文化宫电影院开展打击传销教育展览，布置展板100块、发放资料1000份。市城区部分大中专院校组织学生观看。

11月18日，全市工商系统“红盾杯”健美操暨广播体操比赛在市老体育馆举行。各县级工商局组成11支代表队参赛，武陵分局、鼎城区工商局、桃源县工商局代表队分获第一、二、三名。

11月19日，工信部信息安全协调司副司长欧阳武一行到市工商局考察调研信息化工作。市工商局领导胡祖国、徐巨波、欧阳平安陪同考察调研。

12月1日，市委常委、市委宣传部部长刘进能到市工商局机关宣讲十七届六中全会精神，市工商局机关全体干部职工参加宣讲会。

12月12—14日，省工商局副局长鲁先华率省工商局年终绩效考核小组到市工商局进行绩效考核。在局长胡祖国陪同下，考察芷兰农贸市场、新一村农贸市场和市政务中心工商窗口，抽查汉寿县工商局绩效考核管理工作。

12月20日，市工商局举行机关空缺副科级领导职务暨公开招录公务员竞争上岗考试，通过法律知识考试、命题作文考试和脱稿演讲环节，刘蓉等4人被确定为市工商局机关竞争上岗副科级领导职位考察对象，张海舟等4人被确定为市工商局机关工作考察录用对象。

12月22日，市委副秘书长马列文、市委办副主任刘湘宁一行到市工商局调研信息化工作。

12月27日，省工商局副局长阳芳华到常德慰问离退休老干部、困难干部职工家庭和先进模范代表。

12月30日，湖南省档案局副厅级纪检员王小坤一行到市工商局检查指导档案工作。

2012年

1月10日，市法制办主任、市建设人民满意政府办公室副主任于汉卿带领考核人员到市工商局检查2011年度建设人民满意机关工作。

1月16日，市工商局在市城区芙蓉大酒店桃花源剧场举办2012年机关春节团拜联欢会。

2月1日，省工商局副局长李沐率领省工商局相关处室负责人到市工商局调研企业信用分类监管、办公自动化及信息数据库建设工作。

2月6日，市政府副市长沈习淼、副秘书长陈彰波一行到市工商局调研商标品牌建设工作。

2月8日，市政府市长陈文浩一行到市工商局考察建设人民满意政府工作，局长胡祖国陪同考察并汇报工作。

2月17日，市工商局被省工商局评为2011年度全省工商系统绩效考核先进单位。

2月18日，市工商局被省委、省政府授予“湖南省人民满意的公务员集体”荣誉称号。

3月7日，全市工商行政管理工作会议在市城区国际大酒店召开。各区县(市)分管工商工作副区县(市)长，县级工商局局长、办公室主任，市工商局机关全体干部职工共166人参加会议。局长胡祖国作工作报告，市政府副市长沈习淼出席会议并讲话。

3月14日，全市工商系统法治常德建设工作动员大会召开。会议邀请市中级人民法院副院长彭世理作法治常德专题报告。

3月15日，由市消委、市工商局、市质监局联合主办，庆祝“3·15”国际消费者权益日暨“消费与安全”年主题活动在市城区步行街正式启动。市人大常委会副主任张启祥、市政协副主席张新民出席仪式。

3月19日，市工商局局长胡祖国带领市工商局机关青年干部17人，到市工商局新农村建设联系点桃源县桃花源镇高田村走访慰问，并为困难群众送去慰问金和慰问品。

3月21日，市政府授予市工商局“十佳人民满意机关”称号和“全市建设人民满意政府”标兵单位称号。

3月22—23日，省工商局副巡视员赵拓率广告处、老干办、干部培训中心一行5人到市工商局检查基层工商所基础工作，市工商局局长胡祖国陪同检查。

3月29—31日，省工商局副局长于云彩到常德调研著名商标、知名商标申报工作并到企业进行实地考察，市工商局局长胡祖国、副局长周发仁陪同考察。

4月9日，市工商局副局长晏丰儒带领市工商局监管科人员赴贵州、重庆学习企业信用分类监管工作。

同日，市工商局副局长徐巨波带领各县级工商局信息中心主任赴上海市工商局青浦分局学习信息化和档案管理工作。

5月4日，市工商局召开办理人大代表建议及政协委员提案工作座谈会，市政协副主席张新民、提案委主任丁为胜、市政府办副主任宁毅刚和市政协部分委员出席座谈会。市工商局领导胡祖国、晏丰儒、徐巨波、欧阳平安参加座谈。

5月10日，市工商局召开《常德市工商行政管理志》编纂工作会议，市工商局工商志编纂工作领导小组组长胡祖国及领导小组成员、编纂办公室编纂人员，各县级工商局局长、办公室主任参加会议。市方志办副主任周华辉出席会议并对修志工作进行理论辅导。

5月14—19日，市工商局副局长周发仁带领团员青年一行17人赴贵州遵义考察学习。

5月16日，市政协一号提案《关于加大工作力度，加快推进商标品牌战略》督办会在市工商局召开。市工商局局长胡祖国、副局长徐巨波、纪检组长欧阳平安参加会议。

5月24日，安徽省滁州市政协副主席徐崇华、滁州市工商局局长沈成明到市工商局考察支持全民创业工作。市工商联主席陈伟俊、市工商局局长胡祖国陪同考察并介绍工作情况。

6月14日，市委法治现场会在市芷园宾馆召开，会议组织200家与会单位负责人到市工商局参观法治常德建设工作，局长胡祖国现场汇报并作会议典型发言。

6月26日，市政府副市长汤向荣、市食安办主任贺圣国到市工商局检查食品安全监管工作。

6月27日，为期1周的湖南省工商系统处级干部培训班在深圳市国家工商局总局行政学院开班，局领导胡祖国、晏丰儒、刘从宏、欧阳平安参加培训。

7月19日，市工商局局长胡祖国、副局长晏丰儒分别参加市长热线、市信访局现场接访，现场回答群众提问。

7月31日，由市工商局牵头组织的全市查处取缔无证无照经营工作联席会议在市城区国茂大酒店召开,市工商局、国税局、地税局、公安局、法制办等部门负责人参加会议。市政府副市长沈习淼、副秘书长陈彰波出席会议。

8月3日,全市工商系统“喜迎十八大,红心永向党”爱国歌曲大家唱歌咏比赛在市工人文化宫举行。市工商局机关和各县级工商局组成12支代表队近700人参加比赛。津市市工商局代表队获一等奖,武陵工商分局代表队、澧县工商局代表队获二等奖,桃源县工商局代表队、石门县工商局代表队、汉寿局代表队获三等奖。

8月13日,上海市工商局浦东新区分局宣传处处长杜中友一行6人到市工商局交流创先争优工作。

8月15日,省工商局副局长李沐一行7人到市工商局调研企业信用分类监管工作。

8月20日,全省工商系统依法行政暨法制工作会议在汉寿县召开,省工商局副局长于云彩出席会议,全省各市州工商局分管副局长、法制科长参加会议。

8月22日,国家工商总局信息中心总工程师石跃军、省工商局副巡视员赵拓一行到市工商局检查指导工作。

8月28日,市工商局“道德讲堂”第1期开讲,邀请湖南省道德模范沈国初作题为《斑马线上写人生》典型报告。市工商局机关全体干部职工参加报告会。

9月5日,全省工商系统市场主体信用分类监管工作座谈会在汉寿县召开,省工商局副局长李沐出席会议,市工商局领导胡祖国、晏丰儒参加会议。

9月14日,应市委党校邀请,市工商局副局长曾遥为市委党校处科级领导干部秋季培训班学员讲授食品安全课。

9月18日,市工商局机关全体干部职工到武陵监狱开展现场警示教育活动。

9月20—21日,省档案局科技处处长白明标一行6人到市工商局对“工商行政管理专业档案整理规范设计”课题进行评审,并获得通过。省工商局、市档案局有关人员参加评审。

9月21日,由常德市政务中心主办,市工商局承办的“工商杯”迎中秋庆国庆、喜迎“十八大”羽毛球比赛在市亚太羽毛球馆举行。

9月24—25日,省工商局党组成员、纪检组长王平一行4人到市工商局调研。

9月26日,全市工商系统“迎中秋庆国庆,喜迎十八大”登山比赛在太阳山举行。石门县工商局覃伟、武陵分局刘彦玲分获男女组冠军,石门、临澧、汉寿县工商局分获团体前三名。

10月9日,山东省烟台市工商局副局长王烜一行到市工商局考察交流食品安全电子监管工作。

10月12日,全市工商系统法律知识竞赛在市工商局机关九楼会议室举行。市工商局机关代表队一队获得一等奖,桃源县工商局代表队、津市市工商局代表队获得二等奖,武陵分局代表队、鼎城区工商局代表队、市工商局机关二队获得三等奖。

10月13日,省文明办副主任姚伟红一行到市工商局检查验收“省级文明标兵单位”创建工作。市委宣传部副部长向美华陪同检查。

10 月 15 日，省政协常委、省工商局原局长程咏斌一行到常德调研商标品牌工作，省工商局副局长于云彩陪同调研，市工商局领导班子集体汇报工作。

10 月 18—19 日，省工商局局长李金冬到常德调研。市委书记卿渐伟，市政府市长陈文浩，市委常委、市委秘书长黄清宇，市政府副市长沈习森陪同调研。

10 月 26—27 日，贵州省工商局市场诚信监管处处长佘源一行 8 人到市工商局考察市场主体信用体系建设和企业信用分类监管工作，省工商局企业监督管理处副处长盛富权陪同考察。

10 月 29 日，国家工商总局原法规司司长王学政在省工商局巡视员周森保、法规处处长李首红、信息中心主任江卫国等陪同下到常德考察工作。

10 月 31 日，市工商局局长胡祖国、副局长曾遥赴江苏淮安工商局学习流通环节食品安全监管系统建设工作。

同日，市直属机关工委在太阳山举行登山比赛。市工商局代表队石门县工商局覃伟、武陵工商分局刘彦玲分获男子组第一名和女子组第二名。

11 月 7 日，省工商局人教处副处长袁卫东一行 4 人到市工商局对领导班子进行测评，组织推荐一名副调研员和一名工会主席考察对象。

11 月 9 日，省妇联事业发展部部长陈立荣一行 6 人在市政务中心副主任杨军武等陪同下，对常德市政务中心工商窗口省级“巾帼文明岗”创建工作进行检查验收。

11 月 15 日，省政府副省长盛茂林在省政府副秘书长谈敬纯，省工商局局长李金冬、副局长阳芳华，省人大教科文副主任委员万伏秀，省财政厅巡视员王新国，省卫生厅副厅长林安弟，市政府市长陈文浩，市委副书记宋冬春，市政府常务副市长刘小明，市人大常委会副主任张启祥及市工商局全体班子成员陪同下到常德调研考察市工商局流通环节食品安全电子监管试点工作。专题听取市工商局关于流通环节食品电子监管工作情况汇报，查看食品安全电子监管系统、“12315”消费者申诉举报网络、综合档案室，并对丰采超市、百姓超市及相关食品批发企业进行实地考察。

11 月 17 日，国家工商总局格式合同条款整治工作检查组一行 6 人到市工商局考核检查，省工商局市场处处长贺然陪同检查。

11 月 20 日，常德市“十佳人民满意公仆”优秀事迹报告团在市工商局机关九楼会议室举行报告会。报告会由市满意办副主任蔡新主持，市工商局机关、武陵分局、德山分局、鼎城区工商局共 150 余人参加报告会。

11 月 27 日，国家工商总局消保局巡视员王庆十一行 5 人到市工商局检查消费者权益保护工作，省工商局副局长阳芳华陪同检查。

11 月 28 日，全国工商、消协系统新闻摄影研修班暨“康宝莱”杯新闻摄影创作比赛在市工商局九楼会议室开班。国家工商总局消费者权益保护局巡视员王庆十、国家工商总局新闻宣传中心处长蔡军、中国消费者报社副总编辑李晓光、省工商局副局长阳芳华、市工商局局长胡祖国等出席开班仪式。

11月29日,由市文明办、市工商局牵头组织的“2012年度星级文明农贸市场评选工作会议”在市工商局3楼会议室召开,市文明办、市工商局、市商务局、市财政局、市城管局、市消防支队负责人参加会议。市工商局副局长刘从宏主持会议。

11月30日,由市人大代表、政协委员、政府监督员、行风监督员、市法治常德建设工作领导小组办公室、市政府满意办及市政府法制办组成7人检查组,对市工商局行政执法工作进行公开评议。市工商局领导及行政执法科室主要负责人共30余人参加会议。检查组对市工商局行政执法案卷表示满意。

12月2日,市工商局局长胡祖国赴北京参加常德市委组织部主办的清华大学常德市领导干部公共管理高级研修班学习。

12月19—21日,省工商局副局长寇勇带领省工商局绩效考核考评组一行10人到市工商局进行年终实地考核,市政府副市长沈习淼参加考评组碰头会。考评组充分肯定了市工商局各方面工作成绩,同时指出市工商系统在证照悬挂、办案程序、固定资产管理等方面有待进一步规范。

第一篇《

机构队伍建设与财务资产管理

第一篇　机构队伍建设与财务资产管理

1989—2012 年，市工商局先后经历了“城区工商局改分局”“市场管办脱钩”“工商所重新核定编制”“省以下工商机关垂直管理”和“小局大所”等重大改革，职能范围不断拓宽，工作任务日益繁重，管理体制不断理顺。24 年间，全市工商系统不断创新干部队伍管理模式，狠抓基层工商工作规范化和精神文明建设，塑造一支业务精通、作风过硬、依法行政的工商干部队伍。

第一章　行政管理机构

第一节　常德市工商行政管理局

一、机构沿革

1988 年 8 月，由于常德地区撤区建市，“常德地区工商行政管理局”更名为“常德市工商行政管理局”。同年 10 月 13 日，根据市委、市政府常通字〔1988〕11 号文件和市委办、市政府办常办发〔1988〕3 号文件要求，市编委印发常编发〔1988〕63 号文件同意市工商局内设办公室、市场管理科、工商管理科、个体经济管理科、商标广告管理科、经济合同管理科等 6 个职能科室。同年 11 月 25 日，市工商局根据市编办常编办发〔1988〕29 号文件，增设政工科。

1989 年 1 月 12 日，市编办印发常编办发〔1989〕10 号文件，同意市工商局设立“常德市直属企业登记管理所”，为市工商局下属正科级独立事业单位，负责市属企业、中央和省属企业在全市范围内设立的分支机构及外地驻常企业登记发照和监督管理。同年 3 月 26 日，根据市编办常编办直〔1989〕35 号文件“个体经济管理科”更名为“个体私营经济管理科”。同年 7 月 25 日，根据省政府办公厅湘政办〔1989〕17 号文件规定，市辖区工商局改为市工商局直接领导的分局。同年 7 月 27 日，根据市编办常编办直〔1989〕53 号文件，市工商局成立“常德市直属市场管理所”，为科级单位管理的独立事业单位。同年 11 月 2 日，根据市政府办公室常政办通〔1989〕72 号文件，“武陵区工商局”更名为“常德市工商行政管理局武陵分局”。

1990 年 2 月 8 日，省编委下发湘编〔1990〕5 号文件批复，同意将原武陵分局 11 个行政编制和 83 个事业编制上收到市工商局直接管理。同年 2 月，市编委同意市工商局将财务工作从办公室划出,单独成立财务科。同年6月18日,市编办印发常编办直〔1990〕45号文件,批准将“常德市工商行政管理局武陵分局”更名为“常德市工商行政管理局一分局”,“常德市直属市场管理所”更名为“常德市工商行政管理局二分局”,并同意二分局新增专项编制10个。9月5日,市编办印发常编办直〔1990〕80号文件,同意市工商局增设“法制应诉科”。同年市工商局成立监察室,至此,市工商局内设机构已增至13个。

1991年4月27日,为加强城区市场管理,市编办下发常编办直〔1991〕26号文件,同意市工商局成立“常德市市场监督检查大队”。同年9月2日,根据市编办常编办直〔1991〕66号文件,“财务科”更名为“财务基建科”。同年12月16日,市编办下发常编办直〔1991〕77号文件,同意“常德市工商行政管理局干部培训部”更名为“常德市工商行政管理局干部培训中心”,其单位性质、级别不变。同年12月20日,市编办下发常编办直〔1991〕79号文件,同意“常德市直属企业登记所”更名为“常德市工商行政管理局直属企业监督管理所”,其单位性质、级别不变。

1992年8月8日,中共常德市委下发常发〔1992〕21号文件,批准成立“常德市工商行政管理局德山经济科技开发区分局”,同年8月,市编办核定事业编制11个。同年10月27日,市编办印发常编办直〔1992〕29号文件,同意市工商局外资企业登记科从工商企业登记科分出单独设置。

1993年1月15日,市编办印发常编办直〔1993〕2号文件,同意将“常德市生产资料市场管理所”更名为“常德市工商行政管理局生产资料专业管理分局”。同年10月12日,市编办印发常编办直〔1993〕71号文件,同意成立“常德市商标事务所”,为正科级事业单位,隶属市工商局。

1994年3月21日,根据工商行政管理局工商标直〔1994〕第67号文件授权,同意常德市商标事务所开展辖区国内商标代理业务。

1996年1月29日,市编委印发常编发〔1996〕2号文件,同意市工商局内设10个职能科室,即办公室、财务审计科、法制科、市场监督管理科、企业注册管理科、外商投资企业注册管理科、个体私营经济监督管理科、商标广告监督管理科、经济合同监督管理科、人事教育科(与纪检、监察合署办公);下设直属机构6个,即城东分局(原一分局)、城西分局(原二分局)、德山分局、生产资料生产要素分局(原生产资料专业管理分局)、农场分局(负责西湖、西洞庭、贺家山、东山峰农场所辖范围内工商行政管理工作)、公平交易分局(市场经济监督检查站)。

1997年10月14日,市政府召开第49次专题会议,根据工作需要,决定将西湖、西洞庭、贺家山、东山峰四个农场工商所收归市工商局农场分局直接管理。

2000年12月29日,经报请省编办同意,省工商局印发湘工商人编〔2000〕1号文件,决定将常德市工商行政管理局城东分局、城西分局合并成常德市工商行政管理局武陵分局。

2001年9月4日,根据省编办湘编办〔2001〕19号、省工商局湘工商发〔2001〕3号文件精神,市工商局印发常工商字〔2001〕38号文件,决定成立常德市工商行政管理局西洞庭分局。同年12月15日,市工商局党组下发常工商党字〔2001〕12号文件,决定成立常德市工商行政管理局西湖分局。

2002 年 1 月 4 日，省工商局下发湘工商人字〔2002〕18 号文件，批准市工商局内设 8 个职能科室，即办公室、政策法规科、财务基建科、商标广告监管科、企业和个体私营经济监管科（外商投资企业监管科合署办公）、消费者权益保护科（“12315”申诉举报中心）、合同监管科、人事教育科。直属行政机构 3 个，即市场规范管理分局、注册登记分局（外商投资企业注册分局）、公平交易分局（打击传销办公室、经济监察支队）。根据有关文件规定和工作需要，市工商局设立机关党委、监察室、审计科、离退休人员管理服务办公室；局直属分局 3 个：即德山分局、西湖分局、西洞庭分局。

2004 年 2 月 9 日，省工商局下发湘工商人字〔2004〕17 号文件，批准市工商局增设外商外资企业注册登记管理科，不再包含在企业监督管理科中。

2006 年 6 月 5 日，省工商局下发湘工商人编〔2006〕5 号文件，批准市工商局增设干部培训中心，信息培训中心更名为信息中心。

2008 年 8 月 4 日，市工商局下发常工商字〔2008〕21 号文件，成立“12315”申诉举报中心。

截至 2012 年年底，市工商局内设 17 个科室，即办公室、政策法规科、人事教育科、财务基建科、商标广告监管科、企业和个体私营经济监管科、外商投资企业注册管理科、消费者权益保护科、合同监管科、监察室、审计科、机关党委、竞争执法科、经检支队、食品安全监管科、12315 申诉举报中心、离退休人员管理服务办公室；2 个直属行政机构，即市场规范管理分局、注册登记分局；3 个事业单位，即信息中心、后勤服务中心、干部培训中心；2 个挂靠社团组织，即常德市消费者委员会、常德市个体劳动者私营企业协会。

二、领导班子

1988 年 8 月，根据中央精神，行政机关撤销党组。9 月 6 日，市人大常委会常人干字〔1988〕2 号文件，任命滕国华为市工商局局长。

1990 年 3 月，根据中央精神，行政机关恢复党组。5 月 24 日，中共常德市委常干发〔1990〕81 号文件批准成立市工商局党组，滕国华任市工商局党组书记，刘锦章、李世成、屠家云为党组成员。

1993 年 2 月 12 日，根据根据中共常德市委常委干〔1993〕24 号文件，任命刘锦章为市工商局党组书记，免去滕国华市工商局党组书记职务，改任党组副书记。

1996 年 4 月 24 日，根据中共常德市委常委干〔1996〕48 号文件，任命黄腊喜为市工商局党组副书记，免去滕国华市工商局党组副书记职务；4 月 29 日，根据市政府常政人〔1996〕8 号文件，任命黄腊喜为市工商局局长，免去滕国华市工商局局长职务。

2005 年 3 月 22 日，根据省工商局党组湘工商干字〔2005〕8 号及省工商局湘工商人字〔2005〕4 号文件，任命邓毅为市工商局党组书记、局长，免去黄腊喜市工商局党组书记、局长职务。

2007年4月9日，根据省工商局党组湘工商干字〔2007〕15号及省工商局湘工商人字〔2007〕7号文件,任命胡祖国为市工商局党组书记、局长,张志雄为党组副书记、副局长,免去邓毅市工商局党组书记、局长职务。

市工商局领导班子职务任免表

表1—1—1—1

机构名称	姓名	职务	任职期限		备注
常德市工商行政管理局（党组）	滕国华	党组书记、局长	1986年8月	1988年3月	
		党组副书记、局长	1988年3月	1988年8月	
	刘锦章	党组书记	1988年3月	1988年8月	
	李继训	党组成员、副局长	1986年8月	1988年8月	
	徐世清	党组成员、副局长	1986年8月	1988年8月	
	屠家云	党组成员、纪检组长	1986年8月	1988年8月	
常德市工商行政管理局	滕国华	局长	1988年9月	1990年5月	
	刘锦章	副局长	1988年10月	1990年5月	
	李继训	副局长	1988年10月	1990年3月	
	徐世清	副局长	1988年10月	1990年2月	
	屠家云	副局长	1990年2月	1990年5月	
	李世成	副局长	1990年3月	1990年5月	
常德市工商行政管理局（党组）	滕国华	党组书记、局长	1990年5月	1993年2月	
		党组副书记、局长	1993年2月	1996年4月	
	刘锦章	党组成员、副局长	1990年5月	1993年2月	
		党组书记、副局长	1993年2月	1996年4月	
	屠家云	党组成员、副局长	1990年2月	1990年5月	
	李世成	党组成员、副局长	1990年5月	1996年4月	
	徐世清	党组成员	1991年9月	1994年12月	
	邹永忠	党组成员、纪检组长	1990年10月	1996年4月	
	吴跃进	党组成员、副局长	1993年2月	1996年4月	
	熊永钧	党组成员	1995年4月	1996年4月	
	李平之	副局长	1995年9月	1996年4月	

续表

机构名称	姓名	职务	任职期限		备注
常德市工商行政管理局（党组）	黄腊喜	党组副书记、局长	1996年4月	2001年8月	
		党组书记、局长	2001年8月	2005年3月	
	刘锦章	党组书记、副局长	1996年4月	2001年8月	
	屠家云	党组成员、副局长	1996年4月	2001年8月	
		党组副书记、副局长	2001年8月	2004年8月	
	李世成	党组成员、副局长	1996年4月	2001年8月	
	邹永忠	党组成员、纪检组长	1996年4月	1998年9月	
	吴跃进	党组成员、副局长	1996年4月	1997年5月	
	杨万太	党组成员、副局长	1998年10月	2005年3月	
	熊永钧	党组成员	1996年4月	2001年8月	
		党组成员、纪检组长	2001年8月	2005年3月	
	李平之	副局长	1996年4月	2001年8月	
	胡祖国	党组成员、副局长	2001年8月	2005年3月	
常德市工商行政管理局（党组）	邓　毅	党组书记、局长	2005年3月	2007年4月	
	杨万太	党组成员、副局长	2005年3月	2006年4月	
	熊永钧	党组成员、纪检组长	2005年3月	2005年6月	
		党组成员、副局长	2005年6月	2007年4月	
	胡祖国	党组成员、副局长	2005年3月	2006年4月	
		党组副书记、副局长	2006年4月	2007年4月	
	晏丰儒	党组成员、副局长	2005年6月	2007年4月	

续表

机构名称	姓名	职务	任职期限		备注
	余自贵	党组成员、纪检组长	2005年6月	2007年4月	
常德市工商行政管理局（党组）	胡祖国	党组书记、局长	2007年4月	—	
	张志雄	党组副书记、副局长	2007年4月	2008年12月	
	周发仁	党组副书记、副局长	2008年12月	—	
	熊永钧	党组成员、副局长	2007年4月	2007年8月	
	晏丰儒	党组成员、副局长	2007年4月	—	
	余自贵	党组成员、纪检组长	2007年4月	2007年8月	
		党组成员、副局长	2007年8月	2009年8月	
	徐巨波	党组成员、纪检组长	2007年8月	2010年8月	
		党组成员、副局长	2010年8月	—	
	刘从宏	党组成员、副局长	2010年3月	—	
	潘忠良	党组成员、副局长	2007年12月	2010年3月	
	曾　遥	党组成员、副局长	2008年12月	—	
	欧阳平安	党组成员、纪检组长	2010年8月	—	

第二节　市工商局直属分局

一、常德市工商行政管理局武陵分局

常德市工商行政管理局武陵分局(以下简称:武陵分局)成立于1949年,截至2012年年底,武陵分局在职人员244人,离退休人员76人。武陵分局内设15个股(室),即办公室、人事教育股、财务股、监察室、企业和个体监督管理股、注册登记股、市管合同股、政策法规股、商标广告管理股、食品流通监督管理股、公平交易股(经检大队)、消费者权益保护股、"12315"申诉举报中心、工会、离退休人员管理办公室;1个事业单位,即信息培训中心;2个挂靠社团组织,即武陵区保护消费者权益委员会、武陵区个体劳动者私营企业协会。武陵分局共辖12个工商所,即城东工商所、城南工商所、城西工商所、城北工商所、三岔路工商所、东郊工商所、西郊工商所、火车站工商所、柳叶湖工商所、房产市场管理所、运输市场管理所、文化科技劳务市场管理所。辖区面积约265.5平方公里,辖5街(道)6乡1镇1区,即:城东街道、城南街道、城西街道、城北街道、三岔路街道,芦荻山乡、东郊乡、东江乡、护城乡、丹洲乡、南坪岗乡,河洑镇及柳叶湖旅游度假管理区管辖的行政区域。

二、常德市工商行政管理局德山分局

常德市工商行政管理局德山分局(以下简称德山分局)成立于1992年8月,截至2012年年底,德山分局在职人员33人,离退休人员3人。德山分局内设6个股室,即办公室、企业和个体私营经济监管股、消费者权益保护股、登记注册股、公平交易股、"12315"申诉举报中心;2个挂靠社团组织,即常德经济技术开发区消费者委员会、常德经济技术开发区个体劳动者私营企业协会;下设洞庭北路工商所和东沿路工商所。辖区面积154平方公里,辖2镇1街道1林场,即德山镇、石门桥镇,德山街道办事处和德山林场。

三、常德市工商行政管理局西湖分局

常德市工商行政管理局西湖分局前身为西湖工商所,成立1981年年初,是常德地区行署批准设立的常德地区第一个农场工商行政管理所。1988年,西湖农场印发西发〔1988〕3号文件,将西湖工商所和西湖农场物价办公室合并,成立"西湖农场工商物价科",升格为正科级单位,两块牌子、一套人马,原"西湖工商所"和"西湖物价管理办公室"牌子保留,对内使用"西湖农场工商物价科",对外执法使用"西湖工商所"和"西湖物价管理办公室"的名称和印章。西湖工商物价科担负西湖农场的工商行政管理和物价监督管理工作。至2001年,根据国务院"省级以下工商行管理机关实行垂直管理"改革相关文件的要求,经省工商局报省编委批准,根据湘编办〔2000〕19号、〔2001〕3号文件精神,市工商局党组研究决定成立常德市工商行政管理局西湖分局,西湖分局人、财、物直属市工商局领导和管理。级别定为正科级,2001年12月18日挂牌成立分局,截至2012年年底,西湖分局共有在册人员24人,其中在职17人(公务员14人、职工3人),离退休人员7人。西湖分局内设一室三股,即办公室(财务、人事、纪检监察、后勤服务中心、离退休人员管理)、公平交易股(政策法规、商标广告、消费者权益保护)、注册登记股、个体私营经济监管股(合同监管、市场规范管理);2个挂靠社团组织,即常德市西湖区消费者委员会、常德市西湖区个体劳动者私营企业协会。

四、常德市工商行政管理局西洞庭分局

常德市工商行政管理局西洞庭分局(以下简称西洞庭分局)其前身为西洞庭工商所,成立于1982年,担负西洞庭农场工商行政管理工作。2001年,根据国务院"省级以下工商行政管理机关实行垂直管理"改革相关文件要求,经省工商局报省编委批准,根据省编办、省工商局湘编办〔2001〕3号文件精神,市工商局印发常工商字〔2001〕38号文件,决定成立常德市工商行政管理局西洞庭分局,人、财、物直属市工商局领导和管理,级别为正科级。截至2012年年底,分局在职人员15人,离退休人员6人。分局机关内设4个股室,即办公室、公平交易股、注册登记股、企业和个体私营经济监管股;2个挂靠社团组织,即常德市西洞庭管理区消费者委员会、常德市西洞庭管理区个体劳动者私营企业协会。辖区面积110平方公里,辖1镇3处,即祝丰镇、龙泉办事处、金凤办事处、望洲办事处。

第三节 县级工商行政管理局

一、鼎城区工商行政管理局

1988年,因县改区,"常德县工商行政管理局"更名为"常德市鼎城区工商行政管理局"(以下简称区工商局)。截止到2012年年底,区工商局在职人员226人,离退休人员63人。区工商局机关内设12个股室,即办公室、政策法规股、人事教育股、财务基建股、商标广告监管股、企业和个体私营经济监管股、消费者权益保护股、"12315"申诉举报中心、流通环节食品安全监管股、监察室、机关支部、离退休人员管理服务办公室;3个直属行政机构,即市场规范管理分局、注册登记分局、公平交易分局;1个事业单位,即信息中心;3个挂靠社团组织,即鼎城区消费者委员会、鼎城区个体劳动者私营企业协会、鼎城区工商学会。区工商局共辖

12 个工商所，即玉霞工商所、武陵工商所、桥南工商所、运输市场管理工商所、蒿子港工商所、牛鼻滩工商所、白鹤山工商所、灌溪工商所、石公桥工商所、斗姆湖工商所、石门桥工商所和黄土店工商所。辖区面积 2226 平方公里，辖 29 个乡镇 4 个办事处 4 个农林场，即蔡家岗镇、牛鼻滩镇、中河口镇、长岭岗乡、韩公渡镇、丁家港乡、十美堂镇、灌溪镇、钱家坪乡、尧天坪镇、长茅岭乡、雷公庙镇、石板滩镇、谢家铺镇、许家桥乡、黑山嘴乡、周家店镇、石公桥镇、黄土店镇、逆江坪乡、大龙站镇、镇德桥镇、港二口镇、草坪镇、双桥坪镇、蒿子港镇、黄株洲乡、沧山乡、唐家铺乡 29 个乡镇，斗姆湖、玉霞、红云、郭家铺 4 个办事处，花岩溪林场、园艺场、芦苇场、特种养殖场 4 场。

二、汉寿县工商行政管理局

汉寿县工商行政管理局（以下简称县工商局）成立于 1979 年 2 月。截止到 2012 年年底，县工商局在职人员 157 人，离退休人员 66 人。县工商局机关内设 12 个股室，即办公室、工会、政策法规股、人事教育股、财务基建股、商标广告股、企业和个体私营经济监管股、消费者权益保护股、监察室、“12315”申诉举报中心、食监股、离退办；3 个直属行政机构，即市场规范管理分局、注册登记分局、公平交易分局；1 个事业单位，即信息中心；2 个挂靠社团组织，即汉寿县消费者委员会、汉寿县个体劳动者私营企业协会。县工商局共辖 9 个工商所，即城关工商所、城郊工商所、太子庙工商所、军山铺工商所、蒋家嘴工商所、坡头工商所、沧港工商所、运管所、牛路滩工商所。辖区面积 2034 平方公里，辖 15 镇 14 乡 1 开发区，即龙阳镇、蒋家嘴镇、岩汪湖镇、坡头镇、酉港镇、洲口镇、罐头嘴镇、沧港镇、朱家铺镇、太子庙镇、崔家桥镇、毓德铺镇、军山铺镇、百禄桥镇、洋淘湖镇，周文庙乡、鸭子港乡、文蔚乡、新兴乡、聂家桥乡、毛家滩维吾尔族乡、丰家铺乡、东岳庙乡、岩嘴乡、株木山乡、三和乡、龙潭桥乡、大南湖乡，太子庙经济开发区。

三、桃源县工商行政管理局

桃源县工商行政管理局（以下简称县工商局）成立于 1978 年。截至 2012 年年底，县工商局共有干部职工 312 人，其中在职 191 人，离休 5 人，退休 116 人。县工商局机关内设 11 个股（室），即办公室、人事教育股、老干办、财务基建股、监察室、政策法规股、企业和个体私营监督管理股、商标广告管理股、消费者权益保护股、“12315”申诉举报中心、食品安全监督管理股；3 个直属行政机构，市场规范管理分局、注册登记分局、公平交易分局；1 个事业单位，信息后勤服务中心；2 个挂靠社团组织，桃源县消费者委员会，桃源县个体劳动者私营企业协会。设置 1 个工商分局、7 个工商所，即桃花源工商分局、漳江南区工商所、漳江北区工商所、陬市工商所、漆河工商所、理公港工商所、三阳工商所、茶庵铺工商所。

四、临澧县工商行政管理局

临澧县工商行政管理局(以下简称县工商局)成立于1978年。截止到2012年年底,县工商局在职人员129人,离退休人员47人。县工商机关内设11个股室,即办公室、政策法规股、财务基建股、商标广告监管股、企业和个体私营经济监管股、消费者权益保护股、“12315”申诉举报中心、人事教育股、监察室、工会老干办、食安股;3个直属行政机构,即市场规范管理分局、注册登记分局、公平交易分局;1个事业单位,即信息中心;2个挂靠社团组织,即临澧县消费者委员会、临澧县个体劳动者私营企业协会。县工商局共辖8个工商所,即城关工商所、市场管理所、合口工商所、新安工商所、佘市工商所、七重堰工商所、望城工商所、四新岗工商所。全县辖18各乡镇,即新安镇 合口镇、官亭乡、九里乡、杉板乡、停弦渡镇、修梅镇、安福镇、佘市桥镇、望城乡、文家乡、新岗镇、太浮镇、陈二乡、烽火乡、柏枝乡、杨板乡、太平经济开发区;面积1210平方公里。

五、石门县工商行政管理局

石门县工商行政管理局(以下简称县工商局)成立于1977年。截止到2012年年底,县工商局有在编干部职工182人,离退休人员63人。局机关内设11个股(室),即办公室、政策法规股、人事教育股、财务基建股、商标广告监管股、企业和个体私营经济监管股、消费者权益保护股、食品安全监督管理股、“12315”申诉举报中心、监察室、离退休人员服务管理办公室(老干办)。3个分局,即市场规范管理分局、注册登记分局、公平交易分局。2个挂靠社团组织,即石门县个体劳动者私营企业协会、石门县消费者委员会。1个事业单位,即信息中心。下设10个基层工商所,即楚江工商所、宝峰工商所、东城工商所、蒙泉工商所、皂市工商所、新关工商所、维新工商所、磨市工商所、太平工商所、壶瓶山工商所。辖区面积3973平方公里,辖11镇8乡3农林场1开发区1管理处1管理区1园艺场,即楚江、易家渡、新关、夹山、蒙泉、皂市、维新、太平、磨市、南北、壶瓶山11镇,二都、新铺、白云、子良、三圣、雁池、罗坪、所街8乡,白云山、洛浦寺、大同山3个农林场,宝峰开发区、夹山管理处、东山峰管理区、秀坪园艺场。

六、澧县工商行政管理局

澧县工商行政管理局(以下简称县工商局)成立于1978年。截止到2012年年底,县工商局在职人员202人,离退休人员87人。县工商局机关内设13个股(室),即办公室、后勤宣传中心、政策法规股、人事教育股、财务基建股、商标广告监督管理股、企业和个体私营经济管理股、消费者权益保护股、“12315”申诉举报中心、监察室、离退休人员管理服务办公室、工会、食品安全监督管理股；3个直属行政机构，即市场规范管理分局、注册登记分局、公平交易分局；1个事业单位，即信息培训中心；2个挂靠社团组织，即澧县消费者委员会、澧县个体劳动者私营企业协会。县工商局共辖9个工商所，即澧州工商所、桃花滩工商所、澧阳工商所、边贸城工商所、小渡口工商所、雷公塔工商所、大堰垱工商所、甘溪工商所、码头铺工商所。辖区面积2075平方公里，辖15个镇、17个乡，即澧阳镇、张公庙镇、小渡口镇、梦溪镇、复兴厂镇、盐井镇、雷公塔镇、大堰垱镇、王家厂镇、金罗镇、码头铺镇、方石坪镇、甘溪滩镇、火连坡镇、澧南镇、九垸乡、官垸乡、永丰乡、如东乡、澧澹乡、澧东乡、涔南乡、大坪乡、道河乡、双龙乡、宜万乡、车溪乡、中武乡、闸口乡、洞市乡、杨家坊乡、太青乡。

七、安乡县工商行政管理局

安乡县工商行政管理局（以下简称县工商局）成立于1981年，位于安乡县深柳镇潺陵大街35号。截至2012年年底，县工商局在职人员147人，离退休人员65人。县工商局机关内设11个股室，即办公室、政策法规股、人事教育股、财务基建股、商标广告监管股、企业和个体私营经济管理股、消费者权益保护股、“12315”申诉举报中心、监察室、食品流通监督管理股、离退休人员管理办公室；3个直属机构：市场规范管理分局、注册登记分局、公平交易分局；1个事业单位：信息培训中心；2个挂靠社团组织：安乡县消费者委员会、安乡县个体劳动者私营企业协会。县工商局共设置8个工商所，即城南工商所、城北工商所、大鲸港工商所、下渔口工商所、三岔河工商所、大湖口工商所、官垱工商所、董家垱工商所。辖区面积1087平方公里，辖19个乡镇2个农场，即深柳、大鲸港、官垱、三岔河、安生、安昌、安宏、焦圻、安福、安凝、安丰、安裕、安康、下渔口、陈家嘴、安德、黄山头、安全、安障19个乡镇，一农场、二农场两个农场。

八、津市市工商行政管理局

津市市工商行政管理局（以下简称津市工商局）成立于1949年8月3日，原名津市市人民政府工商局。截止到2012年年底，津市工商局在职人员88人，离退休人员45人。津市工商局机关内设9个股室，即办公室、政策法规股、人事教育股、财务基建股、监察室、商标广告监管股、企业和个体私营经济监管股、消费者权益保护股、食品流通监管股；3个直属行政机构，即市场规范管理分局、注册登记分局、公平交易分局；1个事业单位，即信息中心；2个挂靠社团组织，即津市市消费者委员会、津市市个体劳动者私营企业协会。津市工商局共辖4个工商所，即三洲驿工商所、汪家桥工商所、新洲工商所、渡口工商所。辖区面积558.3平方公里，辖4个街道、5个镇、2个乡，即三洲驿、汪家桥、襄阳街、金鱼岭4街道，新洲、渡口、保河堤、白衣、灵泉5镇，棠华、李家铺2乡。

第二章　管理体制

1998年以前,全市工商系统大体实行“条块结合,以块为主”分级管理体制。市及各县级工商局是同级政府的职能部门,人、财、物由同级政府直接领导和管理,业务接受上一级工商机关指导,干部实行双重管理,以地方管理为主。1989年7月,市辖区工商局改为市工商局的直属分局,为市工商局派出机构,各县级工商局管理体制不变。

1999年,根据国务院决定,省委、省政府印发《关于批转省工商行政管理局〈湖南省工商行政管理体制改革〉的通知》(湘发〔1999〕3号),决定省级以下工商行管理机关实行垂直管理体制,各县级工商局为市工商局直属机构,接受市工商局垂直领导。

第一节　双重管理

一、机构编制管理

1998年以前,市及各县级工商局设置、变更和撤销,由同级政府机构编制管理部门决定。按照省编办规定,经济开发区不单独设立工商行政管理机构,工商行政管理工作由当地政府的工商局统一负责。

二、干部任免管理

省以下工商行政管理机关实行垂直管理之前,全市工商系统干部任免事项由中共地方党委和市工商局党组共同管理,地方党委为主管方,市工商局党组为协管方。各县级工商局领导班子调整、配备干部考察、考核、任免、调动、交流、工资待遇、奖惩、干部档案管理、出国审批等,均由地方党委负责,市工商局党组对班子调整、配备提出建议,协助做好干部考察、考核和政审工作,协助推荐优秀干部和培养后备干部,指导和规划本系统干部岗位职务培训和各类业务培训,并会同地方党委落实。调整、配备县级工商局领导班子考察时,主管方邀请协管方参加,协管方积极配合。任免调动干部时,主管方行文征求协管方意见。协管方收到征求意见函后一个月内书面答复,逾期不回复的视为没有意见。干部任免后,主管方将任免通知抄送协管方。1997年10月,按照国家工商局及省工商局相关要求,市工商局强化对县级工商局班子建设的组织领导,加强各区县(市)党委组织部门的联系,积极参与县级工商局领导班子考察考核,做好干部调整配备征求意见回复等方面工作,改进干部协管工作。

三、工商所人员编制核定

1993 年，中共中央《关于党政机构改革方案》提出，工商所重新核定编制，明确编制性质，规范机构设置，优化人员结构。

1996 年 3 月，中央机构编制委员会办公室、人事部、国家工商局印发《关于重新核定工商行政管理所人员编制及有关问题的通知》（中编办发〔1996〕3 号），分配各地工商系统基层专项编制。

1996 年 7 月，省编办、省人事厅、省工商局印发《关于核定下达全省工商所人员编制及有关事项的通知》，核定下达各市（地）工商所人员编制。重新核定下达的工商所人员编制为行政编制，原先使用的事业编制一律核销，其经费开支统一列入各级财政供给范围。编制适用范围包括：市及各县级工商局派出的工商所、专业管理所、经济检查队（所、站）等除工勤人员以外工作人员，不包括各地聘用的协管员，县以上工商机关及所属事业单位、市场中介服务机构和群团组织人员。编制核定以 1995 年年底工商所个数、辖区内工商企业户数、个体工商户和私营企业户数、城乡集贸市场个数、人口数量以及市场平均成交额等指标为依据，综合测算，同时兼顾各地经济发展状况和时有人员配备情况，进行适当平衡调整。重新核定编制后，编制由机构编制部门统一掌握，会同工商局进行合理分配，工商所机构编制纳入党政机构编制管理范围，实施国家公务员制度，工商所干部通过培训、考试和考核过渡为公务员，工人身份人员在编制定员内，通过考试、考核、择优录用为公务员。同时，结合重新核编，依照《工商行政管理所条例》中关于按经济区域设立工商所的要求，对工商所布局进行调整规范。

第二节　垂直管理

1998 年 11 月 24 日，国务院批转《国家工商行政管理局工商行政管理体制改革方案》，省以下工商行政管理机关实行垂直管理，理顺和完善工商行政管理体制，建立办事高效、运转协调、执法合一、与社会主义市场经济相适应的工商行政管理新体制。

1999 年，省委、省政府批转和印发省工商局《湖南省工商行政管理体制改革的通知》（湘发〔1999〕3 号）、《湖南省人民政府关于全省工商行政管理系统自办市场移交工作的通知》（湘政发〔1999〕24 号）、《湖南省人民政府办公厅转发省人事厅、省工商局关于全省工商行政管理体制改革人员上收和分流工作实施意见的通知》（湘政办发〔1999〕30 号）等一系列体改文件。依据文件，是年 12 月 7 日，经市政府、省工商局体改办同意《常德市工商行政管理局体制改革人员上收和分流工作实施方案》实施。实行人员上收与分流，部分人员编制上划收归省管，部分人员分流到市场服务中心由地方政府管理，市场服务中心与工商行政管理部门脱钩,实行机构、职责、财务、人员“四分离”,工商部门与所办市场实行办管脱钩,由市场服务中心负责市场建设与物业管理,工商部门负责市场监管和市场秩序维护。

2000年7月,全市工商系统上划2389个人员编制收归省管,移交908个人员编制给地方市场服务中心,全市工商系统机构、编制、干部、财务经费实施垂直管理,常德市工商体制改革基本完成,至此,新的管理体制形成。

一、机构编制管理

省以下工商部门实行垂直管理后,市工商局为市政府工作部门,各县级工商局为市工商局直属机构,市辖区工商局为市工商局分局,工商所为县级工商局派出机构,按经济区域设置。市、县级工商局内设机构和工商所设置、变更和撤销,由市工商局向省工商局提出申请,省工商局机构编制管理部门审批。

人员编制管理权限上收到省一级,市、县两级工商局编制及领导职数,由省机构编制管理部门会同省工商局统一核定和管理。

二、干部任免管理

市及各县级工商机关干部管理实行上级工商局党组和同级地方党委双重管理,以上一级工商局党组管理为主的体制。市及各县级工商局党组书记、局长、党组成员、副局长、纪检组长职务以及相应职级的其他职务,分别由省、市工商局党组管理。市工商局党组书记、局长、党组副书记、党组成员、副局长、纪检组长以及按规定配备的其他县(处)级职务任免,省工商局党组按有关规定报省委组织部备案。各县级工商局党组书记、局长、市工商局人教科科长、财务基建科长、监察室主任等职务任免,须事先征得省工商局党组同意并备案。

2001年8月,省工商局调整市工商局领导班子后,市工商局按干部任免程序完成市工商局机关正科级领导职务及县级工商局领导班子成员交流任职和免职,市工商局副科级领导职务干部、科级非领导职务干部及县级工商局领导班子成员之外的科级干部任免。

全市工商系统人事管理工作执行国家和省的人事政策和法规,由省工商局会同省人事厅管理。计划、录用、人员调配由省工商局审核汇总,报人事厅审批后执行。行政职务管理,按干部管理权限,由省工商局提出意见报人事厅审批,或由省工商局审批报省人事厅备案。工资管理实行省人事厅、省工商局统一领导,按照干部管理权限分级管理。公务员培训、专业技术职务培训按照人事厅统一部署,由省工商局组织实施。考工晋级参加当地人事部门组织的考试。

三、机构及人员交接上收

（一）机构编制交接

交接范围包括市工商局、各县级工商局及其直属机构，派出机构和所属事业单位（不含市场建设服务实体组织）已核实的编制（含机关行政编制，基层工商行政管理所行政编制，事业、工勤人员编制）及领导职数。全市工商行政管理系统上划机构 148 个，其中行政机构 52 个、事业机构 34 个，编制 1959 名，其中行政编制 1535 名、事业编制 424 名。

（二）市工商局实际上收人员情况

市工商局机关（含武陵、德山分局）实际上收人员 378 人，其中领导干部 12 人，机关干部 247 人，职工 39 人、离退休人员 53 人。

（三）县级工商局实际上收人员情况

西湖分局实际上收人员 27 人，其中领导干部 4 人，一般干部 10 人，职工 9 人，离退休人员 4 人；西洞庭分局实际上收人员 22 人，其中领导干部 4 人，一般干部 10 人，职工 1 人，离退休人员 7 人；鼎城区工商局实际上收人员 308 人，其中领导干部 32 人，一般干部 211 人，工人 39 人，离退休人员 26 人；汉寿县工商局实际上收人员 220 人，其中领导干部 31 人，一般干部 137 人，职工 31 人，离退休人员 21 人；桃源县工商局实际上收人员 326 人，其中领导干部 47 人，一般干部 150 人，工人 82 人，离退休人员 47 人；临澧县工商局实际上收人员 182 人，其中领导干部 18 人，一般干部 112 人，工人 33 人，离退休人员 19 人；石门县工商局实际上收人员 266 人，其中领导干部 23 人，一般干部 166 人，工人 48 人，离退休人员 29 人；澧县工商局实际上收人员 308 人，其中领导干部 46 人，一般干部 223 人，离退休人员 39 人；安乡县工商局实际上收 212 人，其中领导干部 18 人，一般干部 129 人，职工 30 人，离退休人员 35 人；津市市工商局实际上收人员 140 人，其中领导干部 27 人，一般干部 91 人，离退休人员 22 人。

四、主要职能调整及主要职责

根据省编办、省人事厅、省工商局《关于省以下工商行政管理系统机构改革的意见》（湘编办〔2001〕47 号）精神，2002 年 4 月 9 日，省工商局党组研究并报省机构编制委员办公室备案同意，《关于转发〈常德市工商行政管理局职能配置内设机构和人员编制规定〉的通知》（湘工商人字〔2002〕18 号）设置常德市工商行政管理局。常德市工商行政管理局是湖南省工商行政管理局直属机构，负责常德市市场监督管理和行政执法工作。职能调整：将原由质量技术监督部门承担的流通领域商品质量监督管理职能划归工商行政管理部门；将指导广告业务发展职能划出交给经济贸易委员会；取消市场培育建设、市场布局规划职能；将引导个体和私营经济发展职能逐步移交给个私协;把机关一些辅助性、技术性和服务性事务交给事业单位,促进机关后勤工作社会化;将应由社会自我管理和调节的社会事务交给社会中介组织。各级工商行政管理机关与所办各类咨询、商标代理等社会中介服务机构彻底脱钩,使之逐步成为相对独立法人主体。主要职责:根据以上职能调整,市工商行政管理局主要职责是贯彻执行国家、省有关工商行政管理方针、政策和法律、法规,主管全市市场监督和有关行政执法工作;依法组织管理全市各类企业(包括外商投资企业)和从事经营活动的单位、个体工商户登记注册,核定注册单位名称、审定、批准、颁发有关证照并实行监督管理;依法组织监督全市市场竞争行为,查处垄断、不正当竞争、走私贩私、传销和变相传销等经济违法行为;依法组织监督全市市场交易行为,组织流通领域商品质量,组织查处假冒伪劣等违法行为,保护经营者、消费者合法权益;依法对全市各类市场经营秩序实施管理和监督,负责各类商品交易市场登记注册;依法组织监管全市经纪人、经纪机构;依法组织实施全市合同行政管理,组织管理动产抵押物登记,组织监管拍卖行为,查处合同欺诈等违法行为;依法对全市广告进行监督管理,查处违法行为;依法组织管理全市商标工作,组织查处商标违法行为;依法组织监管个体工商户、个人合伙和私营公司、合伙企业、个人独资企业经营活动;领导全市工商行政业务工作和机构编制、干部人事、财务基建、纪检监察、审计监督等有关工作;指导挂靠协会、学会、消委等社会团体工作;承办省工商局和市委、市政府交办的其他事项。

第三章　中共党组织与群团组织建设

第一节　中共常德市工商行政管理局党组

一、组织沿革

1986年8月1日，中共常德地委印发常干〔1986〕43号文件，任命滕国华为常德地区工商行政管理局党组书记。

1988年3月4日，中共常德地委印发常干〔1988〕17号文件，任命刘锦章为常德地区工商行政管理局党组书记，任命滕国华为党组副书记并免去其党组书记职务。

1988年8月，常德地区撤区建市，“常德地区工商行政管理局党组”更名为“常德市工商行政管理局党组”。9月，根据中央精神，行政机关撤销党组，常德市工商局党组撤销。

1990年5月24日，根据中央精神，行政机关恢复党组，中共常德市委常干发〔1990〕81号文件批准成立常德市工商局党组，滕国华任党组书记，刘锦章、李世成、屠家云为党组成员。

1993年2月12日，根据常德市委常委干〔1993〕24号文件，任命刘锦章为市工商局党组书记，免去滕国华市工商局党组书记职务，改任党组副书记。

1996年4月24日，根据中共常德市委常委干〔1996〕48号文件，任命黄腊喜为市工商局党组副书记，免去滕国华市工商局党组副书记职务。

2001年8月24日，省工商局党组印发湘工商〔2001〕19号文件，任命黄腊喜为市工商局党组书记，屠家云为党组副书记，杨万太、胡祖国为党组成员，免去刘锦章党组书记，李世成党组成员职务。

2005年3月22日，省工商局党组印发湘工商干字〔2005〕8号文件，任命邓毅为市工商局党组书记，免去黄腊喜市工商局党组书记职务。

2006年4月21日，根据省工商局党组湘工商干字〔2006〕9号文件，任命胡祖国为市工商局党组副书记，免去杨万太党组成员职务。

2007年4月9日，根据省工商局党组湘工商干字〔2007〕15号文件，任命胡祖国为市工商局党组书记，张志雄为党组副书记，免去邓毅市工商局党组书记职务。

中共常德市工商行政管理局党组历任成员名录

表1—3—1—1

年别	党组成员		任离职时间		备注
	姓名	职务	任职时间	离职时间	
1990年5月至1993年2月	滕国华	党组书记	1990.05	1993.02	
	刘锦章	党组成员	1990.05	1993.02	
	李世成	党组成员	1990.05	—	
	屠家云	党组成员	1990.05	—	
	邹永忠	党组成员、纪检组长	1990.10	—	
	徐世清	党组成员	1991.09	—	
1993年2月至2001年8月	刘锦章	党组书记	1993.02	2001.08	享受副厅级待遇
	滕国华	党组副书记	1993.02	1996.04	
	李世成	党组成员	—	2001.08	
	屠家云	党组成员	—	—	
	邹永忠	党组成员	—	—	
	徐世清	党组成员	—	1994.12	
	吴跃进	党组成员	1993.02	—	
	熊永钧	党组成员	1995.04	—	
	黄腊喜	党组副书记	1996.04	—	
	杨万太	党组成员	1998.10	—	
2001年8月至2005年3月	黄腊喜	党组书记	2001.08	2005.03	
	屠家云	党组副书记	2001.08	2004.08	
	杨万太	党组成员	2001.08	—	
	熊永钧	党组成员、纪检组长	2001.08	—	2005.06免去纪检组长职务
	胡祖国	党组成员	2001.08	—	
2005年3月至2007年4月	邓　毅	党组书记	2005.03	2007.04	
	胡祖国	党组副书记	2006.04	—	
	杨万太	党组成员	—	2006.04	
	熊永钧	党组成员	—	—	
	晏丰儒	党组成员	2005.06	—	
	余自贵	党组成员、纪检组长	2005.06	—	
2007年4月 |	胡祖国	党组书记	2007.04	—	
	张志雄	党组副书记	2007.04	2008.12	
	周发仁	党组副书记	2008.12	—	
	熊永钧	党组成员	—	2007.08	

续表

年别	党组成员		任离职时间		备注
	姓名	职务	任职时间	离职时间	
	晏丰儒	党组成员	—	—	
	余自贵	党组成员	—	2009.08	
	徐巨波	党组成员、纪检组长	2007.08	—	
	潘忠良	党组成员	2007.12	2010.03	
	曾　遥	党组成员	2008.12	—	
	刘丛宏	党组成员	2010.03	—	
	欧阳平安	党组成员、纪检组长	2010.08	—	

二、重大党务活动

(一)“三个代表”重要思想教育活动

根据中央、省市委的精神,全市工商系统开展“三个代表”(中国共产党要始终代表中国先进生产力的发展要求、始终代表中国先进文化的前进方向、始终代表中国最广大人民的根本利益)重要思想教育活动,从 2001 年 1 月开始全面铺开,到 2002 年 3 月结束。根据市委统一部署,市工商局机关成立以党组书记为组长的学习“三个代表”重要思想教育活动领导小组,抽调人事教育科、机关党委部分人员组成学习“三个代表”重要思想教育活动办公室(简称学教办)。根据活动要求,学教办制定并下发全市工商系统学习“三个代表”重要思想教育活动方案,各县级工商局“三个代表”重要思想教育活动纳入地方党委学习范畴。全市工商系统学教对象 2000 多人,学教期间走访企业和个体工商户 3785 户,设定征求意见箱 1897 个,发放征求意见表 3 万多份,召开座谈会 230 场,共收集群众意见和建议 1642 条。对群众意见认真梳理后,参学对象撰写一篇 3000 字以上的对照检查材料,由市工商局班子成员审阅。针对部分单位存在对干部教育管理不严、廉洁自律标准不高的问题,对个人普遍存在精神不振作、思想不解放、作风不过硬、依法行政水平不高、工作能力不强等问题及产生的根源,认真展开批评与自我批评,挖出思想根源,找准整改方向。

坚持把边学边改、边查边改、边整边改贯穿学教活动始终。对群众反映强烈的办事难、乱收费、打牌赌博、挥霍公款、以权谋私等问题作为整改重点。2001 年春节前,全市工商系统组织 1500 多名工商干部进村入户,为贫困户、孤寡老人等送去生活必需品折合人民币 15 万元物资,为企业和个体工商户解决各类问题 1700 余件(次)。全市工商系统学教单位还建立和完善集体领导、理论学习、廉洁自律、财务管理、政务公开、转变作风等规章制度。

全市工商系统紧紧围绕实践“三个代表”重要思想教育活动,在党员中开展“通过学教活动干部收获了什么?服务企业和个体工商户做了什么?企业和个体工商户得到了什么?"的大讨论。并组织3次集中性的干部作风督查,对督查中发现的6起乱收费、乱摊派行为和4起"吃、拿、卡、要"违规行为人员进行严肃处理。

(二)保持共产党员先进性教育活动

2005年1—6月,全市工商系统12个单位、107个基层组织、1500多名党员参加了保持共产党员先进性教育活动。活动采取领导讲话、专家辅导、形势报告、专题讨论、典型发言、警示教育等多种形式,组织党员干部系统地学习中国共产党党章、胡锦涛同志在中央保持共产党员先进性专题报告会上的讲话、《保持共产党员先进性教育读本》和《江泽民论加强和改进政党建设(专题摘篇)》。全市工商系统上党课65场次,专家上党课43场次,举办形势报告会18场次,开展警示教育、革命传统教育16场次。市工商局机关组织党员参加专题组织生活会10次,印发先进性教育活动简报5期,开辟先进性教育宣传橱窗2处,发放宣传提纲120份。组织开展领导与领导、领导与干部、干部与干部谈心活动500余次。征求群众意见和建议261条,经过归类,分别制定整改方案,明确整改期限、措施,并建立台账,实行整改问题向群众公开"销号"制度,做到让群众满意。

联系实际开展"三为三争"(即为发展服务、为基层服务、为群众服务,争当优秀共产党员、争做优秀党员干部,争创先进基层党组织)主题实践活动。组织开展"万千百"(即向企业和个体工商户发放1万张征求意见函、走访1000个服务对象、帮助100家企业和个体工商户解决困难)实践活动和"三个一"(即办1期保持党员先进性教育电子刊物、在全市工商系统组织1次先教活动论文征集、每位干部按要求写1篇关于如何当好优秀共产党员的心得)活动。同时,工商部门结合职能工作,深入企业、农村开展"走近三农"活动,培育知名品牌,为企业提供优质服务;针对群众反映强烈的问题,如虚假广告、假冒伪劣等予以严厉查处。先教活动期间,全市工商系统组织农资打假48次,对农药、农机、种子、肥料等农资市场进行执法检查,共收缴过期失效农药400余件、不合格种子2000多包、假化肥6.7吨。

(三)科学发展观教育实践活动

按照中央、省委、市委的部署安排,2009年3—8月,市工商局在全市工商系统共产党员中开展深入学习实践科学发展观活动。3月下旬,市工商局成立以党组书记为组长的深入学习实践科学发展观活动领导小组,并印发《常德市工商行政管理局关于深入学习实践科学发展观活动的实施意见》和《常德市工商行政管理局关于深入学习实践科学发展观活动的实施方案》。在学习实践活动中,市工商局党组成员每人承担1个调研课题并联系指导2个单位,参加被指导单位的动员会和县级工商局领导班子民主生活会,审阅县级工商局领导班子分析检查报告。

为提高群众参与度,全市工商系统组建以"两代表一委员"(即党代表、人大代表、政协委员)为主体的党员干部群众代表咨询评议团。各参学单位通过邀请评议团成员列席集中学习、调研成果交流会、专题民主生活会,组织群众评议团评议分析检查报告和开展整改落实工作满意度测评,对学习实践活动进行监督、评议。

深入开展“五进三问”(即进机关、进乡村、进社会、进企业、进学校,问政于民、问需于民、问计于民)寻良策和“五进五知”(即进农村、进社区、进企业、进学校、进医院,知基层疾苦、知群众诉求、知发展困惑、知整改方向、知可行措施)大调研活动。全市工商系统召开各类座谈会 120 余场次,走访座谈对象 5.2 万人次,召开满意度测评会 62 次,参与测评的企业及个体工商户 3000 余人次。

各县级工商局党组(委)中心组组织学习 48 场次,举办培训班 52 期,专题讲座 64 场次,编印辅导资料 10 余种,撰写学习心得 138 篇,收集调研报告 159 篇。

全市工商系统在学习实践活动中,开展交心谈心 1800 多人次,共走访企业和个体工商户 1.3 万余户次,发放征求意见表 1.2 万份,征求意见 1600 多条,梳理归纳问题 876 个。针对问题召开民主生活会,按照“五个不开”(即问题查摆不准不召开、原因剖析不深不召开、努力方向不明不召开、措施办法不实不召开、参会人员不齐不召开)标准要求,确保民主生活会质量高、水平高,大多数单位民主生活会测评满意率在 90%以上。

各单位按市委要求明确整改落实项目、措施及责任,对整改落实作出公开承诺,围绕解决突出问题,认真制定近期、中期和长期整改落实方案,确保群众满意。7 月,全市工商系统参加学习实践活动的单位确定近期整改项目 9 个,中长期整改项目 17 个,每项都明确牵头领导、责任单位及落实时间表。11 月下旬,全市确定的 26 个整改落实项目中,9 个项目的整改落实任务基本完成,后续确定的 17 个长期项目也基本按时整改完成。

三、党组会议议事规则

2008 年 7 月,市工商局党组会议讨论制定市工商局党组会议议事规则。市工商局党组会议议事规则是在党组成员分工负责的基础上,集体研究决定工商行政管理工作思路、队伍建设、重大事项、干部任免等重大问题,并加强党对工商行政管理工作领导。该规则有利于全面贯彻落实“集体领导、民主集中、个别酝酿、会议决定”原则,认真履行谋全局、议大事、管协调、用干部等重要职责,进一步提高决策科学化、民主化水平,使党组会议制度化、规范化。议事决策范围:研究全市工商系统贯彻落实党的路线方针政策和省工商局、市委、市政府重要会议、决议、决定、指示以及重要部署的方案和措施;研究确定年度和半年全局工作总体思路及目标;研究机关科室、所属单位机构设置和职责范围;研究干部职工接收、安置、任免、调整、交流、培养锻炼、职务和报审专业技术职称、工资调整以及机关临时人员聘请;研究对党员干部实施奖励和处分的决定;研究系统和机关评先表彰事宜;研究确定党组成员工作分工、调整等;研究加强系统党的建设、党风廉政建设和思想政治工作的重点及安排意见;研究有全局利益和干部职工切身利益等重大问题;研究决定党组向上级报告的重要事项;其他需要党组会议研究决定事项。议事决策原则:坚持以马克思主义、毛泽东思想、邓小平理论和

“三个代表”重要思想为指导,全面贯彻执行党的基本理论、基本路线、基本纲领和基本经验,坚定不移地与党中央保持一致;坚持遵守党章和国家法律,严格按照党内有关规定和法律法规规定议事决案;坚持党的民主集中制原则,贯彻集体领导和个人分工负责相结合的制度,凡属党组职责范围内决定事项,必须严格执行规定程序,由党组集体讨论决定,讨论决定问题时,每位党组成员根据集体决定和分管工作切实履行自己职责,积极参与集体领导,会上讨论问题畅所欲言,充分发表个人意见,在发扬民主基础上必须执行少数服从多数原则,实行正确的集中,允许保留个人意见,但必须无条件执行会议形成的决定。议事决策程序:党组会议根据需要不定期召开,议题由党组书记、副书记、成员提出,无议题不开,如有特别情况需要召开党组会议,应由党组书记确定;所有提交党组会议讨论议题,先由党组秘书汇总报党组书记审定后,于会议前通知党组成员,围绕研究事项做好必要准备,市工商局机关各科室(含县级工商局请示事项)提请党组会议讨论的议题,须由各单位提出书面报告,报分管党组成员同意,议题内容涉及多个科室的,先由分管党组成员牵头协调,提出建议方案,凡提交的议题必要有实质性内容,力戒一般性工作汇报和一般性会议精神的传达,党组成员按照分工可以决定的事项及各科室在职责范围内可以决定的事项,均不提交党组会议讨论;党组书记根据议题适时主持召开党组会议,非紧急情况不搞临时会议,党组书记较长时间离开机关,党组会议由委托的党组副书记或成员主持,会后向党组书记汇报,重大问题及时汇报;会议议题按急缓和重要程度排列,研究的问题需要有关科室参加时,相关科室主要负责人届时列席会议;党组讨论重大问题,事先要充分酝酿,讨论决定干部问题,会前书记要与副书记及所涉及干部的主管党组成员沟通,人事部门事先应充分听取分管党组成员和纪检监察意见;党组会议应有超过半数以上党组成员参加方能举行,党组成员因故不能参加会议,必须在会前向党组书记或书记委托的主持人请假,其关于会议议题的意见可用书面形式表达,会后,党组秘书应将会议讨论决定的事项及时报告缺席的党组成员,有关干部人事事项由纪检监察室、人事教育科及时报告缺席的党组成员;党组会议研究决定事项时,赞成者超过应到党组成员的半数为通过,讨论干部问题时必须有人 2/3 以上党组成员到会;党组会议讨论多个事项,应逐项进行,推荐、提名干部和决定干部任免、奖惩事项,应逐个进行,对干部推荐、提名、任免、奖惩等,要严格按照规定程序进行,不搞临时动议;对应由党组会议决定的事项,因情况紧急来不及召开党组会时,党组书记可与有关党组成员临时处置,事后应及时向党组会议报告;党组会议通知、记录、纪要必须由党组秘书承办,党组秘书不在时,由党组书记指定人员办理,会议决定事项由党组秘书会后 3 日内整理出会议纪要,并由党组成员会签字后由党组书记签发,会议纪要必须附研究议题汇报提纲,交机要室存档保管。议事决策纪律:党组会议议题必须由党组书记审定,未经审定的议题不得上会;党组会议必须由党组书记主持召开,必要时党组书记可委托党组副书记、成员主持召开;党组成员必须按时到会,未经党组书记同意,不得缺席、迟到、早退或中途离开会场;坚持会场纪律,开会时原则上不得进进出出,接听电话,特别是讨论干部或敏感问题时,必须排除一切干扰,不得离席接待客人,更不得使用通讯工具对外传递有关信息；党组会议内容必须保密，参会人员要严格遵守保密纪律，即会议上讨论问题的细节、发表的不同意见尤其是保留意见均不得向外透露，讨论人事问题，要严格遵守人事纪律，不得利用会前"个别酝酿"之机走漏信息，并带头遵守有关规定，不搞事前许愿，事中违规，事后表功，一旦违反，要彻查到底，并严肃追究；党组会议精神按正常渠道、统一口径发布落实，不得抢先发布信息，不得发表和党组决定相违背言论，不得阳奉阴违；党组会议的决定必须坚决贯彻执行，按职责分工组织实施，为检验会议精神落实情况，定期开展"回头看"。

第二节　基层党组织

一、机关党委

1990年2月16日，市工商局向市直机关工委呈报《关于成立常德市工商行政管理局机关直属党委的请示》，市直工委同意成立常德市工商行政管理局机关直属党委。随后，市工商局召开党员干部大会，选举产生第一届中共常德市工商行政管理局机关委员会，并将选举结果报送市直机关工委。同年6月29日，中共常德市直机关工作委员会文件(常直工组〔1990〕17号)，同意成立中共常德市工商行政管理局机关第一届委员会，由刘锦章、李明建、陈光军、张望枝等四位同志组成(暂缺一名)，刘锦章任书记。同年11月26日，市工商局党组向市直机关工委呈报文字报告，拟增补纪检组长邹永忠为机关党委委员、副书记。同年12月20日，中共常德市直机关工作委员会文件(常直工组〔1990〕31号)，同意邹永忠增补为中共常德市工商行政管理局机关委员会委员、副书记。

(一)2001—2012年机关党委书记：

屠家云(2001年8月—2004年8月)；杨万太(2005年3月—2006年4月)分管党务工作，未任职；胡祖国(2006年4月—2007年4月)；张志雄(2007年4月—2008年12月)；周发仁(2008年12月—)。

(二)2001—2012年机关党委专职副书记：

毕家良(2001年1月—2002年2月)；黄良策(2002年2月—2005年12月)；罗劲军(2005年12月—)。

二、党支部

1990年6月，市工商局机关党委成立，下设4个党支部，即市工商局2个党支部和一分局党总支、二分局党支部。

2005年10月—2009年5月，市工商局机关设一、二、三3个党支部，支部书记分别由刘锦章、徐巨波、唐贤璋担任,其中一支部为老干支部。

2009年5月—2011年10月,市工商局机关设5个支部,即一支部、二支部、三支部、四支部和老干支部,支部书记分别由刘绍清、廖毅军、向绪军、黄文君、刘锦章担任。

2011年10月—2012年12月,市工商局机关设一支部、二支部、三支部、四支部、五支部、六支部、老干支部7个支部,支部书记分别由伍平、廖毅军、钟敏、盛咏梅、詹国华、彭贤琼、刘锦章担任。

期间,市工商局机关党委及各支部紧紧围绕工商行政管理工作中心任务,认真落实《中国共产党和国家机关基层组织工作条例》,建立和完善党的“三会一课”(即定期召开支部党员大会、支部委员会、党小组会,按时上好党课)、民主生活会、政治学习、教育评议、廉洁勤政和检查考核各项制度,开展机关党员思想建设、组织建设、作风建设、队伍建设,贯彻落实“三个代表”重要思想,组织开展“保持共产党员先进性”教育等各项活动,并按照“坚持标准、改善结构、保证质量、慎重发展”十六字方针,做好党员发展工作。截至2012年年底,各支部共发展党员87人。

第三节　群众组织与社会团体

一、工会组织

1989年12月20日,根据市总工会文件(常工组字〔1989〕101号),常德市工商行政管理局工会成立。

1990年1月17日,市工商局根据《工会法》和《中国工会章程》规定,召开市工商局机关干部职工大会进行市工商局机关工会委员会选举,并将结果呈报市总工会。同年2月12日,市总工会文件(常工组字〔1990〕13号)批复,同意由陈三桂、尹利清、罗秋先等七位同志组成市工商局工会委员会。陈三桂任主席,尹利清任副主席,并同意由张振香、张美安、胡波三位同志组成市工商局工会经费审查委员会,张振香任主任。

2004年,市工商局机关召开干部职工大会,依据《工会法》有关规定,对市工商局机关工会委员会进行选举,将结果报送省工商局和市总工会,同意由黄继兵等七位同志组成市工商局工会委员会,黄继兵任主席。

2008年6月,为完善基层工会组织,推进基层工会工作,充分发挥工会组织作用,根据《工会法》有关规定,市工商局印发《关于建立健全基层工会组织的通知》,要求各单位按照《工会法》和《中国工会章程》的有关规定尽快成立基层工会组织,建立健全机构;各单位基层工会要选举产生工会委员,并在工会委员内选举工会主席;基层工会是职工自愿结合的群众组织,为正股级单位,工会主席实行低职高配,即享受副科级干部待遇;各单位要加强对基层工会组织的领导,支持工会开展工作,给予必要的经费保障;基层工会主席选举产生后,由单位党组(委)上报地方总工会,同时上报市工商局党组,市工商局按副科级干部的要求考察合格后,按规定任命为副科级干部。

截至 2012 年,市及各县级工商局工会依照有关规定组织开展各项工会活动,充分发挥工会组织作用,配合市工商局中心工作,为推动全市工商工作开展起到积极作用。

二、共青团组织

1990 年 8 月 17 日,共青团常德市直机关工作委员下发文件(常直团组〔1990〕9 号),批准成立共青团常德市工商行政管理局机关工作委员会(以下简称市工商局团工委)。第一届团委设委员五名,按照团章及有关规定进行选举。

1991 年 2 月 5 日 ,共青团常德市直机关工作委员会下发文件(常直团组〔1991〕4 号),同意市工商局团员大会和团委第一次会议选举结果,汪望秋、余红武、徐勇、欧阳平安四同志为局机关第一届团委委员,汪望秋任团委副书记。

1995 年 6 月 6 日,市工商局团委进行第二届选举,欧阳平安任团委书记。

1995 年市工商局第二次团员大会合影

2003 年 9 月,成立市工商局团工委,张繁祥当选为团工委书记。

2007 年,刘绍清任团工委书记,张婕任团工委副书记。

2008 年 5 月,市工商局团工委被共青团湖南省委授予"'五四'红旗团支部(总支)"荣誉称号。

2009—2012 年,市工商局团工委以市工商局党组提出的培养"六会"干部为目标,组织 40 岁以下青年干部每周一次集中学习;举办多次读书心得交流、演讲、打字等比赛;为全面提升青年干部社会责任意识和综合素质,团工委多次组织青年干部参加植树活动、保护母亲河(沅江)志愿活动、走访基层访贫问苦活动、文明城市创建志愿服务活动、走进灾区慈善捐款活动、走进社区慰问空巢老人活动等;为充分发挥党团组织作用,促进非公有制经济又好又快发展,市工商局团工委建立工作目标责任机制、工作领导协调机制、工作考核评比机制等长效机制。由于工作扎实,市工商局团工委成绩显著,2008 年度团工委荣获全市"五四红旗团工委"、消保科荣获市级"五四红旗团支部"、办公室荣获市级"青年文明号";2010 年度全市团工委工作先进单位、财务科荣获市级"青年文明号"、团工委荣获省级"五四红旗团工委";2011年度团工委荣获全省优秀志愿服务组织奖、全市青年文明号优秀组织奖、全市优秀志愿服务组织奖、信息中心荣获省级"青年文明号"等。

三、妇女组织

1991年3月2日,市工商局向市财贸工委提交文字报告,拟成立常德市工商行政管理局妇女委员会。经群众酝酿,民主推荐,局党组同意拟定文慧群、张美安、李桂珍、唐丽庆、赵鲁娟五位同志为本局妇女委员候选人。同年3月23日,市财贸工委文件(常财工字〔1991〕1号)批复,肖淑萍任妇女委员会主任,文慧群任副主任。

2010年11月17日,常德市总工会下发文件(常工组字〔2010〕118号)批复,同意陈红、文慧群、方利、青松、彭贤琼等5名同志为市工商局工会第二届女职工委员会委员,陈红任女职工委员会主任。

2011—2012年,市工商局妇委会在市工商局党组高度重视和大力支持下,致力于强化妇女干部综合素质、维护妇女干部合法权益,使妇女干部以素质求发展、以作为求地位,努力打造高素质妇女工商干部队伍。每年组织女同志进行健康体检,多次组织女同志参加植树活动、巾帼志愿服务活动、走进社区慰问空巢老人、无偿献血等公益活动。由于工作突出,2012年市工商局妇委会被市妇联评为目标管理先进单位;2012年市政务中心工商窗口荣获省妇联授予的"巾帼文明岗"称号。

四、个体劳动者私营企业协会

常德市个体劳动者私营企业协会始建于1986年4月1日,初称"常德地区个体劳动者协会"。1988年8月,常德地区撤区建市后,"常德地区个体劳动者协会"更名为"常德市个体劳动者协会",协会主要是在市委、市政府和工商部门具体指导下,紧紧围绕"自我教育、自我管理、自我服务"(以下简称"三自")这一基本任务开展工作。

1991年,市个协认真贯彻执行党关于发展个体私营经济政策,充分发挥个协组织"三自"作用,深入扎实地抓好形势教育,政策法纪教育和职业道德教育,认真整顿经营作风,努力维护会员合法权益,全面开展服务活动及文体活动。截至1991年年底,全市共有会员99492人,年缴纳税收7000多万元,为社会公益事业和救灾捐款94万元。全市共有基层分会90个,各级个协组织共有工作人员159人,个协小组660个,成立个协党支部7个,党员3393名,团支部35个,团员5640名。

至1992年12月底,全市个体工商户和私营企业发展到74685户(私营企业179家,个体工商户74506户),从业人员118961人(私营企业从业人员3411人,个体工商户从业人员115560人,占全市人口2.08%),注册资金2.7亿元,总产值2.1亿元,全年上缴国家税收约

8000 万元，为社会公益事业捐款 103.28 万元。

1993 年 6 月 5 日，根据《中华人民共和国私营企业暂行条例》第五条“私营企业可以成立私营企业协会”规定和《中华人民共和国私营业暂行条例实施细则》第二十九条第五款“工商行政管理机关履行指导私营企业协会的工作等管理职责” 以及全市广大私营企业主迫切要求，市工商局向市政府提交《关于申请成立常德市私营企业协会的报告》。同年 8 月 5 日，市政府同意成立常德市私营企业协会，同年 7 月 20 日，市工商局、市私营企业协会筹备领导小组向市民政局提交《关于申请登记常德市私营企业协会的报告》。

1994 年 6 月 30 日，市私营企业协会成立之际，市个协、私协理事合影留念

1994 年 6 月 20 日，市民政局依据《中华人民共和国社会团体登记管理条例》规定，作出同意成立常德市私营企业协会文字批复。6 月 30 日，召开常德市私营企业协会成立暨第一届代表大会。市委副书记彭孟芝、市政府副市长洪明祥、市人大常委会副主任蔡汝栋、市政协副主席李明安及市直有关部门负责人、各县级工商局有关负责人、私营企业代表出席大会。市私营企业协会会长刘锦章作题为《抓住机遇，加快发展，努力开创常德市私协工作的新局面》工作报告。市委副书记、市私协名誉会长彭孟芝在会上讲话。大会通过《常德市私营企业协会章程（草案）》，选举产生市私协第一届理事会，刘锦章为理事会会长，江伟明、李经坤为理事会副会长，黄继兵为理事会秘书长。市私协第一届理事会研究同意，决定聘请市委副书记彭孟芝、市政府副市长洪明祥、市人大常委会副主任蔡汝栋、市政协副主席李明安四位同志为名誉会长 。

1995 年，全市共有县级个协组织 12 个，基层分会 95 个，行业协会 4 个，协会小组 517 个，共有个协工作人员 189 人，其中专职个协工作人员 95 人，招聘个协工作人员 94 人。个协党支部 12 个，党员 3275 人；团支部 20 个，团员 2819 人。当年受到省个协表彰的先进个人 7 人，受到市委、市政府表彰的县级个协先进个人 5 人，生产经营标兵 10 人，纳税大户 10 个，守法文明经营户 100 个，受到当地县委、县政府表彰的基层协会 29 个，会员小组 77 个，先进个人 1238 人。会员中有省级劳模 1 人，市级劳模 5 人，县级劳模 5 人。省级人大代表 1 人，市级人大代表 11 人，县级人大代表 35 人。市级政协委员 17 人，县级政协委员 125 人。有会员之家 122 个，医疗站 15 个，托儿所 6 个，图书室 14 个，无线电培训学校 1 所。是年，全市个体工商户发展到 170681 户，从业人员 378551 人，分别比上年增长 16.3%和 21.1%；私营企业 2838 家，从业人员 43933 人，分别比上年增加 47%和 40.2%。全市个体工商户和私营企业共计 173519 家，从业人数 422484 人，占全市总人口 7.3%。上缴国家税金近 1.6 亿元，为社会公益事业和救灾捐款 220 多万元，认购国库券 142.02 万元。当年 5 月，市个协被中个协评为“全国个协工作先进单位”，还被省个协评为全省个协会费管理工作先进单位。

1998 年 5 月 28 日，市个协、市私协在桃林宾馆召开全市第四次个体劳动者暨第二次私营企业代表大会。省工商局副局长、省个私协会长廖子忠，省个私协秘书长周雪初，市委、市人大、市政府、市政协和有关单位领导以及各县级代表共 200 多人参加大会。大会表彰了 6 个个协工作“目标管理先进单位”、6 个“目标管理达标单位”、16 个“先进个私协分会”、22 个“个私协先进工作者”，为 35 名个体工商户和私营企业主授予“常德光彩之星”荣誉称号。大会宣布常德市个体劳动者协会与常德市私营企业协会合并为常德市个体劳动者私营企业协会，选举产生由 47 人组成第一届个私协理事会，聘请市委副书记莫道宏、市人大常委会副主任喻斌龙、市政府副市长龚建民、市政协副主席蒯定勋四位领导担任市个私协理事会名誉会长，聘请市公安局等 11 个单位负责人为市个私协理事会顾问，聘请胡富华同志为市个私协理事会常年法律顾问。会上，市个私协会长熊永钧作题为《总结经验，奋发进取，为促进常德市个体私营经济健康发展努力奋斗》的工作报告。

2002 年 6 月 21 日，中共常德市个私协第一次党的代表大会召开，在全市个体工商户、私营企业 1059 名正式党员中选举 100 名代表出席大会。依照《党章》及选举办法，大会选举产生中共常德市个私协第一届委员会，市工商局党组成员、纪检组长、市个私协会长熊永均当选为党委书记，李明建、曾腊梅任党委副书记，刘春建等四位同志为党委委员。会上，首任个私协党委书记熊永均作题为《落实“三个代表”重要思想，充分发挥共产党员先锋模范作用，促进常德市个体私营经济健康发展》主题报告。

2008 年 1 月 26 日，市个私协在德华宾馆召开常德市个私协第五届理事会议，会议传达中个协第三次代表大会暨全国诚信守法文明个体工商户表彰大会精神，总结 2007 年市个私协工作，对 2008 年工作进行部署安排，并对 2007 年度个私协工作先进单位以及“常德市私营企业 100 强暨影响常德十大魅力德商”进行通报表彰，市政府副市长李爱国和市工商局局长胡祖国在会上讲话。截至是年 11 月底，全市共有个体工商户 101446 户，从业人员 152196 人；私营企业 7275 家，投资者 18259 人，雇工 70516 人，注册资金达 157 亿元。

2009 年 6 月 16 日，市工商局、市个私协与中国工商银行常德市分行联合召开 2009 年度常德市银企融资恳谈会，全市各区县（市）个私协组织近百名个体私营业主参加本次银企融资恳谈会。通过有效发挥工商机关、个私协资源优势和服务作用，搭建银行与个体私营企业沟通平台，为推动全市个体私营经济平稳较好发展，实现银企共赢发挥积极作用。

2010 年 4 月 15 日，省政府召开促进个体私营经济发展银企融资洽谈签约视频会议，市工商局及各县级工商局共设置 8 个分会场，西湖、西洞庭分局设置听会场。签约会上，全市共有 45 家企业与银行达成融资贷款意向 5.99 亿元，仅市工商局分会场就有 21 家企业就签订 4.54 亿元融资贷款协议。

2011年6月3日，市工商局、市个私协及中国工商银行常德市分行联合举办2011年度促进个体私营经济发展银企融资洽谈会，成功签约9.77亿元。是年8月25日，市个私协党委创先争优活动表彰会在市工商局召开，市个私协党委委员、市个私协相关代表、所属26个基层党支部书记、优秀共产党员、优秀党务工作者及新发展23名党员参加会议。

五、消费者委员会

消费者组织由政府有关部门和各社会团体以及各方面消费者代表组成，是经政府批准成立的具有独立法人资格、致力于保护消费者合法权益的社会团体。市消协工作宗旨是对商品和服务进行社会监督，保护消费者合法权益，指导广大群众科学消费，促进商品和服务质量提高，促进社会主义商品经济和服务事业发展。

1991年6月1日，市工商局根据省工商局、省消协文件《关于在全省各级尽快建立消费者组织的通知》(湘工商发〔1991〕21号)精神，向市政府呈报《关于成立常德市消费者协会的请示报告》(常工商报字〔1991〕43号)，并草拟《常德市消费者协会章程(草案)》，同年7月21日，市政府市长蔡长松批示，同意成立常德市消费者协会。是年7月30日，市工商局以常德市消费者协会筹备领导小组名义向市民政局申报，并办理登记手续。是年9月17日，召开筹备领导小组第一次会议，结合全市实际情况，对分配理事名额、聘请名誉会长、修改章程等具体问题进行认真研究，取得一致意见。12月4日，召开筹备小组第二次会议，审议成立大会准备情况，确定成立大会时间、地点和议程。12月14日，召开由市委、市人大、市政府、市政协、省消费者协会领导及有关职能部门负责人参加的常德市消费者协会成立大会。大会通过《常德市消费者协会章程(草案)》，选举产生常德市第一届消协名誉会长、正副会长、正副秘书长。名誉会长：李江、揭乐田、刘士六；会长：刘锦章；副会长：雷志钦、陈兴祥、屈振武、童志民、李娥皇、张春仙、黎建平、叶培明、吴长武、欧阳毅；秘书长：邵国华；副秘书长：朱伯章、蒯凝忠、贾鸿勋、胡定杰、夏云阶、余锡林、刘世倩。

市消委召开法律事务部暨投诉站成立大会

1992年，市消协坚持为广大消费者和工商企业服务，围绕“抓基础、造影响、办实事”工作目标，积极开展工作。春节前，市消协会同工商、卫生、标准计量等有关部门，在市城区开展为期3天打击假冒伪劣商品活动，共出动人员150人次，出动车辆15台次，检查国营、集体、个体商场(店)578家,检查商品145种,查获假冒伪劣商品120多种,案值80多万元;市消协办公室共收到消费者投诉信90件,主要反映名酒、名烟、冰箱等产品假冒和质量问题,对每一件投诉,市消协都主动与经销单位、厂家联系,及时处理;先后建立有关规章制度,规范投诉信件受理、处理工作程序,完善有关资料,同时督促指导部分区县成立消费者协会。

1993年2月16日,根据《中华人民共和国消费者权益保护法》相关规定及省工商局、省消协有关要求,市工商局、市消协向市政府提交《关于申请常德市消费者协会更名的报告》,同年2月20日,市政府办公室印发《关于同意常德市消费者协会更名的批复》,同意将"常德市消费者协会"更名为"常德市消费者委员会"。3月12日,市工商局、市消委根据中消协《关于建立和发展乡镇、街道基层组织的意见》和省工商局、省消协会议精神及市消委第一届二次全体会议精神,印发《关于发展基层消费者组织的意见》。文件规定做好两项工作,即:规范各县级消协组织的名称,已经成立消协组织的,应尽快呈县政府批准更名,未成立消协组织的区县(市),应以成立消委的名称报批;抓紧基层消费者组织网络建设,各县级消委下设分会,由工商所牵头,区、乡、镇有关部门和消费者代表参加,并可在乡村分片或城镇街道、集贸市场设监督站。市消委下设四个分会由市工商局下属四个分局牵头,武陵区有关部门和消费者代表参加,并由各工商所牵头,建立监督站。大型企业、大的集贸市场也可建立监督站,各分会(监督站)设立,报上级消委批准。县级消委的成立在1993年6月底以前完成,分会(监督站)的建立在1993年12月底前完成。

1994年,八届全国人大常务委员会第四次会议审议通过《中华人民共和国消费者权益保护法》,并于1994年1月1日起实施。贯彻实施这部法律是消费者组织的职责,根据市消委年初第二次全体会议精神和上级消费者组织要求,全市各级消费者组织把做好《消费者权益保护法》宣传教育工作作为首要任务,各有关部门把学习贯彻宣传《消费者权益保护法》列入重要议事日程,并作为"二五"普法的重要内容,让《消费者权益保护法》内容人人知晓,运用自如。消费者组织每个成员,除自身学习以外,还组织好本单位学习和宣传工作,利用会议、黑板报、墙报等形式进行广泛宣传。同时,落实培训教育工作,市消委除搞好自身队伍的教育培训外,还组织开展工商企业、个体工商户培训工作,采取各种有效措施大造舆论声势,做好释疑答问工作,对损害消费者权益的行为进行舆论监督。工商企业和个体工商户积极参加市消委组织的培训,努力提高遵守法律的自觉性,争做维护消费者权益模范。制定和完善保护消费者权益的制度和奖惩措施,增强商品和服务透明度,建立专门的处理消费者投诉机构,认真处理好消费者投诉。各级消费团体组织广大消费者学习利用法律武器,帮助消费者明确自身地位和权利,不断增强自我保护意识,提高维权能力,为缓解社会矛盾、净化市场、维护经济秩序、密切党和政府同人民群众联系发挥较好作用。年末,全市消费者组织网络基本形成,市消委有武陵区、生资、直属市场、德山4个直属分会,设有16个直属监督站,各区县(市)均建立消费者组织。澧县、石门、临澧以工商所为依托在乡镇建立40个分会。在企业和大型消费团体、城镇、居委会,建立83个消费监督站。设投诉举报点212个,设投诉举报电话 212 部，有消委组织工作人员 67 人(其中专职 35 人)。认真组织“3·15”国际消费者权益日纪念活动。是年,全市共组织“3·15”国际消费者权益日纪念活动 2 次(市、县各一次),市、县两级兼任消委名誉会长的市、县领导均发表电视讲话，到现场询问了解情况。市、县两级消委组织工商、物价、计量、卫生、烟草、医药、电力、邮电等部门走上街头宣传《消费者权益保护法》，开展法规咨询、现场处理投诉及真假商品展览等消费者权益保护活动。广泛开展“消费者信得过单位”评选活动。全市共有 3896 家企业、社会服务事业单位及个体工商户自愿申报,市、县两级消委组织,采取抽查、审查、综合检查、发动理事和消费者代表参与等方式进行广泛评选,最后由常务理事会研究决定,评出市级“消费者信得过单位”11 家(市属企业 4 家、县属企业 7 家)。认真处理投诉,维护消费者合法权益。是年,全市共受理投诉 1634 起,处理率为 98.1%,其中上万元的投诉就 46 起,为消费者挽回经济损失 347.5 万元。澧县良种棉加工厂销售的“湘优 10 号”棉种,平均出苗率不到 20%,使近万农户 1000 公顷地受损,通过县消委协调处理,县政府决定赔偿 4 万元给农户;市轴承厂在市基建投资公司购买的轴承钢不合格造成工厂停产，市消委设在市标准局的质量监督检查部受理后,随即进行协调处理,为轴承厂挽回 29 万元经济损失。

市工商局组织开展“3·15”国际消费者权益日纪念活动,现场接受消费者申(投)诉、咨询

2000 年,市消委工作重点是围绕“明明白白消费”年主题,引导广大消费者运用《消费者权益保护法》赋予的“知情权”和“获知权”,让消费者了解党和国家消费政策,转变消费观念,敢于消费、放心消费。组织开展“明明白白消费年”主题问卷调查活动,共发放调查问卷 1 万余份,收回 5356 份;通过新闻媒体对该主题进行新闻宣传,使之成为消费者关注热点,常德日报在经济广场栏目进行专版讨论,常德市经济广播电台设立专题讨论节目,社会各界人士纷纷发表文章,引导消费者明明白白消费。

2001 年,全市共受理投诉 2498 起,调解率达 96%,为消费者挽回经济损失 254.2 万元,其中金额在 5000 元以上 31 起,10000 元以上 4 起,截至 12 月底,转工商机关查结案 56 起,结案入库 31.36 万元,待结案 30 起。在受理投诉中,按范围划分为:家用电器 413 起,家用机械类 113 起,日用百货类 743 起,食品类 1006 起,药和医病用品 59 起,服务类 481 起,农用生产资料类 206 起,房屋建材、邮购、金银首饰等类 137 起。是年,开展规模宏大的“3·15”活动,全市连续 3 天在市城区 18 条街道开展商品展示及宣传咨询服务活动,全市各级消委会同工商部门等出动人员 6400 人次、车辆 329 台次，参与的厂家、商家达 4678 家，展出商品达 18700 多个品种，设立宣传咨询和受理投诉台(站)8000 多个，接受咨询 10 多万人次，现场解决消费者投诉 106 起，现场服务项目达 4000 多个，免费服务金额达 20 多万元。发放各种消费法规、常识等资料 20 多万份，制作拱门和彩球 5000 多个。同时，组织下乡宣传活动，流动受理、处理投诉 27 次，出动人员达 300 多人次。

2004 年，市消委围绕“诚信·维权”年主题多渠道开展消费者维权服务活动。会同工商部门开展“红盾护农”农资专项整治，重查侵害农民消费者案件，全市捣毁制假窝点 3 个，为农民挽回经济损失 14.42 万元，查获假劣种子 10260.6 公斤，农药 52345 公斤，化肥 965550 公斤，饲料及饲料添加剂 28365 公斤，劣质农机 221 件，罚没入库 89.95 万元；开展“3·15”纪念活动，充分利用各种渠道广泛开展宣传和咨询活动，通过领导电视讲话，主办万人消费者知识抢答赛和宣传咨询等形式广泛宣传法律法规和有关消费者权益保护知识，营造良好消费氛围；落实商品质量抽样检测举措，实行商品质量监管关口前移，全市确定家润多常德分店、百家建材超市、金钻广场等四家为试点单位，重点对食品、建材进行抽样检测，对销售不合格和质量存在缺陷建材经销商进行查处；进一步完善举报投诉网络，认真处理消费纠纷，截至年底，全市“12315”共受理消费者投诉咨询电话 6460 个，共受理消费者投诉 1715 件，处理 1646 件，调解成功 1162 件，为消费者挽回经济损失 6913 万元，为消费者赔偿 8.34 万元。澧县消委、县工商局从农民消费投诉中总结经验，率先推行农业生产资料先行赔付制，市消委、市工商局在全市推介了这一经验。

2008 年 3 月 13—15 日，市消委组织在市城区 15 个大型市场、21 条街道、32 个集贸市场开展商品展示、宣传咨询服务、现场受理投诉、免费维修服务等活动。市、县消委会同工商等部门共出动人员 5800 多人次、车辆 450 多台次，共 8600 多家厂家、商家参加活动，展出商品10000 多个品种，设立咨询台和投诉台 2100 多个，接受咨询 50 多万人次，现场受理消费者投诉 407 起，现场解决 98 起，开设家电维修、义诊等现场服务项目 400 多个，免费服务金额达 25 万元。为营造气氛，全市制作拱门 320 多个，彩球条幅 6000 多个，宣传展牌 1 万多块，印发宣传资料 200 多万份。3 月 15 日，市人大常委会副主任张启祥、市政府副市长李爱国等市领导，市直有关部门负责人及县级领导共 38 人亲临活动现场指导工作。

市消委获得全国消协组织保护消费者权益先进集体荣誉称号

2009 年，市消委围绕“消费与

发展”年主题，组织开展一系列“消费促内需，发展解危机”活动。在常德市电视台“都市 3·15”栏目《常德日报》《常德晚报》开辟专栏，连续五天宣传年主题。印发 3 万份有关年主题宣传资料，在步行街广场进行有奖知识问答。制定和实施“3·15”活动方案，召开“3·15”庆祝大会，通报 2008 年度市消费维权典型案例。3 月 13—16 日，市、县两级消委会同有关部门在全市 18 个大型市场、25 条街道、30 个农村集贸市场集中开展商品展示对比、宣传咨询服务、现场受（处）理投诉、免费维修、义诊等服务活动，共出动人员 6000 多人次，动用车辆 480 多台次，邀请厂家、商家 2000 多家，展出商品 12300 多个品种；设立咨询台和投诉台 300 多个，接受咨询达 13000 多人次，现场受理消费者投诉 503 起，开设家电维修、义诊等现场服务项目 500 多个，免费服务金额达 27 万元；共制作拱门 338 个，彩球条幅6200 多个，宣传盾牌 9000 多块，印发宣传资料 30 多万份。是年，全市消委系统共受理消费者投诉 3652 件，解决 3479 件，结案率为 95.4%，为消费者挽回经济损失 504 万元，其中因经营者有欺诈行为得到加倍赔偿的投诉 24 件，加倍赔偿金额 12.7 万元，经消费者协会提供案情后由政府有关部门查处罚没款 102.6 万元，接待来访和咨询 6011 人次。

2010 年，市消委围绕“消费与服务”年主题，召开相关会议，并开展丰富多彩的宣传服务活动。2 月 3 日，召开第四届三次常务理事会议；3 月 10 日，在市工人文化宫召开第四届四次理事大会，市委常委、统战部部长、市消委名誉会长李爱国、市人大常委会副主任、市消委名誉会长张启祥、市政协副主席、市消委名誉会长张新民出席理事大会并作重要讲话，与会代表有市工商局领导、市消委各理事单位代表、受表彰的先进单位和个人、被授牌单位及各区县（市）消委会长、秘书长等约 1000 余人；3 月 13—16 日，市消委在全市 21 个大型市场、20 条街道、38 个农村集贸市场集中开展为企业服务、为消费者服务活动，出动人员 7000 多人次，出动车辆 500 多台次。共制作拱门 400 多个，彩球条幅 6000 多个，宣传盾牌 8000 多块，印发宣传资料 200 多万份；10 月 21 日，召开四届四次常务理事会议。针对消费者反映保险企业强制保险问题，向全市 20 余家保险企业送达《关于停止在销售“交强险”时强制搭售商业险的劝谕函》。是年，全市消委系统共受理消费者投诉 3446 件，成功解决 3308 件，调解率为96%，为消费者挽回经济损失 282.37 万元，其中因经营者有欺诈行为得到加倍赔偿的投诉 40 件，加倍赔偿金额 5.54 万元，经消委提供案情后由工商等有关部门查处罚没款 32 万元，接待来访和咨询 6970 人次，收到表扬信 28 件。

2011 年，市消委分别召开四届五次理事大会和市消委成立 20 周年纪念大会。3 月 15 日，在常德步行街邀请厂家、商家 120 多家，展出商品 6000 多种。在全市 20 个大型市场、30 条街道、35 个农村集贸市场集中开展为企业服务、为消费者服务活动，出动人员 8000 多人次，出动车辆 400 多台次。为营造“3·15”节日气氛，共制作拱门 300 多个，彩球条幅 4000 多个，宣传展牌 2000 多块，印发宣传资料 100 多万份。全市消委系统全年共受理各类投诉2448 件，处理结案 2353 件、转办 95 件，调解成功率达 100%，为消费者挽回经济损失 386.62 万元，接待来人来访、受理法律及消费常识咨询 5482 件次。对各大超市发布《关于停止群发商业手机短信广告的劝谕函》,对各大宾馆及会务场所发布《关于禁止出租场所给商家以讲座为名推销产品欺诈消费者的劝谕函》。10 月 18 日,在鼎城区武陵小学开展消费维权进校园活动启动仪式。10 月 18—19 日,在常德国际大酒店主办“消费维权投诉站长及企业负责人培训会议”,120 多名企业负责人参加培训。

2012 年,市消委紧扣“消费与安全”年主题开展维权服务活动,市县两级消委共受理消费投诉 2823 件,解决 2760 件,解决率 97 .8%,为消费者挽回经济损失 1016 万元,提供案情由政府罚没 52.7 万元,接待消费者咨询和来访 7421 人次,收到表扬信 119 件。其中市消委秘书处受理消费者投诉 296 起,解决 288 件,解决率 97. 3 %,为消费者挽回经济损失 14 万元,接待消费者咨询来访 1123 人次,提供案情由政府有关部门罚没 2.3 万元,收到表扬信 11 件。发布《关于超市停止查验小票的劝谕函》。3 月 2 日,召开四届六次常务理事会,研究市消委人事调整,研究通过《常德市庆祝 2012 年“3·15”国际消费权益日活动方案》。3 月 9 日,在常德市国际大酒店隆重召开 2012 年“3·15”国际消费者权益日纪念大会暨市消委四届六次理事大会,大会由市工商局局长胡祖国主持,市人大常委会副主任、市消委名誉会长张启祥,市政协副主席、市消委名誉会长张新民出席会议并作重要讲话,会议表彰 2011 年度消委系统维权工作先进单位和个人,授予 108 家企业为市级“维护消费者合法权益先进单位”称号,同时通报 2011 年度常德市十大消费维权典型案例及全市十大消费投诉热点。全市“3·15”期间全市各级消委共设立咨询点 34 个,设置宣传展板 1008 块,发放宣传资料 12 万份,接受消费者咨询 837 人次,受理消费投诉 397 件。

市工商局领导陪同市领导参加“3·15”活动

六、工商行政管理学会

常德市工商行政管理学会在市工商局、市社科联以及省工商学会高度重视和具体指导下,以学会《章程》为宗旨,从全市工商系统实际出发,组织广大会员认真探索适应社会主义市场经济新体制的工商行政管理工作,坚持理论指导实际,不断提高队伍素质,为促进全市工商行政管理事业发展发挥了重要作用。1991—1994 年,学会共举办或参与举办各种培训班 30 多期,参训干部职工近 1000 人次,组织法律、法规知识竞赛 15 次,开展咨询服务活动 200 多次,共印发各种法律、法规宣传资料 10000 多册,为普及工商行政管理法律、法规知识，提高工商队伍素质起到很大作用。同时，学会理事水平不断提高，学会理事会举办 6 次较大规模学术研讨会，共收到学术研究论文 300 多篇，发表论文 150 多篇，其中有《卖粮难的负效应及对策》《市场建设举债要适度》《浅论工商行政管理会计的理财原则》《实行协议仲裁制度的几点思考》《关于建立澧阳开发区的构想》《关于假冒伪劣商品盛行的原因、危害及对策》等 50 多篇优秀论文先后在省级以上刊物发表，其中《浅谈工商行政管理会计的理财原则》被省工商局首届学会评为优秀论文二等奖，全国工商理论刊物《工商理论研究》予以摘登。

1990 年常德市工商行政管理学会第二届理事合影

截至 2012 年年底，市工商学会配合市工商局中心工作，每年举办 1—2 次专题学术活动，共收到各类学术论文数千篇，在全国各类报纸杂志发表数百篇，为提升全市工商干部业务素质和理论水平、推动全市工商事业发展发挥重要作用。

七、经纪人协会

2005 年 10 月 24 日，市工商局根据常德市经纪人协会筹备组呈报的《关于筹备成立常德市经纪人协会的请示》，研究决定成立常德市经纪人协会，并向市民政局申请登记，协会主管部门为市工商局，办公室设市场合同科，与市场合同科合署办公。经纪人协会成立后，协会向各县级工商局转发国家工商总局关于贯彻实施《经纪人管理办法》、湖南省工商局《大力发展我省农村经纪人的若干意见》（湘工商市字〔2005〕166 号）等一系列经纪人协会工作文件及相关法规，并依照文件、法规做了卓有成效的工作。是年 8 月，为创建“四型”（学习型、法治型、效能型、创新型）工商，加大服务“三农”力度，促进全市农副产品流通，有效增加农民收入，加快全市农村经济发展，落实湘工商市〔2005〕170 号文件精神，市工商局印发《关于发展和建立与农村经纪人联系制度工作方案》，要求各县级工商局充分发挥职能优势，从 8 个方面对农村经纪人给予指导、支持和帮助：指导开展对农村经纪人执法培训工作，使农村经纪人掌握经纪人从业基本技能，了解国家有关政策、法规与专业知识；在农村经纪人登记注册方面做好服务工作，规范农村经纪人名称及经营范围，放宽核准范围，支持一般经纪人面向“三农”，开展各项农业经纪活动；指导、支持对农村经纪人开展信用管理和资质评价；发挥合同监管职能、指导农村经纪人依法签订和履行经纪合同，切实保障农民群众和经纪人合法权益；大力支持农村经纪人为订单农业牵线搭桥，搞活农产品流通，促进农村经济发展；打击

“地下经纪”活动,维护正常经济秩序;认真执行经纪业人员备案制度,农村经纪人执业经纪人员备案工作由县级工商行政管理机关市场规范分局具体执行;认真开展对农村经纪人及经纪执业人员信用管理,建立健全农村经纪人及经纪人员档案,对诚实守信,依法经营农村经纪人和经纪执业人员公示表扬,对违法违章记录在案,适时予以公示警告。《方案》要求市工商局班子成员、调研员、助理调研员及各县级工商局班子成员、工会主席各联系一个农村经纪人,市工商局机关科室、各县级工商局股室联系两个农村经纪人,基层工商所每人联系和发展一个农村经纪人。截至2012年年底,全市举办农村经纪人培训班60期,培训人员6500人次,颁发农村经纪人证书6275人。

八、广告协会

1994年3月30日,市工商局研究同意常德市广告协会筹委会《关于申请成立常德市广告协会的请示》,同意成立常德市广告协会。协会成立后,严格遵循“指导、协调、咨询、服务”宗旨,对全市广告业户进行法规教育,搞好咨询、服务工作。开展“重信誉,创优质服务”先进单位、优秀公益广告评比、诚信广告、争创广告行业精神文明先进单位、广告高层论坛等多项活动,促进全市广告业务发展。

第四章　队伍建设

第一节　干部教育培训

一、政治思想教育

1991年10月15日—1992年1月25日，市工商局根据市委统一部署和市财办具体安排，开展社会主义思想教育（以下简称社教）活动，活动分思想发动、专题教育、整章建制和检查验收四个阶段。全局参加社教的基层工商所以上单位14个（其中处级机关1个、科级单位4个、基层工商所9个），参加社教人员271人（其中处级以上干部9名、科级干部34名、一般干部和职工228名、共产党员118名、共青团员67名）。活动中，共发放《毛泽东选集》一至四卷279套，社教读本271本及社教学习资料850份，举办专题辅导课7次，组织学习原著25篇，全局干部职工撰写学习心得体会815篇。组织观看《大决战》《毛泽东和他的儿子》《周恩来》等传统教育影片7场次，参观纪念辛亥革命80周年历史图片展览267人次，观看社教专题片5场次，青年团员还参加市财办组织的植树活动。市工商局始终坚持把社会主义思想教育寓于工商行政管理工作全过程，以社教总揽全局，加强领导，精心组织，周密安排，在“抓”字上作文章，在“实”字上下功夫，认真解决自身存在的问题，有效提高全局干部职工对高举马列主义、毛泽东思想旗帜，加强党的领导，坚持社会主义道路、反对和平演变的认识，增强工商行政管理人员“公仆”意识，推动和促进全局各项工作顺利开展。是年，工商行政管理“六管一打”（即集贸市场管理、工商企业登记管理、经济合同管理、商标注册管理、个体工商业管理、广告管理和打击投机倒把）及廉政建设等八项工作在全省工商系统综合评比中取得第三名。

1994年4月18日，市工商局召开职业道德建设动员大会，组织开展以职业道德建设为重点的廉政建设教育活动。职业道德建设教育活动安排8个月时间，分为四个阶段。准备阶段：调查研究，摸清人员思想状况，制定实施方案，确定授课人员及教材、资料等准备工作；教育提高阶段：上好五堂课，第一课是组织干部职工听动员报告，第二课是社会主义职业道德的基本内容，第三、四、五课讲工商行政管理职业道德的基本内容和行为规范；自查自纠阶段：是职业道德建设重点，任务是组织全体干部、职工进行道德评价，对个人违反职业道德的不良行为和单位发生的以权谋私、以职谋私的不正之风等问题进行清理、检查、纠正；整章建制阶段：建立完善职业道德规范和监督约束机制、激励机制，汇总职业道德行为规范打印成册。开展职业道德建设主要目标是进行以职业道德和廉洁自律为主要内容的思想教育,使全体干部职工掌握基本职业道德知识,了解社会主义职业道德一般规范,增强职业道德责任感和纪律观念,树立“廉洁、守纪、勤奋、优质”职业道德和敬业精神;根据职业道德建设要求,紧密结合工商行政管理工作实际,认真开展自清、自查、自纠,努力争取通过此次职业道德建设,工商队伍形象和人员基本素质有明显转变;制定完善适合工商行政管理,适应社会主义市场经济体制要求和便于操作的职业道德行为规范;建立健全监督约束机制和激励机制,有效地防范违背职业道德的不良行为和行业不正之风;探索职业道德建设有效途径和办法,制订出切实可行的工商行政管理道德规范和岗位行为规范,并将各种规章制度汇编成册,长期实施。

1999年,按照中央、省委关于开展以“讲学习、讲政治、讲正气”(以下简称“三讲”)为主要内容的党性党风教育文件精神,根据省工商局统一部署,决定于当年10月21日至12月20日,在市工商局党组及领导成员中开展“三讲”教育。“三讲”教育主要目标是:通过认真查摆和解决在贯彻党的基本路线和方针、政策,执行党的民主集中制原则,执行干部人事工作纪律等方面存在的主要问题,以此达到增强政治组织观念,更加坚定对社会主义、共产主义信念的目的;通过认真查摆和解决宗旨观念、群众路线、公仆意识等方面存在的主要问题。以此达到增强群众观念,坚持全心全意为人民服务,密切党群、干群关系的目的;通过认真查摆和解决在市场监管和行政执法等方面存在的主要问题,以此达到增强政策法制观念,提高依法行政能力的目的;通过认真查摆和解决廉洁自律、艰苦奋斗、勤奋工作、开拓进取等方面存在的主要问题,以此达到增强勤政廉政观念,形成求真务实,廉洁高效的工作作风,廉洁从政,勤政为民的目的。市工商局领导班子、领导干部“三讲”教育具体分四个阶段进行。第一阶段思想发动、学习提高。内容是结合实际,制定方案;召开大会,搞好动员;组织学习,统一思想;调查研究,征求意见。第二阶段自我剖析,听取意见。内容是整理意见,搞好反馈;班子成员写出自我剖析材料;搞好局党组集体“三讲”教育思想总结;征求意见,反复修改;民主评议。第三阶段交流思想,开展批评。内容是在领导班子内部广泛开展谈心活动;召开民主生活会,开展批评与自我批评;对民主生活会情况形成报告,报省工商局“三讲”办公室。第四阶段认真整改,巩固成果。召开局党组扩大会议,针对局领导班子存在的突出题,制定整改措施,进一步建立健全规章制度,巩固“三讲”教育成果;召开干部职工大会,向本单位、本系统通报党组和领导成员开展“三讲”教育情况;市工商局党组和领导成员“三讲”教育工作完成后,向省工商局“三讲”教育领导小组办公室写出开展“三讲”教育专题总结报告。由于工作扎实,市工商局领导班子和领导干部“三讲”教育取得比较明显成效。主要表现:通过“三讲”教育,局领导干部普遍感到经受一次深刻的马克思主义教育,进一步坚定建设有中国特色社会主义信念,提高政治敏锐性和政治鉴别力,提高联系工商行政管理部门实际贯彻党的路线方针政策自觉性,增强政治意识、大局意识、责任意识和依法行政意识。“三讲”教育第二、三阶段,通过征集意见、自我查摆、群众评议、开展批评与自我批评,认真查找在党性党风方面存在的问题，对领导班子意见归纳整顿为四个大的方面：机关工作有待加强，存在人心涣散现象，基层建设抓得不够，出了一些问题；重业务工作，轻思想政治工作；基建建设有待进一步加强；与地方党委、政府关系有待进一步妥善处理。班子成员结合自身存在问题进行认真查找。通过认真查摆党性党风方面存在的主要问题，深刻地剖析根源，总结经验教训，进一步明确努力方向，为加强班子建设，推进此后工作创造条件。通过充分发扬民主，采取有效措施，在较大范围内发动群众对领导干部提出意见，尤其是一些老同志党性强、经验多、看得准，敢于当面提意见，能从很小的事情，能从以前认为是习以为常的事情中帮助局领导找出党性党风方面存在的问题，提的意见很符合实际，局党组成员普遍反映，很久没有像这样认真地听取群众意见，与群众沟通思想了，确实受到一次群众路线和群众观点再教育。干部职工也从局领导干部接受群众意见态度和实际行动中，增强信任，消除误解，增强信心，看到希望。尤其是进行民主评议与测评，大家看到局领导剖析材料后，在很多问题上清除隔阂。由于恢复和发扬批评与自我批评优良传统，班子凝聚力和战斗力增强。是年，在市委对县处级班子进行考核考察中，市工商局班子都在优秀之列，是一个有凝聚力、战斗力的班子。通过开展批评与自我批评，进行积极健康的思想斗争，更进一步地促进大家相互理解和信任。班子成员听到对自己的意见和建议，思想上受到触动，精神上受到鼓舞。通过“三讲”教育，局领导班子精神面貌与思想、工作作风出现可喜的变化，面对体制改革，班子调整，全局上下更加团结一致，精神振奋，求真务实，锐意进取，决心着眼长远，干好当前，以高度政治责任感抓好体改工作，进一步增强纪律观念，提高工作效率。

二、队伍作风教育整顿

1995 年，为切实加强机关干部队伍思想建设和作风纪律建设，提高机关工作办事效率，更好地为经济中心、改革开放和全市两个文明建设服务，市工商局决定在全局范围开展一次为期 50 天的干部队伍思想作风整顿。队伍作风教育整顿以中央作出的领导干部廉洁自律规定和国家公务员条例为准则，以建设廉洁、务实，高效机关为目的，以解决机关突出问题和自我教育为主，坚持机关作风整顿与机关建设相结合，树立典型与查处重点人和事相结合，自查自纠与外界帮助相结合，彻底纠正机关不正之风，惩治腐败现象，逐步将勤政、廉政纳入机关工作范围，树立工商机关良好形象。队伍作风教育整顿分三个阶段进行，即：动员学习阶段，召开全局整顿动员大会，统一思想认识；组织科级以上干部参加市委、市政府“十佳公仆”典型报告会，上好《牢记党的宗旨，全心全意为人民服务》《务必保持艰苦奋斗、勤政廉政的作风》《国家机关公务员应具备的基本素质》为内容的四堂辅导课；组织学习《为人民服务》、《纪念白求恩》《愚公移山》、新《党章》及《党内生活若干准则》，学习《邓小平文选》（第三卷）和江泽民在中纪委五次全会上的讲话以及尉健行在中纪委五次全会上的报告，学习孔繁森同志先进事迹。自查自纠阶段，查摆本单位在思想作风建设上存在的问题；个人对照检查，对照中央两个五条规定和补充规定以及党章、国家公务员要求自查自纠;对重点人和事开展批评与自我批评;填写自我鉴定表。集中整顿阶段,对查摆出来的问题进行整顿,特别对重点人要跟踪帮扶,限期改正;问题严重且屡教不改的,要严肃处理;针对问题整章建制,检查验收。

1996年,市工商局以国家工商局"公开交易执法年"和"工商形象建设年"为契机,着重抓工商队伍"四个形象建设",即:忠于职守、公平公正的执法形象;甘为公仆,廉洁自律的廉政形象;勤政高效,文明礼貌的办事形象;着装整齐,举止端正的仪表形象。同时,在全市工商系统开展"十佳工商行政管理人员"评比活动,团员青年开展学雷锋为人民服务活动,为灾区人民献爱心送温暖活动,组织卡拉OK大奖赛、拔河比赛、象棋、扑克、跳棋比赛、篮球比赛,开展"3·15"维护消费者合法权益及"店店无假货、户户讲道德"宣传活动,通过各种丰富多彩的活动,丰富干部职工文化娱乐生活,激发干部职工工作热情。

2000年4月20日,为认真贯彻国家工商局《关于在全国工商行政管理系统集中开展"整顿市场秩序,整顿队伍作风"的通知》精神,按照省工商局要求和部署,结合全市工商系统实际,市工商局印发《关于全市工商系统开展"两整顿"工作的实施方案》,时间为是年4—6月。整顿市场秩序重点有四个方面:具有一定规模和区域性的制售假冒伪劣商品行为;危及人民群众生命财产安全的违法生产经营行为;严重侵害经营者和消费者权益的商标侵权和虚假广告行为;危害社会稳定,具有欺诈性质的传销行为。整顿队伍作风重点有三个方面:廉政意识淡薄,违反财经纪律等不廉洁执法行为;滥用职权、徇私枉法等不公正执法行为;粗暴管理、野蛮执法等严重影响工商行政管理社会形象的不文明执法行为。通过集中整顿,重点地区、重点商品、重点市场公开性制假售假活动得到有效遏制,重点商品制假售假犯案率大幅度下降,消费者投诉、申诉率和消费争议率明显减少,违法违章生产经营活动得到一次全面彻底清理,重大商标侵权案件和虚假广告明显减少,非法传销活动回潮势头得到有效遏制,队伍作风纪律状况明显改观,廉洁执法、公正执法、文明执法在全市工商系统形成风气。

2001年2月16日,为贯彻落实好国家工商局《关于从成安县工商行政管理局严重失职渎职问题中吸取深刻教训在全系统集中进行以法纪教育为中心的队伍纪律作风整治的通知》(工商明电〔2001〕4号)精神,从"成安问题"中吸取深刻教训,引以为戒,按照省工商局的统一部署,市工商局决定在全市工商系统集中进行以法纪教育为中心的队伍纪律作风整治,进一步强化监管,严肃法纪,整顿作风,纯洁队伍。队伍纪律作风整治以成安县工商行政管理局严重失职渎职问题为例,认真联系全市工商系统干部队伍存在行业不正之风,在执法中存在违纪、违法等问题,下大力气,动真格揭摆问题,扎实整治,认真整改,狠刹歪风邪气,净化行业风气,重塑工商队伍良好形象,使工商行政管理机关更好地发挥职能作用,为促进地方经济发展服务。整治主要内容与要求:抓好队伍法纪教育,进一步增强干部法制观念和纪律观念,从"三个代表"重要思想政治高度充分认识抓好粮食流通体制改革政策落实的重要意义,采取有效措施,大力加强队伍思想作风和纪律建设,确保工商行政管理机关依法履行国家赋予的市场监管和行政执法职责。组织干部认真学习有关法律、法规、粮改政策和纪律规定，努力增强法律意识，增强依法行政观念和组织纪律观念，坚持依法行政，做到有法必依，执法必严，违法必究，不断提高执法水平，坚决维护法律权威和尊严。教育干部讲政治纪律和组织纪律，自觉坚持在政治上、思想上、行动上与党中央保持高度一致，不折不扣地贯彻执行党的各项方针政策和国家法律法规，决不允许"上有政策，下有对策"，决不允许变通执行党和国家的方针政策和法规。各单位对过往市场监管执法和队伍纪律作风状况进行一次全面的回顾自查。自查主要围绕执行党和国家的方针政策、法律法规是否坚定不移、令行禁止；是否存在乱发照、乱收费、乱罚款等问题；查办粮食案件是否合法，处罚是否恰当；执法人员是否存在执法违法、徇私枉法、以权谋私、失职渎职等问题。对在自查中发现问题，要坚持边查边改，边整边改，通过集中整治，市场监管执法不断加强，队伍纪律作风逐步好转。整治教育活动分思想发动、学习提高，自查自纠、集中整治，整章建制、巩固成果三个阶段进行，时间一个月。

2002 年，根据省工商局《关于在全省工商系统开展队伍作风整治的实施意见》（湘工商监字〔2002〕64 号）文件精神，市工商局印发《关于在全市工商系统开展队伍作风整顿的实施方案》。自是年 5 月上旬至 6 月底，在全市工商系统开展一次队伍作风整顿。针对工商行政管理人员在思想、工作和纪律上存在的问题，通过学习、教育、规范和查处，使全体工商行政管理人员牢固树立正确权力观，进一步增强公仆意识、法制意识、纪律意识和规范管理意识，防止乱作为、不作为和低水平作为情况发生，正确行使行政执法权，全面履行市场监管职责。队伍作风整顿通过抓学习、抓教育、抓整顿，围绕"怎样认识权力，怎么使用权力"等问题，结合工商部门具体行政执法和市场监管职责，对照检查本单位和个人在行使行政执法权和履行市场监管职责时存在的问题，总结和宣传在行政执法和市场监管中涌现出来的优秀个人，表彰他们优秀事迹。为保证学习和教育不走过场，单位和个人必须撰写学习总结，制订制度规范和约束措施，继续加强党纪、政纪、法规学习，增强法制观念、政策观念、纪律观念，提高依法行政和文明执法水平。同时，强化队伍管理，进一步完善权力监督制约机制，重点针对案、费、证、照，加强对权力运行和行政行为监督制约，继续推行办案"四分离"，收费"三分离"和办照"三把关"，进一步细化和完善行政执法责任制，根据每个工作岗位、每个工作人员职责，将责任落实到各内设机构，分解到行政执法人员。完善立案、备案制度，执行销案追究制度，对不作为、乱作为实行责任追究。加强内部管理，建立和完善内部管理制度。针对少数单位和个人懒、散、怠等问题，严格纪律，严查工作时间打牌、赌博，吃喝玩乐等违反工作纪律及损害工商形象行为。特别对当年以来案件、证照办理和收费情况，对照法律、法规进行一次自我检查。对乱收费、乱罚款等问题坚决予以纠正，认真调查核实企业和个体工商户举报和投诉的问题，发现问题及时纠正，绝不护短。各级纪检监察机构认真履行职责，加强执法监督，对本辖区发生的严重违法违纪问题要认真查处，并选择 1—2 个违法违纪典型案例公开讲评、处理。

2003 年，针对不少地方发生工商执法人员接受管理对象吃请，向管理对象"索、拿、卡、要”,以及执法粗暴等严重损害工商形象的问题,根据省工商局《关于在全省工商行管理系统纪检监察队伍中开展思想作风纪律整顿的通知》精神,结合实际,市工商局印发《常德市工商系统纪检监察队伍思想作风纪律整顿工作方案》。队伍思想作风纪律整顿从4月上旬开始至6月底结束,分为思想发动、对照检查、集中整顿、回头看、总结提高五个阶段。思想发动阶段,召开会议专题研究,制定整顿方案。对照检查阶段,认真开展“六查”:即查思想,紧密联系自身思想实际,看共产主义理想信念是否坚定,世界观、人生观、价值观、权力观、地位观、利益观是否正确,坚持服从党和国家工作大局、维护群众利益责任意识强不强,坚持科学发展观和依法行政工作意识树立得牢不牢;查作风,查工作作风上有无意识淡化,责任感、使命感弱化问题,查有无作风疲沓,工作积极性、主动性不够,工作不尽心、不尽责问题;查生活作风是否热衷于灯红酒绿、吃吃喝喝等问题;查政治纪律,看有无政治纪律不强、乱说乱传、我行我素问题;查工作纪律,看有无有令不行,有禁不止问题;查办案纪律,看有无违反办案纪律,不依法办案问题。集中整改阶段,针对对照检查阶段查摆出来的突出问题和自查自纠情况,明确任务,制订措施,完善制度,落实责任,认真整改,建立思想作风纪律建设长效机制。回头看阶段,进一步抓好整改,彻底解决存在的突出问题,认真逐项检查应整改的问题是否整改,整改措施是否落实。对于按要求整改到位的,采取有力措施,确保整改到位。总结提高阶段:对思想作风纪律整顿活动进行总结,巩固整顿活动成果,要求各单位认真总结经验,写出书面总结,报送市工商局纪检监察室。

2006年9月12日,市工商局在常德市体育中心举行全市工商系统“精神风貌展示”会操汇报比赛表演。这次会操汇报比赛是全市工商系统队伍作风整顿和换发新装后一次史无前例“精神风貌展示”。为确保会操汇报表演和比赛,全市工商系统各单位依照《中国人民解放军队列条令》,参照上海市工商局队列会操模式,经过近两个月精心准备,会操汇报比赛完全按“军事化”模式进行。全市工商系统12个单位2000余人参加会操汇报比赛。分两个项目开展比赛表演,即队列比赛、广播操比赛。近万名群众观看宏大的会操汇报比赛。整齐的列队,标准的广播体操,崭新的工商制服,既展示工商良好精神风貌,也展示工商良好社会形象。

全市工商系统精神风貌展示会操汇报表演

2007 年，为进一步加强全市工商系统干部队伍思想作风建设，全面提高干部队伍整体素质和依法行政水平，服务常德经济发展。市工商局党组决定从 6 月上旬开始，利用 7 个月时间在全市工商系统大力开展加强队伍思想作风建设和服务地方经济发展教育活动，并结合工作实际制定《常德市工商系统加强队伍作风建设服务地方经济发展教育活动工作方案》。教育活动围绕建设"信用工商，法治工商，和谐工商，服务工商"目标任务，以提高队伍执法能力为重点，全面加强队伍思想作风建设，进一步建立和完善各项内部管理制度，规范干部工作、生活行为，大力倡导"勤奋好学、务实创新、秉公用权、执法为民"良好风气，着力解决干部职工在思想作风、工作作风、学风和组织纪律等方面存在的问题。通过教育活动，全市工商系统干部职工政治思想有明显进步，工作作风有明显改进，法纪观念有明显增强，执法水平有明显提高，执法形象有明显提升，达到了监管与发展相统一，监管与服务相统一、监管与维权相统一，监管与执法相统一效果。

2009 年 7 月，为全面适应停征"两费"（个体管理费、市场管理费）后工商行政管理工作转型新形势和新要求，努力提高全市工商队伍整体素质和工作水平，着力打造"双合格、三过硬"（即服务经济合格、监管执法合格，政治过硬、业务过硬、作风过硬）的工商队伍，根据省工商局统一部署，市工商局印发《常德市工商系统队伍教育整顿方案》，在全市工商系统开展为期 3 个月队伍教育整顿。教育整顿活动时间从 7 月 1 日至 9 月30 日，具体分四个阶段进行：学习动员阶段（7 月 1—31 日），重点以学理论、学法律、学政策、学时事、学制度活动为载体，以人生观、权力观、利益观、大局观、法纪观、工作观教育为主要内容，统一思想认识，明确教育整顿活动的重要意义和目标要求；查摆问题阶段（8 月 1—31 日），认真对照上级要求，组织干部从主观上找差距，摆问题，查根源，解症结，个人做到知无不言，闻过则喜，相互做到坦诚相见，推心置腹，单位做到开门纳谏，请人挑刺，上下做到良性互动，整体联动，通过自己找、别人提、社会评等形式，认真查摆问题和不足，切实找准整改重点和方向，在查摆问题过程中，共收到各类意见和建议 67 条，经整理归纳为 31 条，并明确整改任务、责任、时间及要求，确保意见和建议按时按质整改落实到位；集中整改阶段（9 月 1—15 日），对照查摆出来的问题，单位对照制定整改方案，个人写出书面打算，切实做到"四个不放过"，即认识不过关不放过，问题未解决不放过，处理未到位不放过，群众不满意不放过；总结验收阶段（9 月 16—30 日）实行层层验收或抽查。市工商局对各县级工商局进行验收，县级工商局对基层工商所进行验收，市工商局对部分基层工商所进行抽查。各县级工商局考核评比结果为：石门县工商局第一名、桃源县工商局第二名、临澧县工商局第三名，汉寿县工商局、鼎城区工商局、市工商局武陵分局、澧县工商局、安乡县工商局、津市市工商局为合格单位；德山、西湖、西洞庭分局考核评比情况为：德山分局第一名，西湖分局、西洞庭分局为合格单位。同时，为认真落实市政府建设人民满意政府决策部署，全面提升工商形象，努力建设让全市人民和广大投资者看得起、信得过、靠得住的满意工商，根据《常德市人民政府关于建设人民满意政府的实施意见》，结合工商部门实际，市工商局印发《关于加强队伍教育整顿建设人民满意工商的实施方案》。按照建设人民满意政府总体要求,紧紧围绕建设工业强市、文化名城、和谐常德,全面推进亲民政府、法治政府、诚信政府、高效政府、节约政府、廉洁政府建设,全面实现机关作风明显改进,干部素质明显增强,服务水平明显提高,发展环境明显优化,行政效能明显提升,努力做到让投资者和企业满意,让全市人民满意。建设满意工商以培养“三过硬、双合格”队伍及“六会”(全市工商系统45岁以下工商干部人人会服务、会监管、会维权、会办案、会电脑、会协调)干部为目标,以信息化和文化建设为依托,着力提高干部职工思想认识、知识水平、工作能力,全面改进工作作风;认真落实市工商局《关于促进常德经济平稳较快发展的十条措施》;从放宽市场准入条件、支持全民自主创业、改进企业年检方式、拓宽企业融资渠道、支持产业结构调整优化升级、大力推进商标品牌工程、全力服务产业集群和重大项目建设、支持农村经济发展、推行“一化三基”工商联络员制度、扎实推进“12315”行政执法体系建设、严格依法行政和提高工作效率等10个方面全力服务全市经济发展;扎实推进“12315”行政执法体系建设,服务“家电下乡”,扎实开展“红盾护农”,加大投诉热点问题查处;严格执行《食品安全法》,全力确保城乡食品安全;畅通投诉渠道,接受群众监督,通过市政府网站网民投诉、市长热线群众投诉、设置意见箱、召开行风监督员及群众代表座谈会等途径,广泛接受社会监督,不断改进工作中存在的不足;建立群众意见和投诉处理台账,建立群众投诉限期办结反馈制度,群众意见投诉即时处理率要达到100%,充分发挥“12315”受理、分流、督办和反馈等功能,对侵犯消费者合法权益、销售假冒伪劣商品、消费纠纷、工商人员违纪违规等行为实施有效监督,对一般性投诉3个工作日内办结反馈,对较大投诉7个工作日内办结反馈,对重大投诉15个工作日内办结反馈;每周编发2期以上《建设人民满意工商工作简报》,每月刊发宣传橱窗1期以上,机关电子显示屏工作日全天候不间断地滚动播出建设人民满意工商宣传标语,每周在市级以上媒体至少发表1篇相关报道,在各县级工商局及工商所服务窗口、各类市场张贴悬挂宣传标语和横幅。为提高全市工商队伍整体素质和工作水平,进一步提升工商形象,是年9月下旬至10月中旬对全市工商系统开展一次满意度测评,为确保此次满意度测评工作有序、有效开展,印发《常德市工商行政管理局开展“建设人民满意工商”满意度测评方案》,委托常德市城调队进行满意度调查,由市工商局监察室负责组织协调。测评内容包括行政执法、行政许可、消费维权、服务质量、办事效率。测评对象为市工商局机关、各县级工商局。测评人员由市城区和各县级工商局所在地人大代表、政协委员、行政事业单位(群团组织)工作人员、普通消费者、企业及个体工商户代表组成。测评形式:委托常德市城调队向人大代表、政协委员、行政事业单位(群团组织)工作人员、消费者、企业及个体工商户代表发放满意度测评表等形式进行满意调查测评。全市共发放测评票1400张,市工商局机关200票,县级工商局各100票。其中,人大代表、政协委员测评票占30%;行政事业单位(群团组织)工作人员代表测评票占20%;普通消费者代表测评票占10%;企业、个体工商户代表测评票占40%。结果运用:测评结果用分值量化,非常满意100分,满意90分,基本满意75分,不满意50分,所有测评票得分汇总后再平均,所得分值按

20%计入各单位年终考评计分。

2010年，为进一步巩固扩大队伍教育整顿成果，全面履行新“三定”方案赋予的职能职责，并根据建设人民满意工商统一部署，市工商局印发《常德市工商行政管理系统队伍教育整顿“回头看”实施方案》。队伍教育整顿“回头看”活动具体内容是“六查”，即：查组织纪律，看队伍教育整顿是否落实到位，整改方案是否得到落实；看是否顾全大局，政令畅通，令行禁止，思想上、政治上、行动上是否始终同党组织保持高度一致；看是否存在不服从安排，个人主义严重；看是否存在宗旨意识不强，群众观念淡化，在工作中还存在执法扰民，与民争利的行为；看上级布置的工作是否按质按量按时地完成。查廉洁自律，看是否存在以权谋私、索拿卡要，不给好处不办事、给了好处乱办事等行为；看是否存在违反财经纪律、贪污挪用、私设小金库等行为；看是否存在收受红包礼金、有价证券、支付凭证以及接受监管服务对象请吃、请玩等违纪行为；看是否存在生活腐化、打牌赌博，有损社会公德、职业道德、家庭美德的行为。查工作作风，看队伍作风是否得到有效改进，是否还存在办事拖拉、相互推诿、“门难进、脸难看、话难听、事难办”现象；看是否存在作风漂浮、得过且过、敷衍了事、混日子现象；看是否存在上班不遵守劳动纪律，不坚守工作岗位，自由散漫现象。查依法行政，看是否存在违反程序办案，不依法依规行政的行为；看是否存在以收代罚、搭车收费，乱收费、乱罚款等行为；看是否存在失职渎职，监管服务水平不高，不作为、乱作为、慢作为等行为。查自身素养，看是否爱岗敬业、吃苦耐劳，时刻保持饱满的工作热情和工作干劲；看是否能以学为荣，把学习当作一种生活状态、一种工作责任、一种精神追求。查团队精神，看是否尊重同事，服从领导，和谐共进，生活上互相关心，工作上互相支持，政治上互相促进；看是否存在钩心斗角，以人划线，工作中搞内耗，闹派性等行为；看工作中是否班子团结，作风民主，整体有凝聚力、战斗力。

2011年，市工商局按照省工商局和市委、市政府要求，根据全市工商系统干部作风建设现状，印发《全市工商系统干部作风建设工作方案》。作风建设以机关干部及政务窗口为重点，以“争创人民满意工商机关，争当优秀工商行政管理人员”为主题，紧扣市委、市政府及省工商局工作大局，认真贯彻落实《中国共产党党员领导干部廉洁从政若干准则》及上级有关文件精神，围绕“加强党性修养、弘扬新风正气”，着力加强全市工商系统党性党风党纪教育，着力解决群众反映强烈的工商干部党性党风党纪方面突出问题，深入开展“工作精细年”、“基层基础工作建设年”活动，全力打造“双合格、三过硬”队伍，努力建设学习工商、法治工商、创新工商、数字工商、和谐工商、人民满意工商，着力构建有利于树立良好作风、促进科学发展的作风建设体制机制，全面提升工商部门推动科学发展和服务全市经济社会又好又快发展的能力。努力实现党员干部党性修养进一步提高，作风建设规章制度进一步健全，刻苦学习和求真务实精神进一步弘扬，工作作风进一步改进，损害群众利益突出问题进一步纠正，为民服务宗旨意识进一步增强，履职和能力意识进一步强化，使全市工商系统行政执法和市场监管工作有新突破。在进一步做好行政许可事项告知“一口清”、基层工商机关定期走访、优化经济环境“大走访、大排查、大整治”及重要岗位效能督察等活动的同时,扎实有效地开展好干部作风建设活动。3—4月,按照全市统一部署,组织机关干部开展作风建设主题月活动,了解社情民意,解决突出问题,进一步密切党群干群关系;按照市作风办的要求,一个部门联系一家基层单位(企业、乡镇、村组社区),一个干部帮助一户困难家庭(下岗职工、孤寡老人、失足青年、辍学儿童等),为基层和群众做几件实事好事,开展“一联一、一帮一”活动;结合文明城市创建活动,在全市工商系统特别是市城区工商局、分局大力开展机关、窗口和基层工商所规范化创建活动;对群众反映强烈的铺张浪费、纪律松弛、公车私用(驾)以及违反《四项纪律》等行为进行明察暗访,加大公开曝光和查处的力度,全年组织两次由行风监督员参与的暗访行动,暗访结果在全市工商系统进行通报;提高宣传质量,扩大宣传效果,充分运用电视、报纸、网站等新闻媒体,总结先进经验,加大行风建设通讯报道深度,体现特色,力求收到实效;委托国家统计局常德调查队对全市各单位作风建设情况进行摸底调查,调查结果纳入年底考核并作为各单位纪检监察工作考核主要内容。是年11月10日,国家工商总局召开全国工商系统电视电话会议,正式颁布实施《工商行政管理人员职业道德规范》(以下简称《职业道德规范》),要求全国工商行政管理干部努力做到:政治坚定,忠于职守;执法为民,高效服务;依法监管,公正维权;严守禁令,廉洁勤政。市工商局要求各县级工商局采取多种形式,狠抓《职业道德规范》学习,组织全体干部、职工深入学习领会规范内涵,重点加强以马克思主义世界观、人生观、价值观和社会主义核心价值体系为中心的政治思想教育,加强系统化、专业化、程序化、法治化工商行政管理知识培训,加强党风廉政法律法规和正、反面案例教育。以丰富多彩的学习载体营造浓厚学习氛围,通过专题培训、党委中心组学习、干部大会、支部大会、所务会、政治学习等形式开展《职业道德规范》学习,组织广大工商干部开展贯彻实施《职业道德规范》研讨、交流。组织广大工商干部开展贯彻实施《职业道德规范》研讨、交流,要求市工商局40岁以下干部撰写1篇学习心得体会,每个县级工商局撰写3篇以上学习心得体会,并于次年7月开展《职业道德规范》征文活动,面向全市工商系统征集优秀文章,并开展评比授奖。

2012年,为认真贯彻落实《中共湖南省委关于建立健全深入基层深入群众进一步密切党群干群关系若干制度的意见》(湘发〔2011〕13号)及《常德市委关于集中开展“强化干部执行力,提高群众满意度”作风建设主题活动的实施意见》(常发〔2012〕1号)精神,大力倡导创先争优、勇于担当、艰苦奋斗、廉洁奉公精神,不断提高各级干部执行力,努力解决基层和群众反映强烈的突出问题,着力破解经济社会发展中难点重点问题,加快“现代常德、幸福家园”建设步伐,市工商局组织全体工商行政管理人员集中开展“强化干部执行力,提高群众满意度”作风建设主题活动。活动紧紧围绕人民群众关注的突出问题强化干部执行力,提高群众满意度;逐步提升群众对工商部门认可程度。即着重突出在确保政令畅通上强化干部执行力,提高群众满意度;在优化发展环境上强化干部执行力,提高群众满意度;在维护群众利益上强化干部执行力,提高群众满意度;在落实规章制度上强化干部执行力,提高群众满意度。

三、岗前教育培训及计算机等基本技能培训

1991—1995 年，市工商局高度重视全市工商系统岗位培训工作，制定五年岗位培训计划和年度岗前培训计划，建立健全一整套教学管理制度。1995 年 9 月 27 日，市工商局依据省工商局《工商行政干部岗位培训综合评估指标体系》，对全市工商系统“八五”期间岗位培训工作进行认真地自我评估和总结。五年间，全市工商系统共举办 8 个序列、3 个层次、24 种岗位职务规范培训班 14 期，1988 名干部职工参加全员岗位职务培训，合格率达 100%，参训率达 90%以上，还评出优秀班干部和学员 358 名。对照省工商局干部岗位培训管理、培训过程以及培训效果逐项逐条进行自我评估验收，市工商局高度重视全市工商系统岗位培训工作，把岗位培训工作列入重要议事日程，成立岗位培训工作领导小组，加强对人事教育、干部培训两部门领导，配备 5 名专职干部，主抓岗位培训工作，切实解决岗位培训过程中出现的问题和困难，多次召开党组会议或领导小组会议专题研究予以解决。制订科学合理的五年岗位培训规划和年度岗位培训指导计划，及时转发国家工商局、省工商局岗位培训有关文件 200 余份，先后召开 11 次全市工商系统人事教育工作会议，安排岗位培训工作，利用 26 次其他会议机会积极宣传岗位培训重大意义、具体要求，使之人人皆知。同时，加强师资队伍建设，市工商局干训中心配有工作人员 4 人，4 人中具有大专以上学历有 2 人；聘请教师 8 人，其中 4 人参加国家级师资培训，4 人参加省级师资培训并均获得合格证书。

1991 年市工商局第一期工商所长岗位培训班合影

1998 年 2 月 26 日，根据国家工商局《1996—2000 年全国工商行政管理系统教育培训规划》及省工商局知识更新培训计划安排，为提高干部职工思想素质和业务素质，市工商局印发《常德市工商行政管理局股所长、专业知识更新培训实施方案》，1998—2000 年，每年举办 8 期全市工商系统股长、所长及各线专干知识更新培训班，共举办培训班 24 期，培训2400 人次。通过培训，全市工商系统干部职工掌握社会主义市场经济基础知识及国家有关方针政策，提高政治素养，同时理解掌握工商行政管理有关法律、法规，具备履行岗位职责基本知识与技能，提高现代管理水平，增强分析解决实际问题能力，通过培训更新知识，同步提高业务素质和工作能力。

2001 年，是工商行政管理机关继续深化监管体制、监管机制和监管模式改革，实现职能

转变的关键年。根据国家工商总局《2001—2005全国工商行政管理系统教育培训规划》(简称《规划》)和省工商局干部教育培训有关要求,市工商局对"十五"期间全市工商系统干部教育培训工作进行周密安排。市工商局成立干部教育培训工作领导小组,由市工商局党组书记、副局长刘锦章任组长,人教科长、法制科长、办公室主任和各县级工商局分管人教工作的局长为成员。并召开两次专题会议,对全市工商系统干部教育培训工作进行部署,为推动全市工商系统干部教育培训工作奠定基础。依据《规划》和省工商局干部教育培训有关要求,制定科学合理的干部教育培训规划和实施方案。配备专职人员组织干部教育培训工作,编写实用性强、内容新、适合基层工商干部自学的执法工作手册,案例选编教材2000多册分发给每个执法人员,聘请市工商局机关各业务科室资深的科长(主任)和法律专业毕业或具有律师资格的同志担任专职教师,组织全市工商系统干部培训或利用各种会议以会代训30多场次。是年,市工商局举办科、局长及机关干部、直属分局股所(队)长业务培训2期,参训人员达460多人次,培训时间均在一周以上,发放培训资料500多份。同时,市工商局有关科室负责人和业务骨干、专业人才还分别深入各县级工商局授课38场(次),重点讲授新时期思想政治工作、计算机应用、市场管理、经检办案、企业个体注册监管、商标广告监管等方面知识,通过积极实施教育培训计划,广大工商干部受益匪浅,执法水平明显提高。为鼓励在职工干部自学,市工商局制定《常德市工商行政管理系统干部自学成长奖励办法》,对获得大专以上学历干部分层次予以精神与物质奖励,并列入优先择用后备干部范畴。市工商局党组高度重视干部教育培训经费核拨,是年,在经费紧张的情况下,拨付培训经费5万余元。

2002年,市工商局按照国家工商总局、省工商局干部教育培训有关要求,开展全市工商系统公务员依法行政持证、"四五"普法、电脑基础知识、世贸知识培训或以会代训等形式培训28次(期),参加人数达2389人次,发放培训资料、《工商人员必读》等教材6000多份(套)。

2003年,为加强干部教育培训工作,努力建设一支高素质、专业化市场监管执法队伍,根据省工商局干部教育培训总体要求,结合全市工商系统干部队伍实际,市工商局印发《2003—2007年常德市工商系统干部教育培训计划》。干部教育培训计划以能力建设为核心,以提升公务员队伍整体素质为目的,以形成终身学习理念为目标,改进培训方法,创新培训机制,努力建设一支"忠于职守,勇于奉献,清正廉洁,执法如山"的市场监管执法队伍,为维护市场秩序促进全市经济发展提供人才智力支持。按照"分级培训、分级负责、分级管理"原则,市工商局积极组织县级工商局领导班子成员参加省工商局组织的培训。不断提高县级工商局领导干部政治素质和职业道德水平;开展以专业法律法规为内容的岗位应知应会业务知识与基本技能培训,提高干部履行岗位职责能力;继续开展学历教育,到"十五"期末,全市工商系统大专以上学历人员力争达到80%,其中市工商局机关力争达到90%,本科以上学历人员力争达到15%—20%,科级干部全部达到大专以上学历。开展反腐倡廉、作风素质教育和依法行政培训,增强廉洁组织意识,防止执法腐败和失职渎职行为,进一步培养全心全意为人民服务的宗旨和职业道德修养，规范执法行为，树立廉政执法、公正执法、文明执法的良好形象。认真做好普及性外语技能培训，为适应中国加入世贸组织所面临的新形势，根据省委组织部、宣传部、省人事厅通知要求，45 岁以下公务员必须接受外语培训并参加考试，机关 45 岁以上公务员也应积极参加学习，可不参加考试。认真做好信息化与电子政务培训和驾驶技术培训工作，采取自学或组织分期分批培训方式组织公务员学习信息化与电子政务基础知识，计算机应用技术及网上办公技能。同时要求县级工商局要逐步对 45 岁以下公务员进行驾驶技术培训，基层工商所工作人员要逐步掌握驾驶技能，机关工作人员可利用业余时间培训，掌握驾驶技能。为加强和改进干部教育培训工作，市工商局按照省工商局安排部署，在基层工商所全面推行岗位资格证书制度，实行持证上岗。对工商所人员实行全省统一持证上岗考试和考核，对考试和考核合格者，统一发放证书，未取得岗位资格证书的，不得继续从事行政执法工作。

2006 年 4—8 月，为提高全市工商系统干部职工计算机应用能力，适应现代化办公需要，针对工作实际，市工商局印发《常德市工商系统计算机培训实施方案》。市工商局培训中心采取各县级工商局培训，市工商局集中考试的形式，举办 7 期计算机应用能力中级培训班，系统学习 Word 文字处理工具。按市工商局《培训方案》要求，全系统 45 岁以下干部职工必须取得人事部颁发的中级以上计算机应用能力考核资格证书。是年，全市工商系统应参培参考人员 1170 人（其中 45 岁以上自愿参考 8 人），实际参培参考 1169 人（其中包括 2 名有证报名未考人员），参培参考率达 99.9%。参考人员中考试合格 1145 人，合格率为 97.9%；考试不及格和未参考人员共 27 人，其中考试不及格 12 人，已报名未参考 12 人（其中因病未参考 5 人，有证未考 2 人），未报名参加考试 3 人；参加补考 218 人，补考合格率为 91.5%。津市工商局、西洞庭分局、西湖分局参考率、考试合格率均达 100%，位居全市工商系统培训考试首位。汉寿县工商局除一人因病不能参考外，全部参考合格。澧县工商局在前几次培训考试落后的情况下，加大工作力度，奋起直追，最后一次补考，考试合格上升到 99.4%，跃居全系统培训考试排名第二位。据统计，培训考试成绩在 90 分以上的 134 人，其中武陵分局 90 分以上 27 人，优秀率全市排名第一。

2010 年，为贯彻落实中央大规模培训干部、大幅度提高干部素质的战略部署，根据国家工商总局党组提出的利用网络教学平台面向全系统，特别是基层广大工商行政管理人员开展远程培训，促进基层队伍建设和工作转型的要求，以及省工商局《关于印发〈湖南省工商行政管理系统网络培训实施方案〉的通知》，市工商局印发《常德市工商行政管理系统网络培训实施方案》，决定于 2010 年 10 月下旬至 2011 年年底，对全市工商系统县级工商局领导班子副职和基层工商所长开展网络培训。利用国家工商总局行政学院网络教学平台，依托工商办公网和互联网，充分发挥全系统现有信息技术基础设施、教学资源和管理队伍作用，积极推广工商行政管理理论研究成果。从县级工商局副职和基层工商所长培训开始，逐步面向全体干部；从有计划有组织的集中轮训开始，逐步转向干部自主选学；从推广利用现有优质教学资源开始,逐步开发和引进新培训课程。坚持把网络教学平台建设、网络教学资源开发与网络教学组织管理结合起来,把学习培训与实际运用结合起来,确保网络培训取得最大效益。通过网络培训,全市县级工商局领导班子副职和工商所正副所长进一步增强服务经济社会发展的自觉性和坚定性;进一步掌握中国特色社会主义理论指导下的工商行政管理基本理论,更新工商行政管理法律法规和业务知识,提高市场监管和服务科学发展能力,促进基层工作转型和实现职能到位;提高基层党建能力和自主学习能力,促进基层队伍建设和学习型党组织建设。培训对象为全市各县级工商局领导班子副职和基层工商所正副所长。组织相关人员参加16期左右县级工商局领导班子副职网络培训班和16期左右基层工商所长培训班,每期培训时间跨度为20天。网络培训以《中国工商行政管理概论》为基本教材,国家工商总局行政学院将该书及部分辅导讲座的讲义(电子版)放置在网络教学平台上,供学员在线学习。视频辅导讲座分中国特色社会主义理论、工商行政管理基本理论与实践、党风廉政建设三个单元模块设置,作为网络培训的必修课,共约20学时。同时提供不少于20学时选修课,供学员根据个人需要选学,每位学员学习选修课至少要达到6学时。另外,安排8学时练习、复习和考试。网络培训形式为学员登录国家工商总局行政学院网络教学平台在线自主学习。学员在线完成约20学时必修辅导讲座学习、不少于6学时选修课学习及模拟练习后,可以进入考试程序,考试合格的,由国家工商总局行政学院在网上颁发结业证书。

第二节　干部选拔任用

一、公务员考录

1998年,根据人事部、国家工商局的文件精神,经省政府同意,省人事厅、省工商局决定从全省工商行政管理所等基层单位公务员岗位上工作的非公务员身份的人员中,择优录取部分为国家公务员,全市工商局系统干部身份人员进行国家公务员过渡考试,考试成绩均合格,参考人员过渡为国家公务员。

2003年,省工商局向省人事厅报送了常德等14个市州工商局的拟录公务员名单,经省人事厅审核批准,全市工商系统在公务员岗位上工作的非公务员身份人员进行国家公务员录用考试。50人参加考试,49人合格,录用为国家公务员。截至2012年12月,全市工商系统行政编制和事业编制人员1915名,其中公务员1591名,事业编制职工324名,离退干部职工686名。

2004—2012年,全市工商系统面向社会招录公务员。2004年招录4名,2005年招录8名,2009年招录10名,2010年招录16名,2011年招录28名,2012年招录30名。其中大学本科学历占到100%,学士学位占98%,硕士学位占6%。

二、干部选拔制度创新

在干部选拔任用方面，市工商局党组严格执行《党政干部选拔任用暂行规定》，以民为本，大力推行公开、公平、公正的用人制度。市工商局机关正、副科长（主任、副主任、秘书长、副秘书长）职务职位，县级工商局班子成员、副科级职位空缺后，采取“逐级淘汰过三关，入围之后再推荐”的方式选人用人。“三关”即法律法规知识考试关、命题作文关、即兴演讲关。在过“三关”过程中实行逐级淘汰制，法律法规知识考试80分以上者，进入下一轮命题作文考试；命题作文考试60分以上者，进入下一轮即兴演讲；即兴演讲过关后，才能推荐进入干部提拔或县级工商局公务员进市工商局机关工作的考察程序。2008—2012年，市工商局运用这项干部选拔任用制度，选拔任用市工商局机关正、副科长（主任、副主任、秘书长、副秘书长）21人次；县级工商局班子成员、副科级职务人员22人次；进入市工商局机关工作的公务员26人次。全市工商系统对这种创新用人制度反映良好，上级有关部门给予高度评价，《中国工商报》以《着力四个转变，创新用人机制》为题将这一选人用人创新机制予以推介。

市工商局机关采用“过三关”形式选拔科级干部，图为参与竞争的干部正在即兴演讲

第三节　精神文明建设

一、创建文明服务窗口

2009年，为推进“依法办事示范窗口单位”创建活动，扩大创建活动领域，广泛地引导和促进基层执法单位加强和改进行政执法工作，进一步提高全市工商行政管理系统依法行政水平，树立公正廉洁、高效、文明的执法形象，根据省工商局创建“依法办事示范窗口单位”活动方案要求，市工商局印发《德市工商行政管理系统创建“依法办事示范窗口单位”活动方案》。创建活动以建设社会主义政治文明为新任务和新要求，通过开展创建“依法办事示范窗口单位”活动，完善全市各级工商行政管理机关行政执法工作制度和程序，规范行政执法行为，不断提高全体行政执法人员综合素质和执法水平，进一步推进依法行政，严格执法、公正

执法，切实提高依法行政能力和行政效能，维护管理相对人合法权益，为推动全市社会经济全面协调发展服务。创建活动的主要内容和标准为：深入开展法制宣传教育，增强法制观念，提高法律知识水平和依法行政能力；认真组织实施国家法律法规，完善相应制度，确保国家法律法规全面得到贯彻执行；依法建章立制，严格遵守各项工作规程，推行办事公开制度，认真落实包括限时服务、文明礼貌服务在内的服务规程和执法质量考核制度。落实行政审批制度改革的措施和要求，建立健全执法责任制以及内部监管和社会监管制度，推行政务公开及其他重要管理事务的公开；全面推行法治化管理，实行对工商行政管理执法各环节、全方位监督，确保依法行政，及时解决社会和群众普遍反映的执法和管理中存在的突出问题。是年，市工商局被市青年职工工作委员会授予"常德市青年文明号"荣誉称号。

2011 年，为进一步加强全市工商系统窗口建设，根据省工商局《全省工商系统深入开展"为民服务创先争优"活动实施意见》(湘工商办字〔2011〕273 号)和市工商局《关于深入开展"为民服务创先争优"的工作方案》(常工商发〔2011〕110 号)有关要求，市工商局决定在全市工商系统注册登记窗口、"12315"申诉举报维权窗口、工商所办事窗口深入开展"为民服务创先争优"窗口创建活动。创建工作以提高人民群众满意度为导向，以争创"人民满意窗口"为动力，以健全制度、规范行为、亮化标准、树立形象为手段，引导全市工商系统广大窗口工作人员牢固树立"以人为本、执政为民"服务理念，不断创新服务举措，优化服务方式，提升工商窗口服务能力和服务质量，力争把工商窗口创建成为优化发展环境的示范窗口、服务人民群众的便民窗口、推动政通人和的温馨窗口、展示工商风貌的形象窗口，推动全市经济社会又好又快发展，注册登记窗口创建的环境标准是：有独立、宽敞的办公场所，原则上在地方政府政务中心办公，配备与登记业务量相适应的注册登记工作人员；窗口办公场所环境整洁，办公设备配备齐全，办公用品摆放整齐，指示标记清晰，有供办事群众使用和休息的座椅和书写设施。人员标准是：有高度事业心和责任感，爱岗敬业；符合省工商局登记人员岗位资格要求，熟悉与注册登记工作有关法律法规和业务规定，熟练操作信息化设备和注册登记软件；热情服务，文明用语，遵守国家工商总局"六项禁令"、省工商局"八条禁令"和市工商局"四项纪律规定"；工作时间不空岗，不做与工作无关的事，不说与工作无关的话，无迟到、早退、漏岗现象。业务标准是：具备完备、符合注册登记窗口管理的内部制度，有工作人员考勤制度、效能监察制度、首问责任制度、限时办结制度、责任追究制度、业务流转制度等；公开受理范围、操作规程、工作程序、办理期限，公开收费依据和标准，公开工作时间、工作守则和工作纪律，公开投诉部门和投诉电话，接受群众监督；明确岗位职责，明确岗位权限，严格按照法定条件、程序、权限和管理原则，受理各类企业注册登记；认真落实登记窗口标准化服务要求，认真落实行政许可事项"一口清"制度。主动开展上门服务、预约服务、咨询服务和行政指导，提升服务层次，支持、服务地方经济发展。行风标准是：自觉遵守党员干部廉洁从政纪律等有关规定，遵纪守法，不以权谋私，无违纪违规行为发生；无乱摊派、乱收费及违规有偿服务行为，无"吃、拿、卡、要"现象发生；自觉接受群众、服务对象、新闻媒体、行风监督员和纪检监察部门监督。“12315”申诉举报维权窗口创建标准：有独立的办公场所、办公设备。办公场所不得少于20平方米，并在办公场所内、外悬挂醒目的“12315”标志，内外环境庄重整洁；制定完善的“12315”窗口工作制度、工作流程和工作规范，并上墙公布，自觉接受监督；有2至3名工作人员，热爱“12315”工作，有强烈责任心；工作人员着装统一，服务热情，态度良好；建立完善快速反应机制，城区和工商所所在地接到投诉后15分钟之内赶到现场，其余地区在第一时间赶到现场，及时办结率和投诉处理满意率达100%；文明用语，不轻易说“不”，落实首接负责制；注重礼仪规范，树立窗口良好形象，推行“接待群众热心、解答咨询耐心、接受意见诚心、调解纠纷公心，工作认真细心”的五心服务，时刻保持举止文明，仪表端庄、着装得体、待人礼貌。工商所办事窗口创建标准：内部管理科学、工作制度健全、工作程序规范、群众办事便捷；有1—2名窗口专职工作人员，熟悉《个体工商户条例》《个体工商户登记程序规定》《食品安全法》等与个体工商户登记有关法律法规规定；档案管理规范，严格按照《常德市工商行政管理系统工商所档案管理试行办法》管理个体工商户档案，做到一户一档；热情服务，文明用语，仪表端庄，举止得体。认真落实行政许可事项“一口清”、首问负责、限时办结、服务承诺等窗口工作制度；遵守国家工商总局“六项禁令”、省工商局“八条禁令”和市工商局“四项纪律规定”，无中午饮酒、不按规定着装行为；无空岗和私自离岗现象，无上班时间做与工作无关事情的行为，无乱摊派、乱收费及违规有偿服务行为，无“吃、拿、卡、要”行为；在办公场所公开受理范围、操作规程、工作程序、办理期限，公开收费依据和标准，公开工作时间、工作守则和工作纪律，公开投诉部门和投诉电话，接受群众监督。为确保活动实效，市工商局按照创建标准对全市所有窗口单位“为民服务创先争优”活动开展情况进行考核验收，并评选出一批“为民服务创先争优”先进窗口单位，给予一定奖励。是年，市工商局被常德市精神文明建设指导委员会评为“常德市文明窗口”，被市青年职工工作委员会授予“常德市青年文明号”荣誉称号。

二、创建文明单位

2008年，为贯彻落实《中共中央关于进一步加快社会主义精神文明建设的决定》和市文明委对全市创建文明机关要求和部署，市工商局决定在全市工商系统开展创建文明机关活动，并印发了《常德市工商行政管理局创建文明机关工作方案》。创建工作紧紧围绕“建一流队伍、供一流服务、树一流形象、创一流业绩”目标，按照“以人为本，尊重民意、关注民生，构建和谐”治局理念，加强思想作风建设，建设文明窗口和文明工商，通过广泛开展创建文明（满意）公务员、文明标兵单位、文明窗口、文明科室以及文明机关等活动，逐步实现提高机关干部职工整体文明素质的目的。为加强创建工作的组织领导，市工商局成立创建文明机关工作领导小组，局长任组长，其他党组成员，正、副调研员任副组长，明确专门工作班子及其工作人员，力争2008年创市级文明单位，市工商局机关各科室全部达到市级文明单位标准，

2009 年创市级文明标兵单位，市工商局机关各科室全部达到市级文明标兵单位标准，2010—2011 年创省级文明单位,市工商局机关各科室全部达到省级文明单位标准。文明机关创建标准主要有八项,即领导班子抓创建工作坚强有力、业务工作成绩显著、精神文明创建工作扎实有力、思想政治工作深入细致、科普与文体活动丰富多彩、模范遵守党纪国法和各项规章制度、单位社会整体形象良好、积极完成文明委布置的工作任务。文明科室创建标准:科室制定创建工作方案,并做好创建工作记录;正副科长重视创建工作,带头讲文明、讲礼貌、讲道德、守纪律,科室每年召开两次以上会议,研究讨论文明科室创建工作;仪表端庄、举止文明、上班期间没有粗俗语言和嬉笑打闹现象,科室根据自身工作特点和机关文明规范用语,制定相应行为规范、文明用语,并自觉推广,科室工作人员生理、心理健康;工作细致,热情服务,支持本科室同志参加各种有益的学习、培训及文体活动;艰苦奋斗、勤政廉洁,树立节约、环保意识,节约一滴水、一度电、一张纸,各科室每年至少组织一次公益或义务活动(包括文体或才艺展示);卫生习惯良好,不乱扔果皮纸屑,不随地吐痰,科室卫生责任区经常性清扫,办公环境整洁、明亮;积极参加市工商局机关组织的政治、业务学习等各种集体活动,经常组织科室人员学习各项政策法规,杜绝违法、违纪行为发生;明确“创建”责任,强化责任追究,凡属“创建”未达标的科室,年度考核取消该科室及科室负责人评先资格,科室工作人员 50%未达标或创建总分未达 60%的科室负责人要引咎辞职，工作人员将评为不合格岗;抵制创建活动开展或有意扰乱、破坏创建活动开展的,依据相关规定进行处理。

2009 年,为广泛深入开展文明单位创建工作,根据省工商局要求和市委、市政府创建文明单位工作部署,市工商局决定在全市工商系统开展创建文明单位活动。为确保创建工作顺利进行,市工商局印发《常德市工商系统创建文明单位工作方案》,创建工作始终突出“工业强市、文化名城、和谐常德”这个主题,按照“四个统一”、加强“四化”建设、实现“四个转变”、达到“四高”目标的要求,进一步树立“以发展为重、以服务为先、以人为本、以学为荣”理念,着力推进“大服务、大监管、大维权、大发展”,全面提高工商行政管理水平,努力实现工商行政管理工作新跨越。计划 2009—2011 年,全市工商系统争取所有单位均进入市级文明单位行列,每个县级工商局 80%以上工商所进入市县两级文明窗口单位行列,县级工商局所有内设窗口单位均达到文明单位标准。是年,市工商局强化创建举措,扎实履行职责,丰富工商文化,服务发展大局,被市委、市政府授予“市级文明单位”荣誉称号,各县级工商局及工商所 30%进入市县两级文明单位行列。

2010 年,市工商局机关向省级文明单位创建目标推进,围绕市场监管、行政执法和服务社会经济发展开展文明创建工作,坚持依法行政,强化市场监管,加强队伍作风建设,为全市经济社会又好又快发展做了大量卓有成效的工作。是年,市工商局被省政府授予湖南省文明单位称号。全市工商系统有石门、汉寿、武陵等 10 个县级工商局进入市级文明单位行列。

截至 2012 年年底,全市工商系统有省级文明单位 1 个,即常德市工商局;有市级文明单位有 9 个,包括常德市工商局、武陵区工商局、汉寿县工商局、石门县工商局、常德市工商局西湖分局、鼎城区工商局、常德市工商局德山分局、桃源县工商局、常德市工商局西洞庭分局。

三、工商文化建设

2007 年，根据国务院颁布的《全民健身计划实施纲要》精神和省工商局构建体质强局要求，市工商局本着增强干部职工体质、激发队伍活力、建设工商文化、构建和谐机关的目的，印发《关于组织开展系统内文体活动的意见》。要求全市工商系统各单位通过组织发动、典型带动、爱好者拉动，引导和鼓励广大干部职工（包括离退休干部和家属子女）主动地、自觉自发地参与文体健身活动，具体做到“四个结合”，即坚持群众性体育与竞技体育相结合、单位集中组织与个人自发开展相结合、场所设施规范与因地制宜相结合、人人参与齐抓共管与分级管理相结合。全市工商系统文化建设围绕全民健身、红盾文化、和谐机关为重点，通过全市工商系统广大干部职工参与和努力，力争五年时间实现文体事业与工商事业、工商队伍管理、和谐机关构建协调发展，全面提升全系统干部职工文体素质。为实现这个目标，按分步走原则，2007—2010 年，使干部职工参与文体活动人数逐步增加，体质明显增强，干部职工参加体育活动时间、体育健身环境和条件有较大改善。到 2012 年，初步建成与工商行政管理体制相适应、与社会经济发展和全民健身要求相适应的管理体制，初步实现干部职工广泛参与、充满活力的文体活动运行机制，初步实现体质、素质强局与和谐机关建设的奋斗目标。参与全民健身对象是全市工商系统所有干部职工，根据文体活动特点和干部职工身体、年龄等不同情况，对于体力消耗强、能量消耗大的竞技性项目限于中青年干部职工参与，对于队列训练、第八套广播体操、健身操、健身操、太极拳和趣味性、群众喜闻乐见适应面广的体育活动，要求干部职工全员参与。为达到这一目的，市工商局建立与业务工作、队伍建设挂钩的文体活动专项考核制度，将全系统文体事业建设工作纳入单位年度目标考核。为组织和开展好系统内文体健身运动。市工商局按照分级、分类管理与考核相结合原则制定活动计划方案。对于趣味性、群众喜闻乐见的文体活动主要以工商所、股室（包括市工商局机关各科室）为主开展训练、比赛，县级工商局每年至少组织一次考核评比验收。对于竞技性体育项目以县级工商局组织为主，市工商局每年根据情况组织一两个单项体育活动评比竞赛。每 4 年市工商局组织召开一次具有一定规模的全系统运动会。为建立稳定的、有竞技性的体育运动项目骨干队伍，每个县级工商局分别长期承担一两个不同的专项业余体

市工商局参加全省工商系统“迎奥运”体育运动会篮球分赛区篮球宝贝与省、市工商局领导合影

育项目训练,队伍建成后对内将担任单个项目活动示范队,对外代表市工商局参加有关赛事活动。为全面有效地开展好本系统文体活动,使本系统广大干部职工文体健身活动开展得健康活泼、有声有色,市工商局成立文体活动协会,协会会长由工会主席兼任,党组书记、局长和其他党组成员兼任名誉会长。协会下设登山分会、健美操分会、篮球分会、排球分会、乒乓球分会、羽毛球分会、田径分会、棋类分会、趣味性体育分会等。每个分会由一名局领导负责联系,分会长对活动具体负责,从组织上保障好全民健身运动开展。从2008年开始,全市工商系统各单位根据文体活动有关规定将协会及分会文体活动经费列入专项预算,确保活动正常开展。是年10月16—21日,市工商局组团参加全省工商系统"迎奥运"运动会。此次运动会是省工商局首次举办的大型运动会,也是全省工商系统规格最高、规模最大、竞争最激烈的体育盛会。在比赛中,市工商局代表团运动员不负全市工商系统干部职工重托,不畏强手,顽强拼搏,夺得男子羽毛球队团体第二名、男子乒乓球单打第三名、男子登山个人第三名、男子篮球优胜奖、男子方队表演奖、运动会团体精神文明奖六块奖牌,整体成绩在全省工商系统排名靠前。

2008年1月,为充分展示全市工商系统队伍思想作风建设,服务地方经济发展崭新精神风貌和饱满工作热情,加强系统内部联系与沟通,打造工商文化,活跃干部职工精神文化生活,增强工商系统凝聚力、战斗力,不断推进队伍全面建设,市工商局决定春节前举行一次全市工商系统文艺会演,并制定《常德市工商系统2008年迎新春文艺晚会方案》。各单位按工商人说工商的总体原则,自编自导,演出节目17个,表演形式既生动活泼、丰富多彩,又健康大方、思想鲜明。内容体现出地方特色和工商工作特点,既有观赏性、艺术性,又有趣味性和教育性。舞台上表现的基本上都是本单位、本系统先进人物和先进事迹,宣传全市工商系统广大干部职工爱岗敬业、执法为民、和谐奋进、团结协作的精神境界和工作热情,反映全市工商系统广大干部职工与时俱进的精神风貌和求真务实、昂扬向上的工作作风,体现日新月异的工商文化特色,增强全市工商系统凝聚力。借助文艺作品全方位推介、宣传常德工商,让全社会了解、理解、关心、支持工商。为构建工商文化,在全市工商系统营造学习法律、学习业务、学习文化和学习科学良好氛围,市工商局组织开展了法律知识抢答赛、综合知识辩论赛、理想信念演讲赛、命题作文竞赛、优秀论文评选,并邀请文理学院和市社科联等专家作为社会评委。是年4月25—28日,常德市工商系统第一届"红盾杯"运动会在湖南文理学院举行。全市工商系统10支代表队502名运动员参加7个项目,181场比赛。在四天比赛中,各代表队、各位运动员齐心协力、顽强拼搏,赛出水平,赛出风格,共决出47块奖牌。武陵分局代表队、石门县工商局代表队、汉寿县工商局代表队分别获得团体总分第一、二、三名,桃源县工商局代表队,津市市工商局代表队、鼎城区工商局代表队荣获"体育道德风尚奖",石门县工商局代表队、澧县工商局代表队、汉寿县工商代表队荣获运动会单位代表组织奖,张婕、李炜、向水平、赵大秀等20名运动员荣获优秀运动员称号。是年8月6日,为满足机关干部职工业余文化体育生活需要,着力培养干部良好的体能训练意识、竞争合作意识、团结友爱意识，不断充实和丰富干部职工文化体育生活，市工商局印发《关于组建机关篮球队等业余体育活动队的通知》，业余体育活动队包括篮球队、乒乓球队、女子健美操队。业余文体活动主要以创文明和谐机关和培育团队精神为宗旨，提倡“我运动、我健康、我自信”运动理念，营造科学、文明、严肃、活泼的工作氛围，全面提高干部职工身体素质，形成作风端庄、纪律严明、为人诚实、道德高尚的机关精神风貌，不断增强机关干部队伍凝聚力、战斗力和工作活力，以饱满的工作热情出色地完成上级交办的各项任务。

市工商局举办迎新春“红盾之春”文艺晚会

2009年，为全面加强队伍建设，着力建设一支勤政、廉洁、务实、高效的工商行政管理队伍，扎实有效地配合全市工商系统文明单位创建工作开展，市工商局印发《常德市工商系统机关文化建设方案》。开展“践行科学发展观，工商优质服务年”演讲比赛，打造“一月学一法”品牌，利用板报、墙报或办公网络交流平台适时组织学习心得和学习成果交流，充分发挥文体协会和文体兴趣组作用，以友谊赛、联谊赛的方式，多途径地组织文体活动。同时市工商局机关篮球、乒乓球、羽毛球、登山、健美操、棋牌、诗歌朗诵等兴趣小组继续坚持按方案要求开展文体健身活动外，还探索和建立科室每月用一个早晨组织科室工作人员长跑或健步行的全员健身制度，组织篮球、乒乓球、羽毛球、登山、健美操等为主要内容的代表团参加市政府举办的全市性体育运动比赛。是年6月24—26日，全市工商系统第一届篮球运动会在山城石门县举行,来自全市工商系统11支代表队109名运动员参加比赛。本届运动会是全市工商系统举办规模最大、水平最高的专项运动会,也是一次团结、奋进、文明、育人的体育盛会。运动会得到市体育局、石门县人民政府、石门县体育局等单位大力支持和协助,石门县人民政府副县长沈英琼、市体育局副局长何英杰等领导出席开幕式,分别致欢迎辞和贺辞。经过三天27场(次)激烈角逐,比赛共决(评)出各类奖牌六块。一等奖:武陵分局代表队;二等奖:临澧县工商局代表队;三等奖:澧县工商局代表队,石门县工商局代表队;体育道德风尚奖:市工商局机关代表队,津市工商局代表队。

2010年,根据国务院发布的《"十一五"文化建设纲要》规定和国家工商总局、省工商局相关要求,市工商局印发《常德市工商系统工商文化建设实施意见》,紧紧围绕建一流队伍、树一流形象、创一流业绩目标,在全市工商系统范围内广泛开展创学习型机关、创学习型干部活动,努力营造全员学习、终身学习氛围,大力弘扬热爱工商、奉献工商精神,以增强诚信意识为重点,加强社会公德、职业道德、家庭美德、个人品德建设,坚持依法行政、文明执法、优质服务,用科学发展观引领工商文化建设,不断更新观念,创新学习和工作方法,在总结和传承中实现工商文化新发展。通过工商文化建设和工商文化展示,不断提高工商文化在系统中影响力、在社会上认可度,切实发挥工商文化导向功能作用,继承发扬工商优良传统,大力弘扬"国徽头上戴,责任肩上挑"的工商精神,促进广大干部职工确立正确价值取向,形成崇高道德风尚,不断推进工商事业整体全面健康发展。是年,为培育富有时代精神、体现工商特色的常德工商文化,发挥工商文化影响力,激发干部积极向上精神。市工商局积极响应省委、省政府倡议的"三湘读书月"活动,全面加强工商文化建设,在全市工商系统组织开展"党建年"朗诵比赛、读书进机关活动,突出重点打造学习品牌;同时有计划地组织开展部分竞技性和趣味性体育活动,开展培养文明礼仪和精神风貌为主要内容的体操训练,组织球类赛和棋类赛,培养工商团队精神。

第四节　干部管理

一、年度考核

根据《中华人民共和国国家公务员法》、《湖南省公务员考核实施办法试行》及省委组织部、省人事厅(湘组发〔2007〕11号)规定,市工商局每年末对全市工商系统国家公务员、事业编制工作人员所承担职位工作实施年度考核。公务员考核结果分为优秀、称职、基本称职、不称职四个等次。确定考核等次时,优秀等次确定不得超过本单位参加考核总人数的15%,连续3年被确定为优秀等次的,记三等功1次。各县级工商局领导班子成员的考核与目标管理责任制考核紧密结合,单位目标管理责任制完成得好,其领导班子成员可确定1人为优秀等次;完成得较差的,其领导班子成员只能确定为称职以下等次。考核范围为全市工商系统在职工作人员(含经批准离岗休息人员)。根据有关规定,被考核人员在本年度因(工伤除外)事假累计超过半年,出国探亲,非公派脱产学习时间超过半年,当年六月底前经批准提前退休和已离退休人员不参加年度考核; 当年调任或从部队转业任职不满六个月的人员,参加考核,写出评语,但不参加优秀等次的评定;公务员或者工作人员受处分期间,参加年度考核,只写评语,不定等次,在解除处分的当年及以后,其年度考核不受原处分影响。考核的基本程序分为平时考核和年度考核。平时考核要求被考核人员如实填写《考核纪实手册》,由主管领导或考核组织对其检查评定;年度考核要求搞好个人总结述职、综合评价、确定等次、反馈四个环节工作。市工商局成立年度考核工作领导小组,市工商局党组书记、局长任组长,分管干部管理的党组副书记、副局长任副组长,成员由市工商局其他党组成员及人事教育科、纪检监察负责人组成。领导小组下设办公室,办公室设在人事教育科,负责年度考核的日常工作。各县级工商局成立相应机构,负责抓好各单位年度考核工作。当年度 12 月至下年度 1 月 15 日前, 各单位依照年度考核规定搞好公务员、事业编制工作人员的年度考核工作,将评岗评奖汇总表(名单)和连续三年优秀等次人员报批表及评定的不称职(不合格)、基本称职(基本合格)、不确定等次、不进行考核人员的说明材料,个人考核表、奖励审批表、年度考核审核备案表、年度考核花名册和年度考核工作总结等报市工商局年度考核领导小组办公室。

二、绩效考核

(一)机关科室考核

2008 年起,为进一步改进机关工作作风,提高办事效率,规范内部管理,建立健全考核评价体系,确保市工商局机关各项工作全面有效开展,市工商局印发《常德市工商行政管理局机关科室考核办法(试行)》,对市工商局机关科室实行绩效考核。市工商局机关科室考核坚持公平、公开、公正原则,注重工作实际,实行定性和定量相结合,定期与动态相结合的考核办法,通过考核机制的建立,确保客观公正地评价科室各项工作实绩,鼓励先进,鞭策落后,促进各项工作全面有效开展。市工商局机关科室考核由市工商局办公室牵头组织实施,人事教育科、监察室、机关党委、法制科和信息中心参加,考核原则上在每年 12 月底前完成。市工商局机关科室考核对象为市工商局机关各科室、直属行政机构、事业单位、挂靠社团组织(只含个私协和消委),以下简称市工商局机关科室。考核内容为共同项目、业务项目、市工商局领导和干部职工测评三个部分。市工商局机关科室考核有下列情况之一的取消评先资格:被省委、省政府及市委、市政府、省工商局等部门通报批评的;被新闻媒体曝光造成恶劣影响的;科室人员违反计划生育政策的;执法质量考核未达标的;出现其他有重大影响或问题的事件。市工商局机关科室考核实行百分制。共同项目为 30 分,业务项目为 60 分,市工商局领导和干部职工测评分别为 10 分;市工商局领导和干部职工测评分优秀、称职、基本称职和不称职四个等次,基本称职等次每个百分点扣0.2分,不称职等次每个百分点扣0.5分;得分在70分以上为达标单位,70分以下(不含)为不合格单位;先进单位按从高分到低分顺序确定候选科室报党组研究决定,先进单位总分必须在80分以上,如总分相同,按测评扣分多少排序。科室考核加分原则:被国家工商总局和省委、省政府表彰的科室加3分;被省工商局、省级部门和市委、市政府表彰的加2分;被市级部门表彰的加1分。市工商局机关考核办法:每年12月15日前由各科室按考核明细项目自评分数,然后向办公室申报,再由办公室组织人事教育科、监察室、机关党委、法制科和信息中心进行初审;每年12月20日前由办公室组织局领导和干部职工对各科室进行测评并计分;办公室对各科室进行综合计分,并将结果报市工商局党组;将考核结果在办公网上予以公布。市工商局机关科室考核奖励办法:先进单位人平奖励300元,对科室予以通报表彰;考核不合格单位其主要负责人向市工商局党组作出书面检讨,市工商局党组对科室负责人进行诫勉谈话,连续两年考核不合格单位其主要负责人辞职,改任非领导职务,科室主要负责任人在年度考核中不能评为优秀等次。

(二)机关工作人员考核

2012年起,为规范市工商局机关工作人员履职行为,推进全市工商系统“四化”建设,努力建设一支奋发向上、务实高效、勤政廉洁、和谐文明的工商队伍,达到工作争先、方法创新、责任增强、质量保优、效能提速的工作效果,根据《公务员考核规定(试行)》和省工商局、市工商局机关公务员管理规定,市工商局决定对市工商局机关工作人员全面实行绩效考核。市工商局机关在编在岗工作人员原则上均应参加考核。考核原则:突出工作,便于操作;分项考核,百分基准;按月考核,分季兑现;以人为本,客观公正;实事求是,公平公开。绩效考核基准分为100分(不核定到项),实行加扣分制。考核分为自动考核和督查考核两大部分,其中自动考核由参与考评的人员按要求参加日常视频考勤,由电脑自动生成考核结果;督查考核由考核小组各成员科室按各自分工进行督查考核,将考核结果报考核领导小组,由监察室将考核结果输入绩效考核系统。绩效考核小组每月对考核情况进行汇总,加减分情况每月在办公网上公示,公示后三天内,被考核人可对考核情况进行异议申请,考核领导小组对异议进行核实,按实际情况予以认定。市工商局成立绩效考核领导小组,党组书记、局长任组长,其他党组成员任副组长,科室负责人为成员。领导小组下设办公室,办公室设在纪检监察室,监察室负责人兼任办公室主任。机关各科室年初根据本科室的职能职责和人员情况,划分具体工作岗位及岗位职责,明确每个工作岗位的工作人员,并明确专门人员负责参与绩效考核工作,于每年1月上旬前加盖科室公章后报绩效考核领导小组。各科室分工如下:监察室负责绩效考核工作的组织协调,负责组织《四项纪律》执行情况督查(按次报送),市工商局大型会议签到(按次报送),市工商局各种会议布置工作落实情况的督查(按月报送)以及督查考核内容的录入等。人教科负责对参与考核人员的名单及考核内容的调整,公休假、探亲假、产假、计划生育假、事假、病假等考勤事项审批并报送考核小组(及时报送),年终绩效考核结果的汇总和运用等。办公室负责科室和个人被上级通报或媒体曝光情况报送(按次报送)以及临时事假(外出参观学习、参加会议、临时交办工作等)的审批、收集并报送考核小组(按次报送)。宣传中心负责对干部职工心得(按次报送)、调研文章、政务信息、政治业务学习、工作会议记录(半年报送一次)等情况进行督查并及时报送考核小组。法规科负责“一月学一法”“一月评两案”情况的督查和结果报送(按月报送)。培训中心负责对市工商局机关临时抽考的情况进行督查和结果报送(按次报送)。信息中心负责对市工商局机关干部职工和科室使用信息网络的情况进行督查和结果报送(按次报送);对考核系统进行及时维护并提供技术支持。财基科负责考核经费的及时兑现。“12315”申诉举报中心负责对“12315”交办事项办理情况报送(按月报送)。机关党委负责对机关工会开展各项活动的督查和结果报送(按次报送)。各科室组织的集体活动，由组织活动科室负责督查，活动结束后将督查结果报考核小组（按次报送)。市工商局和上级布置的工作任务由各科室按照分工原则积极完成,因工作未落实或落实不到位被市工商局领导督促、相关部门督查发现或被上级通报,责任科室提供具体责任人(按次报送)。工作纪律方面,考勤迟到每次扣 0.5 分,缺勤每天扣 1 分;未着装或着装不规范每次扣 0.5 分;工作日中午违规饮酒每次扣 1 分;违纪违规被投诉并经查实或被市工商局纪检监察部门查处的,每次扣 1 分(以文件或查证资料为准);违反规定使用各类软硬件导致影响全局网络安全运行的每次扣 2 分(信息中心提供)。工作落实方面,个人负责工作未完成,领导安排工作未落实或落实不到位,每次扣 0.5 分(由科室负责人提供);个人负责工作或某个事项被通报批评、媒体曝光的,国家级扣 5 分,省级扣 3 分,市级扣 1 分(以文件、媒体资料为准);52 岁以下人员及时申报网上绩效考核系统中的工作计划和工作日志，每少一次扣 0.1 分(以网上绩效考核系统记录为准);及时处理(阅读)各种公文流程和通知公告,超过 12 小时的,每条扣 0.1 分(信息中心提供)。学习与参会方面,政治业务学习、工作会议未参加每次扣 1 分(以签到记录为准),政治业务学习、工作会议未做记录每次扣 0.5 分(每半年检查一次记录本或电脑笔记);政治理论考试、“一月学一法”考试(50 周岁以下人员)、“一月评二案”(50 周岁以下人员)及其他考试无故未参加每次扣 1 分;考试成绩低于 80 分每次扣 0.5 分(以考试记录为准);“两报一刊”学习内容及心得按时输入网上绩效考核系统“学习申报”模块(50 周岁以下人员),每少一篇扣 0.1 分(每篇字数不得低于 100 字)(以网上绩效考核系统记录为准);40 周岁以下人员按规定发表调研文章,未完成的扣 5 分(以发表刊物原件为准);领导临时布置撰写心得体会,未按时完成的每篇扣 1 分(以宣传中心考核为准)。集体活动:积极参加各种体育活动,40 岁以下工作人员至少一项以上,未参加的扣 0.5 分（以各小组名册为准）;积极参加工会、各科室组织的集体活动,无故不参加的,每次扣 0.5 分(由工会和组织活动的科室提供)。其他事项:市工商局党组决定参与考核的其他事项。以下情况可以酌情加分:考核年度内干部职工本人获得表彰奖励(不含记功)的,国家级加 4 分,省级加 3 分,市级加 2 分,区级(市级其他部门)加 1 分;个人被上级记功奖励的,一等功加 20 分,二等功加 10 分,三等功加 5 分（由个人申报,加分以文件为准,同一项工作被多个部门表彰的,按最高分加分;实行加分后,市工商局不再对个人单独奖励;奖励不包含市工商局年度对个人的评优评先项目);所负责的工作有所创新,被市级推广的加1分,被省级推广的加2分,被国家级推广的加3分(由个人申报,加分以文件为准,同一项工作被多个部门推广的,按最高分加分,加分的认定由绩效考核小组集体研究后确定)。违反党风廉政建设有关规定,被纪检监察部门查实的;因工作失误导致发生重大事故的;年度内因个人违纪、违规、违章或因工作不落实造成严重影响被各级领导公开点名批评(含通报批评)三次以上的;违反计划生育政策的;违反法律、法规,被司法机关立案查处的。凡出现上述"一票否决"事项行为之一的,扣除考核分10分,取消年终评先评优资格,情节严重的按相关规定给予党纪、政纪处分。参考人员的考核最终得分为基准分减去扣分加上奖励加分。具体计算公式为:考核得分=100—所有扣分+奖励加分(如有一票否决事项在此基础上减10分)。科室负责人既按干部职工考核内容进行考核,同时与所在科室所有人员的考核情况挂钩,个人加减分加上科室其他参评人员加减分的累计分为个人加减分。市工商局副局长和纪检组长既按干部职工考核内容进行考核,同时与所分管科室挂钩。个人加减分加上分管科室负责人最终加减分的累计分为个人加减分。市工商局局长既按干部职工考核内容进行考核,同时与党组其他成员考核情况挂钩。个人加减分加上其他党组成员最终加减分的累计分为个人加减分。绩效考核按月计分,全年汇总情况原则上在每年1月上旬完成。绩效考核实行与科室工作经费挂钩,按季兑现,即参加考核人员累计计分以100分为基准,每增加1分增加科室工作经费300元,每扣减1分扣科室工作经费300元。绩效考核结果作为年终干部职工评优评先和选拔任用的重要依据。凡在绩效考核中因本考核办法"考核内容及扣分标准"被扣分的,年度考核不得评优评先;考核得分低于80分的年终考核评为基本称职等次;考核得分低于60分的年终考核评为不称职等次。

三、离退休干部管理及关心下一代工作委员会工作

(一)离退休干部管理工作

1991年,市工商局离退休党支部成立,有离退休党员34名,设有离退休干部党支部办公室、老干活动室。

2002年,为更好地贯彻落实国家关于离退休干部的方针政策,切实做好离退休老干部管理工作,经省工商局批准,市工商局设置离退休老干部管理办公室,离退办制定离退休老干部工作学习、走访慰问、定期体检等制度。坚持每月12日召开离退休老干部会议,会议主要内容是党的方针政策形势和局情通报,使老干部及时了解国际国内形势和地方党委、政府重大决策以及经济社会发展等重要情况;邀请老干部参加市工商局相关会议和活动;每年春节、端午、中秋、重阳等节日期间,单位领导走访、慰问离退休干部,了解他们思想状况,关心他们身心健康;离退休干部患病住院或家中有重大情况时,单位领导及时予以探望慰问,每

次走访老干部情况都予以登记备案；每年组织离退休干部做体检，并做好离退休老干部体检服务工作。

2009年6月17—18日，市工商局机关老干部参加省工商局在长沙举办的全省工商系统首届老年门球赛，获得第三名。7月，举办市工商局机关离退干部健康讲座。是年，市工商局机关离退休干部支部被评为“常德市离退休干部先进党支部”和“湖南省工商系统先进老干党支部”。

2012年，市工商局机关老年干部门球队两次参加常德市城北区“老年杯”和“邮政杯”老年门球赛，分别获得第二名和第三名。

市工商局领导与老干部门球队球员合影

截至2012年年底，市工商局机关离退休干部有37人，其中离休3人，退休34人。

（二）关心下一代工作委员会工作

2007年市工商局成立关心下一代工作委员会（以下简称“关工委”），关工委每年定期组织局机关干部职工子女参加社会实践活动，召开学习表彰大会。关工委印发《机关干部职工子女学习奖励制度》，干部职工子女小学至高中学习期间被评为“三好学生标兵”“三好学生”“优秀学生干部”；参加全国、全省、全市性竞赛活动获得名次的；考入普通高等院校全日制本科、硕士、博士的均给予奖励。奖励标准为：凡获得国家级、省级、市级、校级“三好学生标兵”荣誉称号的，分别奖励500元、400元、300元、200元；凡获得国家级、省级、市级、校级“三好学生”“优秀学生干部”荣誉称号的分别奖励400元、300元、200元、100元；参加全市性竞赛活动获得第一名（或一等奖）、第二名（或二等奖）、第二名（或三等奖）的，分别奖励500元、300元、200元；参加全省性竞赛活动获得前三名（或三等奖）以上者，对应市级奖励标准增加一倍奖金；参加全国性竞赛活动获得前三名（或三等奖）以上者，对应省级奖励标准增加一倍奖金；当年不重复奖励；被一、二、三类本科院校录取的，分别奖励3000元、2000元、1000元，其中考取清华大学、北京大学的，奖励5000元；考取攻读硕士、博士的，分别奖励4000元、5000元。

截至2012年年底，市工商局机关关工委共奖励市工商局机关干部职工子女21人次，发放奖金6.1万元。

第五章 纪检监察工作

第一节 党风廉政建设

一、廉政宣传教育

1989年初,市工商局印发《廉政建设试点工作方案》,并被市委、市政府列为廉政建设试点单位之一。为此,市工商局广泛开展“十大讲十弄清”的廉政教育活动,即:大讲党中央、国务院、国家工商局、省工商局和市委、市政府关于廉政建设的指示精神,弄清党和国家机关能否保持廉洁是关系到人心背向和政权存亡的大事;大讲廉政建设的基本要求,弄清廉政的实质是“当官为民,用权为公”;大讲党的宗旨,弄清保持廉洁是全心全意为人民服务的集中体现;大讲党的优良传统,弄清保持廉洁是共产党的革命本色;大讲廉洁与改革的关系,弄清越是改革开放,越要保持廉洁;大讲工商行政管理工作的地位和作用,弄清只有清正廉明,才能执法如山;大讲工商行政管理人员只有为政清廉,秉公执法,才能树立崇高的威望和良好形象;大讲廉政的正反经验教训,弄清只有倡廉导正、惩贪肃纪才能营造廉政的好风气;大讲中国封建王朝的兴衰史,弄清“清廉者昌,腐败者亡”是千古不变的真理;大讲腐败现象产生的原因,弄清整治腐败、拒腐防腐的艰巨性和长期性。通过开展“十大讲十弄清”等教育活动,市工商局廉政教育试点取得很好成效。是年,市工商局合同管理科在处理湖北公安县与南坪综合商店一起合同纠纷案中,为该店挽回经济损失2.4万余元,商店业主为表示感谢,多次宴请合同管理科全体人员,均被婉言谢绝。

1990年,市工商局进一步加强政治思想教育,全面落实党风廉政建设,不断增强全员廉政意识。安排每周二、五下午为政治学习日,组织干部职工学习各级有关党风廉政建设文件和各级领导重要讲话,并开展“五联系五讲清”教育,即:联系历史,讲清如何发扬党和政府的优良传统;联系工作,讲清如何当好公仆为人民掌好权用好权;联系典型,讲清如何在改造世界观上下功夫;联系社会,讲清如何立足本单位营造秉公廉洁小气候;联系东欧政局动荡,讲清党政机关保持廉洁重要性。开展“三破三立”教育,即:破除“权力私有”观念,树立做人民公仆思想,破除“讲廉洁吃亏”观念,树立“乐为人民艰苦奋斗”思想;破除“廉政建设与己无关”观念,树立“从我做起,从现在做起”思想。进行“宗旨”教育,发挥党员模范带头作用。开展经常性思想政治教育,全年举办廉政建设学习班5期,出墙报、板报24期,悬挂或张贴宣传标语64条,进行党纪法纪教育4次,举办职业道德讲座5次;通过一系列廉政教育,全局干部职工廉政意识不断增强，形成讲廉洁光荣，不讲廉洁可耻的浓厚氛围。是年，全市工商系统干部职工拒请吃 1657 人次，拒礼 1036 人次，拒贿折款 5.1 万元。

2001 年，市工商局切实开展党风廉政教育防范工作，在建立科级干部廉政档案基础上，建立股所长和一般干部廉政档案，并结合建档，要求各单位对干部收受红包礼金情况进行登记。是年，共清退红包礼金 8000 元。同时，强化党风廉政教育措施，进一步量化党风廉政意识教育时间、内容和目的考核计分，使之成为硬指标，促进党风廉政教育活动开展。由于各单位注重党风廉政教育，工商行政管理人员在执法中不廉洁行为较上年相比减少 80%。以省工商局原局长欧阳松、副局长廖子中受贿案为案例，开展警示教育，通过组织观看案件警示片和开展专题讨论，全市工商系统干部职工受到深刻教育；开展执法监察活动，组织开展全市工商系统“行万里路、走百个乡镇、下百个工商所、访千户个体户”调查暗访活动；对基层工商所收费、票据使用及全市工商系统内部管理规定执行情况进行明察暗访，查处收费中大头小尾案件 2 起，并配合市纠风办、对治理公路“三乱”进行专项检查，参与办案 4 起，查处违纪人员 7 人。

2006 年 4 月 4 日，市工商局根据市纪委统一部署，结合全市工商系统反腐倡廉实际情况，印发《关于在全市工商系统开展廉政文化进机关活动的通知》，在全市工商系统组织开展一系列党风廉政教育实践活动：结合创建“学习型”机关活动，积极开展“读书健脑”活动，组织工商干部认真学习关于加强党风廉政建设与反腐工作各类文件，重点学习《中国共产党章程》《党员纪律处分条例》《党内监督条例》及中央《建立健全教育、制度、监督并重的惩治和预防腐败体系实施纲要》等，在学习基础上每人至少撰写一篇学习体会，通过开展“读书健脑”活动，使全市工商系统全体党员干部在阅读中感受和领悟廉政，在参与中益智养廉；在全市工商系统全体党员干部中开展廉文警句征集活动，广大党员踊跃参与，积极查找资料，认真撰写稿件，及时向市工商局监察室上报廉文警句，包括廉政短文、小故事、格言、警句、对联等。通过廉文警句体现的思想性、知识性、趣味性、可读性，给人以启迪，使工商行政管理人员在潜移默化中受到教育；开展“七一”廉政文化主题歌咏比赛活动；8 月中旬，在市工商局机关举办书画作品展，各县级工商局参展作品不少于 8 幅，机关各科室参展作品不少于 2 幅；9 月上旬请专家（或领导）在市工商局机关举办廉政文化为主要内容专题报告会；挖掘推介廉政典型，深入基层，广泛调查研究，挖掘具有时代特征、群众公认的廉政典型，利用各种手段

市工商局举办全市工商系统廉政文化书画作品展

大力宣传,引导广大党员崇尚典型、学习典型。

2008年,市工商局向全市工商系统各单位及有关人员发放党纪政纪条规汇编322本,组织廉政教育报告会2次,开展廉政警示教育2次,举办行风建设主题教育活动1次,举办党纪党规、法规培训班2期,召开优化经济发展环境恳谈会1次。是年8月,市工商局邀请市检察院权威检察官就国家工作人员职务犯罪特点和防范进行讲解与剖析,并组织全市工商系统干部职工观看警示教育片《失衡的秤》。随后利用常德工商办公网视频会议系统平台播放“失衡的秤——王昭耀受贿案警示录”“机关作风与效能探访”“阳光工商”三部录像片,要求全市工商系统干部职工认真观看并撰写心得体会。

2009年,市工商局多次组织全市工商系统干部职工学习《中国共产党章程》《中国共产党党内监督条例》以及《关于实行党政领导干部问责的暂行规定》等党纪党规,学习《建立健全惩治和预防腐败体系2008—2012年工作规划》。组织观看警示教育片《责任与共》,通过观看和剖析原郴州市委书记李大伦犯罪及犯罪心理历程,深刻地教育和警醒干部职工,进一步增强廉政意识,有效预防干部不廉洁行为。

2010年,市工商局结合满意工商机关和文明单位等创建活动,深入开展理想信念和优良传统教育;结合《廉洁准则》学习贯彻和考试,开展党纪法纪教育;结合日常政治教育学习,继续开展示范教育和警示教育;结合“作风建设月”“效能建设年”和基层党员党组织“争先创优”活动,强化服务和效能意识教育。

2011年,市工商局通过搭建干部教育管理平台,推行“一日一短信、一月一警示、一季一党课、半年一座谈”勤廉教育活动,不断增强工商干部风险意识,着力提高干部队伍整体素质。是年,市工商局通过《清风手机报》短信平台先后向副科级以上干部发送廉政警示警语短信279条次,组织观看廉政教育警示片8部共846人次,市、县两级工商局“一把手”讲廉政党课24课次,开展廉政警示座谈25人次,建立副科级以上干部廉政档案388册。10月19日,市工商局党组书记、局长胡祖国来亲临常德经济技术开发区管委会广场,作客市行风热线“工

市工商局局长胡祖国作客市行风热线“工商局长与您面对面”访谈节目现场

商局长与您面对面”户外访谈节目，常德人民广播电台新闻频道调频 105.6 兆赫全程现场直播。市委副巡视员、常德经济技术开发区工委第一书记魏立刚、常德经济技术开发区管委会副主任熊清平、市纪委纠风办主任徐超云等出席访谈现场。

2012 年，市工商局不断拓展廉洁文化宣传载体，充分利用屏幕、舞台、长廊、电脑桌面及办公场所墙面等载体，多角度、全方位开展工商廉政文化活动，以此增强廉政建设凝聚力、亲和力、辐射力。是年，市工商局共组织观看廉政教育警示片 9 部，开展廉政警示座谈 10 人次，讲授廉政党课 3 次。在全市工商系统内开展文化作品征集评选活动，征集干部职工自创廉政警言警句、书画作品、诗歌、小品等作品 100 余件。被市纪委明确为全市市直机关廉洁文化进机关示范点，并在接受市委、市政府及其他部门督导检查时，获得高度肯定。9 月 18 日，市工商局组织机关全体党员干部到武陵监狱接受廉政警示教育，现场感受服刑人员生活和改造环境，通过教育，不断提高干部职工拒腐防变能力。

二、廉政制度建设

1989 年，为加强廉政建设，市工商局印发《常德市工商行政管理局廉政奖惩办法》，要求机关各科室在每季度工作小结时，对廉政建设情况一并进行小结，实行奖罚兑现，并作为年终考核主要内容之一。凡拒收或上交“礼物礼金”者，在局机关干部大会上给予表扬，表现突出的，在全市工商系统通报表扬；凡对全市工商系统不廉洁人或事予以举报者，经查证属实（除举报人要求保密外），视情给予表扬或给予适当奖励。

1990 年，市工商局结合实际，印发《工商行管理人员廉政守则》等 16 项廉政规章制度，并把制度执行情况纳入年度考核的重要内容，坚持用制度管理干部，用制度规范行为。为确保制度执行落到实处，接受社会监督，市工商局进一步推进办事公开，从与群众联系密切、接触广泛部位抓起，公开办事程序 28 项；从容易发生腐败的环节抓起，公开办事规章制度和有关政策法规 43 种，让群众了解所有应该了解的办事程序，提高工商行政管理工作透明度。为建立完善外部监督机制，形成内外监督网络，接受社会监督，市工商局设立举报电话 6 部、举报信箱 11 个，并聘请人大代表、政协委员、企业法人及个体工商户代表等 34 人为义务监督员，通过召开座谈会、受理群众投诉，主动亮丑揭短，接受社会监督。是年共收到举报电话及举报信 23 个（件），接待来信来访 42 人次，群众性社会监督网络基本形成。

1992 年，全市工商系统坚持把加强队伍作风建设作为促进工商事业发展一项根本措施来抓，廉政建设不断深入，结合行业特点，进一步完善廉政制度体系。1 月 6 日，市工商局制定《关于禁止大吃大喝的规定》：凡省内上下公务来客，不准上餐馆、酒店、宾馆就餐，一律在本单位食堂接待就餐；凡公务来客就餐者，由办公室统一安排，各科室公务来客就餐必须如实填写就餐申报单，并及时送办公室，不准以虚报接待人数等方式提高就餐标准；特殊情况需要提高开餐标准的，须经局主要领导批准后方可实施，若科室擅自做主，不按规定标准接待,采取谁批准、谁负责的办法由批准者自负全部开支费用,并在一定范围内给予通报批评,屡教不改、情节严重者,给予纪律处分。就餐标准:每人每天10元,即早餐1元,中、晚餐各4.5元,就餐每人每天须交伙食费2.5元,即早餐0.5元,中、晚餐各1元,由食堂总务室负责收取,并开出收据,财务科凭总务收据和各科室报送就餐申报单方能给予相应补助费;一律不用酒、饮料、水果等招待客人,不准赠送土特产等礼品;招待客人,原则上不陪客,必要时,每次也不得超过1—3人,陪餐人须向总务室交付基本伙食费;省内来客,一律不准请客跳舞;不准利用职权低价购买物品,也不得接受下级单位贴钱代购物品。同时,规定机关工作人员不得接受管理服务对象宴请和送礼,严禁参加企业和个体工商户的开业庆典等活动。随后各县级工商局也相继制定不准参加企业和个体工商户开业庆典及收礼、宴请等“七不准”制度,严格规范工商行政管理人员言行,并把思想作风、纪律和廉政建设同岗位责任制结合起来,层层签订廉政责任状,使廉政建设落到实处,全年全市工商系统干部职工没有发生违法乱纪问题,秉公执法,清正廉洁人和事不断涌现。

1993年,市工商局制定《关于加强机关干部(分局)思想作风、纪律建设的若干规定》、《内部权力分解》《春节期间廉政建设“十不”规定》等制度,进一步强化廉政建设效果。是年市工商局机关干部职工拒吃请540多人次,拒礼拒贿26人次,价值达8000多元。10月5日,为切实加强全市工商系统廉政建设,认真纠正不廉洁行为,树立良好工商形象,市工商局印发《关于加强廉政建设的具体规定》,主要内容包括:不准接受企业、个体工商户以任何理由和形式请吃、请钓、请舞;工商人员一律不准参加企业和个体工商户开业庆典,对方主动邀请的,必须坚决拒绝;不准以任何理由和方式接受企业、个体工商户赠送礼品、礼金及纪念品,对拒收不了的必须如实向本单位领导或政工部门汇报,并将所接受物品交公处理,凡收受回扣、酬劳金的必须严格按市纪委和省、市监察部门有关精神办理;不准在公务活动中利用职权、压级压价或到企业和个体工商户购买或为他人代买、赊购廉价物品,更不准白吃白拿和索要物品;不准利用职权或单位名义,私自到企业和个体工商户借用东西和调用车辆;不准在发照、办案、收费、安排摊位中,违反有关政策规定和条件、程序,发人情照、收人情费、办人情案、安排人情摊位;严禁参与赌博及赌博性娱乐活动。同时,为落实《内部权力分解制度》,加强社会监督,全市工商系统向社会发表公开信800多封,有效地制止利用“摊、费、案、证、照”,进行“吃、喝、卡、拿、要”等现象。是年全市工商系统共拒请吃1500多人次,拒礼、拒贿折合现金约12万元。

2006年5月,市工商局转发省工商党组《关于印发〈工商所党风廉政监督员工作制度〉的通知》(湘工商党字〔2006〕10号),全面推行工商所党风廉政监督员工作制度。在全市工商系统各基层工商所指定1名副所长兼任党风廉政监督员,要求廉政监督员协作所长组织协调所在单位党风廉政建设,受理经营者和群众的举报和投诉,及时向上级反映单位及工作人员存在的问题,协助上级纪检监察部门调查违纪违规问题,进一步完善基层工商所内部监督机制。

2007 年，针对部分干部职工利用婚丧、生日、升学、升迁之机请客送礼之风有所抬头蔓延的问题，市工商局印发《常德市工商行政管理局关于治理“红色名片”人情整风的通知》，在全市工商系统开展治理“红色名片”，狠刹人情歪风行动。通知要求各单位要组织全体干部职工认真学习常纪发〔2005〕2 号、9 号、12 号文件精神，严禁利用婚丧事宜大操大办、铺张浪费、借机敛财；严禁利用婚丧事宜搞封建迷信活动；严禁借生日、升学、升迁、乔迁进行宴请，借机敛财；严禁“化整为零”进行人情宴请；严禁借婚丧事宜向下属单位、服务对象、业务关系户发请柬、打招呼；严禁公款送礼。婚丧宴请超过 15 桌或举办特殊情况下宴请，实行申报审批制。由本人写出书面申请，说明宴请事由，宴请范围和规模，单位“一把手”签字，单位盖章，报有关部门备案后方可举办。处级领导报市纪委备案，科级干部报市工商局纪检组、监察室备案，一般干部报本单位纪检组、监察室备案。各单位“一把手”为治理“红色名片”第一负责人，切实履行领导职责，管好干部职工。广大干部职工特别是党员干部要带头移风易俗，执行纪律规定，自觉接受监督，积极抵制除婚丧事宜之外各类宴请，并提倡婚事新办，丧事简办，勤俭节约，坚决制止人情宴请大操大办行为发生。建设文明和谐新机关。各单位纪检组、监察室要加强对干部职工，特别是党员干部举办婚丧事宜和其他人情宴请监督。对违反规定大操大办者和监督制止不力单位“一把手”，要根据《中国共产党纪律处分条例》等 81 条、164 条和《行政机关公务员处分条例》有关规定，进行责任追究，并视情节给予党纪政纪处分。

2008 年，市工商局党组先后召开 8 次党组会研究党风廉政建设工作，制定了《常德市工商行政管理局群众投诉举报制度》《常德市工商行政管理局“四项纪律规定”及实施细则》《纪检监察及行政执法责任制工作目标管理考核办法》《优化经济发展环境规范涉企行政执法与收费七项制度实施细则》《常德市工商行政管理系统贯彻落实〈建立健全惩治和预防腐败体系 2008—2012 年工作规划〉的实施意见及责任分工》《领导干部任前谈话制度》《基层行政执法人员向监管对象代表述职述廉实施办法》等十多项制度，并组织督查组对各项制度的执行落实情况进行督导，通过多种形式，全市工商系统党风廉政教育和建设，惩防并举的党风廉政治理体系已经初步建立。

2010 年，为约束决策权、执行权、监督权，建立健全既相互制约又相互协调的权力结构和运行机制，加强对行政审批权、行政执法权和队伍管理权制约和监督，市工商局制定完善党组议事规则和“三重一大”事项集体决策制度等，严格执行党政正职不直接分管人事、财务、工程项目管理等事项规定；制定并落实研究重大事项末位表态、干部选拔任用、廉政测评、任职回避等监督措施；进一步完善领导干部纸质廉政档案，建立处级领导干部电子廉政档案。严格执行党政领导干部问责、述职述廉、诫勉谈话、函询等制度。加强对主要领导干部经济责任审计和对财政资金、基建项目审计。

2012 年，市工商局出台《常德市工商行政管理局工作督查制度》，对督查方式、督查对象、督查内容、督查频次、督察职权、问责办法等予以明确，进一步强化机关效能建设，狠抓各项制度贯彻落实，推动工作开展，确保政令畅通。

三、党风廉政建设责任制

2000年,为认真落实中共中央、国务院《关于实行党风廉政建设责任制的规定》及省委、省政府《关于实行党风廉政建设责任制实施办法》和省工商局《湖南省工商行政管理系统贯彻执行〈关于实行党风廉政建设责任制的规定〉的实施意见》,切实加强全市工商系统党风廉政建设责任制工作,市工商局坚持党组中心组学习制度和民主生活会制度,每月中心组集中学习不少于一天,每季度召开高标准民主生活会一次,认真学习中共中央、国务院《关于实行党风廉政建设责任制的规定》及省委办、省政府办印发《具体办法》《领导干部廉政手册》等落实党风廉政建设责任制的四个制度。坚持每周三晚市工商局机关干部职工2小时政治学习制度,集中学习国务院281号令《关于违反行政事业性收费和罚没收入收支两条线管理规定》《行政处分暂行规定》以及省、市委关于加强党风廉政建设责任制相关文件精神,年终对所学进行闭卷考试,合格率达95%。实行领导干部廉洁自律承诺制,市工商局领导根据廉洁自律有关规定,以党风廉政建设责任要求确定承诺内容,向上级党组织和本单位干部职工承诺应做什么,不做什么,以自警自策,并接受群众监督;同时整章建制,坚决刹住赠送和收受礼金、有价证券和贵重物品歪风;落实全市工商系统实行纠风专项治理责任制,对完不成专项治理任务的,追究其领导责任。落实党风廉政建设责任制,市工商局党政班子正职对职责范围内的党风廉政建设负总责,领导班子其他成员根据分工,对职责范围内的党风廉政建设负直接领导责任,并对责任制考核提出具体要求,对责任追究提出量级标准。针对工商行政管理系统实行垂直管理以后队伍庞大、人员良莠不齐,加之个别区县(市)分流人员不断上访,队伍管理工作难度加大等现实,市工商局要求全市各级工商机关要严管队伍,正确处理好与地方党委、政府的关系,积极履行工商行政管理职能,并从体制、制度、管理等方面入手,坚持集体领导与个人分工相结合,形成一级抓一级,上下联动,层层抓落实的工作格局。由于措施得力,全市工商系统呈现出良好发展态势,服务意识进一步强化,"门难进、脸难看、事难办"等衙门作风逐步得以扭转,法纪观念进一步增强,"三乱"现象基本制止。注重深入基层调查研究,注重帮助基层解决实际问题,为老百姓办实事,工商部门社会地位和形象不断提升。

2002年,为进一步加强党风廉政建设,市工商局局长黄腊喜与各县级工商局局长、市工商局相关各科室负责人签订《党风廉政建设责任书》。根据"一岗双责"原则,明确各县级工商局局长及机关各科室主要负责人为本单位党风廉政建设第一负责人,并全面履行廉政建设组织领导、监督检查及廉政教育等职责。市工商局大力开展廉政警示教育,在全市工商系统多次开展遵纪守法、党风廉政意识教育,组织党员干部观看《蒋艳萍警示录》及原省工商局欧阳松、廖子中现身说法专题教育片等,广大党员干部深受教育,廉政意识进一步增强,勤政为民、甘为公仆观念不断强化。建好廉政档案,全市工商系统从处级干部到一般干部均建立廉政档案。各单位结合建档工作对干部收受红包礼金情况进行登记。是年,全市工商系统共有

118 人拒收红包礼金 252720 元，其中县处级干部 1 人次拒收 5000 元，科局级干部 16 人次，拒收 74400 元。

2007 年，根据全省工商行政管理系统党风廉政工作会议和市纪委第三次全会暨全市反腐败工作会议精神，结合全市工商系统党风廉政建设和反腐败工作实际，市工商局印发《2007 年全市工商行政管理系统党风廉政建设和反腐败工作任务及责任分工意见》，为使党风廉政建设和反腐败工作落到实处，市工商局党组进一步明确党风廉政建设责任分工，要求各县级工商局党组（委）领导班子和市局机关各科室要明确廉政工作责任，确保以下工作到岗到人：进一步加强反腐倡廉教育，增强全体工商干部依法行政和廉洁从政意识；加强对贯彻落实科学发展观情况的监督检查，强化为经济社会发展和推进新型工业化服务的信念；深化制度建设，加强带头治理，强化对权力运行的监督和制约；认真开展治理商业贿赂等专项治理，切实纠正损害群众利益的不正之风；大力加强行风建设，开展行政执法责任制试点，着力优化经济发展环境；继续加大查办违纪案件力度，提高案件查办工作能力和水平；抓好领导干部作风建设，加强对领导班子和领导干部的监督。

市工商局召开全市工商系统党风廉政建设暨满意工商建设工作会议

2008 年 3 月，市工商局召开全市工商系统党风廉政建设工作会议，市、县工商局均成立党风廉政建设领导小组，形成“一把手”负总责、层层签订责任状、一级抓一级、一级管一级的惩防腐败责任体系。

2012 年，为进一步加强对党风廉政建设责任制工作组织领导，强化领导班子和“一把手”负总责的责任体系，市工商局要求各县级工商局成立落实党风廉政建设责任制工作领导小组，组长由局长、党（委）组书记担任，办公室设在纪检监察部门，领导小组成员要依人员变动适时进行调整。领导小组主要职责是：负责领导并组织协调本单位全面落实中共中央、国务院印发的《关于实行党风廉政建设责任制的规定》和省、市工商局党组相关规定，研究解决在贯彻执行中遇到的问题；负责领导并组织对各级工商机关主要领导及班子成员执行党风廉政建设责任制情况的监督、检查、考核。市工商局要求各单位主要负责人必须对党风廉政建设和反腐败工作负总责，必须做到自觉抓、主动抓，对重大问题亲自抓；必须对本单位特别是领导班子内部发生腐败现象和不正之风问题，敢抓敢管；必须带头遵守领导干部廉洁自律各项规定，严于律己，率先垂范。各级纪检组长在落实党风廉政建设责任制中负有重要责任，要积极发挥组织协调作用，敢抓敢管。各级领导班子其他成员也必须对于职责范围内党风廉政建设认真负起责任，根据责任制要求，班子每名成员，都必须坚持“一岗两责”。既要依法行政、抓好业务建设，更要从严治局、带好队伍。党风廉政建设工作出现问题，要追究分管领导责任。

第二节 行政监察

一、政务公开

1995年，市委、市政府将市工商局确定为全市首批公开办事制度试点单位之一。为制定一个内容较为全面、操作性较强的实施方案，让领导、群众、自身三方满意，市工商局根据市委、市政府办事公开制度基本要求，确定办事公开制度实施方案指导思想和基本原则，并由市工商局机关各科室、分局依据市工商局工作方案制定本单位办事公开制度实施方案，然后将各科室、分局制定的实施方案汇集成册，再分发给各科室、分局相互审查、征求修改意见，形成方案初稿。然后，采取召开座谈会、个别走访等形式，广泛征求企业、个体工商户代表意见，形成比较完善的《办事公开制度实施方案》(送审稿)，呈送市廉政办审批后，再以文件形式下发执行。公开内容主要有机构设置和职责范围；办(验)证照条件、程序、期限和结果；各项收费依据、项目、标准；处理违章、违法依据、程序和结果；市场摊位安排、原则办法和分配结果；内部财物登记；基建工程承包和市场设施转让；人事管理、工商行政管理人员纪律、守则和违纪处理办法以及接受社会监督具体措施等，只要不涉及国家有关机密，全部予以公开。推行公开办事制度具体形式主要有张榜、橱窗、报刊、电台、电视台、会议、资料传单公布等。为使办事公开制度收到实质性效果，市工商局加强监督检查，严格落实“一个制约，两个监督”，一个制约即对重点部门、重点岗位实行权力分解、程序分解，强化内部制约，两个监督即内部监督和社会监督。全局上下推行“四个三”制约机制，即：办理证照实行受理、审查、核准“三级把关”；办理案件实行检查、审查、执罚“三段制”；收费实行定费、收费、管理“三权分离”；市场摊位分配实行了指标、轮换、抽签“三个公开”。通过推行办事公开，开展“阳光执法”，执法社会环境有所改善，工商行政管理执法赢得社会各界理解和支持，“吃、拿、卡、要”等不廉洁行为大大减少。是年，全局干部职工拒受礼品、礼金达120人次，拒礼金额2万多元；全局共查获各种违章违法案件1000多起，其中查获假冒伪劣商品价值200多万元，查处走私小汽车20多辆，摩托车236辆，总价款800多万元。

2003年2月，为加强政务公开工作，市工商局在市、县工商局机关及基层工商所开辟纪检监察党务建设警示栏，对加强政务公开、工商队伍建设起到很好作用，得到市直机关工委肯定和表扬。

2008年，市工商局在常德红盾信息网发布《常德市工商行政管理局服务承诺书》，介绍工商部门主要职能职责，发布服务项目，公开服务承诺。

2009年，市工商局在贯彻落实省工商局《关于促进经济平稳较快发展若干措施》基础上，结合常德实际，出台《常德市工商行政管理局关于促进常德经济平稳较快发展的十条措施》，向社会各界公开承诺，从放宽市场准入条件、支持全民自主创业、拓宽企业融资渠道、全力服务产业集群和重大项目建设、大力推进商标品牌工程、推行“一化三基”工商联络员制度等十个方面全力服务常德经济发展。

2012年，市工商局重新编制《常德市工商行政管理局行政许可和非行政许可审批项目及办事服务项目目录》《常德市企业注册登记前置审批告知承诺实施办法》，印制新版服务指南和告知承诺书蓝本。成立承诺自律监督小组，专门负责处理投诉举报，充分利用各种平台公开服务准则、服务内容、投诉电话等内容。政务中心工商登记窗口率先引进电子评价系统，现场接受申请人测评，即时反馈窗口人员服务水平和人民群众满意度。同时，采取发放征求意见表、电话征询、上门访谈、集中座谈等多种形式对申请人进行事后回访，邀请市委、市政府督查室、优化办、作风办、政务中心、满意办负责人及部分有影响力的人大代表、政协委员等作为行风监督员，多方听取群众意见。

二、行政效能监察

1996年8月9日，为贯彻国家工商局《关于开展执法监察维护工商形象的通知》精神，落实省工商局开展执法监察实施意见，市工商局印发《常德市工商行政管理局开展执法监察工作方案》，执法监察紧密围绕“公平交易建设年”和“工商形象建设年”这个中心，坚持“突出重点，讲求实效”原则，认真开展执法监察工作，促进监督对象依法行政，廉洁、高效地履行职责，自觉维护好工商形象。执法监察内容：行政执法主体所办案件（执照）是否符合党的方针、政策，符合国家法律、法规和规章；所办案件（执照）是否符合法定程序；在办案（执照）过程中，有无超越职权、滥用职权行为；办理案件（执照）过程中，有无不履行法定职责、失职、渎职行为；在办理案件（证照）过程中，有无不廉洁或其他违法违纪行为。执法监察采取听情况汇报、随机抽取案卷、查阅资料、走访、评议五个步骤。通过执法监察提高工商干部执法水平，促进工商行政管理职能全面履行，及时纠正存在问题。

2005年，为加强全市工商系统行政效能监察，市工商局成立行政效能监察室，与纪检监察室合署办公，进一步强化全市行政效能监察工作。

2009年，为进一步深化行政责任制，推进机关效能建设，规范行政执法行为，提高行政效能，促进依法行政，根据市机关效能建设领导小组办公室、市优化经济环境小组办公室《关于2009年度市直行政机关深化行政责任制推进机关效能建设的实施意见》（常效办〔2009〕2号）精神，结合实际，市工商局印发《常德市工商行政管理局开展行政责任制推进机关效能建设工作方案》。依据国家工商总局、省工商局“三定”方案和国家法律法规、地方规章规定，进一步明确工商行政管理部门行政执法职能、职责和权限，将执法职权分解落实到具体单位和部门,明确、规范市工商局各职能科室及下属单位职能、职责,准确界定执法权限,做到依法定职,依法履职,既不缺位也不错位,确保职能合法、职责明确、权限有度;依法规范行政许可、行政执收、行政处罚程序,以贯彻《政府信息公开工作条例》为契机,在全市工商系统逐步建立和完善重大问题集体决策、专家咨询、社会公示、行政处罚告知、行政处罚听证等政务公开制度,将工商部门职责职权、办事程序、办事纪律、办事结果、监督举报电话等事项定期向社会公布,进一步增强依法行政透明度,广泛接受社会监督;定期召集社会各界人士参加行政执法工作民主评议会、座谈会,主动征求社会各界意见和建议,将政务公开渗透到行政责任制工作各个方面,切实加强行政权力阳光运行,确保行政透明;根据市委《行政过错责任追究暂行办法》,进一步修改、完善《常德市工商行政管理局落实〈常德市行政过错责任追究办法〉的实施办法》《常德市工商行政管理系统行政效能督察暂行办法》等,建立科学、可操作的责任追究体系,对不依法履行法定职责的人和事进行责任追究;在完善和实行办事公开制、服务承诺制、首问责任制、限时办结制、效能告诫制等制度基础上,进一步规范行政审批,切实规范行政程序,深化政务公开;完善岗位目标考核办法、行政执法质量考评办法,科学、合理确定岗位职责,明确工商行政管理人员工作责任和工作要求,量化工作任务;建立岗位目标考核和行政执法考评组织机构,把行政执法责任制与岗位目标管理考核有机结合起来,建立科学、合理、严谨考核体系。同时,为整合行政许可职能,市工商局将所有行政审批事项全部集中到市政务服务中心窗口办理,实行一站式服务,解决企业办事“两头跑”问题;同时,降低市场准入门槛,简化登记手续,坚持“非禁即入”和“非禁即可”原则,进一步放宽投资主体资格,放宽企业名称登记和注册资本条件,放宽对经营场所限制,全面开通企业注册登记“绿色通道”;扩大网上服务,大力推行网上登记、网上名称核准和企业网上年检,对辖区内重点骨干企业实行上门服务、预约服务、提示服务,尽可能地方便企业办事。出台行政许可事项告知“一口清”制度,承诺材料齐全,当场办理。

2011年7月1日,市工商局正式通过OA办公自动化平台启用绩效考核模块,加大绩效考核力度,大力整治机关干部“庸、懒、散”现象,切实转变工作作风。市工商局绩效考核系统分为视频考勤、工作日志、学习心得、异议申请、查询统计等五大模块,内容涵盖上下班考勤、车辆管理、禁酒规定、规范着装等方面,科学设置考核指标。制定机关工作人员绩效考核暂行办法,明确考核细则及加减分标准、计分方式及奖励等细化考核制度。强调考核纪律,局领导率先垂范,以身作则。同时落实绩效考核通报制度,每天在机关通知公告栏及OA办公自动化系统通报考核结果,推动机关绩效考核制度实施,加大绩效考核执行力度,促进机关干部规范化管理。绩效考核实行与工作经费挂钩,且作为年终干部职工评优评先和选拔任用重要依据,明确考核结果运用。

2012年,市工商局印发《常德市工商行政管理局工作督查制度》,每季度开展一次作风建设和纪律执行情况督查,督查组采取暗访方式,自带摄像机、照相机等设备,先是进行跟踪定点拍摄,然后深入到各县级工商局及基层工商所,实地进行“看、查、问”,对有关情况客观真实地进行记录，并将督查情况刻制成光盘，在全市会议上进行播放，将视频上传至办公网供干部职工浏览，在全市工商系统引起很大震动。二季度，市工商局聘请行风监督员携带针孔摄像机对各县级工商局及基层工商所进行暗访督察。是年，市工商局督查组共开展公车专项督查4次，执行市工商局“四项纪律”情况督查9次。全市工商系统公务车辆使用得到有效规范，干部到岗履职、着装以及执收执罚等方面得到有效改善。

三、规范权力运行

2012年，为促进工商行政管理机关效能建设，根据省工商局及市纪委相关要求，市工商局结合全市工商系统实际，采取措施，规范权力运行。主要以提高行政效能、优化发展环境、推进依法行政、促进预防腐败为目标，以监督和制约行政权力为核心，以促进权力规范运行和公开透明为重点，逐步建成职权有据、配置科学、制约有效、程序严密、裁量规范、运行公正、监督到位、责权统一、追究严格的具有工商机关特点的权力运行制度体系，为工商行政管理部门正确行使权力、履行市场监管和行政执法职能提供制度保证。为加强对规范权力运行体系建设工作组织领导，市工商局成立以党组书记、局长胡祖国任组长、其他党组成员任副组长，机关各科室、直属行政机构、事业单位、社团组织办事机构主要负责人为成员的规范权力运行体系建设工作领导小组，领导小组下设办公室，设在监察室。同时成立规范权力运行体系建设工作小组，由纪检组长欧阳平安任组长，监察室、办公室、人教科、财务科、法规科主要负责人为成员，监察室主要负责人任工作小组召集人。工作小组主要负责规范权力运行体系建设具体指导和审查审核等工作。各县级工商局按照要求成立相应组织，积极开展规范权力运行体系建设。各级工商机关内设机构、直属行政机构及所属事业单位、社团组织办事机构（统称各部门，下同）依据“三定”方案、有关法律法规及政策，对本部门行使职权进行全面清理。依据工商行政管理法律法规，清理行政执法权，包括行政许可、行政确认、行政检查、行政处罚、行政强制、行政征收、行政复议等职权；依据财务基建管理法律法规及政策，清理行政保障权，包括收入管理、支出管理、资产管理、票据管理、基建管理、装备配置、政府采购、内部审计等职权；依据干部人事和纪检监察政策法规，清理队伍管理权，包括干部选拔任用、人员录（聘）用调配、干部评先考核、党员干部违纪违法调查处分等职权。职权清理工作于是年3月31日前完成，领导小组办公室会同人事教育、法制机构将各部门报送职权清单进行综合汇总，编制职权目录初步方案，按程序报批。职权目录获批后，按照“谁行使、谁负责”和“一项权力建立一项制度”原则，由各部门建立健全规范权力运行制度，并制作权力运行流程图。依据职权性质制定，不同类型制度内容可以有所不同，但一般应包含责任单位、责任人、办事依据、办理条件、办理程序及期限、监督检查、责任追究（含责任内容、责任认定、追究形式）等内容。依据权力运行程序和环节设计制作流程图。法律法规规章已作明确规定的，要按规定设计制作；没有明确规定的，要结合工作实际科学合理设计制作。流程图要求简单明了，便于操作,方便企业和群众知情办事。各部门将起草的制度和权力运行流程图送交制度建设工作小组进行审查,审查完毕后,提交局长办公室会议审批。规范权力运行制度和权力运行流程图经批准后,汇编成册,并采取适当方式予以公开。除涉及国家秘密、商业秘密、个人隐私事项,所有对外事项权力运行制度及流程图均按《政府信息公开条例》要求,在工商红盾信息网等媒体上予以公布,接受社会监督。对内事项权力运行制度和流程图,按照有关规定,通过工商红盾信息网等媒介在工商系统公开,接受内部监督。建立权力运行绩效评估制度,明确评估范围和内容,确定评估方法,合理运用评估结果。将规范权力运行制度建设情况纳入综合绩效考核,纳入年终社会民意调查范围,纳入党风廉政建设责任制、惩治和预防腐败体系建设及民主评议重要内容。建立权力运行监督机制和责任追究制度,明确监督内容、方法和责任追究的内容、形式,对权力运行中违法违纪行为进行严肃查处。是年,全市工商系统根据制度运行情况,针对运行中发现的问题,适时调整完善,采取有力措施,建立评估制度和奖惩机制,加强监督检查,及时推广先进经验,切实提高制度执行力。同时,各级工商机关通过建立健全规范权力运行体系建设工作责任制,将任务、责任分解到班子成员、各部门,工作落实到岗到人。

四、纠正行业不正之风

1992 年 1 月 15 日,为规范干部行为,切实纠正行业不正之风,市工商局印发《关于纠正行业不正之风的若干规定》。主要内容是:工商行政管理人员不准接受任何单位或个人请吃、请钓、请舞;不准接受企业和个体工商户送礼,不得以任何形式索要物品,对企业和个体工商户送礼应坚决拒收,实在拒收不了的礼品,上交纪检监察机构处理;不准索贿受贿,对于管理服务对象的行贿,要坚决拒收;不准在直接管理的企业、个体工商户和市场上压级、压价,为自己或他人贱购、赊购商品,更不得白吃、白拿;不准利用职权为亲朋好友从事经营活动提出特殊照顾;不准以管理者自居,态度蛮横,行为粗野,故意刁难被管理服务对象;不准未经上级批准随意向企业或个人表态、批准、执行处罚;不准在发照、办案、收费、分配摊位过程中,违反有关政策规定和条件、程序,擅自发人情照、办人情案、收人情费、租人情摊,办案、发照、收费实行受理调查、审核、批准三权分离,分配摊位,实行事先集体制定分配原则和办法,实行摊位登记和分配两权分离,推行公开招标制度;不准无原则地为经济违法单位和个人讲情、出谋划策、通风报信、开脱责任、干扰正常办案;不准以任何理由乱设卡、乱收费、乱罚款;不准搞权权、权物、权钱交易,互相利用各谋私利。凡违反上述规定者将视其情况轻重给予党纪政纪处分。是年,市工商局还举办 3 期共 250 人参加的纠风整训班,其经验被省纪委、省工商局推介,并上报国家工商局和国务院纠风办。

1996 年 3 月 15 日,市工商局印发《常德市工商行政管理局 1996 年反腐纠风工作规划》,反腐纠风工作以国家工商局关于继续坚持纠正行业不正之风“四条意见”为要点,在抓深入、抓落实上下功夫，下大力遏制“案、费、摊、证、照”环节中“吃、拿、卡、要”等现象，进一步强化内部制约机制，加大外部监督力度，努力使“吃、拿、卡、要”等不正之风得到明显遏制；进一步制止公路“三乱”，任何单位和个人，不以任何理由在公路上设卡检查，巩固治理公路“三乱”成果，防止反弹，基本制止公路“三乱”现象；严格收费稽查，市工商局市场检查大队为专门收费稽查机构，对各单位各项收费实行严格稽查，杜绝收费“打白条”、多收费、少开票和收费不给票等以权谋私现象；继续清理“小金库”，严格实行收支两条线财务制度和预算外资金管理，防止损公肥私，中饱私囊；严禁用公款吃喝玩乐，对顶风违纪作案者从重从快处理。

1997 年 7 月 15 日，为实现全方位接受社会监督，市工商局依据国家法律、法规和党风廉政建设等一系列规定，印发《常德市工商行政管理局关于规范内部工作人员行政执法行为与接受社会监督的通知》，规定执行公务“四必须”，即：必须统一着工商制服；必须两人以上；必须出示“公平交易检查证”或“行政执法证”；收费或罚款必须使用法定票据。工商注册“五把关”，即：把住法定条款关，不发权力照、人情照；把住登记收费关，不违反收费标准收费和搭车收费；把住发照程序关，不违反受理审批程序登记；把住监督管理关，不损害生产者、经营者和消费者合法权益；把住年检验照关，不符合年检规定的不得通过年检验照。查处案件“六不准”，即：不准违反程序办案；不准引诱逼供或以假证定案；不准乱罚款和乱扣物；不准为当事人出谋划策逃避处罚，不准以罚代管和以罚代刑；不准剥夺当事人陈述、申辩、听证、复议和起诉权利。集贸市场管理“七做到”，即：做到按指定地点经营、归类摆放；做到悬照经营、明码标价、货真价实、公平交易；做到使用法定计量衡器，不缺尺少寸，短斤少两；做到清洁卫生，设施齐全，不准销售过期腐烂变质食品、假冒伪劣和禁止上市的商品；做到文明管理，秉公办事，不徇私情；做到管理规范，制度健全，工作完善；做到市场繁荣，服务优质，群众满意。工商行政管理人员“八保证”，即：保证不以管理者自居，以权谋私，索贿受贿和打击报复；保证不接受请吃、请舞、请钓、受礼；保证不为子女、配偶、亲友经商办企业提供优惠条件；保证不在企业和个体工商户中投资入股和报销个人支付费用，不赊欠廉价物品款物；保证不乱设卡、乱收费、乱罚款；保证不参与色情、打牌赌博、吸毒和封建迷信活动；保证不弄虚作假、欺骗群众和领导，不对抗上级决议、命令，保证恪尽职守，做合格公务员。

1998 年 6 月 24 日，根据全市反腐工作会议精神和廉政纠风工作责任目标要求，市工商局印发《关于廉政纠风工作责任的实施方案》，明确年度廉政纠风四大项工作，即整治药品回扣、党政机关与所办经济实体脱钩、治理公路水上“三乱”、基建工程公开招投标。

2006 年，为加强队伍建设，提高队伍素质，打造诚信、依法、高效、廉洁、务实的工商行政管理执法者形象，根据市纪委、市纠风办统一部署，市工商局把是年作为全市工商系统行风建设年，广泛开展“规范执法行为，创建满意工商”主题教育活动，结合全市工商系统实际，印发《常德市工商行政管理系统开展行风建设主题教育活动工作方案》。行风建设主题教育活动按照《中国共产党党章》《公务员法》和建立健全教育、制度、监督并重的惩治和预防腐败体系要求，坚持以教育为主，预防为主，整改为主，建制为主，重点解决影响工商形象的服务不优、执法不公,重复检查和乱收费、乱罚款等问题。行风建设主题教育活动自2月下旬开始,至11月底基本结束,分为学习动员、分析评议、整改建制、检查验收、总结测评五个阶段。通过开展行风建设主题教育活动,干部职工综合素质与职业道德水平明显提高,市场经济秩序明显好转,全市工商系统公正公平执法形象、清正廉洁办事形象、勤政为民公仆形象、优质高效服务形象基本形成。

2007年,市工商局印发《贯彻执行〈中共中央纪委关于严格禁止利用职务上的便利谋取不正当利益的若干规定〉工作方案》,在全市工商系统围绕建设"信用工商、法治工商、廉洁工商、和谐工商"目标任务,以提高队伍执法能力为重点,进一步建立和完善各项内部管理制度,规范干部执法行为,着力解决干部在履行职务时利用职务便利谋取不正当利益等方面存在的问题,教育党员干部严格自律,引导全体工商行政管理人员树立正确世界观、人生观和价值观,坚持廉洁自律,严格遵守国家工商总局"六项禁令"和省工商局"八条禁令",细化党员干部在经济和社会交往方面政策界限,完善领导干部廉洁从政规定,自觉明确工作范围,约束生活行为,净化社交范围。组织全系统党员干部认真填写自查自纠表,认真检查党员干部在规定期限内主动向党组织说清问题,及时作出结论。认真排查已掌握的信访举报和案件线索,集中惩治拒不纠正违纪违法者。及时发现并查处违纪违规行为,长期保持惩治钱权交易行为工作力度。加大对涉及权钱交易行为惩处力度,进一步推进全市工商系统反腐倡廉工作。

五、信访举报与案件查办

1991—2012年,市、县两级工商机关纪检监察机构坚持标本兼治、综合治理、惩防并举、注重预防方针,正确处理惩治和预防关系,始终把信访和查办案件工作作为构建惩治和预防腐败体系重要环节。全市工商系统纪检监察机构共受理信访举报1138件,立案查处各类违纪违法案231起,党纪政纪处分197人次,免职、调离、辞退等组织处理57人。特别是1999—2012年,工商部门实行垂直管理体制以后,市工商局建立市、县两级纪检监察信访举报登记、领导批办、限期办结、定期通报、实名举报等信访举报工作制度,使群众反映的突出问题得到及时调查处理。信访举报坚持由受理单位直接办理"五不转"原则,即:反映问题重大、直接涉及人民群众利益的不转;上级交办要结果的不转;反映领导问题的不转;有集体上访苗头和倾向的不转;反映执法腐败严重问题的不转。查办案件坚持"四不放过",即问题没查清不放过、问题没解决不放过、违纪行为未受到处罚不放过、倾向性问题整改措施不到位不放过。其间,市工商局每年专题召开党风廉政工作会议,把查办违纪违法案件作为一项重要任务纳入年度工作目标管理,市工商局局长与12个县级工商局局长签订责任书,明确提出"有案不查是失职,查不好案件是不称职"的工作要求,并把五类案件作为查办重点:领导干部滥用权力,谋取非法利益案件;工作人员利用办理"案、费、证、照"以权谋私、徇私舞弊、贪污受贿的执法腐败案件；侵害群众、乱收费、乱罚款的执法争利案件；玩忽职守、失职渎职，给国家和人民造成重大损失案件；违反两个“禁令”和越权执法、随意执法案件。先后制定《纪检监察案件备案办法（试行）》《重要来信来访处理办法》等制度，全面提高全市工商系统纪检监察干部队伍处理信访与查办案件工作水平和能力。13 年间，全市工商系统监察机构共受理信访举报 725 件次，仅市工商局监察室直接调查处理信访举报378 件次，立案查处违纪违法案件 157 起，平均每年 12 起，是实行垂直管理体制前的 1.4 倍。

第六章　财务与资产管理

第一节　行政事业性收费

1989—1992年,全市工商系统收费项目包括:集贸市场管理费、个体工商户管理费、私营企业管理费、汽车交易市场管理费、合同签证费、外资企业登记费、企业和个体工商户注册登记费等10多项。1992年12月,省物价局、省财政厅转发国家物价局、财政部《关于发布工商行政管理系统行政事业收费项目和标准的通知》,成为工商行政管理系统行政事业性收费主要依据。文件规定工商部门行政性收费主要包括企业注册登记费、个体工商户注册登记费、广告经营单位注册登记费、集贸市场管理费、个体工商户管理费、经济合同仲裁费和鉴证费共6项。

1995年9月,省物价局、省财政厅转发国家计委、财政部《关于商标业务收费标准的通知》,确定商标受理收费标准。

1997年12月23日,财政部、国家计委《关于公布取消第一批行政事业性收费项目的通知》,取消私营企业管理费、旧机动车辆市场管理费。

1998年前,经省级批准的收费项目有:商标注册费中商标使用许可合同备案费、指定印制商标单位证书验证费、商标注册验证费、集贸市场管理费中交易手续费、市场租赁费、生产资料市场管理费,旧机动车辆市场管理费、经纪人管理费、经纪人证照工本费,消费者协会有偿服务收费、商标代理费、广告服务费、信息咨询代理收费等。

自1998年9月起,按照国务院和国家工商局有关规定,市工商局将工商系统各项行政性收入和罚没收入全部纳入"收支两条线"管理,同时,实现"票款分离"与"罚缴分离"。至2012年底,全市工商系统所有行政性收费和罚没收入均直接上缴省级财政。

1999年,省物价局、省财政厅转发国家计委、财政部《关于第二批降低收费标准的通知》,将城乡集贸市场管理费、个体工商户管理费和企业注册登记费,在原收费标准的基础上下调20%。注册资金总额在1000万元(含1000万元)的,暂按注册资金总额的0.8‰收取,注册资金总额超过1000万元的,超过部分暂按注册资金总额的0.4‰收取。同时,取消工商行政管理部门收取的其他市场管理费,其中包括经省级批准的生产资料市场管理费和旧机动车辆市场管理费。

2001年4月16日,国家计委、财政部《关于全面整顿住房建设收费取消部分收费项目通知》规定,建筑合同鉴证费、工程合同鉴证费降低到按价款或工程造价的0.14‰收取,最高不得超过 2100 元，最低 1.4 元。

自 2002 年起，为鼓励下岗职工、高校毕业生、城镇退役军人等自谋职业、再就业，国家先后出台减免行政性收费等优惠政策。凡上述人员从事个体经营的，除国家限制行业外，自工商部门批准其经营之日起 3 年内免交有关登记类、证照类和管理类各项行政事业性收费。

2003 年 8 月，按照《国务院关于取消第一批行政审批项目的决定》和《国务院关于取消第二批行政审批项目和改变一批行政审批项目管理方式的决定》，财政部、国家发改委发出《关于公布取消部分行政事业性收费项目的通知》，要求各地区、各部门取消国务院公布的与两批行政审批项目直接相关的 18 项行政事业性收费项目。此次取消的行政事业性收费项目包括由工商部门收取的经济合同鉴证费、指定印制商标单位证书工本费、指定印制商标单位证书验证费。

2005 年 4 月 5 日，省财政厅、省物价局《关于公布取消 162 项行政事业性收费项目和 4 项转经营服务性收费项目的通知》（湘财综〔2005〕19 号），公布取消的行政事业性收费项目中涉及工商部门收费的有“商标注册证”验证费和营业执照硬塑框架工本费，自是年 5 月 1 日开始执行。

2008 年 8 月 21 日，财政部、国家发展改革委、国家工商总局《关于停止征收个体工商户管理费和集贸市场管理费有关问题的通知》（财综〔2008〕61 号）规定，自是年 9 月 1 日起在全国统一停止征收个体工商户管理费和集贸市场管理费。

2009 年，省财政厅、省物价局发出《湖南省行政事业性收费项目目录》（包括国家批准和省批准项目），全省工商系统省级行政性收费项目只剩下企业注册登记费、个体工商户注册登记费、商标业务收费。

2010 年 11 月 30 日，省人民政府《关于稳定消费价格总水平保障群众基本生活的实施意见》（湘政发〔2010〕30 号）规定，自是年 1 月 1 日起，注册资金总额在 1000 万元以下的企业注册登记费由 0.8‰降至 0.6‰。

2011 年 1 月 30 日，财政部、国家发展改革委《关于取消部分涉企行政事业性收费的通知》（财综〔2011〕9 号）规定，自是年 2 月 1 日起，在全国统一取消 31 项涉企行政事业性收费。其中工商行政管理部门取消营业执照副本收费、个体工商户营业执照副本收费、合伙企业分支机构年检收费、个人独资企业登记、变更登记和年检收费、私营公司分公司年检收费、财政补助事业单位和科技性社会团体从事经营活动或者设立不具备法人条件的企业变更登记费、筹建企业注册登记费、分公司年检收费、非公司制企业分支机构年检费、外商投资企业分支机构年检费、国际注册手续费（商标注册申请）、国际注册手续费（续展注册申请）、国际注册手续费（转让注册申请）、国际注册手续费（变更注册申请）、国际注册手续费（延展注册申请）、国际注册手续费（商标申请基础翻译费）共 16 项。

2012 年 12 月 19 日，财政部、国家发改委《关于公布取消和免征部分行政事业性收费的通知》（财综〔2012〕97 号）规定免征企业、个体工商注册登记费。自 2013 年 1 月 1 日—2014

年12月31日止免征内资企业、外商投资企业注册登记费(含开业注册登记收费、外商投资企业名称核准费、变更登记费、年度检验费、证照工本费)和个体工商户注册登记费(含开业登记费、换发营业执照、变更登记费、补发营业执照、领取营业执照副本费)。

第二节　经费保障

工商部门实行省以下垂直管理体制前,全市各级工商行政机关隶属各地政府,会计核算与收支预算由所在地政府有关部门管理, 市工商局只负责本级会计核算与财务收支预算编报和全市工商系统财务工作业务指导、监督检查及报表汇总。市、县两级工商机关均由市、县级财政部门保障经费。收入来源主要有:依法收取的各项规费、管理费、罚没收入、财政补助经费、上级主管部门补助经费、纳入预算管理的行政性收费安排的拨款及其他收入。工商部门实行省以下垂直管理体制后,省财政对全市工商系统经费保障主要由三部分组成:财政经费拨款,这部分经费主要由市、县工商局上划的预算内经费和市工商局财政部门历年增资经费组成;行政性收费安排的拨款,省工商局对全市工商系统缴库的行政性收费和集贸市场管理费、个体工商户管理费扣除3%水利基金后,全额安排经费;罚没收入安排的拨款,省工商局对全市工商系统缴库的罚没收入全额安排工商系统经费。

2000—2012年省工商局对全市工商系统保障经费一览表

表1—6—2—1　　　　单位:万元

年度＼金额	财政经费拨款	纳入预算管理的非税收入拨款	其他收入	合计
2000	971.18	3481.48	424.48	4877.14
2001	1282.44	5235.06	417.01	6934.51
2002	7117.09	341.48	669.31	8127.88
2003	6430.75	1523.21	908.93	8862.89
2004	6637.54	775.78	1216.16	8629.48
2005	6487.63	977.73	774.68	8240.04
2006	2694.45	6656.45	537.56	9888.46
2007	5294.28	7599.63	536.93	13430.84
2008	6986.50	5846.43	384.49	13217.42
2009	13459.83	451.80	290.56	14202.19

续表

年度＼金额	财政经费拨款	纳入预算管理的非税收入拨款	其他收入	合计
2010	13564.27	1360.05	342.80	15267.12
2011	14099.56	695.47	647.63	15442.66
2012	14072.00	457.60	830.20	15359.80

第三节　财务审计

工商部门实行省以下垂直管理体制前，全市工商系统审计监管主要是接受地方政府有关部门审计和财务大检查。工商部门实行省以下垂直管理体制后，市工商局依据省委、省政府办公厅《湖南省经济责任审计结果运用办法（试行）》和湘工商审字〔2008〕78号《关于贯彻落实〈湖南省经济责任审计结算运用办法（试行）的意见〉》文件精神以及《常德市工商系统经济责任审计结果运用暂行办法》，对全市工商系统和全体干部职工经济、财务活动实施审计和监督。内部审计工作由各级财务审计部门负责，并实行“下审一级”管理原则。

市工商局召开全市工商系统财务收支审计情况通报会

2003年6月，市工商局根据国家审计署《关于内部审计工作的规定》和省工商局《湖南省工商行政管理系统审计工作实施办法》，结合全市工商系统具体情况，印发《常德市工商行政管理局内部审计工作实施细则》，之后，内部审计在全市工商系统基本形成制度化、规范化。

第四节　资产管理

一、固定资产

固定资产管理坚持所有权和使用权相分离原则，实行“统一领导、归口管理、分级负责、责任到人”管理体制，由财务部门、资产管理部门和使用部门分工组织管理。财务部门负责固定资产统管工作,统一建账、核算、清查、管理。资产管理部门负责固定资产采购、保管、维修等工作,对固定资产账簿管理,做到账实、账簿相符,负责办理固定资产调拨、转让、报损、报废等手续。使用部门实行分工负责制,指定人员管理,建立登记账簿,科学管理使用。

2007 年 3 月 16 日,市工商局印发《常德市工商行政管理系统财务管理办法》,对全市工商系统固定资产购置、使用、处理予以明确规定,并严格按照省工商局《关于印发〈湖南省工商局行政管理系统固定资产管理办法〉的通知》(湘工商财字〔2004〕92 号)、《省工商局、财政厅关于工商系统实行政府采购有关事项的通知》(湘工商财字〔2001〕21 号)和《关于申办固定资产处置有关审批程序的通知》(湘工商财〔2004〕5 号)及《省财政厅、省工商局关于加强全省工商行政管理系统固定资产处置管理工作的通知》(湘财权〔2003〕6 号)规定办理。

二、流动资产

为严格控制规范行政事业单位银行账户,加强流动资产管理,2001 年,市工商局按照国务院和省政府部署,对各县级工商局及所属事业单位和所属社团组织(含个协、消协、广协)等在银行及其他金融机构开设的所有账户进行全面清理,撤销一批违规开设账户,加强对保留账户规范管理。2004 年,进一步健全各单位银行账户开设、变更、撤销和监管制度。2005 年,开展银行账户清查和年检工作,加强现金管理,确保资金安全,强化资金监管,从源头上预防和治理腐败。

第五节　基层设施建设

一、基层工商所设施建设

1989 年,市工商局把基层工商所设施建设作为一项打基础、利长远的重点工作来抓。8 月,市工商局在临澧县工商局召开全市工商系统第二次基层工商所建设现场经验交流会,与会人员参观临澧县工商局 7 个工商所。会议进一步明确强化基层基础工作三年目标任务力争每个城镇工商所要有办公室、有宿舍楼、有电话、有交通工具、有小食堂标准,农村工商所要有办公室、有宿舍楼、有伙房食堂、有猪圈、有菜地、有鱼塘、有交通工具,推动全市工商所设施建设进程。是年,全市文明工商所数量从 1988 年的9 个增加至 23 个,全市工商系统基层工商所设施建设得到持续发展。

1990 年, 市工商局要求全市工商系统继续按照省工商局部署开展文明工商所创建活动。一方面,加强基层党支部建设,充分发挥党支部战斗堡垒作用和党员先锋模范带头作用;另一方面,引入竞争机制发现人才,任人唯贤,选拔、配备好工商所长;同时,集中财力,突出重点,抓紧完善基层工商所设施建设。是年,全市 54 个农村工商所,达到“七有”标准的 39

个，未达到“七有”标准的也进行配套建设，结束基层工商行政管理人员住危房、寄住在个体工商户家中的生活。24 个城镇工商所中 8 个达到“五有”标准。全市 78 个工商所中，已配备摩托车的工商所 39 个，已配备汽车的工商所 15 个，临澧县、鼎城区、桃源县、安乡县、市工商局一分局等单位部分工商所还配备对讲机。全市工商系统评选出基层文明工商所 29 个，占全市 78 个基层工商所的 37%。全年全市工商系统用于工商所基层设施建设投资达 1707 万元，占是年“两费”收入的 57.55%，完成建筑面积达 104602 平方米，添置摩托车 41 辆，汽车 46 辆。工商所所容所貌发生巨大变化，干部职工工作生活条件得到极大改善。

1992—1998 年，为配合国家工商局《工商行政管理所初级规范（试行）》实施，市工商局在全市工商系统推广临澧县工商局实施工商所初级规范的工作经验。截至 1998 年年底，全市已投入约 2000 万元，新建、改建工商所 67 个，工商所办公、生活条件得到进一步改善。

1999—2012 年，市工商局发挥省以下垂直管理体制优势，集中财务办大事，加大基层设施建设力度，按照“一切为了基层，一切服务基层”“项目往基层摆、资金往基层投、装备往基层配”工作思路。从 2001 年年初起，市工商局经过调研论证并多次向省工商局汇报及专题报告，得到了省工商局大力支持。截至 2012 年年底，全市工商系统共投入资金 6623.75 万元，新建工商所 14 个，改造工商所 83 个，建筑面积 5.5 万平方米。90%以上农村工商所拥有小火房、小菜园、小图书室、小娱乐室、小浴室。工商所建设和改造工程顺利完成，为工商机关深化基层监管方式改革，实现系统监管执法工作重心下移创造了有利条件。

二、基层执法装备改善

20 世纪 90 年代初，市工商局对基层行政执法装备没有统一要求，加之市、县工商局财力有限，把主要精力和财力都放在建设市场及市场培育方面，将大量预算外资金投向市场建设，造成基层执法装备参差不齐，差距较大。基层工商所工作人员大多数使用自行车作为市场监管执法和收费交通工具，工商所安装电话，使用三轮或两轮摩托车作为执法办案工具的不足半数。县级工商局平均拥有办公、办案车辆 1—2 台，基层执法办案装备较差的地方，出现工商所干部办案，“骑自行车追赶违法汽车”现象，严重影响工商行政管理职能发挥。

全市工商系统统一配发的执法车辆

20 世纪 90 年代中期以后，基层工商所办公、办案条件稍有改善，三轮或两轮摩托车已成为基层单位执法办案主要交通工具，经济条件较好、管理范围较大的工商所开始使用吉普车。至1998年年底,全市工商系统拥有各种办公和办案车辆152辆、复印机24台、电脑32台,其中工商所拥有各种机动车辆83辆,几乎达到每个工商所一辆。

2000年,实行省以下垂直管理体制后,经省工商局批准,市、县两级工商机关通过公开采购方式,共购买各种车辆60辆。

2001年,省工商局通过集中办理政府采购,统一购置行政执法车辆50辆,配置基层工商局、工商所,基层行政执法装备显著改善。

2007年2月,省工商局统一配发3辆流通领域食品检测车,工商所检测箱100个,价值100多万元。

截至2012年年底,全市工商系统共配备有各种车辆150辆,其中83个工商所共配备各种车辆123辆,平均每个工商所1.5辆。配备流动检测车2辆,保证全市工商系统检测农产品质量需要。配备计算机(台式、便携式)1394台(套),复印机15台。所有基层工商所全部配有复印机、传真机,平均每个工商所配备计算机3.4台,电话机1.5部,经济条件好的县级工商局为基层工商所安装电子显示屏。基层基础建设与信息化建设,为工商所服务工作标准化、规范化、信息化发展奠定坚实基础。

第二篇《

市场主体准入与监管

第二篇　市场主体准入与监管

市场准入是政府管理经济活动起点，是国家在经济领域一项基础性经济法律制度。工商行政管理部门承担的市场准入职责包括内资企业、外商投资企业、私营企业和个体工商户登记管理。随着改革开放不断深入和市场经济体制建立和完善，全市工商系统贯彻国家相关法律、法规与政策，规范和完善注册登记程序，严格依法登记，强化监督管理，规范市场主体行为，把好市场准入关，积极鼓励、支持、引导、扶持各类市场主体发展。特别是2000年以后，市工商局改革审批制度、创新监管方式、简化登记手续、提供优质服务，为促进各类市场主体健康快速发展做出积极贡献。

1989—2000年，市工商局注册登记办公地点设在光荣路市工商局机关院内

2001—2007年，市工商局注册登记大厅设在市城区育才路工商局办公大楼内

2008—2012年，市工商局于市城区人民路市政务中心设工商窗口开展登记注册工作

第一章　登记注册

20世纪80年代末至90年代初，全市工商系统把内资企业、外商投资企业、私营企业和个体工商户登记注册工作纳入规范化轨道。1992年后，开始突破计划经济管理模式，初步建立起适应社会主义市场经济发展形势的法人登记与经营登记体制。1994年，《中华人民共和国公司法》(以下简称《公司法》)颁布实施后，全市工商系统依据《公司法》及《中华人民共和国公司登记管理条例》(以下简称《公司登记管理条例》)对公司进行登记注册。1993年4

月,国家工商局授予市工商局外商投资企业登记权。90年代末起,全市推行个体工商户分层分类管理与“一审一核”(即审查材料、核准登记事项)属地监管责任制。

第一节　内资企业登记

全市内资企业名称核准登记、监督管理、登记对象与登记事项、登记范围,依据《中华人民共和国企业法人登记管理条例》(以下简称《企业法人登记管理条例》)和《公司登记管理条例》及国家工商局有关文件,坚持依法核准原则、贯彻执行国家方针政策原则、与实际相一致原则以及用语规范等原则,严格准入条件,规范登记行为,核准经营资格。

一、名称核准登记

(一)企业名称

按照1991年国家工商局颁布的《工商企业名称登记管理规定》,每个企业只准使用一个名称,企业名称由行政区划、字号、所属行业(或经营特点)、组织形式四部分组成。企业名称不得冠以党政机关名称,不得使用国家、国家组织名称,也不得使用外国文字。汉语仅限拼音和数字组成的名称,使用“中国”“中华”字样企业名称应由国家工商局核定。使用“湖南省”“湖南”字样企业名称由省工商局核定,使用“常德”字样企业名称由市工商局核定。自1989年,全市各级工商机关实行分级管理原则,对内资企业名称进行审核登记,市工商局直接受理市属内资企业名称登记。

1992年,市工商局按照属地分级管理规定,明确市城区范围内工商企业登记管理职权:德山分局直接登记德山经济科技开发区内市直企业;市直企业与武陵区企业需在德山经济科技开发区设立分支机构的,由市工商局和一分局开具核转通知单(商办函)后,德山分局登记;外地工商企业需在德山经济科技开发区办分支机构的,由德山分局登记;德山经济科技开发区企业需在一分局辖区内设立分支机构,属市直企业分支机构的,由市工商局登记。属武陵区企业的由一分局登记,德山分局开具核转通知单。德山经济科技开发区辖区内的外地企业,需在市城区开办分支机构的,由市工商局登记。在名称核准上,凡使用“常德市”“常德”或不冠以企业所在地行政区划名称企业,需经市工商局核转。市工商局和德山分局受理登记企业名称时,凡使用“武陵”字号的需经一分局核转。市工商局与一分局受理登记企业名称时,凡使用“德山”字号的须经德山分局核转。“三资”企业名称由市工商局审核上报省工商局批准。是年,市工商局利用名称登记管理促进企业发展,放宽登记条件,为6家企业申报办理冠“湖南”名称登记,为各区县(市)58家企业办理冠“常德”名称登记,同时批准16家企业挂两块牌子,企业可根据营业执照体现的第二名称刻公章进行经营活动。

1993—1995年,市工商局根据《企业名称登记管理规定》与国家工商局《关于上报已登记注册的有关企业名称的补充通知》(工商企字〔1992〕第 83 号)以及省工商局相关文件精神,对全市已冠“中国”“中华”“全国”“国际”与“湖南省”“湖南”等字号企业进行清理整顿与变更。

2000 年后,全市工商系统开通行政许可“绿色通道”,放宽企业名称核定条件,允许市城区以外注册资本 80 万元以上企业冠“常德市”名称,支持和帮助企业到省工商局、国家工商总局办理冠“湖南省”以上或“无行政区划名称”名称核准。

2011 年,市政府批转市工商局《关于推进全民创业、服务经济发展十二条措施》,放宽企业冠名条件,本市行政区域内新设立企业只要行业不重名,均可直接申请冠用“常德”名称,不受注册资本限制;企业申请冠名“常德”的,由市工商局委托县级工商机关审核登记。

截至 2012 年年底,全市“无行政区划名称”企业达 1710 户、冠“湖南省”“湖南”名称企业 3636 家,市城区以外冠“常德市”或“常德”名称企业 8329 家。

(二)企业名称受理

自 1991 年 9 月起,市工商局按照《企业名称登记管理规定》,依法对全市范围内从事经营活动的企业使用企业名称进行监督管理。对全市各级工商机关已登记注册但不适宜使用的企业名称,主要通过年检、日常监督检查、年度业务考核等形式,发现问题、纠正错误,开展监督管理;对国家工商局和外地反映已登记注册不适宜使用的企业名称及时进行调查处理。1999 年后,全市各级工商机关根据分级管理原则,查处违法企业名称,裁决企业名称纠纷,依法管理辖区内企业名称使用。

(三)企业名称预先核准登记

根据《企业名称登记管理规定》要求,企业有特殊原因的,可以在开业登记前预先申请企业名称登记注册。根据《企业法人登记管理条例》规定,具备法人条件的,只要申请公司登记,登记机关就核准为公司。1994 年 6 月,国务院发布《公司登记管理条例》规定,设立公司应办理名称预先核准,同时,首次将《企业名称预先核准通知书》作为公司申请设立登记时应当向登记注册机关必须提交文件之一。全市工商系统按照分级管辖原则,通过计算机查询,使用统一名称预先核准申请表,开展企业名称预先核准工作。截至 2012 年年底,全市公司制企业名称预先核准受理登记累计达 17872 件。

二、登记对象、事项与范围

(一)登记对象

企业登记分为法人登记、营业登记和筹建登记。对具备法人资格企业核发“企业法人营业执照”;不具备企业法人资格企业和经营单位核发“营业执照”;处在筹建期的核发“筹建许可证”,2000 年终止发放该证。

《企业法人登记管理条例》规定,企业登记对象按照经济类型划分为:全民所有制、集体所有制、联营与私营企业以及依法需要办理企业法人登记的其他企业。

1998 年，国家工商局与统计局联合印发《关于印发〈关于划分企业登记注册类型的规定〉的通知》，明确工商机关登记注册企业类型分为全民所有制企业、集体所有制企业、股份合作企业、联营企业、私营企业。

（二）登记事项

《工商企业登记管理条例》规定，企业登记事项为：企业名称、地址、负责人姓名、筹建或开业日期、经济性质、核算方式、经营范围与方式、资金总额。企业改变名称、经济性质、经营范围等必须向原登记主管机关办理变更登记。筹建登记事项为：名称、地址、经济性质、负责人姓名、筹建项目、投资总额、建筑面积、设计生产能力、筹建项目批准日期、计划竣工日期、筹建项目主管部门。

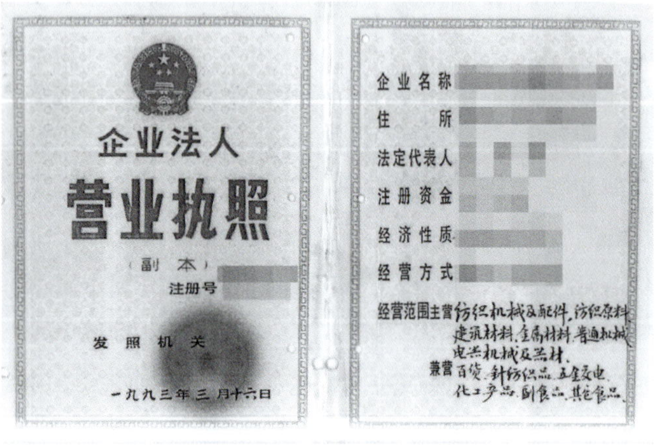

1991 年版《企业法人营业执照》

1989 年，企业登记事项发生很大变化，登记内容中“核算方式”被取消，“资产总额”改为“注册资金”；经国家计划等有关部门批准新建的企业，其筹建期满 1 年，按照国家相关部门专项规定办理筹建登记；在法律上确立登记地位和作用，使国家法律对企业法人法律保护具体化；明确法人登记，增加营业登记。

1991 年，营业执照实行统一编号：市工商局登记的企业法人执照编号为 430700，营业执照登记编号为 430700。根据国家工商局《关于更换营业执照正本及副本封皮的通知》，自 1998 年，全市使用新版营业执照，原版废止。1999 年，根据国家工商局通知，营业执照实行全国统一编号。

常德市各区县（市）营业执照编号

表 2—1—1—1

单位	法人营业执照	营业执照
武陵分局	430702	430702
德山分局	430709	430709
西洞庭分局	430707	430707
西湖分局	430708	430708
鼎城区工商局	430703	430703
安乡县工商局	430721	430721

续表

单位	法人营业执照	营业执照
汉寿县工商局	430722	430722
澧县工商局	430723	430723
临澧县工商局	430724	430724
桃源县工商局	430725	430725
石门县工商局	430726	430726
津市市工商局	430781	430781

1991年，市工商局注册登记第一代软件投入使用，实现打印、统计、查询电子化。之后，企业登记事项包括：非公司企业法人登记事项主要是名称、地址、负责人、经营范围与方式、经营性质、隶属关系、资金数额；公司登记事项主要是名称、住所、法人代表、注册资金、营业期限、经营范围、发起人姓名或名称。分公司登记事项主要是名称、营业场所、负责人、经营范围。根据国家工商局1998年发布的《企业集团登记管理暂行规定》，企业集团登记事项包括集团公司名称、母公司名称、住所、成员企业。

（三）登记范围

根据国家统计局《关于国民经济行业分类与代码》规定的标准和国家计委《关于三项产业划分的规定》，工商企业登记范围不断扩大，涵盖一、二、三产业与新兴行业登记。

三、登记程序

（一）非公司企业法人登记程序

对企业法人和非法人企业申请登记程序，主要体现在开业登记、变更登记与注销登记三个方面，分别为受理、审查、核准、发照、公告五个步骤。

（二）公司登记程序

依据《公司登记管理条例》有关规定和国家工商局颁布的《企业登记程序规定》，登记程序主要分为审查、受理与决定，登记机关在企业登记场所公示登记事项和有关登记规定事项。全市工商系统通过市、县政务中心，向社会公示以登记事项为主要内容的相关资讯。2005年，市工商局依据《行政许可法》等法律法规，印发《常德市工商行政管理局行政许可项目实施程序》（常工商发〔2005〕60号）。

四、前置审批

20世纪90年代，市场经济体制尚不完善，为发挥政府行政管理职能，市政府规定企业在向登记机关申请登记前，首先取得政府(或主管部门)许可，行业归口管理部门及其他部门行政前置审批。

(一)政府主管部门审批

《公司法》颁布前，为加快企业登记管理和与国际惯例接轨进程，促进常德经济发展，除企业集团、股份有限公司等规模以上企业和党政机关及有关行政事业单位兴办经济实体由主管部门审查上报政府或政府授权机关审批外，其他公司和涉及国家投资或立项的企业法人，由主管部门直接审批。1994年《公司法》施行后，设立国有独资公司或市属企业改制为国有独资公司，由设立单位或企业主管部门提出申请，报政府授权的国有资产监管部门审核批准。

(二)行业归口管理部门审批

按照国务院相关规定，自20世纪90年代初，全市对涉及农民利益和农业生产的化肥、农药、农膜、种子实行许可经营，对矿产、危险化学品、水上与道路交通、民用爆破器材等实行许可经营与严格管理，对经销烟草等特定商品企业，国家授权烟草专卖局进行资格审查。

(三)有关部门审批

企业在申请开业登记时，除主管部门与行业归口管理部门审批外，凡涉及某种行业或经营项目，还需要经过其他部门审查同意，如餐饮、食品等行业，除主管部门与归口管理部门审查同意外，还需当地卫生管理部门审查合格，取得“卫生许可证”或“餐饮服务许可证”后，方可向登记主管机关申请登记。

随着政府机构改革与职能转变，企业登记行政许可不断减少。20世纪90年代至2000年前后，国家法律法规与省以上人民政府文件精神设定前置行政许可项目约370余项。2005年后，企业登记前置许可为112项。2011年，市工商局为促进全民创业、发展常德经济，呈报市政府批准的《常德市企业注册登记前置审批告知承诺实施项目》为37项。

常德市企业注册登记前置审批告知承诺实施项目表

表2—1—1—2

序号	审批项目	前置审批部门	审批依据
1	设立国有参股、控股、独资公司	市国资委 市财政局	《公司法》《公司登记管理条例》、《企业国有资产监督管理暂行条例》《企业国有资产法》
2	外商投资企业设立、变更	市商务局	《中外合资经营企业法》《中外合作经营企业法》《外资企业法》
3	农作物种子生产经营	市农业局	《种子法》
4	林木种子生产经营	市林业局	《种子法》
5	木材经营(加工)	市林业局	《森林法实施条例》
6	食盐零售许可	市盐务局	《食盐专营办法》《盐业管理条例》

续表

序号	审批项目	前置审批部门	审批依据
7	客运、货运经营	市运管处	《道路运输条例》
8	道路运输站（场）经营	市运管处	
9	机动车驾驶员培训机构设立	市运管处	
10	机动车维修	市运管处	
11	城市公共客运经营	市城管执法局	《湖南省市政公用事业特许经营条例》《道路运输条例》
12	水路运输（服务）企业许可	市交通局	《水路运输管理条例》
13	公章刻字业许可	市公安局	《印铸刻字业暂行管理规则》
14	互联网上网服务营业场所	市文化局	《互联网上网服务营业场所管理条例》
15	网络文化经营单位设立	市文化局	《互联网文化管理暂行规定》
16	设立电影放映单位	市文化局	《电影管理条例》
17	从事音像制品零售、出租业务	市文化局	《音像制品管理条例》
18	营业性文艺表演单位设立	市文化局	《营业性演出管理条例》
19	设立旅行社	市旅游局	《旅行社条例》
20	报纸、期刊、图书零售业务	市新闻出版局	《出版物管理条例》
21	出版物发行单位	市新闻出版局	《出版物市场管理规定》
22	烟草批发零售	市烟草专卖局	《烟草专卖法》《烟草专卖法实施条例》
23	食品生产经营	市质监局 市工商局	《食品安全法》
24	危险化学品经营	市安监局	《危险化学品管理条例》
25	兽药经营	市畜牧水产局	《农业法》《兽药管理条例》
26	营利性医疗机构设立	市卫生局	《医疗机构管理条例》
27	集中式供水单位许可	市卫生局	《生活饮用水监督管理办法》
28	制造修理计量器具核发	市质监局	《计量法》
29	农机经营及维修	市农机化局	《湖南省农机管理条例》
30	计划生育技术服务机构设立	市人口计生委	《计划生育技术服务管理条例》
31	会计代理记帐机构设立	市财政局	《会计法》
32	殡仪服务站、骨灰堂设立	市民政局	《殡葬管理条例》
33	社会福利企业设立	市民政局	《社会福利企业管理暂行办法》

续表

序号	审批项目	前置审批部门	审批依据
34	人才中介机构设立及业务范围审批	市人事局	《人才市场管理条例》
35	劳动就业服务企业设立	市劳动和社会保障局	《就业促进法》《劳动就业服务企业管理规定》《中外合资合作职业介绍机构设立管理暂行规定》、《劳动力市场管理条例》
36	职业介绍机构设立	市劳动和社会保障局	《中外合资合作职业介绍机构设立管理暂行规定》
37	粮食收购资格许可	市粮食局	《粮食流通管理条例》

五、内资企业登记情况

1989—2012 年,受市场经济发展与国家改革开放政策影响,全市内资企业登记可分为三个阶段。

(一)探索发展阶段(1989—1995 年)

1989—1995 年,为促进内资企业发展,全市工商系统不断解放思想,大胆探索,先后出台一系列有效措施,放宽登记条件、经营范围和经营方式,简化审批手续。其间,将企业办照需要提供 122 种文件缩减为 75 种,时间由 1 个月缩减至 1 周。同时,企业组织形式突破传统模式,向多元化新型组织发展。1991 年,常德市酿酒工业公司组建全市第一个企业集团。至 1993 年年底,全市共有联营企业 161 家、企业集团 10 家、股份制企业 12 家。

单位:户

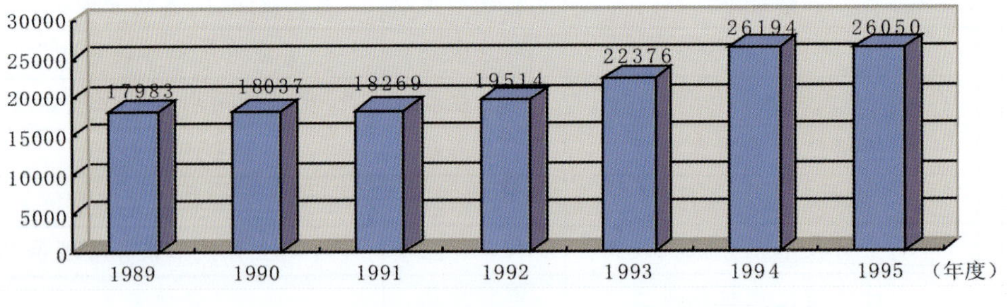

1989—1995 年全市内资企业户数发展情况一览

单位：万元

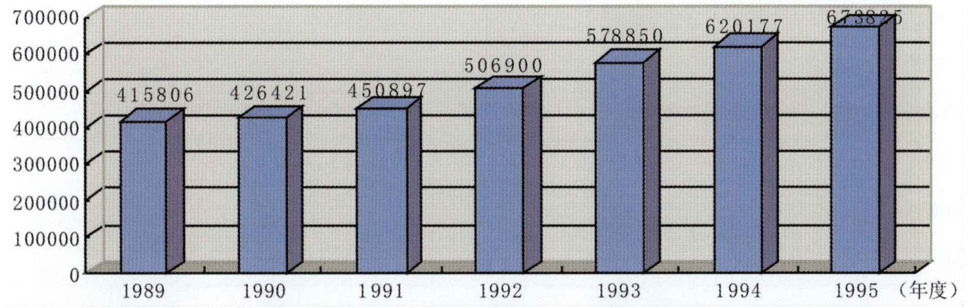

1989—1995 年全市内资企业注册资本情况一览

1990 年，全市内资企业 18037 家，其中工业占 24%、商业占 58.1%。全市工商系统开展公司清理整顿专项行动，以监督管理重要生产资料及紧俏耐用消费品为重点，落实“撤、并、留”方案，撤并 184 家政企不分、管理混乱、违法经营以及重复设置企业。治理“乱设卡、乱收费与乱罚款”，整顿市场秩序，支持企业调整结构，提高经营效益。

1994 年，全市工商系统围绕建立社会主义市场经济体制和现代企业制度这个中心，贯彻《公司法》和《公司登记管理条例》，为深化企业改革，搞活国有、集体企业创造良好条件，全市国有、集体企业 26194 家，比 1989 年增长 14.5%。

（二）调整发展阶段（1996—2000 年）

根据国家经济体制改革，建立现代企业制度与转换企业经营机制要求，全市各地对有些集体企业进行“关、停、并、转”，组建一批股份合作企业，对部分国有中小企业进行“关、停、并、转”，有的通过改制组建成有限公司。同时，国家加强宏观调控与产业政策指导，力戒盲目立项、重复建设，采取高度从紧财政政策，避免企业发展一哄而起，减缓企业数量增长进度，在此期间，全市有 11051 家企业由于经营管理不善等原因被注销或吊销。

单位：户

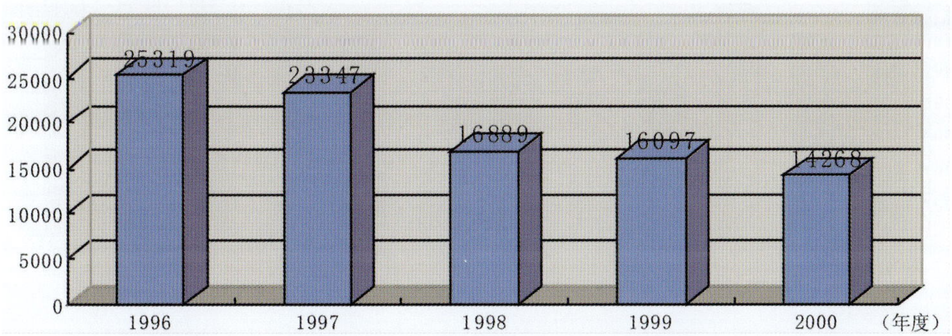

1996—2000 年全市内资企业户数发展情况一览

单位:万元

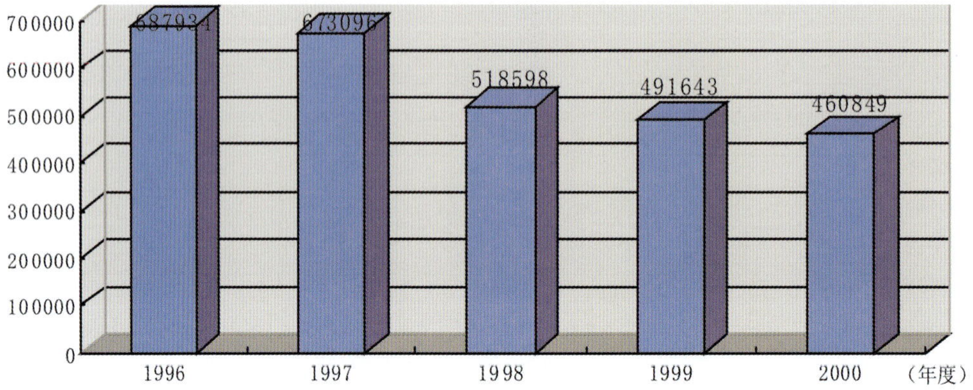

1996—2000 年全市内资企业注册资本情况一览

1997 年,全市内资企业 23347 家,比 1995 年减少 2703 家。期间,市工商局开展整顿市场秩序与"三无"、"四假"企业清理整顿工作,全市内资企业数量连续六年大幅度下滑。1999 年,全市实有登记注册企业 16097 家,比 1995 年减少 9053 家,比 1998 年减少 792 家,是历史上吊(注)销企业数量最多的一年。

(三)优化发展阶段(2001—2012 年)

随着市场经济体制改革与企业改制不断深入,国家鼓励社会资本在基础行业投入,国有集体企业逐步从某些行业退出,其所占比重继续下降,公司制企业比重上升,不同类型企业结构趋向平衡,企业资本构成日趋合理,经济实力逐步增强。

单位:户

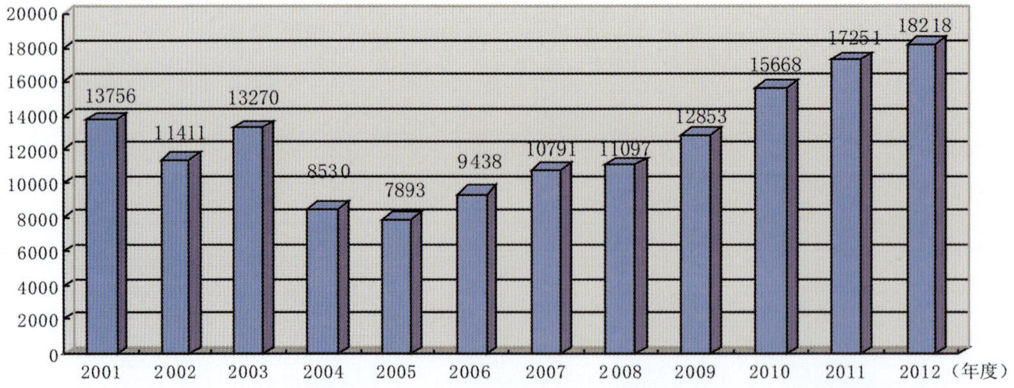

2001—2012 年全市内资企业户数情况一览

单位：万元

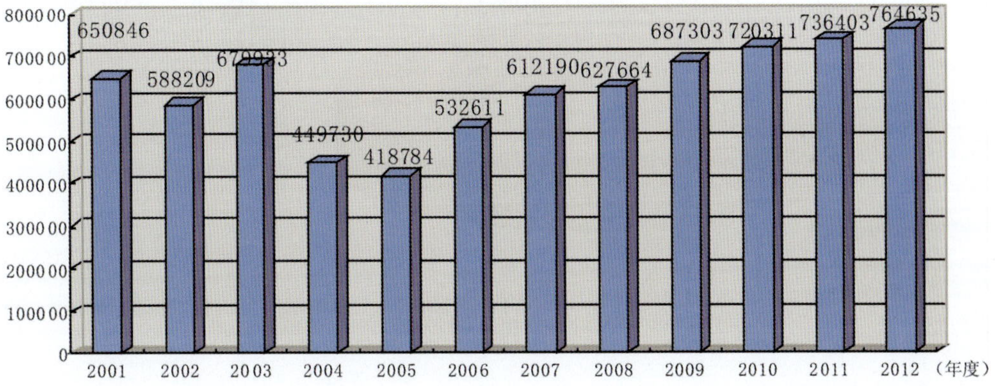

2001—2006 年内资企业注册资本(金)情况一览

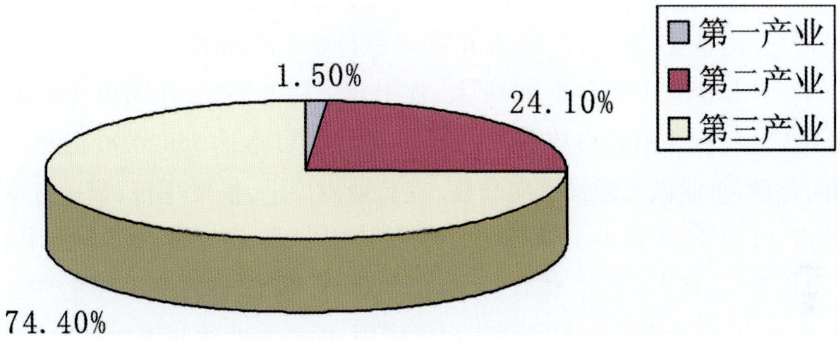

1991 年全市内资企业行业分布一览

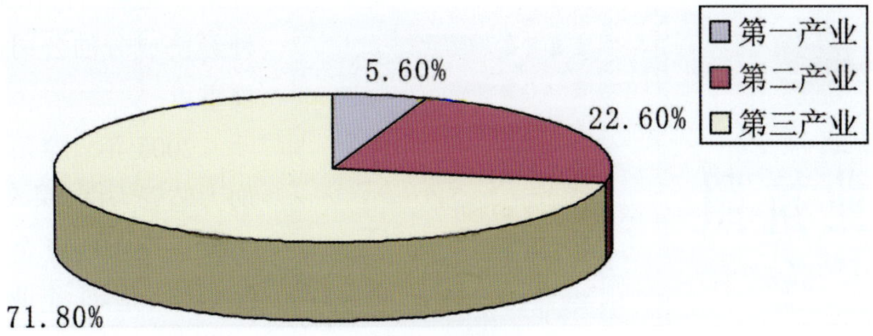

2001 年全市内资企业行业分布一览

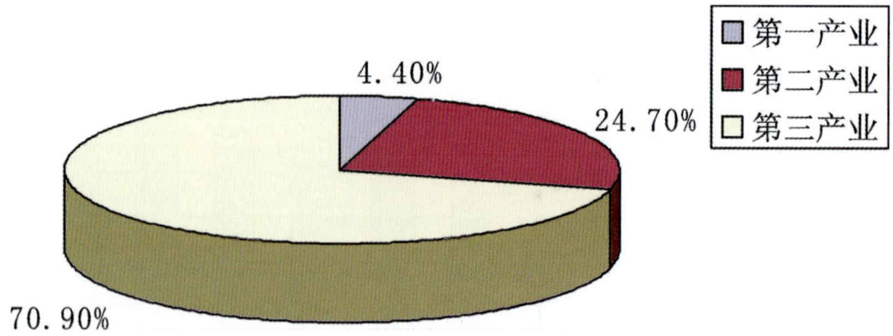

2011 年全市内资企业行业分布一览

2001 年,全市国有企业、集体企业和联营企业比重下降,股份合作企业与公司比重上升。全市企业注册资本 75084.6 亿元,比上年增长 16.29%,企业经济实力进一步增强。在各行业发展中,批发零售、贸易与餐饮业所占比重较大,制造业比重下降,新兴行业发展较为突出,如房地产、公用事业、交通、仓储、邮电通讯等行业不断涌现。

2002 年,全市登记注册企业 9448 家,比上年下降 8.35%,注销企业 1522 家,其中国有集体企业 1037 家,占注销总户数 68.13%。企业注册资本达 76820.96 亿元,增长 2.31%,资本构成趋向合理,企业做大做强意向凸显。在行业发展上,批发零售、贸易与餐饮业仍占较大比重,贸易占 20.82%,餐饮占 13.48%。农林牧渔服务业、房产业及部分公用事业,基础类企业发展呈增长势头,其中:卫生、体育、社会福利业 83 家,农林牧渔服务业 592 家。

2003 年,由于国家政策与市场调节双重作用,国有企业逐步退出批发与零售贸易、餐饮及社会服务业等一些行业竞争,行业发展较快的是卫生、体育与社会福利业、农林牧渔、服务业、房地产业、建筑业、金融保险业。

2004 年,企业所有制结构呈现多元化发展趋势,不同类型企业在结构上进一步优化,国有集体企业所占比重不断下降,多种经济成分的公司制企业成为发展重点。

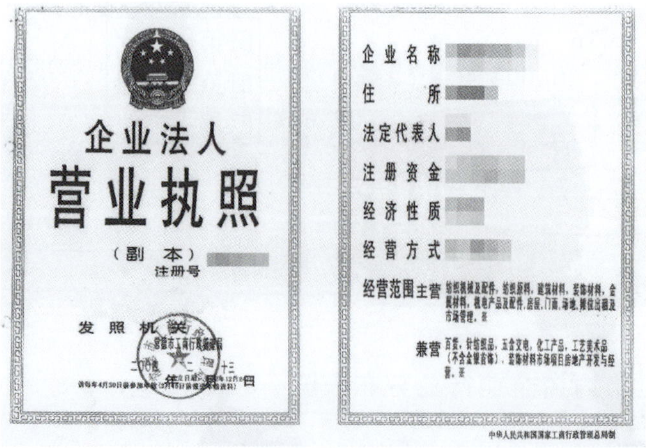

2005 年新版企业营业执照

2005 年,全市各级工商机关加大监管力度,深入开展清理整顿工作,全市内资企业比上年减少 864 家。是年,企业全部换发新版“营业执照”。

2006 年,市工商局为支持地方招商引资与企业改制,促进下岗失业人员、大学毕业生与复退转业军人就业和创业，实行行政审批提速，全面开通企业注册登记“绿色通道”。全市内资企业达9438户，比上年度增长6.6%，通过招商引资登记企业达23家。

2007年，市工商局制定《优化经济发展环境、服务地方经济发展八条举措》和《七项承诺》，并通过《常德日报》向社会公布。是年，全市工商系统为推进常德农业产业化建设，立足登记职能，重点培育与支持涉农企业发展，全市共有市级以上农业产业化龙头企业239家，培育湖南双佳等一批农业企业，登记发展农民专业合作社43户。

2008年，为服务新型工业化，市工商局将所有行政审批事项集中到市政府政务中心工商服务窗口办理，全面开通企业注册登记“绿色通道”，推行“一审一核”制与“一厅式审批”。除股份制企业与外资企业之外，德山工业园区企业开业、变更注册登记和年检全部授权德山分局办理，各县级工商局对辖区工业园区企业发展采取相应措施，促进全市园区企业发展。是年，共登记园区企业160家，比上年度增长13.08%，加快了常德新型工业化建设步伐。

2009年，市工商局贯彻省工商局《关于促进经济平稳较快发展的若干措施》，结合常德实际，出台《关于促进常德经济平衡较快发展十条措施》，牵头制定《常德市企业注册登记前置审批报告书承诺实施办法》，采取“部门告知 + 企业承诺”形式实行准入提速，全年共有18家企业通过告知承诺而快速准入，平均每家缩短六个工作日，全市年度新增企业1797家。是年，市工商局政务中心工商窗口被评为先进单位与红旗窗口，收到锦旗67面，感谢表扬信函32件。

市工商局政务中心窗口荣获省妇联授予的“巾帼文明岗”称号

2010年，市工商局成立行政许可办公室，实现“一个窗口受理审核，一个窗口办结发照”，推行行政许可事项告知“一口清”，认真落实《企业注册登记前置审批告知承诺实施办法》，贯彻省工商局《关于推动经济发展方式转变和经济结构调整的十条措施》，积极培育和促进企业发展，登记注册企业数量较上年增长17.73%。在做好企业注册登记服务的同时，全市工商系统确定1686家企业为重点服务对象，采取“一对一”“多对一”上门服务方式，全年走访企业近9000人次，帮助企业解决发展难题1109个。

2011年，市工商局采取“工商受理 + 部门告知 + 企业承诺 + 同步审批”形式实施准入提速，全年通过告知与承诺制度办理企业注册登记366件，培育发展企业3583家。是年，在市政府第48次常务扩大会议上，市政府市长陈文浩说：“工商局认真贯彻简政放权，解放思想，服务经济、服务企业、服务大局，如果全市各部门都能像工商局那样，常德的经济发展还会更快些。”

2012 年，市工商局投资十多万元整体升级改造市政务中心工商窗口，选派 6 名年纪轻、业务熟、素质高的干部到窗口工作，制定和实施《常德市工商行政管理局行政审批职能相对集中工作方案》(常工商发〔2012〕131 号)，强化服务意识，加大服务力度，促进市场主体做大做强。是年，全市新登记企业 3668 家，其中新兴产业企业占 30%，大力支持与帮助润田农机、双佳牧业拟上市公司做好相关工作；支持文化产业改革发展，帮助市汉剧院改制为市湘楚歌舞剧院，理清错综复杂产权承接关系，拟定可行的改制方案，并顺利办理注册登记；支持常德市信用联社改制为常德武陵农村商业银行股份有限公司，受到市委、市政府通报表扬。是年，市工商局注册登记窗口被省团委授予“青年文明号”，被省妇联授予“巾帼文明示范岗”称号，国家工商总局授予“全国工商系统创优争先”先进单位，被市政府授予 “红旗单位”等荣誉称号。

第二节　外商投资企业登记

一、授权登记机关

20 世纪 80 年代末，市工商局受省工商局授权委托，指导全市外商投资企业登记注册，并对登记注册材料、年度检验材料进行初审，参与省工商局对外商投资企业进行监督管理。1992 年 10 月，根据常德市机构编制委员会常编办直〔1992〕29 号文件，市工商局外资企业登记管理科从市工商局工商企业科分出单独设置，不新增编制，所属人员从市工商局机关内调剂。

1993 年，国家工商局印发《外商投资企业授权登记管理办法》(工商企字〔1993〕144 号)，对具备条件的地方工商行政管理机关授予外商投资企业登记核准权，获准授权的地方工商行政管理机关在授权范围内代表国家工商局行使对外商投资企业登记管理职权。是年 4 月 23 日，国家工商局(工商企字〔1993〕109 号)授予市工商局外商投资企业核准登记权，批准市工商局负责以下外商投资企业、外国(地区)企业在常德市从事生产经营活动登记管理工作：市政府及其授权部门批准或市政府呈报上级政府批准设立的外商投资企业；外商投资企业在市工商局管辖范围内设立的分支机构；在市工商局管辖范围内从事承包工程，承包经营管理等生产经营活动(不包括省属企业)的外国(地区)企业。是年 6 月 15 日，省工商局(湘工商企外字〔1993〕114 号)批准市工商局从 6 月 18 日起正式行使外商投资企业核准登记权，管理范围权限在国家工商局规定基础上增加 3 条：向市工商局申请且企业名称冠“常德”“常德市”及其所辖县、市行政区划字样的外商独资企业；与常德市管辖范围内企业签订合同从事承包工程、承包经营管理的外国(地区)企业；国家工商局与省工商局委托市工商局登记注册的外商投资企业和外商投资企业分支机构等。外商投资企业登记管理科成立后，一方面配备电脑、空调等基础设备，另一方面选派5名干部到省工商局跟班学习。是年，由市工商局外资科注册登记外商投资企业85家，其中中外合资72家、中外合作7家、外商独资6家。期间，外商投资企业科受省工商局委托，对全市外商投资企业进行年检年审工作。针对直接行使核准登记以来，存在业务不太熟悉且与上级主管部门衔接不及时等问题，市工商局加强队伍政策法规等知识学习，完善企业档案和统计台账管理工作，扎实做好有关基础工作，基本实现办公现代化。

1997年，国家工商局印发《关于对外商投资企业核准登记权实行集中分批授权办法的通知》，调整国家工商局对地方工商局授权具体方式。自1997年起，对地方登记机关申请外商投资企业核准登记权审批由过去成熟一个审批一个原则改为集中审批。各省级工商局对申请授予外资企业登记权的市、地级登记机关，按规定条件进行审查核实后，在每年5—11月，向国家工商局集中报送名单和有关材料，国家工商局对报送材料进行审查，对符合条件的予以授权。

1998—1999年，市工商局加强外资科软、硬件配套建设，完成与省工商局联网及相应软件系统应用，设立外商接待室，对外商投资企业登记有关情况，在常德日报公告。同时，根据国家工商局“外商投资企业登记管理不能放权到县级工商局”规定，对涉及各区县（市）辖区内外商投资企业违反登记注册相关法律法规的行为，市工商局授权各县级工商局调查、取证，然后由市工商局核查并实施相应处罚措施。

2002年，政府对各部门职能进行整合，成立政务中心。市工商局随之在市政务中心设立登记注册窗口，各区县（市）政府相继成立政务中心，各县级工商局在当地政务中心设立服务窗口，全市工商系统外资登记机关办公地址随之并入政务中心。是年，国家工商总局印发新的《外商投资企业授权登记管理办法》（以下简称《办法》），重新规定授权条件、程序及管理职责权限，规定被授权工商局以自己名义在被授权范围内行使对外商投资企业登记管理职权。新《办法》自2003年2月1日起执行，原《办法》废止。

2003年5月，经国家工商总局委派，省工商局按照国家工商总局《关于印发〈外商投资企业授权登记管理资格确认申请与验收规程〉的通知》，对市工商局外资登记科进行验收合格，被重新确定为国家工商总局授权单位。

2005年8月，市工商局印发《关于进一步做好外商投资企业监管和服务工作的意见》（常工商发〔2005〕60号），为健全监管服务网络，成立外商投资企业监管服务领导小组，辖区内有外商投资企业的区县（市），相应成立外商投资企业监管服务领导小组，由市工商局外商投资企业登记管理科统一指定外商投资企业所在地工商所所长或分管副所长为外商投资企业监管服务联络员。明确监管服务职责，推行“一级（市工商局）主管、两级（县级工商局、基层工商所）协管、三级服务”监管服务模式。市工商局主要职责是领导与督促市工商局外资科及各县级工商局履行职责做好工作，研究解决外商投资企业反映的突出问题，讨论决定监管服务创新举措及重大事项。县级工商局主要职责是建立经济户口、履行监管职责，对辖区内外商投资企业依法进行日常监督核查和专项检查等。联络员职责主要是建立和及时更新外资企业经济户口与监管档案,每季度对外商投资企业进行一次走访,有重点地进行专项检查,及时发现与报告存在问题。严格监管服务纪律,强调工商监管服务人员要依法、文明、廉洁行政,认真履行督办责任制,坚持以服务为主,监管为辅原则。

2011 年,市工商局贯彻《湖南省外商投资企业属地监督管理办法(试行)》,在基层工商所设立外商投资企业经济户口与电子档案和书式台账,明确一名副所长兼任外资企业监管服务联络员,开展日常监管巡查,其主要内容:是否存在擅自改变登记事项与违法经营等行为,并将巡查事项及时录入外商投资企业属地监管(登记)系统软件。

二、登记程序、事项与名称登记

(一)登记程序

1.外商投资企业登记程序

《行政许可法》实施前,外商投资企业登记程序适用《中华人民共和国中外合资经营企业法》《中华人民共和国中外合作经营企业法》《中华人民共和国外资企业法》《中华人民共和国企业法人登记管理条例》等法律法规。申请登记程序包括:外商投资企业取得项目审批和专项审批文件后,在规定期限内,向登记主管机关申请办理登记手续,申请登记为开业、变更与注销三种。登记主管机关对外商投资企业登记申请进行审核批准程序,登记主管机关依照有关法律法规受理、审查、核准(或驳回)外商投资企业有关设立、变更、注销登记申请。审核登记程序有受理、审查、核准、发照与公告五个步骤。

2004 年 6 月,国家工商总局依据《行政许可法》,发布《企业登记程序规定》,企业登记程序为:登记申请、审查、受理和决定、撤销和吊销注册登记。

2.外国(地区)企业登记注册程序

外国(地区)企业登记注册程序包括外国(地区)企业常驻机构登记注册程序和在中国境内从事生产经营活动的外国(地区)企业登记注册程序,外国(地区)企业经审批机关批准后,持有关文件、证件到登记主管机关申请登记注册,程序分为开业登记、变更登记、延期登记与注销登记 4 种;登记主管机关对外国(地区)企业登记注册审核程序分为受理、审查、核准与发照 4 个步骤。

(二)登记事项

1.外商投资企业登记事项

1989—1994 年,依据《中华人民共和国法人登记管理条例施行细则》规定,外商投资企业登记注册主要事项是:名称、住所、经营范围、投资总额、注册资本、企业类别、董事长、副董事长、总经理、副总经理、经营期限、分支机构;外商投资企业设立分支机构登记注册主要事项是:名称、地址、负责人、经营范围、隶属企业、隶属企业的注册资本、核算方式;外商投资企业设立办事机构登记注册主要事项是：名称、地址、负责人、业务范围、期限和隶属企业。

1995 年，国家工商局印发《关于启用〈中华人民共和国企业法人营业执照〉等六种新式证照及核定登记事项有关问题的通知》，对外商投资企业登记事项作出调整，在原登记事项基础上，外商投资企业法人营业执照正本增加"执照有效期限"事项。

2000 年 12 月，国家工商局印发《中华人民共和国企业法人登记管理条例施行细则》（修正案），对外商投资企业、外商投资企业分支机构登记注册主要事项作出调整。外商投资企业登记注册主要事项调整为：名称、住所、经营范围、投资总额、注册资本、企业类型、法定代表人、营业期限、分支机构、有限责任公司股东或股份有限公司发起人姓名或名称。外商投资企业设立分支机构登记注册主要事项调整为：名称、营业场所、负责人、经营范围与隶属企业。

2.外国（地区）企业常驻代表机构登记事项

1995 年 2 月，国家工商局印发《关于启用〈中华人民共和国企业法人营业执照〉等六种新式证照及核定登记事项有关问题的通知》规定，外国（地区）企业常驻代表机构登记事项中增设"本机构设立日期"和"驻在期限"两栏，"代表姓名"改为"首席代表姓名"，"派出企业地址"改为"派出企业注册地"，"有效期限"改为"本证有效期限"。

3.在中国境内从事生产经营活动的外国（地区）企业登记事项

1992 年 8 月，国家工商局颁发《外国（地区）企业在中国境内从事生产经营活动登记管理办法》（以下简称《管理办法》）规定，外国企业登记注册主要事项是：企业名称、企业类型、地址、负责人、资金数额、经营范围、经营期限。

（三）名称登记

1991 年前，登记机关为外商投资企业办理名称登记主要依据 1985 年国家工商局制定的《工商企业名称登记管理规定》和《关于外国企业、外商投资企业名称登记管理的通知》。1992 年 2 月，国家工商局印发《对外商投资企业中已使用及再核准"中国""中华""国际"字样的审核意见》，规定外商投资企业不允许使用"中国""中华""国际"作字号，如确有特殊原因，需在企业名称中冠"中国""中华"的须报国家工商局核准。1993 年 5 月，国家工商局印发《关于外商投资企业名称登记管理有关问题的通知》，对外商投资企业名称核准程序、提交材料等作出规定。

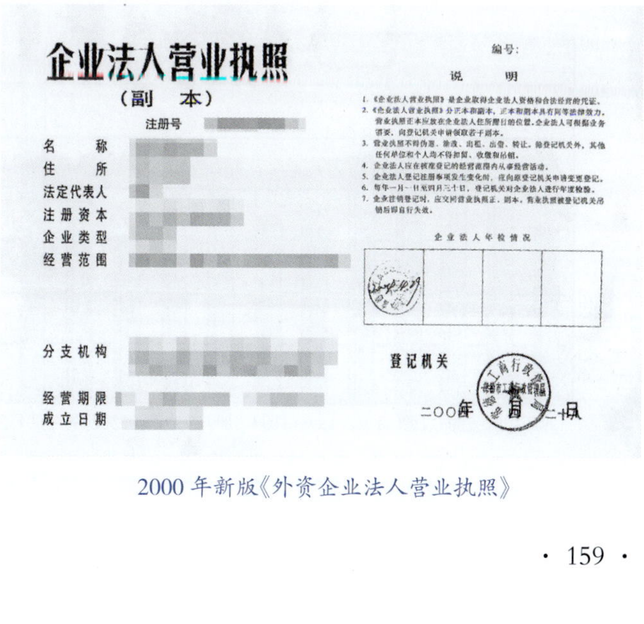

企业法人营业执照

（副　本）

注册号

名　　称

住　　所

法定代表人

注 册 资 本

企 业 类 型

经 营 范 围

分 支 机 构

经 营 期 限

成 立 日 期

编号：

说　　明

1.《企业法人营业执照》是企业取得企业法人资格和合法经营的凭证。
2.《企业法人营业执照》分正本和副本，正本和副本具有同等法律效力。营业执照正本应放在企业法人住所醒目的位置。企业法人可根据业务需要，向登记机关申请领取若干副本。
3.营业执照不得伪造、涂改、出租、出借、转让。除登记机关外，其他任何单位和个人均不得扣留、收缴和吊销。
4.企业法人应在核准登记的经营范围内从事经营活动。
5.企业法人登记注册事项发生变化时，应向原登记机关申请变更登记。
6.每年一月一日至四月三十日，登记机关对企业法人进行年度检验。
7.企业注销登记时，应交回营业执照正、副本，营业执照被登记机关吊销后即自行失效。

企业法人年检情况

登记机关

二00　年　月　二十　日

2000 年新版《外资企业法人营业执照》

1996 年，市工商局依照国家工商局《关于制止大陆与港、澳、台地区合营（作）企业错误称谓问题的通知》,在全市范围内开展对外商投资企业名称使用和广告宣传执法检查,查处13户有错误称谓企业和9件有错误称谓商品、商标标识及包装物等,消除因错误称谓造成的不良影响。

1998年,市工商局根据国家工商局《关于统一企业名称核准通知书式样的通知》要求,启用新外商投资企业名称须先核准通知书和变更核准通知书,同时明确外商投资企业冠名的登记条件、程序和应提交文件、证件,规范了名称登记文书格式和登记程序。

1999年1月,国家工商局印发《关于企业名称不再核定外文名称的通知》指出:自通知发布之日起,工商行政管理机关不再核定企业外文名称。如企业需要使用外文名称,应按文字翻译原则,将核准登记注册的中文名称译成相应外国文字方可使用。同年12月,国家工商局印发《企业名称登记管理实施办法》,自2000年1月1日起施行,规范了企业名称登记管理及企业名称使用、监督管理与争议处理。

2004年6月,国家工商总局颁布新修订的《企业名称登记管理实施办法》(自2004年7月1日起施行),对企业名称登记程序、申请方式与登记时限等作出调整。主要是允许企业通过邮寄、传真、电子数据交换等方式申请企业名称预先核准;对直接登记机关办理企业名称预先核准的,登记机关应当场对申请预先核准企业名称作出核准或者驳回决定。

三、外商投资企业发展

市工商局于1993年获得国家工商局外商投资企业授权委托登记管理权后,建立和实施外商投资企业登记注册、监督管理以及文明服务工作等制度,从此,常德境内外商投资企业从无到有、从少到多、从小到大稳步发展。

单位:户

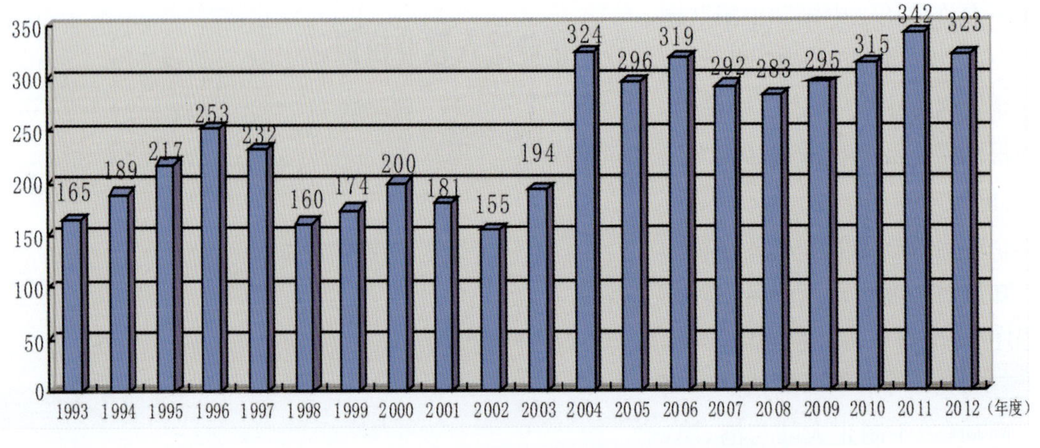

1993—2012年全市外商投资企业发展户数一览

单位：亿美元

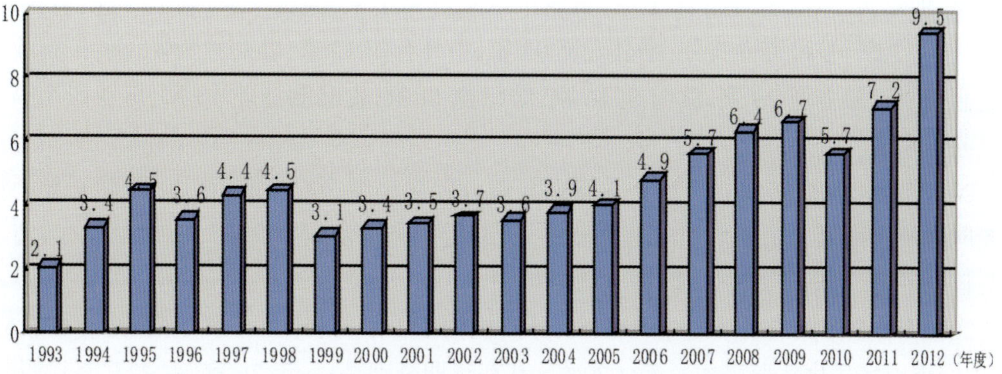

1993—2012 年全市外商投资企业注册资本情况一览

1993 年年底，全市已登记注册外商投资企业 165 家，其中：中外合资企业 130 家，中外合作企业 18 家，外商独资企业 8 家，分支机构 9 家，外商投资企业投资总额为 28266 万美元，注册资本 21786 万美元。其中：1993 年新登记发展外商投资企业 85 家，投资总额 14917 万美元，注册资本 10839 万美元。按经济性质分：中外合资 72 家，中外合作 7 家，外商独资 6 家；按行业分：农林牧副渔水利业 5 家，工业 50 家，建筑业 1 家，交通运输业 2 家，商业、饮食与仓储业 6 家，房地产公用事业、咨询服务业 19 家，文化艺术及广播电视业 2 家；按投资方地域分：中国香港地区 63 家、中国台湾地区 13 家、美国 3 家、加拿大 1 家、澳门 1 家、缅甸 1 家、印度尼西亚 1 家、新加坡 1 家。

1994 年底，全市累计登记注册外商投资企业达 189 家，投资总额 34323 万美元，注册资本 24688 万美元，其中：中外合资企业 160 家，投资总额 22791 万美元，注册资本 18320 万美元；中外合作企业20 家，投资总额 4989 万美元，注册资本 3649 万美元；外商独资企业 20 家，投资总额 6543 万美元，注册资本 3719 万美元。全年新登记注册外商投资企业 42 户（中外合资 30 家，中外合作 2 家，外商独资 10 家），注册资本3335 万美元，新发展 42 户按行业分：水产养殖 4 家、宾馆服务业 8 家、轻工业 6 家、农产品加工业 6 家、建筑装饰业 7 家、交通运输业 2 家、纺织服务业 4 家、机电行业 5 家。

1998 年，市工商局加强对外商投资企业监督管理，贯彻工商行政管理法律法规，以监督管理督促注册资金到位及依法经营为重点，实行登记发展与监督管理两手抓，通过年检年审，吊销 34 家，注销 6 家，年末，全市共有外资企业 160 家，由此，减少虚假公司扰乱市场经济秩序。

1999 年，全市共有外资企业 174 家，由于受东南亚金融风暴影响与合资（作）方中中方法律意识淡薄等原因，投资总额比上年减少 4290 万美元，下降 10.6%，注册资本比上年减少 2729.5 万美元，下降 9.73%。

截至 2000 年 12 月 31 日止，全市注册登记的外商投资企业共计 366 家，除已吊销 210 家，注销 9 家，实际存在外商投资企业 147 户（不包括分支机构 53 户），分别来源于 18 个国家和地区,其中中国香港地区97家,中国台湾地区22家,中国澳门地区6家,日本2家,泰国2家,加拿大2家,开曼群岛1家,英属维尔京群岛1家,美国3家,荷兰2家,新加坡6家,菲律宾2家。按投资方式分:中外合资94家,中外合作12家,外商独资41家。按行业分:制造业96家,服务业29家,旅游业16家,纺织业11家,食品制造业10家,房地产8家,娱乐服务业8家。

2005年,市工商局成立外资企业管理与服务领导小组,建立服务网络,明确领导小组、服务网络及工商所外资企业监管服务联络点,制定服务外商投资企业"咨询服务一口清、发放资料一手清、受理审查一次清"等工作制度。

2009年,全市共有外资企业144家,分支机构151家,共计295家,注册资本67615万元,占全市市场主体注册资本总额1.79%。其存续期分别是:一年76家,占22.97%;二年15家,占10.42%;三年19家,占13.19%;四年15家,占10.42%;五年9家,占6.25%;六年6家,占4.17%;七年7家,占4.86%;八年以上50家,占34.72%。按行业分:一产业(农、林、畜牧渔)11家;二产业(采矿、制造、水电气供应、建筑业、交通仓储邮政)94家;三产业(信息计算机、批发零售、住餐饮、金融、房地产、科技服务、水环境公共设施、文化娱乐及其他服务业)39家。

2010年,全市有外商投资企业117家,分支机构198家,投资总额93766万美元,注册资本57024万美元。是年,新登记外商投资企业10家,投资总额13732万美元,注册资本6786万美元,新登记外商投资企业分支机构18家,注销外商投资法人企业2家,分支机构4家,吊销外商投资企业及分支机构37家。

2011年,全市有外商投资企业125家,分支机构217家,投资总额120587万美元,注册资本72301万美元,全年新登记外商投资企业分支机构25家,办理变更登记152家,注销外商投资企业3家,分支机构18家。

2012年,全市实有外商投资企业323家,其中包括外商投资企业分支机构194家,累计投资总额155850万美元,注册资本95011美元。全年新登记外商投资企业10家,分支机构20家,外资变更为内资法人企业5家,分支机构22家,注销机构20家,外资变更为内资法人企业5家,分支机构22家,注销外商投资企业2家,分支机构7家。

第三节　私营企业和个体工商户登记

一、登记对象

1989—2012年,个体私营经济登记对象变化主要是三个方面:组织形式演变,从业人员增加,经营范围扩大。

(一)组织形式

1.私营企业

国务院 1988 年发布《私营企业暂行条例》,将私营企业分为三种类型:独资企业、合伙企业、有限责任公司。

20 世纪 90 年代初,私营企业组织形式仍以独资企业和合伙企业为主。独资企业是指在中国境内设立,由一个自然人投资,财产为投资人个人私有,投资人以其个人财产对企业债务承担无限连带责任的经济实体,因独资企业与其他组织形式相比,不具有吸引力,发展速度比较缓慢。1997 年 8 月,国务院颁布《中华人民共和国合伙企业法》明确合伙企业的合伙人不具有法人资格,但合伙人必须承担无限连续责任。1994 年施行的《中华人民共和国公司法》将公司划分为有限责任公司与股份有限公司两种类型。私营有限公司是按照《公司法》及《公司登记管理条例》规定登记注册,由 2 个以上自然人投资或由自然人控股的有限公司。私营股份有限公司是由 5 个以上自然人投资或由自然人控股设立的股份有限公司。2005 年 10 月修订并于 2006 年 1 月 1 日起施行的《中华人民共和国公司法》,较大幅度地下调注册资本最低限额,降低公司设立门槛,并首次将"一人有限公司"纳入《公司法》调整范围,允许一个自然人或法人投资设立一人有限公司。1998 年 4 月,国家工商局印发《企业集团登记管理暂行规定》,规定企业集团母公司注册资本在 5000 万元人民币以上,至少拥有 5 家子公司,母公司与子公司注册资本总和在 1 亿元人民币以上,集团成员单位均具有法人资格,从此,企业集团成为个体私营经济一种规范组织形式。

2.个体工商户

1989 年 8 月 5 日,国务院颁布《城乡个体工商户管理暂行条例》,依据规定,有经营能力的城镇待业人员、农村村民以及国家政策允许的其他人员,可以申请从事个体工商业经营,依法经核准登记后成为个体工商户。个体工商户可以是个人经营,家庭经营或合伙经营。是年,由于受治理整顿市场秩序等影响,全市个体经济出现下滑。为此,省、市党委和政府多次发文鼓励支持个体私营经济发展,并确定发展个体私营经济方针政策长期不变,全市工商系统正确引导,积极扶持,消除个体工商户顾虑,全市个体私营经济开始恢复性发展。

1990—1992 年,全市共新登记个体工商户 1.49 万户,其中,1990 年 0.42 万户,1991 年达 0.41 万户,1992 年 0.66 万户。

1993 年,省政府召开全省个体私营经济工作会议,市委、市政府于 11 月组织全市各区县(市)委书记、县长及市直 21 个职能部门赴邵东、蓝山等县考察学习,随后,市委、市政府制定发展个体私营经济 33 条政策措施, 把发展个体经营经济工作作为培育新经济增长点来抓。

1994 年,市委、市政府印发常德市工商行政管理局《关于进一步发展个体私营经济的若干规定的实施细则》(常办通字〔1994〕9 号),推动全市个体私营经济快速发展,是年共登记个体工商户 5.31 万户,创历史新高。

1995—1999 年,个体工商业发展迅速,1998 年全市个体工商户达 21.99 万户,达历史最高水平。

2000 年,因全国统一核发新版《个体工商户营业执照》,除掉以往统计水分,全市个体工商户统计数量大幅大滑,至年底,全市实有个体工商户 12.64 万户,比上年减少 6.9 万户,减少 37%,但质量有较大提高,表现为户均注册资本由 1999 年 3900 元上升到 5370 元,增长 13.8%,户均营业收入由 5 万元上升到 6.7 万元,增长 13.4%,户均税收由 290 元上升至 370 元,增长 12.8%。

2001—2003 年,随着管理进一步规范,统计口径标准统一,全市个体工商户略有减少,发展速度趋缓,但质量不断提高,户均实力增强,存续期具有相对稳定性。

2007—2012 年,市工商局全面落实国家、省、市有关文件精神,学习借鉴外地经验,制定和实施《促进全民创业和非公有制经济快速发展工作方案》(常工商发〔2010〕5 号)。2008 年,全市工商系统降低市场准入门槛,共引导扶持 8632 名下岗失业人员从事个体私营经济,为下岗职工办照 705 个,减免各项行政性收费 200 多万元。积极探索全民创业有效途径,全力激发人民群众创业热情。实行高起点谋划、高质量服务,帮助个体创业者实行"低门槛进入,低成本启动",使全市个体私营经济发展呈现总量增长、实力增强、规模扩大、素质提高与新型行业发展加快等特点。

(二)从业人员

1988 年,国务院发布《私营企业暂行条例》对开办私营企业人员资格明确规定包括农村村民、城镇待业人员、个体工商户经营者以及辞职与退休人员。

1991 年前,全市个体工商户从业人员限于《城乡个体工商户管理暂行条例》规定范围,即城镇待业青年,刑满释放、劳教解除后有正式户口的无业人员,社会闲散人员,经证明确定与直属亲属长期居住城镇无户籍的无业人员,年满 16 周岁的农村村民,国家政策允许的其他人员,农村种养专业户要求申请登记的人员。

1993 年 4 月,国家工商局印发《关于促进个体私营经济发展的若干意见》规定,党政机关、企事业单位分离出来多余人员、党政机关退休人员均可申请从事个体经营或开办私营企业。

1994 年 3 月,中共常德市委、市政府转发市工商局《关于进一步发展个体私营经济的若干规定的实施细则》(常办通字〔1994〕9 号)提出:鼓励发展个体私营经济,个体私营经济资本、规模、雇佣人员不受限制。

1997—2001 年,省、市政府相继出台若干优惠政策,鼓励机关与事业单位工作人员经本单位同意,可离职从事个体经营或兴办私营企业;鼓励公有制企业职工、复转军人、大中专毕业生从事个体私营经济。

2004 年,国家工商总局印发《港澳居民在内地申办个体工商户登记管理工作的若干意见》规定:在内地设立个体工商户的港澳居民,可直接到经营所在地县级工商局登记注册,但组成形式仅限个人经营，其从业人员不超过 8 人，经营场所面积不超过300 平方米。

2005 年 12 月，国家工商总局印发《关于港澳居民在内地设立个体工商户经营范围进一步放宽的通知》，自 2006 年 1 月 1 日起，港澳居民在内地设立个体工商户可以申请登记经营范围增加货物、技术进出口、摄影及扩印、洗染等服务，汽车、摩托车维修与保养等数种行业。

2010 年，市工商局印发《促进全民创业和非公有制经济快速发展工作方案》，制定促进全民创业与个体私营经济发展“五办四通”（资料备全马上办、资料不全指导办、紧急需求加班办、特殊项目跟踪办与重大项目引导办，合法合规的畅通、有利于发展而有违悖政策的适度变通、需要相关部门协同的进行疏通和沟通）服务措施，并对复退军人、下岗失业或城镇居民待业人员、残疾人员、失地返乡农民、离校毕业生从事创业与个体私营经济的，给予优先扶持，减免登记类非税收费。

截至 2012 年年底，全市港澳居民申办个体工商户执照共计 34 户。

（三）经营范围

20 世纪 90 年代初，国家对个体私营经济经营范围未完全放开，限于法规与政策所作列举性规定之中。个体工商户可以在国家法律和政策允许范围内经营工业、手工业、建筑业、交通运输业、商业、饮食业、服务业、修理业及其他行业，可以一业为主，兼营与主业相近的其他业务。国家规定经营者需要特定条件或需行业主管部门批准的，应在申请登记时提交有关批准文件，如申请经营旅店业、刻字业、信托寄卖业、印刷业，应经所在地公安机关审查同意。私营企业可在国家法律法规和政策规定范围内，从事工业、建筑业、交通运输业、商业、饮食业、服务业、修理业和科技咨询等行业经营，不得从事军工、金融、生产经营国家禁止经营的产品。《私营企业暂行条例施行办法》规定，私营企业可以经营的行业还包括营利性文化、艺术、旅游、体育、食品、医药、养殖等行业，可一业为主，兼营他业。

1992 年，根据全市实际情况，对国家规定的专营、专卖和限制经营商品，除个别必须由国家计划控制以外，经当地政府批准，大部分亦可放开，允许个体工商户经营或搞一次性经营。

自 1993 年起，为鼓励支持个体私营经济发展，省、市政府不断放宽个体私营经济经营范围，凡是国家未明令禁止个体工商户、私营企业经营行业和商品，原则上都允许个体工商户与私营企业经营，除国家专项规定之外，经营方式全部放开。国家专营和限制经营商品，经当地政府或指定部门批准，允许个体工商户、私营企业经营或一次性经营。允许个体工商户、私营企业从事房地产业、经纪活动、国内海运业、开办当铺等业务。积极支持个体工商户、私营企业发展第三产业，对申请从事商业、饮食业、服务业、修理业、咨询业、交通运输业和长途贩运业的，简化登记手续，及时予以审核注册。允许个体工商户、私营企业跨地区、行业与所有制开展横向经济联合与互相参股经营。根据国家工商局 1995 年 9 月印发的《个人经营集邮票品管理办法》规定，允许个人申请经营各种集邮票品。2000 年后，凡国家没有明令禁止的行业和商品，均允许个体私营企业经营，任何单位和个人都不得加以限制或实行垄断。凡是国有经济退出的行业,都鼓励个体私营经济进入。国家禁止的行业与商品,经有关部门批准,个体私营企业在法律法规许可下可采取参股形式参与生产经营。有条件的个体私营企业,经有关部门批准,可投资经营能源、交通、城建、水利、公交、供水气热,道路桥梁、垃圾处理、环卫等项目,鼓励与支持个体私营企业参与文化、教育、卫生、体育、旅游、中介、物业管理、社区服务等社会事业与社会服务业建设和经营,按国家规定兴办市场、学校和其他教育机构。

二、登记事项

20世纪90年代初,全市个体工商户和私营企业登记事项依据是《城乡个体工商户管理暂行条例》《城乡个体工商户管理暂行条例实施细则》《私营企业暂行条例》和《私营企业暂行条例施行办法》。个体工商户登记事项为:字号名称、经营者姓名、住所、从业人数、资金数额、经营范围、经营方式、组成形式、经营场所、经营期限;私营企业登记事项为:企业名称、企业负责人(独资企业指投资者本人,合伙企业指合伙人确定的负责人,有限责任公司指公司法定代表人)、经营地址(企业所在市、区县、乡镇、村、街道、门牌等)、资金数额(包括企业固定资产和自有流动资金)、经营范围(自产自销、代购代销、来料加工、来样加工、来件装配、零售、批发、批零兼营、客运服务、货运服务、代客储运、装卸、修理服务、咨询服务等),企业种类(独资、合伙、有限责任公司),雇工人数以及合伙企业的合伙人姓名,有限责任公司投资者姓名等。

1994年3月19日,中共常德市委办、市政府办印发《关于进一步发展个体私营经济若干规定实施细则》提出:个体工商户和负无限责任私营企业注册登记时,可不受资金数额规定限制。同年,《公司法》规定有限责任公司注册资本不得少于下列最低限额:以生产经营为主的公司50万元,以商品批发为主的公司50万元,以商品零售为主的公司30万元,科技开发、咨询、服务性公司10万元,股份有限公司最低限额为1000万元。

1994年7月施行的《公司法》和《公司登记管理条例》规定,公司登记事项包括:名称、住所、法定代表人、注册资本、企业类型、经营范围、营业期限、公司股东或发起人姓名与名称。

1997年开始施行的《合伙企业法》《合伙企业登记管理办法》规定,合伙企业登记事项包括:名称、经营场所、经营范围、经营方式和合伙人姓名与住所、出资额及出资方式。

2000年1月施行的《个人独资企业法》规定,个人独资企业设立申请应载明以下事项:企业名称和住所、投资人姓名和住所、投资人出资额和出资方式、经营范围。

2005年修订的《公司法》对公司注册资本最低限额进行调整。有限责任公司最低注册资本3万元,并可在两年内分期缴足;股份有限公司最低额降至500万元,取消按公司经营内容区分注册资本额规定,对股东出资方式及比例作修改,股东可用货币出资,也可用实物、知识产权、土地使用权进行货币估价并可依法转让的非货币财产作价出资;一人有限公司注册资本最低限额调整为10万元人民币。

三、登记程序

(一)私营企业

20世纪90年代初,私营企业登记程序适用《私营企业暂行条例》《私营企业暂行条例施行办法》与《私营企业登记程序》规定。私营企业登记分为开业、变更、注销以及重新登记和分支机构登记等,登记程序分为申请人申请,登记机关受理、审查、批准等步骤。

1993年8月,省工商局印发《关于私营企业、个体工商户登记管理工作中若干问题的意见》规定,私营企业具备开办条件,所在地工商机关直接受理。依法核准登记注册,已发照私营企业需要名称升级时,必须由企业申请,按规定填写变更登记注册书,经原发照机关签署意见后,逐级上报审批。凡冠集团或集团公司名称的,必须由省工商局核准登记发照。

1994年7月起,全市工商系统依照《公司法》和《公司登记管理条例》关于登记程序规定办理公司登记。公司登记注册程序包括:申请设立、变更、注销登记程序和登记机关对公司进行受理、审查、核准、发照与公示等程序。

自1997年,全市工商系统依据国家工商局及省工商局有关文件精神,应用《企业名称预先核准申请书》《企业名称预先核准通知书》《企业登记受理通知书》《企业注销登记通知书》《限期改正通知书》等10种登记管理规范文本,以此规范私营企业登记注册工作。

2000年,根据国家工商局发布的《合伙企业法》与《个人独资企业管理办法》的规定,合伙企业与个人独资企业的登记程序为:设立、变更与注销登记程序。私营企业登记注册前置审批程序与内资企业相同。

(二)个体工商户

国家工商局印发的《城乡个体工商户管理暂行条例实施细则》规定,个体工商户开业登记程序为:业户申请、工商所受理申请、查验有关证明、准予填写申请登记表后,将有关文件报送县级工商局审查,由县级工商局作出审查决定,核准登记的发给营业执照,不予登记的书面通知申请人。个体工商户登记发照权属县级工商局。个体工商户改变主要登记事项的,应向原登记机关申请变更登记。因故停业的,应在停业前10日向登记机关申报备案,并由工商所收存其营业执照及副本。歇业的,应办理歇业手续,并收缴营业执照。1993年8月,省工商局印发《关于对私营企业、个体工商户登记管理工作中若干问题的意见》规定:个体工商户经县级工商机关批准,可在辖区内一照多点经营,但每个点必须持有营业执照副本经营。个体工商户临时营业执照,可由县级工商局委托具备条件工商所核发,但执照必须盖县级工商局印章。

1993年,市委、市政府印发《关于进一步发展个体私营经济若干政策规定》。全市各级工商机关改进工作作风,减少环节、简化手续、提供优质服务、允许经批准的个体私营企业在限期内"先上车、后买票;先经营、后规范"。

2004年7月,国家工商总局发布《个体工商户登记程序规定》,县级工商局以及大中城市工商分局负责本辖区内个体工商户登记，登记机关根据需要可以委托工商所进行个体工商户登记。登记机关受理、审查个体工商户设立、变更、注销登记申请,需在15日内准予登记、撤销登记和公示程序。申请个体工商户登记可采取三种方式:到经营场所所在地工商所;直接到登记机关登记场所;信函、电报、传真、电子数据交换和电子邮件,以此方式提出申请,申请人应在发出申请后5日内,向登记机关递交申请材料原件。

2005年,国家工商总局印发《个体工商户分层分类登记管理办法》,随后,依据该文件,全市不断推进个体工商户分层分类登记管理改革。2007年,市工商局根据全市工商所实际情况,印发《规范个体工商户分层分类登记管理通知》(常工商发〔2007〕8号),提出依法以书面形式委托符合条件的工商所对个体工商户进行设立、变更、注销登记和验照。涉及前置许可和专项审批的个体工商户登记，以及港、澳居民中永久性中国公民办理个体工商户登记的,仍由县级工商局办理登记。是年,全市被授权办理个体工商户登记工商所66个。至2012年,除西湖和西洞庭分局未设工商所外,个体工商户登记管理权已全部下放工商所。

第四节　农民专业合作社登记

2007年以来,全市工商系统为贯彻落实《中华人民共和国农民专业合作社法》,依据《中华人民共和国农民专业合作社登记管理条例》,依法开展农民专业合作社登记管理工作。其登记主要内容包括设立、变更与注销三个方面。设立登记事项为:名称、住所、成员出资总额、业务范围、法定代表人姓名。申请人提交的登记材料齐全、符合法定形式,县级工商机关能够当场登记的，应予以当场登记,发给营业执照。除此情形外，登记机关应在受理申请之日起20日内给予（书面)答复。

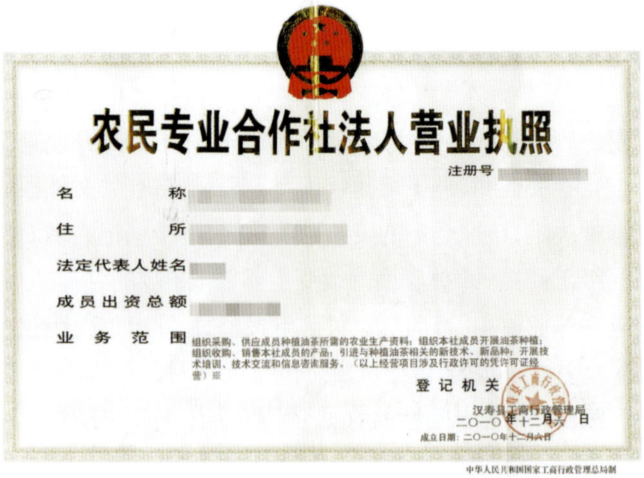

农民专业合作社法人营业执照

2007—2012年,全市农民专业合作社登记注册呈现出“发展快、行业集中、成员结构以农民占主导”的特点。2007年全省有农民专业合作社43家,2008年163家,2009年324家,2010年593家,2011年911家,2012年1197家。全市农民专业合作社业务范围主要集中在与农业生产经营相关的技术、信息、经纪服务,以及农产品销售和种养业。农民专业合作社成员结构农民占99%,企事业单位仅占1%。

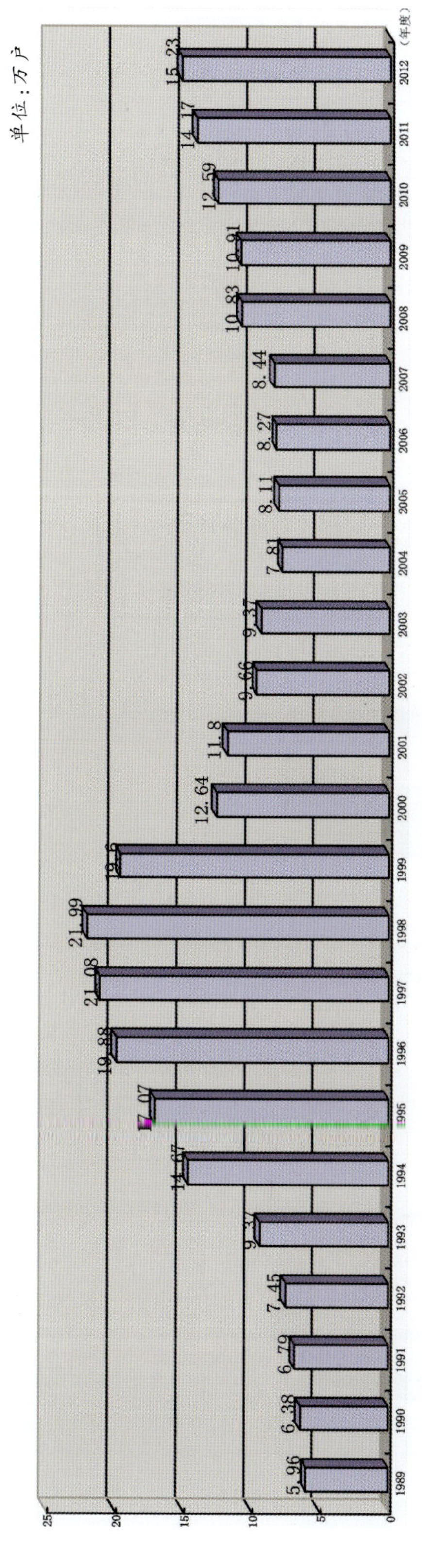

1989—2012年全市个体工商户登记发展情况

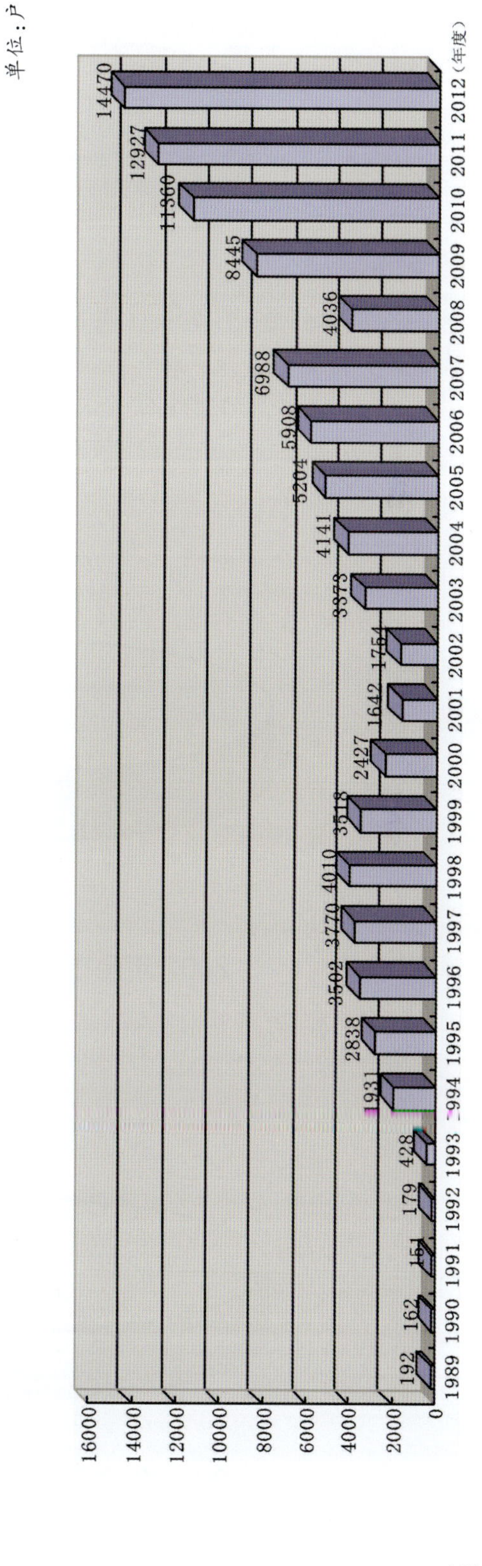

1989—2012年全市私营企业登记发展情况

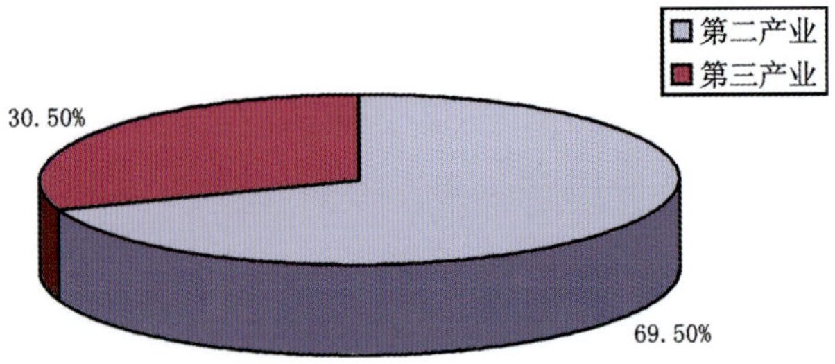

工业:采掘业28家、制造业77家;

服务业:商业26家、餐饮业5家、修理业12家、其他3家

1991年全市私营企业行业分布一览

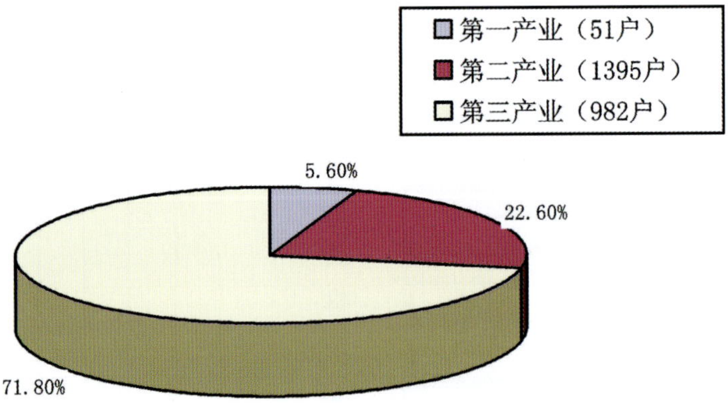

2001年全市私营企业行业分布一览

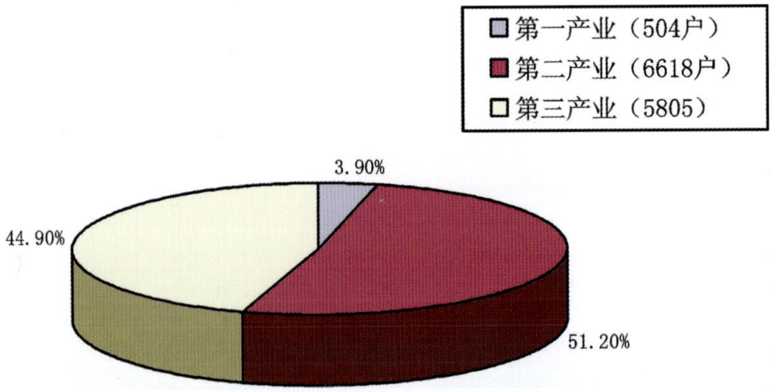

2011年全市私营企业行业分布一览

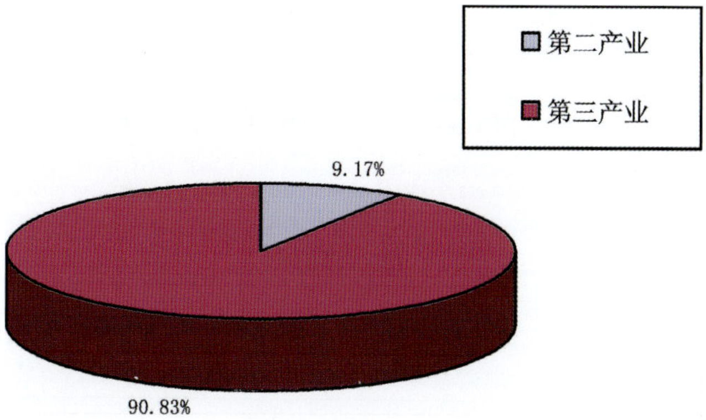

工业：采掘业 25 户、制造业 6863 户、建筑业 16 户；

服务业：交通运输 4927 户、商业 41457 户、餐饮业 6412 户、修理业 4051 户、其他 4864 户。

1991 年全市个体工商户行业分布一览

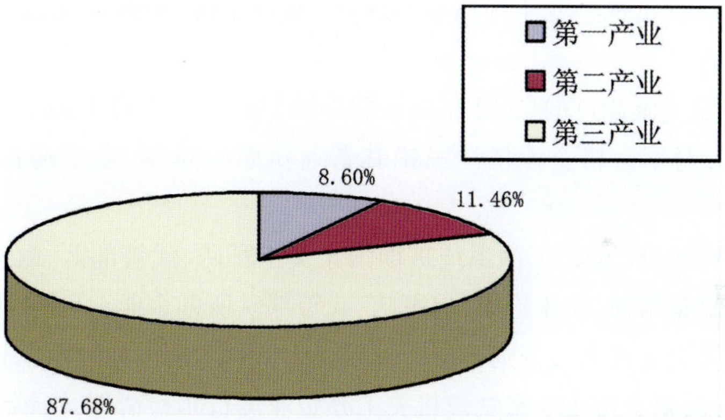

2001 年全市个体工商户行业分布一览

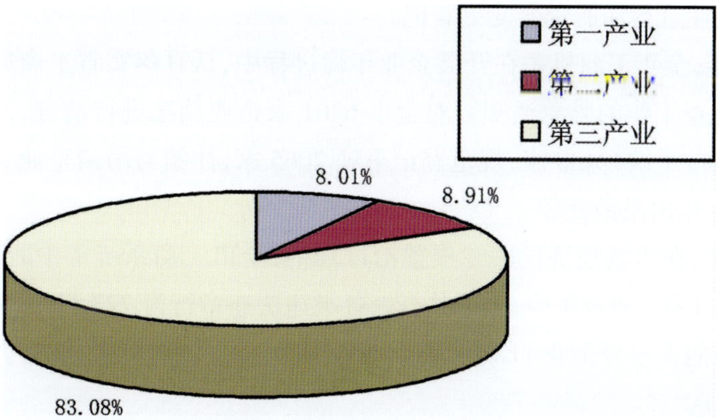

2011 年全市个体工商户行业分布一览

第二章　监督管理

第一节　内资企业监督管理

一、年度检验

1996 年,国家工商局颁布《企业年度检验办法》,全市工商系统坚持实行企业年检制度,依法按年度对企业进行检查。每年年初,由市工商局下发关于做好企业年检和个体工商户验照工作通知。年检结束后,以书面形式向上级工商机关报告企业年检工作情况。全市工商系统高度重视企业年检质量与效率,通过年检,不断强化监督管理,促进企业合法经营。

1997 年是实施修订的《企业年度检验办法》第一年,全市工商系统按照《办法》规定,加大工作力度,对不合格企业依法吊销其营业执照。是年,全市通过年检共注、吊销企业 2096 家。

1998—1999 年,全市工商系统贯彻国家关于军队、武警部队、政法机关、党政机关与所办企业脱钩政策精神,在年检中,属军队、武警部队所办企业,一律由开办者提交“军队企业证书”或“武警企业证书”,否则不予通过年检,并限期办理注销登记,逾期不办者,按规定予以处理。其间,对全市 119 家党政机关主办企业进行年检清理,注销公、检、法、司所办企业 45 家,对符合国家政策的 74 家企业,均要求其到相关部门办理“四脱钩”手续。此外,把企业注册资金到位情况作为年检工作重点,通过严格审查,注(吊)销 3587 家企业营业执照,并责令 117 家企业进行注册资金变更登记。

2000 年,全年工商机关在开展企业年检过程中,认真落实省工商局《关于开展企业登记档案清理核查工作的紧急通知》,对全市 6301 家企业档案进行清查,发现企业资料不全(主要缺前置审批手续)2408 家,规范登记事项 2065 家,注销与吊销企业 343 家,对查无下落的 1583 家企业作出吊销处理。

2002 年,在市场经济秩序专项整治过程中,全市工商系统集中时间与人员狠抓市场主体年度检验工作。通过年检,全市共查处各类违法违章行为 723 起,其中擅自改变场地、名称与非法使用他人字号企业 112 起,查处虚假出资、抽逃注册资金 47 起。责令改正 45 家,移交公安部门 2 起。

2004 年,市工商局制定严格的年检工作责任制,加大年检工作力度,全市重点对 7591 户内资法人企业进年度检验,查处各类违法违章案件 397 起,其中查处虚假出资与虚假注册资金案件28起。

2005年，为加快社会诚信体系建设，优化常德经济发展环境，市工商局制定《企业年检免检实施办法》（常工商发〔2005〕88号），成立免检企业评审组织，明确免检企业范围、数量、条件及评审程序等，对部分信誉较好的守法企业实行年检免检。

2007年，市工商局通过严格评审，对常德烟草机械有限公司等20家企业实施年检免检。

2008年，全市工商系统创新年检工作方式，实行网上年检，企业年检进入政务中心窗口，将该工作纳入政府及社会监督之中，提高年检工作透明度。根据省工商局《企业年检免检办法》规定，市工商局评出40家企业为2007年度免检企业，并在《常德日报》予以公告。通过年检，共责令办理变更登记754家，查处提供虚假年检资料6起，抽逃出资5起，未按规定参加企业年检27起，1717家企业营业执照被吊销。

2010年，全市工商系统加强食品、药品、农资、危险化学品、煤矿、非煤矿山、烟花爆竹、交通运输、娱乐、电力供应与施工、民用爆破器材等涉及人民生命财产安全及社会公共利益等行业企业年度审核与检查力度。对不符合法律法规要求的，依法责令其办理经营范围变更登记或注销登记，对前置许可过期的，责令其提交有效前置许可证件。通过年检审查，办理变更登记2036家，注销登记198家，吊销未按规定年检企业营业执照188家。

2011年，市工商局制定和实施企业年度检验“四统一”工作法（统一年检“时间”、统一提示“告知与催检通知”、统一补检、统一吊销），提高工作水平，加大工作力度，全年应参加年检企业15197家，实检10717家，注销1112家，对逾期未检的139家企业依法进行处罚，罚没入库10.03万元。

2012年，全市工商系统按照省工商局《全省工商系统2012年企业普查工作实施方案》（湘工商企字〔2012〕133号），采取年检普查与上门普查相结合的方法，5—9月开展全市市场主体普查工作，从而摸清底数，有效规范市场主体登记事项，全市应查企业17815家，实查14908家，登记事项与普查情况不符的685家，吊销企业667家。

全市1997—2012年内资企业年检情况统计

表2—2—1—1

年份	应检企业（户）	实检企业（户）	年检率（%）	注吊销企业（户）
1997	18985	17485	92.1	2096
1998	16889	158756	94	1807
1999	16097	14970	93	1780
2000	16301	13835	85	1926
2001	13756	11935	86.7	195

续表

年份	应检企业(户)	实检企业(户)	年检率(%)	注吊销企业(户)
2002	11411	9135	80.2	123
2003	13270	8849	66.7	97
2004	8530	6791	79.6	76
2005	7898	7013	88.7	82
2006	9438	8056	85.3	69
2007	10791	9123	84.5	63
2008	11097	9875	88.9	1717
2009	12853	9957	79.5	794
2010	15668	13621	86.9	386
2011	15197	10717	70.5	1112
2012	17815	14908	83.7	667

二、日常监管

日常监管是工商机关根据企业登记管理法律法规规定，对辖区内企业经营情况依法进行不定期与定期核查、督查与巡查，对新设立企业进行定期回访检查，是工商行政管理常规性、经常性与分散性相结合的监督管理方式。

1989—1995年，全市工商系统登记管理日常监管重点内容是，督促企业依法办理登记、取缔无照经营。

1996—2000年，主要针对一些企业擅自改变登记事项、超范围经营、虚假出资、抽逃出资、以实物与土地使用权出资不按规定办理财产转移手续等问题重点监督检查，打击企业违法违规行为，维护市场经济秩序。

2001—2006年，全市工商系统根据国家工商总局下发的《关于加强对企业属地监督管理工作的通知》，由工商所对企业实施属地监管，建立“上下联动、密切配合、信息畅通”的监管机制。市工商局规定基层工商所对辖区企业进行日常检查或巡查主要内容：是否按核准登记范围从事经营活动；是否按规定悬挂或置放营业执照；是否有伪造、涂改、出租(借)、转让或出卖营业执照行为；住所与经营场所是否真实；是否在规定期限内开展经营活动；企业法定代表人与负责人与核准登记是否一致；是否按规定出资等。对新设立企业，在其领取营业执照后6个月内进行回访检查，检查内容主要是登记事项，注册资本到位等情况。其间，全市工商系统对企业主体资格及经营行为实施动态管理。全市查处“两虚一逃”（即公司虚报注册资金、股东虚假出资、股东抽逃出资）企业 317 家，检查企业前置审批 1390 家，下发企业限期整改通知书 2780 多份。

2007—2012 年，全市工商系统加大关乎民生行业监管力度。重点突出食品、药品、农资、危险化学品、煤矿、非煤矿山、烟花爆竹、交通运输、娱乐场所、电力施工与供应、民用爆破器材等涉及人民生命财产安全社会公共利益行为企业审查和监管，对不符合法律法规要求的，责令依法办理变更与注销登记；对前置许可过期的，责令其提供或补办前置许可文件。其间，全市共办理变更登记 2790 家，补办前置许可证件 3197 份，取缔与吊销 942 家企业营业执照，规劝自动歇业 308 家。2012 年，市工商局制定和实施《网络商品交易及有关服务监管工作方案》（常工商发〔2012〕82 号），开展建立网络经济户口，推广网络工商电子链接标识，受理网络申诉、举报，开展网络消费维权，查处网络违法案件等。

三、整顿规范

1989—1990 年，市工商局针对全市流通领域公司过多过滥和批发环节过多，严重影响市场经济秩序的问题，对全市 989 家流通公司与 3993 家批发企业进行清理整顿，撤并公司 362 家，撤销党政机关开办的流通公司 81 家，剩余 36 家移交有关业务部门实行归口管理。注、吊销批发企业 845 家，缩小批发品种范围企业 1213 家，查处流通公司各种违法违纪案件 472 件，没收非法所得 356 万元，收缴偷税漏税 1607 万元。

1991—1996 年，根据省工商局与市政府领导指示精神，市工商局印发《关于清理四假企业的安排意见》，把清理“四假”企业与撤销挂靠企业作为整顿规范重点工作，采取“四查四审”方法，即：查企业变动情况，审定继续经营资格；查经营状况，审定企业优势；查隶属关系、劳动用工、工资分配、管理机制、财务制度，审定假冒挂靠；查违法违章行为，审定遵法守纪情况。在整顿规范过程中，与会计师事务所合作，由会计师事务所对企业资产负债与损益进行核查，确定企业经济效益、经营实力与实收资本等。通过“四查四审”，注销“四假”企业 312 家，划转为私营企业 376 家。在此期间，市工商局还开展清理党政机关所办企业，至 1994 年年底，全市党政机关已全部同所办经济实体脱钩。同时，对 15 个重点部门所办 236 家经济实体进行清理，其中停办与吊销 166 家，转划变更为个体工商户登记 40 户，保留 30 家，为有关部门收回投资 2398 万元。重点对党政机关所办 395 家经济实体，进行清理整顿，停办 154 家，其余转划或变更为无主管部门企业与个体登记，为有关党政部门收回资金 1621 万元。1995 年，全市工商系统开展一次综合性经营作风大检查，采取“一听、二看、三查”方式（即：听企业法定代表人汇报；看经营场所、看悬照经营；查固定资产、查收支账目、查经营行为）。通过经营作风大检查，市城区发现无照经营 112 家，未悬挂执照 215 家，违法违规经营 237 家。对这些企业分别作出停业整顿、限期整改与立案查处处理。1996 年，按照市政府常政发

〔1996〕49号文件精神，市工商局对“无资产、无机构、无场地”以及“假集体、假全民、假外资、假福利”企业进行全面清理整顿，对市城区188家企业进行重点清理，其中21家吊销营业执照，167家摘掉“全民”“集体”帽子变更为个体工商户。

1997—2000年，国务院发布《粮食收购条例》，全市工商系统根据粮食市场逐步放开的新情况，加强对粮食收购企业、粮食加工企业、粮食批发企业监督管理，重点检查取缔无照经营和查处超范围经营粮食企业，全市共吊销营业执照173家，停业整顿158家。其间，党中央与国务院决定，军队、武警部队和政法机关一律不准从事经营活动。市工商局抽调专门力量到市党政机关与所办经营实体脱钩工作领导小组办公室工作，对全市党政机关所办122家企业进行清理整顿，全部办理注销、改制或划转等脱钩手续，到2000年12月底，脱钩任务全面完成。

2001—2003年，为贯彻落实国家工商总局、公安部《关于整顿规范公司出资行为的通知》精神，市工商局与市公安局联合印发《关于规范公司出资行为专项行动整治方案》(常工商发〔2002〕17号)。通过年检与专项整治行动，加大对企业注册资本审查力度，查处“虚假出资、抽逃资本”案件173起，责令限期整改45起，移送司法机关处理3起。2002年，根据建设部等七部委联合下发的《关于整顿和规范房地产业市场秩序的通知》，全市工商系统对房地产开发公司进行检查与整顿，查处38起房地产开发公司虚报注册资本、抽逃资金违法行为。2003年，为贯彻国家煤炭工业局、国家工商总局联合下发的《关于贯彻执行〈煤炭经营管理办法〉依法整顿煤炭经营秩序的实施意见》，全市工商系统对煤炭行业进行整顿规范，关闭不符合生产条件的小煤窑92家，对多次催办不能按规定提交注册登记资料的4户煤炭生产企业依法办理注(吊)销手续。

2004—2006年，全市工商系统对涉及人民生命财产安全行业进行重点整顿规范，特别对从事危险物品生产、运输、经销企业，文化娱乐经营企业，化工产品经营企业及货物运输仓储企业进行全面检查，清理整顿液化气站104家、加油站168家、烟花爆竹生产经营户147家，对存在重大安全隐患的常德友谊天上人间酒店管理有限公司作出停业整顿决定，查处无照经营案件263起，依法取缔无照经营户147家，移交公安机关1起。

2007年，全市工商系统认真落实国务院发布的《国务院关于加强食品等产品安全监督管理的特别规定》(以下简称《特别规定》)，加强对食品生产与流通企业检查，督促5家食品企业补充前置审批材料，查处49家食品违法案件。

2008年，依据国家工商总局《关于兴奋剂专项治理工作的紧急通知》精神，市工商局与市药监局配合，全面清查化工类企业，对115家企业进行重点检查，对68家企业作出吊销营业执照处理。同时，加强对重点企业、行业监管力度，全年查处提供虚假年检资料6起，抽逃出资5起，对27起未按规定参加年检企业发出整改通知书。是年，为落实中共常德市委办公室常办发〔2008〕50号文件精神，对社会中介机构主体资格、从业人员、脱钩改制、诚信守法与项目收费等方面进行清查和整顿。

2009 年，全市工商系统登记注册管理部门积极配合“红盾护农”“限塑”“家电汽车下乡”等专项行动，通过企业年检，加强对企业经营资格与经营行为监管力度，维护公平竞争市场环境。

2010—2012 年，全市工商系统对企业监督管理实行“五个统一”（即统一电子台账、统一分类监管、统一巡查模式、统一监管内容、统一监管提醒）方法，提升监管信息化、规范化、现代化与高效化水平。期间，为落实市安全生产委员会《关于进一步做好安全生产工作的通知》（常安办明电〔2010〕5 号）等文件，市工商局印发《关于进一步做好安全生产工作的意见》（常工商发〔2010〕36 号），对 329 家矿山企业以及交通、危险化学品及易燃易爆企业进行监督检查，依法取缔存在安全隐患生产企业 5 家，责令19 家企业补办前置许可手续，维护正常安全生产经营秩序。2010 年，开展整治企业登记代理违法违规行为，对全市企业代理登记机构主体资格、经营行为进行全面清理整顿。

第二节　外商投资企业监督管理

一、年度检验

1993—2012 年，根据《企业法人登记管理条例》《企业年度检验办法》等法律法规，并按照国家工商总局及省工商局有关外商投资企业年检工作部署安排，市工商局对外商投资企业按年度进行检查。其主要内容包括：企业登记事项执行和变动情况；股东或出资人出资或提供合作条件情况；企业对外投资情况；企业设立分支机构情况与企业生产经营情况等。通过年检，工商登记机关据以确认企业是否具有继续经营资格。

1993 年，市工商局受省工商局委托对全市 1992 年年底前登记的 71 家外商投资企业进行年检，共年检 67 家，年检率达 94%。通过年检，全市外商投资企业实际投资 5079 万元，出资率为 53.52%，外方出资 138.73 万美元，出资率为 35.84%。

1994 年，市工商局对 158 户外资企业进行年检，办理变更登记 34 家，年检率达 92.4%，高于全省平均年检率 84.2%，受到省工商局表扬。

1996 年，在外商投资企业年检中，市工商局根据《公司法》《企业登记条例》《企业法人登记管理条例》有关规定，依法对湖南中意鬃刷有限公司、德晖宾馆有限公司、汉寿中华鳖养殖研究有限公司等 30 余家外商投资企业作出吊销营业执照行政处罚。

1998 年，全市应参加年检外商投资企业 209 家，其中年检合格企业 139 家，有正规核算会计报表的 92 家，盈利 24 家，占 17.78%，亏损 68 家，占 50.37%，未正式投产的 43 家，占 31.85%，从业人员 14261 人，纳税额户均 12.87 万元人民币，税后净利润户均 5.27 万元人民币，人均 4628 元，人均纳税 1795 元。

1999 年，全市应年检企业 174 家，参检 127 家，参检率 72.9%；已年检企业投产开业的共

80家，占65.6%；筹建企业32家，占26.2%；盈利企业18家，占14.75%，税后利润1036.9万元；亏损企业61家，占50%。没有参加年检47家企业中，有5家提出申请注销，30家属于外方撤资。

2000年，全市应参加年检外商投资企业200家，实际参加年检的174家，年检通过97家，吊销49家，未参加年检26家。通过年检的97家企业中只有15户登记资料齐全，有82家欠登记资料共250份，在年检过程中，有62家补充提供资料83份。有49家法人公司、6家分支机构违反《企业年度检验办法》，被吊销营业执照。

2008年，市工商局对全市在2007年12月31日前设立的外商投资企业进行网上年检。应参检企业144家，分支机构124家，实际参检企业90家，分支机构121家。在年检中，前置许可文件缺少或过期的必须补办后才能通过。另外，对没有从事该前置许可项目经营的，督促企业变更经营范围后年检。

2010年，市工商局创新方式，实行网上年检、预约年检与上门年检。应参加年检企业112家，分支机构190家，网上申报221家，网上完成初审221家，初审率达100%，实际参检企业77家，分支机构170家，参检率分别为68.8%和89.5%。

2011年，应检企业343家，含分支机构191家，实际参检279家(分支机构175家)合格率81.5%。其间，开展预约年检4次，有132家企业通过预约方式进行年检，开展上门年检活动2次，为10家企业上门办理年检手续。

2012年，网上受理年检申请323家，通过年检323家。在年检过程中，发现有资料不全、欠缴注册资金而未依法办理变更登记，缺少前置许可文件或文件过期的，一律暂缓通过，补办相关手续后方可年检。前置许可失效或超经营范围的，督促企业补办手续或变更经营范围后再予年检。投资者发生变更的，限期办理变更登记后再予年检。是年，新登记外商投资企业10家，外资变更为内资企业5家，注销外资企业9家，其中分支机构7家。

1993—2012年外商投资企业年检情况一览

表2—2—2—1

年份	应检企业(户)	实检企业（户）	年检率（%）
1993	71	67	94.4
1994	158	145	92.4
1995	217	199	91.7
1996	253	233	92.1
1997	241	220	91.2
1998	209	188	90.1
1999	174	127	72.9
2000	200	174	87

续表

年份	应检企业(户)	实检企业（户）	年检率（%）
2001	181	146	81.2
2002	155	187	82.3
2003	194	161	83.5
2004	324	268	82.7
2005	296	247	83.4
2006	319	261	81.9
2007	292	242	82.9
2008	268	211	78.7
2009	295	283	95.9
2010	302	247	81.2
2011	343	279	81.3
2012	323	323	100

二、出资管理

1993 年，市工商局对全市外商投资房地产企业出资情况进行重点监督检查。11 家企业投资总额 5744.55 万美元，注册资本 3428.02 万美元，实际出资 828.9 万美元，占应出资的 24.18%，其中外方总出资 496.45 万美元，占实际出资的 59.90%。通过对外资企业出资管理检查，了解企业资金来源与企业经营状况，并对企业存在问题提出整改建议，并将相关材料呈送市政府。

1994 年，市工商局针对部分外资企业长期不出资和资金不到位问题，采取与营业执照副本期限挂钩制约的办法。日常监督检查中发现 15 户外资企业出资不到位，市工商局将其执照副本扣留或进行经营期限变更，由此督促企业出资到位。是年，全市外商投资企业资金到位率达到 63.5%，居全省首位。

1998 年，根据国家工商局《关于中外合资经营企业注册资本与投资总额比例暂行规定》，通过严格监管，督促外商投资企业注册资本达到法定数额，杜绝自报自认行为。在年检登记审查材料时，结合项目批准书、合同与章程等审查把关，特别注重审查企业会计报表和审计报告，是年，对 5 家提供虚假报表和审计报告企业依法进行处罚，罚款 21 万元。严格控制注册资本与投资总额比例，确保外方出资到位，有效遏制虚假公司产生和由此引起的经济纠纷。

1999 年，全市工商系统采取走访企业与送达注册资本催缴通知等方式，加大服务和监管力度。市工商局外资科在分管副局长带领下，走访 59 家外商投资企业，发放注册资本催缴通知 79 份，督促企业及时出资。是年，全市新注册外商投资企业到资率达到 90%。

2001—2003 年，市工商局根据国家工商总局、公安部《关于整顿规范公司出资行为的通知》精神，加大对外商投资企业出资真实性审查与管理力度，重点打击虚报注册资本、虚假出资和抽逃出资行为。结合年检，加强对验资报告审查，重点审查出资方式合法性和出资真实性；加强对按期出资情况检查，凡不按期履约出资的，依法限期出资或限期注销；加强对非货币出资过户清理，使没有办理过户手续的外商投资企业依法办理过户手续，落实公司法人财产权。通过清理检查，全市共查处虚报注册资本、虚假出资、抽逃出资企业 5 家，罚款 4.3 万元；办理过户手续外商投资企业 19 家；采取其他方式整顿 31 家。

2008 年，市工商局贯彻省工商局《关于加强外商投资企业出资监管工作的通知》（湘工商外字〔2008〕73 号），建立外商投资企业出资台账，随时掌握企业到资情况，结合年检和行政提醒等方式加强提示与催缴出资，督促企业按时出资到位。是年，参检外商投资企业应出资 11159 万美元，实际出资额 10650 万美元，出资率为 95.4%，比上年度提高 24%。

2009—2012 年，市工商局加强外商投资企业注册资本动态监管，进一步完善外商投资企业出资台账，加大提示和催缴出资力度，通过年检和行政提醒等方式，督促企业注册资本按期到位。发照时对出资时间进行提示，接近出资时间进行提醒，超过出资期 1 个月进行催缴。对于确有困难的企业，指导其变更出资方式、期限或办理减资、延期出资手续。在此期间，市工商局印发行政指导意见书 71 份，下达责令整改通知 67 份，督促 7 家企业缴齐欠资，帮助 12 家企业办理减资手续，为 11 家企业办理延期出资手续。

三、换发证照

1995 年前，外商投资企业使用《中华人民共和国企业法人营业执照》《中华人民共和国营业执照》《外商投资企业办事机构注册证》和《外国（地区）企业常驻代表机构登记证》。1995 年 2 月，国家工商局印发《关于启用〈中华人民共和国企业法人营业执照〉等六种新式证照及

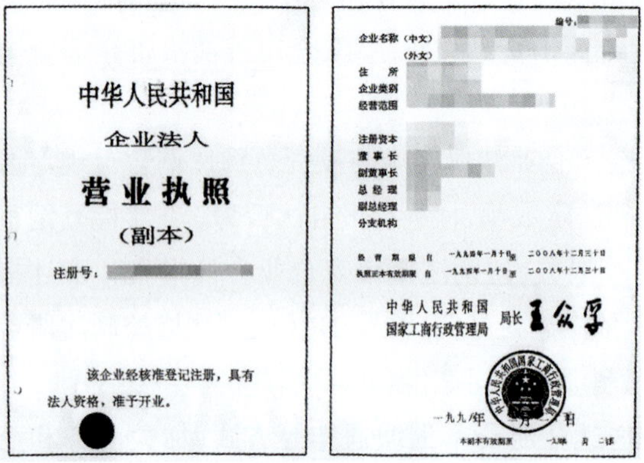

1995 年版外商投资企业法人营业执照副本样本

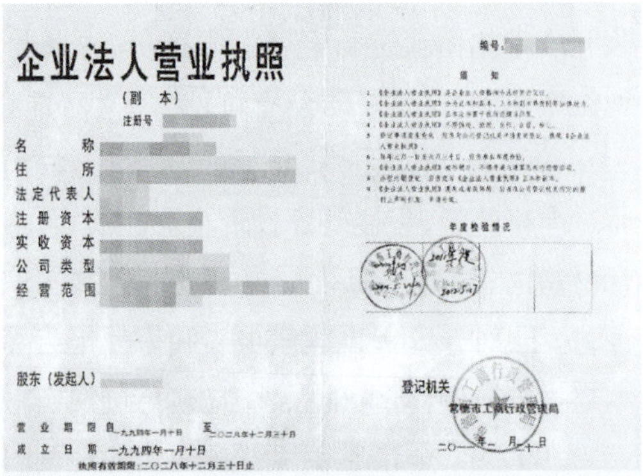

2001 年版外商投资企业法人营业执照副本样本

核定登记事项有关问题的通知》,对外商投资企业使用的《中华人民共和国企业法人营业执照》等六种证照规格、登记事项作出调整。为落实国家工商局核发新证照通知精神,1995 年 7 月至 1996 年年底,市工商局为 217 户外商投资企业换发新版营业执照。

2000 年 12 月,国家工商局印发《中华人民共和国企业法人登记管理条例施行细则》(修正案),对外商投资企业及分支机构登记注册主要事项、核发证照登记机关及证照名称予以调整,并印发《关于做好更换外商投资企业营业执照版式工作的通知》,对外商投资企业营业执照进行调整。2001 年 1 月 1 日起,为外商投资企业换发新版营业执照,旧版营业执照自 2002 年 1 月 1 日废止。截至 2001 年 12 月底,全市共核发新版外商投资企业营业执照 191 家,换照工作全部完成。2002—2012 年,外商投资企业营业执照未发生变化。

四、属地管理

1993 年前,外商投资企业登记管理由国家工商局授权省级工商局直接办理。市级工商局企业登记机关根据省工商局安排,在申请初审、企业回访以及年度检验等方面配合省工商局外商投资企业登记管理机关做好有关工作。

1993 年,国家工商局授予市工商局外商投资企业直接核准登记权。市工商局从企业登记机关抽调干部,组建外商投资企业登记管理科。县级工商局企业注册登记管理机关设置外商投资企业专干,配合市工商局外资科做好相关工作,包括对辖区内外商投资企业进行日常回访检查、年检实地抽查、进行核审登记时对企业地址进行勘查等。1995 年,国家工商局印发《企业法人登记主管机关对新设立企业定期检查制度》,规定各级登记主管机关应在企业领取营业执照后六个月内对企业进行定期检查, 市工商局外商投资企业登记机关坚持执行定期检查制度,回访检查率每年都在 80%以上,通过回访检查,掌握企业是否遵守登记事项及出资与经营等情况,并及时纠正企业违法违章经营等问题。是年,为加强外商投资企业管理,市工商局印发常工商字〔1995〕46 号文件,明确 10 名工商干部为各县级工商局外商投资企业监管员,并制定工作职责与目标管理记分细则。

2001 年后,国家工商总局印发《关于加强对企业属地监管工作的通知》,要求充分发挥基层工商所作用,改革监管方式,切实加强企业监管,加大执法力度,提高执法效能。2004 年,市工商局根据国家工商总局《外商投资企业授权登记管理办法》有关规定,印发常工商发〔2004〕30 号文件要求全市各属地工商所在监管过程中发现外商投资企业有违反工商行政管理法律法规行为的,必须及时向市工商局外资科反映,并以市工商局名义立案查处,否则,将严肃追究单位领导及有关人员责任。2005 年后,市工商局按照国家工商总局和省工商局关于加强属地管理要求,在全市三级工商机关建立"经济户口",初步建立市工商局登记、县级工商局及工商所参与监管、市县所三级联动监管体制。2007—2012 年,为加大监管力度,提高服务水平,市工商局按照"经济户口"管理内容,实行属地管理。依据《湖南省外商投资企业属地监管办法(试行)》规定,工商所对新设立外商投资企业及分支机构建好"经济户口"电子档案和书式台账,建立外资企业监管服务联络员制度,明确工商所一名副所长为联络员,开展日常巡查,查处外商投资企业擅自改变登记事项等违法违规行为,并及时将巡查日志,录入外商投资企业属地监管(登记)系统。同时,落实企业回访制度,纠正企业违反登记事项行为,了解企业需求,帮助解决发展难题,促进外商投资企业健康发展。

第三节　私营企业和个体工商户监督管理

一、年检验照

(一)私营企业年检

1989年,全市开始登记私营企业,并实行私营企业年检制度。年检基本程序为:企业申请、报送年检报告书和其他有关材料;登记机关受理审核年检材料;企业缴纳年检费;登记机关在其营业执照正副本加贴年检标识或加盖年检戳记;登记机关发还营业执照。对逾期年检或年检不合格企业,依法予以查处。1991年11月,国家工商局印发《关于私营企业年检若干问题的通知》规定,年检时间为每年一季度,年检对象为上年底以前工商登记机关登记注册的各类私营企业及其分支机构。年检内容主要是检查私营企业登记事项与经营状况,如企业是否按核定经营范围、经营方式从事生产经营;企业实有资金与雇工人数变动情况,盈利企业是否留足生产发展资金;是否有非法经营国家禁止或限制生产经营的商品,制售假冒伪劣商品和出租、转让、出卖、骗取、伪造、涂改营业执照等违法违章行为;是否按规定办理变更登记,注销登记与重新登记。年检采取私营企业自查与登记机关审查相结合的方法。

1993年12月,国家工商局印发《企业法人年度检验办法》规定,领取《企业法人营业执照》的私营企业年检起止日期为每年1月1日—4月30日,私营企业应如实填写《私营企业年检报告书》和《私营企业资金平衡表》,工商机关可聘请社会审计组织协助年检。

1996年12月,国家工商局印发《企业年度检验办法》,自1997年1月1日施行(1993年12月发布的《企业法人年度检验办法》同时废止),将私营法人企业(有限责任公司与股份有限公司)以及私营非法人企业(合伙企业、独资企业及其分支机构)纳入年检范围,年检起止日期为每年1月1日—4月30日。登记主管机关将通过年检的企业分为A、B两种级别,A级为遵守工商法规情况良好企业,B级为有违反工商法规行为企业。在其营业执照上加贴带有A、B字样年检标识和加盖年检戳记后,企业取得继续经营资格。B级企业不得办理增设分支机构和增加经营范围的变更登记,不得设立有限责任公司或股份有限公司。

1997年,全市私营企业、合伙企业年检按国家工商局《关于私营企业年检若干问题的通知》规定进行。自然人投资设立有限责任公司及其分支机构使用《公司年检报告书》《年检报告书》;独资企业、合伙企业及分支机构使用《私营企业年检报告书》;上述三类企业一律填报

《资产负债表》及《损益表》,不再填报《资金平衡表》,依照国家工商局规定,全市工商系统从1998年起,对合伙企业和独资企业使用统一年检标识;从1999年起,个体工商户、独资企业、合伙企业使用统一年检标识。通过年检验照的个体工商户、合伙企业和独资企业,均在其营业执照正、副本粘贴标有"年份"字样年检验照标识。

2000—2001年,全市各级工商机关根据省工商局有关指示精神,以"前置审批、出资管理,关停'六小'企业"为审查重点,严格年检审查程序,实行工商所初审报县工商局复审再报局领导审批"三级审检"把关,严格前置审批条件查验,严格审查实物过户。

2002—2004年,按照国家工商总局、公安部《关于规范公司出资行为的通知》,全市工商系统把注册资本到位情况作为企业年检重点,严厉查处"两虚一逃"。2003年,查处涉嫌虚假出资、抽逃出资私营企业67家。2004年,查处虚假出资与虚报注册资本案件28起,罚款25万元。

2005年,根据国家工商总局《关于加强企业监督管理工作的若干问题的通知》精神,试行企业免检制度,全市应检私营企业5204家,已检4795家,年检率92.14%,共有32家企业获得免检资格。

2006—2007年,全市工商系统改革验照年检方式,试行网上年检,对私营企业进行分时段年检,避免企业申报年检时间集中,造成排队等候现象。

2008—2009年,市工商局创新年检工作方式,全面推进"网上年检",从此全市市场主体网上年检工作步入常规化与规范化轨道;同时,继续推行企业年检免检制度,并将企业年检全部进入市(县)政务中心窗口,提高年检工作透明度。是年,根据省工商局《企业年检免检办法》规定,评出40家企业为年度免检企业,并在《常德日报》公示。

2010年,市工商局印发《常德市市场主体普查与整治无证照经营行为专项行动实施方案》,4月9日—5月15日,在全市范围内开展市场主体普查工作,普查工作按照"三个摸清""三个百分之百""三个一致"和"户口清、状况明、分类准、信息全"要求进行。坚持以网格责任监管区为依托,按照"横到边、纵到底"要求进行地毯式普查清理。在普查中发现无照经营户11159家,其中涉及前置许可的5586家,引导办照2283家,依法取缔无照经营332家,立案查处无照经营案件76起。

2012年,为贯彻《全省工商行政系统2012年企业普查工作实施方案》(湘工商企字〔2012〕133号),市工商局印发《常德市工商系统2012年市场主体普查工作实施方案》(常工商发〔2012〕70号),要求各县级工商局通过企业年检与个体工商户验照开展普查工作,对于普查前已通过年检验照和6月30日后未通过年检验照市场主体,包括外资企业和农民专业合作社,由工商所上门普查,普查工作从6月开始到8月结束,全市共普查市场主体143474家,其中普查企业15561户(年检普查11844家,上门普查3064家,拟吊销企业653家),普查个体工商户127913户(验照普查45162户,上门普查82751户),普查发现无证无照经营户5541户,名存实亡市场主体15002户,登记事项与普查情况不一致的685户,责令变更登记和规范住所登记307户。

1989—2012年全市私营企业年检情况一览

表2—2—3—1

年份	应检(户)	已检(户)	年检率(%)
1989	192	161	81.39
1990	162	162	100
1991	151	151	100
1992	179	171	95.53
1993	428	412	96.26
1994	1931	1735	89.85
1995	2838	2348	82.73
1996	3502	3143	89.75
1997	3770	3562	94.48
1998	4010	3941	98.28
1999	3518	3311	94.12
2000	2427	2317	95.47
2001	1642	1425	86.78
2002	1754	1645	94.25
2003	3373	3209	95.14
2004	4141	3983	96.18
2005	5204	4795	92.14
2006	5908	5309	89.86
2007	6988	6873	98.35
2008	4036	3979	98.59
2009	8445	8314	98.45
2010	11360	9987	97.91
2011	12927	11837	91.57
2012	14420	14315	99.27

（二）个体工商户验照

1987年国务院发布的《城乡个体工商户管理暂行条例》及《实施细则》规定：个体工商户应当每年在规定时间内，向所在地工商机关办理验照手续，逾期不办理且无正当理由的，工商机关有权没收其营业执照。1989—1998年，全市各级工商机关对辖区内个体工商户按规定每年进行一次验照贴花。对于验照合格的个体工商户，在营业执照左下方贴花（贴花标示由省工商局统一设计印刷）。1998年，全市个体工商户验照贴花与亮照悬挂率均达90%以上。是年，市工商局被评为全省个体私营企业管理工作第一名。

1999年起，根据国家工商局《关于个体工商户、私营企业、合伙企业使用统一年检验照标识的通知》规定，全市各级工商机关对个体工商户、私营企业和合伙企业验照年检使用统一年检验照标识。通过年检验照的，在其营业执照正副本加贴统一标有"年份"字样年检验照标识。

1999—2000年，全市个体工商户验照与统一核发新版《个体工商户营业执照》工作同步进行。个体工商户先通过验照，再填写换照登记表并办理有关手续，登记机关收回原营业执照，然后在新执照上贴花。期间，年检验照重点对象是从事食品、药品、危化品、采矿、建筑、安装、车船运输、烟花爆竹及娱乐业经营的个体工商户。在2000年验照工作中，市工商局制定了个体登记管理"五到位"工作措施（管理"两到位"、登记"三到位"），严格验照审查程序，做到见人、见物和见照。

2001—2002年，全市工商系统主要把个体工商户是否出租转让营业执照、超范围经营以及未经批准一照多摊（点）行为作为监管重点。2002年，全市查处不规范证照经营行为2423起，非法转让营业执照151起，使用过期营业执照1262起。

2003—2005年，市工商局强化基础工作，实行"经济户口"管理，按照"以人为本、责任到人、服务到户、监管到位"工作理念，大力推行"零基数"管理。按照"提高效率、方便业户、注重实效、促进发展"与"谁登记、谁管理"原则，结合"经济户口"属地管理，实行县级工商局授权基层工商所负责其辖区个体工商户验照工作，由年度集中验照改为月度分散和年度集中相结合验照方式，试行个体工商户滚动验照改革，较好地解决了验照时间过于集中、业户不便等问题，提高验照工作效率与质量。

2007—2012年，全市工商系统推行个体工商户分层分类登记管理。2007年8月，市工商局印发常工商发〔2007〕8号文件，对全市个体工商户分层分类登记管理作出具体规定，工商所依据上级工商机关委托行使本辖区个体工商户验照职权，并按照市工商局制定的《个体工商户验照备案表》，及时将相关资料，录入市工商局综合业务系统，将《个体工商户验照备案表》置入"经济户口"书式档案。2009年，为贯彻国家工商总局〔2008〕33号令，市工商局印发《个体工商户验照办法有关事项的通知》（常工商发〔2009〕1号），对个体工商户验照作出十三条规定，统一"个体工商户验照报告表"与个体工商户验照戳记样式。

市工商局制定的“个体工商户验照备案表”

表 2—2—3—2

<table>
<tr><td>姓　名</td><td colspan="3"></td><td colspan="2">名称字号</td><td colspan="2"></td></tr>
<tr><td>注册号</td><td colspan="3"></td><td colspan="2">地　址</td><td colspan="2"></td></tr>
<tr><td>网格编码</td><td colspan="3"></td><td colspan="2">联系电话</td><td colspan="2"></td></tr>
<tr><td>经营范围</td><td colspan="3"></td><td colspan="2"></td><td colspan="2"></td></tr>
<tr><td colspan="8">基本情况（有变化的项目打“√”）</td></tr>
<tr><td colspan="2">□名称发生变化</td><td colspan="2">□负责人发生变化</td><td colspan="2">□地址发生变化</td><td colspan="2">□经营范围发生变化</td></tr>
<tr><td colspan="2">缴纳税款情况</td><td colspan="6"></td></tr>
<tr><td>估计营业额</td><td colspan="2">元</td><td>实　缴
缴　额</td><td>元</td><td colspan="2">上年管理费</td><td>元</td></tr>
<tr><td colspan="8">验照结果</td></tr>
<tr><td rowspan="3">发现问题（有问题项目打）“√”</td><td colspan="4">□隐瞒真实情况弄虚作假</td><td colspan="3">□转让出借执照</td></tr>
<tr><td colspan="4">□前置审批违法违章过期</td><td colspan="3">□连续一年以上无经营</td></tr>
<tr><td colspan="7">□其它</td></tr>
<tr><td>处罚情况</td><td>□有</td><td>□无</td><td colspan="2">罚款　元</td><td colspan="3">没收非法所得　元</td></tr>
<tr><td>审核意见</td><td colspan="4">年　月　日</td><td colspan="2">验照结论</td><td>□通过
□不通过</td></tr>
</table>

1989—2012 年全市个体工商户验照贴花情况一览

表 2—2—3—3　　单位：万户

年份	个体工商户总数	验照	已验照贴花	占比（%）
1989	5.96	4.97	4.86	81.50
1990	6.38	5.13	4.97	77.89
1991	6.79	5.96	5.69	83.79
1992	7.45	6.79	6.56	91.90

续表

年份	个体工商户总数	验照	已验照贴花	占比（%）
1993	9.37	7.47	7.36	78.54
1994	14.07	9.70	8.95	63.61
1995	17.07	17.06	14.78	86.58
1996	19.88	19.80	18.21	91.60
1997	21.08	20.01	19.13	90.75
1998	21.99	21.90	17.94	81.58
1999	19.6	18.53	17.21	87.81
2000	12.64	11.54	9.74	77.06
2001	11.80	10.17	8.97	76.02
2002	9.66	8.96	8.70	90.06
2003	9.37	8.79	8.21	87.62
2004	7.81	7.53	6.93	88.73
2005	8.11	7.99	7.55	93.09
2006	8.27	8.05	7.98	96.49
2007	8.44	8.13	7.94	94.08
2008	10.83	9.98	9.73	89.84
2009	10.91	10.12	9.95	91.20
2010	12.59	11.97	10.87	86.34
2011	14.17	13.49	12.99	91.67
2012	15.23	14.95	14.06	92.32

二、日常管理

（一）登记费与管理费

1989—1991年，个体工商户登记费按1988年国家工商局、财政部、国家物价局《关于调整个体工商户登记费收费标准的通知》执行，私营企业登记费适用国家工商局、财政部、国家物价局1988年12月下发的《关于企业法人登记费收费标准及使用范围的规定》。

自1992年，全市工商系统收取私营企业、个体工商户注册登记费收费标准，按照1992年国家物价局、财政部联合下发的《关于发布工商行政管理系统行政性事业性收费项目和标准的通知》执行。具备法人条件私营企业注册登记费标准：注册资金总额1000万元以下按总额1‰收取；注册资金总额超1000万元的，超过部分按0.5‰收取；登记收费最低款额为50元。不具备法人条件的私营企业注册登记费收费标准：注册登记费300元；筹建企业登记费50元；变更登记费100元；企业法人注册资金增加部分与原注册资金之和未超过1000万元的，增加部分按1‰收取注册登记费；超过1000万元的，其超过部分按0.5‰收取登记费；超

1 亿元的，其超过部分不予收取，已经收取增加注册资金登记费的不再收取变更登记费。企业年度检验费标准为每户 50 元，企业补（换）照及领取证照副本收费标准为 50 元与 10 元。个体工商户登记费为每户 20 元，每四年重新登记或换发一次营业执照，收费 20 元，办理变更每次 10 元。个体工商户按以下标准交纳管理费：从事购销活动的按营业额 0.5%—1.5%收取；从事劳务活动的按收入总额 1%—2%收取。

1999 年 10 月，国家计委、财政部《关于第二批降低收费标准的通知》规定，个体工商户管理费在原标准上下调 20%，并改为定额核定。至 2008 年 9 月，全市个体工商户登记与管理费没有进行调整，在实际操作中收费标准都就低不就高。

2008 年 8 月，财政部、发展改革委、国家工商总局联合发出通知，决定从是年 9 月 1 日起，在全国统一停止征收个体工商户管理费与集贸市场管理费。全市工商系统认真落实通知精神，在摸清底数基础上，将部分工商所全年定额超过 9 月收取的管理费退还个体工商户，全市总计退费 648.77 万元，涉及个体工商户 19552 户。

2012 年 12 月 19 日，财政部与国家发展改革委发布《关于公布取消和免征部分行政事业性收费的通知》（财综〔2012〕97 号）规定，工商行政管理部门企业注册登记费与个体工商户注册登记费免征期自 2013 年 1 月 1 日起至 2014 年 12 月 31 日止。

（二）证照管理

1.私营企业

私营企业营业执照类别一览

表 2—2—3—4

登记依据	企业类型	执照名称
《私营企业暂行条例》	私营独资企业 私营合伙企业	营业执照
《公司登记管理条例》	私营有限责任公司 股份有限公司	企业法人营业执照
	分支机构	营业执照
《合伙企业登记管理办法》	合伙企业	合伙企业营业执照
《个人独资企业登记管理办法》	个人独资企业	个人独资企业营业执照
	分支机构	个人独资企业分支机构营业执照

私营企业应将营业执照正本置放在经营场所醒目位置，登记主管机关可根据私营企业申请和实际需要核发若干营业执照副本。营业执照不得伪造、涂改、出售出租与出借或以其他方式转让，遗失或损坏的，应在报纸上声明挂失作废，并向登记机关申请补发或更换。登记机关根据需要，可临时扣留营业执照，但扣留期不得超过 10 天，私营企业需向有关部门提交营业执照复印件的，应经原登记机关同意，并在复印件上加盖登记机关公章。根据国务院《关于取消第一批行政审批项目的决定》，2003 年 2 月，国家工商总局发出通知，取消营业执照

上加盖原登记机关公章规定，由企业自行复印营业执照，并在复印件上注明与原件一致，加盖本企业公章即可。

2.个体工商户

根据《城乡个体工商户管理条例》及《实施细则》规定，个体工商户营业执照分为正、副本，可作为签订合同、注册商标合法证件及营业凭证。全市各级工商机关严格按照规定实行管理，要求个体工商户在生产经营活动中将营业执照悬挂在经营场所显眼地方，不得涂改、出租、转借、转让或出卖给他人；督促其在规定期限内到原登记机关办理年度验照手续；对发照后不经营超过6个月的个体工商户，工商机关收缴其营业执照。

（三）档案管理

1990年10月，国家工商局印发的《个体工商户档案管理暂行办法》规定，1991年，县级工商机关对申请登记领取营业执照开业经营的个体工商户、个人合伙、私营企业按户建立正式档案。1993年8月，国家工商局发布《私营企业档案管理暂行规定》，全市工商系统按规定完善私营企业档案。私营企业档案由开业登记材料、日常管理材料与其他材料组成，按户建档、一档多卷。档案由核准登记机关建立和管理。同时，按照1994年7月起施行的《公司管理条例》关于公司档案管理规定，对借阅、抄录、携带、复制公司登记档案资料的，均按规定权限与程序办理。任何单位和个人不得修改、涂抹、标注、损毁公司登记档案资料。1995—2005年，全市工商系统逐步完善与完成私营企业档案录入扫描，提高登记工作电子化水平。

2006—2012年，为加强档案信息化建设，全市工商系统档案资料归口信息中心管理，实现档案配套设施现代化，档案信息数字化、档案管理软件规范化。2007年，市工商局信息中心完成71625家企业档案电子数字转换工作，形成电子、纸质档案“管理双轨制，保存双套制”格局，同时，为了开发利用档案信息，服务经济社会发展，市工商局在全市工商系统设置13个市场主体档案查询窗口，做到电子档案存储、检索、加工、归档与查询自动化。2009—2012年，市、县工商局对全市工商登记机关市场主体登记信息，与监管服务资料编研成市场主体情况报告呈送同级人民政府及相关部门，为领导决策与社会各界服务。

（四）经营行为监督管理

1989—2012年，全市各级工商机关对个体私营企业经营行为依法实行监督管理。登记事项监督管理：包括检查个体私营企业是否在登记中隐瞒真实情况，弄虚作假；是否未经核准登记擅自开业；是否超越核准登记经营范围从事生产经营活动；是否擅自改变经营方式；是否按规定办理变更与注销登记；是否有伪造、涂改、出租（让、卖、借）营业执照等行为。经营活动监督管理：主要是重点检查是否有违反合同、广告、商标、市场管理等法规行为；是否有生产销售假冒伪劣商品，扰乱市场秩序行为；以及国家法律法规赋予工商机关给予行政处罚的其他违法行为。

（五）个体工商户分层分类管理

为贯彻国家工商总局《个体工商户分层分类登记管理办法》，2005年，市工商局制定《常德市工商行政管理局个体工商户分层分类管理改革方案》(常工商发〔2005〕18号)。此后,全市工商系统实行分层管理注册,强化经济户口管理,建立市场巡查机制,对个体工商户实行信用分类监管。

三、专项整治

(一)无照经营专项整治

1991—1992年,全市工商系统清理无照经营与开展社会主义教育相结合,共清理无照经营户3855户,取缔不具备生产经营条件无照经营户2250户,责令1605户限期办理营业执照。

1997年11月,国家工商局、公安部、国家税务局联合印发《关于对无照经营进行综合治理的通知》,全市工商系统采取多种形式宣传有关清理无照经营法律法规和政策精神,突出重点对无照经营进行综合治理。在城镇主要清理整顿挤占街道、随意乱摆摊点无照经营,在农村重点清理专业村中无照经营。对生产销售假冒伪劣商品损害消费者合法权益的无照经营户依法严厉查处。无照经营综合治理,坚持集中清理与巡回检查相结合,集中整顿与日常管理相结合,治理与疏导相结合等原则,该规范的规范,该取缔的予以取缔。

2000年,市工商局开展规模空前的依法取缔无照经营、照章征收管理费检查行动,全市各级工商机关抽调45名骨干组成11个执法检查组。检查行动共取缔无照经营12249户,重新登记发照21079户,补收管理费300多万元。

工商执法人员查验个体工商户营业执照

2002年8月,国家工商总局印发《关于进一步开展取缔无照经营的通知》,全市工商系统集中时间与执法人员,进一步开展取缔无照经营活动,查处无照经营3979户,补办营业执照5793户,查处无照经营违法案件793起。

2003年1月,国务院发布《无照经营查处取缔办法》,自是年3月1日起施行。2月19日,国家工商总局印发

《关于贯彻〈无照经营查处取缔办法〉的通知》。全市工商系统以此为契机，坚持教育与处罚相结合，查处与引导相结合原则，制定工作方案，成立无照经营查处取缔领导小组，出动执法人员 2910 人次，对无照经营等违法行为进行集中查处，共清理无照经营户 11096 户，补办营业执照 10250 户，依法取缔无照经营户 1319 户，查处无照经营案件 527 起，罚款 71 万元。

2004 年，为进一步贯彻国务院《无照经营查处取缔办法》，全市工商系统开展"红盾巡航"专项整治行动，重点清理整顿食品、药品、烟花爆竹、化学危险品、家用、化肥、种子、农药、矿山开采等涉及人民生命财产安全行业，共立案查处无照经营案件 263 起，罚款 70 万元，依法取缔无照经营 147 户，移送公安机关 1 起。

2005 年，根据省工商局统一部署安排，市工商局决定从 3 月开始，在全市范围内开展查处取缔无照经营"红盾风雷"行动，重点对食品、药品、种子、农药、农膜等生产、加工和销售无照经营行为清理整治；加强对网吧、餐饮、电子游戏、音像出版、职介、婚介、教育培训、劳务中介服务无照经营行为进行整治；突出整治城市社区、城乡接合部、学校及大型企业周边地区和部分农村集贸市场、封闭式管理市场或墟场无照经营行为。通过 4 个月集中整治，查处无照经营 5975 起，补发执照 7891 户，立案查处各类违法违规案件 379 起。

2007 年 12 月，根据市政府发布的《清理整治无证无照经营通告》，市工商局制定《开展清理整治无照经营工作实施方案》，将清理整治无照经营工作纳入 2008 年各单位考核内容。通过清理整治，全市查处无照经营 6622 户，补办营业执照 5372 户，规劝自动歇业 308 户，立案查处与取缔无照经营 942 户。

2010 年，市工商局成立清理整治无照经营专项行动领导小组，4 月 1 日—5 月 15 日，开展无照经营专项整治行动，全市共查处无照经营 11159 户，引导办照 2283 户，取缔无照经营户 332 户，立案查处无照经营案件 76 起。

（二）特殊行业专项整顿

1.旅馆服务业清理整顿

1995 年 8 月，国家工商局、公安部联合印发《关于对私营旅馆服务业进行整顿、严厉打击卖淫嫖娼等违法活动的通知》，全市工商系统着重对城镇繁华地段、城乡接合部、路边店中旅馆服务业进行清理整顿，全市共清理整顿私营旅馆 1703 家，查处违法违章经营案件 59起。

2.娱乐服务业清理整顿

1999 年 7 月，国务院发布《娱乐场所管理条例》，国家工商局印发《关于贯彻落实〈娱乐场所管理条例〉的通知》，全市工商系统认真学习和贯彻《条例》精神，严格按照《条例》规定，依法对娱乐场所进行登记注册，把从事娱乐经营私营企业与个体工商户作为日常监管与年检验照工作重点，切实履行职责，加大监管力度，维护娱乐场所经营秩序。

3.电子游戏服务业清理整顿

2000 年 6 月，国务院办公厅转发文化部等部委《关于开展电游经营场所专项治理的意见》,决定于是年7—9月,在全国集中开展电子游戏经营场所专项治理,严厉打击卖淫嫖娼,聚众赌博、吸毒贩毒等社会丑恶现象。全市各级工商机关积极参与专项治理行动,严格执行前置审批有关规定,严把市场准入登记关,全面清理整顿电子游戏等娱乐场所,加大处罚力度,严厉打击违法经营行为。

4.网吧服务业专项整治

2002年8月,国家工商总局印发《关于进一步加大查处非法经营“网吧”力度的通知》,决定于是年9月1日—10月15日对非法经营网吧进行一次全面清理检查。市工商局将此项工作延长至11月,通过清理整顿,取缔无证无照经营213家,吊销营业执照19家,收缴有害广告牌匾315块,同时,对在网吧出售摇头丸违法行为进行查处。

2008年,市工商局与市文化、公安、电信等部门联合开展“黑网吧”专项整治行动,检查网吧1092户,查处网吧违法经营65户,吊销营业执照19户,查处取缔“黑网吧”85户,查封“黑网吧”营业场所39处,没收“黑网吧”业主电脑46台。

2010年,市工商局印发《开展网吧专项整治联合行动工作方案》(常工商发〔2010〕64号),全市出动执法人员3038人次,对1109户网吧经营户进行地毯式检查,查处违法经营51户,吊销营业执照7户,取缔“黑网吧”59户。并以此为契机,建立长效监管机制,将互联网纳入网格责任监管之中,加强与有关部门协作,实行联合执法,建立联动机制,保持高压态势。

5.矿山开采业专项整治

为贯彻国务院《关于清理整顿个体采煤的通知》,自1991年,全市工商系统加强对个体采煤与采矿监管,严格执行前置审批规定,对不符合办矿条件的,一律不核发证照。2011年,市工商局按照市政府部署要求,开展沙砾石开采业专项整治,对提交登记材料不齐全和提交虚假登记材料的12家沙砾经营户予以查处取缔。

6.个体印刷业专项整治

1997年,国家工商局印发《关于清理整顿个体、私营印刷业的通知》,全市工商系统集中一个月时间,对79户个体私营印刷业户进行清理整顿,对21户有问题业户进行查处,规范印刷业经营秩序。

(三)重点商品专项整治

1998—1999年,全市工商系统开展对个体私营粮食经营户进行清理整顿,对非法粮商重拳出击,采取“层层举报,白天采点,夜晚出击”等办法加大专项治理力度,全市共查处非法收购粮食案件1344起,吊销营业执照与停业整顿158家,没收稻谷3608吨,罚款312万元。

自1989年,全市工商系统依据国家相关法律法规与政策精神,对生产经营影响国计民生的其他重要商品个体私营企业进行多次专项整治,维护市场经营秩序,保护消费者合法权益。

第四节 监督管理方式创新

1989—2000 年,全市工商系统对市场主体监管主要是通过年检验照,回访检查,专项治理整顿以及投诉举报处理等方式和途径进行。2000 年后,特别是 2007—2012 年,针对市场主体日益增多,市场秩序潜在风险增大,服务对象期求增加等特点,为提升工商系统整体监管效能,市工商局在监管方式方法上进行重大改革,实现集中整治向日常监管、传统监管向科学管理、事后监管向事前管理转变。

一、市场巡查制

1998 年,国家工商局印发《关于在市场监管中推行巡查制的通知》(工商市字〔1998〕64 号),要求全国各级工商行政管理机关推行市场巡查制,进一步改革和创新市场监管方式,规范市场监管行为、提高队伍素质、实现职能到位。市场巡查主要内容为:及时查验市场主体经营资格,规范市场主体经营行为;检查商品来源和流通渠道,查禁假冒伪劣;调解处理交易纠纷,受理消费者投诉,及时查处商品交易中违法违章行为,维护市场秩序,保护消费者权益。此后,全市各级工商机关通过实践并借鉴和学习外地经验,推行和完善市场巡查制,强化各类市场日常监管。2005 年,市工商局制定《常德市工商行政管理局市场巡查实施办法》(常工商发〔2005〕61 号),对全市工商系统市场巡查组织、职责、内容、形式、规程等方面作出具体规定,至此,全市工商系统推行市场巡查制工作基本达到常态化与规范化要求。

2007 年,市工商局根据省工商局《流通领域商品质量市场巡查办法》规定,印发《集贸市场与食品批发市场巡查制度》(常工商发〔2007〕126 号),规定工商所 1 周进行 1 次巡查,市场监管机构 1 季度进行 1 次巡查,明确工商机关与相关行政执法部门联合巡查日,以及市场巡查 6 方面内容与要求等。

2012 年,市工商局制定和实施《数字定位巡查法》(又称“三对一”数字定位巡查法)即以信息化定期提示为依托,运用独有数字代码准确定位巡查人员与现场,按照巡查内容对监管对象实施定量巡查。数字定位巡查操作方式为:填单—巡查—录入—交单。

二、经济户口与网格监管制

“经济户口”是监管市场主体的重要依据。“经济户口”信息包括静态和动态两个方面,静态管理信息主要是以登记注册资料为主,包括企业名称、住所、法定代表人、注册资本、企业类型、经营范围、经营期限、开业日期等基本情况;动态管理信息以工商所对市场主体日常监管情况为主,包括变更与注销登记及定期检查、日常检查、专项检查、年检与处罚等情况。“经济户口”管理资料是工商机关对市场主体登记注册、监督管理过程中形成的以户为单位,能反映市场主体经营情况与管理全部内容的综合资料。“经济户口”管理是国家工商局1999年在全国工商系统推行的一种登记机关与基层工商所上下联动、密切配合的管理模式。“经济户口”由工商所负责建立,按照一户一档立卷,已登记注册市场主体由工商所集中立卷,新开办企业在收到登记机关返回登记资料后10个工作日内归档;注(吊)销企业在收到注(吊)销核准通知后10日内另行立卷;迁出(入)企业工商所在收到登记机关出(入)企业通知书后20天内与迁入(出)地工商机关办理移交手续。

2000—2003年,全市工商系统进一步加强基础工作,健全和完善“经济户口”管理制度。2003年10月,市工商局组织机关科室负责人与各县级工商局局长到怀化鹤城考察学习。随后,制定“以人为本,责任到人,服务到户,监管到位”十六字思路。是年,市工商局投资350万元,成立计算机网络信息中心,开通红盾信息网,借助统一网络信息平台,将全市工商系统分散的各项工商业务资料进行汇总整合,完善“经济户口”与市场主体集合监管信息数据库。

2004年,全市工商系统通过建立“经济户口”电子档案与书式档案,对全市“经济户口”数据库进行整合,组织两次“经济户口”集中督查,提高全市工商系统“经济户口”管理水平,形成“四多四少”工作氛围(即:队伍谋事多了,谋人少了;工商干部与市场主体交流沟通多了,监管对象对工商执法人员抵触少了;干部为市场主体服务多了,社会各界对工商人员投诉举报少了;个体工商户支持工商机关工作多了,拒缴管理费与拒办执照少了)。是年,市工商局开展“经济户口”工作检查,评选出一批“经济户口”管理先进工商所。

2004年度经济户口管理先进工商所一览

表2—2—4—1

县局名	先进工商所名称
石门	楚江、壶瓶山、东城
汉寿	蒋家嘴、城关
安乡	董家垱、城南、城北、三岔河
桃源	漳江南区
澧县	桃花滩
临澧	佘市、市管所
武陵	城南、城北、三岔路
鼎城	玉霞、斗姆湖、石公桥
津市	三州驿

2003年起,根据市场主体不断增多,经营范围不断扩大的特点,全市工商系统有效整合监管资源,严格监管责任,实行科学监管,提高监管效率,推行“经济户口”网格化管理,即按照工商所辖区内市场主体分布情况和特点,将辖区划分为若干“网格化”监管区,每一监管区

明确2名工商干部负责监管,监管区工商干部实行定岗定责,定责定人、定人定户。监管内容与职责主要是:查处无照经营,年检验照、市场巡查,投诉处理与执法办案等工商管理工作,监管区工商干部类似公安部门片警。“网格化”监管主要做法:科学划分“网格式”监管区域,力求各监管组市场主体数量与监管任务大体均衡;按照“人员新老搭配,能力强弱搭配,个性刚柔搭配”原则,合理配置“网格化”监管人员;通过多种途径,培养一批“一专多能”复合型监管人才,大力提升“网格化”监管人员综合素质;有效整合监管资源,健全完善“网格化”监管制度,实行上下、左右联动。

2003—2005年,全市工商系统继续推行“网格化”监管,主要完成“网格化”监管大量基础工作,通过试点探索工作经验。

2006年,市工商局全面推进“网格化”监管工作。所有工商所实行“四定一订”,即定格(责任区),定员(责任人)、定责与定标(责任目标),基层工商机关与网格责任人签订责任状。建立和完善“网格”监管工作督查机制、市场巡查机制、人员交流机制、信息整合机制、考评奖惩机制、服务监管公示机制;建立健全全市市场主体“经济户口”书式档案与“经济户口”台账。至此,全市工商系统“网格化”监管工作步入常态化、规范化轨道。

2012年全市“网格化”监管情况一览

表2—2—4—2

单位	工商所数量（个）	划分网格（个）	监管市场主体（户）
武陵	9	42	31501
鼎城	11	60	22379
德山	2	6	2289
西湖	0	2	1214
西洞庭	0	2	1105
桃源	8	53	23002
石门	10	39	14385
澧县	9	54	17363
临澧	8	29	9843
汉寿	9	48	14552
安乡	8	35	12004
津市	4	17	6486

三、市场监管应急体系

2007年,为维护市场经济秩序,迅速妥善处置各类重大突发性事件引发的市场波动,有效保障市场稳定和人民群众消费安全,市工商局遵循“预防为主、常备不懈”方针,构建“统一指挥,结构完整,快速反应,运转高效”的突发性市场监管应急体系,强化对突发性事件综合处置能力。市场应急监管遵循“依法行政,预防为主,属地监管,分级响应,快速反应,加强协作”原则,建立应急组织体系与运行机制,市工商局建立市场监管应急工作领导小组,由局长任组长,其他局领导为成员。其主要职责是:对全市应对市场突发事件进行领导和指挥;宣布启动应急程序,指定相关机构和人员组建专项应急指挥部开展具体处置等工作;协调市内外相关部门关系。市工商局应急领导小组根据各科室业务联系,做到明确分工,各尽其责,紧密合作,协同作战。

2006—2012 年,市工商局强化市场秩序应急管理体系建设,严格队伍管理,提升队伍素质,开展市场应急演练活动,做好市场监管基础性工作,把各种重大突发事件化解在萌芽状态。2006 年 9 月 12 日,市工商局在市城区体育中心举办全市工商系统“市场应急演练”活动,市委副书记曹儒国、市人大常委会主任莫道宏、市政府副市长徐超文参加并检阅演练队伍。加强重大节日与重要商品市场专项整治活动,查处违法经营行为,排查市场隐患,及时化解可能出现的突发事件。建立健全消费预警机制,全市工商系统 2007—2012 年共发布消费预警公告89 期 。2006 年有效配合相关部门处置市一中学生食物中毒重大事件。2008 年成功处理有重大影响的传销案件,化解影响社会稳定的重大隐患等。

四、市场主体信用分类监管

2003 年, 国家工商总局发布《关于对企业实行信用监管的意见》(工商企字〔2003〕131 号)。明确市场主体信用分类监管是工商机关立足自身职能,以市场主体信用状况为依据,并根据其从事的行业、经营地域与预警状况进行分类评价,划分市场主体监管等级,采取不同监管措施,明确监管“距离”,合理分配监管力量,采取有区别、有重点、有针对性的监管方式。

2004 年,市工商局针对市场主体信用分类监管基础工作比较薄弱的情况,加强队伍建设,开展多层次多形式培训;同时,建立和完善形式统一、内容相称的电子与书式档案,对经济户口数据库进行整合,强化信用监管基础建设。

2005 年,国家工商总局印发《个体工商户分层分类登记管理办法》(工商个字〔2005〕26 号),《办法》对分层管理工作中委托登记、委托管理、委托备案有关事项、委托工商所应具备的条件、推行“一审一核”以及个体工商户信用分类监管等方面作出具体规定。全市个体工商户分层分类管理工作步入规范化与常态化轨道。

2006 年,市工商局认真落实国家工商总局《个体工商户分层分类登记管理办法》,并按照国家工商总局《个体工商户信用监管指导意见》要求,在全市符合条件的 39 个工商所推行分层登记分类管理及个体工商户登记发照“一审一核”制,同时,加大软件开发力度,实现硬件建设全面升级,全市工商系统累计购置电脑 500 多台,打印机近 400 台,交换机 50 多台,建立常德工商办公网与常德工商红盾信息网, 实现市工商局、县级工商局与工商所三级联网,为推进市场主体信用分类监管提供较为先进的硬件、软件设施。

2007年，市工商局根据全市推行个体工商户分层分类管理工作实际，印发《关于进一步规范全市个体工商户分层分类登记管理的通知》(常工商发〔2007〕8号)，在13个方面对全市工商系统推行分层分类管理工作进行完善与规范。10—11月，市工商局对全市各区县(市)企业信用分类监管情况与网络应用运行情况进行督查，细化和完善信用分类监管工作10项具体规定，整改若干信用分类监管信息数据问题，其中包括注(吊)日期不准确、名称不规范、数字编码不规范、行政处罚信息录入不全面、法人身份证与注册资本差误等。

2008年4月，市工商局组织各县级工商局分管市场监管的副局长及市工商局机关有关人员赴浙江义乌等地考察学习商品交易市场信用分类监管工作。4月24日，经请示市政府领导同意，制定《常德市商品交易市场信用分类监管工作方案》，建立由市政府领导任组长，市工商局主要领导与分管领导为副组长，工商、税务、商务、公安、银监、卫生等相关部门分管负责人为成员的领导小组，领导小组办公室设在市工商局市场规范管理分局，负责具体日常事务。方案规定了全市商品交易市场信用分类管理工作内容及实施步骤、要求，全市工商系统按照方案规定，全面推进商品交易市场信用分类监管工作。

2009年，市工商局印发《信用分类监管措施》，要求全市各级工商机关在日常工作中重视采集和使用市场主体信用分类管理信息数据，落实具体监管措施：守信主体可免日常检查，年检验照随到随检，注册登记提供“绿色通道”服务，公示良好记录，授予相关荣誉称号，享受法律法规规定的其他激励待遇；警示主体要案后回查，办理变更登记和年检验照予以重点审查，公示违法违规记录，在年检验照时对法人(负责人)进行警示和约谈；失信主体要案后回查，办理登记和年检验照予以重点审查，限制增设分支机构、增加经营范围、对外投资和变更其他登记事项，公示违法违规行为记录，增加巡查频率予以重点检查；严重失信主体未依法办理注销登记的予以关闭，未停止经营活动的予以取缔，公告吊销营业执照，对吊销营业执照主体法定代表人或有关人员进行黑名单锁定，公示违法违规记录，对被吊销营业执照主体设立的分支机构，责令其停止经营活动，并依法办理注销登记。

2010年，市工商局为实现信用分类监管工作规范化、手段现代化、运行自动化，制定企业与个体工商户信用等级升降规则，使市场主体信用等级升降达到数字化、动态化要求。

2011年，国家工商总局印发《关于进一步加强企业信用分类监管的意见》(工商企字〔2011〕192号)。市工商局按照上述文件规定印发关于市场主体信用分类监管系列文件，对市场主体信用分类监管工作指导原则、分类标准、等级评定以及监管措施等作出规定。

2012年，根据国家工商总局及省工商局关于各类市场主体信用分类监管文件精神，市工商局制定《常德市工商行政管理系统市场主体信用分类监管工作实施方案》，明确工作目标、内容与要求。在实行市场主体信用分类监管工作中，全市工商系统坚持“违法记录，重点监管，内部认定”三原则，根据四个等次，使监管由“等距离”为“分距离”，突出重点监管，对长期守法经营的市场主体，一般不予检查，实行“远距离”监管，对有点问题但不会造成社会影响的市场主体，进行适时适度检查，实行“近距离”监管；对于有严重问题的市场主体，进行

“跟紧逼近”的“零距离”监管。截至2012年12月,全市共有各类市场主体172393个,其中:A类158565个,占92%;B类940个,占0.5%;C类10244个,占6%;D类2644个,占1.5%。

五、“五无”监管区创建

2008年,工商部门停征“两费”后,省工商局主要领导在永州等地调研时,提出通过打造“双合格”队伍及创建“五无”监管区,构建具有湖南特色的工商监管模式,实现工商行政管理职能转型。2009年,省工商局决定在全省工商系统开展创建“五无”监管区工作。

2009年,根据省工商局印发的《关于开展创建“五无”监管区活动的实施方案》,市工商局印发《常德市工商行政管理系统基层工商所创建“五无”监管区工作规范(试行)》,要求全市基层工商机关通过依法履行职责,加强市场监管,改进工作作风,提升服务水平,努力实现监管区内“无无照经营,无假冒伪劣商品,无传销活动,无消费者投诉积案,无对工商人员举报投诉”,明确创建责任单位,制订目标管理考核办法,提出创建“五无”具体规范和要求标准。随后,在全市范围内明确12个工商所作为创建“五无”监管区示范单位,首先在桃源茶庵铺工商所进行试点,并于8月召开现场会,全面推介试点经验。创建初期,开展小食杂店、小摊点等“五小行业”无照经营整治,百日集中打击传销行动等一系集中整治行动。由此,全市工商系统创建“五无”监管区活动序幕全面拉开。

2010年,市工商局完善工作机制,全力推进创建活动。经市政府批准,以市政府名义印发《关于加强市场监管,开展创建“五无”监管区工作实施方案》,将“五无”监管区创建工作由部门行为上升为政府主导、相关部门参与的行为。提出“五统一、一提高”的创建工作格局和标准,即统一电子台账、统一分类监管、统一巡查模式、统一巡查内容、统一监管提醒,提高监管效率。是年5月,市工商局印发《常德市工商行政管理局创建“五无”监管区实施方案》(常工商发〔2010〕76号),明确创建工作指导思想、总体目标、工作标准、措施方法与工作要求。7月2日,市工商局召开“五无”监管区创建工作动员大会,局长胡祖国在大会上作动员报告,市政府副市长沈习淼、省工商局副局长强国跃作重要

市工商局召开创建“五无”监管区工作现场会

讲话。随后，市工商局制定《"五无"监管区考核评定验收办法》与《关于对县级局(分局)"五无"监管区创建工作考核办法》，将"五无"监管区创建活动推向高潮。8—9月，市工商局对全市"五无"监管区创建工作进行督查，共检查12个县级工商局、27个工商所、12个农贸市场、12所学校周边区域、120家企业和120户个体工商户。结果表明，创建工作呈现出"氛围浓厚，深入人心；多方支持，同创共建，巧借外力，创新推进；措施得力，成效显著"等特点。2010年10月19日，市工商局在石门县召开创建"五无"监管区工作经验交流会，总结前段创建工作情况，提出"思想认识再统一，机制标准再完善，创建方式再创新，创建效果再提升"及"以创建促工作，以创建促发展，以创建树形象，以创建构和谐"等要求。

2011年11月16日，以省工商局副局长强国跃为组长的"五无"监管区创建督查组来常德检查，市工商局长胡祖国给督查组作创建"五无"监管区工作情况汇报，省工商局督查组对常德工商机关创建工作给予充分肯定。是年12月，市工商局按照创建工作考核方案进行全面考核验收，在考核验收工作中，抽查市场主体档案资料12736份，现场随机抽查企业和个体工商户6221家，检查工商所68个、监管区342个。342个监管区全部验收达标，以划分的444个监管区为基数，创建总达标率为76.6%，超过市工商局年初提出创建率70%的目标。桃源、石门县工商局被评为创建第一名与第二名，鼎城、临澧工商局并列为第三名，德山为三个管理区工商分局第一名。

2011—2012年，市工商局创新监管方式，研发了"五无监管区管理系统"，并在桃源县进行试点。该系统通过手机等移动终端实现移动监管，即监管人员运用无线终端将经营者经营信息、巡查信息、监管信息等上传至市工商局服务器，完成信息查询、分流和交办，实现监管手段现代化(充分利用无线网络功能实施监管，将各类台账综合为一本电子台账，实现在线查询，终结纸质巡查)、监管流程程序化(按预设程序进行巡查、录入、监管)、监管模式规范化(统一巡查内容、频次、方式)，根据经营者经营类别和信用等级，划分不同巡查频次，移动监管使监管效能明显提升。

全市工商系统"五无监管区"分布情况一览

表2—2—4—3

县级工商局	工商所（个）	"五无监管区"	
		总数	2010年达标（个）
武陵	6	29	24
鼎城	11	91	66
桃源	8	53	48
汉寿	7	40	34
石门	9	39	30
临澧	8	34	34
澧县	8	38	29
津市	4	23	17

续表

县级工商局	工商所(个)	"五无监管区"	
		总数	2010 年达标(个)
安乡	6	29	23
德山	1	7	6
西洞庭	/	3	2
西湖	/	/	/
合计	68	444	342

第三篇《

市场经济秩序管理

第三篇　市场经济秩序管理

1989—2012 年，全市工商系统认真履行市场经济秩序监管职责，深入开展打击投机倒把、走私贩私、传销、制售假冒伪劣商品、治理商业贿赂、查处不正当竞争行为等监管执法工作，加强合同、商标、广告及各类市场管理，切实做好流通环节食品安全监管工作，积极探索市场经济秩序长效监管机制，维护市场经济秩序，保护经营者与消费者合法权益。

第一章　公平交易执法

1991 年后，各级工商机关经济检查机构的职责从打击投机倒把活动，转到重点监督检查市场主体交易行为，制止和查处垄断与不正当竞争行为，查处侵犯消费者合法权益、流通领域走私贩私以及其他市场交易违法违章案件。经济检查工作改称公平交易执法工作，市、县工商机关经济检查机构更名为“公平交易分局”，同时成立消费者权益保护机构。2009 年，市工商局设立竞争执法科。公平交易执法主要以“一反”（反不正当竞争）“三打”（打假冒、打走私贩私、打传销）为重点，坚持集中整顿、专项治理与加强日常监管相结合，查处经济违法案件，维护市场竞争秩序，确保市场交易行为符合自愿、平等、公正和诚实信用原则。

第一节　打击投机倒把

一、投机倒把行为认定

1987 年国务院颁布《投机倒把行政处罚暂行条例》，将投机倒把范围界定为以牟取非法利润为目的，违反国家法规和政策，扰乱社会主义经济秩序的下列行为：倒卖国家禁止或者限制自由买卖的物资、物品；从零售商店或者其他渠道套购紧俏商品，就地加价倒卖的；倒卖国家计划供应物资票证，倒卖发票、批文、许可证、执照、许可凭证、有价证券的；倒卖文物、金银（包括金银制品）、外汇的；倒卖经济合同，利用经济合同或者其他手段骗买骗卖的；制造、推销冒牌商品、假商品，坑害消费者，或者掺杂使假、偷工减料情节严重的；印刷、销售、传播非法出版物（包括音像制品）获得非法利润的；为投机倒把提供货源、支票、现金、银行账户以及其他方便条件或者代出证明、发票、代订合同的;利用报销凭证弄虚作假、进行不正当经营的;垄断货源、欺行霸市、哄抬物价、扰乱市场的;其他扰乱社会主义经济秩序的投机倒把行为。

二、投机倒把案件查处

1989年,全市工商系统认真贯彻《投机倒把行政处罚暂行条例》,把查处投机倒把案件,打击经济违法行为作为工作重点。是年,全市共查处投机倒把违法违章案件1234起,罚款418万元。突出大案要案查处,特别是群众反映较大、利用职权进行“倒卖”的案件查处,如临澧县工商局对县煤炭公司、县农机局等5家单位进行全面清查,查处倒卖物资有煤炭12336吨,汽油、柴油171吨,钢材156吨,罚没金额10多万元。

1990年,全市各级工商机关贯彻国家工商局颁布的《投机倒把行政处罚暂行条例实施细则》,深入开展打击投机倒把行为。严厉打击假冒伪劣商品。4月,市工商局查获吴某等人利用无承付能力商业承兑汇票与天津某公司签订合同,骗购彩电500台,案值130余万元,处以15万元罚款,并将吴某等人移送司法机关追究刑事责任。是年,全市工商系统查处各类违法违章与投机倒把案件1249起,罚没总金额740万元,万元以上大要案件197起,移送司法机关处理案件7起,其中倒卖生产资料案件708起,企业单位违法倒卖占大多数,违法者利用国家分配的计划物资以高价倒卖出去, 从中牟利。如临澧县棉麻公司将低价购回的棉花,以高价卖出,从中获利90多万元。津市丝绸厂将国家分配给该企业的蚕茧与成丝以国家计划价格每吨15万元购进后,以每吨21万元倒卖给江苏吴某等等。

1991年,全市工商系统共查处投机倒把违法违规案件1553起,罚没金额757万元,为受害者挽回经济损失493万元,移送司法机关7人。9月,市工商局查处市供销社下属某贸易公司非法倒卖复合肥、尿素等农资产品500余吨,非法获利28.9万元,没收其违法所得并处15万元罚款的行政处罚。

1992年,市工商局贯彻国务院《关于严厉打击生产经销假冒伪劣商品违法行为的通知》精神,坚持日常监督检查与促进企业发展相结合,依据国家工商局和省工商局制定的“三打”方针(即打私、打假、打黄)坚持依法行政,严肃查处扰乱和破坏社会主义经济秩序的投机倒把违法违章行为,全年共查处各类投机倒把案件677起,其中万元以上案件180起,10万元以上重大案件6起,100万元以上案件1起, 罚没金额1340万元。为受害者挽回经济损失563万元,移送司法机关处理案件5起,批捕1人。查处的重要物资有钢材67吨,汽车114辆,汽、柴油34吨,水泥3000吨,木材4549立方米,煤炭16235吨,农药273吨,化肥460吨,棉花81.97吨,香烟177750条。

1993年,市工商局解放思想,转变观念,正确处理加快改革开放步伐和加强监督管理的关系,以“三个有利于”(有利于发展社会主义的生产力、有利于增强社会主义国家的综合国力、有利于提高人民的生活水平)为标准，坚持"两手抓"(一手抓发展、一手抓打击)，该保护的保护，该惩处的惩处。严格区分两类不同性质矛盾，把正当交易与非法经营区分开来；把一般违法行为与投机倒把区分开来；把一般投机倒把与严重投机倒把活动区别开来。扩大教育面，缩小打击面，重点打击以投机倒把为业、情节严重、危害性大的投机倒把集团及其头目。对企事业单位及个人一般性投机违法行为，均以疏导教育为主。是年，全市工商系统共查处投机倒把违法违章案件741起，罚没金额1524万元，移送司法机关处理17件，批捕5人。查处的主要物资有钢材263吨，各类汽车280辆，劣质水泥20吨，劣质煤炭20吨，劣质化肥1142吨，劣质农药82.35吨，劣质农膜12.4吨，劣质棉花52.3吨，变质粮食116吨，外汇券和外币2.3万元，电视机183台，录音机29台，香烟62037条。

1994年，根据国家工商局及省工商局关于经济检查工作部署，结合本市实际，全市工商系统继续加大打击投机倒把行为力度，全年查处各类投机倒把违法违章案件1237起，罚没金额1056万元，为受害者挽回经济损失247万元，移送司法机关处理案件2起。查处的主要物资有汽车154辆，拖拉机7台，摩托车148辆，化肥351吨，农膜18吨，棉花284吨，电视机、录音机658台，香烟581681条。

1995年，全市各级工商机关共查处各类投机倒把违法违章案件1072起，罚没入库金额达1596.4万元，查获各类商品案值达8585万元。其中，违反《投机倒把行政处罚暂行条例》的850起，违反《进口商品管理有关规定》的189起，查处的主要物资有各类假冒伪劣食品3.2万公斤，电线2.5万米，化肥4250吨，种子27吨，农药80吨，香烟63152条，走私汽车141辆，摩托车239辆，电视机40台，空调188台。

1996年，市工商局开展"公平交易执法年"活动，加强案件查处，规范经营行为。全年共查处各类投机倒把违法违章案件1471起，案件总值15578万元，罚没金额1253万元。城东分局查获市卫发贸易公司销售7万多支劣质注射器，不仅在常德引起轰动，而且在全省全国引起有关部门高度重视，中央电视台经济频道分2期报道此案，另外，中国法制日报、中国工商报、中国消费者报等媒体也进行报道，该案被列入当年全国十大侵权案之一，患者多次书信表达对城东分局的感激，称该局为"经济卫士""消费者保护神"。

1997年，全市工商系统查处各类投机倒把违法违章案件1552件，案值总金额3710万元，罚没金额890万元，主要查处物资有汽车150辆，摩托车120辆，化肥310吨，农膜520吨，香烟8348条，白酒213218瓶。

1998年，国家工商局与省工商局相继印发《关于严厉打击制售假酒和其他假冒伪劣商品违法行为的紧急通知》，市工商局加强监督执法力度，打击各类经济违法行为。是年，全市工商系统立案查处各类违法违章案件1714起，罚没入库1319万元，其中投机倒把案件102起，罚没金额372万元。

1999年，全市工商系统继续开展打击投机倒把违法违章案件工作，查处办理各类经济案件3474起，案值7240万元，罚没入库1305万元，其中投机倒把案件631起，罚没金额

482万元。吊销营业执照和停业整顿158家。查处假烟48068条,假酒47300瓶,劣质过期食品2539公斤,假农药87.3吨,劣质种子11吨,假冒伪劣化肥400吨,冒牌席梦思1500床。

2000年,工商部门处于体制改革非常时期,市工商局仍将经济检查和执法办案工作抓紧不放松。共查处各类经济违法案件1774起,案值4096万元,罚没金额824万元,其中投机倒把案件683起,罚没金额406万元。查处的主要物资有:粮食254.6吨,棉花87吨,化肥47吨,农药49吨,烟机4台,药品2.2吨,燃气灶123台。

2001年,根据全国"打假"联合行动电视电话会议和全省"打假"联合行动誓师大会精神,市工商局迅速开展以重点商品、重点区域、群众反映强烈的假冒伪劣商品专项打假行动,全市工商系统出动执法人员2374人次、出动执法车辆310台次,检查各类市场33个,检查个体工商户3140户,查获并销毁一批假烟、假酒、不合格食品、饮料等,价值323万元。

2002年,全市工商系统共查处假冒伪劣商品案件225件,案值2628万元,其中假化肥212100公斤,种子400公斤,农药122487公斤,食品28049公斤,饮料18235瓶,化妆品70050瓶,假酒935瓶,盗版光碟876张,捣毁制假窝点5个,全年开展多次专项打假维权行动,集中力量对全市与消费者生活密切相关的米、油、肉类、食品等市场进行重点检查整治,办理案件57起,罚没金额35万元。开展农资市场打假专项行动,全市各级工商机关出动执法人员580人次,对11个专业农资市场和80多个农资经销点进行检查,发现仿冒商标,更换包装、掺杂使假等坑农害农案件26起,罚没金额27万元。

2003年,全市工商系统组织多次食品、建材、农资、旅游等专项市场整治行动和餐饮、美容美发行业"维权反欺诈"行动,特别是对严重危害人民生产、生活和生命财产安全违法行为从重从严查处。共查处侵害消费者权益案件759件,案值3400万元,查扣注水肉5455公斤、劣质野味腊品639公斤,变质粮食3643吨,劣质棉花6吨,假劣种子9285公斤,农药540公斤,化肥11450公斤,化妆品698瓶,饮料32938瓶,假酒8443瓶,假烟524条,假劣钢材27吨,劣质水泥113吨,汽油和柴油86吨,假冒商标标识9002张,捣毁制假窝点21个。在防治"非典"期间,重点查处销售劣质口罩、消毒液以及短斤少两,哄抬物价等不法行为。

2004年,为净化市场环境,加大执法力度,市工商局严查侵害农民消费者权益案件,捣毁制假窝点3个,为农民挽回经济损失14.42万元,查获假劣种子10260.6公斤,农药52345公斤,化肥96550公斤,饮料及饮料添加剂28365公斤,劣质农机221件,罚没金额约89.95万元。

2005—2007年,市工商局确立"强化四项机制,突出三个重点,狠抓两个提高,实现一个突破"工作思路,围绕加强行政执法能力建设,创新监管理念,推进"和谐监管",营造良好、宽松的执法环境,服务地方经济发展,公平交易执法工作得到加强。其间,共查处各类经济违法违章案件921起,罚没入库765.86万元,其中投机倒把案88起,违反产品质量法案件116起。

2008年,为顺应市场经济发展和法制建设需要,1月23日,国务院宣布废止《投机倒把行政处罚暂行条例》,工商部门不再依据《投机倒把行政处罚暂行条例》查处经济案件。

1989—2007 年全市查处投机倒把案件情况一览

表 3—1—1—1

项目 年份	案件总数	案值 （万元）	罚没金额 （万元）	移送司法机关 （件）
1989	1234	9789	418	
1990	1249	8943	740	8
1991	1553	12531	757	7
1992	677	7984	1340	5
1993	741	8305	1524	17
1994	1237	10510	1056	2
1995	1072	9785	1596	
1996	1471	15578	1253	
1997	1552	3710	890	
1998	102	1345	372	
1999	631	5739	482	
2000	683	6154	406	
2001	597	5587	312	
2002	225	2628	193	
2003	759	3400	217	
2004	302	4327	89.95	
2005	295	2865	97	
2006	113	2231	49	
2007	88	1976	32	
合计	16193	131648	13072	39

第二节　制止不正当竞争

1993 年 12 月，《中华人民共和国反不正当竞争法》开始实施。该法不仅对违反诚实信用原则行为进行规制，对部分限制竞争行为也作了立法调整，并确定工商机关为反不正当竞争行政主管机关。市工商局抓住机遇，加强培训，大力查处市场交易中不正当竞争、限制竞争及其他违法违章行为，确保市场交易行为符合“自愿、平等、公正和诚实信用原则”以及公认的商业道德，营造统一、开放、竞争有序的市场秩序。

《中华人民共和国反正不当竞争法》将不正当竞争行为范围界定为：经营者假冒他人注册商标；擅自使用知名商品特有名称、包装、装潢，或者使用与知名商品近似名称、包装、装潢,造成和他人知名商品相混淆,使购买者误认为是该知名商品;擅自使用他人企业名称或者姓名,引人误认为是他人商品;在商品上伪造或者冒用认证标志、名优标志等质量标志,伪造产地,对商品质量作引人误解的虚假表示;经营者采用不正当手段侵犯他人商业秘密;采用财物或者其他手段进行贿赂以销售或者购买商品;以排挤竞争对手为目的,以低于成本价销售商品;违背购买者意愿搭售商品或者附加其他不合理条件;利用广告或者其他方法对产地等作引人误解的虚假宣传;捏造、散布虚伪事实,损害竞争对手商业信誉、商品声誉;谎称有奖销售、有奖销售奖励价值高于5000元或者利用有奖销售手段推销质次价高的商品;广告经营者在明知或者应知情况下,代理、设计、制作、发布虚假广告。公用企业或者其他依法具有独占地位的经营者,限定他人购买其指定经营者的商品,排挤其他经营者。政府及其所属部门滥用行政权力,限定他人购买其指定经营者的商品,限制其他经营者。限制外地商品进入本地市场,或者本地商品流向外地市场。投标者串通投标,抬高标价或者压低标价。投标者和招标者相互勾结,以排挤竞争对手的竞争行为。

一、打击商业贿赂

1994—1996年,市工商局组织学习《反不正当竞争法》《消费者权益保护法》等法律法规知识,促使工商干部迅速熟悉法律法规内容,在此基础上,针对人民群众反映的热点问题,对经济领域中不正当竞争行为进行整治与查处。

1997—1998年,市工商局针对商业贿赂复杂性与特殊性,采取有效措施,以治理医药购销中商业贿赂为突破口,开展药品回扣专项治理。针对全市医疗机构不同程度存在药品回扣现象,采取单位自查与重点检查相结合的方法(自查表明:大医院回扣每年都在700万元左右,小医院也不少于100万元),根据医药市场商业贿赂普遍性,全市工商系统坚持以教育为主,处罚为辅的方针,共立案查处43起,罚款56万元。

1999—2000年,全市工商系统以整治药品回扣为重点,开展全市医药市场专项整治,打击商业贿赂行为。石门、安乡、临澧工商局对医院在购进CT机与药品回扣情况进行查处。依照《反不正当竞争法》给予16万元罚款。

2001年,市工商局根据湖南省《整治药品回扣工作方案》,加大查处药品回扣及打击商业贿赂工作力度,共查处药品回扣违法案件8起,回扣额158万元,罚没金额12万元。同时,对擅自复印营业执照的80多个药品经销单位违法违章行为进行查处,帮助药品经销单位建立药品购销制度,规范药品购销行为,使药品回扣风得到初步遏制。

2005—2006年,市工商局加强"工程建设、土地出让、产权交易、医药购销与政府采购"等重点行业的执法检查,深入开展打击商业贿赂行动。先后查处了北京碧洲教育发展有限公司、湖南新知图书有限公司、湖南龙信通讯技术有限公司、安乡亿叶书刊出版社等商业贿赂案。

2007 年，市工商局深入开始治理商业贿赂工作。围绕人民群众反映强烈的热点、重点问题，围绕医药购销市场、计算机软件市场与房地产市场开展执法检查，立案查处湖南新阳光医药有限公司、长沙新世纪计算机集成有限公司、常德广德房地产开发公司与长沙康远商业有限公司等商业贿赂案件。

2008 年，全市工商系统在开展治理商业贿赂执法检查中，以工程建设、医药购销等领域为重点，共立案查处商业贿赂案件 40 起。

2010 年，全市工商系统查处商业贿赂案件 24 起，市工商局查处某啤酒生产企业为垄断销售市场向经销商提供财物的商业贿赂案件，罚款 18 万元。

2012 年，市工商局联合市纪委，在全市范围内开展为期 3 个月的医药购销领域商业贿赂专项治理行动。对各医疗机构、医药经营企业进行拉网式排查，重点对涉嫌有商业贿赂行为、发布虚假广告等违法经营行为进行专项整治，共立案 16 起，案值达 400 多万元，罚没入库 20 万元，责令 15 家医药公司改正违法行为。

1997—2012 年全市查办商业贿赂案件一览

表 3—1—2—1

项目 年份	查办案件数（件）	涉案金额（万元）	罚没金额（万元）
1997	17	63.7	19
1998	26	91.3	37
1999	21	179.5	22
2000	19	182.3	37
2001	8	158	12
2002	17	135	15
2003	19	142	29
2004	21	193	35
2005	18	175	26
2006	23	169	32
2007	19	197	29
2008	40	287	12.1
2009	4	30.8	9.5
2010	24	714.12	66.8
2011	40	110.71	21
2012	45	10018	49.05
合计	361	12846.43	451.45

二、查处限制竞争行为

1993 年 12 月，国家工商局发布《关于禁止公用企业限制竞争行为的若干规定》，对公用企业限制竞争行为、罚则、查处权限作出规定。自此，市工商局通过多种方式，开展《反不正当竞争法》宣传，查处各种限制竞争等违法行为。

2000 年，市工商局对全市移动公司、联通公司、各类银行、电力、保险公司、建筑行业等单位违法违章行为进行执法检查，共查处公用企业、事业单位利用独占地位限制竞争案 38 起，罚没 83 万元。典型案例有：中国人民保险公司常德分公司利用办理车辆保险滥收费案；电信部门利用数据费形式强制收取代维费案；邮政部门强制用户购买明信片、报刊案；电力部门强制用户购买电表案；自来水公司强制用户购买水管与水表案等。

2001 年，市工商局继续深入开展整治药品回扣工作，加大公用企业强制交易、虚假宣传、串通招标投标等行为查处力度，开展对建筑市场监管及各种招标投标活动监督。对医疗机构在药品购销中回、折扣问题进行认真清查。彻底关闭桥南药材市场，对个体药店和诊所在前置许可证件齐全情况下办理营业执照。是年，全市工商系统查处不正当竞争案件 17 件，案值 226 万元，罚没金额 38 万元。

工商执法人员查获一批假冒商标啤酒

2002 年，全市各级工商机关加大公用企业限制竞争查处力度，共查处不正当竞争案件 1735 件，案件总值 16374.4 万元，罚没金额 833.65 万元。重点对群众反映强烈的供电、供水、供气等垄断性行业限制竞争行为开展专项整治活动，共立案 30 多起，结案 25 起，重点查处保险、烟草、供水、供电、交通、电信等公用企业的限制竞争行为。

2003—2006 年，市工商局根据上级工商机关部署，把查处限制竞争作为工作重点，全市共查处限制竞争案件 391 起，案值 7200 多万元，其中移送司法机关一起，查处案件涉及工程建设、产权交易、旅游与教材等领域或行业。

2008 年，为维护公平竞争的市场环境，市工商局继续开展打击不正当竞争行为等工作。深入开展治理商业贿赂，对医药购销市场、夏季饮品市场和工程建设等领域进行执法检查，查处各类商业贿赂案件 40 余起。严厉查处公用企业不正当竞争行为，立案查处市城区某供电局强制收取供电保证金、限定交易条件的不正当竞争案件。汉寿、临澧、石门、鼎城等县级工商局查处限制竞争违法违规案件取得很好成效。

2009 年,市工商局围绕广大人民群众反映强烈的热点、重点、难点问题展开对医药购销市场、建筑、商业等领域执法检查,并取得一定成效。

2010 年,全市工商系统共出动执法人员 115 人次,执法车辆 26 台次,查处不正当竞争违法违规案件 30 起,案值 146.8 万元,罚没金额 36 万元。

2011 年,按照省工商局要求,市工商局重点对涉及人身财产安全、公用企业中存在商业贿赂、不正当竞争等违法违规案件进行查办。9 月进行酒类市场专项整治,由市工商局牵头,市公安局、市酒管办配合,以市城区重点区域,以超市、批发市场、烟酒专卖店、娱乐、餐饮场所为重点检查单位,以酒类市场批发和零售为重点环节进行执法检查,查处酒类经营商不正当竞争案件 11 起,案值 100 多万元。查处其他不正当竞争案件 42 起,案值 236 万元,罚没 88 万元。

2012 年,市工商局查处湖南反垄断第一案。针对消费者反映强烈的车辆保险行为涉嫌达成的"划分市场""控制比例""统一折扣"垄断协议,通过历时 4 个月的调查取证,该案顺利办结。受到国家工商总局和省工商局充分肯定,也得到消费者称赞。是年,立案 45 件,结案 37 件,案值 10018.1 万元,罚没金额 49.05 万元。

三、制止其他不正当竞争行为

1994—1999 年,全市工商系统通过查处假冒商标与假冒伪劣商品,制止不正当竞争行为。期间,共查处假冒案件 5945 起,其中假冒商标案 1945 起,包括擅自使用知名商品特有名称、包装、装潢,或者使用与知名商品名称近似的名称与包装,造成混淆,使消费者误认为是该知名商品;以及擅自使用他人企业商标或姓名,使人误认为是他人商品,在商品上伪造或者冒用认证标志等引人误解等违法违章行为。捣毁制售假烟、假酒、假酱油、假化肥黑窝点 85 个。

2000—2005 年,全市工商系统加大假冒伪劣农资查处力度,重点制止农资销售不正当竞争行为,维护农民消费者权益。共查处各类假冒伪劣农资案件 2632 起,收缴假冒伪劣种子 34385 公斤,假冒伪劣化肥 74345 公斤,假冒伪劣农药 2913 公斤,捣毁制售假冒农资窝点 64个。

2006—2012 年,全市工商系统对利用广告虚假宣传,欺骗性有奖销售,合同欺诈等违法违章行为加大打击力度,查处一批案件。尤其是把查处假冒伪劣食品案件作为制止不正当竞争行为的重要任务,共查处假冒伪劣食品案件 1349 起,捣毁制售假冒伪劣食品黑窝点 73 个,收缴大批假冒商标标识与各类假冒伪劣食品。

第三节　打击传销与规范直销

一、传销行为认定

传销由直销衍变而来。直销作为一种经营模式起源于20世纪40年代的美国，之后传入欧洲、日本等国家和地区。直销具有减少流通环节、节省广告投入、实行面对面服务等优点，因此这种经营模式迅速传播开来。但因其具有交易隐蔽、参与人员分散、交易对象不确定等特征，在其逐步发展的同时，很快衍生出传销这一商业欺诈行为。传销原意是多层次相关联营销模式。20世纪90年代初，国外一些直销公司进入中国，由于中国处在社会主义市场经济发展初级阶段，市场发育程度低，市场监督机制不健全，有关法律法规不完善，直销逐渐发展成为各种形式传销活动。一些不法组织和个人打着“快速致富”旗号，诱骗群众参与传销，利用虚假宣传、组成封闭人际关系网络、收取高额入门费等手段大肆敛财，还有的利用传销从事迷信、帮会、价格欺诈、推销假冒伪劣产品等违法活动，损害人民群众利益，扰乱市场经济秩序，影响社会和谐稳定。

省政府在常德市召开全省创建无传销社区与乡镇现场经验交流会

不同时期对传销行为有不同界定。1994年7月前，国家没有对传销行为作出法定定义，也没有建立管理制度，这一时期传销活动处于自发状态。1994年8月，国家工商局发布《关于制止多层次传销活动中违法行为的通知》，禁止以多层次传销名义从事违法活动。1995年9月，国务院办公厅印发《关于停止发展多层次传销企业的通知》，各级工商部门停止批准成立多层次传销企业，对已有传销企业进行审查清理。1997年1月，国家工商局颁布《传销管理办法》，首次明确传销的法律概念，即生产企业不通过店铺销售，而由传销员将本企业产品直接销售给消费者的经营模式，包括多层次传销和单层次传销。工商机关负责传销企业核准登记和对传销活动进行监督，查处非法传销行为。随着时间推移，传销经营干扰市场秩序、损害群众利益、影响社会稳定的危害逐渐显现出来，1998年4月，国务院印发《关于禁止传销经营活动的通知》，传销活动被认定为违法，进入全面禁止阶段。2005年8月，国务院第101次常务会议通过《禁止传销条例》和《直销管理条例》，在开放并规范直销发展的同时，坚决禁止和打击传销违法犯罪活动，并界定传销违法行为范围，由工商、公安部门在各自职权范围内查处传销违法行为。

二、打击传销行为

1994年8月，国家工商局印发《关于制止多层次传销活动中违法行为的通知》，9月，国家工商局发布《关于查处多层次传销活动中违法行为的通知》，全国开展第一次专项整治行动，对申请开办多层次传销企业，不予登记注册，已登记注册的要停止传销经营。1995年9月，国务院办公厅发布《关于停止发展多层次传销企业的通知》，部署全国各地对传销行为进行第二次专项整治。1996年10月，国家工商局印发《关于进一步加强多层次传销活动监督管理的通知》，全国部分地区开展第三次传销专项整治。1997年1月，国家工商局发布《传销管理办法》和《关于传销企业审批和监督管理有关问题的通知》，明令禁止多层次传销企业申报审批工作，对原来已经国家工商局批准的多层次传销企业进行重新审核，审核合格的由国家工商局核发"多层次传销经营核准证书"，原已审批的单层次传销企业，由各地工商部门报国家工商局重新审批核发"单层次传销经营许可证"。常德市经国家工商局核发"传销核准证书"，到省工商局注册的有"龙发国泰"等三家企业。未通过国家工商局核准的传销企业有"湖南剑青常德连锁店、常德东海经济发展总公司等五家，他们以主办培训班、烛光晚会、激励大会等多种形式发展成员，非法牟利或传播垃圾文化，欺骗消费者。

1998年，国务院与省人民政府相继发布关于禁止传销活动的通知，市工商局开展清理整顿非法传销活动执法检查，对全市从事传销活动的8家企业实行端窝捣点，驱散传销人员2000多人，吊销其营业执照，责令"龙发国泰常德发货处"返还传销人员现金48万元，收缴非法传销物品8万多元，并处以26万元罚款，有效制止传销活动在常德市蔓延。之后，由于市工商局执行"宣传教育，引导转制，打击犯罪，维护稳定"等方针，加大打击力度，而未造成重大社会影响。此后至2003年，全市范围内有少量外地传销人员在城区活动，但影响不大，未形成气候。

2004年，市、县工商机关设立打击传销办公室，与公平交易分局合署办公，负责对传销转型企业日常监管和查处传销行为。

2005年8月，国务院颁布《禁止传销条例》和《直销管理条例》，传销活动从过去"商品传销"转变为"拉人头"等方式进行诈骗活动，8月8日，市工商局接群众举报，反映有一伙外地人在武陵区从事传销和变相传销活动，市工商局当即立案，会同常德市公安局联合查处，没收当事人杨某非法所得25.5万元，遣散传销人员1100名。

2006年，根据《2006年湖南省工商行政管理系统打击传销专项整治工作方案》，市工商局印发《严厉打击非法传销活动公告》1000多份，悬挂横幅20多条，加大对重点部位的宣传力度，教育引导广大群众，提高识别能力和防范意识，建立宣传和教育相结合的预防机制。是年，共出动执法人员200多人次，检查各类场所23个，捣毁传销窝点15个，清理遣散传销人员800多人，解救受骗群众200多人。

2007年，市工商局开展打击传销专项整治行动，出动执法人员4500人次，执法车辆1200台次,印发宣传单20万张,悬挂宣传横幅1200条,张贴公告1.5万份,设立社区宣传橱窗72个,在各媒体曝光传销典型案例160多件次,建立“无传销社区”试点2个,在电视、报纸、流动宣传车、公益广告、社区试点等宣传投入资金20多万元。各区县(市)均成立打击传销联席会议办公室,并建立联席会议制度。是年,全市工商系统共捣毁传销窝点180个,驱散遣返传销人员近1.5万人次。其中解救受害被骗群众2000多人,移送公安部门处理110多人,给相关社区居委会送达加强出租屋管理《督办通知》15份。

2008年,市工商局进一步完善防范监控组织网络,广泛开展创建“无传销社区、乡镇”活动,形成“全民皆兵”的防范格局,建立齐抓共管的长效机制。全市共开展大小行动103次,取缔传销窝点124个,查处传销人员8348名,解救受骗人员685名,有40多名传销头目或骨干由公安部门依法调查处理。10月,全省创建“无传销社区、乡镇”现场经验交流会在常德市召开,市工商局介绍经验。是年,市工商局探索网络传销监管,查处天津仙妮蕾德公司与广东省中山市蝶夫人化妆品公司网络传销案。

2009年7月,在各市、县级政府领导下,工商、公安、民政、交通等部门开展为期百天的打击传销联合执法行动,解散下线人员近万人,通过教育自愿返乡人员3000多人,收容审查传销人员776人,刑事拘留51人,治安拘留145人。全年开展打击传销行动800余次,捣毁传销窝点217个,抓获E级以上传销骨干234人,其中A级4名、B级16名。

2010年,市工商局将打击传销纳入社会治安综合治理、流动人口和出租屋管理,重点地区重点问题集中治理,平安社区创建以及“一化三基”工作内容之中进行考核,围绕武陵区南坪、火车站、东郊、东江等传销活动频繁地带,开展一系列打击传销执法行动。全市共出动执法人员1531人次,车辆432台次,捣毁传销窝点72个,劝返遣送传销人员1811人次,发放与张贴宣传资料2530份,设立禁止传销咨询点99个，群发短信27万条,移送公安7起,治安拘留11人，刑事拘留4人。

市工商局执法人员向传销人员宣传国家法律法规

2011年，市工商局打传工作突出两个重点：一是针对近年来参与传销的高校毕业生不断增加的现象,把宣传重点转移到大、中专院校,是年,组织全市5所大中专院校学生观看打击传销题材电影《黑梦》。二是防止本地人去外地参与传销，在"管进"的同时，加强"防出"工作，通过宣传教育，成功劝阻百名群众外出传销。共出动执法人员 2991 人次，执法车辆 323 台次，捣毁传销窝点 29 个，遣返传销人员 1496 人次，发放与张贴宣传资料 16000 份，设立禁止传销咨询点 97 个，发送短信 1 万多条，刑事拘留 42 人，治安拘留 3 人。是年，市工商局以"净化网络、打击头目、摧毁组织、教育群众"为原则，开展打击网络传销违法犯罪专项行动，查处网络传销案件，遏制网络传销违法活动发展蔓延势头。

2012 年，市工商局组织开展两次打击传销宣传月活动。印发张贴公告 2 万多份，编印发放宣传手册 4 万多本，开展专题教育活动 50 多场次，制作户外公益广告牌 600 余块，出动宣传人员 2000 余人次，宣传车辆 300 余台次，悬挂横幅 410 余条，群发短信 5 万余条。捣毁传销窝点 15 个，查办重大传销案件 3 起，抓获首要和骨干成员 26 人，逮捕 22 人。截至年底，全市共开展"防止传销进校园"等活动 18 场次，创建"无传销社区""无传销乡镇(村)""无传销校园"314 个。

三、规范直销

2001 年 12 月，中国正式成为世界贸易组织成员方后承诺：加入世贸组织 3 年内，国家将取消对"无固定地点批发与零售服务"的限制。

2005 年 8 月，国务院颁布《直销管理条例》，规定以直销方式销售本企业产品以及其母公司、控股公司产品的直销企业应具备下列条件：投资者具有良好信誉，在提出申请前连续 5 年没有重大违法记录，外国投资者还应具有 3 年以上在中国境内从事直销的经验；实缴注册资本不低于 8000 万元人民币；指定限制缴纳足额保证金；建立信息报备与披露制度。限定直销企业必须凭国家商务主管部门颁发的直销经营许可证和工商部门核发的营业执照方可经营。

2006—2007 年。市工商局组织公平交易执法人员认真学习《直销管理条例》等法律法规，把握政策界限，积极履行直销管理职责。

2008 年，市工商局在严厉打击传销行为的同时，加强对直销企业监管。是年，依法查处天津权建自然医学科技发展公司与广州东方康林商务公司违规直销案，分别处以 12 万与11 万元罚款。

2009 年，市工商局加强对辖区内直销企业监管。建立直销企业管理档案，加强直销企业日常监管，采取走访、约谈等方式。宣传《直销管理条例》及有关法律法规和政策精神，严格规范直销企业行为。对监管中发现的问题，及时进行提醒告诫，引导企业守法经营。同时，对辖区直销企业实行重大活动报批备案制度，工商机关派员对活动进行全程监管，确保直销市场健康有序发展。

2010 年，市工商局在直销监管日常巡查中，发现当事人郭仲生为达到迅速占领市场，打响产品知名度之目的,违规招募直销业务员开展非法经营活动,对其进行查处,没收非法所得1万元,处以4万元罚款。是年,石门县工商局查处宁波三生日用品公司等非法直销案。

第四节 打击走私贩私

20世纪80年代初,随着国家对外开放不断扩大与旅游业发展,华侨与港澳台同胞回大陆探亲携带与邮寄进口物品政策放宽,大量境外商品流入内地。在暴利诱惑下,境外走私集团与境内走私分子相互勾结,大量工业品非法流入内地,大量黄金、文物、贵重药材等被偷运出境。1989年之后,走私贩私由初期以贩卖手表、打火机、计算机、收录机等消费品为主转向倒卖汽车及配件、工业设备、医药器械与大型设备和机电产品为主。常德市史称"黔川之咽喉,云贵之门户",处于湘西北交通要道,深受影响,打击走私贩私活动一度成为全市工商系统阶段性工作重点。1989—1993年,市工商局贯彻国家工商局《工商行政管理机关对走私贩私行为处罚的暂行规定》,宣传国家反走私斗争方针、政策,发动群众积极同走私活动作斗争,加强对经销进口商品单位和个体工商户监督检查,认真查验其有关手续,汽车、摩托车应具备《货物进口证明书》或者《没收走私汽车、摩托车证明书》和缉私没收转定点销售单位发票,其他商品应具备进口手续或合法经营单位的发货票。对不具备有关手续,经查证属于走私物品的,没收物品或销货款,并处物品等值20%以下罚款;无法确定非法所得的处5万元以下罚款。5年间,全市工商系统共查获走私小汽车559辆。如1993年,全市共查获走私汽车240余辆,摩托车16辆,各类彩电156台,收音机29台,手表389只,空调127台,电子计算机201只,卷烟5850条,罚没入库670万元。是年12月,国家工商局召开19省、市打私座谈会,市工商局因打击走私工作出色,受到表彰。

1994年,市工商局根据国务院办公厅"关于海关、公安、工商对查封走私车辆和无进口证明汽车应一律没收,不得罚款放行"之规定,继续加大反走私贩私执法力度。是年,全市各级工商机关查获进口走私汽车149辆,摩托车149辆,电视机24台,空调机94台。

1995年,市工商局查获有史以来最大的贩私案,常德市莱英达经贸发展公司贩卖走私摩托车236台,案值507万元。还查获名为"三星牌"实为美国"道奇"7座旅行车5台,案值167万元。该批车辆被市工商局和石门县工商局查获,并得到市检察院配合。走私车辆被没收后,当事人向省高院提起诉讼,在国家工商局和全国人大常委会副委员长程思远的重视下,原告自知理亏,最后以息诉告终。是年,查获套牌走私汽车128台,走私摩托车242台,电视机40台,空调机188台。

1996年,为解决"公路"三乱(乱设卡、乱罚款、乱收费)问题,全市各级工商机关撤销路卡,管理难度加大,但没有放松对走私贩私活动的查处,全市共查处走私贩私案件百余起,查获走私进口车辆141辆,摩托车239辆,罚没金额619万元。

1997—1998 年，按照全国打击走私工作会议精神，全市工商系统与公安、海关等部门配合，开展反走私专项斗争。津市市工商局查处进口走私汽车 16 辆；石门县工商局查处进口走私汽车 10 辆、摩托车 2 台；城西分局查处走私汽车配件 400 件；鼎城区工商局查处走私手机 61 台、走私汽车 3 辆、走私香烟 40 件、走私日化用品 101 件。

市工商局执法人员查获走私烟叶现场图

1999—2003 年，全市工商系统重点检查进口汽车、机电产品、相机、影碟、化妆品等，共查处走私贩私案件 297 起，案值 1975 万元，处罚款与没收非法所得 283 万元。

2004—2005 年，全市工商系统查处走私案件 79 起，案值 733.93 万元，罚没 237.56 万元。市工商局通过对常德海关移送的湖南新浪潮电脑有限公司销售无进口手续投影设备案件进行查处，罚款 91 万元。

工商体制改革后，工商部门成为政府市场监督管理和行政执法工作部门。《中华人民共和国海关法》颁布实施，对于违反《海关法》的走私行为依法移交海关查处，构成犯罪的由公安机关侦查办理。工商机关依照有关工商法律法规精神，查处流通领域走私贩私行为。2008 年 4 月 18 日，国家工商总局宣布废止《工商行政管理机关对走私贩私行为处罚的暂行规定》。

第二章　市场管理

第一节　集贸市场管理

一、集贸市场登记管理

1992年,省政府湘政办发〔1992〕19号文件指出:鼓励兴建集贸市场,各类集贸市场建设必须由市、县工商机关审批。其他部门兴建市场,由兴建单位提出申请,由各县级工商局呈报,市工商局审批登记后,方可兴建。工商部门独建或联建金额在200万元以上的,上报市工商局审批;金额在1000万元以上的,应上报省工商局审批。1993年7月,国家工商局发布《商品交易市场登记管理暂行办法》规定:开办单位申请市场登记注册,经各级工商机关审核后,办理“市场登记证”。省工商局印发《关于贯彻〈商品交易市场登记管理暂行办法〉的实施意见》(湘工商市〔1993〕219号)明确规定:凡有固定场所、设施,有若干个人经营者入场实行集中、公开交易的各类生活消费资料、生产资料市场以及形成集中交易的其他生产要素市场均应进行市场登记。各级工商机关按照管辖级别,开始对各类市场实行登记管理。各地、州、市工商局负责地、州、市级企事业单位、机关、社团、部队开办的市场,各县级工商局负责自己开办或与其他部门联办市场登记管理工作。

1994年,全市各类集贸市场共153个,均办理“市场登记证”。1995年,市、县工商机关开展市场登记年检工作。全市应检市场153个,实检143个,有10个市场处于歇业或变更状态。1996年7月,国家工商局发布《商品交易市场登记管理办法》,工商机关负责对市场登记注册、名称核准登记和年度检验。截至1996年年底,全市经登记注册的集贸市场共165个,其中工商机关自办49个,多家投资兴办116个。1997年7月,国家工商局发布《商品交易市场年度检验办法》,省工商局出台《湖南省商品交易市场年度检验办法》。1998年1月

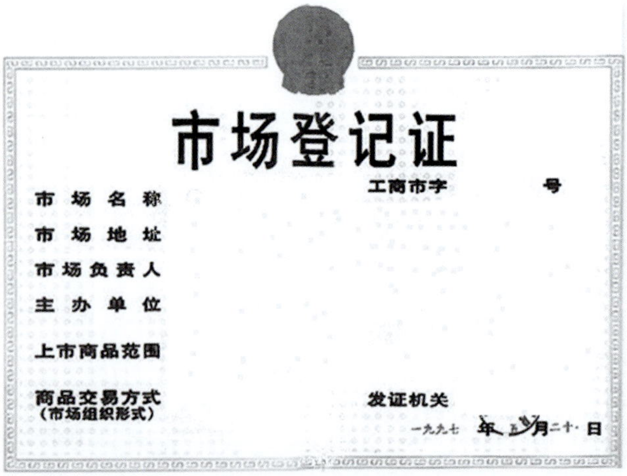
市场登记证
工商市字　　　　号
市场名称
市场地址
市场负责人
主办单位
上市商品范围
商品交易方式
(市场组织形式)
发证机关
一九九七 年 五 月二十 日

市场登记证样式

至4月,市工商局对登记注册的市场进行年度检验。各区县(市)社会团体、企事业单位所办市场到辖区工商局办理年检,工商机关自办市场和其他单位联办市场到市工商局办理年检手续。市城区市场一律到市工商局办理。在规定期限内,对全市119个市场进行年检,对交易量不大的4个空壳市场依法予以注销。此后,全市工商系统每年均按照商品交易市场登记与年检办法进行注册发证与年度检验。

2003年11月,市工商局转发省工商局《关于督促各类市场超市等营业性公共聚集场所切实加强消防安全工作的通知》(湘工商市字〔2003〕203号),要求集贸市场、超市等营业性公共聚集场所未经公安消防机构消防检查合格,工商行政管理部门不得为其办理营业执照和行政许可证(登记证);对消防安全检查合格证明过期失效或因历史原因不能出具消防安全检查合格证明的单位,应书面通知其按照《湖南省公共聚集场所消防安全管理办法》的要求补交消防安全检查合格证明,对于不能按规定补交的,督促其限期办理变更经营场所手续,逾期不办理者,吊销营业执照。2004年8月31日,国家工商总局废止《商品交易市场登记管理办法》,之后,工商部门不再核发"市场登记证"。

2008年3月,市工商局印发《关于加强集贸市场规范管理的通知》(常工商发〔2008〕25号)规定:商品交易市场是名副其实的经济实体,必须依照市场准入法律法规精神办理工商注册登记与营业执照。全市各级工商机关积极督促市场主办方办理工商登记手续,使其成为合法的市场主体,从市场准入方面加强对各类商品交易市场规范管理。

2010年7月29日,省十一届十七次人大常委会通过第三次修订后的《湖南省城乡集贸市场管理条例》规定:集贸市场建成开业30日前,投资建设单位应持县级以上人民政府或者由其授权的有关部门审批文件和有关资料,向县级以上工商行政管理部门申请办理市场登记注册。开办中药材集贸市场,须经国务院有关行政管理部门审核批准。迁移、合并、转让与撤销集贸市场,应在作出变动决定之日起30日内到工商行政管理部门办理变更、注销登记手续。

二、集贸市场日常监管

1991年,市工商局按照"放而有度、管而有法、活而有序"管理原则,推行集贸市场规范化管理,治理市场"脏、乱、差"现象,开展文明市场创建活动,是年,全市城乡集贸市场成交额达12亿元,比上年增长20%;有10个市场被评为省级文明市场,30个市场被评为市级文明市场;全市工商系统共查处各类市场违法违章案件9934起,罚款23.78万元。

1993年,为贯彻市政府"加强城市管理,创建卫生城市,保证道路畅通安全"指示精神,市工商局狠抓马路市场整顿,共出动宣传车740台次,取缔无证、无照经营摊点3500多个,拆除违章搭建棚户210多处。对占道严重的太子庙、谢家铺等马路市场进行重点整治,集中31人,出动执法车辆4台。拆除违章建筑17处、路障27处,取缔无证、无照摊点48个。是年,全市工商系统查处市场内违法违章案件3788起,罚款12.7万元。

1994年,省工商局印发《关于强化市场监督管理维护集贸市场正常秩序的通知》(湘工商市字〔1994〕122号),要求维护集贸市场物价稳定,加强日常监管和专项整治,确保市场繁荣。市工商局制定《关于加强市场监督管理确保市场稳定的行动方案》,全市各级工商机关主要领导亲自抓,相关部门具体抓,对城区有形市场,领导带班经常性进行市场巡查,每个集贸市场配备两名工商干部和两名市管员。严厉查处坑害消费者的各种违法违规行为;并与计量部门配合,抓好市场计量管理;与卫生、检疫部门配合,抓好肉食检疫工作。

1995—1996年,市工商局为稳定市场物价,抓好"菜篮子"工程,在全市各大中型超市利用广播、公告栏通报即时行情,公示限价公告牌,为菜农提供自产蔬菜销售区,设立公平秤和举报箱;对市场内哄抬物价、欺行霸市、短斤少两、掺杂使假,特别是销售病死猪肉、家禽、注水肉等不法行为进行严厉查处。切实抓好生猪定点宰杀工作,坚持"政府牵头、畜牧把关、工商监管、定点屠宰、集中检疫"原则,实现"统一宰杀、统一管理",稳定肉价,使群众吃上放心肉。其间,共查处市场违法违章案件1000多起,查获注水肉、母猪肉4000多公斤,收缴不合格衡器340件,罚款10多万元。

1997—1998年,为确保市场供应优质肉源,平抑肉价,市工商局突出抓牲猪定点屠宰工作。经呈报市政府批准,设立"龙港巷生猪宰场""贾家巷宰场",彻底解决市场及周边经营"白板肉"问题。此外,还联合市屠宰办、公安、税务等部门每月对市场内"白板肉"进行2次突击检查行动,捣毁城区内私宰点11个。1998年,市城区私宰点全部取缔。

1999—2000年,为迎接"全国文明城市"和"全国卫生城市"检查,市工商局加强市场日常监管,确保检查顺利通过。其间,还组织人员上街督导占道、出店经营,取缔非法市场,整顿户外广告,取缔4个布局不当的夜市,捣毁3个销售赃皮鞋的集中交易点,合并转移7个临街五小摊担区,合理安排3个长期以街为市的季节性水果市场,取缔桥北市场引桥西路200多个临时经营区。此外,通过规劝教育、强制整改等方法,使市城区集贸市场"脏、乱、差"状况有所改善。

2001—2002年,为确保放心食品工程实施,市工商局对市场、宾馆、米粉生产厂家的肉品、蔬菜、米粉进行全面检查和整治。通过治理,市场上私宰肉品、病害肉品基本消失,牛肉注水现象予以控制,定点宰场生猪宰量日均达450头以上,高峰时达490头。牛日宰量25头,与市场肉品消费量基本一致,放心肉品率达98%。建立6个无公害检测站,配备18名检测人员,免费为市民服务,9个农贸市场开辟无公害蔬菜专营(销)区,在宾馆、超市、市场,无公害蔬菜都有明确标识,实行挂牌销售,并与无公害蔬菜基地实行产销挂钩。米粉生产企业产区环境明显改观,生产原料不合格,使用违禁化学添加剂保鲜增白现象明显减少。

2003年,全市各级工商机关加强防治"非典"相关商品市场监管,工商执法人员深入各集贸市场和医药市场加强市场整顿,重点查处销售劣质口罩、消毒液以及短斤少两、哄抬物价等不法行为,共查处集贸市场借防"非典"之名违法经营案件68起,罚款35万元。其中查处制售劣质消毒液案件 2 起，销售劣质口罩案 11 起，短斤少两、哄抬物价案 7 起，发布虚假广告案 5 起，非法经营案 43 起，收缴劣质口罩 2318 个、自制劣质消毒液 158 公斤、假冒“防非”香包 700 多个、撤除虚假防非处方药品广告 9 个。是年，根据全国严禁猎捕和经营野生动物电视电话会精神，组织开展《打击非法经营野生动物执法检查（红盾风暴）统一行动》（常工商发〔2003〕49 号），严厉查处集贸市场非法经营野生动物与违法经营畜禽产品等行为。对全市集贸市场 219 家经营野生动物的个体工商户变更营业执照，对 76 家餐饮单位挂有“野味”的牌匾进行删除或涂改，查缴青蛙、鸟类等野生动物 2100 多公斤。

2004—2005 年，高致病性禽流感在国内传播，市工商局贯彻落实省工商局有关文件精神，制订工作方案及应急预案，组织开展防控“禽流感”期间市场整治。在防控“禽流感”特殊时期，全市工商执法人员紧急出动，深入各集贸市场进行检查，加强市场整顿。要求禽类经营户持照经营，坚持验票验证、索票索证制度，并与市场主办单位及禽类经营户签订责任书，严防死控“禽流感”。由于及时采取有效防控措施，常德未出现“高致病性禽流感”。

2006—2007 年，市工商局加强与市蔬菜检测中心合作，对市城区超市、农贸市场蔬菜类食品实施每周一检。对农贸市场检测出的问题蔬菜及时销毁，从源头上制止流入市场。另外，加强市城区超市及各集贸市场整治和食品监测力度。出动执法人员 5200 余人次，检查经营户 18600 余户，检查各类批发市场、集贸市场 126 次，共查获假冒伪劣食品 4580 公斤，价值 21.25 万元。取缔和规范食品无照经营 1023 户。捣毁制假售假窝点 29 个，查处制售假冒伪劣（商品）食品案件 396 起，罚没金额 374.13 万元。2006 年 6 月，根据省工商局湘工商明电〔2006〕27 号文件精神，开展夏季水产品市场专项执法检查，出动执法人员 780 余人次，出动执法车辆 90 余台次，共清理检查经营水产品集贸市场 176 个、城乡马路市场 18 个，查获从广东购进的无检疫证明牛蛙 64 公斤，并予以销毁。在此期间，根据国办发〔2006〕89 号、湘工商明电〔2007〕6 号文件精神，全市工商系统开展整顿和规范活禽经营市场秩序，加强“高致病性禽流感”防控工作。

2008 年，市工商局以食品安全为重点，以群众日常生活必需的食品和季节性、节日性食品为重点商品，以学校周边、城乡接合部、集贸市场为重点区域，集中开展专项执法检查。共出动执法人员 8910 人次，检查经营户 33821 户，检查批发市场、集贸市场等各类市场 478 个，取缔无照经营 454 户，查获假冒伪劣食品 32352.2 公斤，查处制售假冒伪劣食品案件 74 件，案值 2114.5 万元，罚没入库 27.88 万元。

2009 年，市工商局制定《重大动物疫病防控工作方案》与《应急方案》（常工商发〔2008〕100 号），进一步加强重大动物疫病防控工作，确保全市集贸市场及流通环节未发生预警疫情。此后，重大动物疫病防控成为全市工商系统一项重要的常态化工作。是年，根据省工商局湘工商明电〔2009〕29 号文件精神，全市工商系统加强组织领导，健全工作机制，强化市场监管，确保肉类产品质量安全，加强甲型 H1N1 流感防控工作。

2010 年，由于塑料购物袋过量使用及回收不到位等原因，造成严重资源浪费和环境污染,为此,国务院办公厅发布《关于限制生产销售使用塑料购物袋的通知》。市工商局共出动486人,检查集贸市场、零售商店等场所362处,检查经营户973户,查处违法使用塑料袋经营户24户,查处不合格塑料袋5.8万个,“限塑”取得初步实效。是年,市、县工商机关还开展“畜禽使用工业松香甘油酯拔毛”专项整治行动。

2011年,市工商局继续深入开展“限塑”行动,加大集贸市场巡查力度,将塑料购物袋经营活动监管工作纳入日常化、规范化管理,禁止生产、销售、使用超薄塑料购物袋。是年,共出动执法人员1169人次,检查大小市场、超市599个,检查经营户6466户,查处违法经营20多户,收缴不合格塑料购物袋8.4万个,集贸市场塑料购物袋使用量同比下降44.83%。通过治理,消费者环保意识得到加强,消费购物恢复使用布袋和菜篮。4月,根据国家工商总局《关于印发“瘦肉精”专项整治方案的通知》,全市开展专项行动,对集贸市场及城乡接合部等重点区域进行重点排查,加强日常巡查,打击和查处销售不合格猪肉的违法行为。是年,全市共查处含“瘦肉精”猪肉397公斤。

工商执法人员检查商户使用的塑料购物袋

2012年,全市工商系统以开展“满意在市场,有事找工商”主题活动。实地走访,加强教育引导,5月初,组织常德市市场服务中心,芷兰、新一村、火车站、紫桥等农贸市场开办者赴株洲市攸县等地学习农贸市场管理经验。召开市城区农贸市场长效管理现场会。对新一村、芷兰农贸市场获2011年度星级文明集贸市场进行颁奖、授牌,引导经营自律。市城区各工商局集中工商所力量,重点解决出店出摊经营、占道经营问题;清理市场业主证照,依法查处未经许可擅自开办市场等违法经营行为;加大对集贸市场食品经营户巡查力度,严厉打击销售“三无”与变质、过期食品等违法行为。

三、集贸市场专项整治

1991年,为加强市城区集贸市场管理,市工商局根据常编办〔1991〕26号文件设立市场监督检查队,为正科级事业单位,接受市工商局领导,人员编制从市城区工商所连人带编划拨10名,主要职责是强化市城区集贸市场管理及主要街道无证照摊贩管理,组织开展集贸市场专项整治工作。多年来,市工商局根据国家工商局及市委、市政府与省工商局部署要求,结合市民反映的热点问题，针对性地开展一系列集贸市场专项整治行动。

(一)违章建筑与乱摆摊点整治行动

1992—1994 年，市工商局以创建文明卫生城市为契机，组织执法人员，拆除集贸市场违章摊棚 3000 多个，搬迁和取缔马路市场 21 个，在市城区重新划定 16 处临时摊担交易区，并在集贸市场内合理划定商品交易区域(即划行规市)，集贸市场整体面貌大为改观。

(二)取缔无照经营、整顿市场秩序专项行动

1989 年后，市工商局在全市范围内开展多次取缔无照经营专项整治行动。1996 年，市工商局制定《集贸市场取缔无照经营、整顿市场秩序实施方案》。整顿标准是：市城区与集贸市场内不得有无证照摊担，市政府划定的临时摊担区外不见摆摊设点；全部进入集贸市场经营；市场内无经营户出场经营。专项整治采取宣传教育与强制取缔相结合，整体联合与专业队伍行动相结合，全面治理与重点市场守护相结合的方法。同时，市工商局将市场监督检查队人员编制增加至 60 人(正式干部与职工由 13 人增加到 30 人)，并配备双排座汽车两台，三轮摩托车若干台与 10 部对讲机。整治行动影响大、效果好，得到市政府领导肯定。

(三)欺行霸市、强买强卖专项整顿

2000 年前后，少数不法分子在集贸市场欺行霸市、强买强卖，严重影响集贸市场秩序，侵犯经营者与消费者合法权益，市工商局进行多次整顿治理。2001 年，市工商局积极配合市场服务中心及公安机关，整治市城区北站大市场欺行霸市团伙，抓捕团伙主犯戴某。

(四)治理集贸市场脏、乱、差专项行动

1992 年，市委、市政府决定创建省级与国家级文明卫生城市，1992—2012 年，每年度市工商局按照市委、市政府要求，集中市工商局有关科室及市城区分局、工商所大多数干部职工，积极参与城市创建工作。市工商局主要负责市城区集贸市场的创卫工作，通过市城区工商干部的辛勤工作，多年创建迎检顺利通过。2009 年，针对集贸市场“脏、乱、差”与“迎检一阵风，过后就放松，迎检搞突击，过后就不急”等问题，市工商局局长胡祖国根据参与多年创建工作的干部反映，进行广泛调查，向市委、市政府、市人大、市政协呈送了《建立长效管理机制，根治市城区集贸市场“脏、乱、差”问题的调查与思考》，市委书记卿渐伟签署意见，并批转市政府市长陈文浩召开市长办公会，形成 3 个规范性文件，理顺了集贸市场管理体制，完善了长效管理机制，市财政每年列支 3000 万元改造市城区农贸市场，使市城区农贸市场的“脏、乱、差”问题从根本上得到解决。

(五)集贸市场消防安全专项治理

2004 年 12 月 21 日桥南市场发生特大火灾，引起了党中央、国务院领导同志的高度重视，2005 年 4 月公安部、建设部、国家人民防空办公室联合印发《关于集中开展商场市场消防安全专项治理工作的通知》(公通字〔2005〕24 号)，省、市工商局相继转发了六部委通知。市工商局印发《关于加强全市集贸市场消防安全工作的紧急通知》(常工商发〔2004〕52 号)，要求全市工商系统集中执法力量，积极配合公安消防部门搞好集贸市场消防安全专项整治

行动。督促集贸市场主办者开展自查自纠,重点解决好消防安全通道与消防安全设施器材;帮助制订消防安全制度与应急疏散方案,禁止进入市场人员携带易燃易爆物品,禁止市场经营户在经营场所用电烤炉取暖与生火做饭等。整治行动排查消防安全隐患 39 处。

(六)鼠药市场彻底整顿检查行动

2003 年,针对有的集贸市场出现违法违规销售毒鼠强等剧毒杀鼠剂,给人民群众身体健康与生命安全带来严重危害的问题,国务院办公厅印发《关于深入开展毒鼠强专项整治工作的通知》(国发〔2003〕3 号),国家工商总局印发紧急通知,要求全国各级工商机关立即行动,彻底检查鼠药市场,解决毒鼠强问题。为此,市工商局制定《深入开展毒鼠强专项整治工作实施方案》(工商市字〔2003〕5 号),成立组织机构,明确工作重点,部署整治行动。是年 9—12 月,出动执法人员 1973 人次,对 293 家个体工商户有经营鼠药的营业执照进行变更,取缔流动鼠药贩 137 人,立案查处 53 人,收缴毒鼠强 13.7 公斤、毒鼠强原液 23 公斤、闻到死 715 公斤、敌鼠钠盐 148 公斤,杜绝了毒鼠强在常德市的加工生产与经营销售。

四、集贸市场长效监管机制建设

为使集贸市场在活跃流通、方便消费、扩大就业、促进发展等方面发挥积极作用,不成为假冒伪劣的“集散地”,藏污纳垢的“庇护所”,市工商局不断探索构建集贸市场长效监管机制。2005 年前,全市工商系统主要依赖于强化日常监督检查与开展专项整治行动及创建文明市场活动等方式方法对集贸市场进行管理。2006—2012 年,市工商局构建了以“五制二化”(市场准入制、市场巡查制、市场预警制、市场属地管理制,流通现代化、管理网格化)为主要内容的集贸市场长效监管机制,维护了市场经营秩序,促进了集贸市场的健康发展。2005 年,省工商局印发《关于在全省工商系统基层工商所实施网格化管理的意见》,市工商局将全市各类集贸市场纳入网格化监管。实行了集贸市场的属地管理与管理主体的稳定性。2007 年,市工商局印发《常德市工商行政管理局集贸市场与食品批发市场市场巡查制度》(常工商发〔2007〕126 号)规定:工商所一周对集贸市场巡查一次,市、县市场管理机构一季度进行一次巡查,同时建立市场服务人员与工商执法人员联合检查制度。巡查内容主要包括:经营资格,进、销货票据及证明资料,经营商品质量与市场开办者责任履行情况等。是

工商执法人员开展治理农贸市场“脏、乱、差”专项行动

年9月，国家工商总局发布《关于建立商品交易市场信用分类监管制度的指导意见》（工商市字〔2007〕208号），全市工商系统将集贸市场纳入市场主体信用分类监管范围，并依据《指导意见》的规定，对全市各类集贸市场进行信用分类监管。

2008年，市工商局印发《关于加强集贸市场规范管理的通知》（常工商发〔2008〕25号），全面推行商品交易市场信用分类监管制度，将全市各类集贸市场按A、B、C、D四个类别认定，纳入经济户口与网格化管理，把分类监管措施落实到每个工商执法人员，签订监管责任状，实行监管责任制与责任追究制。在此基础上，推行集贸市场规范管理九项制度，即：集贸市场与食品批发市场主体资格准入制度、集贸市场巡查制度、集贸市场不合格商品退市制度、安全预案防范与应急处置制度、集贸市场开办者第一责任人制度、集贸市场经营主体自律制度、商品质量管理制度、集贸市场“亮证亮照”与“挂牌经营”制度、集贸市场商品质量监测制度、集贸市场文明公约。

市工商局为全市集贸市场制定的文明公约

规范经营，诚信守法；证照齐全，标准悬挂；
国家税费，照章缴纳；进货查验，票证不差；
建好台账，便于追查；优质服务，绝不欺诈；
计量准确，明码标价；商品陈列，整齐如画；
假冒伪劣，口诛笔伐；安全隐患，杜绝萌芽；
清洁卫生，时刻紧抓；邻里和睦，亲如一家。

第二节　重要商品市场管理

一、农资市场管理

1989—2012年，市工商局坚持按照“着力治本、标本兼治、防打结合、综合治理”的方针，围绕“经营主体不规范、制售假冒伪劣农资、农资经营主体诚信低、农资广告较乱”等问题，采取集中整治（农资使用高峰期）与日常监管相结合等措施，开展农资市场专项整治行动，以整治农药、种子、化肥和农业机械为重点，加强农资市场管理，对农资经营主体进行全面清理，严厉打击无照经营及销售假劣农资违法行为。同时，推行农村消费维权“一组一站”模式和农业生产资料先行赔付制度，督促经营者建立经营承诺制、信誉卡制、索证索票制、“两账两票一卡一书”制、企业进货查验制、种子留样备案制和农资市场主办方先行赔付制、农资经营单位第一责任人制等系列制度，促使农资市场开办者和经营者严格自律，增强诚信经营意识，严防不合格农资商品流入市场，重点对流通领域种子、农药、化肥、农机具及配件等农资商品进行质量抽样检测，并将检测结果及时向社会公布，发布农资消费警示，全力维护农民合法权益，促进农村经济发展。

二、粮食市场管理

1992年,市工商局贯彻国家工商局《关于认真贯彻执行“国务院关于提高粮食统购价格的决定”的通知》,一方面积极配合粮食、物价部门对违反粮食价格政策行为进行严厉查处;另一方面积极支持和引导集贸市场采取措施,尽可能多组织粮食上市,活跃市场,平抑物价,满足人民群众基本生活需求。

1993年,省粮食局和省工商局联合印发《关于加强粮食市场管理的通知》(湘粮购联〔1993〕153号),积极支持国有、集体粮食企业扩购促销,充分发挥主渠道作用,对国有、集体粮食企业进入市场经营的,安排场地、提供方便。凡从事粮油经营的国有企业、集体企业和私营企业、城乡个体工商户均应按照规定办理工商登记,领取营业执照,坚决取缔无照经营。凡经营粮食的国有、集体、私营企业和城乡个体工商户均应按照国家规定守法经营,在经营的粮油商品中,如发现掺杂使假和经营污染、有毒、危害人体健康及哄抬物价、强买强卖、坑农害农和危害消费者合法权益的违法行为,依法严肃处理。

1995—1996年,根据国务院、省政府“三个统一”和“管严、管住、管好”的精神,全市各级工商机关广泛宣传、严格监管,查处一批不法粮贩与问题粮食。

1997—1998年,按照“政府挂帅、部门配合、工商执法、齐抓共管”总体思路,全市各级工商机关推行“局长包所、所长包乡、干部包厂”监管责任制,强化粮食市场管理。对重点产粮区和个体私营米厂密集区进行重点监控,昼夜巡查。市工商局先后5次分组分片对全市各区县(市)的粮食收购工作进行明察暗访,督导检查。为宣传粮改政策和粮食市场管理精神,共召开专题会议90余次,出动宣传车206台,发放宣传资料22700份,张贴宣传标语3900条,举办粮改学习班34期,召开个体粮商座谈会8200人次。其间,全市工商系统共查处违法粮食案件716起,查扣没收稻谷1123吨,罚款127万元,吊销营业执照8户。

1999年,市、县工商机关成立以市管、经检、法制和基层专干为基本力量的粮食市场巡查队,检查经营户是否有经营资格,“三账一卡”制度是否健全,加工企业是否违法收粮。此外,全市工商系统印发2000本加工企业粮食购、销、存台账,市工商局与各县级工商局签订责任状,制订粮食市场管理考评细则,建立群众举报网络。是年,共查处涉粮案件1344起,没收粮食3608吨,罚没入库312万元,吊销执照和停业整顿158户。市工商局被国家工商局评为“粮食市场管理先进单位”。

2000年,市工商局贯彻国务院国发〔2000〕20号文件精神,正确处理“管住收购”与“搞活零售”的关系,采取“三从三不”措施(办理手续从简不设置限制性条件;时间从快不拖延;收费从优不搭车收费),取消在收购季节关停粮食加工厂,强行在运输途中验票作法,推进早籼稻市场流通。同时加大违法经营行为打击力度,查处非法经营稻谷案80多起。

2001年,市工商局根据国家工商局、国家计划委员会、国家粮食局、中国农业发展银行联合印发的《关于进一步敞开收购农民余粮规范粮食市场秩序的紧急通知》，严格规范入市收购企业审批制度，严厉打击不法粮商直接到农村收粮；督促粮食购销企业按保护价敞开收购农民余粮。全市共成立粮食巡查队 62 个，查处涉粮案件 79 起，没收粮食 554 吨，罚没款 40.04 万元。在严格管理的同时，认真执行国务院办公厅《关于部分粮食品种退出保护价收购范围有关问题的通知》（国办发〔2000〕7 号）精神，适时放开早籼稻监督管理，给粮食加工企业和个体米厂、粮食经营单位及时变更营业执照，搞活市场流通。另外对具备条件的粮食加工企业，及时向省工商局专题请示汇报，先后申报 5 家国有、集体和私营粮食企业中、晚稻"收购资格证"，促进粮食市场多渠道流通。

2002 年，市工商局依据国家发改委、财政部、国家工商行政管理总局、国家粮食局、中国农业发展银行联合印发的《陈化粮处理若干规定》，制定一系列陈化粮监管制度和措施，严格实行陈化粮市场监管责任制和责任追究制，确保人民群众口粮安全。是年，市工商局印发《关于抓好粮、棉市场监管工作的通知》（常工商字〔2002〕79 号），要求全市各级工商机关抓好粮、棉市场监管工作，坚持以市场为导向，培育市场体系，搞活流通；调整工作思路，确定监管重点，规范粮、棉购销市场秩序，发展农村粮食集贸市场，鼓励农民参与粮食流通，取消粮食运输凭证制度，撤销阻碍粮食流通关卡，畅通粮食流通渠道。同时，加大监管和打击陈化粮倒卖力度，查处鼎城区斗姆湖等粮库违法销售 1500 吨陈化粮案件。

2003 年，为贯彻国家计委、国家工商总局五部委文件（计综〔2002〕1345 号）精神，切实加强陈化粮监管，市工商局印发文件（常工商发〔2003〕11 号），对加强陈化粮监管作出具体规定，确保常德市有关企业从湖南粮食市场竞价购买的大批陈化粮只能在本企业加工饲料、酒精或味精，不得转让、出售。

2004 年，市工商局贯彻国家工商总局《关于进一步加强粮食市场及农资市场监管工作的紧急通知》（工商明电〔2004〕15 号），加强对粮食市场经营主体监管，严把市场准入关。凡从事粮食收购的经营者，须经县以上粮食行政管理部门许可，工商机关登记注册时在经营范围中标注"粮食收购"字样后，方可经营。全市各级工商机关结合年检与日常管理，加强对粮食市场主体监督检查。同时，按照"放开粮食收购市场"要求，继续做好全面拓宽粮食收购渠道，取消粮食运输凭证，保护粮食合法运输，搞活粮食流通。

2005 年 7 月 31 日，省长周伯华在益阳调研粮食市场时强调，坚决执行国家最低收购价格政策，放开粮食市场，确保粮食安全。市工商局贯彻《粮食流通管理条例》及省政府领导指示精神，要求全市各级工商机关进一步放开粮食市场，拓宽粮食收购渠道，促进粮食流通，并重点监管全省指定常德市 191 家承担最低收购价政策的粮食收购企业，严格按照规定价格收购粮食；同时依照有关法律法规，查处无照经营，打击粮食销售活动中囤积居奇、欺行霸市、掺杂使假、以次充好以及陈化粮流入口粮市场等违法行为。

2006—2012 年，全市各级工商机关根据有关工商法律法规，加强粮食经营市场主体资格检查；查处假冒伪劣粮食案件；严格规范粮油限时限量促销活动；加强节假日粮食市场管理等。

三、棉花市场管理

1989 年,省供销社、省计委、省工商局等 8 个部门联合印发《关于棉花实行调拨包干后购销管理的暂行规定》,全省棉花生产、收购、供应计划由省计委制定下达,省棉麻公司编制下达分段调拨供应计划;棉花由供销社基层社代购,棉麻公司经营,其他任何单位和个人不得插手。工商部门负责加强棉花市场管理,制止和打击非法棉花经营活动。经工商部门查获的非法经营的棉花,由当地棉麻公司重新验级按国家牌价收购,纳入当地计划安排。

1990 年, 省供销社和省工商局联合下发的《关于加强棉花调拨运输管理的暂行办法》(湘供棉联字〔1990〕139 号)规定:各级工商机关加强棉花市场管理,对无照经营、抬价抢购、倒卖棉花,按有关工商法规严肃查处。棉花调出省外的,调出单位须持有省棉麻公司签发的"准运证"方可运行。省内地市之间及县际之间棉花调拨供应,凭调出地棉麻公司签发的"准运证"方可运行。从省外调进棉花,一律凭调出省或地、市棉麻公司"准运证"方能运行。凡无"准运证"运输棉花的,由工商行政管理部门扣留交所在地棉麻公司重新验收定级收购。

1994 年, 省工商局印发《关于进一步加强棉花市场管理的紧急通知》(湘工商市字〔1994〕133 号)规定:不放开棉花市场,棉花不准上市,工商部门要把管好棉花市场作为突出任务; 抓紧清理和重新确定棉花经营单位经营资格, 棉花只能由供销社的棉麻公司一家经营,凡不符合规定要求的必须办理变更登记或注销营业执照,坚决取缔非法棉花经营单位和个人经营棉花;加强对轧花厂监督管理和检查,轧花厂只能从事棉花加工,不得经营棉花,加工时不得掺杂使假,加工后必须交棉麻公司;严禁棉麻公司跨区争购棉花,严禁纺织企业到产棉区收购棉花或通过非棉花经营单位购买棉花。供销社计划外供棉和纺织企业计划外购棉,工商部门可按相关规定进行查处,并给予经济处罚;棉花收购期间,经省政府批准,棉花主产区工商部门可在省际边界设立临时检查站,对棉花运销进行检查,国棉出入库和棉花出省凭"准运证"放行,无证即可依法查处。是年,经省政府批准,市工商局在汉寿军山铺 319 国道设立临时棉花检查站,截至年底,该检查站先后查扣违法违章经营或"准运证"与计划调拨单等手续不全的棉花 338.5 吨,罚款 3 万元。全市工商系统出动 1200 余人次,办案车辆 80 余台次,投入办案经费 120 万元,查处各类违法违章经营棉花案件 1200 多起,罚没入库 60 余万元,阻止棉花外流 50 吨,确保全市棉花收购入库顺利进行。

1995 年,全市各级工商机关加强棉花市场管理主要做以下工作:继续做好棉花经营单位资格清查工作,凡不符合规定的办理变更与注销营业执照;配合有关部门,禁止和查封"小轧花机"与"小打包机";严厉打击倒买倒卖与棉花掺杂使假、"黑市交易"等违法违规行为。是年,全市各级工商机关查处违章收购棉花案件 340 起,查扣非法经营棉花 10 吨,罚款 80 多万元,移交公安机关拘留棉花贩子 1 人。

2002 年,市工商局印发《关于抓好粮、棉市场监管工作的通知》(常工商字〔2002〕79 号),

禁止地区封锁，取消对企业跨地区收购棉花的限制，开放棉花收购市场。棉花收购加工企业资格认定，按属地原则，由县级人民政府授权的有关部门进行核准后颁发棉花收购或加工资格证书，并分期分批向社会公布。取得资格认定企业一个月内到所在地工商部门办理注册手续。对未获得资格认定的或未到工商部门注册的无照经营行为，坚决予以查处。在棉花销售高峰期，组织执法力量，对重点区域或市场进行巡查，加大执法力度，严厉查处欺行霸市、掺杂使假、哄抬物价、利用合同或其他方式进行欺诈，损害国家、企业和农民利益的违法违规行为。是年，全市工商系统对215家棉花加工、收购企业进行资格复验审查和认定。

2004年，根据国家工商总局印发的《关于严厉打击违法收购棉花行为切实加强棉花市场监管工作的通知》（工商市字〔2004〕197号），市工商局对棉花收购与加工企业进行清理整顿，取缔和淘汰不符合条件企业；支持纺织企业到产棉区建立原料基地，取消对棉花企业跨地区收购限制；积极配合有关部门淘汰“两小一土”设备加工棉花，打击欺行霸市、坑害棉农、掺杂使假、以次充好等违法行为，切实维护棉花流通市场秩序。

四、成品油市场管理

成品油是发展国民经济的重要生产资料，国家对成品油实行统一计划分配管理。所有成品油生产企业超产和计划外生产成品油，除按规定留给企业部门自销外，均由中国石油化工总公司统一收购经营。20世纪90年代初期，进入市场调节的计划外成品油只占全部资源的30%左右，随着计划外成品油进入市场，一些单位和个人钻成品油价格“双轨制”的空子，非法经营成品油，扰乱成品油市场秩序，为此，国家计委、国家工商局、中国石油化工总公司联合印发《关于加强成品油市场管理和整顿的通知》，清理整顿成品油经营单位，整顿小炼油厂、取缔小土炼油炉，加强成品油经营单位管理规范，维护成品油市场管理秩序。

1990年，市、县工商机关与公安、石油管理部门组织联合行动，整顿石油市场秩序，取缔个体加油站29个，查处加价倒卖石油，高价买卖加油票或粮、棉挂钩油票案件37起，整顿不具备防火安全条件的加油站13个。

1999年，国务院办公厅转发《关于清理整顿小炼油厂和规范原油成品油流通秩序意见的通知》，要求在生产环节取缔非法采油和土法炼油，清理整顿小炼油厂，在流通环节实行成品油集中批发，规范零售市场，遏制小炼油厂过多过滥，盲目发展，与炼油企业争原油、争市场的混乱局面。

2000—2003年，市工商局开展多次成品油市场整顿，取缔12家无照经营户，查扣加油机8台，汽油12.8吨，柴油15吨。

2007年，市工商局贯彻国家工商总局《关于加强市场巡查、严厉打击“土法炼油”等非法经营活动的通知》精神，积极配合有关部门，在“两节”前夕开展市场巡查活动，把打击“土法炼油”等非法经营活动工作落到实处。

2011 年,市工商局对全市成品油市场进行专项整治,检测汽油、柴油 66 个批次,主要涉及 93 号汽油、97 号汽油、0 号柴油三个品种,合格率仅为 50%。部分加油站油品以次充好、掺杂使假,利用低标号油品冒充高标号油品;部分加油站管理不规范,运输工具未做到专油专车,个别加油站储存条件不达标,无法做到专罐专用,导致标号不同的油品混装;部分加油站进货渠道不正规,从一些小型炼油厂或其他不法商贩手中购进成品油,质量难保证。市工商局对涉案企业立案调查,加强成品油市场特别是乡镇加油站监管,维护消费者合法权益。

市工商局开展成品油市场专项执法检查

2012 年,市工商局对武陵区、德山经开区、鼎城区、桃源县、澧县范围内 22 个成品油销售站进行抽样检测,抽检主要涉及 93 号汽油、97 号汽油、0 号柴油三个品种,共抽样检测 39 个批次。是年,查处成品油案件 34 起,办结 31 起,罚没 94.7 万元。

五、三湘农产品质量安全行

2004 年,湖南省及各市州成立由省、市人大常委会牵头,多个相关部门参加的“三湘农产品质量安全行”活动组委会,通过活动力促农产品“三大体系”建设(农产品检验检测体系、农产品“绿色通道”市场体系、农产品环境保护与打击制售假冒伪劣农产品及农业投入品监管体系)。

2005—2012 年,市工商局根据市农产品质量安全行组委会部署安排,以及市委年度《常德农产品质量安全行活动方案》,结合工商部门职能,主要做以下工作:严把农产品经营企业市场准入关,对不符合国家有关农产品和农业投入品法律、法规的,一律不得核发营业执照,已核发执照的结合年检进行清理,对不符合法定条件又不能整改到位的农产品和农业投入品经营企业,一律予以取缔;大力培育农产品品牌,积极支持农产品经营企业开展注册商标、品牌产品申报与认定工作,强化对农产品品牌监管和保护;加强市场巡查,严厉打击制售假冒伪劣农产品和农业投入品等违法行为严把农资经营主体市场准入关;抓好“两账两票”“一卡一书”制度落实;根据农资供应状况,集中执法力量,开展农资市场专项整治行动。推行农产品协议、标准、检验检疫、市场自检自测等市场准入制度,严禁有毒有害农产品进入市场。

六、商品展销会管理

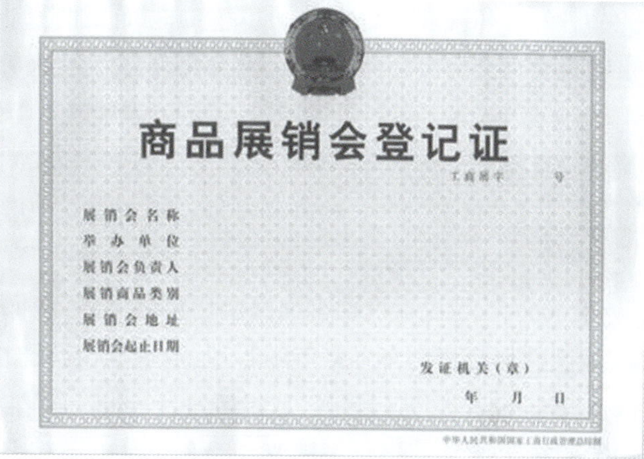

商品展销会登记证样式

1997 年 10 月，国家工商局颁布的《商品展销会管理办法》规定：商品展销会主办单位必须具备法人资格，具有展销场地与设施以及相应管理人员与制度等条件，向主办地工商机关提供符合条件的证明材料，由工商部门核发《商品展销会登记证》后方可主办。

1998—2010 年，市城区商品展销会直接由市工商局市场规范分局管理，区县（市）由县级工商局管理，期间，市工商局根据《办法》规定，核准市城区主办商品展销会 293 期。并根据工商有关法规，实行全程跟踪管理，确保展销活动合法有序开展。

2010 年，国家工商总局印发《关于取消商品展销会登记等行政审批项目的通知》规定，从 7 月 22 日起，取消由工商部门行使审批职责的“商品展销会登记”审批项目。

第三节　机动车与运输市场管理

一、机动车市场监管

1992 年 4 月，市工商局局长办公会研究同意生产资料管理所请示，开办旧机动车辆交易市场，由生产资料管理所直接管理与收费。是年，全市各级工商机关贯彻省工商局湘工商市字〔1992〕3 号文件精神，对 1989 年 2 月以来，经国家核准的小轿车经营单位经营情况进行一次检查，制止超范围经营小轿车，无“准运证”或使用假“准运证”从广东等地贩运小轿车等违反小轿车销售管理规定的行为。

1998 年，市工商局配合市直有关部门对市城区进行三次整顿：5 月取缔无证照营运机动三轮车 400 多辆，6 月取缔人力“慢慢游”600 多辆，10 月取缔机动三轮车 1100 多辆。受到市政府通报表彰。

2001 年，市工商局贯彻国务院《关于严厉打击非法收购拆解汽车行为，迅速取缔报废汽车拆解拼装市场的通知》精神，对全市 62 家汽车配件市场、汽修厂、改装厂、农机厂、废品收购等单位及个人进行清理整顿，发现 11 家问题严重，吊销鼎城区商贸城汽车配件改装厂等

7家企业营业执照,立案查处6家非法拆解报废汽车等违规行为,查处改装旧翻斗车7台,拼装汽车和拖拉机10台,待销售的拆解报废汽车零件10件,以及市城区8家修理厂改装夏利车型等非法拆解拼装汽车案。是年,对小轿车经营企业进行全面检查,建立小汽车经营企业品牌专卖和代理销售网络。取缔桃源和石门两家非法设立的旧机动车交易市场,促进常德市旧机动车交易市场稳健发展,当年旧车成交量达758辆。

2005年,市工商局根据国家工商总局颁布的《汽车品牌销售管理实施办法》与《二手车流通管理办法》,对汽车品牌经销商实施备案制度。对设立二手车交易市场,严格按照行政许可规定核准登记。同时,检查和查处二手车交易中虚假宣传、欺诈消费者以及经营禁止上市交易车辆等违规行为。

2006年,为提高机动车维修市场整体素质,确保行驶安全,市工商局下发常工商〔2006〕48号文件加强机动车维修市场管理,清理全市各类机动车维修企业,对不符合国家《汽车维修业开业条件》的进行整顿,取缔无证无照机动车维修业户。是年,市工商局印发常工商发〔2006〕26号文件部署整顿规范二手车交易市场秩序专项整治行动,对设立二手车交易市场应具备条件及申请设立审批程序进行完善,同时严厉查处经营走私车、盗抢车、非法拼装车、报废车、手续不全及国家法律法规禁止经营的车辆,进一步规范机动车交易市场秩序。

2012年,市工商局开展品牌汽车销售市场专项整治行动,集中打击未授权、未备案、擅自经销、售后违约等违法行为。对全市68家品牌汽车销售企业进行摸底排查,建立品牌汽车销售企业监管台账,掌握品牌汽车销售企业经营状况和企业基本情况。查处违规经营品牌汽车案件25起,办结19起,罚款45.5万元。

二、运输市场管理

1994年,市工商局印发《关于加强城区运输市场管理的通知》(常工商字〔1994〕57号),明确武陵区范围内营运机动车辆监督管理及个体营运户登记发照与监管由生产资料专业管理分局统一实施,各类个体运输户必须办理工商执照与缴纳规费。

1998年,市工商局在汉寿县蒋家嘴镇设立水上运输工商行政管理所,由市工商局从生资分局抽调人员,利用汉寿县工商局监管专用船舶,加强水上运输市场管理。后因治理水上“三乱”等原因,于2000年撤销。

1999年,市工商局连续两次印发《关于加强运输市场管理与整顿的通知》(市工商发〔1999〕13、49号),对工商系统运输市场监管作出具体规定,并要求全市工商市管系统做好秋季运输市场整顿,对有固定线路的中巴、大巴客运车辆,挂牌在国有、集体、外资企业的客货运输车辆,从事货运的大、中型车辆,有固定停靠点作业的出租车船,以及农用小四轮、拖拉机与小型客车,小型客运摩托车等进行规范管理。是年,大多数县级工商局成立运输市场管理所。

2000年，市工商局印发《关于继续加强运输市场管理的通知》（常工商字〔2000〕5号），要求全市各县级工商局调整充实运管所力量，配备交通与通信工具，规定不准跨车籍地办照与收费，只能依法处罚。不准随意降低与提高收费标准，不准搞公路“三乱”。并在5月与10月开展运输市场集中整顿月活动。

2001年，市工商局根据运输市场出现的新情况，对从事客货运输的个体私营企业登记管理的有关问题作调整，明确个体运输业户办理注册登记应具备的条件;二手车从事客货运输等方面必须注意的相关事项。是年，借鉴祁阳与东安县经验，明确营运性车船管理的范围职责与收费标准，理顺基层工商所与运输市场管理所职责，实现由专业所归口管理运输市场。全年共办理营运汽车营业执照9379个，收取规费511.18万元。

2002—2007年，市工商局高度重视运输市场管理工作，制定年度全市运输市场专项整治工作实施方案，下发各县级工商局，对运输市场管理与专项整治组织机构、工作目标、整顿重点、监管措施作出具体规定。在2002年全市运输市场专项整治行动中，查处无照经营1823户，罚款191万元，2003年查处208起无照客货运营案件。2004年，市工商局印发《关于加强水上运输市场管理的通知》（常工商发〔2004〕37号），对水上运输市场管理作出部署，力争水上运输市场这个多年“想管管不了、管了没管好”的难题有所突破。2006年，市工商局局长办公会研究，赋予全市各运管所运输企业注册、年检及经济户口检查走访权；统一运输市场管理费收取标准，以及开展运输市场集中整治行动与整体联动。

2008年，市工商局加大运输市场服务力度，充分运用工商职能，支持地方发展集约化运输企业，培育发展有型专业运输市场，调整全市运输产业运力与组织结构，促进运输市场健康发展。同时明确工商运管系统监管范围及检查任务（常工商发〔2008〕16号），全市工商系统开展三次集中整治行动。在专项整治行动中，共查处无照经营车辆180起，查处各类违法违章行为193起，罚款126.7万元。是年，国家停止征收工商规费。各区县（市）运管所不再设立。工商机关按照有关工商法规管理运输市场。

2009—2012年，全市工商系统切实履行春运期间市场监管职责，开展春运市场秩序整治行动，为消费者构建一个购物放心与出行安全的市场环境。

第四节　节假日与旅游市场管理

2000年，国务院办公厅印发《关于转发国家旅游局、国家工商局等部门关于进一步发展假日旅游若干意见的通知》（国办发〔2000〕46号），为发展假日旅游，提前公布春节、“五一”、国庆假日旅游“黄金周”的放假日期，对加强节假日及旅游市场管理作出规定。国家工商局对搞好节假日旅游市场监管发出工商明电〔2000〕24号通知，要求各级工商机关加强对节假日及旅游景点上市商品的监管，加强对旅游经营单位的证照管理与经营行为管理，不得损害消费者合法权益，坚决管好节假日与旅游市场。此后，市工商局高度重视节假日及旅游市场的管理,采取有力措施,维护了节假日及旅游市场秩序,促进了常德假日经济健康发展。

2000—2001年,全市各级工商机关成立"黄金周"旅游市场管理机构21个,印发宣传资料15080份,出动执法人员876人次,车辆182台次,检查市场28个、旅游经营单位564家,取缔无照经营193户,查处旅游经营单位违法案件175起,罚款18.4万元,受理消费者投诉207起,解决199起,为消费者挽回经济损失71.2万元。

2002—2003年,市工商局印发《假日市场集中整治方案》(常工商字〔2002〕78号、〔2003〕3号),成立节假日市场集中整治行动组织机构,明确集中整治范围和重点;检查节假日上市的各类商品,特别是食品;查处旅游市场无照经营,收受回扣、乱摆摊点等违法违章行为;打击不良文化与传销,注重"社""车""店""导"清理。全市在整治行动中共查处无照经营193户、违法违章案件57起,案值173万元,取缔澧县青旅、湘西旅行社、假日旅行社在常德与安乡的分支机构,拆除景区120多处违规违章摊点。

2003—2004年,市工商局集中力量和时间,加大市场秩序整治力度,优化节假日消费环境,根据往年节假日市场监管情况,确定一批重点市场、重点区域、重点商品,结合消费者关注的热点问题,进行集中整治,在整治行动中,共查处无照经营354户,查处违法违章案件180起,案值160.5万元,罚款37.5万元,取缔制售假冒伪劣商品窝点8个。

2005—2006年,市工商局贯彻全省工商局长会议精神,加强流通领域商品质量管理,开展节假日食品市场专项整治行动,整治重点商品:月饼、饮料、儿童食品等11类;整治重点对象:超市、商场、专卖店、批发市场、集贸市场等;整治重点区域:农村集市、城市社区、城乡接合部等。

2007—2008年,市工商局开展节假日食品安全整治行动,2007年9月10日,局长胡祖国带队对市城区超市及城乡接合部月饼销售点进行重点检查。在集中整治行动中,出动执法人员1870人员,车辆379台次,查处无照经营39起,查处超范围经营易燃易爆品个体工商户57起,收缴"白板肉"370公斤,查处"三无食品"案件19起,收缴假冒伪劣有害有毒食品2100公斤,督促整改集贸市场安全隐患9处,受理消费投诉39起,调解消费纠纷21起。2008年,市工商局拓展节假日市场秩序监管范围,加强以食品为重点的消费品市场监管;加强禽畜类市场及野生动物市场监管,防控禽流感等疫情通过

市工商局执法人员开展节假日市场检查

市场传播；加强文化市场监管，营造健康的市场环境，确保消费安全。

2009—2010 年，全市工商系统以节假日为重点，开展八项集中专项整治行动，取缔无照经营 3879 户，查处食品违法案件 141 起，查扣问题食品 347 公斤。

2011—2012 年，市、县工商机关开展节假日及学校与学校周边等 9 次专项整治行动，出动执法人员 2769 人次，检查市场主体 6908 户次，捣毁制售假冒伪劣窝点 3 个，查获假冒假劣食品 5658 公斤，查处各类违法违章案件 400 多起。同时，加强烟花爆竹市场“禁改限”工作，组织力量对集贸市场、旅游景点、车站码头、小摊点进行执法检查，严厉查处价实不符、过度包装、搭售商品、虚假宣传及欺诈消费者等违法违章行为。

第五节　其他市场管理

一、生产要素市场管理

1990 年，市工商局印发《关于加强生产要素专业市场管理的通知》（常工商〔1990〕55 号），对管理机构、计划外生产资料经营的审批，以及生产要素市场经营合同鉴证等方面作出规定。是年，制定《常德市钢材市场管理暂行办法》，对钢材交易实行市场验证，全年在市场验证成交钢材 11186 吨，有色金属 143 吨，成交金额 2536 万元，对 22 家工业品生产资料生产企业和经营单位 17 个品种生产资料交易进行审核、验证，成交额达 1879 万元。

1993 年，市工商局培育和加强技术市场管理，明确市城区技术市场由生资分局实行统一归口管理，管理主要内容是：核发营业执照、年审年检、技术交易行为监督，技术广告与合同等方面。生资分局与市技术行政管理部门合署办公，在各司其职的基础上，通过年检年审对从事技术交易的单位和个人进行监督管理。

2001 年，市工商局把房地产抵押、租赁与买卖市场作为生产要素市场管理重点，组织各县级工商局分区域负责、重点突破，与市房产局、国土局联合进行房产市场管理，对建筑市场招、投标工作进行跟踪监管。

2007 年，市工商局下发常工商发〔2007〕85 号文件，组织开展打击非法劳动用工专项行动，在 7—8 月的行动中，全市工商系统开展排查摸底，重点加大煤矿、小砖厂、小矿山、小作坊等重点行业与重点地区检查力度，取缔无照生产与经营等非法行为。同时，加强日常巡查，配合劳动部门及时发现和查处非法劳动用工，维护广大劳动者合法权益与社会稳定。

2011 年，市工商局下发常工商发〔2011〕31 号文件，组织开展清理整顿人力资源市场秩序专项行动，清查整顿重点：对获取人才中介许可证或职业介绍许可证的单位和个人，但无营业执照，限期补办营业执照后方可经营开业；对发布虚假招工广告及其他虚假信息的组织和个人，依照有关工商法规予以查处，造成严重社会危害后果的移送司法机关处理；配合劳动与公安部门，查处以担保或其他名义收费等谋取不正当利益的违法行为。

二、医药市场管理

1990年,省工商局转发国家工商局与国家医药管理局《关于集体、私营企业和个体工商户零售药品的规定》,对集体、私营企业与个体工商户经营药品作出9条规定,对违反规定的,视情节轻重,由主管部门会同工商机关按有关法规予以警告、罚款、没收非法所得、责令停业整顿、吊销营业执照等处理。1991年,省工商局、卫生厅、医药局联合发布《关于整顿医药市场若干问题的暂行规定》。之后,全市工商系统全面履行加强医药市场监管职责,全力维护医药市场秩序。

1993年,市政府出台《常德市医疗市场管理办法》。1994年12月,市政府召开清理整顿全市医药市场秩序工作会议。在清理整顿中,市工商局依据国务院国发〔1994〕53号和国家工商局工商市字〔1994〕28号文件精神,对全市从事药品生产与经营的市场主体进行清理整顿,对不符合开办条件的,按规定变更其经营范围或予以取缔注销。春节前,对桥南中药材市场进行整顿,重点解决非法经营国家规定限制销售中药材和中成药、西药及其他特殊管理药品等问题。按照《商标法》与《广告法》规定,加强药品、医疗器械广告宣传监督管理;查处制售假劣药品,侵犯商标专用权等违法行为。

1995年,市工商局印发《关于进一步强化工商执法力度,维护医药市场正常秩序的通知》(常工商字〔1995〕1号),市工商局会同卫生、医药部门严把药品交易市场准入关;禁止设立除中药材专业市场以外其他药品市场,对桥南中药材市场经营者进行清理整顿;从严打击制售假劣药品,擅自从事药品生产与经营等违法行为。是年,全市工商系统共取缔不符合规定条件药品经营户37家,查处假劣药品案9件。

1996年,常德市成立由市工商局牵头,市卫生局、医药局、市廉政办参加的药品购销回扣等违法行为专项检查领导小组,市政府常务副市长钦时中任组长、市工商局副局长屠家云任副组长,领导小组办公室设在市工商局,屠家云兼任办公室主任。在专项检查中,全市263家医院,27家药品经营单位(不含个体工商户),自查申报回扣总金额6981.32万元,各类物质折款237万元,检查组抽查56家,回扣总额为4507万元,物质折款137万元,比自查多出340万元,购药回扣率一般在30%左右,最高达50%以上。在检查中发现的主要问题有:非经营单位进销药品情况突出;医疗单位先收回扣后购药;折、回扣款去向不明等等。

1997年,市工商局会同市卫生局等相关部门,对个体医疗诊所开展专项整治行动,整治的主要内容:以行医为名违法销药;擅自开办诊所以医骗钱坑害消费者;销售假劣药品危害人民健康;开大处方滥做医疗检查乱收费;不符合医疗与销售药品条件等行为。是年,共取缔无证照行医或不具备条件从事医疗与药品销售的71户,查处销售假劣药品案件13起。

2000年,市工商局下发常工商字〔2000〕18号文件,组织开展整治医药购销不正之风专项行动,整治重点是取缔各类非法药品集贸市场,打击无证照药品商贩;查处药品购销活动中不正当竞争行为；查处高额折扣与收受回扣；清理整顿医疗、药品广告宣传。是年，共查处各类医疗药品违法案件 17 起，取缔非法从事医疗与药品销售 16 家，查处医药销售不正当竞争案件 11 起。

2001 年，全市工商系统深入开展医药市场清理整顿工作，查处药品回扣违法案件 8 起，没收回扣款 58 万元，罚款 12 万元，查处 80 多个单位擅自复印证照经销药品，罚款 20 多万元；对 9 起以单位名义实为个人销售药品行为进行立案查处，罚款 28 万元。在清理整顿中，市工商局与公安、卫生、医药等部门一道，彻底关闭桥南药材市场。

2002 年，市工商局加大医药市场监管力度，共查处无照药品经营户 185 户，查处非法行医机构 62 家，收缴非法医疗广告宣传资料 7500 份，广告牌匾 232 块，有效规范全市医疗医药市场秩序。

2009 年，市工商局印发《关于加强计划生育药械市场管理的通知》，全市各级工商机关严把市场准入关；查处违法从事计划生育药械生产与经营行为；加强对成人"性用品"广告监管，严肃查处未经审批发布计划生育药械和技术广告及篡改或超出批准内容对计划生育药械和技术进行虚假宣传等违法行为。

三、文化市场管理

1993 年，市政府出台《常德市文化市场管理暂行办法》第 8 条规定："所有从事文化经营的单位和个人，报经县以上文化部门审查核准，颁发'湖南省文化市场经营许可证'，并向工商部门申请注册登记，方可经营开业。"第 19 条 8 款规定："文化经营单位和个人，凡违反其他行政管理部门法律与规章，由其他部门实施处罚。"是年，市工商局查获非法出版物 92 万册，音像制品 7540 盒，画片 325 张。

1994 年，市工商局加强市城区文化娱乐场所管理，向市城区各夜总会、歌舞厅、卡拉 OK 厅发出常工商字〔1994〕51 号规定：凡在市城区文化娱乐场所演出的歌乐手、时装模特等演职人员都必须持有市文化部门核发的"临时营业演出许可证"，到工商机关申请核发《临时营业执照》（有效期 1 年）后方可演出，否则，将依法没收非法所得，并处以 500 元以下的罚款，如需在核定场所以外演出的必须办理变更登记手续；禁止演出内容反动、庸俗污秽、宣传封建迷信类剧目与节目，违者，工商机关将依法对演出者与演出主办单位予以处罚等。此后至 1996 年，全市工商系统根据有关工商法律法规，加强文化市场监管，促进常德市社会主义精神文明建设。

1997—2000 年，市工商局贯彻中共中央《关于加强社会主义精神文明建设若干重要问题的决议》精神，印发常工商字〔1997〕5 号文件，进一步理顺关系，避免职能交叉，强化文化市场监管，明确市城区文化市场管理，由生资分局按照工商行政管理职能，实行全方位监管。期间，市城区取缔无照经营 53 户，查处文化市场违法违章案件 21 起。

2001 年,国家工商总局发布《关于部署落实整顿和规范文化市场秩序的通知》(工商公字〔2001〕226 号)规定,工商部门加强文化市场监管主要职责是:坚持条件,严把文化市场准入关;强化文化市场监督管理,严厉打击违法经营行为。是年,市工商局会同公安、文化、新闻出版等部门,开展"扫黄打非"专项斗争,对盗版光盘、非法出版物进行认真清理,对电子游戏和网吧、桑拿按摩业进行清理整顿,查处违法印刷品广告 11 万份。

2002 年,全市工商系统对印刷、娱乐场所、网吧、电游、影视厅等文化娱乐场所进行清理整顿,共取缔无证照经营 213 户,吊销营业执照 17 家,收缴含有色情内容广告牌 315 块。还对学校周边出售摇头丸行为进行执法检查。是年,市工商局印发常工商字〔2002〕32 号文件,在全市范围内开展互联网有害信息专项清理整治行动,有效遏制和防范有害信息网上传播,推进网络文明建设。

2003 年,市工商局根据市委"扫黄打非"会议精神,制定工作方案,对全市文化娱乐场所进行清理整顿,查处无照经营 57 户,吊销营业执照 26 户,收缴非法出版物 2153 本,查处文化市场违法违规案件 38 起。

工商执法人员销毁涉黄音像制品

2004 年,市工商局印发《全市中小学幼儿园及少年儿童安全管理专项整治行动方案》(市工商发〔2004〕47 号),组织全市工商系统在 11—12 月开展集中整治行动。重点查处中小学幼儿园周边互联网服务场所、电游、图书报刊音像制品和电子出版经营点违法违章行为;全面取缔中小学与幼儿园周边无照经营行为。

2005—2006 年,市工商局落实全省网吧等互联网服务营业场所专项整治工作电视、电话会议精神,组织开展整治行动,维护互联网市场秩序。整治主要内容:查处和取缔"黑网吧",凡未经文化部门许可,一律不核发营业执照,中小学校周围 200 米与居民住宅院内不得设立网吧;严厉查处网吧违法违章行为;网吧经营建立限时限对象制度,经营活动不得通宵达旦,未成年人不得进入网吧活动。

2007 年,市工商局印发常工商发〔2007〕84 号文件,在全市范围内开展打击取缔"黑网吧"专项整治行为。市、县级工商局分别成立由"一把手"任组长的打击"黑网吧"领导小组。在专项行动中,采取排查摸底,动员群众举报,强化网络监管责任制等措施,使专项行动取得预期效果;同时,印发常工商发〔2007〕8 号文件,加强网吧网络信号接入管理。是年,按照常德市学校及周边治安综合治理领导小组《市城区学校及周边秩序整治交办通知》,市工商局领导责成相关科室与武陵分局对学校周边秩序进行专项整治，取缔24家学校周边的饮食摊点（店），对市城区学校及周边80家饮食摊点（店）发出《违法行为限期改正通知书》和《催办营业执照及相应行政审批手续通知书》。

2008年，根据党中央、国务院《关于进一步加强和改进未成年人思想道德建设的若干意见》和国家工商总局、省工商局相关文件精神，市工商局在全市开展打击生产、销售色情、暴力、恐怖等不良玩具违法行为专项行动。出动执法人员1237人次，重点检查批发市场、小商品市场、超市与商场，以及学校周边小商店、摊点和节假日集市贸易与大型活动场所。依据《中华人民共和国未成年人保护法》规定，对3起违法行为进行立案查处，吊销营业执照14户。是年，全市工商系统建立"扫黄打非"长效机制，与地方"扫黄打非"工作领导小组办公室及公安、文化等部门密切配合，建立工商系统"扫黄打非"联络员制度，完善部门间协作机制，加强情报和信息交流，整合执法资源，积极参加每季度一次为期1周的文化市场安全与"扫黄打非"联合执法检查行动。是年，全市工商系统共检查各类出版物市场92个、摊点236个，取缔无照经营图书的店面47个，取缔关闭淫秽色情网站3家。

2009年，市工商局开展清理规范游艺娱乐市场专项行动，清理规范重点是对全市游艺娱乐场所进行摸底，并登记造册；清理不符合游艺娱乐登记条件的市场主体；查处含有宣传淫秽、色情、迷信与暴力，危害国家安全和利益，侵害消费者身心健康的违法违章行为。是年，全市工商系统还对高考期间学校周边环境进行整治与规范。

2010年，市工商局积极配合文化、公安、版权等部门，开展查缴宣扬伪科学、淫秽色情、盗版和政治性非法出版物专项整治行动，加大对违规印刷、复印企业查处力度，对证照不全或无照经营的场所予以取缔。是年，全市工商系统共组织8次集中整治行动，依法扣留非法盗版光碟90余张，盗版杂志130册、非法出版报纸30种3000余份、非法出版工具书47本、黄色书刊300余本，查处违法违规经营者35人，取缔无照经营户19户。同时，开展网吧专项整治联合行动与暑假期间网吧专项整治行动。市城区出动执法人员1500多人次，检查网吧874户，查处违法经营23户，取缔黑网吧34户，罚款3.8万元。

2011年，全市工商系统出动车辆342台次，人员853人次，检查学校、印刷企业、书摊报亭、音像制品店等390余家，查缴盗版光盘1170张，收缴盗版书籍179本、音像制品158盒，取缔无照经营图书摊点12户。

2012年，市工商局按照省、市"扫黄打非"工作领导小组办公室工作部署，制定《2012年常德市工商行政管理局"扫黄打非"专项行动工作方案》。开展查堵反制香港政治性有害出版物和查堵邪教"法轮功"反动宣传画册、音像制品及有关信息的专项行动，对市城区北站第四人民医院前夜市书摊、梅尼广场地下书城等书籍销售点进行突击检查，出动执法人员285人次，检查学校、印制企业、书摊报亭、音像制品店等249家，查缴盗版光盘214张，收缴盗版书籍115本、音像制品70盒。

四、建筑建材与房地产市场管理

1990 年,市工商局及市直相关部门联合清理整顿金属钢材市场,取缔无证照经营 1377 户,重新审核办证发照 823 户。通过整顿稳定物价,遏制偷盗、销赃、窝赃等现象。为加强全市废旧金属市场管理,市工商局与市公安局、市物价局、市物资局联合印发《常德市废金属市场管理暂行办法》(常工商字〔1990〕64 号)。

1994 年,市工商局根据建设部、国家物价局、国家工商局联合印发的《关于加强房地产交易市场管理的通知》精神,借鉴徐州、合肥工商部门经验,加强房地产交易市场与房产租赁市场管理,凡租赁房屋或门面必须提交房产交易市场管理处核发的"房屋租赁许可证",并到工商部门办理营业执照。

1996 年,市工商局成立建筑市场联合管理办公室,办公室设在市工商局合同科,并从市工商局检查大队及生资分局抽调 5 人,统一管理市城区建筑市场。管理重点为:进行建筑合同鉴证;取缔无照经营;查处超范围经营与工程转包等违法行为。

2002 年,市工商局根据建设部等 7 部委联合发布的建住房〔2002〕123 号文件及省工商局湘工商市字〔2002〕117 号文件精神,开展房地产市场秩序整顿规范行动,整顿重点:清查经营主体,把好房地产市场准入关;严厉打击虚报、抽逃注册资本金等违法行为;查处商品房短尺少面等欺诈消费者行为;推行房地产合同示范文本;查处违法房地产广告。是年,市工商局共查处 38 起房地产公司虚报注册资本等违法行为,罚款 12 万元。

2006 年,市工商局根据省工商局湘工商市字〔2006〕280 号文件精神,在全市范围内开展建材市场专项整治行动。整治重点为:对区域性、成规模制售伪劣建材的违法行为进行集中整治;严厉查处制售伪劣建材等违法行为;加强建材经营主体信用管理,建立和实施违法经营"黑名单"制度。

2007 年,市工商局开展整顿规范房地产交易市场秩序专项行动。整顿规范重点是加强合同监管,严厉打击侵害消费者合法权益等违法违规行为;加强广告监管,严厉查处违法违规房地产广告;规范预售行为,整治房地产开发商在商品房预售中的违法违规行为。

2010 年,市工商局开展建筑施工用钢管、扣件市场专项整治行动。整治重点:钢管、扣件销售、租赁单位是否取得工商部门核发的营业执照;生产企业是否取得生产许可证和营业执照;销售、出租的钢管、扣件是否具有产品质量合格证和检验报告;租赁单位是否建立钢管、扣件购买、使用、维护、保养、回收和报废等质量保障制度;对出租的钢管、扣件是否与租用单位签订有质量保证的租赁合同;对施工单位返还的产品是否进行检测,并标明检测日期和产品使用次数,合格产品是否按批次分类入库,不合格的是否及时报废处理等。

五、烟、酒、盐市场管理

1999年，市工商局开展打击假冒伪劣卷烟执法行动。在行动中，桃源县工商局捣毁一制售假冒伪劣卷烟黑窝点，现场查获卷烟机2台、包装机1台、烟丝8500公斤以及一批制假工具及材料。澧县工商局在澧阳镇查获一起制售假冒"芙蓉王""金芙蓉""银象"牌香烟案，收缴假烟33060条。

2005年，针对一些地方私盐问题日益突出，非食用盐、非碘盐和不合格碘盐流入市场，严重扰乱盐业市场秩序的状况，国家工商总局印发《整顿和规范盐业市场秩序工作方案》，在全国范围内组织开展整顿和规范盐业市场秩序专项行动。市工商局迅速反应，开展整治行动，定期或不定期对全市集贸市场、食盐经营户进行检查，对无照经营食盐经营户一律取缔，对有营业执照而无"食盐零售许可证"经营户送达"限期补证通知书"。石门县、澧县、安乡县工商局结合地域特点，重点加强市场巡查，严防湖北私盐进入常德市场。在为期3个月整顿和规范盐业市场秩序专项行动中，共开展集中整治38次，检查市场113个，检查食品加工、餐饮企业750个，查处无照经营食盐户567户，查处违法经营食盐案件15起，涉案人员21人，涉案金额6000元，罚没金额3.4万元。此后，全市未发现非食用盐、非碘盐、不合格碘盐流入市场，也未出现非法生产、加工、储藏私盐窝点。

2009年，市工商局开展"金网行动"，清理整治卷烟市场无证无照经营行为，清理整治内容：依法查处未经许可或已依法取消其从事烟草专卖品经营业务资格仍从事烟草专卖品经营的行为；对收回、注销、撤销烟草专卖零售许可证经营户的经营情况实地复查；依法查处烟草专卖许可证有效期届满后，未按规定重新办理行政许可手续，继续从事烟草专卖的经营行为；依法查处不依法变更烟草专卖许可证登记及买卖、出租、出借或者以其他形式非法转让烟草专卖许可证的行为；其他无证无照非法从事烟草买卖业务的经营行为。

2010年11—12月，市工商局在全市范围内开展打击制售假冒伪劣名烟、名酒专项整治行动。以白沙、芙蓉王等品牌卷烟以及武陵酒、德山、酒鬼酒、茅台、国窖、五粮液等知名品牌白酒、啤酒、葡萄酒等酒类产品为重点；以烟酒批发市场、名烟名酒专卖店、商场超市、宾馆酒店及酒吧、歌舞厅等娱乐场

执法人员对市城区娱乐场所开展酒类执法检查

所、便利店和农村食杂店等重要经营场所为重点;以广大农村地区、城乡接合部、城市社区为重点;以烟酒批发环节和零售环节为重点。其间,共开展酒类执法行动90多次,立案查处各类违法案件45起,取缔无照经营户41户,端掉制假窝点1个,收缴五粮液、茅台、国窖1573、德山大曲等各类假冒及侵权白酒、啤酒、红酒及洋酒共11992瓶,案值33万余元。开展烟草市场整治行动3次,检查各类市场经营主体2000余个,取缔无证无照经营户16户,查办各类违法案件20件,收缴假冒卷烟4箱,进一步维护全市烟酒市场经营秩序。

2011年,市工商局坚持"严厉打击、规范管理、标本兼治、重在治本"方针,深入开展烟草市场综合治理。是年,全市工商系统开展烟草市场专项整治行动56次,与烟草部门联合开展集中整治行动43次。出动执法人员1135人次,车辆278台次,检查经营户4947户,查处取缔无证照经营卷烟356户,印发整改通知书624份,下发处罚决定书225份,查获假冒卷烟888条。

六、经纪人管理

1998年,市工商局于6月和11月分2期进行经纪人培训,共培训劳务、文化、房产、运输、技术类经纪人273人。同时,根据《经纪人管理办法》,加强对经纪人日常监督管理,使之步入健康发展轨道。

2002年,根据《常德市人民政府整顿规范中介机构实施方案》(常政明电〔2002〕132号)要求,市工商局对全市中介机构与经纪人进行整顿规范,督促39家中介机构办理资格登记手续,举办4期经纪人培训班。市工商局市场规范管理分局重点加强经纪人资质整治;注册登记分局重点加强对审计、评估、职培、劳务、婚姻、留学、出入境等营利性中介机构资质整顿;经检、商广、消保重点加强中介机构与经纪人经营行为整治。是年,市工商局开展房地产中介活动整顿和规范行动,清理房地产经纪人,落实房地产经纪人执业资格制度。

2004—2006年,市工商局贯彻中央一号文件精神,积极培育发展农村经纪人,在为农村经纪人提供培训、信息等服务基础上,按照经纪人管理法规及有关法律法规,加强对农村经纪人管理。

2007年,市工商局开展整治房地产经纪活动违法违规行为。整治重点:房地产经纪人发布虚假信息收取中介费、看房费;在经纪活动中赚取差价等违法行为;未按规定办理经纪备案手续以及无证无照从事房产经纪活动的行为;为不具备交易条件或没有房屋所有权证的房产提供居间服务等违法违规行为。

2008—2012年,市工商局进一步加大农村经纪人培育和监管力度,按照国家工商总局和省工商局的工作部署,把实施"经纪活农"作为服务新农村建设的切入点。同时,加强监管执法,打击经纪欺诈和非法经纪活动,严查无证经纪行为,维护农民合法权益,促进全市农村经纪业健康快速发展。

第三章　合同管理

第一节　合同监督管理

一、合同检查

1989—1990 年,为适应“治理经济环境,整顿市场秩序”需要,市工商局调整工作部署,充实监管力量,加强对企业经济合同监督检查。共检查企业经济合同 24215 份,合同金额 61055 万元,确认无效合同 2264 件。解决合同争议金额 8431 万元,为农村信用社收回贷款 280 万元,为企业挽回经济损失 2254 万元。

1991—1992 年,市工商局组织力量深入 1885 个企业,检查合同 29884 份,确认无效合同1248 件。为提高企业合同意识,制订《常德市企业经济合同规范化管理标准》,制订和实施签订“经济合同资格证书”制度,汇编《合同管理手册》,印发《合同管理讲义》,设计印制“签订经济合同资格证”,主办培训班 90 多期,重点培训 6000 多名厂长(经理)与业务人员,经考试合格,发给“签订经济合同资格证”3500 多份。是年,在全市范围内开展《经济合同法》施行 10 周年纪念活动,组织企业合同管理员工开展《经济合同法》知识竞赛活动。

1993—1994 年,全市工商系统深入企业检查经济合同 37981 份,确认无效合同 515 份,解决合同争议金额 595 万元。1993 年 9 月,全国人大常委会修订《经济合同法》,工商部门不再确认无效合同。

1995—2000 年,市工商局把订货会、交易会、展销会、建筑工程承包、农副产品购销合同以及上级有关部门规定强制鉴证的经济合同作为检查重点。1997 年,全市工商系统检查经济合同 6067 份,合同金额 58308 万元,协助企业挽回经济损失 72.3 万元。1998 年检查经济合同 8445 份,合同金额 94211 万元,督促合同当事人履行合同 3610 份,金额 8162 万元,协助合同当事人挽回经济损失 1562 万元。1999 年 3 月,全国人大九届二次会议审议通过《中华人民共和国合同法》,将《经济合同法》《涉外经济合同法》与《技术合同法》三部专项合同法律统一,《合同法》规定:工商部门和其他有关行政主管部门在各自职责范围内,依照法律、行政法规规定,对利用合同危害国家利益、社会公共利益的违法行为,负责监督处理。是年,全市各级工商机关共检查合同 1706 份,合同金额 31435 万元,协助合同当事人挽回经济损失 79 万元。2000 年,市工商局检查重点行业经济合同 868 份,合同金额 18215 万元。

二、合同鉴证

1989—1991年,全市工商系统加强合同鉴证工作,通过审查合同真实性与合法性履行合同监督管理职责,保护当事人合法权益,提高合同履约率,减少合同争议与违法合同发生。

1992年,全市合同鉴证创历史之最,合同金额比1991年增长116%。鉴证金额最高的是临澧县工商局,共3149万元;收取鉴证费最多的是市工商局一分局,达3.37万元。临澧以工矿产品购销合同为主,一分局以建筑施工合同与财产租赁合同为主。

1995年,全市工商系统运用合同鉴证,加强合同管理,共鉴证经济合同2725份,合同金额3.8亿元,其中:工矿产品购销合同163份,合同金额2879万元;农副产品购销合同239份,合同金额855万元;建设工程承包合同273份,合同金额32613万元;财产租赁合同913份,合同金额1446万元。房屋租赁合同与建筑工程承包合同为强制鉴证,其他为自愿鉴证。通过合同鉴证,减少或避免国有资产流失,防控合同欺诈行为发生,石门县工商局受理石门一茶叶企业与海南需方茶叶购销合同,在审查过程中,发现需方为"四无"企业,为供方企业避免16万元经济损失。

1997年,市工商局加强合同资证,要求以租赁场所开办企业和个体工商户的当事人必须使用统一文本签订租赁合同, 以此作为注册登记重要材料之一, 合同鉴证大幅增加,全市共鉴证合同4188份,合同金额达58964万元。此后,随着《中华人民共和国仲裁法》颁布施行,企业经济合同争议多以仲裁方式解决,经济合同鉴证数量逐年减少。在此情况下,全市工商系统在认真做好强制鉴证的同时,积极开展其他各类合同鉴证工作。

2002年,国务院发布《关于取消第一批行政审批项目的决定》取消合同鉴证,全市工商系统合同鉴证工作终止。

1989—2001年全市工商系统合同鉴证情况一览

表3—3—1—1

年份	鉴证合同数(份)	合同金额(万元)	年份	鉴证合同数(份)	合同金额(万元)
1989	2435	8628	1996	3248	47654
1990	2053	1707	1997	4188	58946
1991	2579	6573	1998	4023	43348
1992	2588	17429	1999	1104	32590
1993	7678	16158	2000	460	25458
1994	1057	5322	2001	569	27831
1995	2725	38004	合计	34707	329648

三、合同仲裁

1989年，全市工商系统设立合同仲裁庭34个，任命仲裁员96人，共办结仲裁案件876件，合同金额2207万元，返还财产155万元，赔偿损失41万元，追缴15万元，查处合同违法案件31件，合同金额256万元，罚款6万元。是年，市经济合同仲裁委员会，临澧、桃源、石门县经济合同仲裁委员会被评为湖南省经济合同仲裁工作先进单位。澧县、汉寿、安乡经济合同仲裁委员会与临澧县四新岗、七重堰、新安、望城，桃源县三阳、茶庵铺、剪市、漆河、城关、陬市、理公港，澧县垱市、城关、澧阳，鼎城牛鼻滩等仲裁庭受到省经济合同仲裁委员会表扬。

1990年，全市设立派出仲裁庭达40个，办理经济合同仲裁案件1093起。解决争议金额8431万元，追缴175万元，为企业收回欠款2200多万元。是年，市工商局在全省合同管理工作会议上介绍“重效率、重质量、重兑现，开创仲裁办案新局面”经验。市经济合同仲裁委员会与临澧、鼎城、桃源及市工商局一分局经济合同仲裁委员会被省工商局评为先进单位。

1991年，市工商局提出“拓广度，实现职能到位，增深度、确保仲裁质量，强力度、提高工作效能”总体要求，全市工商系统合同仲裁5269件。是年，市仲裁委与临澧、桃源、鼎城等区县(市)仲裁委被评为1991年度湖南省经济合同仲裁工作先进单位。市工商局李吉新、一分局伍赣湘、鼎城区工商局杨正汉、临澧县工商局王辉明、桃源县工商局文启玉等五位同志被评为湖南省优秀仲裁员。

1992年，市工商局印发常工商字〔1992〕32号文件调整市经济合同仲裁委员会领导班子，由屠家云同志担任市仲裁委主任。是年，全市仲裁立案2812件，结案2761件，其中调解2692件，裁决42件，确认无效14件，撤诉12件，确认无效合同1248件，合同金额2896万元，返还财产金额438.3万元，赔偿损失17.19万元，追缴国库19.29万元，查处违法合同63件，合同金额793万元，罚款52.37万元，移送司法机关2件。

1993年，全市工商系统共受理合同纠纷仲裁案件1133件，合同金额2906万元，争议金额1842万元，确认无效合同515件，合同金额615万元，返还财产161万元，赔偿损失5万元。是年，为确保仲裁的权威性与严肃性，市工商局与市中级人民法院联合发文，在市工商局及桃源、德山、武陵、石门、澧县、临澧等县级工商局，先后成立工商法规执行室。

1994年，全市各级工商机关共受理合同纠纷仲裁案件467件，合同金额1467万元，争议金额1185万元，为企业挽回经济损失295万元。

1995年，按照《中华人民共和国仲裁法》“成立独立于行政机关的仲裁委员会”规定，全市各级仲裁机构积极配合政府进行仲裁制度改革，确保仲裁工作平稳过渡。此后，合同仲裁职能从工商机关转出，并于1996年划归市仲裁委员会管辖，工商机关继续履行合同纠纷行政调解职责。

四、查处违法

1989—1994 年,全市工商系统共查办合同违法案件 476 起,案值 10565 万元,罚款 425 万元,为合同当事人挽回经济损失 7874 万元。在此期间,市工商局对查处合同违法案件坚持合同办案与市场监管点面结合同样重视;仲裁与监督管理两项职能同样行使;合同办案质量与数量两个方面同样使劲;结案与文书履行两个环节同样抓紧。1990 年,市工商局在中南地区第四次经济合同管理协作会议上介绍了“在办案中强化经济合同管理”的经验。

1995—1998 年,全市工商系统共查办合同违法案件 648 起,案值 8123 万元,罚款 484 万元,为合同当事人挽回经济损失 5521 万元,其中查处利用合同进行欺诈骗买骗卖案件 431 件,占 66%。其间,针对少数企业与个人利用经济合同进行经济欺诈活动,在省市外产生极坏影响,损害常德整体形象等情况,市工商局围绕“治理经济欺诈,维护常德形象”这个主题,加大合同管理力度。首先,加强经济合同法律、法规宣传,增强全市广大经营者合同法律意识;其次,进一步加大事前监管力度,切实加强经济合同鉴证和日常检查,建立健全经济合同审查制度,大力推行规范的经济合同示范文本;再次,加大打击力度,从严查处合同欺诈等违法行为,营造互守信用、公平竞争、合法经营的良好风气。

1999—2003 年,全市工商系统共查办合同违法案件 82 起,其中:建筑与房地产 23 起,占 29%,农业生产资料 59 起,占 71%。随着全市建筑与房地产行业兴起,农业生产资料产、购、销经营市场化,涉及建筑房产与农资的合同大幅增加,合同违法行为日益突出。市工商局加大合同监管力度,从严查处农资与房地产合同违法行为,维护房地产市场秩序,保护农民利益。

2004—2006 年,全市工商系统查处合同违法案件 91 起。其间,根据国家工商总局部署,贯彻省工商局湘工商市字〔2005〕60 号文件精神,市工商局印发常工商字〔2006〕45 号文件,开展打击合同欺诈专项行动,重点查处利用买卖重要生产资料、农副产品订购、承揽、旅游、中介服务、房地产(商品房)以及外贸等合同欺诈行为。

2007—2012 年,全市工商系统共查处合同违法案件 211 起。2007—2008 年,市工商局围绕人民群众反映的热点问题,开展医药市场、冷饮市场、房地产市场、计算机市场执法检查,立案查处湖南阳光医药公司、长沙新世纪计算机集成公司、广德房地产开发公司、长沙康远实业公司等合同欺诈与贿赂案件。2009 年,市工商局立案查处常德市水星楼商业公司擅自制订合同文本案、常德嘉泰房地产公司以欺骗性价格表示销售案、湖南有线常德网络公司利用合同限制竞争案等一批合同违法案件。2010 年,市工商局以国家《合同违法行为监督处理办法》出台为契机,重点加强合同条款监管,检查条款是否齐全,内容是否公平合理、合同签订是否规范,履约是否及时,同时,制定统一的备案合同文本,对涉及民生的企业进行专项检查。及时将查处的合同案件和合同投诉热点进行研究分析,并向社会发布预警与提示,揭露和打击合同欺诈行为，提高人民群众防范意识，减少合同违法案件发生。2011年，市工商局开展整治合同“霸王条款”专项行动，重点整治房屋买卖、房屋中介、住宅装修装饰、物业管理合同；供电、供水、供气、供油合同；旅游、有线电视、电信服务合同；保险、银行、烟草、盐业等合同不规范行为。2012年，市工商局印发常工商发〔2012〕75号文件，组织开展整治利用合同格式条款侵害消费者合法权益专项行动，重点整治经营者利用合同格式条款免除自身责任，加重消费者责任，排除消费者权利等违法行为。在专项行动中，共查阅格式合同2256份，收集格式合同583份，发现涉嫌违法的条款231条。据此，市工商局聘请市人大、市政府法制办、高等院校教授与消费者及律师等13名代表组成的合同格式条款评审委员会，于9月28日，对市工商局收集涉嫌的66条“霸王条款”进行点评，在取得一致意见基础上，叫停66条“格式”与“霸王”合同条款。《常德日报》《湖南日报》《中国工商报》等新闻媒体在重要版面相继进行报道。是年，省工商局推荐市工商局为全国整治利用合同格式条款侵害消费者合法权益专项行动先进单位；推荐市工商局合同科科长张维登为先进个人。

1989—2012年全市查处合同违法案件情况一览

表3—3—1—2

年份	合同违法案件数量（件）	合同金额（万元）	罚款（万元）	挽回经济损失（万元）
1989	31	256	6	120
1990	79	843	175	2480
1991	48	561	98	1920
1992	63	695	195	893
1993	219	2906	39	1166
1994	36	5302	12	1295
1995	204	4299	101	2720
1996	161	3270	73	1873
1997	189	4161	238	772
1998	94	3962	72	156
1999	22	2174	27	179
2000	11	1920	9	97
2001	13	1721	8	85
2002	17	1632	11	96
2003	19	1736	13	121
2004	29	1675	15	137
2005	50	1957	20	120
2006	12	1211	11.9	93

续表

年份	合同违法案件数量(件)	合同金额(万元)	罚款(万元)	挽回经济损失(万元)
2007	27	1653	13.9	119
2008	55	2394	34	107
2009	19	2897	65	97
2010	21	11.68	1.68	11
2011	23	20.3	1.3	9
2012	66	376.10	19.9	85
合计	1508	47633.08	1259.68	14751

典型案例之一:违法转让经济合同案。1995年,桃源建安公司承接中行常德分行综合楼建筑工程,该工程预算1100万元。桃源建安公司因资质达不到要求,办不到《施工许可证》,与常德工程公司签订合作修建中行常德分行综合楼协议书,协议以常德工程公司名义与发包方签订合同,办理《施工许可证》,其他一切工作由桃建负责,常德工程公司收取2.5%的管理费,市工商局依法立案查处,并作出没收11万元非法所得,罚款1万元。

典型案件之二:违法建筑工程转包案。1996年,中国建筑五工程局七公司将承接的常德银座大酒店非法转包给四川四建筑公司,中建五局七公司按总造价5000万元8%收取"管理费",被市工商局查处,没收非法所得31万元,处以1万元罚款。

典型案例之三:利用合同虚构主体资格案。1998年,经胡某介绍,由河南三门峡恒丰特纲公司安来发等人从陕西大明宫粮库购得两车皮玉米后发往临澧新安火车站,被胡某低价倾销给石门金鑫公司。经调查,三门峡恒丰特钢公司根本没有签订粮食经营合同资格,属于虚构主体资格签订合同的违法行为,临澧工商局依法作出罚款17万元的处罚决定。

典型案例之四:利用合同格式条款侵害消费者权益案。2012年,市工商局和鼎城区工商局先后接到李先生和邱女士投诉,反映常德某房地产开发有限公司在销售楼盘时,与其签订的《商品房认购书》和《常德市商品房预售合同》中有侵害消费者利益的格式条款,在与房产商交涉后并无结果。房产商依照签订的合同及其补充条款私自将李先生和邱女士预订的房子卖给第三人并不退还2万元预付定金。经调查情况属实,该房产商行为属于利用合同格式条款侵害消费者合法权益,被工商部门立案查处。

第二节 动产抵押登记

1995年6月,八届全国人大常委会第14次会议通过的《中华人民共和国担保法》规定:"财产抵押须向财产所在地工商部门办理抵押物登记"。10月,国家工商局颁布《企业动产抵押物登记管理办法》规定:"企业动产抵押物登记范围为航空器、船舶、车辆以外的企业设备,原辅材料、产品或商品及其他可以依法抵押的动产"。是年,市工商局为履行法律赋予工商部门动产抵押登记职能,主办2期由各县级工商局副局长、合同股长、合同专干参加的培训班,学习《担保法》及《企业动产抵押物登记管理办法》,为做好企业动产抵押物登记管理工作夯实基础。

1996年,市工商局依据《担保法》及《企业动产抵押物登记管理办法》的有关规定,明确抵押物登记事项、规定和受理、审查、勘察、发证、备案、归档工作程序及标准,统一制定文书、印鉴、标识、证书和台账。并于6月就企业抵押物登记管理有关问题书面报告和请示市政府。

1997年,市工商局根据市政府办常政办发〔1997〕19号文件精神,与中国人民银行常德支行联合印发常工商字〔1997〕30号文件,对办理企业动产抵押物和城市房地产或乡(镇)村企业厂房建筑物抵押登记管理有关问题作出规定:城市房地产或乡(镇)村企业厂房等建筑物作为贷款合同抵押物登记从1997年5月22日起执行;市城区内(含德山开发区)申请企业动产、城市房地产或乡(镇)村企业的厂房建筑物抵押登记的,由抵押人到市工商局办理抵押登记手续,各区县(市)由抵押人到所在地县级工商局办理抵押物登记手续。是年,全市工商系统共办理抵押登记97份,贷款1.79亿元。

1998年,市工商局加强与银行联系和协作,规范抵押登记,确保债权实现。是年,市工商局办理抵押登记69件,抵押物金额达20.1亿元,收取抵押登记费37.3万元。

1999年,国家工商局印发《关于贯彻实施〈企业动产抵押物登记管理办法〉若干问题的意见》,市工商局以把好市场主体关、合同条款关、抵押权属关为切入口,切实做好企业动产抵押登记工作。凡产权明晰、手续齐全的,一般当天受理当天发证,缩小银行与企业间资金融通磨合期。

2003年,市、县两级工商机关共办理动产抵押登记212起,融资贷款65亿元。是年8月,深圳兆恒实业有限公司成为金健米业房地产合作伙伴后,市工商局为其免费办理股权质押备案手续,使企业获得9800万元贷款。

2007年,市工商局贯彻《中华人民共和国物权法》和国家工商总局发布的《动产抵押登记办法》,把企业、个体工商户、农业生产经营者现有和将有的生产设备、原辅材料、半成品、产品抵押纳入动产抵押范围,运用动产抵押职能,支持和帮助市场主体筹措资金,盘活存量资产,增强经济实力与活力,把企业做大做强。是年,共办理企业动产抵押登记128件,抵押物价值达7.68亿元,抵押贷款(主债权)3.16亿元。

2008年,全市工商系统共办理动产抵押登记201件,抵押物价值14.77亿元,主债权6.45亿元。在此基础上,市工商局支持市个私协主办银企融资洽谈会,为企业发展缓解资金瓶颈压力。是年,贯彻国家工商总局《工商行政管理机关股权出质登记办法》和省政府《湖南省股权出质登记实施办法》及《湖南省股权质押融资指导意见》,开展股权出质登记工作。湖南兆恒实业有限公司在全市第一个进行股权出质登记,出质股权数额为1亿元,被担保股权为1.8亿元。

2009年，全市工商系统办理动产抵押登记140件，抵押物价值73.27亿元，主债权3.88亿元。市工商局举办银企洽谈会15次，促成企业和银行达成融资意向3.1亿元，通过股权出质与出资登记、动产抵押登记等方式，为企业融资6.5亿元。

2010年，全市工商系统共办理抵押登记271件，抵押物价值232.84亿元，主债权11.29亿元。市工商局举办两次银企融资洽谈会，促成全市86家企业与中国工商银行常德分行签约贷款12亿元。

2011年，全市工商系统共办理抵押登记123件，抵押物价值110.32亿元，主债权5.15亿元。安乡县工商局帮助湖南省丰康生物科技股份公司通过企业库存原材料和半成品办理动产浮动抵押登记，为企业融资5000万元。

2012年，全市工商系统共办理动产抵押登记143件，抵押贷款15.99亿元，其中，个体工商户办理动产抵押登记46份，抵押金额1635万元，农业生产经营者办理动产抵押登记14份，抵押金额523万元。是年，市工商局积极组织企业参加全省银企洽谈会，成功签约贷款14.13亿元，居历年与全省之最。

1996—2012年全市工商系统办理企业动产抵押物登记情况一览

表3—3—2—1

年份	办理抵押登记（份）	抵押物价值（万元）	主债金额（万元）
1996	112	18060	21.2
1997	97	17906	45.3
1998	69	20100	21.5
1999	148	46765	37.3
2000	121	36531	29.5
2001	119	41501	30.7
2002	173	51072	45.60
2003	212	股权质押	65000
2004	243	11510	51300
2005	257	11712	38811
2006	139	114447	33654
2007	128	76750	31580
2008	201	147669.9	64506.6
2009	140	732746	38807.97
2010	271	2328363	112932
2011	123	1103176	51497.83
2012	143	159853	48493.51
合计	2696	4918161.9	536814.01

第三节　拍卖监督管理

1997 年,《中华人民共和国拍卖法》颁布施行,工商机关规范拍卖主体注册登记管理,加强对拍卖交易行为监督管理和违法拍卖行为查处。

1999 年,市工商局对市城区拍卖企业进行清查,随后发出自查自纠通知书,规范拍卖活动,同时对拍卖合同进行登记与鉴证。

2001 年,市工商局根据国家工商总局发布的《拍卖监督管理暂行办法》规定,加强拍卖企业清理整顿和注册登记,监督拍卖企业、委托人、竞买人及其他参与拍卖活动当事人依法参与拍卖活动,查处违法拍卖行为。对属地拍卖活动于开拍前 7 日内办理备案手续,经审核后签发《准予拍卖通知书》,并指定两名工作人员现场监督,拍卖会结束 7 日内主办方将拍卖成交情况报市(县)工商局备案。

2002 年,市工商局加强拍卖制度建设,建立和完善拍卖活动备案、拍卖现场监督、拍卖公告管理、拍卖档案规范等系列制度,设计制作多种拍卖监管文书,并在全市拍卖活动中统一使用,拍卖行业管理进一步规范。

2003 年,市工商局对全市拍卖行业进行整顿规范,纠正拍卖企业 19 个违规行为,成功组织 21 家国有企业资产拍卖,促进国有企业改制工作顺利进行。

2001—2012 年全市拍卖情况一览

表 3—3—3—1

年份	受理拍卖备案（起）	拍卖成交金额（万元）
2001	23	17513
2002	27	18951
2003	22	16230
2004	69	19315
2005	102	14515
2006	155	21786
2007	161	29676
2008	183	18936
2009	75	64821
2010	90	52100
2011	72	27200
2012	62	28123

2012年全市拍卖企业情况一览

表3—3—3—2

公司名称	法定代表人	成立日期	住所
常德市政源拍卖有限公司	邹兵福	1997-09-10	常德市武陵区城南办事处高山街社区一组人民中路1486号
湖南华迪拍卖有限公司	林刚	2012-03-21	常德市武陵区城东办事处半边街居委会沅安路滨江豪庭A-1704号
常德市金翼拍卖有限公司	黑启发	1996-03-19	常德市武陵区城西办事处穿紫河社区朗州北路18号
常德龙阳拍卖有限公司	蔡俊	2000-12-08	常德市武陵区城北办事处建民巷社区建设路860号
常德市诚信拍卖有限公司.	彭会辉	2002-04-04	常德市武陵区城西办事处朝阳路社区武陵大道155号
常德市金色阳光拍卖有限公司	陈华谋	2007-04-28	常德市武陵区城北办事处北堤居委会朗州路418号
湖南常德经典拍卖有限公司	代宏伟	2002-09-20	常德市武陵区城西办事处滨湖社区武陵大道368号
常德市鹏程拍卖有限公司	文惠兰	2003-04-29	常德市武陵区城南办事处百街口社区人民中路
常德市万通拍卖有限公司	蒋琳	2003-07-01	常德市武陵区城南办事处四眼井社区居委会
常德市安信拍卖有限责任公司	周正英	2003-11-07	常德市武陵区城西办事处新光社区育才路
常德市一亨拍卖有限责任公司	彭彩平	1997-08-12	常德市武陵区城东办事处庆丰居委会东风路4组195号
湖南省公共资源拍卖中心有限公司常德市分公司	喻重华	2012-11-22	常德市武陵区城西办事处朝阳路社区武陵大道157号
常德弘盛拍卖有限公司	周爱枝	2002-01-23	常德市鼎城区武陵镇善卷社区桥南家电城善环街08号
常德金祥拍卖有限责任公司	李永祥	2003-05-09	常德市澧县澧阳镇芬司街居委会古城路112号
常德市安福拍卖有限公司	蒋娇春	2003-02-28	常德市临澧县安福镇安福路社区居委会安福西路
常德市物源拍卖有限公司	翦永胜	2002-01-29	常德市桃源县漳江镇莲花湖社区漳江南路总工会办公楼
常德金诺拍卖有限公司	覃军	2002-05-23	常德市石门县楚江镇老西门居委会澧阳中路001号

2007—2009年,市工商局加强与市商务局及拍卖协会协作,加强局机关有关科室衔接,加强与拍卖委托单位联系,掌握拍卖前动态。严格审查拍卖备案资料,严格备案审批程序,强化事前事后备案与现场监拍管理,防范恶意串通等不法行为发生,避免全市拍卖行业重大违

法违规行为发生。

2010—2012 年，市工商局开展拍卖市场联合专项整治行动，建立部门联动机制与全程监管机制，营造健康规范的拍卖市场秩序。

第四节　推行合同示范文本

1989—1991 年，市工商局贯彻国务院办公厅转发《国家工商局关于在全国逐步推行经济合同示范文本制度的请示》，国务院办公厅要求各级人民政府、国务院各有关部门积极协助、配合工商部门做好经济合同示范文本制订、印制、分发领取和管理工作。明确规定“国家工商局和地方各级工商机关作为管理经济合同示范文本的职能部门，归口负责经济合同示范文本的管理工作”。1990 年，国家工商局发布《经济合同示范文本管理办法》规定：购销合同、建筑工程承包合同、加工承包合同、财产租赁合同、仓储保管合同，由国家工商局会同国务院有关部门制订后，由国家工商局发布。借款合同与保险合同由中国人民银行制订；货物运输由交通部、铁道部与民用航空局制订；电、水、气合同由能源部与建设部制订后，由国家工商局会同各制订部门联合发布。是年，市工商局制订和发布《常德市经济合同规范化管理标准(试行)》，对经济合同管理的组织、签约、制度、履行等方面提出具体要求。6 月，市工商局与市建委、建设银行常德市支行联合发布《常德市加强建筑安装工程承包合同管理暂行规定》(常工商字〔1990〕34 号)；与市科委、市税务局联合发布《常德市技术合同认定登记与税收管理暂行规定》(常科字〔1990〕25 号)等。此后，在全市实行经济合同示范文本制度，并按照国家工商局《经济合同示范文本管理办法》规定，做好经济合同示范文本印制、发放与管理工作。

1992—1994 年，全市工商系统积极推行合同示范文本，全市年均发放与指导签约合同示范文本 1 万本以上。

1995—1997 年，全市各级工商机关根据本区域经济发展状况，重点加强药品、农作物种子与房屋租赁合同示范文本制订、印制与发放管理工作。

1998—2001 年，市工商局贯彻国家工商局《关于修改〈工矿产品购销合同等经济合同示范文本〉有关条文的通知》精神，做好新旧合同文本衔接工作，规范企业签订合同行为。1998 年 8 月，国家工商局根据《合同法》修订发布的《经济合同示范文本管理办法》规定，当事人确需自行印制合同文本的，须经当地工商部门审查批准后制订和印制，但不得对外销售。

2002—2005 年，市工商局推行各类合同示范文本达 30 多种，包括：工业品买卖合同、农副产品买卖合同、家具买卖合同、化肥买卖合同、商品代销合同、建筑安装工程承包合同、建筑工程施工合同、加工合同、修缮修理合同、承揽合作合同、定做合同、居间合同、仓储合同、委托合同、行纪合同、赠予合同、保管合同、柜台租赁合同、房屋租赁合同、水产品买卖合同、劳务合同、技术合同等。帮助企业或合同当事人修改完善自行拟订的不规范合同 2970 份，减少合同纠纷发生，促进企业规范经营。

第四章　商标管理

第一节　商标使用管理

一、商标注册

1993年前,办理商标注册、变更、转让、注销、补证、续展等事项,实行二级核准制度。市工商局商标管理机构负责管理企业商标注册申请,指导企业填写申请书,并向省工商局报送,由省工商局报国家工商局商标局核转。1993年2月,《商标法》修订后,申请商标注册由核转审查制改为企业申请与代理制。代理流程是:商标查询(申请前是否有其他人已注册该商标);申请人准备与送交材料(包括营业执照、商标式样、使用商品与申请人相关信息等);双方签订合同;代理机构向国家工商总局商标局申报;发受理通知书。

1990年前,商标注册收费标准依据国家工商局1986年《关于调整商标业务收费项目及标准的通知》,商标注册申请费、转让注册申请费、续展注册申请费每件60元;商标注册费、转让注册费每件240元,续展申请费每件440元,续展迟延费每件100元,评审费每件100元,延期申请费每件100元,变更注册人名义、地址、其他事项变更每件100元,补发注册费每件300元,证明费每件50元。1990年12月,国家工商局对商标规费进行调整。商标注册费为:申请费60元,注册费240元,印花票费5元,补发商标注册证费240元,转让商标费240元,续展注册费440元,续展延期费100元,延期申请费100元,评审费100元,变更费100元,证明费50元。1993年,商标注册实行代理制,每件商标包括规费、代理费、查询费共计2300元。1995年,为解决商标业务收费偏低与标准不一问题,国家工商局对商标业务收费标准作出统一规定:受理商标注册费1000元(10个商品,超过一个加收100元),补发商标注册费1000元(含刊登遗失声明费用),受理转让注册商标费1000元,受理商标续展注册费2000元,变更费500元,出具商标证明费100元;受理集体商标注册费3000元,受理证明商标注册费3000元,商标异议费1000元,撤销商标费1000元,受理驰名商标认定费5000元,商标使用许可合同备案费300元。

1994年,市工商局成立常德市商标事务所,国家工商局批准常德市商标事务所开展国内商标代理业务。

截至1996年年底,经市商标事务所代理企业申请注册商标258件,经国家工商局核准注册109件。

1989—1994 年常德市核转商标注册一览

表 3—4—1—1

年度	核转商标数（件）	核准注册商标数（件）	年末累计注册商标数（件）
1989	471	293	789
1990	576	385	1108
1991	162	107	1215
1992	133	113	1097
1993	113	86	1286
1994	140	94	1258

二、注册商标管理

《中华人民共和国商标法实施细则》规定：使用注册商标应标明“注册商标”字样或标明注册标记Ⓡ或(注)。在商品上不便标明的，应在商品包装或说明书以及其他附着物上标明。1991 年后，市工商局加强注册商标规范使用及监督管理，对企业在使用注册商标方面存在自行改变注册商标、注册商标长期不使用、冒充注册商标、涂改注册商标证、擅自转让注册商标等问题进行查处。1989—1993 年查处假冒注册商标案件 2130 起。1993 年 2 月修订的《商标法》规定：必须使用注册商标的商品，必须申请商标注册，未经核准注册的，不得在市场销售。是年 7 月修订的《商标法实施细则》规定：人用药品和烟草制品，必须使用注册商标。是年 11 月，市工商局按照国家工商局《关于开展清理商标使用许可合同工作的通知》，对企业在商标使用许可合同中存在的不规范、不备案或在被许可使用商品上不标明被许可人厂名厂址等违法行为进行清理整顿。检查清理全市企业许可外省企业使用商标 13 个，外地企业许可本市 8 家企业使用 19 个商标，对不合要求的分别予以纠正或终止处理。

1994—1995 年，市工商局根据国家工商局工商标字〔1994〕13 号文件精神，对全市1258 件注册商标进行年检验证，年检率 100%，通过年检验证，确认可以继续使用的商标 782 件，占 62.2%，未标明注册标记 35 件，改变注册人名义的 108 件，改变注册商标文字图形的10 件，连续三年停止使用的 267 件，注册证丢失的 27 件，其他非法使用的 29 件。1995 年，市工商局强化注册商标使用管理，查处商标违法案件 297 起，罚款 86.3 万元，收缴销毁假冒商标标识 67.5 万套(张)。

1996—1998 年，市工商局加大注册商标使用管理力度，把假冒商标查处与办案纳入全市工商系统年度目标管理,记分由30%提高到40%,促进商标办案水平提升。是年,查处商标违法案件104起,罚款32.5万元。

1998—1999年,市工商局对全市820个企业注册商标进行验证检查,发现已停止使用的注册商标20件,在使用中擅自改变注册商标图形与组合的30件,改变注册人名义的20件,超过有效期的30件,对检查发现的问题,根据不同情况,作出限期改正与及时办理变更手续和续展处理,并对企业进行注册商标知识辅导,规范企业商标使用行为。1999年,市工商局把查处违法使用注册商标重点放在农资商品方面,严厉查处陕西商州市农药厂呋喃丹颗粒农药包装冒用美国公司的假冒注册商标案。

2000—2002年,市工商局对全市926个注册商标进行检查验证,发现已停止使用的105件,擅自改变注册商标文字图形与组合的30件,改变注册人名义1件,有效期已过的8件。除对其中20件作变更登记后,其他分别作出限期整改处理,对两起有严重违法行为的进行立案查处。

2003—2004年,全市工商系统全面推行经济户口管理制度,将全市商标企业纳入经济户口管理,实施信用分类监管。

2011—2012年,根据国家工商总局部署,市政府印发《打击侵犯知识产权和制售假冒假劣商品专项行动方案》,随后开展"双打"工作。2011年,市工商局先后召开"专项行动动员会""专项行动再动员会""专项行动汇报会"与"专项行动工作督导部署会",开展《盘点"十一五"商标品牌建设巡礼》等活动,查处商标违法案件389起,结案298起,罚款137.65万元,是年,市工商局被评为全国工商系统打击侵犯知识产权和制售假冒伪劣商品专项行动先进集体。2012年,全市工商系统继续开展"双打"回头专项行动,出动执法人员7268人次,检查经营主体23289个、市场1643个,整治重点区域200多处,受理投诉举报382件,查处侵权和假冒伪劣商品案件435起,结案391起。

三、未注册商标管理

1991—1994年,全市工商系统加大冒充注册商标打击力度,立案查处738起,罚款70.6万元,捣毁常德汽车北站、三岔路等地制售假冒芙蓉王香烟黑窝点12个。汉寿工商局1993年共查办冒充注册商标案62起,罚款15.7万元,占全市查处商标违法罚款总额50%以上。

1995—1998年,全市工商系统继续加强假冒商标等违法行为打击力度,共查处假冒商标案件600多起,罚款近200万元。1995年汉寿县工商局在例行检查中,发现县百货大楼等商店有"Virtue"标识情侣衫,而该标识是广东富绅公司使用在内衣上的注册商标,经调查核实,上述情侣衫是当地永兴针织厂冒充"富绅"注册商标而生产的,汉寿县工商局对其立案查处,罚款1.2万元。

1999—2003年,全市工商系统加强未注册商标管理,重点打击假冒农资与药品商标等违法行为，共查处商标违法案件410多起，维护商标秩序，保护企业与消费者合法权益。1999年5月，全国商标工作会议在市工商局召开，市工商局商标管理工作得到国家工商总局商标局领导高度赞扬，商标广告监管科长薛开美被评为全国商标管理工作先进个人。

2004—2007年，市工商局集中执法力量，开展假冒商标专项整治行动，在2005年4月的专项行动中，查获假冒服装1400多件（套）、皮鞋450双，查办假冒商标案件45起。2007年全市工商系统把强化未注册商标管理重点放在批发市场等重点区域。集中执法力量，检查批发市场2055个次，整治重点区域135处，查处假冒商标案156起，罚款168万元，保护商标所有人与消费者合法权益。

2008—2012年，市工商局把国家禁用商标与粗制滥造、以次充好作为商标管理重点。2009年，查处市城区东方女子医院滥用奥林匹克标志违法行为。2010年，全市工商系统查处假冒商标案53起，没收和销毁各类粗制滥造、以次充好假冒商品1200多吨，假冒商标标识1200多件。2011—2012年，全市工商系统根据国家工商总局、省工商局《打击侵犯知识产权和制售假冒伪劣商品专项行动方案》，开展声势浩大的专项整治行动，全市查办商标违法案件824起，罚款431.3万元。

四、商标印制管理

国家赋予工商部门商标印制管理职责是：对商标印制行为进行监督检查，对非法印制商标行为予以查处。1991年，市工商局对全市189家印刷企业进行检查，对符合条件的121家核发“指定印制商标定点单位证书”，帮助企业建立多项制度。并对鼎城区石门桥印刷厂非法印制侵权“风牌”酱油商标80多万张，作出罚款5000元，赔偿损失4000元，全市通报批评与停业整顿6个月的处理。

1992年，市工商局制定《商标印制定点单位年检验证制度》，对商标印制定点单位先由各县级工商局进行检查，填写《商标印制定点单位年检验证审批表》，连同定点证书一同报市工商局审批，合格者由市工商局加盖年检验证章后一并发还，不合格的收回定点证书。

1993年，市工商局对全市148家商标印制定点单位进行检查，对符合印制商标管理规定的137家企业予以通过，注销10家不符合条件企业，责令1家停业整顿，并将检查情况在常德日报进行公告。

1994年，市工商局集中各县级工商局商广股长对全市商标印制定点单位进行巡回交叉检查，检查中根据事先制定的评分标准计分，然后汇总、评比，先进单位予以通报表扬。

1995年，市工商局对全市156家商标印制定点单位进行年检验证，对14家有问题企业给予限期整改与注销处理，取缔3个非法印制商标黑窝点，对6家非法印制商标的企业进行立案查处。

1998年，市工商局针对全市商标印制企业管理制度不落实，业务人员素质低等问题，一方面,对全市150家商标印制企业进行全面整顿,吊销3家、责令停业整顿6家。另一方面,为商标印制企业培训商标业务管理人员,主办有130人参加的商标印制管理人员培训班,达到国家工商局规定的培训要求。

1999—2000年,市工商局在依法加强商标印制企业年检验证基础上,强化日常监督检查,查获非法印制商标案件12起,罚款20万元。2000年,对常德金芙蓉实业发展公司擅自印制卷烟商标,作出停业整顿与罚款15万元的处罚决定。

2004—2012年,全市工商系统依照修订后的《商标印制管理办法》对商标印制行业进行管理。

第二节　商标专用权保护

一、商标侵权案件查处

保护注册商标专用权,查处商标违法行为是法律赋予工商部门的一项重要职责。根据《商标法》规定,对侵犯注册商标专用权行为,工商机关作出责令侵权人停止侵权、封存或收缴商标标识,消除商品或包装上侵权商标、处以罚款的处理。1991—2012年,全市工商系统依照国家商标法律法规和相关文件精神,对各类侵犯注册商标专用权与商标违法行为进行查处,共查处各类商标违法案件5171起,罚款1647.8万元。

1991—2012年全市查处商标违法案件情况一览

表3—4—2—1

项目 年份	违法案件 (件)	罚款总额 (万元)	收缴和消除标识 (万套/张)
1991	738	213	1.05
1992	659	69.9	24.3
1993	223	29.8	253
1994	305	64.2	104
1995	297	86.3	67.5
1996	104	32.5	76.5
1997	97	29.1	81.3
1998	105	31.9	91.6
1999	198	58	99.7
2000	189	59	89.2
2001	197	61	101.3
2002	187	57	86.1
2003	195	79	93.4
2004	197	82	94.7

续表

项目 年份	违法案件 （件）	罚款总额 （万元）	收缴和消除标识 （万套/张）
2005	188	79	91.4
2006	165	49	92.7
2007	181	77	10.11
2008	192	19.2	11.73
2009	12	20.3	10.13
2010	53	37.3	11.27
2011	298	137.6	12.35
2012	391	275.7	14.57
合计	5171	1647.8	1517.92

制售假冒名酒案。1991 年，桃源县工商局在市场检查时，从一台手扶拖拉机发现疑点，经调查核实，此案系西洞庭农场职工王崇明在桃源一隐蔽山区制售假冒湘泉酒，工商部门与公安机关联手破获这起制造假酒大案，现场查获假湘泉酒 400 多件，假冒商标标识 5.5 万多套，随后依法进行处理。

“双狮”商标侵权案。1993 年，常德市粮食机械厂曾为部属企业，其主要产品辊筒注册的“双狮”商标在全国同行业享有名气，销路非常好。常德县粮食机械厂是一家刚起步的乡镇企业，为开拓市场，在同类产品上使用图案与“双狮”相同的“双豹”未注册商标，经市工商局查实，认定为商标侵权，收缴其 5000 多个商标标识，责令其撕掉已经使用在商品上的标识，封存未销售产品，并依法作行政处罚。

假冒名牌自行车案。1995 年，临澧县工商局查获广西玉林市自行车厂 PA—280 型“凤凰”联营产品，该厂在销到湘鄂地区自行车上复贴上海自行车三厂生产的 PA—18 型标识，并打上“中国上海”英文字样，以上海正宗 PA—18 型凤凰自行车高价倒卖湖北潜江五交化公司，然后到临澧县推销，临澧工商局查扣冒牌凤凰自行车 635 辆，依法进行立案查处。

假冒地方名酒案。1997 年，鼎城区蒿子港镇农民聂景大与聂景太兄弟借常德县酒厂罐装车间，私自罐装澧州特曲、常德大曲、德山二曲酒，被罚款后，又从安乡以 1.8 万元购进商标标识，以 2600 元购进酒瓶 6000 多个，然后在加工地掺用自来水与酒精勾兑成地方名酒 4320 件（每件 20 瓶），分别以每件 35 元的价格销往石门、安乡及益阳等地，总销售额达 13 万多元，牟利 5.6 万元，市工商局依法进行查处，并将聂氏兄弟移送司法机关。

制售假冒“乐川”节煤炉案。1999 年，津市五金电器总厂供销科长段春安伙同河南崔钢林与浙江郑玉珠，在浙江苍南印制“乐州”不干胶商标 6 万多张，然后大量制售假冒“乐川”牌节煤炉在津市等地销售，被津市工商局查处，并移送司法机关。

二、专项整治行动

市工商局对特定时期、特定领域，开展知识产权保护和地理标志证明商标保护专项行动,开展特殊标志保护治理以及侵犯注册商标专用权违法行为专项整治行动,加大注册商标专用权保护力度。2004年,市工商局开展保护注册商标专用权专项行动。8—9月,开展查处食品、药品、汽车、配件、服装等商标案件集中行动；10—11月,开展查处侵犯驰名商标、著名商标与证明商标专用权案件集中行动;11—12月，在全市范围内开展查处非法印制及购买使用假包装、假标识、假商标等违法案件集中行动。在三次集中整治行动中,共查处商标违法案件123起,案值517万元,收缴各假冒侵权商标标识12.4万套(张)。

2005—2006年,市工商局制订《常德市保护知名商标专用权集中行动工作方案》,2005年4月,成立由450人组成的集中整治队伍,共查获各类侵权服装2460多件,侵权农药38件,立案320起。2006年,查处涉嫌假冒驰名商标案件45起,重点查处仿冒“都彭”“华伦天奴”“啄木鸟”服饰,仿冒“老人头”“花花公子”皮鞋,假冒台湾光阳摩托车配件商标产品,日本铃木公司SUZUKI商标产品等案件。

2007年,市工商局组织执法人员2200多人次,出动车辆310辆次,开展保护注册商标专用权专项行动。查处商标侵权案件156起,罚款168.6万元。是年8月,根据省工商局湘工商标字〔2007〕177号文件精神,印发《关于查处生产销售涉嫌侵犯“金杯”著名商标专用权产品违法行为的通知》(常工商发〔2007〕94号)。组织全市工商系统对全市范围内机电产品批发零售市场、商店、个体工商户进行全面清查,查处涉嫌侵犯“金杯”注册商标专用权案件27起,案值59万元,收缴假冒商标标识1753套(张)。

2008年,市工商局贯彻国家工商总局《保护奥林匹克专有权行动方案》,出动执法人员1862人次,开展保护奥林匹克标志专用权专项行动,查处侵犯奥林匹克标志专用权案件52起,案值达66万元,开展行政指导313次,重点查处桃源县中天敬茶社、汉寿步步高商业连锁店等侵犯奥林匹克专用权典型案件。北京奥委会法律事务部对市工商局做法给予充分肯定。

2009—2010年,市工商局加大商标行政执法力度,开展一系列商标行政执法专项打假行动,把2010年6月作为全市工商系统商标执法月,依托“12315”执法系统受理涉及侵犯注册商标专用权投诉,开展全市知名、著名与驰名商标走访调查活动,对涉及商标侵权行为进行摸排查处,在专项行动中,共查处各类商标违法违章案件53起,没收销毁侵权商标标识1.2万多件。

2011—2012年，市工商局开展打击侵犯知识产权专项行动，出动执法人员7000多人次,查处侵权案733起,罚款413.3万元。2012年,市工商局被评为全国工商系统打击侵犯知识产权专项行动先进集体。

三、商标区域协作保护

市工商局积极参与构建商标保护区域协作网络，加强与各地工商部门在保护注册商标专用权方面的协作，努力促进区域经济发展。1991 年，临澧县工商局查获了一批假茅台酒，罚没金额达 28 万多元，在市工商局的指导下，县工商局先后派员去贵州茅台酒厂进行技术鉴定，加强与贵州工商机关及茅台酒厂联系和协作，茅台酒厂法规科热情接待，大力支持，并给临澧县工商局商广股长单衍民颁发了聘书。1993 年 4 月，市工商局派员参加在成渝、襄渝、焦柳铁路沿线城市工商行政管理协作会议第九次会议，商讨区域商标保护协作等工作，形成了成渝、襄渝、焦柳铁路沿线城市淮海经济区商标专用权区域保护网络。1994 年，市粮食机械厂生产的"双狮"牌胶辊在同行业中享有一定的知名度，一直是不法厂商假冒的目标，是年被山东一家粮食机械厂假冒，市工商局得知这一情况后，立即派人到湖南省工商局、山东省工商局协调，为企业妥善处理了这起侵权事件。1996—1998 年，市工商局及相关县级工商局多次派员参加湘鄂比邻工商行政管理联谊会议，协商区域商标保护协作等问题，并在湘鄂比邻地区形成了商标专用权保护机制。2002 年，为保护常德卷烟厂"芙蓉王"牌驰名商标专用权，针对其在外地打假问题，市工商局多次到国家工商总局及省工商局请示，并派出执法人员协调外地工商部门予以支持，有效地保护了"芙蓉王"牌注册商标。2003 年，恒安纸业"心相印"纸品在广东、上海、湖北及本省岳阳、湘西等地遭到假冒和仿冒，市工商局派员会同企业相关人员远赴广东、上海、湖北及岳阳、湘西等地，协调当地工商部门打击假冒"心相印"纸品的侵权行为，为企业净化了省外市场。从 2007 年开始，市工商局把商标监管重心拓展到县级工商局及基层工商所，逐步建立起市工商局、县级工商局、工商所三级商标执法网络，及时查处侵犯协作区域内驰名商标、著名商标专用权的行为，并对重点商品，重点区域实行重点整治，共通过商标区域协作保护网络查办各类商标案件 23 起，没收商标标识 12.4 万套，罚没款 369 万元。2008 年，市工商局在开展保护奥林匹克标志专用权行动中，主动加强与北京奥组委法律事务部联系和协作，核实了有关奥林匹克标志备案与许可使用情况，促进了专项行动深入有效的开展。2009 年，国家工商总局下发工商标字〔2009〕144 号文件，表彰积极探索遏制商标侵权行为长效监管机制，切实维护商标权利人与广大消费者合法权益的先进集体和先进个人，石门县工商局、桃源县陬市工商所被评为先进单位，市工商局商标广告监管科主任科员文慧群为先进个人。2012 年 12 月，市工商局按照泛珠三角区域工商行政管理部门高层联席会议上签署的《实施商标战略服务科学发展合作协议书》的相关条款，与泛珠 9 省的工商机关建立了区域间工作信息交流机制，强化区域间开展打击侵犯知识产权活动的协作，加强注册商标专用权的跨区域保护，将全市 23 件中国驰名商标列入泛珠 9 省区商标重点保护范围。

第三节　商标品牌认定

一、驰名商标认定

1989年，国家工商局商标局针对北京同仁堂商标被日本商人抢先注册之侵害事实，为维护中国商标在他国的合法权益，11月18日正式认定同仁堂商标为驰名商标，是中国商标主管机关认定的第一件中国驰名商标。

1996年8月，国家工商局颁发《驰名商标认定和管理暂行规定》，将市场上享有较高声誉并为相关公众所熟知的注册商标认定为驰名商标，明确了驰名商标的认定程序，认定条件和保护范围。两年后，国家工商局修订发布《驰名商标认定和管理暂行规定》，进一步完善驰名商标认定程序、条件，并扩大驰名商标保护范围。2001年10月，九届全国人大常委会第24次会议通过的《商标法》修订案，按照巴黎公约和TRIPS协议标准，在《商标法》中第一次明确驰名商标的保护。

驰名商标是指在市场上享有较高声誉并为相关公众所熟知的注册商标，驰名商标的认定必须符合以下条件：(一)为相关公众广为知晓；(二)该商标使用的持续时间；(三)该商标的任何宣传工作的持续时间、程度和地理范围；(四)该商标作为驰名商标受保护的记录；(五)该商标驰名的其他因素。申请认定驰名商标，由申请人向国家工商行政管理局商标局提出申请，并提供以下七个方面的材料：(一)使用该商标的商品在中国的销售量及销售区域；(二)使用该商标的商品近三年来的主要经济指标(年产量、销售额、利润、市场占有率等)及其在中国同行业中的排名；(三)使用该商标的商品在外国(地区)的销售量及销售区域；(四)该商标的广告发布情况；(五)该商标最早使用及连续使用的时间；(六)该商标在中国及其外国(地区)的注册情况；(七)该商标驰名的其他证明文件。

常德市中国驰名商标一览

注册人(使用人)：
湖南安福气门有限公司
核准使用商品：
气门、气门座（第7类）

注册人(使用人)：
湖南石门特种水泥有限公司
核准使用商品：
水泥（第19类）

注册人(使用人)：
湖南德山酒业营销有限公司
核准使用商品：
酒（饮料）（第33类）

注册人(使用人)：
湖南中烟工业有限责任公司常德卷烟厂
核准使用商品：
卷烟（第34类）

注册人(使用人)：
湖南古洞春茶业有限公司
核准使用商品：
茶叶（第30类）

注册人(使用人)：
湖南金健米业股份有限公司
核准使用商品：
面粉、谷类制品（第30类）

注册人(使用人)：
湖南精为天粮油有限责任公司
核准使用商品：
米、面条（第30类）

注册人(使用人)：
湖南平安医械科技有限公司
核准使用商品：
一次性使用输液器、一次性使用注射器、一次性使用采血器（第10类）

注册人(使用人)：
湖南重庆啤酒国人有限责任公司
核准使用商品：
啤酒、无酒精饮料（第32类）

注册人(使用人)：
石门县茶叶产业协会
核准使用商品：
茶（第30类）

注册人(使用人):
湖南武陵酒有限公司
核准使用商品:
酒(第33类)

注册人(使用人):
湖南恒安纸业有限公司
核准使用商品:
盒装面纸(第16类)

注册人(使用人):
湖南盈成油脂工业有限公司
核准使用商品:
食用油(第29类)

注册人(使用人):
湖南中意食品集团
核准使用商品:
糖果(第30类)

注册人(使用人):
万福生科(湖南)农业开发股份有限公司
核准使用商品:
食用蛋白、食用油脂、食用葡萄糖(第29类)

注册人(使用人):
万福生科(湖南)农业开发股份有限公司
核准使用商品:
大米、麦芽糖(第30类)

二、著名商标认定

根据《湖南省著名商标认定与保护办法》规定，申请认定著名商标必须符合四个条件：（一）该注册商标已满三年（高新技术商标满一年）；（二）使用该商标的商品在国内外市场上具有较高的信誉；（三）使用该商标的商品销售额、利税、市场占有率等主要经济指标近三年在省内或国内同行业领先；（四）使用该商标的商品质量优良。申请认定著名商标，由申请人向省工商行政管理局提出申请，并提供以下五个方面的材料：（一）营业执照或其他资格证明复印件；（二）"商标注册证"复印件；（三）使用该商标的商品销售额、利税与市场占有率等主要经济指标近三年在省内或国内同行业中领先的证明材料；（四）使用该商标的商品销售区域证明材料；（五）使用该商标的商品质量证明。著名商标认定工作一年一次，有效期为 3 年，自公告之日起计算。著名商标有效期届满，需要保留著名商标资格的，应当自届满前 1 个月内重新申请认定。认定著名商标，由省工商局的负责人集体讨论决定。

三、知名商标认定

2008 年，为打造常德品牌，扩大全市企业商标和产品的知名度，市政府发布《常德市知名商标认定和保护办法》，规定申请认定知名商标必须符合四个条件：（一）该商标注册已满两年（高新技术商品商标注册满一年）；（二）使用该商标的商品在省内外市场上具有较高的知名度；（三）使用该商标的商品销售额、利税、市场占有率等主要经济指标在市内或者省内同行业中领先；（四）使用该商标的商品质量优良。由申请人向市工商局提出申请，并提供以下六个方面的材料：（一）营业执照或者其他资格证明复印件；（二）"商标注册证"复印件；（三）使用该商标的商品销售额、利税、市场占有率等主要经济指标在市内或者省内同行业中领先的证明材料；（四）使用该商标的商品销售区域的证明材料；（五）使用该商标商品的质量证明；（六）商标注册人授权商标使用人申请常德市知名商标的，还须提供《商标许可使用合同》复印件和授权申请文书。常德市知名商标认定工作一般每年一次，有效期为 3 年，自公告之日起计算。知名商标所有人需要保留该知名商标的，有效期满前 3 个月重新申请认定。

第五章　广告管理

第一节　发展概况

1989—1993 年,广告业发展和管理主要依据 1987 年国务院颁布的《中华人民共和国广告管理条例》,全市广告经(兼)营单位绝大多数属国有与集体性质。1990 年,全市广告经营单位 35 家,从业人员 345 人,年经营额 257 万元,广告经营单位国营占 57%,集体占 41%。广告业务包括:路牌广告 95 块、灯箱广告 105 块,广告张贴栏 255 处,扶栏广告 61 块。1993 年,市工商局积极引导发展广告业,利用“游园会”“一条街”与地理交通优势,帮助企业进行产品广告宣传,全市共有广告经营单位 46 家,发布广告 4300 多条(块),其中户外广告牌 280 多块,面积达 3200 多平方米。

1994—2000 年,全国人大颁布《中华人民共和国广告法》后,广告经营主体资格放宽,个体、股份制、中外合资企业加入广告行业之中,打破国有、集体企事业单位一统天下局面。1995 年,全市广告经营单位 61 家,其中本年度发展 14 家。是年,市工商局根据《广告法》规定,在全市范围内推行广告代理制,有 12 家广告经营单位经审查报批,获得广告代理资格。1999 年,全市广告经营单位 58 家,广告代理经营单位 39 家,外商投资企业 5 家,市、县工商机关依法审批户外、店堂、牌匾广告 3910 块。2000 年,市工商局充分发挥市广告协会作用,在全市开展“名牌带动战略”与“广告一条街”活动,为发展地方经济做出积极贡献,得到市委、市政府和企业界高度赞扬。是年,全市广告经营单位发展到 74 家,该年度发展 8 家,广告代理经营单位发展到 41 家,从业人员 415 个,经营额 357 万元,工商机关依法审批户外、店堂、牌匾、印刷品广告 4100 多件。

市工商局引导广告经营单位利用路牌、橱窗、公交站台等载体发展广告业务

2001—2012 年,中国加入世贸组织给广告业发展带来新的机遇和挑战,加速中国广告业与国际接轨的步伐,促进常德市广告业发展水平不断提高。2009 年,全市广告经营单位 161 家,其中包括 24 家兼营广告业务的事业单位,经营额 895 万元,市、县工商机关审批户外、店堂、牌匾、印刷品广告与电视广告 5700 起。经过多年发展调整,

全市广告业门类齐全，经营结构与运营机制日趋合理，至2012年12月，全市共有广告经(兼)营单位187户,广告从业人员537人,年实现广告经营额983万元。

1990—2012年全市广告经营单位一览

表3—5—1—1

年度	广告经营单位（户）	从业人数（人）	经营额（万元）
1990	35	345	257
1991	37	373	291
1992	47	435	310
1993	46	417	307
1994	56	497	405
1995	61	503	416
1996	65	435	421
1997	67	423	417
1998	68	425	398
1999	58	396	273
2000	74	415	357
2001	76	421	412
2002	79	419	397
2003	81	433	414
2004	87	513	579
2005	91	529	731
2006	93	511	642
2007	104	572	813
2008	159	437	876
2009	161	441	895
2010	173	519	937
2011	176	523	954
2012	187	537	983
合计	2081	10519	12485

第二节　登记管理

一、登记对象、事项与条件

(一)登记对象

2002年前,广告登记对象主要依据《广告管理暂行条例》与《广告管理条例》。广告经营者为主要登记对象,其中包括广告公司、报社、杂志社、广播电台、电视台和其他专业与兼营广告业务的企事业单位。20世纪90年代初,将经营广告业务的外资企业增加为广告登记对象,其中包括举办临时性广告经营活动单位。2002—2003年,国务院发布第一批与第二批《取消行政审批项目的决定》,工商机关取消"外国广告企业设立常驻代表机构审批""白酒39度以上广告审批""卫星电视广播地面接收设施定点销售审批""设置广告显示屏审批"。取消"广告审查员资格核准""广告专业技术资格核准"及"海峡两岸广告发布前集中审批"等项目。

(二)登记事项

1994年,依据《广告管理条例》规定,广告经营单位登记主要事项有:名称、地址、主管部门、经营性质、法定代表人或负责人姓名、资金数额、有效期限、经营范围。1994年之后,依据《广告法》规定,登记事项主要是:名称、住所、法定代表人或负责人姓名、注册资本、类型、经营范围、广告经营机构、有效期限。经营临时性广告登记事项是:活动项目名称、活动主办单位、广告经营单位、活动主办地点、广告经营范围、有效期限等。

(三)登记条件

申请经营广告业务的企业,除符合企业登记条件外,还应具备以下条件:有负责市场调查的机构和专业人员;有熟悉广告管理法规的管理人员及广告设计、制作、编审人员;有专职财务人员;申请承接或代理外商来华广告,应具备经营外商来华广告的能力。兼营广告业务的企事业单位应具备以下条件:有发布广告的手段及设计、制作广告的技术、设备;有熟悉广告管理法规的管理人员;单独立账、有专职或兼职的财会人员。申请经营广告业务的个体工商户,除具备《城乡个体工商户管理暂行条例》规定的条件外,还应具有广告专业技能,熟悉广告法律法规,经考试审查合格方可获准。

二、审批登记程序

依据《广告管理条例》及《广告法》规定,广告审批程序为:主营广告业务的全国性广告企业或外资企业,向国家工商局申请,经核准、发给"中华人民共和国营业执照"。地方性的广告企业,向所在市、县工商局申请,报省工商局授权的市工商局核准,由所在地市、县工商局发给"企业法人营业执照";兼营广告业务的事业单位,向所在地市、县工商局申请,报省工商局授权的工商机关核准,由所在地市、县工商局发给"广告经营许可证",兼营广告业务的事业单位申请直接承揽外商来华广告,须持有省与直辖市工商局发给的"中华人民共和国广告经营许可证";经营广告业务的个体工商户,向所在地市、县工商局申请,报省工商局或其授权省辖市级工商机关核准,由所在地市、县工商局发给"营业执照";举办地方性的临时广告经营活动。举办单位向省工商局或授权省辖市级工商机关申请,经核准发给"临时性广告经营许可证",举办全国性的临时广告经营活动,由举办单位向所在地省工商局申请,报国家工商局批准,由举办单位所在地省工商局发给"临时性广告经营许可证"。

根据广告法律与法规,市工商局结合常德实际,在实践工作中形成一套较为具体的登记程序。申请:申请成立广告公司者,应有上级主管部门的批准文件,有相应的资金和经营场地证明、公司章程、从业人员名单，并填写“广告经营登记表”一式多份，连同书面申请一同交广告登记管理部门。申请兼营广告业务的单位，应出具上级主管部门同意兼营的批准文件，并提供书面广告管理制度、广告从业人员名单。企业兼营广告还应具有“营业执照”，报刊兼营广告业务应具有新闻出版部门核发的“报刊登记证”，并写出书面申请连同“广告经营登记表”报广告登记管理部门；审查：对申请单位申请登记的内容及提供文件的合法性进行全面审查。审查内容包括：程序审查、内容审查与实地调查；报批。

1996 年后，市工商局实行广告登记备案制度，广告客户申请刊播、设置和张贴广告，必须到市（县）工商局商标广告监管科（股）办理登记手续；广告客户申请登记的广告内容涉及法律法规应当进行审查的，必须在登记前依照有关法律法规由有关行政主管部门对广告内容进行审查；广告发布者为广告主或广告主委托的广告代理公司发布广告时，必须提交市（县）商标广告管理部门批准意见。

三、户外广告登记管理

1989—1994 年，全市户外广告登记管理主要依据《湖南省户外广告管理办法》，在全市范围内利用街道、广场、机场、车站、码头、影剧院、体育场（馆）、文化宫、展览馆、宾馆、招待所、游乐场、商场（店）和市场等公共场所与建筑物或空间，以及利用宣传栏、画廊、广告栏或市政公共建筑设施设置、绘制或张贴广告的，都必须到工商部门办理登记批准手续。1994 年，市工商局为加强行业管理与联系，推动常德市广告行业发展，成立常德市广告协会，协会团体会员 28 家，个人会员 47 人。

1995 年，国家工商局发布《户外广告登记管理规定》，凡利用公共或者自有场地建筑物、空间设置的路牌、霓虹灯、电子显示牌（屏）、灯箱、橱窗等广告，利用交通工具（包括水上漂浮物与空中飞行物）设置、绘制、张贴的广告，以及其他形式在户外设置、悬挂、张贴的广告，广告经营者或广告发布者在广告发布 30 日前，向市（县）工商机关提出登记申请，工商机关对证件齐全的予以受理。经批准登记后，按登记地点、形式、规格、时间与内容发布，不得擅自更改。在户外设置的路牌广告必须在广告平面右下方明确标注登记编号。未经登记擅自发布广告的，没收非法所得，处以罚款，并限期拆除，逾期不拆除的强制拆除。

1996 年，市工商局为解决市城区户外广告秩序混乱的状况，制定《常德市工商行政管理局户外广告审批制度》，凡在城区进行广告宣传的，必须获得市工商局审批，未经批准按违法广告予以处理，同时，向市政府呈交《关于常德市城区户外广告现状及需要明确有关管理部门各自管理职权建议的报告》。印发《关于加强城区广告管理有关问题的通知》（常工商字〔1996〕39 号），对城区广告宣传以及企业名称、个体工商户字号进行专项检查行动。

1997 年，市工商局根据国家工商局《户外广告登记管理规定》及《湖南省户外广告管理办法》，印发《关于加强户外广告管理的通知》（常工商字〔1997〕1 号），对全市户外广告管理范围、户外广告申请登记、变更登记与注销登记，以及超越核准登记户外广告范围，有不健康广告内容的违法行为处理及户外广告收费等事项作出具体规定。

1999 年，市工商局开展全市广告经营单位专项资格检查，对符合要求的 58 家广告经营单位统一换发新版许可证，并进一步规范许可证登记用语，依法取消不符合要求的两家广告经营单位广告经营资格。

2007 年，市工商局印发《关于进一步做好户外广告登记管理工作的通知》（常工商发〔2007〕28 号），根据《行政许可法》和国家工商总局《户外广告登记管理规定》，贯彻市政府《关于进一步加强全市政务中心审批工作的意见》，市、县工商局在市、县政务中心设立审批窗口。市、县工商局由商标广告监管科（股）安排一名工作人员在政务中心负责管理户外广告登记工作，实行“一个窗口”审批，同时启用网上登记审批程序。是年，市工商局启用《常德市工商行政管理局户外广告登记管理系统》（软件），全市户外广告登记审批工作使用办公网登录《户外广告登记管理系统》，实行户外广告网上审批。此外，还对户外广告登记条件、登记审批流程以及档案管理等方面作出具体规定。

2009 年，市工商局印发《关于调整户外广告登记审批管理权的通知》（常工商发〔2009〕65 号），市城区范围内户外广告登记审批权下放到市城区各分局；凡在武陵区、柳叶湖开发区范围内发布户外广告的，由具有广告经营资格的广告发布者向武陵工商分局申请办理户外广告登记；凡在德山开发区发布广告的，向德山分局申请办理相关手续；凡在其他区县（市）发布户外广告的，由广告发布者向所在地县级工商机关申请办理户外广告登记证。凡在常长、常张、常吉高速公路（常德路段）沿线发布户外广告的，由广告发布者向所在地县级工商机关申请办理户外广告登记证。

第三节　监督检查

一、日常监督管理

1989—1990 年，根据国家工商局《关于整顿广告经营秩序加强广告宣传管理的通知》和省工商局《关于切实抓好打击假冒行为取缔虚假广告工作的通知》精神，市工商局印发《关于开展打击假冒行为取缔虚假广告工作的通知》（常工商字〔1990〕1 号），把打击生产、销售冒牌商标标识、印刷行业及新闻媒介广告单位和户外违法广告作为重点，全市工商系统出动执法人员 559 人次，组成 11 个检查组，检查集贸市场 147 个，国有商店 603 家，集体商店 1322 家，个体工商户 6822 家，印刷企业 143 家，广告媒介单位 9 家，广告经营单位 20 家，查处广告经营单位发布虚假广告案 8 起，查处户外虚假广告 450 处，立案 21 起。有效整顿广告市场秩序，维护消费者合法利益。

1991 年，全市广告乱设置、乱张贴现象相当普遍，市工商局加大市城区及各区县（市）城关镇户外广告管理力度,设置户外广告张贴栏,加强与相关部门联系,合理规划与设置路牌广告和护栏广告,在城镇建立广告一条街等,解决广告设置场地问题,美化市容市貌。

1992 年,市工商局全面检查和整顿非法使用党和国家领导人名义、形象、言论进行广告宣传的行为。共组成 6 个检查组,出动监督检查人员 101 人,对全市大型商场、药店、广告公司、广播电视、报刊等广告经(兼)营单位进行检查,查获常德日报社与吉春堂药店进行药品广告宣传时,利用党和国家领导人形象与言论的非法行为,立即进行整改,并责令广告发布责任人作出检讨。

1995 年,市工商局全面推行广告代理制,是年 4 月,召开市直广告经营单位会议,在电视台与《常德日报》进行报道,宣传代理制有关规定,并举办有 50 多家广告经营单位法人代表参加的培训班,从源头上加强广告监督管理。

1998 年,针对全市户外广告滥张贴、滥发布、滥设置等情况,市工商局收回城区分局户外广告审批权,解决多家审批不利于管理的问题。在此基础上,加强基层工商所广告监管责任,维护户外广告市场秩序。

1999 年,根据国家工商局《关于对各类药品、保健药品、保健食品生产经销企业散发违法印刷品广告进行集中检查的通知》, 市工商局组织出动 1200 人次, 检查医疗机构 390 多家,商场药店 380 多家,收缴违法印刷品广告 6 万多份,立案查处 19 起,罚款 10 万元。

2000 年,国家工商局印发《关于开展集中整治虚假违法医疗、药品、保健品食品广告的通知》(工商广字〔2000〕135 号),市工商局出动执法人员 260 人次,车辆 210 台次,检查媒体 15 家,医疗机构 120 家,药品经销单位 200 多家,商场 20 家;抽查医疗广告 290 条,药品广告 340 条,保健食品广告 100 条。责令停止发布违法广告 33 条,限期整改 33 条,行政告诫 19 户,立案查处违法广告案 32 起,罚款 18.8 万元。

2002 年,市工商局在全市开展“刊、播发布各类医疗、药品、保健食品”等广告专项整治行动,检查媒体单位 15 家、医疗机构 800 多家、药品经营单位 300 多家、商场超市 100 多家,抽查医疗广告 590 多条、药品广告 340 多条、保健食品广告 100 多条。责令停发违法广告 32 条、限期改正 13 条、行政告诫 19 户,收缴各类违法广告 8 万余份,查处违法广告案件 300 起,罚款 100.1 万元。

2005 年,市工商局牵头市直“五局一办”,召开全市虚假违法广告专项整治联系会议,制定《常德市违法广告专项整治行动方案》,与广告经营单位签订监管责任状,编发《广告专项整治简报》,是年,查处违法广告案件 316 起,罚款 230.65 万元,暂停发布广告 35 起,曝光违法广告案 3 起。

2007 年,市工商局开展“打虚假,树诚信”广告专项整治,重点查处医疗、药品、保健食品等人民群众关注的虚假违法广告,共办理违法广告案件 216 件,其中虚假广告案 78 起,违法经营广告案件 138 起。

2009 年, 市工商局在组织开展打击违法发布广告行动中, 缴销低俗淫秽广告画 2630

张,盾牌广告126块,带有"性"字的灯箱47个。责令停止水星楼、旺达、三明置业与金钻置业等发布含有返租、升值承诺的非法房地产融资广告,并在"红盾网"发布警示,提醒广大市民防范风险。同时,对农村广告市场与户外广告进行监督检查,清理未经审批发布的户外广告250多条,对20家违法发布单位进行立案查处。开展市城区小广告"牛皮癣"整治行动,查处打击非法张贴"牛皮癣"行为,查获张贴各类小广告"牛皮癣"广告主与张贴人员38人,行政处罚12人,移交公安机关拘留6人,收缴"牛皮癣"小广告5000多张。

2010年,为协调部门行动,整合执法资源,加大广告市场秩序整治力度,迎接省广告整治工作专项督查,市工商局呈报市政府批准,建立广告专项整治联席会议制度。9月14—28日市政府召开两次广告专项整治联席会议,开展违法医疗、药品、"牛皮癣"小广告、招生、性病与性药等六项虚假违法广告联合整治行动。

2011年,市工商局召集移动、电信、联通三家通信企业负责人,共同研究手机短信广告发布途径、监检办法和整治违法手机短信广告措施等,制定《关于开展利用手机短信发布虚假违法广告专项整治行动方案》,并于6月开展利用手机短信发布虚假违法广告专项整治行动,对短信群发主体进行清理整顿,查处多起利用手机短信发送虚假违法广告案件。

2012年,市工商局继续加大治理违法广告力度,对医疗、药品、房产、保健食品等行业虚假违法广告进行重点查处,共查处违法广告案件187起,罚款16.7万元,暂停发布广告42条,曝光违法广告案件2起,下达《限期整改通知书》69份。对常德电视台、常德日报传媒集团、澧县与鼎城电视台、德美美容所、丽人妇产医院、东方女子医院发布违法药品、保健食品及医疗广告行为进行行政处罚。

二、广告年度检验

1990—1991年,市工商局根据国家工商局发布的《企业年度检验办法》,开始对广告经(兼)营单位进行年检。当年设立的广告经(兼)营单位,下一年参加年检,年检起止日期为每年1月1日—4月30日。广告经(兼)营单位应在3月15日前向工商机关报送《广告经营单位年检注册书》《广告经营许可证》和《营业执照》《广告经营明细账》《年度广告经营情况统计表》《广告服务收费价目表》等资料。工商广告管理机关审核年检材料,对通过年检的单位,在其广告经营许可证上加贴年检标识或加盖年检戳记,发还广告经营许可证和营业执照。是年,全市共年检广告经营单位37家,其中专营4家、兼营26家,年检合格35家,注销不合格的2家。

1992—1993年,全市广告行业实行广告业务专用发票和广告业务员证制度。广告业务专用发票是企业广告费用列入销售成本的合法凭证,凡使用专用发票的单位或个人,须到税务部门办理领用手续,经市工商局登记备案后方可使用。凡经批准经营广告业务的单位,其广告业务人员须经市工商局培训考核发给广告业务员证后,方可从事广告业务活动。是年,市工商局主动与税务、审计、财政等部门联系，落实广告专用发票事宜。是年，对全市35家广告经营单位进行年检。经考核合格发展10家广告经营单位。

1996—1998年，市工商局贯彻省工商局《关于对广告经营单位进行年检与核发广告经营许可证的通知》精神，年检采取分级管理和“一听、二看、三审查”的方法（听汇报，看制度与档案，审查年检资料、广告手续及建档情况）开展年检与广告业清理整顿。全市通过年检并换发新版广告经营许可证的单位共58家，对2家年检不合格的予以注销。

2000—2001年，市工商局对全市66家广告经营单位进行年度检验，发出整改通知书9份。是年，发展广告经营单位8家。同时，贯彻国家工商局《广告经营资格检查办法》，采取定期检查与不定期抽查的办法，对广告经营单位进行广告资格审查，促进广告经营单位依法经营。

2003—2004年，市工商局根据《中华人民共和国行政许可法》规定，取消企业单位广告经营资格审批登记，保留对兼营事业单位广告经营许可证制度。同时，简化广告经营资格检查，对资信度高的广告经营单位，不要求检查其财务经营情况。对科技含量高和外向型广告经营企业实行联络帮助和走访服务，助其做大做强。

2009—2010年，市工商局对全市173家广告经营单位进行备案制清查，对24家兼营广告业务事业单位进行清理检查。举办全市广告经营企业及媒体广告审查员培训班，指导和推荐全市广告企业及广告从业人员参加全省广告行业精神文明先进单位和个人评选活动。组织全市50多家广告企业参加10月在南宁市召开的第十六届中国国际广告节。是年，出动执法人员297人次，对广告语言文字的规范进行专项检查，共检查电视、报纸、期刊、印刷品等广告1105条，发现不规范广告32条，现场作出责令整改等处理。

2011—2012年，市工商局根据省工商局《关于认真做好2010年度广告经营资格检查的通知》（湘工商广字〔2011〕26号），采取“预约上门服务、现场查验材料、当面交换意见”的方法，对取得“广告经营许可证”的常德电视台、《常德日报》及10个县级电视台进行一次检查，对检查发现的问题，及时送达行政指导建议书和责令改正通知书。

三、广告监测管理

1995年后，市工商局对广告监测主要通过收看与收听电视或电台广播，查阅报刊发现虚假违法广告。是年，市工商局印制《停播（发）违法广告通知单》，发现违法广告，迅速送达通知单，对知而不改者进行立案查处，全年共送达《停播（发）违法广告通知单》30份，及时制止违法广告发布。

2007—2008年，全市工商系统开展对电视、报纸、广播、户外、印制品等形式的广告进行监测，在没有配备监测设备的情况下，进行人工监测，实行“定时、定点、定人、定广告经营单位”监测承包责任制。是年5月，由市工商局分管局长带队，对全市11个县级电视台，市电视台7个频道,《常德日报》和《常德晚报》等20多个媒体进行检查,监测广告512条,发现和查处违法广告106件,罚款117.1万元,责令停发广告25条,限期整改50条,曝光违法广告2起,送达《限期整改通知书》16份。

2010年,市、县工商机关建立广告监测中心,全市广告监测工作步入正轨。

2011—2012年,在省工商局大力支持下,市、县两级广告监测设备于2011年1月安装完毕,全市广告监测系统于2011年2月正式运行,从3月1日起,全市10个区县(市)全面开展24小时广告监测工作,每月制作一份监测报告,是年,对监测中发现的46条涉嫌违法广告依法进行了查处。

四、广告执法办案

1991年,常德星火科技报刊登销售种子的虚假信息,省内外消费者汇款购买种子,既没有收到种子,也没有退款。市工商局接到举报后,对设在原冶煤招待所的星火科技报进行查处,并报有关单位取缔该报刊,为农民追回购种货款。

1995年,澧县工商局查处县电视台为北京康德贸易公司发布"清脑助学器"虚假广告,使近百名学生权益受到侵害,县工商局依据《广告法》有关规定立案查处,责令停发,并处3000元罚款。

1998年,津市市工商局、石门县工商局查处市邮电部门在电话号码本上违法刊登广告案,根据《广告法》规定,分别没收非法所得5.5万元与7.5万元,由此,规范经营者行为,保护了消费者权益。

2008年,市工商局接到举报:常德市第六人民医院通过市、区电视台与医院门诊部发布"黄家医圈攻克癌症最新突破、医院肿瘤防治基地首创世界肿瘤疗效巅峰,总有效率达90%以上"等虚假医疗广告。市工商局立即组织调查,分别向六医院、常德与鼎城电视台发出《责令停播违法广告通知书》,并作相应行政处罚。

1990—2012年全市查办违法广告案件一览

表3—5—3—1

年度	广告经营单位(户)	从业人数(人)	经营额(万元)
1990	35	345	257
1991	37	373	291
1992	47	435	310
1993	46	417	307
1994	56	497	405
1995	61	503	416
1996	65	435	421

续表

年度	广告经营单位（户）	从业人数（人）	经营额（万元）
1997	67	423	417
1998	68	425	398
1999	58	396	273
2000	74	415	357
2001	76	421	412
2002	79	419	397
2003	81	433	414
2004	87	513	579
2005	91	529	731
2006	93	511	642
2007	104	572	813
2008	159	437	876
2009	161	441	895
2010	173	519	937
2011	176	523	954
2012	187	537	983
合计	2081	10519	12485

第六章　消费者权益保护

第一节　打击假冒伪劣商品

1991年,根据省工商局、省消协《关于开展严厉查处制造销售假冒劣质商品维护消费者权益的通知》(湘工商发〔1991〕157号)精神,市工商局会同市消协把市城区及县城作为重点区域,把假冒劣质香烟、名酒、食品(饮料)与家用电器作为检查打击重点对象。共出动监督检查人员13958人次,车辆518台次,检查国营、集体企业与个体工商户58367家,市场382个,检查商品3480种,查处大批假劣商品,案值4130万元,捣毁制售假劣商品黑窝点26个。1992年3月,市人大、市政府领导揭乐田、刘士六,市工商局与市消协领导刘绵章、李世成、屠家云参加市城区打假扫劣专项行动,查获假冒伪劣商品120多种,价值168万元。

1993年,全市打假治劣向深层次拓展,市工商局与市检察院监检科一起捣毁制售假冒鞋、低压电器、灯具、电线、水泵、饮料等黑窝点15个。6月,与公安、烟草联合,取缔北站、桥南两个烟草批发市场,并将查获的大批假烟进行集中销毁。7月,开展食品安全检查,共检查1241家生产单位与店铺,查获74种霉烂变质等不合格食品8万公斤。是年,省工商局在长沙召开湖南省首届打假保真展览会,市工商局送展假劣商品393种,真商品225种,获得省打假治劣展览集体一等奖,副局长李世成等三人获个人优秀奖。

1994年,市工商局会同市消协、标准计量、物价、卫生、烟草等部门,开展声势浩大的打假行动。共出动执法人员3868人次,车辆429台次,重点检查商场、商店与个体工商户48878户次,市场370多个次,检查商品3000多种,查处假冒伪劣商品价值3900多万元,捣毁制假窝点12个,其中查处假茅台酒2251件、假五粮液3400件、假董公酒7840件、假凤牌酱油560件、假香烟3642条、假凤凰和永久单车2739辆、各种霉烂变质食品3840公斤,劣质鞭炮2350万响、假药品40箱、劣质电线580卷、不合格电器2810件、伪劣固体烧碱71吨、假劣鞋570万双、霉变干辣椒6500公斤。

市工商局集中销毁查获的假劣香烟

1995年,全市各级工商

机关建立“打假治劣”领导小组，由各级工商机关“一把手”担任领导小组组长，广泛深入开展打击假冒伪劣商品的专项行动，共开展大型打假行动 273 次，出动执法人员 3125 人次，没收假冒伪劣商品案值 1024.25 万元，罚款 206.5 万元，查处假冒伪劣案件 758 起，捣毁制售假冒伪劣商品窝点 27 个，查获假冒伪劣商品共 25 大类，主要有假化肥 425 吨、假劣种子 27 吨、伪劣家用电器 1315 件、假劣电线 25312 米、假劣药品 378 公斤、洗涤用品 31210 袋、化妆品 37210 盒、各类不合格食品 32000 公斤、罐头 58000 瓶、烟 63152 条、酒 3275 瓶、皮鞋 6785 双、酱油 11350 瓶以及假冒商标 120750 张(套)。

1996 年，市工商局认真贯彻上级关于严厉打击制售假冒伪劣商品违法行为指示精神，不断开展打假治劣专项斗争。全市工商系统共出动执法人员 3280 人次，查处制售假冒伪劣商品违法案件 1281 起，捣毁制假黑窝点 41 个，没收制假工具设备 169 套(件)、罚款 103 万元，查处的假冒伪劣商品主要有：假酒 12.3917 万瓶、假烟 7384 条、劣质拼装汽车 15 辆、劣质化肥 1089 吨、农膜 983 吨、农药 1232 公斤、柴油 57 吨、家电 347 件、电线 12.543 万米、各类药品 87 公斤、鞋类 14.27 万双、服装 1315 件、化妆品 1875 盒、食品 12.695 公斤、劣质钢材 1350 吨、非法复制录像带 29.7 万盒、饮料 1250 吨、冒牌麻油 400 件、假辣椒粉 12.8 吨、收缴各类贴有假冒商标标识商品 10.53 吨。

1997 年，市工商局针对消费领域存在的热点问题，开展打假治劣专项行动，先后对节日季节性食品与农业生产资料进行 10 多次超前执法检查，对全市 20 多家有可能侵权的公用事业单位进行监督检查，查处假冒伪劣商品价值 1200 多万元。

1998 年，市工商局及消费者组织在深入开展《消费者权益保护法》和《湖南省消费者权益保护条例》宣传、强化市场主体经营行为监督管理、增强消费者自我保护意识基础上，加大打击假冒伪劣力度，全市共查处假冒伪劣商品等违法违章案件 1714 起，罚款入库 1319 万元。

1999 年，市工商局与烟草、盐业、农业、物价等单位联合，开展打击假冒伪劣商品专项检查 146 次，查获假冒伪劣商品价值 2100 多万元，是年 6 月 15 日，桃源县工商局与公安机关联合捣毁该县尧河特大卷烟制假黑窝点，查封没收价值 370 多万元的烟机与烟叶包装材料等。

2000 年，市工商局以全国工商系统开展“整顿市场秩序、整顿队伍作风”为契机，加大打击假冒伪劣商品力度，全市工商系统共查处制售假冒伪劣商品案件 1500 多起，案值近 2000 万元，查办 10 万元的制售假劣商品案 3 起，捣毁制假窝点 40 个，查获的假冒伪劣商品主要是：粮食 254.6 吨、棉花 87 吨、化肥 47 吨、农药 49 吨、烟机 4 台、缝纫机 100 台、药品 2.2 吨、空调 6 台、燃气灶 123 台。

2001 年，市工商局贯彻全国“打假”联合行动电视电话会议和全省“打假”联合行动誓师大会精神，深入开展打击假冒伪劣整治行动，出动执法人员 2374 人次，检查市场 33 个，个体经营户 3140 户，查处制售假冒伪劣商品案件 375 起，案值 407 万元，捣毁制售假劣商品黑窝点22 个，查获一批案值 1800 多万元的假农药、假化肥、假种子、假农膜与假农机。取缔非法经营农业生产资料网点13个。

2002年,全市工商系统共查处假冒假劣商品案件225起,案值2628万元,其中:查获假化肥21.21万公斤、种子400公斤、农药12.25万公斤、食品2.80万公斤、饮料1.82万瓶、化妆品7506瓶(盒)、假酒935瓶、盗版光碟876张、捣毁制假窝点5个。

2003年,市工商局围绕"营造放心消费环境年"主题,深入开展"维权反欺诈"行动。全市工商系统共查处侵害消费者权益案件1759起,案值3400万元,查扣注水肉5455公斤、变质粮食3643吨、劣质棉花6吨、伪劣种子9285公斤、农药540公斤、化肥11.45万公斤、饮料3.29万瓶、假酒8443瓶、假烟524条、伪劣钢材270吨、劣质水泥113吨、柴油86吨、假冒商标标识9002张、捣毁制假窝点21个。

2004年,市工商局深入开展"红盾护农"行动,查处侵害农民消费者权益违法行为,捣毁制假窝点3个,为农民挽回经济损失14.42万元,查获假劣种子10260.6公斤、农药52345公斤、化肥96550公斤、饲料及饲料添加剂28365公斤、劣质农机221件,罚没金额约89.95万元。

2005年,全市工商系统以"三项整治为重点"(食品安全、保护注册商标专用权、"打虚假树诚信"广告专项整治),深入开展打假维权。共出动执法人员3759人次,检查经营户12524家,查获假劣饮料1815瓶、假劣酒1700多瓶、奶制品148公斤、儿童食品1430公斤、假劣种子4200公斤、不合格肥料108吨、不合格农机77件,捣毁制售假农资窝点3个,查缴假冒侵权商标2万多套。

2006年, 全市工商系统出动执法人员3679人次, 检查经营户23700户, 检查市场52个,捣毁制假售假窝点40个,查处假冒伪劣商品案件781起,案值1651万元。

2007年,市工商局贯彻国务院颁布的《特别规定》,加大打击假冒伪劣食品与农资商品力度,全市共查获假冒伪劣食品4580公斤,案值31.2万元,捣毁制假售假窝点29个,查处制售伪劣食品案件396起,罚款374万元。查处侵害农民消费者权益案件341起,捣毁制假农资窝点3个,查获假劣种子7100公斤、不合格肥料73吨、不合格农机具93件。

2008年,全市工商系统出动执法人员8910人次,检查各类市场、商场478个,经营户33821户,查获假劣食品32352公斤,查处食品违法案件74件,案值2114万元。查缴不合格农资46吨,查处侵害农民消费者违法案件206起。

2009年,全市工商系统深入开展"打假维权"与"打假护牌"专项整治行动。共查获不合格农资48735公斤,不合格塑料包装袋3.41万个,不合格电器91件,"傍名牌"彩电21台,不合格摩托车21台,假冒卷烟7件,查处各类烟草违法案件11起。

2010年,市工商局根据消费市场的热点和焦点,深入开展打击假冒伪劣八项集中整治行动。全市共取缔无照经营3879户,查处食品违法案件141件,收缴"三无"食品347公斤,捣毁食品制售假窝点41个,收缴各类假酒11992瓶,查处各类假酒案件45起,案值133万元。

2011 年，市工商局继续把维护消费者权益作为工商部门服务人民群众、维护社会稳定的重大任务，深入开展打击假冒伪劣食品“百日行动”。检查经营户 9000 多户，取缔无照经营 212 户，捣毁豆制品黑作坊 5 家，查处食品违法案件 374 起，收缴不合格食品 7982 公斤，非法添加食品 4527 公斤，病死猪肉 1078 公斤，收缴和销毁不合格蔬菜 4897 公斤，查扣毒生姜 3843 公斤。

2012 年，全市工商系统出动执法人员 27693 人次，检查经营户 9908 户次，查获假冒伪劣食品 5658 公斤，查处食品违法案件 408 起，罚款 208 万元，查处侵害农民消费者权益违法案件 173 起，案值 101 万元，捣毁制假售假窝点 10 个。

1991—2012 年全市工商系统打假维权情况一览

表 3—6—1—1

年份	出动人数（人次）	出动车辆（台次）	检查市场主体（户次）	查处假冒伪劣商品案件		捣毁制假窝点（个）
				数量（起）	案值（万元）	
1991	13958	518	58367	1371	4130	26
1992	12765	523	47615	1256	3970	27
1993	11934	497	39756	1197	3853	15
1994	3868	429	48878	996	3900	12
1995	3215	391	36794	758	1024	27
1996	3280	387	33756	1281	936	41
1997	3105	353	29731	137	1200	29
1998	2931	296	23545	1714	2756	11
1999	2365	279	19786	675	2100	5
2000	2179	267	17593	573	2010	40
2001	2374	279	13177	375	407	22
2002	2291	281	9164	225	2628	19
2003	2356	274	8153	1759	3400	21
2004	2279	257	7965	679	2971	3（农资）
2005	3759	276	12524	791	3150	3（农资）
2006	3679	312	23700	781	1651	40
2007	4761	329	24710	792	2130	13
2008	8910	372	33821	280	2114	27
2009	8094	369	29736	279	1876	15
2010	9351	418	31657	312	1936	11
2011	9672	433	9000	386	1861	9
2012	27693	457	9908	581	701	10
合计	144819	7997	569336	17198	50704	426

1991—2012 年全市工商系统查获假冒伪劣商品情况一览

表 3—6—1—2

项目 类别	名称	数量	单位	名称	数量	单位
生活资料类	假烟	126911	件	劣质粮食	3897	吨
	假酒	76402	件	劣质奶制品与劣质添加剂	4775	公斤
	不合格食品	149078	公斤	假冒化妆品	40591	盒
	注水与病死猪肉	18973	公斤	假冒洗涤用品	31210	件
	有毒有害蔬菜	214897	公斤	假冒鞋	155085	双
	毒生姜	3443	公斤	假冒服装	11315	件
	霉变辣椒	11.4	吨	假冒空调	516	台
	假酱油	11910	件	假冒洗衣机	410	台
	假饮料	137668	公斤	假冒燃气灶	723	台
	劣质食用油	3400	件			
生产资料类	假劣化肥	10590	吨	假劣农膜	1752	吨
	假劣种子	2252	吨	劣质柴油	2243	吨
	劣质棉花	1104	吨	劣质钢材	12620	吨
	劣质农机具	5088	件	假劣农药	3942	吨
	劣质水泥	11173	吨			
	注：因所查 5 年资料中，只有查获假冒伪劣商品价值总额记载，其中包括 1991 年（4130 万元）、1992 年（1168 万元）、1997 年（1200 万元）、1998 年（2714 万元）、1999 年（2100 万元）、2008 年（2114 万元）。					
其它类	假永久凤凰自行车	2739	辆	假劣药品	2.2	吨
	劣质鞭炮	12350	箱	劣质拼装汽车	236	辆
	劣质电线	128111	卷	假冒商标商品	10.5347	吨
	劣质电器	14663	件	假冒商标标识	310770	张（套）
	劣质烧碱	171	吨	非法复制录像带	298760	盒

第二节　受理申(投)诉举报

1992 年,由市消协办公室受理投诉,并在市城区北站、城南、城东工商所与德山工商分局建立了四个消费者投诉站。是年,市消协接待消费者来访与电话 598 人次,受理投诉 515 起(省转 2 起),解决 514 起,解决率 99.8%,为消费者挽回经济损失 300 多万元。市工商局向社会公布的消费投诉电话是:228789、228678。

1993 年,市消协接待消费者来访 2768 人次,受理消费者投诉 2063 起,解决 2018 起,解决率 97.8%,为消费者挽回直接经济损失 108.46 万元。市工商局与市消协收到表扬信30 封,登报表扬 3 次。

1994 年，市消协共受理消费投诉 1634 起，处理率为 98.1%，为消费者挽回经济损失 347.5 万元。典型案例有:澧县劣质棉种案、鼎城区斗姆湖彩电爆炸案、安乡高压锅炸死人案、建设机械厂散装水泥车断钢梁案等。

1995 年,各区县(市)在农村乡镇或街道居委会设立投诉举报联络站 2350 个,市城区以工商所为依托,安装举报电话 20 部。市工商局在市城区建立 13 个消费监督站,负责受理消费者投诉。全市受理消费投诉 2932 起,处理率 98.3%,为消费者挽回经济损失 325 万元,其中:涉及侵害农民消费者权益的投诉 1360 起,占总数 46%,为农民挽回经济损失 325 万元;涉及人身健康安全的投诉占总数 12%。

1996 年,全市工商系统共受理消费者申(投)诉 2280 起,处理率 95%,为消费者挽回经济损失 457 万元。投诉范围相应增多,由过去的日用小商品,发展到有奖销售、银行储蓄、邮电、商品房、水、电等特殊服务行业。

1997 年,随着市工商局及市消委开通“3·15”电话投诉台,启动“3·15”流动投诉车,方便消费者投诉,加之通过《消费者权益保护法》宣传,增强消费者自我保护意识,全市申(投)诉量增到 11702 起,处理率 95%,为消费者挽回经济损失 473 万元。

1998 年,全市工商系统共受理消费者申(投)诉 5017 起,处理率 93%,为消费者挽回经济损失 295 万元。是年,市工商局“3·15”流动投诉车在全市范围内行程 3 万多公里,共接待消费者直接投诉 2125 起,现场处理 2030 起,为消费者挽回经济损失 120 多万元。

1999 年,市工商局新配备“3·15”投诉专车。汉寿、澧县、津市、临澧分别安装尾数是 315 的投诉电话。市工商局及市消委与法院协商同意,消费者起诉到法院消保庭的侵权案件不收诉讼费。全年共受理消费者申(投)诉 7041 起,处理率 95%,为消费者挽回经济损失 368 万元。

2000 年,市工商局与市消委受理消费者投诉 6104 起,接待咨询来访消费者 2745 人次,投诉万元大案 25 起,为消费者挽回经济损失 421 万元。是年 3 月,市工商局与市消委举行“3·15”消费者权益纪念日庆祝大会,并组织“‘3·15’宣传咨询一条街”活动,参加人员达

5000人以上,10多位市级、120多名市直单位处级领导参加活动,出动车辆30多台,在活动现场受理消费者投诉500多起。

2001年,全市工商系统设立受理消费者投诉台(站)97个,接受咨询1万多人次,共受理消费者申(投)诉2498起,调处率96%,为消费者挽回经济损失254万元。3月15日,由武陵分局与消委牵头,在市城区开展"百家商品展示宣传咨询服务一条街"活动。

2002年,市工商局设立市城区"12315"申诉举报中心,全市共受理消费者投诉3586起,调处3406起,占95%,为消费者挽回经济损失250多万元。是年,全市各级工商机关与消委接待消费者来电来访达1.57万人次。市工商局在消费者投诉中发现一批案源,立案查处47起,罚款50万元。是年,市工商局对消费者反映的17个行业商品和服务情况进行消费维权问卷调查,共发出调查表2520份,并将药品、食品与宾馆服务方面调查结果向社会公示。

2003年,全市共受理消费者投诉3218起,调处率92%,共接待消费者来电来访2万多人次,为消费者挽回经济损失443.2万元。

2004年,全市工商系统"12315"共受理投诉咨询电话6460人次,受理消费者投诉1715件,处理1646件,为消费者挽回经济损失913万元。是年,市工商局开展"六种行为"整治和五项清理工作,重点清理消费者投诉积案,对130多起投诉积案重新进行审查和处理。

2005年,全市工商系统共受理消费者投诉4123起,调处4015起,占97.3%,为消费者挽回经济损失617万元。

2006年,全市工商系统共受理消费者投诉3973起,处理率占93.1%,为消费者挽回经济损失573万元,其中,受理农民消费者投诉615起,落实投诉先行赔付481起,赔付金额64.5万元。

2007年,全市工商系统接受消费者来电来访56389人次,受理消费者申(投)诉举报3761起,调处3752起,占99.7%,为消费者挽回经济损失187万元。是年,全市工商系统在农村建立农村食品安全和消费维权投诉站(点)2481个,受理投诉2341起,调处2297起。

市工商局、市消委开展"3·15"消费维权咨询活动

2008年,市工商局成立"12315"申诉举报中心,并逐步实现市、县、所三级联网。同时,制定和完善受理消费者申(投)诉举报系列制度,全市受理消费者申(投)诉举报工作达到制度化、规范化要求。是年,市工商局"12315"申诉举报中心受理申诉4590起,调处4548起,占92.3%,

为消费者挽回经济损失 112 万元，查处侵害消费者权益案件 32 起，罚款 39.3 万元。

2009 年，市工商局“12315”开通新维权系统，并向社会公开承诺：市城区接到投诉后 15 分钟赶到现场处理，农村第一时间赶到处理。是年，受理接待消费者来电 12069 件，日均 35 件，现场调处消费纠纷 365 件，受理政府网站市民留言并回复 98 件，为消费者挽回经济损失 319.3 万元。

2010 年，全市工商系统“12315”申诉举报中心共接受消费者来电 14419 件，处理消费者申诉、举报、咨询 7187 件，为消费者挽回经济损失 174.5 万元，投诉举报分流率达 100%，及时办结率达 100%。

2011 年，全市工商系统“12315”申诉举报中心共接受消费者来电 13619 件，其中属于消费者投诉、举报、咨询 10714 件，申诉 2971 件，办结 2866 件，办结率 96.5%；咨询 6881 件；举报 858 件，办结 816 件，办结率 95.1%；政府网站市民留言 131 件。共为消费者挽回经济损失 714.8 万元。分流率与及时办结率达 100%。

2012 年，全市工商系统 12315 申诉举报中心接受消费者来电 12601 件，处理申诉、举报、咨询 11523 件；其中：申诉 2607 件，办结 2559 件，办结率 98.1%；咨询 8400 件；举报 812 件，办结 812 件，办结率 100%；政府网站市民留言 240 件，回复率 100%，为消费者挽回经济损失 482.9 万元。截至 2012 年年底，自 1989 年以来，市工商局“12315”及消委组织共受理消费者申（投）诉、咨询与举报11.1831 万件，为消费者挽回经济损失 7538.3 万元。

第三节　维权体系建设

一、组织体系建设

1991 年 12 月 4 日，经市政府批准，成立常德市消费者协会，名誉会长由市委、市人大、市政府、市政协领导兼任，会长由市工商局主要负责人担任，副会长由市直有关部门主要负责人兼任。协会办公室设在市工商局。其主要职责是开展保护消费者利益和指导群众消费的活动；开展维护消费者利益宣传工作；受理消费者投诉和接待消费者来访；配合政府部门贯彻落实国家法律法规；参加名优产品的评估活动。

1993 年 2 月，根据上级有关精神，经市政府批准，“市消费者协会”更名为“常德市消费者委员会”。是年，各区县（市）分别建立消委组织。乡（镇）街道以工商所牵头，成立消委分会或消费者监督站。消委职责增加组织开展“不经销假冒伪劣商品信得过”活动。是年，市城区设立 4 个分会和 13 个消费者监督站，市消委为所有消委委员颁发证件，发展市场监督员 396 名。

1994 年，全市以工商所为依托，成立 40 个消委分会，83 个消费者监督站。鼎城、临澧工商局成立保护消费者权益法庭。

1995年,全市农村乡镇、城市街道和大型企业、消费团体均设立投诉举报联络站。各区县(市)成立保护消费者权益法庭。是年,受理消费侵权案件83起。全市工商系统共设消费举报电话20部;以工商所为单位成立分会48个;建立消费监督站118个,举报联络站2350个,设立市场监督员12000多名。

1996—1998年,全市各级消费维权组织把重点放在农村,成立89个消费者分会,292个消费监督站,投诉举报站1320个,投诉举报电话116部,配备流动投诉车10辆,明确专职工作人员113人,兼职工作人员1500多人。1997年,市消委召开第二届理事大会选举新的领导机构,市消委理事代表由131名增加到219名,主要增加交通、医疗、学校、银行等与消费者密切相关单位理事,还吸收一批热心于消费者权益保护的老工人,老知识分子。是年,市工商局及消委帮助西洞庭等四个农场建立消费者组织。

1999—2001年,随着工商体制改革进行,消委机构、人员与编制得到落实,全市各区县(市)均设立专门机构,配备2—3名专职人员,截至2000年年底,全市消委系统共有专职工作人员36名,兼职117人,志愿者200人,市场监督员2000多人。2000年8月,根据国家工商局和信息产业部文件精神,市工商局及市消委将投诉举报电话号码统一改为"12315"(为全国统一的消费者投诉电话号码),并开通3条投诉专线,市消委配备电脑等现代办公设施。2001年9月,市消委新组建法律事务部,并成立40个消费者投诉站。

2002—2006年,市城区"12315"申诉举报中心坚持节假日值班,实行24小时受理消费者投诉。夜间采用电脑录音值班受理投诉。2003—2006年,市工商局为基层工商所配备电脑及打印机,连接专线,建立和完善办公自动化设施和流程,为实行"12315"全市联网奠定基础。2006年,全市推广"三位一体"消费维权模式。

2007年,市政府办印发《农村食品安全和消费维权组织网络建设工作方案》(常政办〔2007〕75号),在全市各乡(镇)、村建立食品安全消费维权"一组一站"模式,以乡(镇)为单位建立食品安全和消费维权工作领导小组,行政村(社区)设立食品安全和消费维权联络站。是年,全市建立食品安全和消费维权投诉站(点)2481个。

2008年,市工商局着力完善食品安全消费维权"一组一站"建设,主办站长培训班,建立维权台账与投诉登记本,并于9月召开全市食品安全消费维权网络建设现场会,同时,将此项工作列入县以下工商机关目标管理与同级政府双文明建设考核内容。

2009—2010年,市工商局扩大维权网络,强化"12315"功能,建立市、县、所三级"12315"消费维权机构,配备106名专职人员,配置70多台"12315"行政执法车辆,市工商局投入资金50多万元,对"12315"受理大厅进行整体装修,开展"12315""六进"活动,建立消费维权站(点)3556个,构建全覆盖、立体式消费维权网络,使"12315"成为全市工商系统服务品牌。

2011—2012年,全市各级工商机关坚持以农村维权为重点,为实现农村消费者"小投诉不出村,大投诉不出乡镇"要求,建立农村消费维权站点3391个。为不断推进"12315"行政执法体系建设,完善消费纠纷预防与和解机制,不断提升消费维权效能,扎实推进"12315""六进”工作落实，市工商局建立常德市“消费者维权服务站”2078个，其中商场21个，超市913个，市场53个，企业116个，景区11个，并根据国家工商总局和省工商局要求，于2012年8月完成名录管理系统录入工作。

二、制度体系建设

1992—1998年，市消委在市工商局指导下，先后制定和执行“廉政、学习、受理、接待”与节假日值班制度，使消保维权工作逐步走向制度化、规范化。1998年，市消委根据《湖南省消委内设机构设置和职责分工方案》要求，明确各工作部职责，同时，建立与各理事单位、监督站、投诉举报站工作联系制度等。

2001—2002年，市消委制订《市消委工作目标及考核奖惩办法》和《各区县(市)消委工作目标及考核奖惩办法》，期间，通过半年和年度两次考核验收，确保年度工作目标全面完成。

2003—2006年，为维护消费者合法权益，市工商局建立和实行商品质量抽检制度，并确定家润多、金钻广场、百家建材超市等多家企业为试点单位。同时，在全市推行农业生产资料先行赔付制。2005年，全面推行“三位一体”消费维权机制与模式。

2007—2008年，为实现食品安全监管、消保维权“三个100%”与“一个彻底解决”的目标，市工商局实行“金字塔”层次管理，落实“三级督办”制，严格执行“三级”追究责任制度。2008年，为建立健全商品质量长效机制，保护消费者合法权益，市工商局制订和实施市场准入、市场巡查、市场主体信用分类监管、商品质量监测、不合格商品退市、产品质量安全信息公示、消费警示或提示、经营者自律、经营者索票索证、进销货台账、质量承诺与市场开办者责任、部门协作等一系列制度。

2009—2010年，市工商局建立和进一步完善快速反应机制，城区受理投诉后15分钟内赶到现场，农村第一时间赶赴现场，及时受理投诉与化解消费纠纷。2009年，市工商局会同武陵分局在市城区商业步行街设立维权流动岗，实行全天候巡逻维权值班。2010年，市工商局“12315”申诉举报中心按照省工商局提出的“相对集中受理、分工协作办理、应急指挥调度、信息汇总分析、进行消费提示”等要求，完善各项工作制度，并给全市工商系统“12315”工作人员颁发《“12315”工作手册》。

2011年，市工商局制定和健全《常德市工商行政管理局“12315”工作制度》《常德市“12315”行政执法体系考核方案》和《无积案评分细则》等系列制度，明确各级“12315”工作机构职责及工作程序。完善“12315”受理投诉、分流转办、消委调解消费争议，消保科(股)监管及维权责任制。为构建大消保格局，推进大维权工作，市工商局进一步整合消保维权资源，形成左右互动、上下联动工作机制，并在统一分管领导、加强力量配备、强化经费保障、加强宣传报道等方面作出具体规定，完善健全消保维权工作体系和机制。

2012年,市工商局在进一步完善“12315”受理消费者申诉与举报制度、分流转办制度与值班等制度基础上,制定《常德市工商行政管理局“12315”基层工作规范》《消费申诉、举报回访制度》《查办案件质量跟踪制度》,健全消费维权机制与规程、规范服务标准、统一服务用语、确保“12315”消费维权每一环节严谨规范,通畅无阻。

第四节　营造健康消费环境

一、加大维权宣传力度

1992年3月15日,市工商局与市消委在市城区下南门组织声势浩大的纪念活动,组织145名专业技术人员上街进行商品知识咨询宣传,印发商品知识问答资料120000多份发给消费者,同时通过开展真假商品展览,焚烧假冒伪劣商品等方式,提高消费者识假能力,震慑制假售假等不法行为。

1994年,市工商局会同市消委在“3·15”活动期间,将《消费者权益保护法》在常德日报整版刊登,在常德电视台播放电视连续剧时插播《消费者权益保护法》,同时,组织工商干部与消费者开展《消费者权益保护法》知识竞赛活动。市工商局投入25000多元,组织1万多名消费者参加司法部、国家工商局、中消协举办的全国《消费者权益保护法》知识竞赛活动。

2001年3月15日,市工商局与市消委共同举办“‘3·15’百家商品展示宣传一条街”活动庆祝国际消费者纪念日。参加商品展示企业达150多家,职能部门30多个,工作与服务人员5000多人次,10多位市级领导、120多位市直部门主要负责人参加活动,发放宣传资料7万多份,发布消费警示30多条。当晚,市工商局与常德卷烟厂联合在常德电视台主办“3·15”芙蓉王综艺晚会,现场组织9个方阵,以问答、曲艺、小品、抢答等形式宣传《消费者权益保护法》知识。此外,还在常德日报开辟“3·15”宣传专栏。

市工商局举行2012年“消费与安全”年活动启动仪式

2004年,全市工商系统广泛开展“3·15”纪念活动,充分利用电台、电视、现场咨询及政府领导电视讲话和万名消费者知识抢答赛等方式方法,大力宣传《消费者权益保护法》及有关消费者权益保护知识。

2009年,市工商局以“3·15”消费者权益保护日为契机,开展《食品安全法》宣传活动,100多名工商干部在市城区商业步行街，进行现场解答食品消费维权知识，发放市工商局编印的《食品安全法》宣传手册 1 万多份。

2012 年，市工商局与市消委，围绕“消费与安全”年主题，深入开展“3·15”庆祝活动。期间，全市共设立咨询点 34 个，宣传展板 1008 块，发放宣传资料 12 万份，按受消费者投诉837人次。在庆祝大会上，授予 108 家企业为市级“维护消费者合法权益先进单位”，通报2011 年度常德市十大消费维权典型案例及全市十大消费投诉热点，举行“消费与安全”年活动启动仪式，《湖南日报》及市主流媒体等 13 家新闻单位进行报道。

二、开展维权主题活动

(一)消费维权“主题年”活动

1997 年，鉴于在生产和流通领域制售假冒伪劣商品，欺诈消费者行为有增无减，市消委会同市工商局按照中消协统一部署，在全市开展“讲诚信·反欺诈”年主题活动，这是市消委历史上第一个年主题活动。

1998 年，市消委、市工商局按照中消协确定的年主题，在全市范围内开展“为了农村消费者”年主题维权活动，针对性地解决假冒伪劣农业生产资料对农民权益损害严重的问题。

1999 年，市消委围绕中消协年主题活动安排，在全市开展“安全健康消费”年主题活动，呼吁全社会努力为消费者营造安全健康消费环境，维护消费者安全健康这一基本权利。

2000 年，市消委、市工商局在全市开展“明明白白消费”年主题活动，倡导消费者维护自身权利、经营者履行法定义务、政府及相关部门担当监管责任，全面升华全社会消费理念。

2001 年，市消委会同市工商局在全市开展“绿色消费”年主题活动，引导消费者选择有助于公众健康的绿色产品，注重垃圾处置，避免环境污染；倡导消费者转变消费观念，崇尚自然、追求健康，在追求生活舒适的同时，注重环保、节约资源，实现可持续消费。

2002 年，市消委、市工商局在全市开展“科学消费”年主题活动，引导广大消费者树立科学消费观念，根据经济文化发展水平，自觉运用科学知识进行合理消费，促进身心健康和全面发展，并把这一观念贯彻到衣、食、用、住、行等与人的生活有关的各种消费形式中去。

2003 年，市消委、市工商局按照中消协部署，组织开展“营造放心消费环境”年主题活动，旨在改善自然环境、经济环境、技术环境，特别强调改善消费行为的经济、社会环境。

2004 年，市消委、市工商局在全市范围内开展“诚信·维权”年主题活动，倡导广大经营者在市场活动中以诚实信用原则作为基本的商业道德标准和根本的行为准则，切实履行法定义务；号召广大消费者以法律法规为依据，积极主张自身合法权益，形成全社会共同维护消费者权益的新机制。

2005 年，市消委、市工商局组织开展全市“健康·维权”消费维权年主题活动，倡导社会重视消费者生命安全与身体、心理健康，维护消费者生命健康权益。

2006年,市消委、市工商局在全市范围内组织开展"消费与环境"年主题维权活动,通过开展年主题活动,倡导健康文明消费方式,节约资源,减少消费对环境的负面影响,促进人与自然和谐相处,促进市场秩序规范,营造安全放心的消费环境,保障消费者安全权益。

2007年,市消委、市工商局组织开展全市"消费和谐"年主题活动,引导全社会树立和谐消费理念,呼吁经营者、消费者、政府履行应尽社会责任,共同营造和谐市场环境。

2008年,市消委会同市工商局在全市范围内开展"消费与责任"年主题活动,倡导社会各有关方面共同努力,做好消费维权工作,改善消费环境,促进经济社会又好又快发展。

2009年,市消委、市工商局在全市开展"消费与发展"年主题活动,强调消费是社会再生产的重要环节,发展在经济社会生活中的重要作用,维权是扩内需促发展的重要手段。

2010年,市消委、市工商局在全市范围内开展"消费与服务"年主题活动,强调消费维权工作要紧密围绕拉动消费、扩大内需,服务广大消费者,服务经济发展,服务社会和谐。

2011年,市消委、市工商局根据中消协确定的年主题,在全市范围内开展"消费与民生"年主题活动,强调消费需求是保持经济增长的恒久动力,是改善民生的重要途径;强调改善民生是经济社会发展的根本目的,是制定消费政策的出发点和落脚点;强调消费维权是扩大消费需求的重要手段,是保障和改善民生的有力抓手。

2012年,市消委、市工商局根据全市经济社会发展需要,在全市范围内开展"消费与安全"年主题活动,鼓励企业增强消费维权意识,引导消费者树立科学、合理消费观念,通过消费者的理性消费选择推动企业规范发展,维护消费者安全权益。

(二)消费警示与倡导科学消费活动

2001—2012年,市消委、市工商局针对消费者在不同时期购买相关商品及服务可能面临的风险,通过媒体及红盾信息网向社会发布消费预警,引导广大消费者科学安全消费。

此外,还开展"百城万店无假货"活动,争创"诚信店"活动,"名、优、特、新"商品推荐活动与"假货焚烧"活动、"销售无假冒商品单位"评选活动等。

2001—2012年市消委发布消费警示情况统计

表3—6—4—1

年份	发布次数	主要内容	发布方式	发布范围
2001年	1	OK镜不"OK"　矫正无效成"杀手"	报刊媒体	全市范围
2004年	1	通信服务　还需诚信	简报、报纸	全市范围
	2	谨防超市购物(药店)购物受侵害	报刊媒体	全市范围
2005年	1	农资市场消费警示	简报、报纸	全市范围
	2	购卡(券)式消费有风险	报刊媒体	全市范围
2006年	1	老年人"免费体验"需谨慎	简报、报纸	全市范围
	2	选购节日食品　注意食品安全	门户网站	全市范围
	3	农民如何购买农资	门户网站	全市范围

续表

年份	发布次数	主 要 内 容	发布方式	发布范围
2006年	4	如何购买奶制品	门户网站	全市范围
	5	旅行前谨慎挑选旅行社	门户网站	全市范围
	6	消费者如何保护自己的权利	报刊媒体	全市范围
	7	咖啡的鉴别方法	报刊媒体	全市范围
	8	西洋参及西洋参制品的鉴别方法	报刊媒体	全市范围
2007年	1	又到岁末促销旺季防范8种价格欺诈行为	报刊媒体	全市范围
2009年	1	媒体购物陷阱多　付钱先过验货关	报刊媒体	全市范围
	2	敬告老年消费者：谨防不法经销商设置的消费陷阱	报刊媒体	全市范围
	3	购买水发食品需当心	报刊媒体	全市范围
	4	消费者应谨慎对待网络、电视购物	简报、报纸	全市范围
	5	慎购水发食品、腊制品、海产品	报刊媒体	全市范围
2010年	1	谨防购房时开发商违法收费欺诈消费者	报刊媒体	全市范围
	2	消费者应谨防美容、美发陷阱	报刊媒体	全市范围
	3	敬告老年消费者：谨防不法经销商设置的消费陷阱	报刊媒体	全市范围
	4	夏日畅饮啤酒　谨防酒瓶伤人	报刊媒体	全市范围
	5	食品安全　需要共同关注	报刊媒体	全市范围
	6	学校周边食品安全须警惕	报刊媒体	全市范围
	7	健康讲座暗设陷阱多	报刊媒体	全市范围
	8	媒体购物陷阱多　付钱先过验货关	报刊媒体	全市范围
2011年	1	饮用啤酒应注意哪些	报刊媒体	全市范围
	2	如何辨别桶装水水桶的优劣	报刊媒体	全市范围
	3	购买面粉需“察颜观色”	报刊媒体	全市范围
	4	到银行储蓄存款时谨防存款变保单	报刊媒体	全市范围
	5	谨防不法经销商设置的老年人消费陷阱	报刊媒体	全市范围
	6	使用山寨手机危害大	报刊媒体	全市范围
2012年	1	消费安全“七提示”	报刊媒体	全市范围
	2	端午节来临　谨慎选购粽子	报刊媒体	全市范围
	3	广大消费者夏季旅游“六注意”	报刊媒体	全市范围
	4	银行收费需告知　金融消费防忽悠	报刊媒体	全市范围
	5	购买月饼需理性　选购月饼四注意	报刊媒体	全市范围
	6	慎防“易查”网络欺诈	报刊媒体	全市范围

第五节　消费维权典型案例

电扇漏电导致伤亡事故案。1993 年 7 月,澧县工商局与消协受理一起因电扇漏电导致人员伤亡的投诉案件,澧县消费者任振与李丙芝结婚五个多月,7 月上旬,因电扇漏电致任振死亡,李丙芝受伤,县工商局及消协受理后立即赶赴现场勘查,随后,对电扇十一个项目进行国家标准检测,确认是电扇质量问题,在铁的事实面前,通过市、县消委调解,电扇生产厂家浙江佛顶山家用电器公司赔付安葬费与抚恤费 20000 元。死者亲属给消委送来“为民维权,排忧解难”的锦旗。

5000 农户伪劣种子投诉案。1995 年,澧县工商局及消委受理并查处新中国成立以来澧县最大的农民集体投诉案。澧县澧南、盐井等乡农民购买使用湖南农大选育的遗传工程 1 号稻种,造成减产 175 万公斤,农民直接经济损失达 250 多万元。澧县工商局及消委支持农民打赢“官司”,法院判决被告赔偿 133 万元,成为常德市最大一起农民集体维权胜诉案。

使用劣质肥料致使作物减产投诉案。1999 年,汉寿县围堤湖乡 77 户农民因购买使用湖南农大哥科技开发公司生产的“肥力高”牌肥料,造成 22 公顷大白菜减产和绝收,在县消委调查调解不成的情况下,县工商局组织局机关干部捐凑 1500 元作为起诉费,支持农民向人民法院起诉,为农民挽回经济损失 23 万元。

制售伪劣“金丹”牌酱板鸭案。2010 年 3 月,鼎城区“12315”受理金丹酱板鸭食品公司举报武陵镇有一黑窝点制售伪劣金丹酱板鸭后,市、区工商局立即组织工商执法人员会同公安部门共 30 人组成的执法队伍,现场查获假冒金丹酱板鸭 14500 多只,封口机一台及包装袋若干个,并对当事人处以两万元罚款,一举端掉该制假窝点。

银行系统利用格式合同加重消费者负担案。2012 年,市工商局查处银行在从事金融业务经营活动中,利用格式合同条款转嫁费用给消费者的违法行为。市工商局依法分别对市工商银行与建设银行下达《行政处罚决定书》,中国银行业协会因此案向全国各商业银行印发《关于违规转嫁收费情况的风险提示》,致使全国各商业银行主动纠正错误。10 月 31 日,《中国工商报》头版头条进行报道。在市政府组织的市直行政执法部门案卷公开评议会上,此案获得评议总分第一名。

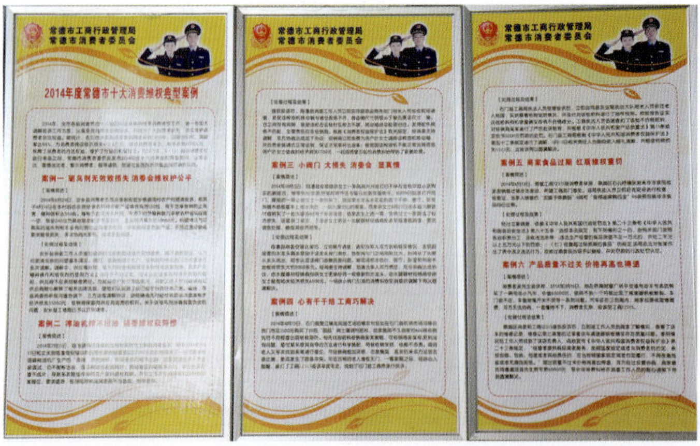

市工商局发布常德市消费维权十大典型案例

第七章　流通环节食品安全监督管理

第一节　市场准入与监管

2002年,常德市城区启动“放心食品”工程。为此,市政府发布11、12、13号令,将蔬菜、米粉、肉类以及市民日常消费的主要食品列为“放心工程”重点。并在市城郊建立3333公顷无公害蔬菜基地,其中包括15个20公顷以上集中连片的示范基地;定点屠宰达到生猪10万头、牛1万头、羊1万只。是年,市工商局开展米粉市场整治工作,22家生产条件不达标的米粉加工厂被吊销营业执照或责令停产整顿。

2003年,根据国务院《关于开展食品药品放心工程的通知》和国家工商总局等八部委联合下发的《食品药品放心工程实施方案》精神,市工商局开展“营造放心消费环境”主题年活动,对食品药品准入秩序与经营秩序进行整顿,查处无照经营案件142起。此外,通过与市场主办方及食品药品经营户签订《共建诚信市场协议书》,加强食品药品安全诚信体系建设,明确和严格市场主办者与经营业主第一责任人责任。

2004年,全市工商系统出动执法人员1789人次,检查食品经营户5298户,查处无照经营案件96起,捣毁制售假冒伪劣食品窝点4个,查处制售假冒伪劣食品案件21起。

2005年,市工商局加强食品安全制度体系建设,主要内容是食品市场实行严格准入制、索票索证实行问题食品追溯制、食品经营人员实行集体培训制、问题食品实行主动下柜或退市制。同时开展食品安全专项整治,出动执法人员2943人次,检查食品生产,加工与经营户12524家,查处无照经营食品案件290起。

2006年,根据国家工商总局《关于开展依法清理规范食品经营主体资格工作的通知》及省工商局(湘工商消字〔2006〕13号)文件精神,市工商局印发《关于开展依法清理规范食品经营主体资格工作的通知》,按照“谁登记、谁规范、谁管理、谁负责”原则,由各级登记注册机关依法对食品生产经营企业和个体工商户食品卫生许可证和营业执照有效性进行审核、清理与规范,并将清理规范后的各类食品生产经营企业和个体工商户情况,通过计算机网络等方式反馈生产经营所在地基层工商机关,然后由基层工商机关对本辖区从事食品经营企业或个体工商户逐户排查,按照“一户一卡”逐户建档,实行“网格化”管理。全市工商系统在清理规范食品经营主体资格工作中,出动执法人员2970人次,检查食品经营主体23700家,检查市场52个,注(吊)销营业执照129户,取缔无照经营312户。

2007年,市政府印发《农村食品安全和消费维权组织网络建设工作方案》,明确在全市乡(镇)村建立食品安全消费维权“一组一站”制,即市、县、乡(镇)成立食品安全和消费维权工作领导小组,行政村(社区)设立食品和消费维权联络站。至 2007 年底,全市共建立食品安全和消费维权投诉站(点)2481 个。是年,市工商局印制《特别规定》5 万份发给全体工商执法人员与食品经营市场主体,在市电视台举办《特别规定》宣传专栏,以工商所为单位组织食品经营者学习《特别规定》,全方位营造良好的舆论氛围。严格目标管理责任制,要求食品经营户落实检查验收、进货台账、索证索票等系列制度,落实市场开办者责任,督促其建立与落实食品安全管理与责任制度。9 月,全市工商系统开展"农村食品市场整顿月"活动,出动执法人员 5900 人次,检查经营户 18600 户,取缔和规范无照经营 1023 户,捣毁制售假冒伪劣食品窝点 29 个。

2008 年,市工商局围绕两个重点(季节性与节日性食品等日常生活必需的重点食品;学校周边、城乡接合部、农村集市为重点区域),开展食品安全专项整治行动。全市出动执法人员 8910 人次,检查食品经营户 33821 户,批发市场与集贸市场 478 家,取缔无照经营 454 户。

2009 年,全市工商系统严格食品市场主体准入,依法对食品经营者实施流通许可、核发食品流通许可证。落实食品经营者第一责任人制度。在流通环节食品经营主体中全面推行进销货"一票通"记录单制度。推进"农村食品安全示范店"建设。截至 12 月,全市共核发食品流通许可证 795 份,建立农村食品安全示范店 807 户。

2010 年,市工商局印发《关于 2010 年流通环节食品安全整顿工作主要任务分工意见》(常工商发〔2010〕94 号),开展规范食品经营市场主体资格与食品安全专项整顿,明确相关部门责任:食品安全监管机构与注册登记机构负责严格按法定文件、程序和有关规定核发"食品流通许可证"。食品安全监管机构、注册登记机构、监管科(股)负责按照法定条件、程序办理食品经营主体登记,坚持先证后照,对未获得相关许可文件的,登记机关不得核发营业执照。严格执行国家工商总局《关于对食品经营主体予以特别标注的通知》规定。严格食品经营主体"经济户口"管理和信用分类监管。食监科(股)与监管科(股)负责依法查处和取缔无证无照经营食品违法行为。食监科(股)、监管科(股)与信息中心负责建立健全许可证发放机关与登记注册监管信息沟通与通报机制。是年,市工商局设立行政许可办公室,将食品流通许可由多个科(室)办理集中到政务中心服务窗口办理,实行"一审一核"制。将县级工商局许可证发放工作授权到

市工商局核发的《食品流通许可证》

工商所,方便群众办事。同时,对符合条件的经营户实行免费发放“食品流通许可证”,并坚持书面审核与实地审查相结合,严格市场准入,全年发放“食品流通许可证”9733本。

2011年,市工商局对食品经营主体进行全面清查。上半年结合年检与验照工作对全市食品经营主体进行全面清查,特别是对超范围经营行为和从业人员未取得健康证的情况进行查处和责令整改。下半年对全市食品经营户进行全面摸底,分别建立食品经营户、食用油经营户、乳制品经营户、食品添加剂经营户台账。

2012年,为加强食品经营户培训与自律管理,市工商局开发食品安全知识学习考试系统,进行在线学习与考试,在此基础上,县城以街道为单位,农村以乡镇为单位,定期组织市场业主、超市负责人与食品经营户集中学习。组织全市食品经营户参加全国食品安全科普知识竞赛,共填写答题卡16689份。

第二节　专项整治

2002年,市工商局以市政府实施“放心食品工程”为契机,对市城区农贸市场、餐饮宾馆、生产厂家的肉品、蔬菜、米粉进行专项检查和整治,控制市城区私宰肉品、病畜肉品和肉品注水现象。生猪定点日宰量达450—490头、牛25头。农贸市场无公害蔬菜日供应量在10000公斤以上。同时,根据国家工商总局要求,市工商局及武陵分局建立重点市场联系制度,市工商局重点联系火车站大市场,并开展“消费者满意市场”创建活动。龙港巷综合市场被评为“消费者满意市场”。

2003年,在抗击“非典”期间,全市工商系统紧急出动,全力以赴,加大餐饮业整顿力度,对全市76家经营野味的餐馆进行整治,关闭不符合卫生条件的餐饮单位39家,收缴青蛙、鸟类等野生动物2100多公斤。

2004年,全市工商系统出动执法人员6036人次,开展食品安全专项整治,共检查食品经营户15698家,捣毁制假窝点24个,查处伪劣粮食368970公斤,肉类1970公斤,蔬菜2740公斤,饮料6745瓶,奶制品1343公斤,其他劣质食品5790公斤,查处制售假冒伪劣食品案件308件,罚款49.46万元,查处无照经营96家。是年,重点开展儿童食品市场集中整治行动、夏秋时令食品市场集中整治行动和重大节假日食品市场集中整治行动。4—5月,市工商局贯彻温家宝总理对安徽阜阳劣质奶粉事件的批示和国家工商总局及省工商局指示精神,对全市范围内销售的奶粉特别是婴幼儿奶粉进行突击检查,出动执法人员1789人次,检查经营户5298户,查获有问题奶粉制品1343公斤,取缔无照经营91户。

2005年,市工商局根据国家工商总局与省工商局部署,集中开展含有“苏丹红一号”食品专项整治。重点对亨氏“美味源”牌辣椒油等涉案食品予以专项检查,共清理含有“苏丹红一号”的红油腐乳10件200瓶,此外,集中查处在食品中掺杂使假、以次充好和过期霉变等有毒有害食品等违法行为,查处违法经营食品案件290起,查缴劣质饮料815瓶、酒700瓶、儿童食品530公斤、腌熏制品2861公斤、调味品224公斤。

2006年,全市工商系统重点对农村食品市场及与人民群众健康密切相关的时令食品进行专项整治,共检查食品经营户25700户,市场62个,捣毁制假售假窝点40个,查处食品违法案件237起,案值651万元。

2007年,市工商局贯彻国家工商总局和省工商局关于加强食品等产品安全监督管理的指示精神,先后印发常工商发〔2007〕5、13、50、51、104、112、124、118、122、134号等10多个文件,深入开展"农村食品市场整顿年"行动,出动执法人员3893人次,查获假冒伪劣食品9570公斤,取缔无照经营1023户,捣毁制假窝点29个,查办食品违法案件396起,罚款374.13万元。此外,还对学校及其周边食品安全以及食品批发市场、集贸市场食品安全开展专项整治行动。是年,全市流通环节食品安全专项整治工作得到国家工商总局、省工商局与市政府督导检查组充分肯定,在全省流通环节产品质量和食品安全专项整治工作考核中,市工商局获得第一名。2007年底,市工商局成立产品质量和食品安全专项整治工作检查考核组,对2007年度食品安全专项整治工作进行检查和考核,汉寿县工商局获一等奖,石门县工商局获二等奖,鼎城、安乡工商局及西湖分局获三等奖。唐鹏程、唐德银、徐晓军、许世伟、夏新波等21人被评为先进个人。

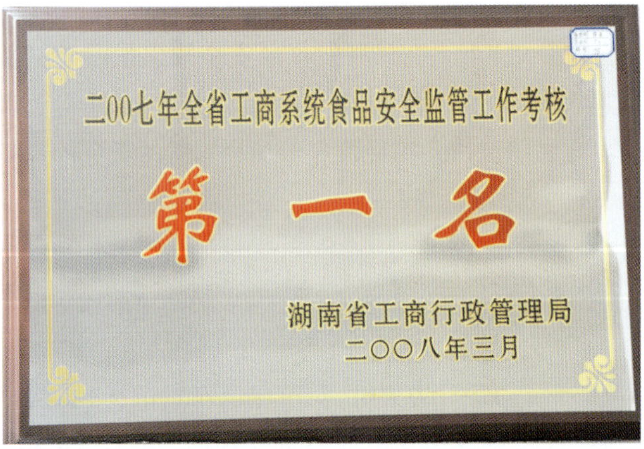

食品安全监管工作获得省工商局工作考核第一名奖励

2008年,市工商局以消费者日常生活必需食品和季节性、节日性食品为重点内容,以学校周边、城乡接合部、农村集市为重点区域,集中开展食品安全专项执法检查。出动执法人员8910人次,检查经营户3382户,检查各类市场478个次,取缔无照经营454户,查获假冒伪劣食品32352公斤,查处食品违法案件74件,案值2114万元。同时,深入开展"奥运"百日食品安全专项整治行动,查处各类不合格食品961公斤,立案查处6起食品违法案件。是年,三鹿奶粉事件曝光之后,市工商局成立清查问题奶制品工作领导小组,印发2万多份《关于问题奶制品清理下柜通知》,按照"不漏一包问题奶粉在市场上"的要求,集中力量与时间在全市范围内开展拉网式检查,下架不合格奶粉24325公斤,其中"三鹿问题奶粉15339公斤,圣元问题奶粉5699公斤,湖南培益问题奶粉949公斤,雅士利问题奶粉906公斤。被厂家召回奶粉24226公斤,销毁640公斤问题奶粉。为消费者退换奶粉5256公斤,受理消费者奶粉方面投诉6001起,解决5996起。

2009年,市工商局在强化食品日常监管基础上,开展流通环节违法添加非食用物质和滥用食品添加剂专项执法检查，出动执法人员 4756 人次，整治重点区域 136 处、重点单位 231 家、重点品种 246 个，查处添加剂违法案件 7 起。为巩固专项整治成果，随后在全市范围内开展打击违法添加非食用物质和滥用食品添加剂“回头看”专项整治行动。

2010 年，全市工商系统重拳出击，大力开展食品安全专项整治。工商执法人员深入到全市范围内代理商、超市、商场、批发部等奶制品经营店铺及仓库内进行清查，查获与销毁2008 年前生产的问题奶粉 247 公斤。印发与张贴《整治工业松香拔毛违法行为的通知》15000 多份。查处 6 起工业松香拔毛案件，并在全市 12 个区县（市）农贸市场全部推行禽类食用松香拔毛。8 月，市工商局对市城区 26 个农贸市场及 4 家大型超市进行检查，查获美江、龙港巷、新一村市场经销来自湖北应城市汤池镇带有霍乱病菌的甲鱼，对经销带有霍乱病菌甲鱼的刘氏水鱼行、宏胜水产、建国甲鱼批发、诚信水产等经销商进行立案调查，并责令其停业整顿，查获与销毁问题甲鱼 154 公斤。检查食用油经营户2655 户，取缔无照经营 8 户，下达责令建立索证索票整改通知书 155 份，下架封存或责令召回不合格茶油 893 公斤，捣毁地沟油加工点 1 个，查扣地沟油 2900 多公斤。

2011 年，市工商局开展食品安全专项整治行动，出动执法人员 18754 人次，检查食品经营户 36890 户次，检查各类市场 147 个，捣毁豆制品黑作坊 5 个，查处各类食品违法案件429 起，罚款 237.16 万元。收缴伪劣添加剂 416 公斤，查获“染色馒头”300 多公斤，“毒生姜”3843 公斤，查处添加剂违法案件 107 件，罚款 43 万元，清查问题奶制品 604 件。取缔一家提炼废弃油脂加工厂。同时，开展酒类、肉类、塑化剂、罗丹明 B 专项整治行动。开展全市流通环节食品安全夏季百日专项执法行动，对重点食品进行重点整治。

2012 年，市工商局保持食品安全监管高压态势。开展食用添加剂专项整治，共检查食品经营户 10750 户次，收缴伪劣食品添加剂 30 公斤，查获违法滥用添加剂食品 1789 公斤，查处添加剂违法案件 165 起，罚款 66 万元。开展乳制品专项整治，查处无法提供检验报告的乳制品经营户 2 家。开展散装食用油专项整治，以粮油批发市场及批发企业、集贸市场为重点，严厉查处食用油掺杂使假，以次充好等违法行为。共查处食用油案件 22 起，其中移送公安机关 4 起，其中包括未履行进货查验义务案 2 起、销售无标签标识案件 1 起、销售不合格食用油案 10 起、销售地沟油案件 4 起，捣毁食用油加工黑窝点 1 个。开展酒类专项整治，以打击假冒侵权白酒与葡萄酒为重点，查处假冒侵权酒类案件 27 起，案值 252 万元，查获假冒红酒 33 件，白酒 600 多件。开展学校与学校周边食品安全专项整治，查获问题食品 246 公斤，立案查处 12 起。开展冷冻库食品专项整治，全市收缴问题冷冻食品 1120 公斤，查处标签不符合规定的预包装冻肉制品案件 6 起，罚款 12 万元。

第三节　质量监测

2002 年，为实施市政府在市城区启动的“放心食品工程”，市工商局与市食安办在市城区设置6个无公害检测站,18名检测人员免费为消费者服务。市城区9个农资市场开辟无公害蔬菜专供(销)区域,实行有标识挂牌销售。是年4月,市无公害蔬菜检测中心对检测结果及相关食品信息进行公示:市城区销售的蔬菜有13.7%农药残留量严重超标;市城区23家米粉加工厂,仅1家生产条件达标,牲畜私宰屡禁不止,销售肉品注水现象严重。

2003年,为增强产品质量监管针对性与实效性,市工商局根据市场检查中发现具有普遍性的产品质量问题,制定定期检测与不定期抽查制度。是年,市城区工商机关会同有关单位进行蔬菜农药残留快速检测67批次,检出农残超标蔬菜2批次,销毁有毒蔬菜13.7吨。同时,通过工商机关检测的食品质量动态信息分析,建立生产者与经营者相互监督、相互制约的责任追溯机制。与市场开办方及经营者签订《共建诚信市场协议书》,借助"12315"投诉系统,加强对进入市场食品全程质量跟踪,通过对食品质量监测,准确掌握食品质量信息,遏制有毒有害食品进入市场。

2004年,市工商局深入开展食品安全专项整治行动,加大进入市场食品质量监测力度,共检测出不合格儿童食品882公斤,不合格奶制品1343公斤,有毒有害蔬菜2740公斤,劣质饮料6745瓶,其他不合格食品1649公斤,其中,立案查处171起,罚款118万元。

2005年,市工商局在市政府与省工商局大力支持下,筹资近30万元,购置1辆食品安全质量检测车,是年,对消费者投诉较多的食品或其他商品进行监测。检测出不合格奶制品48公斤、不合格食品430公斤、不合格豆制品561公斤、腌制品2861公斤、调味品224公斤、含瘦肉精猪肉1125公斤、注水肉600公斤、病死猪肉1478公斤、含有毒物质水发制品780公斤。

2006年,为加大食品监测力度,市工商局又投资40多万元新购置1辆食品质量检测车,并为全市88个工商所购置食品质量检测箱。全年进行流动检测38次,检测各类商品1860余件,查获不合格儿童食品570公斤,含甲醛、吊白块水产制品560公斤,农残超标蔬菜与水果3900公斤,查处食品违法案件49起。

2007年,市工商局切实有效开展食品检测工作,制定《常德市工商行政管理局食品快速检测管理办法及操作程序规定》,实现食品检测规范化与标准化。是年,为充分发挥工商所食品质量检测箱作用,市工商局为各县级工商局购置试剂用冰箱15台,给全市工商所购买粉碎机88台、配套试剂40套。并对市工商局两辆食品质量检测车的检测区域进行分工,即一辆负责对武陵、汉寿、鼎城、桃源、德山、西湖、西洞庭城镇与农村食品安全监测,另一辆负责对安乡、津市、澧县、临澧、石门县城区及农村食品安全监测,其费用开支全部由市工商局承担。是年,市工商局会同市政府食品检测中心,对桃源县进行三次非蔬菜类食品专项监测,检测结果表明,合格率仅占60%。对于监测情况,市工商局一方面在办公网与外网进行公示与曝光,另一方面依法进行查处。

2008年,市工商局为加强食品等商品质量监测,加大监测经费保障力度。市工商局编制全年预算时,安排本级食品安全监测费30万元,同时要求各县级工商局不得少于3万元。制订监测计划。要求各工商所每月不得少于2次食品快速检测，市工商局检测车每月到各县级工商局抽检1次以上。建立样品抽检制度。制定《常德市工商行政管理局流通领域商品质量抽检和办理产品质量案件规定（试行）》，明确抽检程序和检测结果的处理等。借助外力，整合监测资源与职能，与具有法定效力资质的市政府检测中心联合，制定年度检测计划，为全市工商系统现场培训检测人员。全年共抽检1000多次，抽检范围涉及市场、商场、超市、专卖店与小商铺等。检测范围涉及水产品、肉制品、豆乳制品、烹调佐料、烘腌食品、饮料、水果蔬菜、食用油脂等11大类，近5000多个样品，检验合格率达85%以上。

工商执法人员利用食品安全检测箱进行食品快速检测

2009年，为实行食品快速检测，市工商局斥资50万元建立食品质量快速检测站。全市工商系统配备兼职食品快速检测员114名，建立"工商初检＋中心终检＋工商处理"的食品质量监测机制，全年共抽检流通领域食品1515个样品，不合格率达5%。是年，市工商局代表省工商局接受国家工商总局专项督导抽查，并得到国家工商总局领导认可和表扬。

2010年，市工商局加大检测频率，强化食品市场检测监管。建立工商部门检测、向有法定资质的检测机构送检与经营户自检"三位一体"检测体系。围绕消费者关注的热点、焦点及投诉量大的食品进行定向监测。制定《常德市工商行政管理局2010年商品质量检测计划》，规定工商所快速检测箱每周至少检测四个样品。充分发挥快速检测站、检测车和检测箱作用，在全市范围内进行巡回监测。全年，共检测15个项目等11大类49种共600多组食品，初检不合格食品52组，下架食品1860公斤。

2011年，市工商局制订《常德市流通环节食品质量检测工作规范》，对进一步做好食品质量监测工作的组织管理、职责任务、检测流程与结果处理、监测信息呈报与发布作出规定。并根据流通环节食品监管重点，结合全市食品消费特点，增加监测品种，扩大抽检范围，扎实推进食品质量监测管理。是年，重点对食用油、"瘦肉精"、乳制品、调味品、辣椒粉、水发产品、面食制品、肉制品等15大类，易出现添加剂超标与滥用添加剂食品进行抽检。全年共检测食品495批次，不合格样品154批次，对不合格食品做到及时下架与依法查处。同时，将检测结果在常德日报及红盾网按季度进行公示，还在石门县太平工商所试点建立基层工商所食品安全检测室，该检测室可检测包括二氧化硫、甲醛、吊白块、陈化粮、农药残留等五大项目30多种居民常用食品。

2012年，市工商局抽检食品1013个批次，网上公示不合格样品224个，同时，会同市食安办检测中心,抽检学校及其周边和城区儿童食品56批次,不合格4批次,查获问题食品146公斤,立案12起,罚没入库3.2万元。

第四节 机制建设

2002年,市工商局建立市、县、所三级重点市场联系制度。市城区火车站农贸大市场与龙港巷农贸大市场为市工商局重点联系市场。全市三级共重点联系102家市场与农村墟场。

2003年,市工商局与市直相关部门联系,建立有农业、环保、卫生防疫、技术监督等部门参加的食品安全监管部门协作联动机制。是年,市城区工商机关会同市直有关部门联合对蔬菜农药残留进行快速检测67批次,检测农药超标12批次,集中销毁有毒蔬菜13.70吨。并将食品安全监管纳入消费者投诉举报系统与"经济户口"管理系统进行管理。

2004年,市工商局建立和完善食品市场准入制、食品市场巡查制、不合格食品退市制、食品安全信息公示制。特别是把食品安全管理纳入社会诚信管理体系建设的做法,得到国家工商总局认可,时任国家工商总局党组成员惠鲁生,曾多次到常德考察,并将常德市工商局作为国家工商总局联系点。

2005年,市工商局为有效预防和处理流通环节重大食品安全问题,根据国务院《关于进一步加强食品安全工作的决定》,制定《常德市工商行政管理系统预防和处理流通环节重大食品安全问题应急预案》(常工商发〔2005〕59号),对流通环节食品安全应急问题作出预案,主要指在流通环节确认已经发生的,依法应由工商机关负责处理的食品中毒事件,或通过多种方式和渠道获取的某种食品有毒有害,可能引发区域性严重社会后果的食品安全问题或事件。明确食品安全应急处理工作应遵循"预防为主,督导检查为辅,常抓不懈"的方针与贯彻"统一指挥,群防群治,各方联动,反应迅速,处置果断"的工作原则。同时,对案情分级、预防、确认和报告,预案启动和组织指挥、调查处理、预案终止等方面明确具体规定。

2006年,市工商局把食品安全监管作为全年工作重点,结合监管任务重与监管范围大等特点,建立深入开展食品安全专项整治机制与节假日食品安全市场巡查制,加大节令食品监管力度,有效打击和遏制不法分子利用节假日销售有毒有害及伪劣食品等违法行为。查处罗宗发加工销售劣质猪油重大违法食品案件,《潇湘晨报》《常德日报》等多家媒体予以报道。

2007年,市工商局制定《常德市流通领域食品安全专项整治工作方案》《常德市开展创建食品"放心店,示范店、超市、商场"活动实施方案》《关于开展"农村食品市场整顿年"宣传周活动方案》《常德市工商系统食品安全监管工作考核办法》《常德市流通领域食品销售经营行为规范》等一系列规章制度,为全面加强食品安全监管工作提供制度保障,使全市工商系统食品安全工作达到"机制化、规范化、常态化"要求。

2008年,市工商局在建立和完善食品安全监管制度体系基础上,健全经营者自律管理机制,实施经营者索票索证制、进销货台账制、不合格商品退市制、产品质量承诺制等系列自律管理制度。同时，市工商局首次提出食品安全“三化”管理思路。即：台账简单化。为方便经营户与工商干部日常巡查填写，市工商局改账本式台账为表格式台账；经营户可只索取供货商的营业执照和卫生许可证复印件，进货台账可用粘贴供货商提供的进货单据代替，批发商使用由工商部门统一规范格式的“食品安全监管进销货登记卡”，并由供货商签名签章；“登记卡”一式两份，一份由批发商粘贴存档，作为销售台账，一份由进货方依序粘贴存档，用作进货台账。实行进销货台账“一票通”，这一创新举措，得到经营户支持和上级工商部门肯定，省工商局在全省工商系统推广这一做法。覆盖全面化。即索票索证与进销货表格式台账制度由县城以上城镇扩大到全市广大农村。督促指导经常化。强化食品安全监管制度督导检查力度。

2012 年 11 月 15 日，省政府副省长盛茂林在省工商局局长李金东、市政府市长陈文浩等陪同下考察常德市流通环节食品安全电子监管工作

2009 年，为提高经营户自律意识和消费者维权意识，不断创新食品安全监管长效机制，市工商局实行“三统一，两上墙”制度(即“统一表格式台账，统一索票索证，统一食品安全责任状，规章制度上墙，营业证照上墙”)。大中型超市、商场及批发商既要建立索证索票书式资料档案，又要建立电子档案，监管责任人与监管对象签订食品安全责任状。

2010 年，市工商局不断建立健全流通环节食品安全监管机制。签订“四级捆绑”责任状，严格食品安全监管责任制与责任追究制；将食品安全工作纳入全市 418 个“五无”监管区，强化监管区“片管员”责任，实行无缝隙监管；实行分层分类监管，将食品经营户作为重点监管对象，按照“经济户口”与信用分类等级，增加巡查频次，加大监管力度；以乡镇、社区为单位组建食品行业协会，由乡镇、社区负责人或合法经营业主担任会长，履行协会自我教育、自我管理与自我服务职能；建立食品经营户约谈制度，定期召集食品经营户，相互点评经营中存在的问题，提出整顿意见等等。

2011 年，市工商局建立健全食品安全教育培训机制。加强监管干部教育培训，组织监管干部学习有关法律知识与监管技能，主办培训班 32 期，参培人员 2240 人次，编写食品安全日常巡查口诀，要求监管人员背熟记牢等；加强食品经营户培训。全市城镇以街道为单位，农村以乡镇为单位，组织食品经营户主办培训班 62 次，集中学习《食品安全法》等知识，参加培训人员达 5390 人次；加强消费者培训。全市工商系统主办各类消费者培训班 37 期，辅导学习食品安全知识，充分利用“12315”网络在线节目，以独特视角宣传食品安全监管工作，扩大宣传教育范围;制订《常德市工商行政管理局流通环节食品安全事故应急预案》《常德市工商行政管理局流通环节食品安全监督管理工作规范》《食品安全信用档案建立规范》。此外,还开展创建农村食品安全示范店活动,截至12月底,全市创建达标的农村食品安全示范店246户,每个乡(镇)达到1户。

2012年,市工商局积极探索食品安全电子监管模式,借助网络与现代信息技术手段,开发集经销商资质信息、索证索票、食品销售凭证、食品保质期提醒、巡查监测、消费者信息查询等功能于一体的流通环节食品安全电子监管系统,该系统以计算机网络为平台,以商品条形码为切入口,由“食品安全信息查询机”“移动终端”和网站等多个应用平台构成立体监管网络,充分发挥“经济户口”管理,进销货台账,问题食品追溯,移动巡查监管,食品质量预警,数字统计分析,食品信息查询与在线食品安全知识培训等作用。通过在鼎城区工商局试点证明,食品安全电子监管模式,能使“食品台账电子化,监管巡查信息化,食品消费透明化,监管信息共享化”,以及食品安全监管要求得以实现,从根本上解决监管效能低下问题。同时促进食品安全管理“他律化向自律化,应急化向常效化,部门化向社会化”转变。是年,省政府副省长盛茂林在省工商局局长李金冬与市政府、市工商局领导陪同下,亲临鼎城区工商局考察,并建议在全省推广食品安全电子监管经验。此外,市工商局还积极探索散装食用油监管与临近保质期食品监管模式,实施“五统六制”为主要内容的散装食品油监管方式,即统一监管信息公示、统一主体责任承诺、统一油品标识、统一进销货台账、统一巡查流程,备案报告查验制、“一票通”监管对接制、巡查等级评定制、台账定期“归零”制、进销货双方封存留样制、进货批次检验制;与市食品安全办联合制定《常德市流通环节临近保质期食品管理暂行规定》,加强临近保质期食品安全监管工作。

第四篇《

服务社会经济发展

第四篇　服务社会经济发展

1989—2012年，全市各级工商机关立足工商行政管理职能，强化服务意识，创新服务举措，努力打造“服务型工商”。24年来，广泛开展宗旨教育，提升工商队伍服务能力；推行服务承诺制度，转变工作作风；加强信息化建设，提高监管和服务效能。全市工商系统紧紧围绕市委、市政府中心工作和经济社会发展大局，全力服务各类市场主体发展，培育市场网络体系，推进品牌发展战略，大力开展服务“三农”活动，加强企业信用管理，实施“订单农业”工程，促进常德经济社会快速、健康发展。

第一章　促进市场主体发展

第一节　培育个体私营经济

一、政策扶持

1989年1月，国家工商局颁布《中华人民共和国私营企业暂行条例实施办法》（国家工商局令第2号），1989年8月，国务院印发《关于大力加强城乡个体工商户和私营企业税收征管工作的决定》（国发〔1989〕60号），1990年9月，省政府印发《关于促进我省个体私营经济健康发展的通知》（湘政发〔1990〕51号），1992年9月，省政府办公厅转发省工商局《关于加快我省个体私营经济发展和集贸市场建设的意见》（湘政办发〔1992〕19号）。为全面落实上述文件精神，市工商局深入开展调查研究，先后组织相关人员赴南昌、上饶、义乌、温州、石狮、厦门、汕头、惠州、深圳、广州东南沿海及哈尔滨、大庆、黑河、沈阳、大连、烟台、青岛、天津、北京等地考察个体私营经济发展情况，借鉴外地发展经验，参与一系列扶持个体私营经济发展政策性文件调研与起草工作。1993年5月，市工商局协助市委、市政府起草出台《关于进一步发展个体私营经济的若干规定》（常发〔1993〕13号）。1993年12月，市政府常务会议专题研究个体私营经济发展工作，会议首先听取市工商局工作汇报，会上市工商局提出“六个继续六个重点”发展思路，1994年1月17日，市政府发布《关于发展个体私营经济若干规定的通告》（常政通告〔1994〕1号），1994年3月19日，市委办、市政府办印发《关于进一步发展个体私营经济的若干规定的实施细则》(常办通字〔1994〕9号),“六个继续六个重点”成为全市发展个体私营经济的重要思路。1994年8月,市委办、市政府办转发澧县县委办、县政府办《关于认真做好个体工商户登记发证和加强税费征收工作的意见》(常办通字〔1994〕37号),1996年6月,市委办、市政府转发市工商局《关于清理“三无四假”企业的实施意见》。针对税制改革、实行增值税发票后出现的新情况和个体工商户私营企业税收负担不统一等问题,市税务局制定《定税征收管理办法》《承包、租赁户税收管理办法》《个体工商户和私营企业税收征收管理办法》《集市贸易税收管理办法》等四个文件。2011年9月,市政府办转发《市工商局〈关于推进全民创业促进经济发展的十二条措施〉的通知》(常政办发〔2011〕30号)。这些政策性文件从各个方面为全市个体私营经济发展创造宽松环境,主要表现在:优化证照登记政务服务,放宽企业冠名条件,放宽经营范围,简化登记手续;落实税收政策,解决地区间、行业间、纳税人之间税负不统一的矛盾,做到公平税负、平等竞争;支持个体私营企业拓宽融资渠道,金融部门对个体私营企业给予信贷支持,市委、市政府要求全市金融机构对个体私营企业贷款纳入年度计划,在“效益、安全、周转”原则下,及时帮助个体私营企业解决资金困难;为个体私营企业提供足够的生产经营场地,进一步发动多渠道建市场、开门面、办小区,扩大个体私营企业营业面积;允许个体私营企业租赁和购买国有、集体企业厂房及设备;推进商标品牌建设,引导个体私营企业运用商标品牌战略开拓市场;有效制止“乱收费、乱罚款、乱摊派”行为,维护个体私营企业合法权益;落实各项优惠政策,鼓励全民创业兴办个体私营企业等。

二、职能帮扶

1989年,市工商局广泛宣传党和国家继续坚持以公有制为主体,发展多种经济成分的方针与政策,让个体工商户、私营企业吃上定心丸。时年,市工商局根据省工商局工作部署,按时完成个体工商户“营业执照”换发工作,全市共换发个体工商户“营业执照”48317个,换照率位居全省第三位。至年末,全市有私营企业192家,从业人员5578人,拥有注册资本1694万元,产值5087万元。私营企业按行业划分:工业、手工业124家,从业人员4621人;商业43家,从业人员634人;修理业12家,从业人员178人;服务业7家,从业人员85人;饮食业4家,从业人员41人;建筑业1家,从业人员10人;其他行业1家,从业人员9人。个体工商户59602户,从业人员82753人,从业人员占全市总人数的1.34%,其中城镇有个体工商户13842户,从业人员22062人;农村有个体工商户45760户,从业人员60691人,全年新发展个体工商户15384户,从业人员20911人。截至年底,个体工商户、私营企业营业额60503万元,向国家缴纳税款5608万元,为第11届亚洲运动会和常德市运动会捐款15万元,认购国库券396万元。

1990年,受市场疲软、经济滑坡和政策调整等因素影响,全市个体私营经济发展速度放缓。为此，全市工商系统广泛宣传党和国家方针政策，及时加强政治形势教育，消除个体工商户及私营企业主思想顾虑。2月20日，市工商局印发《一九九〇年个体私营经济工作意见》，继续鼓励个体私营经济在国家允许范围内积极发展，注重巩固提高，强化监督管理，完善登记发照等各项规章制度建设，不断提高管理水平，使全市个体私营经济登记发照和监督管理工作步入程序化、制度化、规范化轨道。8月17日，市政府常务会议决定召开全市个体私营经济工作经验交流会，会上，市政府副市长李江对市工商局积极引导、扶持个体私营经济发展所做工作给予充分肯定，市工商局局长滕国华在会上作典型发言。截至12月底，全市私营企业162家，从业人员4290人，注册资本1371万元，产值2098万元；个体工商户63820户，从业人员87195人，注册资本1.4亿元。全市个体工商户、私营企业年营业额53076万元，其中商品零售额45659万元，向国家缴纳税费5153万元。

市党政军领导与全市个体劳动者第二次代表大会代表留影

1991年，市工商局会同市个协采取放胆、放开、放活等措施，简化办事程序，优化政策环境，全市个体私营经济发展出现回升势头。至年末，全市私营企业151家，从业人员3243人；个体工商户发展到67947户，从业人员99492万人。个体工商户、私营企业向国家缴税7000万元，为社会公益事业捐款94万元。全市个体工商户、私营企业主22人分别被授予省、市、县劳动模范，32人当选市、县人大代表，45人当选市、县政协委员。汉寿县个体工商户杨革稳在抗洪抢险时用身体堵住大堤渗漏处而光荣牺牲。

1992年春，邓小平视察南方重要讲话发表，中国共产党第十四次全国代表大会报告提出“坚持以公有制为主体，多种经济成分长期共同发展的方针”，确立社会主义市场经济体制目标。市工商局通过“三放”扶持，促进全市个体私营经济健康发展，即：“放胆扶持”，大力宣传和执行党的方针政策，放开胆子服务个体私营经济，使个体工商户、私营企业坚信政策，大胆发展。“放开搞活”，按照市场经济规律要求，正确处理“放活”与管理的关系，实行名称字号、经营场地、经营范围、经营对象“四放开”，切实改善经营环境。是年11月，市工商局制定《1993—1995年常德市个体私营经济发展规划》，为实现发展目标，市工商局进一步放宽政策，采取一系列措施营造个体私营经济发展良好环境。主要包括：允许和鼓励个体工商户、私营企业带资到城镇经济开发区投资办厂和经商，享受开发区税收优惠和奖励政策；鼓励个体工商户、私营企业以资金、技术、实物等作为股份，联合兴办无主管部门股份合作企业，在税收、融资、原材料供应、经营范围核定、企业评级等方面享受集体企业待遇；放宽个体工商户、私营企业经营范围,在经营行业和范围上,除专营专卖商品和国家有明文规定不准经营的行业和专营商品外,其余均放手让个体工商户和私营企业经营;允许个体工商户承接"三来一补"(即来料加工、来样加工、来件装配和补偿贸易)业务,个体工商户、私营企业产品鉴定、出口报关、企业定级、技术职称评定由个协负责,报有关部门审定;对个体工商户、私营企业实行公平税赋,对实行定额征税的,不许年终突击加税和重复收税;鼓励多家兴办各类专业市场和小商品市场,切实帮助个体工商户、私营企业安排好生产经营场所。"放权松绑",重点解决反映强烈的"乱收费、乱罚款、乱摊派"问题,采取有效措施,切实减轻个体工商户、私营企业负担。全年市工商局、市个协处理侵犯个体私营经济合法权益案件381起,为个体工商户、私营企业挽回经济损失80.4万元。市工商局实行"三放"带来个体私营经济发展速度和发展规模巨大变化,个体私营经济发展由1989—1991年的徘徊期转入快速发展期。年末,全市有私营企业179家,比上年增加28家,从业人数3411人,注册资本2588万元,产值8321万元,销售额12217万元。从业人数、注册资金和产值比上年分别增长4.92%、5.48%和3.32%。个体工商户74506户,从业人员11560人,注册资本2.6亿元,注册资本比上年底增长54.3%;创总产值21327万元,比上年底增长46.3%;商品零售额72955万元,比上年底增长59.8%;个体私营经济从业总人数达到118961人,首次突破全市总人口数的2%达到2.08%;全年上缴国家税收8000万元,为社会公益事业捐款103.28万元。

1993年,市工商局执行国家工商局《关于促进个体经济私营经济发展的若干意见》及中共湖南省委、省政府《关于加快发展个体私营经济的决定》,进一步放宽个体私营经济政策,规定个体工商户注册资金申报数额不需要提供资信证明,明确对无照经营采取疏导与取缔相结合的办法,使许多无照经营者顺利纳入登记管理,合法经营,创业致富。是年5月7日,市工商局召开全市个体私营经济管理工作暨发展个体私营经济先进典型表彰会议,市委、市人大常委会、市政府、市政协主要领导出席会议,会议回顾总结全市工商系统"抓住机遇,超常发展;放宽政策,搞好服务;注重管理,正确引导;主动汇报,争取支持"等四个方面发展个体私营经济的成功经验。11月,中共十四届三中全会通过《中共中央关于建立社会主义市场经济体制若干问题的决定》,除重申"共同发展"方针之外,第一次提出"一般小型国有企业,有的可以实行承包经营、租赁经营,有的可以改组为股份合作制,也可以出售给集体或个人"。市工商局根据中共十四届三中全会及省委、省政府(湘发〔1993〕13号)文件精神,理清工作思路,向市政府常务会议提出"进一步解放思想、放宽政策、广辟渠道、加强领导,采取政策倾斜,放开经营对象、经营范围、经营方向"等建议,并实行"四不限制",即不限制发展比例、不限制发展规模、不限制经营范围、不限制开业条件。各县级工商局也狠抓观念、政策、队伍上突破,放宽经营政策,鼓励、引导和支持农村富余劳力办厂开店,从事流通领域经销活动。允许机关干部、企事业单位分流人员停薪留职"下海"弄潮,利用一技之长,开办私立文化教育、医疗卫生体育科技、咨询等服务实体和其他项目。全市个体私营经济在数量上有所发展,在规模、质量上有新提高,个体私营经济逐渐向高层次多元化方向发展,表现在:发展速度明显加快。全市个体私营经济发展规模、从业人数、注册资本、年总产值均比往年有突破。全年全市新发展个体工商户33312户66700人,分别比上年增长127.9%和125%;注册资金和总产值分别增长60.9%和14.5%;新发展私营企业249家,是上年的8倍。行业结构趋向合理。个体工商户、私营企业除从事商业、服务业外,开始涉足工业、加工业以及科技、电子商务、教育培训等领域,从事生产加工型、科技型企业已达到38.3%,全市已有私营教育培训机构47家。生产经营规模逐步扩大。全市有年创产值100万元以上私营企业44家,产值达500万元以上私营企业25家,产值达1000万元以上私营企业7家,产值最高的桃源县私营企业主陈权祖其企业产值已达4000万元以上。专业村、专业户不断涌现。石门县新关村依托水泥厂,从事水泥矿石采运和装卸人员占全村劳动力70%以上,是全县有名的运输专业村。汉寿、临澧、鼎城等区县出现不少养殖及竹器、机械、食品、鞭炮生产加工的专业村和专业户。年末,全市个体工商户93675户,从业人员155799人,分别较上年底增长25.7%和34.8%;私营企业428家,雇工6059人,投资者1566人,分别较上年增长113%、133%和92.4%。是年,全市个体工商户、私营企业向国家缴纳税金达9200万元,为社会公益事业捐款124.5万元,先后有3613人被市、县评为文明经营先进个人。

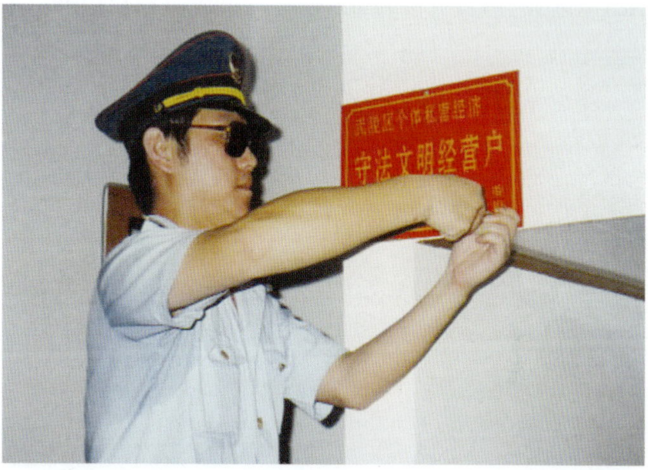

市工商局开展守法文明经营户评选活动

1994年2月,市工商局印发《一九九四年全市个体私营经济工作意见》,提出全市个体私营经济发展目标与任务,推出“进一步放宽政策、简化登记手续、拓宽登记领域、挖掘发展潜力”等服务措施。3月24日,市委、市政府召开全市个体私营经济工作暨表彰会议,市委、市人大常委会、市政府、市政协等主要领导出席会议。市政府副市长洪明祥作工作报告,号召各级党委、政府要以抓国有企业的胆略、抓外资企业的热情、抓乡镇企业的干劲抓好个体私营经济发展,要求各级各部门坚持“开绿灯不亮红灯,发通行证不设关卡,勤服务不揩油水”。市工商局围绕市委、市政府提出的“全市个体私营经济今明两年在户数、从业人数、产值、利税等方面以翻番的速度递增”目标,作题为“解放思想、强化服务、为促进个体私营经济发展再立新功”表态发言。随后,市工商局注重改进工作作风,提供优质服务,在办理个体私营企业“营业执照”时,减少环节,简化手续,放宽经营范围,除国家明令禁止经营的外,允许个体工商户、私营企业经营,允许一业为主,兼营多业,允许自产自销,允许经批准的个体私营企业在限期内“先上车、后买票,先开业、后登记,先经营、后规范”,取消没有国务院、省政府明文规定的登记前置条件。在经营环节和机制上,主动为个体私营企业提供法律、政策、信息咨询服务,组织技术培训,鼓励引导个体私营业主勤劳致富。是年,全市个体私营经济规模迅速扩大、经济实力明显增强、行业结构渐趋合理、经营领域不断拓宽,已突破传统的商业、餐饮业、服务业、修理业等行业范围,涉足科研科技产品开发、科技咨询、信息服务等新兴行业领域。至年末,全市私营企业1931家,从业人员31325人,注册资本11094.2亿元,比上年底分别增长38.57%、34.09%、35.88%。个体工商户146700户,从业人员312558人,注册资本551.39亿元,比上年底分别增长11.32%、9.18%、8.05%。

个体私营经济发展催生了自选商场出现

1995年,市工商局从人财物等方面重点倾斜,狠抓宣传发动,加强服务保障。全市工商系统共为个体工商户、私营企业排忧解难948起,挽回经济损失400多万元,个体私营经济已走出计划体制束缚下艰难发展的低谷,成为全市经济领域的一支新生力量。全年新发展个体工商户23981户,新增从业人员93181人,分别比上年增长16.3%和21.1%;新注册私营企业984家,新增从业人员12606人,分别比上年增长51%和41%。至年末,全市私营企业2838家,从业人员43922人;个体工商户达170681户,从业人员378551人;全市个体及私营企业从业总人数达422473人,占全市总人口的7.3%,实现产值营业额60多亿元,上缴税收1.54亿元,为社会公益事业捐款220万元,认购国库券142.02万元。

1996年,市工商局通过"抓引导、抓管理、抓服务、抓典型、抓落实",把工作目标细分到各县级工商局,全市个体私营经济实力逐步增强。加工业、农业开发成为个体工商户、私营企业投资热点。临澧县私营企业主陈长新创办的杰新印染厂,全年实现产值5000万元,创汇500万元;桃源陬市镇私营企业主黎开亮5万元创业起家,时年已拥有资产达500万元之多,所办钢球厂,年产值600万元,同时又兴办胱胺酸生物化工厂,年产值达2400万元。全市个体工商户注册资金达169198万元,创产值247490万元,营业额714063万元,分别比上年增长39.4%、95.92%和96.62%。私营企业注册资金达78324万元,创产值160424万元,销售收入10844万元,分别增长25.02%、169.8%和149.8%。全市登记注册的私营企业达3502家,雇工67555人,比上年分别增长23.4%和53.81%;个体工商户达198793户,从业人员453598人,比上年分别增长16.47%和19.82%;从事个体私营经济人员达521153人,占全市总人口的9.08%。是年,全市个体私营企业缴纳税费1.72亿元,比上年增加0.18亿元。

1997年,市工商局围绕"解放思想,坚定信心,放宽政策,突出重点,振兴常德"的总体工作要求，采取“先上车后买票，先发展后规范，先放开后完善”的方法，除国家法律法规明令禁止个体工商户和私营企业涉足或经营的行业和商品外，均允许其经营，经营者凭身份证和经营场地证明可在所在地工商部门办理“营业执照”。同时，在全市工商系统推行个体私营经济规范化管理与服务达标活动，严格执行“个体工商户收费项目卡和收费登记卡”制度。是年8月，市工商局还出台下岗职工再就业优惠政策，对下岗职工从事个体私营经济的做到政策放开、条件从宽、办照提速、发展放手、形式搞活、收费减负。年末，全市私营企业达3770家，从业人员达76000人；个体工商户达210774户，从业人员554900人；全市从事个体私营经济的从业总人数达56.8万人，占全市总人口的9.6%。是年，全市个体私营企业年产值在100万元以上达78家，500万元以上达18家，1000万元以上达10家，年产值最高的达6600万元。个体工商户、私营企业总产值达50亿元，营业额达88亿元，个体私营经济纳税已突破2亿元大关，占工商税收的18%。

1998年，市工商局采取有效措施，坚持多层次推进，多形式发展，多方位开拓，全面贯彻市委、市政府《关于进一步发展个体私营经济的若干规定的实施细则》的27条措施和《一九九八年全市个体私营经济工作意见》，大力培育新的经济增长点，把个体私营经济发展纳入重要工作目标，作为年度单位考核和干部考核依据，切实加强个体私营经济的引导，运用法律手段对个体私营经济实行规范化管理，真心实意为个体私营企业排忧解难，引导全市个体私营经济向产业化、区域化、规范化发展，规模不断扩大，大户日益增加。是年，全市个体私营企业年产值在1000万元以上的有8家，500万元以上的21家，私营企业年产值最高的达7780万元。个体私营企业年上缴税收在10万元以上的30家，私营企业年上缴税收最高的达115.1万元。年末，有私营企业4010家，从业人数85217人，分别比上年增长6.1%和11.8%；个体工商户219875户，从业人员540953人，分别比上年增长5.3%和9.8%。个体私营企业年创产值618857万元，比上年增长35%，实现营业额1038630万元，比上年增长17%，上缴税收2.63亿元，比上年增长23.8%。

1999年，第九届全国人民代表大会第二次会议通过《中华人民共和国宪法修正案》，确定个体私营经济等非公有制经济是社会主义市场经济重要组成部分。3月，市委、市政府出台《关于进一步治理经济发展环境的决定》，提出具体的政策措施、工作要求和纪律规定。4月20日，市委、市政府召开全市个体私营经济工作会议，明确全市个体私营经济发展思路是：明确目标，调整思路，努力实现全市个体私营经济发展的新跨越。市工商局贯彻落实会议精神，加大服务力度，在发展方向上，引导个体私营企业实现集约化经营，不断提高自身素质和经营管理水平；采取有效措施，在工作手段上，充分发挥典型、机制和舆论作用，形成共同关心、支持个体私营经济发展的良好舆论环境。全市个体私营经济出现新变化：一批新大户逐步涌现，一批老骨干企业进一步做大。截至年底，全市私营企业注册资金在100万元以上的有112家，拥有固定资产在1000万元以上的私营企业20家，创产值1000万元以上的17家。临澧杰新纺织印染厂兼并汉寿第二纺织厂、鼎城灌溪织布厂，新上一条高档面料生产线，年创产值4000多万元,出口创汇400万美元。一批龙头产业崛起,一批专业群体不断涌现。全市共有专业村173个,专业市场93个,个体私营经济小区93个。个体私营企业产品“拳头”不断创优,高科技产品和出口产品增多。全市个体私营企业从事科技开发的达289家,获国家专利18个,个体私营企业有253种产品出口销往世界各地,年创汇近2亿元。一部分私营企业突破小打小闹格局,着力实施第二次创业,向规模、集团发展。是年,全市有私营企业3518家,从业人员61000人;个体工商户达196000户,从业人员438000人。个体私营企业年创产值64.6亿元,营业收入102.3亿元,年上缴税金2.65亿元,个体私营经济经济总量在国民经济中所占比重越来越大,占县级一般财政的27%,占全市地方财政收入的23%,已形成国有、集体、个体私营经济三分天下的格局。

单位:万元

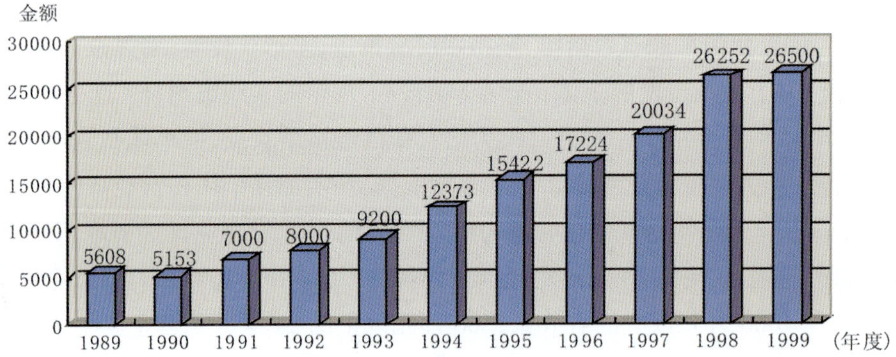

1989—1999年全市个体工商户、私营企业上缴税金情况

2000年3月29日,市委、市政府召开全市个体私营经济工作会议,会议强调全市个体私营经济要抓住“育大户、建小区、扩市场、强工业、兴科技”五个重点,在扩大规模、扩张总量、提升质量、提高效益上下功夫,促进全市个体私营经济快速、健康发展。市工商局按照会议工作部署,把2000年确定为“个体私营经济发展年”,并为全市个体工商户、私营企业的设立、变更、注销登记提供优质证照服务,实行“一站式”受理、“一个窗口”收费、“一条龙”服务。全市个体私营经济通过抓总量,扩大经济实力;抓大户,壮大企业规模;抓载体,实现集约化经营;抓调整,优化经济结构。时年,招商引资主体发生变化,私营企业在招商中异军突起,全市13家民营企业首次参加中国厦门投资贸易洽谈会。11月29日,民营企业家邓宜国与合伙人一起投资组建湖南银燕通用航空有限公司。至年底,全市私营企业有2427家,全年新发展私营企业529家,新增加注册资金21969万元;新增从业人员9027人。个体工商户总数达126365户,全年新发展个体工商户31059户,新增加注册资金42457万元,新增从业人员55198人。个体私营经济注册资金总量达26448万元,从业人员315616人。

2001年,市政府出台关于扶持重点私营企业发展的相关文件,鼓励全市私营龙头企业参与招商引资，从事高新技术经营。市工商局为进一步做好发展个体私营经济承诺兑现工作，多次召开工作现场会全方位推进服务承诺兑现。为减轻个体工商户、私营企业负担，率先在全市实行“收费项目卡”和“收费登记卡”制度，全市11.8万户个体工商户均持有“收费项目卡”和“收费登记卡”，市工商局还在个体工商户中建立1500个联系点，及时了解个体工商户经营管理和缴费情况。同时，对本部门行政审批事项进行清理，取消6项行政审批项目，切实还权于个体工商户、私营企业，对保留行政审批、核准、备案项目，按规定进行规范，设立审批项目公开栏。是年，在湖南(香港)投资贸易洽谈会上，全市参会企业57家，其中民营企业就有32家，占参会企业的56.1%。民营企业大户杰新纺织印染厂在“港交会”上与8家香港公司签订8份出口合同，合同出口金额达1158万美元。10月18日，湖南银燕通用航空有限公司与香港金马集团国际投资有限公司合作，成立湖南侨仕通航空实业有限公司，投资2亿美元，购买农林专用飞机、直九民用直升机和美国贝尔大篷车等飞机31架。私营企业湖南金彩特种商标印务有限公司跻身湖南省民营企业500强。

2002年，市工商局出台加快发展个体私营经济若干政策措施，全市工商系统围绕“一手抓优化，一手抓发展”工作思路，全面推行服务承诺制，向社会公布扶持个体私营经济发展承诺，改“串联式”为“并联式”审批，进一步完善办证服务窗口功能，市、县两级工商登记窗口还专门开辟下岗职工再就业“绿色通道”，安排专人为下岗职工再就业办理相关手续，并减免登记收费。同时规范个体工商户、私营企业会员费收取，规定凡新办营业执照自愿加入个私协的个体私营企业，均要求提交入会申请、填写会员登记表，不愿意入会的一律不准收取会员费，且个体工商户会员费标准由年60元降为40元。通过优化政策、投资、服务、发展环境，引导下岗职工再就业从事个体经营，引导个体私营经济调整产业结构，规避投资风险，提高投资效益。良好经营投资环境和优越区位资源优势，吸引越来越多外地个体私营企业来常德投资。全市个体工商户、私营企业科技创新意识普遍增强，连锁超市、品牌专卖、数字信息、电子商务、非义务教育、医疗、文化体育、水产养殖、食品加工等产业成为个体私营经济的主要经营领域，社区服务、旅游、房地产等新型产业成为个体私营经济发展新亮点，全市个体私营经济发展进入新的成长期。7月20日，常德市温州商会成立，数以千计温州籍个体工商户、私营企业主为加强联络、沟通信息、研究市场、整合资源，自愿结成合法社会团体。至年底，全市有私营企业1754家，从业人员16993人，注册资本103.16亿元，完成产值207.33亿元，有个体工商户96596户，从业人员81502人，全市个体私营经济实现税收60.09亿元。是年，全国工商联、劳动和社会保障部联合表彰湖南杰新纺织集团在内的全国50家民营企业，充分肯定杰新纺织集团安排接纳1万余名下岗职工就业的突出成绩，非公有制经济已成为安置接纳下岗职工重要力量。

2003年，市工商局认真落实省工商局《关于优化经济环境、促进经济发展的二十六条规定》，学习借鉴怀化市工商局鹤城分局以市场巡查为核心的基础监管服务工作经验，完善“经济户口”管理，并在全市工商系统提出“以人为本，责任到人，服务到户，监管到位”工作思路，推行“零基数”管理,大胆提出“零无照经营”“零距离服务”“零时空监管”“零投诉举报”目标,扎扎实实为个体工商户、私营企业排忧解难,多途径为个体工商户、私营企业办实事,做到寓服务于监管之中,通过实行工商联络员制度,变被动服务为主动服务,变滞后服务为超前服务。对注册资本100万元人民币以下的个体工商户、私营企业,根据需求和工作需要,工商部门指派专人协助企业办理相关手续,提供跟踪服务;对注册资本人民币在100万元以上500万元以下的企业,由企业所在地基层工商所负责指定或指派企业工商联络员;对注册资本人民币在500万元以上1000万元以下的企业,由企业所在地县级工商局负责指定或指派企业工商联络员;对注册资本人民币在1000万元以上的企业,由市工商局负责指定或指派企业工商联络员。同时采取一系列措施鼓励个体私营经济进一步扩大出口产品和销售市场,是年,全市有进出口实绩的企业44家,其中民营企业10家,占22.7%;在全年出口总额6562万美元中,民营企业出口完成2899万美元,占44.2%,出口产品有11大类113个品种,产品出口销往日本、美国、德国、印度、俄罗斯、澳大利亚等54个国家或地区。年末,全市有私营企业3373家,注册资本250548万元;有个体工商户93660户,注册资本148207万元。

2004年,市工商局改进工作作风,制定《常德市工商行政管理局窗口岗位工作规范》,实行一个窗口对外制度、“一审一核”制度、首办(问)责任制、窗口单位流程卡制度、行政许可限时办结制、工商联络员和重点企业挂牌服务制等制度。派出工商联络员200人次,对200户私营企业提供跟踪服务,确定40户私营企业为重点帮扶企业,帮助企业实施商标品牌战略。是年,市工商局还建立市县互动远程收费管理系统,首先在桃源县工商局试点,依托信息化网络建立有效的“四方定费,送费上门,网络管理”模式(即“阳光收费”模式)。“阳光收费”领导小组由工商干部代表、部门代表、个私协骨干和个体工商户行业代表4家组成,定费采用成本倒算、开支换算、同类比较、抽查测评、循环递增等5种方法,科学测算营业额和收益额并逐户定费到位,及时将定费标准与收费情况录入网络收费管理系统,并将定费标准、定费结果、收费情况张榜公布,有效消除人情费、好处费和以物抵费弊端,让工商人员从繁重的上门收费中解脱出来,能够有更多时间和精力为个体工商户、私营企业服务。是年,省工商局在全省工商系统推广“阳光收费”经验,《新华社内参》《中国工商报》《湖南日报》等媒体分别进行报道。10月,市工商局、市个私协、市广电局联合拍摄《层林尽染——常德市个体私营经济发展纪实》专题片,选择10家不同行业的私营企业,展示全市个体私营经济发展壮大经历。截至12月底,全市私营企业共有4141家,从业人员60678人;个体工商户78141户,从业人员115812人。个体工商户、私营企业上缴税收4.14亿元。43名个体工商户被评为“湖南省诚信守法个体工商户”,表彰100家“常德市诚信守法私营企业”和110户“常德市诚信守法个体工商户”。

2005年,市委、市政府先后出台《推进工业化进程的决定》《发展优势产业实施方案》《关于加快民营经济发展的若干意见》,市工商局全面贯彻上述文件,会同有关部门从放宽准入门槛、改革审批制度、支持技术改造、优先企业用地、减免财政税收、奖励做大做强、扶持园区建设、引进工业项目等方面给予全方位优惠，推动个体私营经济快速发展。全年清理精简近400项行政审批事项，成立政务服务中心，健全“并联”审批制度，减少审批环节、缩短审批时限，实现“零收费”“零干扰”“零投诉”。为进一步优化投资环境，服务个体私营经济发展，推动全民创业，市工商局还向全社会公开服务承诺，兑现各项优惠措施，严格执行“阳光收费”制度，严禁无照收费，取缔无照经营，引导合法创业；开展微笑服务，规范文明用语，提高工作效率和服务水平；全面加强廉政建设，规范市场监管和行政执法行为。全市各级工商机关通过强化服务意识，改善投资环境，吸引各地客商来常德投资。至年末，全市共有个体工商户81065户（其中农林牧渔业138户，采矿业122户，制造业5575户，电气水生产供应业14户，建筑业15户，交通运输仓储邮政业3233户，信息传输软件业452户，批发零售业57772户，住宿餐饮业4907户，租赁、商务服务业923户，家政服务业100户，卫生、文化、体育、娱乐业7814户），注册资金24.17亿元，从业人员121096人。全市私营企业5204家，注册资金65.49亿元，其中投资100万元—500万元的762家，500万元—1000万元的246家，1000万元—10000万元的119家，亿元以上的1家，从业人员64592人，全市个体私营经济实现增加值334.28亿元，占全市地区生产总值的52.71%．比上年增长13%；入库税金13.88亿元，比上年增长65.83%。

2006年，市工商局出台公司登记管辖权限规定，将市城区登记注册资本为100万元以下公司登记权限下放至武陵分局，方便个体私营企业准入注册。是年，全市私营企业呈现稳中有升的发展态势，私营企业注册资本100万元—500万元的3365家，500万元—1000万元的395家，1000万元—10000万元的440家，亿元以上的9家。至年末，全市私营企业5908家，从业人员95103人；个体工商户82604家，从业人员129299人。

2007年，市工商局出台《优化经济发展环境服务地方经济发展的八条举措》《七项承诺》和《机关副科长以上干部联系企业制度》，印发《关于进一步规范全市个体工商户分层分类登记管理的通知》，及时建立个体工商户、私营企业等市场主体经济户口，进一步完善服务体系和职能。为方便企业和个体工商户登记注册，市工商局决定除股份制企业和外资企业外，常德德山经济技术开发区所有企业开业登记、变更登记、注销登记和年检权限全部授权德山分局办理，同时将个体工商户注册登记审批发照权下放到基层工商所。是年2月11日，在省政府副省长郭开朗，省工商局局长张汉良、副局长刘尧臣，市领导武吉海、陈君文、刘明、杨先平、李爱国、徐超文、叶培明，市工商局局长邓毅等陪同下，国家工商总局局长周伯华一行深入汉寿县太子庙工商所、城关镇城东大市场考察，通过听取汇报、实地走访，要求全市各级工商机关要降低门槛，搞好服务，大力鼓励发展个体私营经济，确保农村流通市场健康发展。

2008年，市工商局优化政务服务水平，将所有行政审批事项全部集中到市政务中心窗口办理，并进一步放宽市场准入，简化登记手续，全面开通企业注册登记绿色通道，推行“一审一核”制，实行“一厅式”审批；积极落实“一化三基”工商企业联络员制度，全市工商系统共确立400家私营企业为重点联系企业，重点围绕农业产业化企业、招商引资重点企业、工业

国家工商总局局长周伯华到汉寿县考察,与个体工商户亲切交谈

园企业建立企业工商联络员制度,并制作企业联系卡,建立联系企业档案,开展“一对一”“多对一”服务活动,帮助企业解决实际问题。通过落实优惠政策、降低就业门槛,共引导扶持8632名下岗职工从事个体私营经济,为下岗职工免费办理营业执照715个,减免各项行政性收费200多万元。9月,工商部门停征工商个体管理费和市场管理费,全市工商系统全面开展个体管理费和市场管理费预收款清退工作,按规定清退个体管理费、市场管理费648.77万元。是年,新发展个体工商户19548户,增加注册资本100452万元;新发展私营企业773家,增加注册资本202484万元。

2009年,市工商局认真执行省工商局《关于促进经济平稳较快发展的若干措施》,同时结合常德实际出台《关于促进常德经济平稳较快发展的十条措施》,从放宽市场准入条件、拓宽融资渠道、大力推进商标品牌工程等十个方面全力服务常德个体经营经济发展。7月,市工商局在全市牵头制定《常德市企业注册登记前置审批告知承诺实施办法》,采取“部门告知+企业承诺”的形式实施准入提速,实行“一审一核”,简化审批手续,注册窗口实行一站式服务、“咨询服务一口清、受理服务一次成”,缩短准入时限。共有18家私营企业通过告知承诺制快速准入,平均缩短6个工作日。同时,关注民生民情,全年为下岗失业人员、高校毕业生、残疾人和退役军人经商办企业从事个体经营发放营业执照1139个,免收登记类和证照类费用4.3万余元。通过拓宽服务领域,创新服务手段,市场主体呈现蓬勃发展态势,全年全市新增私营企业1797家,新增个体工商户20241户。至年末,全市共有私营企业8445家,个体工商户109165户。

2010年,市工商局以“服务常德经济发展,建设人民满意工商”为主旋律,深入推进大服务、大监管、大维权、大发展,扎实开展“工作创新年”“学习提高年”活动。时年,市工商局成立行政许可办公室,扎实做好行政审批相对集中工作,实现一个窗口受理审核、一个窗口办结,大力推行行政许可事项告知“一口清”,认真落实《企业注册登记前置审批告知承诺实施办法》,方便个体私营企业办事,实现准入提速。同时,认真落实省工商局《关于推动经济发展方式转变和经济结构调整的十条措施》,配套制定相关政策文件8个,积极培育和促进市场主体发展,认真落实有关惠民政策,重点关注弱势群体,为下岗失业人员、高校毕业生、返乡农民工、残疾人和退役军人经商办企业、从事个体经营办照608个,免收登记、证照类费用2万余元。深入开展工商联络员活动,选择1686家个体工商户、私营企业作为联络服务对象,有针对性地开展“一对一”“多对一”上门指导,并对其开展“缴付出资到期、经营期限届满、许可事项到期、企业年检到期、经营场所变更、注册商标到期”六提醒服务。是年,全市工商系统共走访个体工商户、私营企业近 9000 次,帮助个体工商户、私营企业解决实际困难 1109 个,为个体工商户、私营企业挽回经济损失 265 万元。年末,全市有私营企业 11360 家,注册资本 2019282 万元;有个体工商户 125965 户,注册资本 633736 万元。

2011 年,市工商局坚持以发展为重,以服务为先,始终把服务个体私营经济发展作为一项重要职责,认真落实省、市政府和省工商局关于促进全民创业有关政策,进一步完善《常德市企业注册登记前置审批告知承诺实施办法》,将并联审批制度纳入告知承诺办法之中,继续推行行政许可事项告知“一口清”制度,采取“工商受理 + 部门告知 + 企业承诺 + 同步审批”的形式实施准入提速。是年 7 月,市工商局出台《关于推进全民创业促进经济发展的十二条措施》,内容涵盖放宽个体私营企业冠名条件、下放个体私营企业登记权限、落实并联审批、优化工商证照发放服务、提升企业年检效能、实施工商联络员制度、培育壮大市场主体、推进商标品牌建设、支持企业拓宽融资渠道、加强市场监管、鼓励全民自主创业、支持个体私营经济增量提质共 12 项内容,这些措施经市政府同意并以常政办发〔2011〕30 号文件转发。是年 9 月 27 日,常德市“省级农业产业化龙头企业”万福生科(湖南)农业开发股份有限公司在创业板上市,这是常德市首家上市私营企业。截至年底,全市有私营企业 12927 家,注册资本 2328934 万元;有个体工商户 141797 户,注册资本 770473 万元。

2012 年,市工商局认真落实市委、市政府和省工商局促进经济发展的各项政策措施,重点围绕招商引资、园区建设和中小微型企业发展,通过放权、下放登记权限、深入推进行政许可事项告知“一口清”等,鼓励引导个体工商户向现代企业转变,最大限度地促进个体工商户、私营企业等市场主体增量提质。是年,新发展私营企业 1543 家,新发展个体工商户 25036 户。至年末,有私营企业 14470 家、个体工商户 152347 户。

市工商局鼓励引导个体工商户向现代企业转变,促进市场主体增量提质。图为由个体工商户发展而成的连锁超市

单位:万户

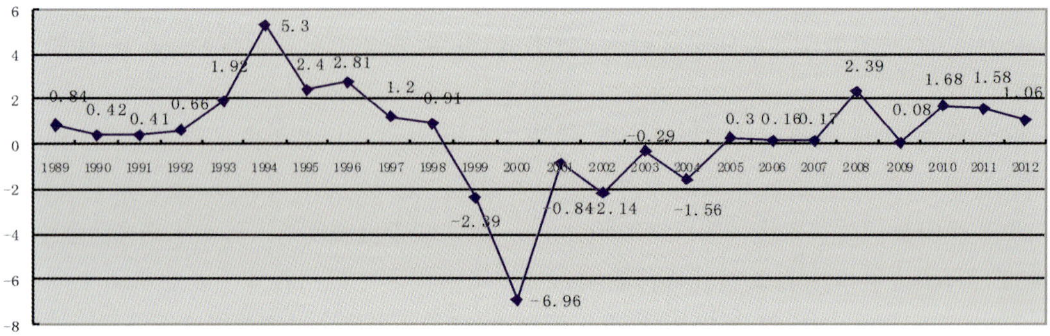

1989—2012 年全市个体工商户登记增长变化

单位:户

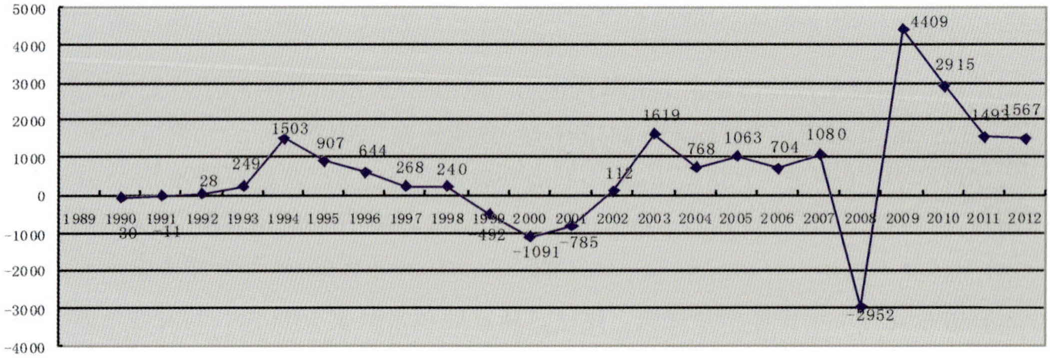

1989—2012 年全市私营企业登记增长变化

第二节　支持国有、集体企业改革

一、支持国有、集体企业搞活增效

1989—1991 年,工商企业登记主要服务于计划经济管理模式,企业办照时需提交各类文件、资料、许可证等多达 100 多种,办照时间长达一个月。1991 年以后,市工商局围绕市委、市政府关于支持企业深化改革、扩大开放、搞好经营的中心工作,组织全市工商系统开展"质量、品种、效益年"活动,进一步改革企业登记管理方式,简化办事程序,放宽各项企业登记政策,支持企业搞活经营,将 75 种许可证不再作为登记前置条件,企业只需提交主要文件资料即可登记注册,发照时间缩短到一周,为企业快速进入市场创造条件。同时,引导和支持企业调整产业和产品结构，向社会需要的行业发展；允许产品滞销、半停产企业富余职工从事第三产业；鼓励企业解决第二轮承包中出现的问题，在原核准范围以外临时或一次性经营某种商品（产品）的，在不违背国家法律法规规定原则下允许申请变更登记，凡是有利于搞活经营、发展生产、增加有效供给的，工商机关均允许扩大经营范围、增加经营项目，及时办理变更登记，不断改进企业登记管理工作，提高企业经济效益。1991 年，全市工商系统在企业建立联系点 95 个，帮助企业到外地设立窗口 110 个，换发一次性经营许可证 154 张，办理临时“营业执照”193 个；帮助企业完善定人、定岗、定责的企业监督管理责任制，建立 1890 人的企业协管员队伍；为 6 家企业申请办理冠“湖南”名称登记，为全市 4800 家企业扩大经营范围和经营方式，安排企业到集贸市场设点经营的国有、集体企业达 1 万多次。积极支持原常德市酿酒工业公司组建成立第一个企业集团。年末，全市共有联营企业 161 家，企业集团 10 个，股份制企业 12 家。石门县工商局为企业提供各类商品信息 1500 条，帮助企业推销价值 1500 万元积压产品，协助企业清理“三角债”2000 多万元，挽回经济损失 3000 多万元，追回骗买骗卖商品 7500 件，帮助亏损企业调整经济结构，使 40 多家企业扭亏增盈。如帮助磨市供销社与南京油漆厂取得联系，使磨市供销社积压桐油成为抢手货；鼎城区工商局为 85 家亏损企业放宽经营范围，增加产值 800 多万元；为企业提供咨询 800 多人次，为 85 家企业减免经济处罚 297 万元。临澧县工商局为搞活企业制定十多条措施。澧县、安乡、津市、汉寿等县级工商局帮助企业灾后恢复生产和经营，深入企业及其主管部门现场办公，采取有效措施，为企业解决大量困难，积极支持企业搞活增效。

1992 年 1 月，市工商局召开全市县级工商局局长会议，研究贯彻落实市委扩大会议精神，重点讨论研究如何支持搞活企业、搞活流通问题，会议要求全市工商系统进一步增强服务意识，开展优质服务，全力支持企业特别是国有大中型企业搞好生产经营，真正做到凡有利于企业发展的坚决支持，坚决保护，该放宽的放宽，可灵活的灵活，促进以公有制为主体的多种经济成分协调发展。同时，市工商局还根据省政府有关会议精神，积极参与全市国合商业企业推行“四放开”（即经营、价格、用工、分配放开）改革试点工作，对放开经营范围的国有企业登记制定具体意见，重点解决企业放开经营范围登记管理问题，如在国有商业企业、供销合作社商业企业、农机销售企业及工业系统的商业企业中实行“四放开”，其中经营放开打破过去行业分工，除专营、专卖和国家指定经营的商品外，允许企业在搞好主营业务的同时，实行本业为主，多种经营，批发零售兼营。是年 6 月，省工商局印发《支持搞活企业、搞活流通若干措施》，市工商局结合常德实际，出台一系列支持搞活企业、搞活流通的优惠政策，全市工商系统坚持解放思想，转变职能，积极为企业转换经营机制、扩大自主经营、参与市场竞争提供优质服务。6 月 26 日，市工商局为落实市政府提出的“简政放权、支持搞活企业、搞活流通”工作要求，制定支持搞活企业、搞活流通的 18 条优惠政策，各县级工商局还根据企业不同情况实现“免检一批、放开一批、扶持一批、提高一批”，并对亏损企业、微利企业实行政策倾斜，帮助企业走出困境。是年，全市工商系统帮助 416 家亏损企业扭亏为盈。为指导企业调整发展方向,市工商局支持企业拓宽经营范围和方式,推进企业组织结构调整,促进生产要素合理流动;对申请新办企业,引导其在产业、产品结构等方面适应市场经济发展需要、符合常德经济发展实际,避免盲目发展。是年,全市工商系统新办各类企业 2645 家,其中公司 1441 家。年末,全市共有工商企业 22376 家,比上年增长 15%;拥有注册资金 506903 万元,从业人员 588673 人,分别比上年增长 29%、16%,产业、行业发展基本协调。在审核企业生产经营方面,只要政策允许且符合社会需要,工商部门都积极支持。为增强企业市场竞争应变能力及快速反应能力,对企业要求办理变更登记的,除申请法人登记和办理注销登记需经主管部门批准外,其余变更登记一律由企业自己决定。7 月,市城区北站商场提出申请增加经营黄金首饰经营范围,市工商局一分局当即派人上门服务,一天内办理完全部审批手续。临澧县工商局积极参与临澧太平冷冻厂内引外联,使该企业由原来单纯的冷冻厂转化成为跨行业、跨地区的中外合资企业,成为拥有 2 亿元固定资产的"明星"企业。是年,全市工商系统主动与企业建立联系点 865 个,帮助企业在外地设立窗口 673 个,为 3000 多家企业变更经营方式和经营范围,帮助企业在规定经营范围内调剂串换各种原材料 198 次。积极支持企业富余人员兴办经济实体和第三产业,年末,全市共有第三产业企业 2657 个。为支持企业引缺泄余,允许企业推销"以物顶薪"产品,全市工商系统共为 219 家企业出具一次性经营证明,批准停工、半停工企业职工推销本企业积压产品和"以物顶薪"产品 2 万多人次。针对企业检查处罚过多过滥,市工商局专门下发文件,明确企业检查范围和内容,还对部分企业实行日常免检制度。同时,对企业违法轻微的坚持以教育为主,对因不懂法或其他客观原因造成违法行为,且对社会危害不大的,一般都没有进行经济处罚。

二、支持国有、集体企业转换经营机制

1993 年,市工商局围绕"支持企业转换经营机制"这一主旋律,加大扶持力度,实行简政放权,积极落实企业各项权利,为引导企业走向市场铺路搭桥,促进现代企业制度逐步建立。凡属《全民所有制工业企业转换经营机制条例》等法律法规及规范性文件中规定的企业各项权利,市工商局通过简化审批程序、减少限制条件等途径,在登记注册环节上予以全方位支持。鼓励支持企业充分运用自身权利,根据市场需求和资金利用率等情况,投资设立企业及变更经营范围、方式、资金和名称等。在工商登记注册环节取消 20 多项有碍企业发展的前置审批条件,除特种行业金融、外贸以及股份制等个别企业外,其他企业不再要求经政府或行政主管部门审批,由具备法人资格的组建单位直接向登记机关申请办理登记手续,帮助企业成为自主经营、自负盈亏、自我约束、自我发展的市场主体。对企业经营范围和方式,在过去十二个行业放开经营的基础上,全市企业登记管理工作除国家规定继续实行专营专控的商品外,全部放开,允许企业自主经营。此外,市工商局出台进一步支持企业转换经营机制一系列规定,进一步落实企业自主权。同时采取相关具体措施,用现场解答、新闻报道等形式广泛

宣传，鼓励企业大胆行使自己权利，用足、用活给予的优惠政策，支持国有大中型企业实行“一厂两制”“一厂多制”，帮助市肉联厂、市棉纺厂等单位进行多种经济成分并存试点。各县级工商局还支持企业拓宽产品外销渠道，鼓励外贸企业、自营进出口企业和其他企业联营协作，充分行使进出口权，扩大进出口业务，取得很好经济效益。是年，市工商局先后为3681家企业调整经营范围和方式，帮助企业在外地设立窗口800多个，办理一次性经营许可证53个，核转企业名称188个，帮助286家企业划小核算单位951个。

1994年，全市工商系统进一步增强服务意识，围绕企业转换经营机制，把服务工作上升到“不堵路、不封口、马上办”的新型服务标准，对申请登记注册企业章程欠完善的，主动帮助其完善资料；对企业提交材料不规范的，帮助审查、修改、补充；对企业遇有政策法规不明确的问题，热情对其咨询、解释，主动为800多家企业出主意，帮助办理登记注册，接受企业咨询近万人次；深入40多个困难工业企业调查研究，为其划小核算单位和转换经营机制出谋划策；运用登记职能，帮助企业拓宽经营范围，充分利用沿街、沿路的厂房库房、闲置空地等条件，开辟经营场所，开展商贸、饮食、服务等多种经营。同时，全力支持企业开拓市场，帮助企业调整产品、产业结构。对企业调整产品项目，增设分支机构和经营网点的，优先办理登记注册手续。此外，市工商局还制定帮扶企业扭亏增盈的一系列具体措施，并选择128户亏损企业进行重点帮扶，帮助企业完善规章制度，提供经济信息，帮助推销积压产品1543万元，使企业恢复生机，有57家企业扭亏为盈，42家企业抑制亏损，37家企业实现减亏，实现盈利和减亏总额1520万元。

1995年，全市工商系统进一步简政放权，为促进各类企业发展创造宽松的外部环境。市工商局按照《公司法》和《公司登记管理条例》规定，从弱化前置审批、简化注册登记程序着手，尽力为企业发展提供各种方便。是年，全市各级工商机关采取建立企业联系点、开展对口服务等措施帮助少数特困企业渡过难关，共建立特困企业联系点120多个，支持本市企业在外省、外市设立窗口20余个。同时，市工商局还积极参与市针织厂破产重组，常德棉纺厂租赁毛巾厂，常德纺织机械厂兼并一纺机以及山鹰实业公司的股份合作制改造等全市重大企业改革。全市新发展各类国有、集体企业2461家，外资企业30家，变更登记7825家。年末，全市共有国有、集体企业26050家，其中各类公司3345家、外资企业233家。

三、支持国有、集体企业深化改革搞好宏观调控

为贯彻中共中央办公厅、国务院办公厅《关于转发国家经贸委〈关于党政机关与所办经济实体脱钩的规定〉的通知》，1993年11月，省工商局会同省委组织部、省财政厅等部门起草《关于党政机关与所办经济实体与机关脱钩的实施意见》，11月6日，省委办公厅、省政府办公厅发文批转各地各部门执行。市工商局按照上述文件精神，积极配合市政府宏观调控，组织进行调查研究，及时为政府提供党政机关办实体等调查报告，全力支持国有、集体企业

深化改革。

1994年，中共十四届三中全会作出《关于建立社会主义市场经济体制若干问题的决定》。全市工商系统紧紧围绕市委、市政府提出的“大改革、大开放、大建设、大发展”战略目标,认真履行工商行政管理职能,把建立社会主义市场经济体制和现代企业制度作为工商部门主要职责。为规范各类市场主体,市工商局对原已登记的企业法人进行清理整顿,帮助全市党政机关所办实体脱钩,共对15个重点部门所办236家实体进行清理,停办166家,转划40家,保留30家,为机关收回投资2398万元,其他党政机关所办实体停办154家,变为无主管部门10家,划转31家,保留209家,收回资金1621万元,机关干部除辞去行政职务的外均回机关工作。各县级工商局对小煤矿、加油站等进行全面整顿,关闭一批严重不符合条件小煤矿、加油站、液化气站。7月1日,第一部《公司法》生效实施。市工商局以贯彻《公司法》为契机,实行公司法人登记与原企业法人登记两种制度,不符合《公司法》规定条件的按原企业法人登记,只有符合政企分开、产权清晰、责权明确、管理科学的企业法人,才准予登记为公司法人。为帮助国有、集体企业建立现代企业制度,市工商局还进行一系列改革,将过去需经多级政府和行业主管部门批准后才能申请发照,改为除法律、法规规定专项审批的股份公司和国有独资公司外,可免予审批,直接申请发照;授予公司企业真正自主权,除国家限制和禁止流通的物资外,允许公司自主选择经营范围和经营方式;允许公司企业不分经济性质;支持企业结构调整,使一批原商业、工业企业向旅游、科技、医疗、房地产等新兴产业拓展,促进全市产业结构调整,促进资源合理组合。

1995年,全市各级工商机关坚持“一个强化、两个规范化”(即强化监督管理,登记规范化、档案管理规范化),努力做好监督、管理、服务工作。为确保市场经营主体合法性,市工商局严格把好市场准入关,在加强注册登记管理同时,认真清理“三无四假”企业,全市共排查560家重点清理对象,注销348家,其中注销假外资企业30家。各县级工商局还结合清理“三无四假”企业,认真开展取缔无照经营活动。重点对全市党政机关所办404家经济实体进行清理整顿,对76家不具备开办条件的予以撤销,其余328家办理脱钩手续。

1996年,省政府办公厅印发《关于规范原有有限责任公司和股份有限公司的通知》,对规范范围、主要内容、组织领导等提出具体要求。是年8月,市工商局印发《关于股份有限公司有关事项审批的通知》,并组织相关人员对原有有限责任公司和股份有限公司与工商登记有关问题进行广泛调研,及时提出解决意见,逐步推进全市企业改制后登记规范工作,共支持200多家企业按照现代企业制度进行改制、改造和改组。同时,全市工商系统通过强化企业年检,继续把清理“三无四假”企业和企业登记管理工作作为工商部门重要职责,利用工商登记手段,帮助企业扭亏增盈,兴办第三产业,广辟就业门路,安置富余人员,对促进企业搞活增效起到积极作用。

1997年,全市工商系统积极开展现代企业制度试点,围绕市政府确定的现代企业制度试点企业积极参加试点方案制订、论证、审批工作。对拟改制为股份有限公司或有限责任公司的企业，各级登记机构提前介入，提供登记法规服务，帮助制订改制方案，按照现代企业制度要求，办理登记注册。按照股份合作制企业登记管理办法，支持国有小企业和集体企业采取股份合作制等多种组织形式放开搞活，参与分流企业下岗职工，减轻企业包袱，制定并落实《常德市工商行政管理局关于鼓励扶持特困企业下岗职工从事个体私营就业的承诺》，组织实施“再就业工程”。支持企业组建企业集团，规范企业集团组建和登记管理工作。积极参与常德市第一家上市股份有限公司“湖南金健米业股份有限公司”组建工作，先后多次参加该企业论证会，帮助其拟定有关文件和办理工商登记手续，报请省工商局冠用省名，提高企业知名度，支持企业联合、兼并、租赁、拍卖、依法破产，搞好登记服务。是年，全市工商系统新登记注册各类企业 910 家，其中公司 220 家，办理企业注销登记 3954 家，清理“三无四假”企业 213 家，帮助企业外设窗口 41 个，帮助企业改制 127 家，清理企业档案资料 20 万份，举办法人培训班 11 期，参加培训的法人 1750 人次。

1998 年 8 月 7 日，市工商局转发国家工商局《关于国有企业改革中登记管理若干问题的实施意见》，全市工商系统根据中国共产党第十五次全国代表大会提出的“产权明晰、权责分明、政企分开、管理科学”要求，对国有大中型企业实行规范的公司制改革，充分发挥企业登记管理在促进现代企业制度建设和推进国有企业战略改组中的职能作用。市工商局在组建湖南欣运集团股份有限公司过程中，积极为集团成员 5 家紧密型企业的设立、改制提供法规指导，先后 10 多次深入企业现场办公，为欣运集团股份有限公司顺利设立做大量服务工作。

1999 年，全市工商系统充分运用企业登记管理职能，为支持国有企业改革、改制、改造服务。市工商局制定一系列支持国有企业改革和发展相关措施，主要以建立现代企业制度为目标，以国有大中型企业为重点，以产权制度改革为突破口，以推行股份制和股份合作制为主要形式，为企业改革提供政策法规咨询服务，依法规范企业改制方案，帮助企业选择改制形式，确保改制企业工商登记质量。是年，全市工商系统共为 312 家企业完成改制任务并及时办理工商登记手续，其中国有企业 168 家、集体企业 144 家，改制为有限责任公司 145 家，改制为股份合作制 152 家，破产、兼并 15 家。

2000 年 9 月，国务院办公厅转发国家经贸委《国有大中型企业建立现代企业制度和加强管理基本规范（试行）》通知，市工商局认真落实文件精神，积极支持国有大中型企业改革、改制、改造，帮助企业理顺产权，走向大市场，全市国有大中型企业，除极少数必须由国家垄断经营外，实行投资主体多元化改造。

2001 年，市工商局进一步转变职能，服务企业改制改革，按照公开透明和依法登记原则，促进各类市场主体健康发展。全市工商系统支持国有经济进入资源垄断行业、提供重要公共产品和服务的行业以及高新科技产业等主要领域，引导国有经济退出一般竞争性行业，支持民间资本参与经营一般竞争性行业并允许其控股。贯彻分类指导方针，促进国有企业战略性改组。支持国有大中型企业通过结构调整、资产重组、中外合资和相互持股等形式实行股份制。

2002 年,市工商局按照市政府工作部署,对国有企业改革和发展中国有产(股)权管理原则、国有资产处置政策、产(股)权变动管理权限、企业改制程序及规范股份有限公司国有股权管理等重大问题进行调查研究,并向市政府提出建议。全市各级工商机关按照《公司法》有关规定,在登记中明晰国有资产出资国有产权,指导国有企业建立完善法人治理结构和现代企业制度。围绕市政府提出的调整国有经济布局与发展民营经济组织结合的要求,突出外经外贸、高新技术、民营经济"三个亮点",实施"商标战略",扶持优势企业名牌产品,提高市属企业整体素质和效益。

市工商局为中小微型企业提供优质准入服务,促进其发展提质

2003 年,市工商局作为深化市属国有企业改革领导小组及其办公室成员单位,多次参与市属重点国有企业改制论证,研究方案,规范企业登记注册。提出放宽政策,大力促进市属国有企业改革和发展,支持市属国有企业调整经济结构,主动为改制企业做好登记服务工作。先后协助常德工程公司、市酱厂、市三江电力有限公司等国有企业进行改制。同时,对全市拍卖行业进行管理规范,对市属拍卖企业召开的拍卖会现场监督 22 次,纠正拍卖过程中出现的违规行为,为 21 家国有企业成功拍卖保驾护航,确保企业改制顺利进行。全市工商系统积极帮助企业解决融资难题,金健米业将其控股股权转让给香港一家集团公司,市工商局主动提供优质服务,使他们顺利融资 2.4 亿元。是年,全市共办理抵押、质押登记 200 多起,贷款 6.5 亿元。

2004—2008 年,全市工商系统充分运用工商登记管理职能,支持国有企业实施公司制改革,引导企业逐步建立产权明晰、责权分明、政企分开、管理科学的现代企业制度,帮助企业转换经营机制,依法办理设立、变更、注销等相关手续。同时,积极配合政府和企业做好下岗职工再就业工作,促进社会稳定。

2009 年 7 月,市工商局制定《常德市企业注册登记前置审批告知承诺实施办法》,采取"部门告知 + 企业承诺"的形式实现企业准入提速,企业注册窗口实行"咨询服务一口清,受理服务一次成"的一站式服务,简化审批手续,实行"一审一核",缩短准入时间。是年,全市新增各类企业 1757 家,其中有 16 家企业通过告知承诺制度快速准入,平均缩短 16 个工作日。

2010—2011 年,市工商局实行简政放权,服务全市企业发展。2011 年 7 月 18 日,市政府办公室转发市工商局《关于推进全民创业服务经济发展的十二条措施》,通过放宽企业冠名条件、下放部分登记权限、推行行政许可告知"一口清"和企业注册登记前置审批告知承诺、优化证照发放方式等措施，积极为各类企业注册准入提供优质服务。是年，市工商局通过实行告知承诺制度办理企业注册登记前置审批 366 件。

2012 年，市工商局认真落实市委、市政府和省工商局关于促进企业发展各项措施，重点围绕园区建设和中小微型企业发展，加强注册窗口效能建设，开辟企业准入“绿色通道”，通过简政放权，推行行政许可告知“一口清”等措施，促进企业增量提质，推进市场主体发展。是年，全市新登记各类企业 3668 家，比上年增长 27.72%。

第三节　建设集贸市场

一、集贸市场建设培育

从 20 世纪 80 年代初开始，市、县两级工商机关把建设培育市场作为一项重要工作来抓，特别是 1989 年常德撤区建市以后，全市工商系统充分发挥职能作用，组织动员社会各方面力量，大力兴办市场，全市市场建设进入快速发展时期。1989 年，市工商局充分履行集贸市场建设和管理职能，制定全市市场建设长远规划和具体措施。全市各级工商机关通过多种渠道、采取各种办法投资 2000 多万元新建、改建和扩建集贸市场面积达 115201 平方米，市工商局先后两次投资共计 300 万元，新建沙河市场和改建大桥市场，建设大型桥北综合市场贸易区，率全省之先，先后在市城区建立钢材、废金属、旧机动车及房屋租赁等 7 个生产要素专业市场。是年，鼎城区工商局挤出资金 34.5 万元，对桥南市场、谢家铺市场进行改、扩建，增加建筑面积 405 平方米，增设摊位 200 多个。临澧县工商局全年投资 341 万元，新建、扩建集贸市场占地面积 21130 平方米，建筑面积 17900 平方米，其中，投资 45 万元兴建临澧第一市场，投资 56 万元扩建新安集贸市场。

20 世纪 80 年代个体私营经济起步阶段，经营户在街道摆摊经营形成的马路市场

1990 年，全市城乡集贸市场得到迅速发展，全市各级工商机关采取申请政府投资、鼓励集体和个人集资、银行贷款及罚没款返回等形式，筹集资金 1800 万元，新建、改建和扩建集贸市场 27 个，仅市工商局就投资 170 万元新建桥北市场，改建大桥市场。临澧县工商局筹集 300 万元资金新建和完善城关、合口、新安三个集贸市场；澧县工商局投入 300 多万元资金

修建全省最大县级封闭式综合市场“澧州市场”。同时为搞活集贸市场流通,全市工商系统通过抓市场引导,免费为市场生产经营者和消费者提供各类市场信息咨询服务,仅在市城区北站、龙港巷、桥南三个集贸市场,工商部门在企业、市场和消费者中间设立市场信息员1575名,提供各种有效市场信息5475条。是年,全市集贸市场交易在市场疲软情况下仍得到一定发展,全市城乡集贸市场成交额达10.2亿元,比上年增长15%,其中城镇3.6亿元,农村6.42亿元,集贸市场成交额占社会商品零售总额29.4%,比上年增长4%。

1991年,市委、市政府把发展建设市场作为搞活流通和发展第三产业的突破口,列为全年工作重点。市工商局制定《“八五”及1991年市场发展建设规划》,印发《关于加快全市集贸市场建设的意见》。9月,市政府市长蔡长松、常务副市长李江主持召开市长办公会议,专题研究市场建设问题,形成会议纪要,要求全市各级政府高度重视集贸市场建设,把市场建设与城市建设、城市管理和搞活经济等联系起来,统一规划、统筹考虑,成立由常务副市长李江任组长的市政府市场建设协调小组,协调解决集贸市场建设过程中立项选址、税费减免等问题。9月,市工商局投资兴建的常德市第一家楼层式个体商业大楼建成开业,该工程总投资84万元,建筑面积2985.8平方米,年销售额达3000万元以上。12月,石门县工商局自筹资金近400万元,在县城建设建筑面积达10000平方米、摊位达566个的楚江市场竣工验收;汉寿县工商局通过多种融资渠道集资600万元,苦战100天建成的西套大市场通过验收。临澧县工商局共计投资215万元改建和扩建合口市场,续建城关市场,建筑面积10000平方米,新增固定门面70套,固定摊位236个。是年,全市新建集贸市场17个,扩建集贸市场20个,投资1554万元,建设面积达12.8万平方米;全市集贸市场总数达460个,其中城市60个、农村400个;市场规模越来越大,专业化、规范化程度在逐步提高,市场成交额达12.12亿元。

20世纪90年代鼎城区桥南市场

1992年,市工商局广泛宣传国务院关于市场建设“由政府牵头、统一规划、多家兴建、工商部门统一管理”相关政策,动员全社会力量建市场、育市场。是年全市新建、扩建各类市场34个,其中,新建市场25个,扩建市场9个,市场建设面积15.6万平方米,投资6800万元,建筑面积比上年增加3.5万平方米,投资金额是上年4倍,全市共有各类集贸市场470个,其中城市59个、农村411个,建筑面积达50万平方米。市工商局通过多方筹资，共投资1230万元对北站市场进行扩建增容，建筑面积达1.5万平方米，并在该集贸市场中首次采用闭路电视监控系统及客货豪华电梯。同时，各区县(市)基本上都拥有较大的综合市场，鼎城区工商局扩建的桥南市场占地达10公顷，摊位门面已发展到4000个，从业人员近万人，日平均人流量近7万人次，货物吞吐量2000吨左右，年市场贸易成交额达3亿元，上缴税费550多万元；新开业的汉寿西套大市场和石门楚江市场建筑面积分别达到1万平方米、1.5万平方米。全市市场建设已形成“工商部门拿一点、地方财政拨一点、金融系统贷一点、相关单位帮一点、个体企业集一点、职能部门免一点”等“五路进财”筹资模式，走出工商部门单打独斗的传统路子。在6800万元的市场建设总投资额中，其他部门市场建设投资已达1470万元，占21.6%。全市各级工商机关通过大力引进各类商品，活跃集贸市场流通，集市贸易成交额大幅提升。是年，全市城乡集市贸易成交额达18.7亿元，比上年增加3.6亿元，集市贸易成交额占社会商品零售额29%。时年，省财办、省工商局先后两次在常德市召开市场建设现场会，推介常德市场建设及管理经验。湖北省荆州地区行署还组成80人的市场参观团到常德市考察市场建设，在实地参观澧县、临澧、石门、汉寿、鼎城等区县及市城区十几个骨干市场后，对这些市场给予以下形象描述：“常德的市场是‘澧州’、‘梨园’通北湘，山门打开下‘楚江’，难得‘合口’伴‘第一’，‘桃花路’上‘莲花’香，‘桥南’、‘桥北’悦远客，‘西套’崛起闹龙阳，昔日‘龙港’换新貌，‘北站’、‘彩滨’迎八方”。

随着集贸市场的迅速发展，全市出现了一批服装、鞋类及农副产品专业市场

1993年，全市工商系统在抓好城乡市场配套设施基础上，坚持从实际出发，完善服务功能，小铺摊了，注重效益，做到兴建一个搞活一个，全年共投资2942.8万元，兴建、扩建市场13个，建筑面积11.98万平方米。全市城乡集贸市场已发展到491个，建筑面积50多万平方米。其中城市63个、农村428个；综合专业市场416个，工业品专业市场19个，农副产品专业市场52个，其他专业市场4个。基本形成大中小结合、专业综合协调、批发零售配套，多形式、多内容、多功能的集贸市场流通网络，特别是一批档次高、规模大、辐射广、功能全的市场相继建成。石门县商贸城、澧县湘鄂边贸城等市场在省内外都有一定影响。针对出现的盲目市场建设投资热及部分市场经营不活等问题，市县两级工商部门及时向地方党政领导汇报，将市场建设纳入地方经济发展整体规划，坚持由工商部门统一培育管理；同时，坚持正确引导，把市场建设重心放在能促进地方产品、带动当地加工、吸引企业入市、有本地特色的专业

批发市场上。由于争取了工作主动,全市市场建设投资热有所降温,集贸市场成交额持续增长。是年,全市城乡集市贸易额达到21.71亿元,比上年增长18%。其中鼎城区桥南市场、药材布匹市场、汉寿西套大市场、市城区北站市场成交额均超过1亿元。集贸市场商品零售额占社会商品零售额的32%。

1994年,全市工商系统结合本地实际,坚持市场建设服从城市规划的原则,坚持大中小结合、以中小型为主的原则;坚持统筹安排,各具特色的建设原则,不照搬照套,不一哄而起,不贪大求洋,使集贸市场发挥较好社会效益和经济效益。是年,全市共投资5377万元,新建市场8个,改扩建市场6个,其中工商部门投资1605万元,社会集资2418万元,其他投资1354万元,市场建设总面积达197990平方米。全市集贸市场总数达445个,其中城市50个、农村395个;全市集贸市场成交额达到38.13亿元。

20世纪90年代中期武陵区龙港巷农贸市场

1995年,在贷款包袱沉重、资金十分紧张的情况下,为方便人民生活,全市工商系统多方筹集资金500万元继续抓集贸市场建设,其中市城区工商系统投资100多万元改造扩建龙港巷市场、新一村市场,新建德山东沿路农贸市场;鼎城区工商局主动参与,正确引导,积极配合区政府筹建占地2.53公顷,总投资2000万元的湘西北最大的蔬菜批发专业市场,新建占地2.67公顷,总投资2500万元的桥南建筑装饰材料市场、仿古城农贸市场、家电市场;安乡县投资200多万元新建潺陵综合市场;临澧县工商局投资80多万元扩建第一市场。同时市工商局还大力支持和积极参与其他部门市场建设,是年,全市社会各部门市场建设投资额达90846万元。市工商局配合三运公司兴建农贸市场,支持常纺机兴建小西门市场,扶持四建公司兴建朝阳路农贸市场以及甘露寺、红旗路、彩滨等市场,支持市蔬菜公司兴办甘露寺蔬菜批发市场,从而确保全市集贸市场建设继续保持较快发展势头。各级工商部门还采取改善经营环境,引进批发大户,合理调整市场布局等多种手段搞活市场流通。是年7月,桃源、汉寿等县遭受特大洪水袭击,市场蔬菜供应短缺,导致菜价上涨,桃源、汉寿县工商局及时组织大批贩运户,从省内外贩运蔬菜800多万公斤,保证市场供应,平抑市场物价。是年全市集贸市场成交额达49.58亿元,比上年增长30.3%。

1996年,全市共投资2020万元新建市场6个,其中工商部门主办市场4个。年末全市共有各类集贸市场442个,其中城市市场53个、农村市场389个。按种类划分为消费品综合市场280个,农副产品市场114个,工业消费品市场39个,生产资料市场9个。全市市场建设总面积为129.82万平方米，其中棚顶市场面积为43.27万平方米、室内面积25.34万平方米、楼房面积52.88万平方米、其他市场8.33万平方米；全市城乡消费品市场成交额为51.08亿元，占社会商品零售总额的45%。全市年成交额过亿元市场有6处：常德市北站综合市场年成交额1.50亿元，常德市龙港巷综合市场年成交额1.24亿元，临澧县第一市场年成交额1.20亿元，鼎城桥南工业品批发市场年成交额1.50亿元，鼎城桥南轻纺市场年成交额4.80亿元，汉寿县西套大市场年成交额1.40亿元。

1997年，为优化市民市场购物环境，市工商局强化市城区集贸市场硬件投入，对市城区有形集贸市场投入100多万元资金进行改造，基本上做到农贸市场柜台化、鸡鸭宰杀炉灶化和垃圾袋装化。是年，全市新建市场8处，市场建设总投资1610万元，市场建设面积达15066平方米。年末各类市场总数为445个，市场总面积达130.23万平方米，其中楼层市场31个、室内市场59个、顶棚市场161个、其他市场194个。各类市场年成交总额55.13亿元，占社会商品零售总额37%。全市年成交额过亿元市场有6处：常德市北站综合市场年成交额2.28亿元；常德市龙港巷综合市场年成交额2.02亿元；临澧县第一市场年成交额2.68亿元；汉寿县西套大市场年成交额1.80亿元；鼎城桥南市场年成交额14亿元；鼎城桥南轻纺市场年成交额4.1亿元。

1991—1997年全市集贸市场投资机构变化情况

表4—1—2—1　　单位：万元

投资年份／投资结构	1991	1992	1993	1994	1995	1996	1997
市场管理费	2030	402.80	1555	—	—	—	526.54
财政拨款	1795	100	—	—	—	—	450.50
社会集资	180	1292	2418	90006	—	470	579.59
其　他	2063	1148	1404	840	2020	300	407.63
合　计	2942.80	2942.80	5377	90846	2020	770	1964.26

1998年，全市共有各类商品交易市场459个。其中：城市68处、农村391处。按种类划分为消费品综合市场282处，农副产品综合市场69处，农副产品专业市场51处，工业消费品市场45处，生产资料市场12处。全市有其他市场195个。全市市场建设总面积为141.75万平方米，其中，棚顶市场面积为48.63万平方米、室内面积27.98万平方米、楼层市场面积56.86万平方米、其他市场面积8.28万平方米。全市城乡商品交易市场成交额为59.77亿元，占社会商品零售总额34.7%。全市年成交额过亿元市场有7处：常德市北站综合市场年成交额2.2329亿元；常德市龙港巷综合市场年成交额2.08亿元；临澧县第一市场年成交额2.55亿元；汉寿县西套大市场年成交额1.9亿元；鼎城桥南市场年成交额18亿元；鼎城仿古城家电市场年成交额2亿元；鼎城桥南轻纺市场年成交额3.8亿元。

1999年，全市共有各类商品交易市场327个。其中：消费品综合市场181个、农副产品市场 61 个、工业消费品市场 37 个处、其他消费品市场 5 个、消费品批发市场 31 个、生产资料市场 11 个、生产要素市场 1 个。各类市场成交额 130.34 亿元,全市年成交额过亿元市场有 8 处:常德市北站综合市场年成交额 1.9 亿元;常德市龙港巷综合市场年成交额 2.1 亿元;临澧县第一市场年成交额 1.8 亿元;汉寿县西套大市场年成交额 1.7 亿元;鼎城桥南市场年成交额 28 亿元;鼎城仿古城家电市场年成交额 1 亿元; 澧县湘鄂边贸城市场年成交额 1.8 亿元; 鼎城桥南副食城市场年成交额 4 亿元。

升级改造后鼎城区桥南市场

2000 年, 全市共有市场 341 个。其中:消费品综合市场 185 个、农副产品市场 67 个、工业消费品市场 41 个、其他消费品市场 5 个、消费品批发市场 30 个、生产资料市场 12 个、生产要素市场 1 个。全市各类市场年成交额 122.15 亿元,全市年成交额过亿元市场有 7 处:澧县湘鄂边贸城市场年成交额 2.2 亿元;常德市龙港巷综合市场年成交额 3.5 亿元; 临澧县第一市场年成交额 2.8 亿元; 汉寿县西套大市场年成交额 1.5 亿元;鼎城桥南市场年成交额 32 亿元;鼎城桥南仿古城家电市场年成交额 1.8 亿元;鼎城桥南副食城市场年成交额 5.2 亿元。是年 11 月,全市工商系统完成人员上收与分流、市场管办脱钩及资产上划与移交工作。2001 年以后,全市各级工商机关根据职能调整,退出集贸市场建设及培育领域,坚持积极参与、分级指导、规范管理的原则,重点指导市场主办单位培育和发展专业特色鲜明、功能较强、连接城乡、辐射全国的较大型现代批发市场,把倡导名牌进场、厂家进市、品牌经营、引优汰劣作为提高市场档次和水平的重要措施,加强集贸市场监管,不断完善市场服务功能,使市场布局趋向合理,功能趋于完善,市场秩序良好。

单位:亿元

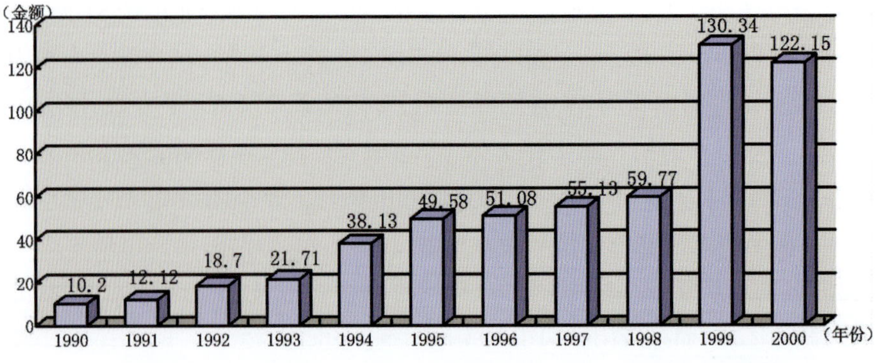

1990—2000 年全市各类集贸市场成交额变化情况

二、文明市场创建及评选

1989 年，全市工商系统认真贯彻国务院《城乡集市贸易管理办法》，结合常德实际开展创建“文明集市”活动，对市场经营行为、市场管理和市场服务设施进行规范，推进市场管理规范化。是年，市工商局在全市各集贸市场推广“三查”“四包”“一保证”工作法，即市场管理人员做到上岗“三查”，一查场内卫生和摊位摆放是否符合标准，二查证、照、卡，检查证照和物价卡是否齐全和有效，三查商品质量和计量器具是否符合标准。坚持“四包”，即包物价监督管理，包交易秩序，包收费，包环境卫生和食品卫生监督管理。“一保证”，即保证工作时间和工作效率。同时，在大型市场设立市场管理所，小、中型市场设管理办公室或管理组，并建立个协分会组织。集贸市场普遍设立方便群众的厕所、垃圾箱、果皮箱、市场指示标牌、行业标志，设立方便经营者的售货台、肉案、活鱼池、家禽笼、货架、柜台等，在市场显著位置设置政策法规宣传栏、违章违法公告栏、价格行情栏及市场示意图。每处市场设专职保洁人员，随时清扫垃圾，排除污水杂物。经营者做到亮证经营、明码标价，统一使用法定度量衡器，按时照章交费纳税。按照食品卫生标准，食品经营业户设置食品箱、防尘（蝇）设施，穿戴工作服等。贯彻落实国家工商局创建文明市场“四项标准”和省工商局规范化管理规定，文明集贸市场评选活动范围不断扩大，促进集贸市场管理水平提升。为解决经营场地不足及商贩沿街乱设摊点问题，所有零星摊点逐步入市，取消占道经营。是年，武陵区北站综合市场等 26 个集贸市场被评为常德市“四好”文明市场，吴爱珍等 28 人被评为市级“六好”市管员。

1990 年，全市各级工商机关对市场实施分层分类管理，市工商局在推行市场规范化管理过程中，坚持文明市场创建与创建国家卫生城市、评比先进活动、建立健全各项市场管理工作制度、落实规范化管理目标、检查总结相结合。是年，国家工商局、省工商局相继印发《集贸市场管理基本规范（试行）》《湖南省城乡集贸市场管理规范（试行）》，随后，市工商局相继制定《市场管理规范化管理程序》等十多项制度，市场管理人员实行“五定六公开”制度。“五定”即定人员、定地段、定职责、定时间、定标准；“六公开”即公开市场管理法规、政策，公开管理人员守则、纪律，公开市场管理人员姓名、编号、分工和职责，公开市场各种服务项目，公开收费标准及收费范围。同时市场管理人员加强集贸市场规范化管理，坚持按规定收费，准确及时统计市场各类数据，并建立市场档案及财务、文书、物价档案等，对违章违法案件及时处理，提高市场管理制度化、程序化和规范化水平。是年，全市有桥南市场、龙港巷市场被国家工商局命名为国家级“文明市场”，有 9 个市场被省工商局命名为省级“文明市场”，有 31 个市场被市工商局命名为市级“文明市场”。

1991 年，全市工商系统把加强市场管理着眼点放在创建“文明集市”上，继续推行集贸市场规范化、制度化管理，在市场经营业户中开展评选无假冒伪劣商品和优质服务及规范化达标单位活动。是年，全市被命名为国家级“文明市场”2 个，被命名为省级“文明市场”10 个，被命名为市级“文明市场”30个。

1992年,市工商局继续在提升文明集贸市场创建活动质量和水平上下功夫,狠抓内部各项管理制度落实,推广集贸市场专管员经验,确保集贸市场商品供应充足、丰富,确保集贸市场卫生整洁、秩序良好;同时,狠抓市场管理人员业务知识培训,不断提高市场管理人员监管水平,确保集贸市场规范化管理落到实处。是年,全市有武陵区龙港巷市场、鼎城区桥南市场被评为国家级文明集贸市场,有32个集贸市场被评为市级文明集贸市场。

1993年,全市工商系统采取一系列措施开展文明市场创建工作,先后制定《关于加强常德市集贸市场摊点规范化管理的意见》《市场管理人员守则》《集贸市场经营户职业道德规范》等制度,进一步健全市场管理规定。组织市场经营者开展评选“文明守法经营户”“无假冒商品商店”“优质文明服务单位”等竞赛活动,提高市场经营业户服务质量;加强集贸市场秩序管理,对全市各类市场进行三次大规模整顿,特别加强对综合集贸市场和城市摊点群管理,组织检查市场232处,查处违法违章行为2900起,查缴假冒伪劣商品1900件,罚款10万元。是年,全市有2个市场被评为国家级文明市场,12个市场被评为省级文明市场,33个市场被评为市级文明市场。

1994年,市工商局贯彻国家工商局《集贸市场管理基本规范(试行)》《湖南省城乡集贸市场管理规范(试行)》,按照“先行试点、逐步推开、全面提高”原则,继北站综合市场、龙港巷集贸市场和桥南市场等被省工商局确定为市场管理规范化试点单位后,市工商局在各区县(市)确定18个市场为市场管理规范化试点单位。是年9月,市工商局决定在全市部分具备条件的城区集贸市场聘请人大代表、政协委员为市场监督员,每个区县(市)不超过2个市场,每个市场聘请监督员不超过4名。至年底,全市共创建国家级文明市场3个,省级文明市场13个、市级文明市场33个。

1995年,市工商局制定《市场管理工作百分制细则》,就市场开发建设、监督管理、文明创建等工作进行指标分解。同时对文明市场创建工作实行“一月一检查、一季一考评、一年一总结”。是年,在第四次全国、第五次全省文明市场大检查评比活动中,全市有龙港巷市场、常德竹木市场、临澧第一大市场被评为全国文明市场,有石门楚江市场、汉寿西套大市场、澧县湘鄂边贸城等14个市场被评为全省文明市场。

1995年以后,国家级规范化文明市场评选停止,省级规范化文明市场评选继续开展,并将文明市场称号长期有效改为2年届,期满需重新参加评选。市级规范化文明市场未规定有效期。

三、集贸市场升级改造

1991年年初,为进一步完善北站综合市场服务功能,提高市场辐射能力,经市政府市长办公会议研究,决定对市城区北站综合市场进行建设改造升级,累计投资1230万元将顶棚式市场改建成楼层式综合市场，改、扩建工程分一、二两期完成，第一期工程投资740万元，第二期工程投资490万元，市场建成后成为湘西北及周边面积最大，品种最多，上市交易量最大的综合市场。时年10月，市工商局投资110万元对德山综合市场进行改造，扩建工贸区1733平方米；投资30万元，将长胜桥竹木市场改建成顶棚式农贸市场。同时，临澧县工商局共计投资215万元，改建和扩建合口市场，续建城关市场，建筑面积10000平方米，新增固定门面70套，固定摊位236个。是年，全市共投资559.67万元改建、扩建市场24个，建设面积达42038平方米。

1992年5月3日，市政府市长蔡长松主持召开专题会议，就市城区北站市场农贸区更新改造问题进行专题研究，市工商局投资1230万元对北站市场农贸区进行改造升级，改造后的市场农贸区新增摊位400个。是年10月，市城区北站市场改扩建第一期工程竣工试营业。同时，市工商局为使龙港巷市场进一步开放搞活，投资80万元扩建市场营业面积2600平方米，新增门面及摊位200个，新辟农副产品批发项目。是年，市工商局还投资30万元扩建德山洞庭北路市场，扩建面积2000平方米，新增摊位200个。是年5月，德山综合市场改扩建工程竣工开业。全年全市共投资3530万元用于集贸市场改造升级工程，改建、扩建市场10个，建设面积达17000平方米。

1993年，市工商局投资20万元，扩建市城区长胜路农贸市场，建设面积达1000平方米。时年4月，市城区北站综合市场改扩建第二期工程建成开业，升级改造后的北站综合市场是一个六层的楼层市场，首次采用闭路电视监控系统及客货豪华电梯，市场建筑面积15000平方米，有固定摊位445个，其中工贸153个、农贸137个、水果批发80个、农副产品批发50个，南杂批发25个、临时摊位200个，年成交额1.8亿元。为取缔马路市场，解决市城区人民东路道路长期堵塞，促进城市创建工作开展，鼎城区经济委员会对人民东路甘露寺市场进行改建升级。同时，将体育路北侧人行道从青年路口至游泳场长260米的露天综合摊担区改造成顶棚室内的专业综合市场；将民族街南端从人民路口向内延伸100米的水果、食杂露天市场改造成活动棚固定摊位。是年，全市共投资91万元改建、扩建市场4个，建设面积8000平方米。

1994年，全市共改建、扩建市场6个，投入市场改造升级资金410万元，市场改造升级建设面积16400平方米。

1995年，市工商局投资100万元，改造扩建市城区龙港巷市场和新一村农贸市场；投资120万元扩建青阳阁农贸市场。临澧县工商局投资80万元扩建临澧第一大市场。

市场办管脱钩以后，尽管工商部门不再承担市场规划布局与建设职能，但是全市工商系统从服务经济发展大局出发，引导市场开办单位及社会资金投入市场升级改造，鼓励“农改超（即农贸市场超市化经营）”“农加超（即农贸市场内建小型超市）”和“农改商（即农贸市场商场化经营）”，使改造后的农贸市场既提高标准，又凸显个性，进一步提升集贸市场档次。

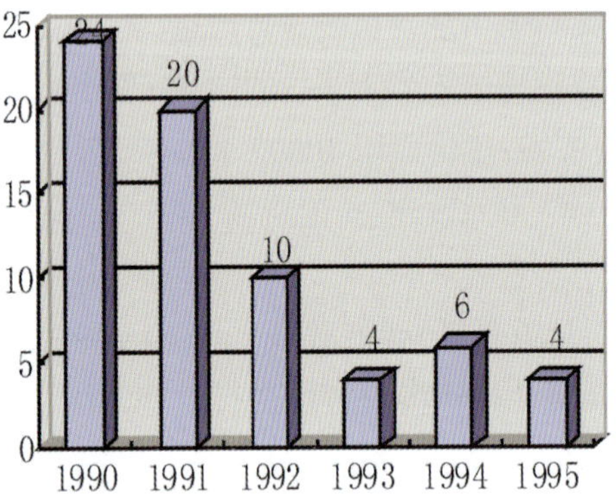

1990—1995 年全市改扩建市场数量变化情况

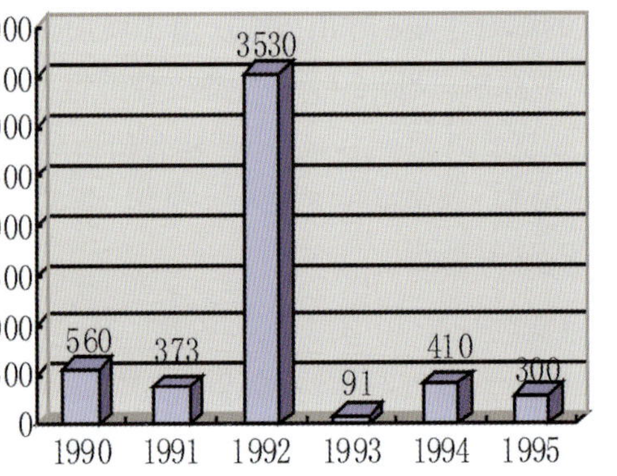

1990—1995 年全市改扩建市场投资变化情况

四、集贸市场办管脱钩

1995 年 7 月,国务院办公厅转发《国家工商行政管理机关与所办市场尽快脱钩意见》(国办发〔1995〕40 号)明确规定:工商机关与所办市场要尽快脱钩。时年 10 月,省政府批转省工商局《关于工商行政管理机关实行市场监督管理与市场服务分离意见》,要求全省各级工商机关要按照国办发〔1995〕40 号文件精神,做细工作,创造条件,坚决、稳妥地实行市场监督管理与市场服务分离。随后,市工商局根据上述文件精神,认真进行市场监督管理与市场服务分离调查、摸底和试点工作,并结合常德市实际,制定《常德市工商行政管理局实行市场监督管理与市场服务分离的实施方案》,明确实行市场监督管理与市场服务分离指导思想、组织领导、分离范围和内容、工作步骤及要求等问题。强调全市工商系统实行市场监督管理与市场服务分离要做到"态度要坚决、步子要稳妥、工作要做细、条件要创造、过度要平稳"。同时成立以市工商局党组书记、局长任组长的市场监督管理与市场服务分离领导小组,领导小组下设办公室,并从市工商局政工科、财务科、市管科抽调一名干部为工作人员,负责市场监督管理与市场服务分离具体工作。各区县(市)工商局也成立领导小组抓集贸市场办管脱钩工作。是年底,市政府根据市工商局市场办管脱钩需要,批准设立常德市市场服务中心,同时临澧县市场服务中心也挂牌成立,鼎城区工商局先行完成轻纺市场、朝阳路农贸市场市场监督管理与市场服务分离工作,随后,其他各县级工商局也相继做好相关市场办管脱钩前期准备工作。

1996 年,市工商局下属一分局、二分局完成市场监督管理与市场服务分离工作,成立常德市市场服务中心城东市场服务中心和城西市场服务中心,每个市场成立服务部,分别归城东、城西市场服务中心直接管理。市场服务中心和"市场服务部"为事业单位,实行企业化管理,专司市场服务职能,直接管理市场物业,开展多种经营。市场服务中心按相关法律法规要求进行工商登记注册发照,市场服务部按市场服务中心的分支机构登记。同时,明确各市场服务中心(部)职责,城东、城西市场服务中心受市工商局及分局委托经营管理市场资产,负责市场开发、改造和维修,开展多种经营;制定和实施治安、消防、卫生等制度,搞好市场内日常服务管理;提供交易场所和服务设施,开展代储、代运、信息咨询和其他服务;按规定收取市场设施、摊位租赁费和其他有偿服务费。常德市市场服务中心职责主要是:协调、指导、管理好城东、城西市场服务中心,管理市场物业,搞好市场开发,对改造、维修项目实行把关。是年7月,鼎城区工商局市场办管脱钩工作通过省、市工商局验收。鼎城区市场服务中心以及两个服务部正式挂牌成立,人员全部到位。随后,各县级工商局市场管办脱钩工作也相继通过省、市工商局验收。

1998年11月,国务院关于《批转国家工商行政管理局工商行政管理体制改革方案的通知》下发。1999年11月,省政府批转省工商局工商行政管理体制改革方案,市工商局按照上述文件要求结合体制改革,依法依规全面完成市场产权、债权债务及经营服务人员移交工作,彻底解决明脱暗不脱、藕断丝连问题。

1999年,市工商局委托资产评估机构,对市工商局自建市场进行资产评估,并由审计机构对市工商局脱钩市场资产负债进行审计。

2000年3月22日,受市政府副市长龚建明委托,市政府副秘书长朱梅青召集市财办、市工商局、市国资局、市场服务中心筹备组等单位负责人就市工商局自办、联办市场移、交接工作进行专题研究。会议研究议定:市工商局城区自建、联建市场10家,总资产原值为20855165.26元。用于市场建设所欠债务中移交给市场服务中心520万元。各市场产权划分移交情况为:龙港巷市场工、农产品等贸易经营区全部产权及其他配套服务设施产权全部移交市场服务中心;北站市场除临街主体楼以伸缩缝为界的北端1—7层整楼上划外,其余所有资产及配套服务设施全部移交市场服务中心;青阳阁市场主体楼经营区及配套服务设施全部移交市场服务中心;茉莉村市场经营区全部产权及配套设施移交市场服务中心;新一村市场除留两间现有办公用房做管理间外,其余部分全部移交市场服务中心;桥北市场的沙河市场1—2层经营区和桥孔经营区、引桥西路临街门面全部移交市场服务中心;新五村市场所有产权移交市场服务中心;长胜桥市场摊位、门面、住宅等产权交市场服务中心;洞庭北路市场除市场内工商所办公用房和临街5间消费者投诉接待室上划外,其余全部移交市场服务中心;东沿路市场全部移交市场服务中心。划定移交的财务结算时间从2000年1月1日开始计算。是年1月,全市工商系统按照“债随市场走,人随市场走,整体移交,彻底脱钩”的原则,完成人员上收与分流,市场管办脱钩,资产上划与移交工作。上收人员2316人;分流981人。根据2000年7月12日省政府办公厅转发省人事厅等单位《关于工商体制改革中几个政策性问题意见的通知》精神,又重新上收义务兵73人,最后实际上收2389人,实际分流908人。移交地方市场116个。上划资产11433.21万元,移交地方资产8759.31万元。上划债务10393.51万元,移交地方债务2789.46万元。

第四节 实施商标品牌战略

一、商标品牌培育管理服务体系建立

(一)商标品牌培育保护组织体系建立

1997年7月,为组织好常德市著名商标认定工作,市工商局提请市政府同意,成立常德市著名商标认定工作领导小组,市政府副秘书长龙迪安任组长,市工商局副局长屠家云任副组长。领导小组下设办公室,办公室设市工商局,具体负责全市著名商标认定工作组织实施。

2004年,市工商局成立保护注册商标专用权专项行动领导小组,制定《常德市工商行政管理局开展保护注册商标专用权专项整治行动方案》,全市工商系统实行上下整体联动。

2005年4月,为贯彻落实省工商局《关于开展保护知名商标专用权集中行动的通知》工作部署,扎实开展保护知名商标专用权集中行动,市工商局成立保护知名商标专用权集中行动领导小组。

2008年,市政府大力实施质量兴市品牌强企战略,引导企业走以品牌带动产业发展道路。7月,市政府成立由分管副市长任组长,市工商局等有关部门负责人为成员的"质量兴市、品牌强企"工作领导小组,具体负责"质量兴市、品牌强企"规划部署、组织协调、指导监督及考核检查等工作

2009年,市工商局认真贯彻《常德市人民政府关于实施品牌兴市强企战略的意见》,积极推进全市商标品牌建设,确保2009年全市新培育中国驰名商标1件、湖南省著名商标10件、常德市知名商标22件,力争在2009—2011年全市新培育中国驰名商标3件、湖南省著名商标30件、常德市知名商标52件。是年4月,市工商局成立常德市工商行政管理局商标品牌创建工作领导小组,全面组织实施全市商标品牌创建工作。

2010年6月,按照全省工商系统保护中国驰名商标、地理标志证明商标和湖南省著名商标专用权专项行动视频会议统一部署,严厉查处各种侵犯中国驰名商标、地理标志证明商标和湖南省著名商标专用权违法行为,解决一批困扰常德中国驰名商标、地理标志证明商标和湖南省著名商标企业注册人商标假冒侵权问题,市工商局成立常德市保护中国驰名商标、地理标志证明商标和湖南省著名商标专用权专项行动领导小组,负责专项行动组织领导与协调工作。

2011年12月,市工商局成立常德市地理标志证明商标培育发展工作领导小组,重点加大对"石门银峰""石门柑橘""桃源大叶茶""汉寿甲鱼"等地理标志证明商标保护、使用、发展工作力度,推进全市农业结构调整优化,提高农民组织化程度,推动农业产业化,促进"商标富农"。

2012年2月,市工商局成立常德市打击侵犯商标等知识产权和制售假冒伪劣商品工作

领导小组，组织领导全市工商系统打击侵犯商标等知识产权和制售假冒伪劣商品工作，督促检查全市各级工商机关工作落实情况，协调查处、督办重大侵犯商标等知识产权和制售假冒伪劣商品案件。

（二）商标品牌培育保护制度体系建立

2005 年，市工商局完善全市商标打假协调机制，加强与公安、质监、食品药品监督、卫生、农业、知识产权保护等部门配合，打击假冒商标和侵犯注册商标专用权行为，查处侵犯中国驰名商标、湖南省著名商标、常德市知名商标和涉农、涉外商标专用权案件。同时，积极协助全市骨干品牌企业开展跨市、跨省或者全国维权打假工作。

2006 年 6 月，市委办、市政府办印发《市本级工业发展奖励办法》，明确中国驰名、湖南省著名商标奖励条款，是年 7 月，市政府办转发市工商局《关于进一步加商标工作意见的通知》，进一步明确商标战略重要性。

2007 年，市工商局按照“准备一批、发展一批、成熟一批”原则，实施“商标品牌培育储备”制度，建立品牌梯队。通过企业自荐、政府相关部门或消费者推荐等形式，以商标管理水平、产品市场占有率、纳税增幅等标准为门槛，建立全市“商标品牌培育储备”库，按行业性质对入库企业进行分类并动态管理。每年从库中推荐约 40 家企业申报常德市知名商标、30 家企业申报湖南省著名商标，推荐约 5 家企业申报中国驰名商标。同时，建立商标品牌工商联络员制度及商标申报联系工作制度，为申报企业提供“一对一”“多对一”服务，实行跟踪帮扶指导，构建直通市、省、国家工商部门的“绿色通道”，形成市知名、省著名、中国驰名三类商标企业创牌梯队，做强第一梯队，壮大第二梯队，培育第三梯队。

2008 年 1 月，市政府办印发《常德市知名商标认定和保护办法》，明确知名商标认定范围和条件，规范知名商标名称，严格知名商标认定程序。7 月，市政府印发《关于实施质量兴市品牌强企战略的意见》，完善品牌激励政策和经费保障制度，进一步明确驰名、著名、知名商标等认证的奖励条款：对首次获得“中国名牌产品”“国家地理标志产品保护”“中国驰名商标”“国家质量管理奖”和“中国建筑工程鲁班奖”的企业，由同级财政分别给予 30 万元奖励；对首次获得“国家免检产品”“湖南名牌产品”“湖南著名商标”“湖南省质量管理奖”的企业，由同级财政分别给予 5 万元奖励；对首次获得“常德名牌产品”和“常德市知名商标”的企业由同级财政分别给予 1 万元奖励；对在开展质量兴市和农业标准化工作中取得显著成绩的单位和个人给予表彰奖励。

2009 年，市工商局进一步完善商标工商联络员制度。全市工商系统结合落实工商联络员制度，以“一对一”的方式对企业进行商标指导，实行“一户一档”的商标动态跟踪管理，详细记录企业商标注册、使用商标及创品牌情况，为企业制定切实可行的品牌发展策略，帮助整理完善申请资料，引导企业进行商标品牌运作。是年 5 月，市工商局在桃源县工商局召开全市工商系统商标战略工作现场会，出台《常德市商标品牌发展三年规划》及《商标品牌创建工作方案》。

2010 年 12 月,市政府办印发《关于深入推进实施商标战略的意见》,意见明确规定:支持企业争创中国驰名商标、湖南省著名商标和常德市知名商标。对新获得中国驰名商标的企业,由市财政给予 30 万元奖励;对新获得湖南省著名商标、常德市知名商标的企业,由同级财政分别给予 5 万元、1 万元奖励。保障实施商标战略所需资金。从 2010 年起,各级政府根据实施商标战略工作需要,每年安排必要的工作经费,专项用于实施商标战略。每成功认定一件中国驰名商标,由同级财政拨付商标战略工作主管部门 20 万元工作经费,市财政奖励市工商局工作经费 10 万元。鼓励、支持地理标志证明商标注册。行业组织、协会申请注册地理标志证明商标获准注册的,由同级财政给予适当奖励。鼓励、支持商标国际注册,在国际贸易中使用自主商标。申请注册国际商标获准注册,或者在出口贸易中使用自主商标商品占出口额比例高,取得良好效益的,由企业所在地人民政府对企业给予适当奖励。

2011 年,市工商局进一步完善商标等知识产权的公共服务平台,强化商标权质押融资推介服务。是年 3 月,经报请市政府同意,市工商局出台《常德市商标专用权质押融资管理办法》,引入和培育一批多元化高层次的知识产权服务机构,通过担保基金扶持企业以商标权质押融资、兼并联营、特许经营、作价入股,积极推动商标商品化运作,拓宽企业融资渠道,服务企业发展。11 月 7 日,市工商局召开常德市企业品牌建设工作会议,公布《常德市"十二五"品牌创建规划(2011—2015)》。

(三)商标品牌宣传、培训及信用评价体系建立

1997 年 7 月,市工商局印发《关于开展一九九七年常德市著名商标认定工作的通知》,就全市常德著名商标认定范围和条件、工作程序及著名商标保护措施等方面进行规范。

2000 年,市工商局以树立区域品牌形象为目的,采取一系列措施,引导企业加强各种媒体报道和公关活动,着力打造常德品牌形象。鼓励企业组团参加或举办博览会、展示会等会展活动,利用大型广告牌、会刊、路牌、灯杆广告以及门票、邀请函等载体宣传推广常德品牌,在市城区武陵大道成功地开展"名牌带动战略"广告一条街活动。是年 8 月,市工商局联合市电视台开辟商标品牌展播栏目《品牌先锋》,宣传商标知识,展示常德商标品牌企业形象,营造商标品牌创建社会氛围。

2001 年,市工商局加大常德著名商标培育力度,完善和规范常德著名商标认定操作规程。4 月,市工商局出台《常德市著名商标认定操作办法》,对常德著名商标认定条件、程序及有效期等方面作出更加详尽规定,规范常德著名商标评选工作。

2007 年,市工商局加强商标品牌行政指导,在网格化监管和商标普查基础上建立企业商标档案,全面掌握辖区内商标发展情况,指导和帮助企业完善商标注册、使用、转让、投资等方面管理制度。针对企业运用商标的不同情况,市工商局制作商标行政指导"文书",即《商标注册建议书》《商标策略提示书》《商标法律告知书》,对没有注册商标的企业建议其注册商标,对拥有注册商标的企业指导其争创市知名商标、省著名商标和中国驰名商标,指导其保护注册商标专用权,帮助企业增强品牌意识,积极运用品牌战略提高市场竞争力。

2008年，市工商局强化商标评价体系建设，召开局长办公会议专题研究常德知名商标评价体系建设问题，组成专门调研班子，通过广泛征求各方意见，草拟《常德市知名商标认定和保护办法》。是年1月，市政府办印发《常德市知名商标认定和保护办法》，自此，原“常德市著名商标”认定变更为“常德市知名商标”认定。

市工商局举办全市商标培育和争创品牌培训班

2009年，市工商局为企业搭建商标培育学习交流平台，借助社会中介智库机构，组织企业外出学习考察，组织企业参加“商标节”及高规格商标发展战略论坛，帮助品牌创建骨干企业学习、借鉴省内外优秀企业品牌管理及运营模式和经验。是年9月，市工商局组织万福生科（湖南）农业开发股份有限公司、湖南德山酒业有限公司等20家著名商标申报企业参加在山东省青岛市举办的“2009中国商标节”。

2010年，市工商局拓展商标品牌宣传渠道，引导企业定期或不定期通过网络、报纸、电视、电台等主流媒体推介宣传常德品牌；同时指导企业在相关媒体策划商标战略专题报道，在高速公路出入口、候车亭、公交车、电子显示屏等户外媒体上投入商标公益及动态宣传，挖掘、包装、宣传常德企业文化精神。在常德红盾信息网和常德政府门户网站等平台链接商标咨询及商标公益宣传，方便市民、企业上网办事、查询商标知识和信息。3月12日，市工商局在市工人文化宫隆重召开常德市2009年度获得中国驰名、省著名、市知名商标企业授牌大会。市委常委、市委统战部部长、市消委名誉会长李爱国，市人大常委会副主任文承保，市政协副主席朱传宏等领导出席会议。全市工商系统有关人员、所有受牌企业和单位近600人参加会议。是年12月，市政府成立常德市实施商标品牌战略领导小组，由市政府分管副市长任组长，市工商局等相关职能部门负责人为成员。主要负责制定全市实施商标品牌战略规划，对全市实施商标品牌战略进行全面督促、检查、指导，协调解决工作中相关问题。

2011年，市工商局延伸商标品牌服务范围，优化商标品牌培育推进机制，全力扶持以区县（市）及企业为主体的商标品牌建设，总结推广澧县商标品牌创建示范点和湖南武陵酒有限公司商标品牌创建示范点工作经验，进一步探索政府推动与企业主导相结合的商标品牌培育模式，以“重点突破、有序推进”为原则，指导扶持企业加强商标注册与品牌建设工作，实现点上带动、面上拓宽，推动常德区域品牌创建发展。11月7日，常德市企业品牌建设工作会议在湖南武陵酒有限公司召开，12月，省工商局印发《关于公布湖南省商标战略示范县市（区）、示范企业名单的通知》，澧县被省工商局确定为湖南省商标战略示范县，湖南武陵酒有限公司被省工商局确定为湖南省商标战略示范企业。

2012年,市工商局加强企业商标管理专业队伍建设,强化行政资源向商标培育骨干企业倾斜力度,通过落实商标工商联络员制度,加强对企业商标行政指导和服务,指导没有注册商标的企业加快商标注册,有注册商标的企业加强商标管理与运用,辅导上规模企业申报驰(著)名商标。同时实现商标培训“走出去、请进来”的常态化工作模式,定期以驰名、著名和知名商标申报企业为主要对象开展上门培训或集中培训。5月29日,市工商局会同市经济和信息化委员会、市质监局联合举办“常德市工业企业创建名品名牌培训班”,市工商局派员为参加培训的企业代表进行授课,主要从商标战略概念、商标战略运用、商标战略作用及如何申报商标品牌等方面进行详细讲解,约60余家企业负责人参加此次培训。

二、指导市场主体申报注册商标

1989—1990年,全市各级工商机关从指导商标注册角度帮助企业提高产品质量,争创名优品牌。1990年,市啤酒厂生产的“落士”牌啤酒,常常被消费者误认为“落土”牌,不符合消费者消费习惯,致使其产品销路不畅,企业亏损严重,为此,市工商局派商标广告监管科工作人员深入该厂,从产品质量、商标方面找原因,出主意,并帮助该厂申请注册了“亚妹”商标,由于新申请的商标新颖,且产品质量进一步提高,产品一上市就非常抢手,使该厂走出困境。是年,全市共申请商标186个,核准83个,核准率75%,全市共有注册商标1108个,居全省第二。1989—1990年,全市共申请商标注册576个,核准注册商标385个。

1991年,市工商局在全市范围内建立企业商标指导点123家,发放宣传资料1350份,举办各类商标培训班20期,参训人员184人次,主办板报宣传栏180期。全市各级工商机关共为企业申报商标注册162件,核准注册商标107件。

1992年,全市各级工商机关通过商标监督管理,指导企业商标策划及注册。是年,市工商局为企业申报商标注册133件,其中核准注册商标113件,办理商标变更56件,完成商标续展107件。至年末,全市共有注册商标1182件。

1993年,市工商局在支持企业申报商标注册过程中,帮助企业完善相关资料,提高商标注册核准率;同时,督促企业及时办理商标续展,提醒企业防止商标注册超期丧失商标所有权。通过支持企业申报商标注册、创品牌产品,扩大企业和产品知名度,提高企业产品市场占有率。是年,市工商局共为企业申报商标注册113件,其中核准注册商标86件,至年末,全市共有注册商标1268件,办理商标续展34件。

1994年5月,为适应商标事务代理制改革,经国家工商局商标局批准,市工商局成立全市第一家商标事务代理机构——常德市商标事务所,从5月13日起,市商标事务所正式开展商标注册、商标续展、商标咨询等国内商标代理业务。是年,全市申报商标注册140件,其中核准注册商标94件。

1995年，全市各级工商机关主动派员深入企业宣传商标知识，开展商标服务，不断提升企业运用商标经营策略水平。是年，全市申报商标注册88件，其中申报服务商标11件，提供商标申请、查询、设计等服务222次。

1997年，市工商局加大商标代理服务力度，提高商标注册申报率。是年，全市申报商标注册100件，办理商标续展90件。

1998年，市工商局运用商标管理与服务职能，不断拓展商标代理服务范围，引导企业通过品牌战略参与市场竞争，提高注册商标申报核准率。时年，湖南洞庭药业股份有限公司药品“血速宁”因商标名称与商品性质相同，在申报商标时被驳回，但此药品在北京、天津、上海等地信誉较高、市场份额较大，如果注册不成功将对该企业生产、销售造成极大影响，针对这一情况，市工商局建议该公司将商标中“速宁”与“血”字拆开，只申报“速宁”，获核准后，再与“血”字加在一起使用，获得国家商标局核准，为企业解决实际问题。是年，全市共代理商标注册申请75件、续展商标申请7件，办理商标转让16件、变更22件，办理商标查询193件。

1999年，市工商局坚持培育与规范并重，强化商标管理服务工作。一方面帮助企业出点子、当参谋，搞好商标申报代理与咨询服务，培育注册商标，在企业兼并重组过程中，建议在股份中注入商标价值。另一方面，运用商标监管职能促进企业不断增强商标意识，特别是通过对全市142家商标印制企业验收，增强商标印制人员法律意识与责任，堵住商标假冒源头。是年5月，全国商标会议在常德市召开，市工商局认真做好会议各项筹备工作，并以此次会议为契机，加大《商标法》宣传力度，增强全市企业及消费者商标意识，提高常德企业与产品知名度。是年，全市共办理商标注册申报78件，办理商标续展、转让、变更56件，办理注册商标验证820个，发放注册商标证书39件，办理商标查询226件。

2001年，全市共查询商标336件，申报商标108件，办理续展、转让、变更69件，发放注册商标证书72件。

2002年，全市共办理商标注册申请71件，代理商标转让、续展、变更、补证申请52件，代理商标电传查询226件，发放商标注册证40件，发放商标转让、续展、变更、补证等各类证明文件33份。

三、服务市场主体争创驰名商标、著名商标、知名商标

（一）争创中国驰名商标、国家地理标志证明商标

1989—2002年，市工商局坚持不懈地指导常德卷烟厂“芙蓉王”商标争创中国驰名商标，进一步强化质量管理，推进技术进步，企业主导产品“芙蓉王”香烟以“烟界瑰宝”享誉全国，“芙蓉王”商标及产品多次被评为“湖南省著名商标”和“出口免检产品”，是“中国500最具价值品牌”之一，2002年2月，常德卷烟厂“芙蓉王”商标被国家工商总局认定为“中国驰名商标”，实现常德“中国驰名商标”零的突破。

2005年,市工商局紧紧围绕市委、市政府"品牌兴市"战略部署,进一步突出商标服务水平,加大商标培育力度,全方位推进品牌战略,切实为全市品牌经济发展注入强大活力。是年11月,湖南金健米业股份有限公司"金健"商标、湖南恒安纸业股份有限公司"心相印"商标被国家工商总局认定为"中国驰名商标"。

2007年,市工商局加大现代农业扶持力度,大力实施"商标富农"工程,引导涉农企业创新产业化经营模式,充分发挥商标在农业现代化、产业化、规模化中的作用,强化农产品商标和地理标志证明商标注册的宣传和政策引导,扶持农民、农村经纪人、农村经济组织、涉农企业进行农产品商标注册,争创国家地理标志证明商标,重点扶持"石门银峰"等农产品商标申报地理标志证明商标,提高产品附加值,增强市场竞争力。为帮助津市中意糖果有限公司"中意"牌糖果申报中国驰名商标,市工商局组成专门班子,远赴山东、浙江等地,协助该公司完成申报材料的收集、整理、审查等各项准备工作,通过努力,将津市中意糖果有限公司"中意"商标纳入省工商局申报中国驰名商标规划,并上报国家工商总局。是年10月,常德市第一件国家地理标志证明商标"石门银峰"成功注册。

工商局部门指导"津市牛肉米粉"申报国家地理标志证明商标

2008年,市工商局继续加大农产品商标和地理标志证明商标注册的宣传和政策引导,并将引导涉农企业申报国家地理标志证明商标作为重要的服务领域,鼓励发展农业品牌经济。9月,"石门柑橘"商标获国家地理标志证明商标。

2009年,市工商局召开全市商标战略工作现场会,出台《常德市商标品牌发展三年规划》及《商标品牌创建工作方案》,进一步加大商标培育力度,大力引导、扶持企业积极争创中国驰名商标、地理标志证明商标。是年4月,津市市中意糖果有限公司的"中意"商标被国家工商总局认定为"中国驰名商标"。12月,"桃源大叶茶"成功注册国家地理标志证明商标。至此,全市拥有中国驰名商标4件,地理标志证明商标3件。

2010年,市工商局充通过宣传引路、科学布局、精心指导、强化维权,积极指导企业申报注册商标,培育发展中国驰名商标、国家地理证明商标。是年1月,万福生科(湖南)农业开发股份有限公司的"陬福"商标被国家工商总局认定为"中国驰名商标";10月,湖南古洞春茶业有限公司的"古洞春"商标被国家工商总局认定为"中国驰名商标",同时,常德市第四件国家地理标志证明商标"汉寿甲鱼"成功注册。至年末,全市中国驰名商标总量达到6件。

2011年，市工商局进一步加大商标品牌培育力度，把实施商标战略作为提升全市企业整体素质和综合竞争力的重点，坚持走以市场为主导、以企业为主体、工商主动引导，三大“引擎”一起动的路子，全面提升企业自主创新能力和综合竞争力，培育、催生一批名牌产品和名牌企业，全年新增中国驰名商标4件。5月，湖南德山酒业有限公司的“德山＋图”商标、湖南武陵酒有限公司的“武陵”商标、湖南重庆国人啤酒有限公司的“生态”商标被国家工商总局认定为“中国驰名商标”。11月，湖南安福气门有限公司的“图形”商标被国家工商总局认定为“中国驰名商标”，年末，全市中国驰名商标总量达到10件。

2012年，市工商局按照“成熟一个、发展一个、争创一个”工作思路，主动对接企业，通过“宣传强意识、走访问需求、上门送服务、聚力解难题”的方式，积极支持和引导企业实施商标品牌战略，全市争创中国驰名商标工作有新发展，是年，湖南精为天粮油有限公司的“精为天”商标、湖南盈成油脂工业有限公司的“盈成”商标等13件商标被国家工商总局认定为“中国驰名商标”，“临澧烟花”和“鼎城茶油”成功注册国家地理标志证明商标。至年末，全市中国驰名商标拥有量达23件，居全省第5位。

单位：个

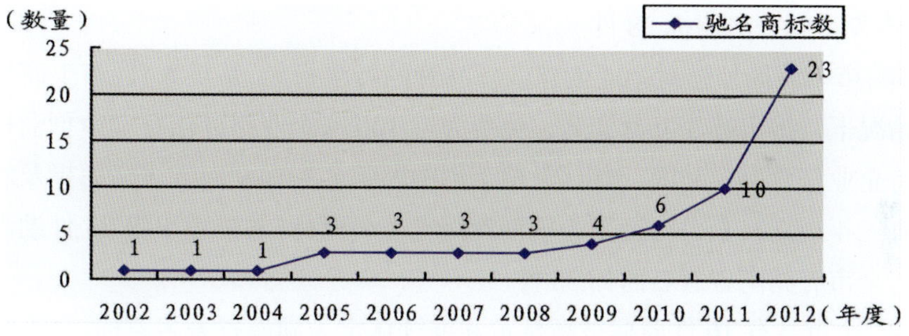

2002—2012年常德市中国驰名商标数变化

常德市国家地理标志证明商标

(二)争创湖南省著名商标

1992 年,市工商局组织常德市卷烟厂等 29 家企业的 32 个注册商标参加全省首届湖南省著名商标评选活动,其中“金芙蓉”“武陵”“斑马”“金牛”等四个商标获得湖南省著名商标称号,在全省各地、州、市中排名第四位。

1997 年,市工商局向省工商局申报省著名商标 25 件,其中 16 件商标被省工商局认定为湖南省著名商标。是年,全市共拥有省著名商标 33 件。

2001 年,常德卷烟厂“芙蓉王”等 11 个商标被省工商局认定为湖南省著名商标。

2003 年,市工商局积极向省著名商标委员会推荐“芙蓉王”“心相印”“金健”“德山”等 11 件商标,均被认定为湖南省著名商标。

2005 年,市工商局充分发挥商标职能作用,引导企业培育拳头产品,指导企业运用商标策略开拓市场,不断做大做强,共帮助 11 家企业成功申报“湖南省著名商标”。

2006 年,市工商局充分发挥商标监管职能,通过开展商标宣传,加强注册指导,积极支持企业争创商标品牌,提高企业核心竞争力。是年 12 月,湖南省“著名商标”评选结果揭晓,常德市有 16 件商标榜上有名,“壛道”等 16 件商标被新认定或继续认定为省著名商标,至年底,全市共有湖南省著名商标 38 件。

2007 年,市工商局加强对企业创建商标品牌的行政指导,是年 6 月,市工商局在经费十分紧张的情况下,挤出近 3 万元资金,免费为近 100 家企业举办培育和争创商标品牌培训班。为支持企业培育商标品牌,制定《常德市创中国驰名商标湖南省著名商标及农产品商标发展和培育三年规划》,全力支持企业争创湖南省著名商标,共推荐申报 23 件湖南省著名商标,至年末,全市有湖南省著名商标 38 件。

2008 年,全市共有 16 件商标被新认定和继续认定为湖南省著名商标,全市有效著名商标总量达 47 件。

2009 年,全市工商系统立足职能,鼓励企业不断培育商标信誉,争创著名商标,发挥商标对经济发展的推动作用。至年底,全市 32 件商标被新认定和继续认定为省著名商标,全市有效著名商标总量达 63 件。

2010 年,市工商局组织指导企业对到期著名商标进行再认定工作,并支持湖南常德湘联实业有限责任公司、湖南德山酒业营销有限公司等 32 家企业争创湖南省著名商标。年末,“湘联 + 图形”等 34 件商标被新认定和继续认定为湖南省著名商标,全市有效省著名商标总量达 81 件。

2011 年,全市 43 件商标被新认定和继续认定为湖南省著名商标,其中湖南洞庭药业股份有限公司的“图形”等 12 件商标被省工商局继续认定为湖南省著名商标;湖南鑫源缸套有限责任公司的“三鑫 + 图形”等 31 件商标被省工商局新认定为湖南省著名商标,全市有效省著名商标总量达 108 件。

2012 年,市工商局加大服务力度,推进商标品牌战略实施,全市新增湖南省著名商标 34

件，全市有效省著名商标总量达125件，居全省第五位。

（三）争创常德市著名、知名商标

1997年，经市政府同意，市工商局在全市组织开展常德市著名商标认定工作。常德著名商标认定工作采取企业自愿申报、著名商标认定办公室初审、著名商标认定领导小组评审的办法，全市有常德卷烟厂“芙蓉王”等33件商标被认定为常德市著名商标。

1999年，市工商局对获得上届常德市著名商标称号的33家企业逐一回访，通过座谈、实地考察等形式，摸清常德市著名商标企业生产经营和实施商标战略的基本情况，帮助企业解决商标发展过程中的问题。是年11月，湖南常德水表厂“常德”等33件商标被认定为常德市著名商标。

2001年4月，市工商局组织开展全市著名商标评选工作，通过层层筛选，逐个考核，在公平、公开、公正基础上，经报市政府同意，认定湖南常德武陵酒业有限公司的“武陵”等39件商标为常德市著名商标。

2003年，市工商局按照市委、市政府提出的“实施名牌带动战略”，为企业争创知名品牌提供优质服务，成立常德市著名商标认定机构，严格依照规定条件和程序，组织开展常德市著名商标认定工作，从全市800多个注册商标中认定“芙蓉王”“金健”“国人”等33件商标为常德市著名商标。2004—2007年，常德市著名商标认定工作暂时停止。

2008年，为培育常德本土知名品牌，规范常德地方品牌评选认定工作，市工商局通过调研，广泛征求意见，草拟《常德市知名商标认定和保护办法》，建议将原来的“常德市著名商标”认定变更为“常德市知名商标”认定。是年1月，市政府办印发《常德市知名商标认定和保护办法》，开始常德市首届知名商标认定工作；8月，市工商局认定湖南精为天米业有限公司“精为天＋图”等19件商标为第一批常德市知名商标。

2009年6—8月，市工商局组织开展常德市知名商标认定工作，经企业自愿申请，各县级工商局推荐，本着优中选优的原则，市工商局对申报企业进行调查、核实、论证，并征求有关部门意见，对符合常德市知名商标条件的“壹德壹”“木子”等26件注册商标予以公告，并认定为常德市知名商标，有效期3年。年末，全市常德知名商标总量达45件。

2010年9月，市工商局认定常德市玉洁食品有限公司“玉洁”等35件商标为常德市知名商标，全市知名商标总量达80件；

2011年，全市工商系统加大知名商标培育力度，企业创建知名商标品牌积极性高涨，知名商标申报量达40件，经各县级工商局推荐，市工商局知名商标审核委员会审核，并征求相关行业主管部门、行政执法部门和行业协会意见，市工商局局长办公会议审议决定：认定大湖水殖股份有限公司的“大湖”、常德市金雁电线电缆厂有限公司“中南＋图形”等32件商标为2011年常德市知名商标，全市常德知名商标总量达110件。

2012年，市工商局依据《常德市知名商标认定和保护办法》认定益丰大药房连锁股份有限公司的“益丰大药房”等36件商标为市知名商标，全市常德知名商标总量达到146件。

全省各市(州)商标有关数据统计对比一览

表 4—1—3—1

单位:件、户

单位	有效注册商标		中国驰名商标		湖南著名商标		地理标志证明商标		经济主体拥有注册商标情况			各市州人均拥注册商标情况		
	数量	排名	数量	排名	数量	排名	数量	排名	数量	户均注册商标	排名	常住人口	人均注册商标	排名
长沙	53693	1	91	1	605	1	5	4	42.6 万	0.10	1	709 万	0.0076	1
株洲	8099	4	32	2	176	3	10	1	14.6 万	0.05	2	388 万	0.0020	3
湘潭	8149	3	27	3	145	4	1	8	6.6 万	0.10	1	276 万	0.0030	2
岳阳	7878	5	26	4	189	2	3	6	18.5 万	0.04	3	548 万	0.0014	4
常德	5977	8	23	5	125	5	6	3	15.8 万	0.03	4	573 万	0.0010	6
郴州	3604	11	8	9	77	11	3	6	10.8 万	0.03	4	461 万	0.0008	7
衡阳	6187	7	11	8	123	6	2	7	11.6 万	0.04	3	717 万	0.0007	8
怀化	2824	12	2	12	84	9	8	2	12.7 万	0.02	5	475 万	0.0006	9
娄底	4020	9	8	9	104	8	0	9	8.2 万	0.04	3	379 万	0.0010	6
邵阳	9477	2	12	7	100	10	5	4	15.6 万	0.05	2	711 万	0.0013	5
湘西	1923	13	4	11	28	12	8	2	5.7 万	0.03	4	256 万	0.0008	7
益阳	6231	6	15	6	111	7	4	5	11.6 万	0.04	3	431 万	0.0014	4
永州	3781	10	6	10	28	12	3	6	9.8 万	0.03	4	521 万	0.0007	8
张家界	1084	14	2	12	27	13	1	8	3.3 万	0.03	4	149 万	0.0007	8
合计	122927		267		1922		59		187.4 万			6594 万		

有效注册商标						中国驰名商标						湖南省著名商标						地理标志证明商标					
全省	12.3万	全市	0.6万	比例	5%	全省	267	全市	23	比例	9%	全省	1922	全市	125	比例	7%	全省	59	全市	6	比例	10%

注:1.常住人口数据来源于《湖南统计信息网》,其他数据来源于国家工商总局或湖南省工商局;2.中国驰名商标、地理标志证明商标长期有效,湖南省著名商标有效期3年;3.知名商标全省仅有四个市(州)进行评定,不具有对比性,故没有进行统计;4.数据截至2012年12月。

第二章　服务“三农”

第一节　开展“红盾护农”行动

2004 年 2 月,国家工商总局“围绕爱农、护农、帮农行动,铲除坑农、损农、害农行为”进行工作部署,将工商机关开展的农资打假工作命名为“红盾护农”。是年 5 月,国家工商总局印发《关于继续开展“红盾护农”行动的通知》,各级工商机关按照国家工商总局部署迅速启动“红盾护农”行动,“红盾护农”机制正式创立并实施。随后,市工商局按照国家工商总局和省工商局部署,以加强农资市场监管工作为切入点,以农资打假治劣为核心,以农资商品质量定向监测为手段,以建立健全农资市场长效监管机制为重点,围绕种子、肥料、农药、农机具及零配件等四类农资商品开展专项整治行动,共发放宣传资料 1 万余份,组织红盾护农现场咨询投诉活动 8 次;为严把农资市场主体准入关口,摸清农资市场主体底数,全市工商系统加强经济户口管理,实施信用分类监管,加大对失信、严重失信经营者监管力度,强化农资经营企业和经营户内部管理制度建设,建立和健全“两账两票”“一卡一书”制度和种子留样备查公示制度,农资商品准入制度、查验制度、公开承诺制度等。同时,实施农资商品抽验及不合格农资公示制度,依法加大对涉农案件,特别是大案要案打击力度。是年,全市工商系统共捣毁农资制假窝点 3 个,为农民挽回经济损失 14.42 万元,查获假劣种子 10260.6 公斤、农药 52345 公斤、化肥 96550 公斤、饲料及饲料添加剂 28365 公斤,劣质农机 221 件,共查处农资侵权案件 372 件,罚没入库 89.95 万元。

市工商局举行“红盾护农”农资打假专项行动启动仪式

2005 年 2 月,市工商局转发国家工商总局《关于印发〈2005 红盾护农方案〉的通知》等相关文件,全面推行“红盾护农七到位” 工作机制,即打假行动到位、维权网点延伸到位、宣传发动到位、指导协调到位、主体准入把关到位、服务帮扶到位、日常监管到位。主要以种子、肥料、农药、农机具及零配件等农资商品打假为重点,分别在春耕、夏种、秋播季节,对各类农资商品进行261批次抽检工作,抽检合格率达88.06%。同时全市工商系统把打假维权工作延伸到辖区各乡镇,在基层工商所设立红盾护农"12315"投诉点,形成市工商局、县级工商局、基层工商所三级农资维权网络,全力维护农民群众合法权益。是年,全市工商系统通过组织开展"红盾护农"专项执法行动,共查处损农坑农案件283起,端掉制假农资窝点2个,查获假劣种子4.2吨,不合格肥料108吨,不合格农机具77件。

2006年1月,市工商局印发《常德市工商行政管理局"2006红盾护农"行动方案》,要求全市工商系统在巩固前两年"红盾护农"工作成果基础上,积极创新监管方式,拓宽维权内涵,探索加强农资"经济户口"管理、规范农资经营渠道、建立农资经营主体商品质量承诺制等行之有效的农资市场监管方式。同时严格落实"种子留样备查制、企业信用分类监管制、两账两票及一书一卡制",促进农资经营企业诚实守信,不断提高农资市场监管执法水平和效能。为推动全市红盾护农行动全面开展,3月1—7日,市工商局组织开展"红盾护农行动宣传周"活动,全市各级工商机关组织工商行政管理人员深入城区大街小巷、乡村田间地头开展"红盾护农"宣传,共出动人员800多人次,出动车辆102台次,发放宣传资料5000多份,张贴横幅、标语1000多条,活动内容丰富,形式多样。为帮助农民维权,市工商局创新"红盾护农"监管维权方式,会同市消委推行"先行赔付"和"三位一体"农民维权新模式。"先行赔付"是指由消委同种子、农药、化肥等经销商签订"先行赔付"合同,加挂"先行赔付店"牌子营业,一旦质量出现问题,消委及时组织专家认定并更换实物,确保不误农时,其余损失再由消委另行调解处理。这一处理方法由过去"秋后算账"改为在农民生产各个环节即损即赔,维护农民利益,有利于定损调解,也把经销商和生产厂家损失降到最低限度,收到"消委一方牵线"、"农民、商家、厂家三方受益"的良好效果。年末,全市已确定"先行赔付店"88家,使农民避免农资质量造成的损失700多万元。"三位一体"是指由工商部门"12315"投诉热线、消委、个私协这3个组织整合成一个平台,在乡镇建立消费维权服务站,村建立维权服务点,将监督管理、调解处理投诉、组织个体私营企业自律三项职能整合在一起,形成维权合力。是年,全市工商系统通过开展"红盾护农"专项执法行动,共受理农村消费投诉573起,落实农民农资投诉先行赔付458起,为农民补种价值9.1万元,赔付现金54.6万元,查处假冒伪劣农资案件59起,收缴假冒伪劣农资13吨,为农民挽回经济损失975万元。澧县工商局共查处假冒稻种8000公斤,对化肥抽样送检28批次,收缴不合格磷肥18吨,收缴不合格碳铵12吨,收缴不合格复合肥25吨,扣押涉嫌不合格农机具16件,立案32起,罚没入库3.8万元。津市市工商局收缴过期农药共27个品种,27瓶,查封复合肥800公斤。安乡县工商局清理主体资格不合格农资经营户15户,取缔2户,查扣冒牌水稻杂交稻种子600公斤,化肥抽检5批次。桃源县工商局检查农资经营户300户,查处假冒种子、磷肥案件11起,罚款5万余元。鼎城区工商局封存扣留、暂停销售不合格复合肥60吨,钙镁磷肥20吨,山西农药螟卷毒果300件。

2007年3月8日,市工商局印发《常德市工商行政管理局2007年"红盾护农"行动工作方案》，全市工商系统通过加强“经济户口”管理、建立农资监管长效机制、实行信用分类监管等途径，集中力量严厉打击以下七种行为，即：生产、销售过期、失效、变质和标签不全、不合格以及国家禁用的农资商品；生产、销售无登记证、批准文号、品种审定、生产许可证、经营许可证的农资商品；生产、销售掺杂使假、以次充好等假冒伪劣农资商品；伪造或者买卖生产经营许可证、批准文号或者产品登记证、推广许可证；伪造、涂改产品生产经营单位名称、地址、有效期和质量标识；利用各种广告或媒体，对农资商品质量、服务、功效、适用范围等做虚假宣传；农资产品销售中计量违法行为。同时，通过全面推行农村消费维权“一组一站”模式（即在乡镇政府建立农村消费维权领导小组，在行政村建立农村消费维权联络站）和农业生产资料先行赔偿制度，全力维护农民合法权益。各县级工商局结合实际，制定具体实施方案，层层签订农资市场监管目标责任书，落实农贸市场目标管理。是年，全市工商系统共受理农村消费投诉615起，落实农民农资投诉先行赔付481起，为农民补种价值近10万元，赔付现金64.5万元，为农民挽回经济损失近1000万元。组织各县级工商局对60个化肥、种子样品进行检测，检测出不合格品种6个，查处损农坑农案件341起，端掉制假农资窝点3个，查获假劣种子7100公斤、不合格肥料73吨、不合格农机具93件。

2008年1月21日，市工商局印发《关于深入开展“红盾护农”行动整顿和规范农资市场秩序的通知》，全市工商系统借助“一组一站”农村消费维权平台，创造性地开展农资消费维权工作，市工商局积极争取政府支持，市政府以文件形式明确农村消费维权“一组一站”建设由政府主导、工商部门和消委牵头主抓，建设费用由全市各级政府承担，“一组一站”建设由工商部门行为上升为政府行为。同时，通过建立“红盾护农”乡村监督联络员制度，完善“两账两票”及“一书一卡制”制度，严格落实种子留样备查制度和不合格农资先行赔付制度，极大方便农民消费维权，真正实现投诉不出村、维权在家门。是年，全市各级财政共拨出基层消费维权组织网络建设经费34.6万元，乡镇自筹18.5万元，村级自筹138万元，建立市、县、乡镇三级食品安全和消费维权领导小组233个，覆盖面达100%；建立村级消费维权联络站3556个，村（社区）联络站2863个，覆盖面达81%，受理农村消费投诉4374起，接受消费咨询8973起，转交移送消费侵权案件625起，举办农资等消费维权联络站站长培训班38期，利用节假日和农村赶场活动举行大型法律宣传活动77次，共查扣各类不合格农资46吨，立案206件，案值438万元，受理农民投诉61起，为农民挽回经济损失90.15万元。

2009年2月，市工商局印发《2009年深入开展“红盾护农”行动工作方案》，全市工商系统“红盾护农”工作主要围绕“三个加大、两个确保”（即加大监管、维权、服务力度；确保农民合法权益不受侵犯，确保农村稳定发展和农民持续增收）目标要求，创新监管方式，提高监管水平，“红盾护农”成效显著，共抽检农资商品300多个批次，抽检合格率达87%以上；查处农资违法案件179件，涉案金额363万元；查扣不合格农资48吨，捣毁农资制假售假窝点2个，取缔农资无照经营户193户，受理农民消费投诉57起，为农民挽回经济损失81.8万元。

2010年，市工商局认真贯彻《中共中央、国务院关于加大统筹城乡发展力度进一步夯实农业农村发展基础的若干意见》,按照全省工商系统“红盾护农”农资打假专项行动电视电话会议工作部署,深入开展“红盾护农”行动。3月9日,市工商局印发《常德市工商行政管理局2010年“红盾护农”农资打假工作方案》,3月11日下午,市工商局在市体育中心举行常德市工商系统2010年“红盾护农”农资打假专项行动启动仪式,省工商局副局长强国跃、市人大常委会副主任石成林、市政府副市长徐万发、市政协副主席彭明健等领导出席启动仪式。为进一步加深执法人员对农资市场监管现状及农资专业知识的了解,增强农资打假治劣针对性和有效性,3月19日,市工商局举办“红盾护农”农资打假培训班,全市工商系统60多名农资市场监管执法人员参加培训。为加强对流通领域种子、肥料、农药、农用成品油、农机具及其配件等商品质量监测,大力开展“红盾护农”保春耕、保夏收、保秋播专项整治行动,加大大要案件查处力度,全市工商系统组建12支农资打假专业执法队伍,整合基层农资监管执法力量。通过大力推行农资经营示范店建设、支持现代农资物流发展等方式,构筑防控假冒伪劣农资商品的执法体系;同时,加强农资市场监管力度,提高动态监管水平,实现事后查处向预警防范和长效机制转变,突出重点季节、重点区域、重点市场的农资市场监管。是年,全市工商系统共抽检农资商品347个批次,抽检合格率在81%以上;查获农资案件177件,案值120.98万元;查扣不合格农资68480公斤,取缔无照经营70户,受理投诉80起,为农民挽回损失54.09万元。

2011年,市工商局树立“服务发展是第一要务,监管维权是第一责任”理念,把开展“红盾护农”农资打假专项整治行动作为年度八大专项整治行动之一,重点围绕种子、肥料、农用成品油、农机具及配件等商品,坚持疏堵结合,打防并举,突出重点查处假劣农资坑农害农行为,保护农民利益,确保农民用上放心农资。为进一步提高农资经营者依法经营意识和农民识假辨劣能力,市工商局加大宣传力度,编印《红盾护农宣传手册》《农资质量管理承诺书》及《致农资经营户的一封信》等宣传资料,警示农资经营者依法依规经营,帮助广大农民群众科学使用农资、正确选购农资,提高自我维权保护能力。同时,通过开发农资市场监管软件系统,完善农资经营主体经济户口台账,实施信用分类监管,推进“农资经营示范店”创建,进行全面的农资质量检测,及时公示抽检结果,把对农业生产危害严重的案件作为查处重点,加大农资经营主体及其经营行为监管力度。是年,全市各级工商机关共出动执法人员1700多人次,对4200多家农资经营户、9个农资市场进行专项检查,对367个批次农资产品实施抽样检测,取缔无照经营户26户,立案查处农资违法案件180起,案值137.04万元,罚没入库72.75万元。桃源县工商局查处省工商局交办的“中顺”“中胜”氯化钾肥料不合格案2起,罚没入库3.421万元;澧县工商局立案查处“湘丰三号”棉花种子不合格案件,罚没入库2.3万元。

2012年,市工商局围绕农民反映强烈的农资经营热点、难点问题,严把农资市场准入关,强化巡查监管,加大执法力度,有效规范农资市场秩序,切实维护广大农民群众合法权益。为严格市场准入,规范主体资格,全市工商系统结合企业年检、个体工商户验照等工作,对农资经营主体进行全面清理，认真审查农资经营单位准入资格，确保准入条件、主体资格、经营资格合法。是年，全市各级工商机关共组织规模检查整治行动38次，出动执法人员2350余人次，检查农资企业及个体工商户2985户；重点开展流通领域种子、农药、肥料、农机具及配件等农资商品质量抽样检测，抽检复混肥、种子、农药等农资商品183个批次，对检测不合格商品，及时公布监测结果，发布消费警示，依法查处掺杂使假、以次充好、减少有效含量、虚假标识、标识不清、虚假宣传、“傍名牌”及侵犯他人注册商标专用权等违法行为。全年共发放农资商品常识及识假辨假知识宣传资料3000余份，立案查处各类涉农案件173起，案值101.08万元，罚没35.1万元；全市设立村级农资消费者举报申诉联络站2074个，解答消费者咨询4815人次，受理农资消费投诉42件，处理42件，为消费者挽回经济损失60余万元；为建立长效监管机制，推进诚信建设，市、县工商局结合创建农村文明集贸市场和星级信用市场，开展“十大红盾护农典型案例”评选及农资规范经营“示范乡”“示范村”“示范店”推介活动。同时，加强行政指导，督促经营者建立经营承诺制、信誉卡制、索证索票制、“两账两票”“一卡一书”制、企业进货查验制、种子留样备案制和农资市场主办方先行赔付制等制度，增强诚信经营意识，严防不合格农资商品流入市场。

市工商局开展《消费者权益保护法》宣传进农村活动，增强农民消费者自我保护意识

第二节　发展农民专业合作社

2007年，是工商部门实施农民专业合作社注册登记第一年，是年6月，为贯彻落实《中华人民共和国农民专业合作社法》、规范农民专业合作社登记注册工作，国家工商总局印发《关于农民专业合作社登记管理的若干意见》《关于启用〈农民专业合作社法人营业执照〉和〈农民专业合作社分支机构营业执照〉的通知》及《农民专业合作社登记文书格式规范》等规范性文件，为迅速启动农民专业合作社登记注册工作，服务全市社会主义新农村建设，全市工商系统组织工商行政管理人员对辖区农村产业结构和产品布局进行深入调研，了解优势产业、特色产品及其经营能力等情况，围绕当地党委、政府农业发展规划和安排，引导广大农户及相关经济组织在农村家庭承包经营基础上，自愿联合，设立农民专业合作社，对基本符合登记条件、有设立农民专业合作社意愿的农民经济组织，全市工商系统结合开展工商联络

员服务活动,由工商所指派一名辖区工商干部,上门宣传政策法规、核实住所、帮助规范其组织和行为、协助准备登记材料。农民专业合作社设立以后,定期上门指导农民专业合作社运用合同、广告等手段谋求发展,培育农产品商标,帮助其解决经营中的困难和问题;各县级工商局在登记窗口设立农民专业合作社“绿色通道”,做到优先受理、优先审核、优先发照。同时,办理农民专业合作社登记,实行全程“零收费”,即免收登记费、工本费、会员费等,并指导各级个私协、消委为农民专业合作社搞好相关服务。实行监管从宽,对农民专业合作社违法情节轻微、未造成严重危害的,实行预警警示,一般不采取行政强制措施,以教育为主。结合开展“红盾护农”行动,抓好合同帮扶工程,及时解决涉农合同纠纷。畅通农民投诉渠道,对侵害农民利益的案件,快办快结,依法维护农民专业合作社合法权益。7 月 27 日,全市第一家农民专业合作社“桃源县成业猪鬃产销专业合作社”在桃源县工商局注册成立。是年,全市发展农民专业合作社 43 户,成员总数 507 人,其中农民成员 459 人,占成员总数的 90.5%,认缴出资总额 7648.25 万元,这些专业合作社遍布全市各乡镇村,成为乡镇村农业产业结构布局确定的主导力量。

2008 年 5 月,市工商局印发《关于规范农民专业合作社登记监管工作的通知》,要求全市工商系统依法履行职责、切实拓展思路、采取有效措施、落实优惠政策、加大服务力度,高度重视农民专业合作社发展,并开辟工商登记注册“绿色通道”,积极扶持农民专业合作社发展壮大。各县级工商局按照市工商局统一部署,分派登记业务骨干和工商所责任区干部组成服务小组,专门落实服务指导。在农民专业合作社申请增员初期,由服务小组进行实地走访,确认新增人员真实意愿,向农民宣传加入合作社的各种程序和优势,打消其疑虑。同时,组织合作社骨干成员召开座谈会,探讨发展方向、品牌建设、项目申请等问题,激发农民创业热情。针对农民合作社办理表格资料繁多这一情况,由熟悉工商注册登记的业务骨干进行“一对一”指导,通过现场指导为主、电话网络辅导为辅,指导完成表格填写、章程起草、社员大会筹办等准备工作,方便申请人少走弯路。针对农民工作繁忙、出行不便等情况,由服务小组主动深入田间地头,进行合作社成员分批集中签字。同时,合理安排工作时段,利用中午休息和傍晚下班时间驻村办理,提高办事便捷度和效率。是年,全市新发展农民专业合作社 120 户,新认缴出资总额 30917.09 万元。年末,全市累计发展农民专业合作社 163 家,出资总额达 38565.34 万元。

2009 年,市工商局以扶持农民专业合作社为切入点,积极实施强农惠农工程,扶持规模农业、生态农业发展。针对不同板块发展特点,以优质准入服务活动为抓手,深入乡镇村了解农业生产、涉农产业经营现状,指导农民根据实际成立相应类型农民专业合作社。如在葡萄、提子种植集中的澧县,县工商局指导成立 4 户以葡萄、提子种植、销售为主的农民专业合作社;在柑橘种植相对集中的石门县,县工商局指导成立 20 余户柑橘种植、销售为主的农民专业合作社;在蔬菜种植较为集中的武陵区郊、汉寿县围堤湖,工商部门指导农户成立了9 户农民蔬菜专业合作社。为帮助农民专业合作社拓宽融资渠道,各县级工商局与当地金融机构共同搭建银企融资平台，为农民专业合作社融资牵线搭桥，一定程度解决农民专业合作社贷款难问题。同时，指导农民专业合作社使用农副产品买卖合同示范文本，对规模较大、交易额较多的专业合作社，实行大宗订单签约履约指导。临澧县工商局协调四新岗生态农业黑羊专业合作社与湖北宏丰超市配送中心签订购销协议，在年初合作社购进第一批羊苗时即签订销售3000只黑山羊的供货协议。是年，全市登记设立各类农民合作社161户，认缴出资总额42487.03万元，部分乡镇实现"一村一社"。年末，全市农民专业合作社累计达324户，出资总额达81052.38万元。

2010年，市工商局按照市委办、市政府办《关于促进农民专业合作社发展的意见》，印发《关于进一步加强农民专业合作社管理的通知》，各县级工商局全面贯彻文件精神，坚持主动介入，采取有效措施，引导、扶持农民专业合作社与龙头企业对接，依托金健米业、万福生科、盈成油脂、精为天粮油等农业龙头企业，以"公司＋合作社＋农户"的合作模式，引导农户积极参与组建农民专业合作社，使农民和企业利益联结机制由松散型逐步向紧密型转变，以技术、信息和稳定销售渠道实现农业产业化经营。时年，全市新增农民专业合作社210户，新认缴出资总额56926万元。年末，全市已登记注册农民专业合作社593户，出资总额159174万元，成员总数10607人。为实现农民专业合作社与优势产业对接，桃源、汉寿、石门等县级工商局依托当地大叶茶、柑橘、葡萄、甲鱼、榨菜等优势产业农产品基地建设，推广订单农业发展模式，引导有实力的涉农企业、有能力的农民兴办农民专业合作社。时年全市已有54家企业、9978户农户加入农民专业合作社，带动农户近20万户。为确保农民专业合作社与品牌农业对接，市工商局对全市拥有"名特新优"农副产品乡镇、村进行走访调查，指导农民专业合作社规范使用商标，不断增强农产品市场竞争力。是年，全市有36家农民专业合作社申请并取得37个农产品注册商标，获得无公害认证的合作社9个、产品27个，获得绿色食品认证的合作社7个，获得有机食品认证的合作社2个。

2011年4月，市工商局印发《关于促进农民专业合作社发展工作方案》，全市工商系统紧紧把握常德农业发展现状，因势利导扶植农民专业合作社发展壮大，推动农村创业富民进程。为营造发展氛围，全市各级工商机关充分利用新闻媒体等宣传平台，广泛宣传《农民专业合作社法》《农民专业合作社登记管理条例》等法律法规，结合实际为农民专业合作社登记注册开辟"绿色通道"，全市88个基层工商所联合乡镇政府、居（村）委会、市场开办者多次举办相关咨询及培训班，让农户深入了解发展农业专业合作社的重要意义和作用，鼓励农民设立农民专业合作社。各县级工商局、基层工商所针对本地种植业、养殖业及特色农业发展情况，确定重点帮扶培育对象，立足登记注册职能，依法降低准入门槛，在创业领域坚持"非禁即入"，在准入门槛坚持"尽量放低"，在办事程序坚持"从快从简"，在服务质量坚持"从好从优"，安排专人提供"一对一"服务。在工商部门培育引导下，澧县苹果柚、葡萄种植业，石门、桃源等县柑橘、茶叶，武陵、鼎城等区县蔬菜，汉寿县甲鱼及欧美黑杨等农产品得到规模化发展。澧县工商局为提升本地农产品知名度和附加值，引导农民专业合作社注册农产品商标

17个,湖南农康葡萄专业合作社的“澧康”商标已被认定为湖南省著名商标,优势品牌带动葡萄产业可持续发展,葡萄面积由原来20公顷发展到现在267公顷,葡萄价格由注册前每公斤7元上涨到每公斤12元,产品供不应求,每公顷利润达15万元,让农户真正享受农业产业化发展成果。同时,各县级工商局严格落实工商联络员制度,指派专人担任农民专业合作社联络员,将服务从登记注册延伸到经营、年检、变更等程序,及时提供有关涉农建设项目、金融信贷和税收优惠、产销运输等信息,定期回访了解合作社生产经营情况,指导农户使用规范的合同文本,利用工商“12315”网络维护农民合法权益。是年,全市新增农民专业合作社302户,新增出资额63825万元;年末,全市农民专业合作社累计达902户,出资总额达231683万元。

2012年,为进一步提高全市农民专业合作社产品市场占有率,扩大农产品销售半径,提高农产品市场定价能力,全市工商系统充分发挥工商部门职能作用,经常组织工商行政管理人员深入到农村田间地头宣传《农民专业合作社》《农民专业合作社登记管理条例》等相关法律法规,以及农民专业合作社在促进农民增收、农业发展中的重要作用,引导、鼓励多主体、多层次、多类型兴办专业合作社。同时通过开辟登记注册“绿色通道”,实现“零收费”等措施,方便农民就地申办,降低登记成本,实行登记前引导创办、登记时全程指导、登记后规范运行,为农民专业合作社快速发展提供良好软环境。各县级工商局除开辟“绿色通道”为农民专业合作社提供高效便捷的准入服务外,还积极引导农民发展具有地域特征的特色农业,指导农民成立了一批具有常德地方特色的农民专业合作社,覆盖全市蔬菜、种植、养殖、林业等优势产业、特色产业和新型产业,并通过发展农民专业合作社帮助全市农产品争创中国驰名商标、湖南省著名商标和市知名商标,鼓励农民专业合作社申报无公害农产品、绿色食品、有机食品认证以及地理标志证明商标。11月7日,全市首家农民专业合作社联合社常德市金祥烟叶专业合作社联合社在桃源县盘塘镇注册成立。一批具有龙头特点的农民专业合作社,通过典型带动、项目拉动,在带领全市农产品提高市场竞争力方面发挥了越来越重要的作用。如省级示范合作社石门亚辉果业合作社、市农业产业化龙头企业石门恒园果业合作社、湖南省双佳农民专业合作社等专业合作社在带领石门柑橘产业发展上成绩卓越。时年,石门县无公害柑橘产地认定面积达到16667公顷,绿色食品认证达到1200公顷,欧盟全球GAP认证达到933公顷,美国农业部有机食品认证达到127公顷。汉寿宗源龟鳖养殖专业合作社在汉寿县形成267公顷低密度放养的甲鱼标准化生态养殖基地,统一经营“汉寿甲鱼”地理标志证明商标,统一建立生产经营台账,上市产品可以追溯到成员户、基地或塘口。澧县农康葡萄专业合作社作为全国农民专业合作社示范社,每年向周边农户供应种苗,带领全市葡萄远销湖北、广西、江西、福建、上海等10多个省市。是年,全市共新增农民专业合作社299户,新认缴出资总额57619万元。年末,全市共有农民专业合作社1141户,出资总额281341万元,成员总数21797户,其中农民成员20645户、非农民成员1054户、企业单位成员98户。有76家合作社通过农产品质量认证,94家合作社取得注册商标,农产品获地理标志证明商标6

件，农产品获中国驰名商标 11 件，覆盖传统产业、特色产业和新兴产业。

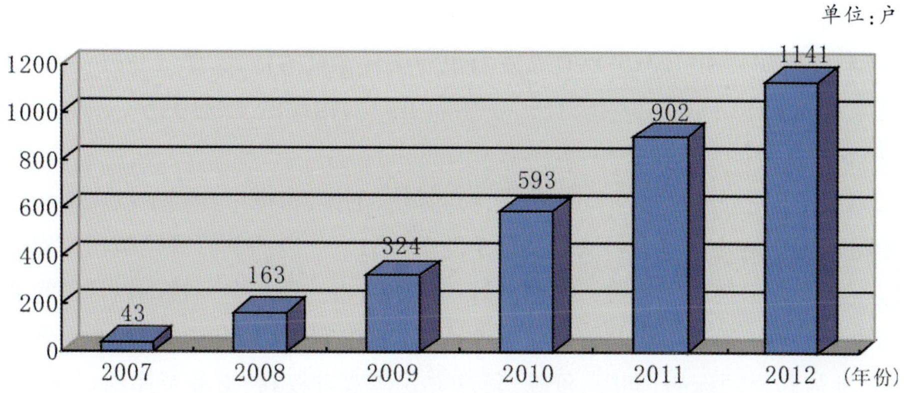

2007—2012 年全市农民专业合作社发展情况

第三节　实施“合同帮扶”工程

2006 年，为贯彻国家工商总局《关于支持发展订单农业，积极开展涉农合同帮扶工程工作的通知》和省工商局有关文件精神，市工商局强化对农业合同的指导和管理，在全市范围内全面推行《农副产品订单合同》等涉农合同示范文本，促进农产品流通，保护农民合法权益。

2007 年，市工商局在全市范围内选择双佳牧业等一批农业产业化龙头企业、农民专业合作社及有一定规模的农产品生产基地，开展合同帮扶工作。重点帮助鼎城牛鼻滩、中河口等推行榨菜订单种植，帮助黑山咀、黄珠州等乡镇推广鲜鱼订单养殖，帮助桃源、石门等区县推广柑橘、茶叶订单种植，通过签订订单合同，建立稳定产销关系，实现加工企业与种养农户互利双赢。

2008 年，市工商局将全市范围内 146 家农业产业化龙头企业与全市广大农村种养农户联系起来，开展合同帮扶。并划分责任区域，制定帮扶责任制度，建立合同帮扶联络员制，把合同帮农工作落到实处。

2009 年，市工商局建立和完善合同帮农工作机制，扎实推动工作平衡发展，深入企业和农村制订符合实际的订单合同文本，引导企业和农民按照订单合同开展经营，并组织好种养生产。

2010 年，市工商局印发《关于深入推进合同帮农工作的实施意见》，建立合同帮农涉农合同法律知识宣传培训、推广使用涉农合同示范文本、办理农合同格式条款备案、开展涉农主体动产抵押登记、进行涉农合同签约履约备案、调解涉农合同争议等十项制度，组织全市各级工商机关，深入开展订单农业与合同帮农工作，通过完善和推广涉农合同文本，培育合同帮农示范单位和企业，加强涉农合同监督检查，提高履约率。是年，共受理订单合同咨询 243 人次，调解订单合同纠纷 42 起，合同金额 58.7 万元。

2011 年,市工商局强化涉农合同监管服务,建立和完善合同帮农工作机制,建立由工商牵头,农业、商务、粮食、司法、水利等部门参与的协作机制,建立合同帮农组织网络,即以工商所为基础,以村委会和"12315"维权站及农民专业合作社为依托,建立乡村合同帮扶站,落实合同帮农具体工作。同时,争取政府支持和部门配合,构建由"政府主导、工商牵头、部门联动"的订单农业及合同帮农工作格局。

2012 年,市工商局全面推动订单农业、合同帮农工作,将推广合同示范文本、订单农业、发展常德特色农业纳入贯彻市委法治三十条的实施方案。以西湖管理区被国家农业部确定为国家级现代农业示范区为契机,把西湖管理区作为市工商局全面推动以订单农业为重点的合同帮农示范点。通过依法制订农村土地承包经营权转让、转包、出租和互换合同示范文本,明确土地流转合同标的、期限、价款、付款方式等双方权利、义务及违约责任;同时依托"一会两站",建立合同帮农工作站,组织开展订单农业合同宣传推广,引导开展"守合同、重信用"创建活动;注重涉农合同纠纷调解,涉农违法合同案件查处,加强订单农业信用体系建设,构建订单农业与合同帮农长效管理机制。是年,共检查涉农企业 135 户,签约农户 1218 户,签署订单农业合同 3320 份,签约金额 502 万元,履约合同 2250 份,履约金额 491.5 万元。

第四节　培育发展农村经纪人

2005 年 6 月,省工商局印发《关于印发〈大力发展我省农村经纪人的若干意见〉的通知》,之后,市工商局认真落实省工商局工作部署,根据农村经纪人自身特点和常德具体需求,出台《常德市工商行政管理局联系农村经纪人工作方案》,结合开展"三为三联"(即为企业服务,建立联系大型企业制度;为"三农"服务,建立联系农村经纪人制度;为基层服务,建立联系基层工商所制度)活动,局领导及机关各科室与 20 多名农村经纪人结成对家,采取座谈、信函、传真、电话及上门调查、回访服务等形式,从农村经纪人执业培训、农村经纪人注册登记、农村经纪人中介服务指导、农村经纪人订单牵线搭桥、农村经纪人资格认定、农村经纪人执业备案以及农村经纪人信用管理七个方面加强与农村经纪人沟通与联系,积极为农村经纪人排忧解难。是年,市工商局在石门、桃源、澧县开办 4 期农村经纪人培训班,培训人员 330 余人。11 月,市工商局在石门县召开培育发展农村经纪人工作经验交流现场会,对石门县工商局、桃源县工商局"突出培训抓发展、突出典型抓引

市工商局举办经纪人培训班

导、突出规范抓自律、突出职能抓监管”等服务农村经纪人经验予以推介。

2006年2月13日，市工商局印发《培育和发展农村经纪人工作方案》，要求各县级工商局根据本地实际情况，落实宣传、培训及注册等工作，每个单位年发展50—100户个体经纪人、独资经纪人、合伙经纪人或公司经纪人，同时建立严格的责任制，将农村经纪人培育发展工作纳入年度目标管理，确保工作落到实处。时年，全市工商系统共举办农村经纪人培训班12期，与政府相关部门协调，通过专题讲座、知识宣讲等方式，组织农村经纪人学习经纪管理、合同规范、市场营销、农产品包装储运、职业道德和有关法律法规等知识，进一步开阔农村经纪人视野，提升农村经纪人政策水平和经纪能力。是年，各县级工商局重点发展以石门柑橘，武陵、汉寿蔬菜及鼎城生猪等为代表的农村经纪人1288名。

2007年，市工商局加大培育和发展农村经纪人工作力度，充分利用各种传媒手段，大力宣传发展农村经纪人有关政策，宣传农村经纪人作用、法律地位、注册登记条件和程序等，鼓励农民积极从事经纪行业。同时，通过举办培训班等形式对农村经纪人进行业务知识和法律法规培训，加强行业自律、杜绝经纪欺诈行为，不断提高农村经纪人队伍素质，规范经纪行为。8月，由市工商局牵头，成立常德市经纪人协会。为提供政策扶持，降低农村经纪人准入条件，全市工商系统在法律法规允许范围内，适当降低农村经纪人登记条件，采取上门服务，及时办理登记注册手续并免收农村经纪人办证费用；除国家法律法规明令禁止的行业、经营项目和经营方式外，农村经纪人经营范围不受限制；在各县级工商局设立经纪人专管员和服务窗口，对经纪人在注册登记、合同签订、商标注册、法规咨询等方面提供一条龙服务，提高服务农村经纪人能力和水平。是年，全市工商系统举办农村经纪人培训班6期，培育发展农村经纪执业人员381名，辐射和带动近万名农民从事经纪活动，成为当地农村致富奔小康“领头羊”。

2008年，市工商局把大力发展农村经纪人作为推动农村经济发展切入点，通过实施“经纪活农”战略，促进社会主义新农村建设。一方面，认真调研，明确工作思路。随着特色农业的发展，柑橘、茶叶、蔬菜等农副产品产量大幅增加，由于没有与市场有效挂钩，产品销路不畅，卖价偏低，影响农民生产积极性。为此，市工商局印发《关于大力培育发展农村经纪人整顿规范农村经纪市场秩序的通知》，通过实施“经纪活农”战略，大力发展农村经纪人，使农副产品及时销往市场，实现产销两旺。同时，积极宣传，加强培训，提高农村经纪人队伍素质，调动农民生产积极性。通过各种媒体，向农民广泛宣传党和国家有关“三农”的优惠政策，宣传发展农村经纪人的积极意义，通过举办培训班等形式对农村经纪人进行业务知识和法律法规培训，提高其业务技能等。另一方面，创新措施，推行工商联络员制度，落实各项优惠政策。各县级工商局选派文化素质高，工作能力强，有较强工作责任心和协调能力、熟悉工商行政管理法规人员作为工商联络员，建立联络员工作联系卡，将姓名、联络电话和服务项目以及投诉电话告知农户，与农户开展“一对一”“一对多”帮扶。凡农民申请从事农副产品经纪活动的，免收一切费用；对边远地区农户，实行上门服务，为其办理登记手续；建立经纪人信用管理档案，实行跟踪服务。是年，全市共举办农村经纪人培训班12期，培训发展农村经纪人871人，年末,全市共有农村执业经纪人2870人。据不完全统计,通过经纪人牵线搭桥,农民人均增收1000余元。

2009年3月10日,市工商局印发《关于培育发展和规范监管经纪人工作实行目标考核的通知》,要求全市工商系统充分发挥职能作用,构建示范宣传、培训教育、帮扶联系及监管自律等机制,大力培育和发展农村经纪人,并将农村经纪人培育发展和规范监管纳入年度考核范围。通过各类媒体和日常巡查等形式,宣传发展农村经纪人优惠政策,以座谈会的方式,推介农村经纪领头人经纪致富典型事迹及经验,通过以点带面,推动农村经纪人队伍不断壮大;采取多种形式,加大农村经纪人培训力度,提高经纪人队伍经纪业务和职业道德水平。在本系统选聘或邀请高校讲师授课,通过观看录像、技术讲座、法律知识宣讲等方式,加强对经纪管理基础知识、市场营销知识、合同法律法规的培训学习,进一步开阔经纪人眼界,拓宽经营渠道,提高农村经纪人的从业素质和守法诚信经营意识;各县级工商局确定辖区内的经纪大户作为联系点,将本部门的职责、服务内容和联系电话予以公示,并制作联系卡,有效指导农村经纪人利用商标、广告、合同等手段,拓展农产品市场销路,打造特色品牌,助其做大做强。同时,扶持发展"定单"农业,提供和推广经纪合同示范文本,指导农村经纪人在中介服务中签订合同,促进产销对接,并调处合同纠纷。为构建监管自律机制,全市工商系统通过建立农村经纪人个人档案、实施农村经纪人信用分类监管台账式管理、引导农村经纪人协会建立自律组织等,指导农村经纪人完善经纪执业准则、执业规范和奖惩办法,促进农村经纪人队伍向组织化、规范化方向发展。是年,全市工商系统共培育农村经纪人1491人。

2010年,为发挥农村经纪人外连市场、内接农户的桥梁作用,有效解决农业生产和市场之间相互脱节的矛盾,实现农业生产和市场之间的衔接,促进农产品流通,市工商局制订《2010年积极推进社会主义新农村建设工作方案》,推出"市场+经纪人+农户"和"市场+合作社+品牌+农户"运营模式,认真落实优惠政策、降低准入门槛,放宽市场准入条件,开辟经纪人进入市场的"绿色通道",积极引导农村经纪人办理证照,取得合法市场主体资格。凡申请办理农村经纪人资格证书,一律实行"低门槛"准入和"一站式服务"。通过宣传合同法,推广合同示范文本,指导合同签订与履行,调解合同纠纷,查处违法合同等措施,帮助经纪人、经纪组织和农户之间以"订单合同"形式进行产销协作,建立利益共同体。此外,各县级工商局主动为经纪人提供信息服务,编发《农村经纪人信息动态》,无偿向经纪人提供市场情况分析、市场价格动态等信息,为经纪人的业务发展提供服务平台;帮助农村经纪人培育农产品品牌,以品牌开拓市场,提高农产品商品率。在全市工商系统及农村经纪人共同努力下,石门柑橘、桃源大叶茶、澧县葡萄、汉寿甲鱼等已成为知名品牌,真正实现质优价高。建立健全农村经纪执业人员备案及基本情况明示制度,实施信用分类管理,开展"守合同、重信用"活动,规范经纪行为;加大执法力度,打击不正当竞争、合同欺诈和非法经纪活动,严查无证经纪和超范围经纪行为,保护持证经纪人合法权益,切实维护农民利益。同时通过提高农村经纪人依法经营、诚实守信的行业自律意识,提升农村经纪人执业技能和从业素质。是年,市工商局会同有关部门举办农村经纪人培训班9期，发展培育农村经纪人996名。

2011年，市工商局通过“国家阳光工程”惠民政策，与市农业局、粮食局联合开展农村粮食经纪人培训工作。采取发放调查问卷、上门走访等形式，广泛征求农村粮食经纪人对经纪业务培训的意见建议，在此基础上，制定针对性强的培训计划，确保培训效果；针对农村粮食经纪人空闲时间不一、文化层次差别较大的实际，采取集中办班培训、网上答疑解惑、印发学习材料、与相关培训机构联合等灵活多样的方式开展培训活动，不拘形式，不限规模，满足农村粮食经纪人不同学习需求；为确保培训实用性，市工商局在抓好农村粮食经纪人基础知识和相关政策法规培训学习的同时，注重加强商标知识、涉农合同、经营管理、网络应用等业务知识培训，确保农民学有所获，学有所用，不断增强农村粮食经纪人驾驭市场的能力，提高其综合素质。是年，全市工商系统会同农业、粮食等部门共举办农村经纪人培训班5期，发展培育农村粮食经纪人407名。

2012年，市工商局按照“培育中发展、发展中规范、规范中创优”的工作思路，突出围绕市县农村主导产业和特色产品，通过依托龙头企业带动、经纪人大户发展、规范发证等多种形式发展农村经纪人队伍。为鼓励农民参加农村经纪人培训，各县级工商局对报名、培训、教材、考务、证书等费用实行全免。同时，开设“绿色通道”，为农村经纪人登记注册提供快捷服务，通过降低门槛、简化手续，对从事农副产品种植、养殖或从事农副产品经营并取得执业经纪人资格人员，在申请设立农村经纪企业时，经纪人可以执业注册，也可以备案从业，经纪企业登记不受执业经纪人人数限制。支持并引导农民设立农村经纪合伙企业、独资企业、农村经纪公司等。支持农村经纪组织扩大经纪辐射范围，引导农村经纪人开展特色经纪、品牌经纪。对从事农副产品经营的企业，其从业人员中有取得农村经纪执业证书或经过备案的农村经纪人，可以申请在经营范围中增加“农副产品经纪”或“农业技术服务经纪”。同时对已取得农村经纪人执业证书或取得农村经纪资格考核合格证明并已备案的人员，在进入市场经营遇到困难时，市场所在地工商部门均给予一定帮助。是年，全市工商系统新发展一般经纪人239个，农村经纪人464个。

单位：名

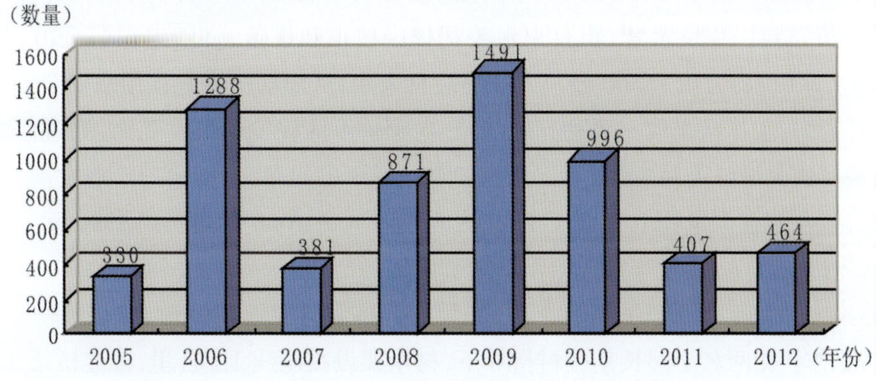

2005—2012年全市发展农村经纪人数变化情况

第五节 开展扶贫帮困工作

1990 年，市工商局抽调副局长屠家云赴安乡安尤乡开展为期 1 年的农村工作队工作。一年间,市工商局挤出经费 3 万元,在关陵镇修建一个农贸市场,解决当地商贩长期以路为市的问题。

1991 年,为促进全市农业平衡发展,市委先后派出 17 个农村工作队深入经济相对落后的乡镇开展扶贫帮困工作。是年 1 月,市委抽调市工商局李世成、晏丰儒、李明建 3 名干部与市农机局、市交通局、省农学院常德分院、桃源师范学校、市公安局等单位抽调 14 名同志共同组成市委驻桃源县向家桥乡农村工作队,开展扶贫帮困工作,由市工商局副局长李世成任队长。向家桥乡地处丘陵地带,道路崎岖不平,没有固定的农产品交易场所,以路为市现象随处可见,严重阻碍交通,影响环境卫生,群众反映强烈。为解决这一问题,工作队通过多方协调说服乡政府及乡供销社、信用社、卫生院、林管站、土地所等单位集资修整集镇道路,并新建一个农贸市场。由上述相关部门筹集资金,工作队发动群众参加义务劳动。通过一个多月努力,集镇主干道得以修整,建成一个占地近 5000 平方米的农贸市场,解决多年来以路为市、占道经营问题,乡容乡貌得到改善。由于当地水利设施建设滞后且年久失修,农作物产量无法提高,工作队会同乡政府负责人深入到相关市直单位请求帮助,先后筹资 40 余万元进行水利建设。改造抽水机 3 台、修整排灌渠 5000 多米,解决 7 个行政村农作物灌溉问题。同时,工作队还发动桃源师范学校与向家桥乡中学结成“一帮一”帮困组,帮助该中学修建一栋五层教学楼、扩建操场3000 平方米。因向家桥乡卫生院医疗条件差,致使育龄妇女上环、结扎等简单手术无法安全实施,计划生育工作难以抓好落实。在工作队呼吁下,市计生委帮助向家桥乡新修一个高标准计生服务站,还抽调计生专家到卫生院培训计生医疗手术知识。通过一系列有效措施,该乡由计生工作后进单位一跃成为全县计生工作红旗单位,得到市计生委和桃源县委高度评价。工作队初到向家桥乡,集镇居民饮用水源是农业灌溉用水,气味难闻,水质令人担忧。为此,工作队多次向市政府主要领导汇报,市政府十分重视并提出问题解决方案,由市塑料厂提供水管、市自来水公司提供技术和设备、乡镇组织劳动力,从距集镇 30 公里的水库引水,为镇上 500 余户人家安装自来水,从而解决当地饮用水安全问题。通过近 14 个月努力,工作队采取一系列有效措施,向家桥乡面貌发生很大变化。通过修建农贸市场,向家桥乡农民增强商品意识,离土经商的农民逐渐多起来,带动第三产业发展;通过兴修水利设施,该乡粮食产量比上年增长 15%,人均纯收入由 1008 元增长到 1390 元。工作队被市委评为先进工作队,队长李世成给予记功奖励。

1995 年,市工商局抽调干部颜克升、朱兵初到桃源县双溪口乡荷花村开展“一帮一”扶贫点支农工作。在两名干部长期驻村指导下,村里架设高压线 1.3 公里,修建桥梁 1 座,全村接通广播,组织购买平价化肥 15 吨。是年,该村粮食大丰收,副业大发展,人均纯收入较上年增加300余元，受到市直机关工委通报表彰。

1996年，市委作出扶贫帮困三年工作规划，市工商局帮扶对象是石门县所街乡双岭凸村。为落实扶贫帮困工作，市工商局明确一名副局长负责领队协调，并抽调谭建中、肖胜权、黄良策3名科室负责人先后任组长，10余名干部为成员的工作组在该村驻村开展帮扶工作。3年间，工作组帮助该村修建桥梁3座，学校1所，3公里长的村级公路1条、种植橘树3万余株、筹集帮扶资金20余万元、发动干部职工捐款10余万元。通过艰苦努力，双岭凹村穷困面貌大幅改观，市工商局工作组连续3年被评为扶贫帮困先进工作组，市工商局被市委评为扶贫帮困先进后盾单位。

市工商局干部职工深入农村开展“访贫问苦”扶助活动

2009年9月，全市开展“三下活动”，即下企业了解企业生存发展状况，下市场了解市场培育规范情况，下农村了解新农村示范点建设及消费维权情况。9月29日，市工商局组织干部职工深入到新农村建设扶助点鼎城区白鹤山乡东山村开展“访贫问苦”活动，为村民免费发放近万元常用药品，600名村民得到免费义诊，给14户因病因残致贫村民和大学生发放慰问金5600元。

第三章　企业信用评价体系建设

第一节　“守合同、重信用”企业评比

1989年，市工商局印发《关于加强市区市属企业经济合同管理的通知》(常工商字〔1989〕5号)，文件规定市属企业“重合同、守信用”单位申报审批程序是：企业对照标准，认为合格者向业务主管部门申报；由业务主管部门初审后将合格企业申报表报市工商局；由市工商局受理、审查、评定；经市政府批准后，由市工商局命名，并将牌匾与证书正副本直接送到企业。是年，经企业申报，业务主管部门初审、市工商局复审，报请市政府批准，评定常德市土产总公司、农资总公司、武陵百货大楼等22家企业为常德市1989年“重合同、守信用”单位。

市工商局开展“重合同、守信用”企业评选活动

1990年，被全市各区县(市)政府命名为“重合同、守信用”的企业达134个。市级“重合同、守信用”企业由1989年22家增加到70家。

1991年，全市评选出“重合同、守信用”企业409个。其中1年的49家，连续3年的147家，连续5年的75家。

1992年，全市评定“重合同、守信用”单位659个，并在《常德日报》等媒体刊登评选公告。常德烟草工业机械厂，临澧太平农工商开发公司、常德土产公司、常德卷烟厂、常德轴承厂、津市蚊香厂、常德武陵百货大楼等7家企业被评为湖南省“重合同、守信用”企业。

1994年，全市共评选出“重合同、守信用”企业693家，其中连续5年以上的109家，3年以上的139家。

1995年，市工商局与各相关业务主管部门配合，制定创建规划，建立由工商部门统管，业务部门分管，企业自管“三位一体”的合同管理组织体系和机制，把国有、县属企业及乡镇企业中骨干企业列入重点对象，推动“重合同、守信用”活动开展。全年共有590家企业被评为“重合同、守信用”单位。常德卷烟厂等27家企业被评为省级“重合同、守信用”企业。

1996—1997年，市工商局授予常德卷烟厂等35家企业为1996—1997年市级“重合同、守信用”企业。

1998—2000年，全市共评定“重合同、守信用”企业295家，其中省级23家，市级45家，县级227家。

2002年3月，为发挥协会自我管理、自我教育、自我保护作用，成立常德市“重合同、守信用”企业协会，单位会员323个，个人16个。

2004年，国家工商总局对“重合同、守信用”名称进行调整，调整后名称为：“守合同、重信用”单位（企业）。

2008年3月，为深入开展“守合同、重信用”活动，促进常德诚信体系建设，市工商局向市政府呈送《关于开展“守合同、重信用”活动的请示》，随后，市工商局在常德日报刊登公告，并组织企业进行自愿申报，邀请13个部门召开联系会议进行初审。是年10月，市工商局受理审定市级“守合同、重信用”企业236家，向省工商局推荐认定省级“守合同、重信用”单位103家，10月22日，在常德日报予以公示。

2009年，全市共有120家企业申报认定省级“守合同、重信用”单位，221家企业申报认定市级“守合同、重信用”单位。

2010年，为推动“守合同、重信用”活动深入开展，促进企业诚信体系建设。市工商局加大宣传发动力度，加强典型引导，确定重点培育对象。同时把好考核审查关，规范企业诚信经营，确保“守合同、重信用”含金量。是年，全市共有248家企业申报和复审认定为2010年度“守合同、重信用”单位。

2011年，市工商局通过开展“守合同、重信用”公示活动，广泛征求行业主管部门、行业协会及税务等行政执法部门意见，同时，严格评定标准与评审程序，确保评审质量。是年，全市有143家企业获得省级“守合同、重信用”单位称号，有291家企业被评定为市级“守合同、重信用”单位。

市工商局召开“守合同、重信用”单位等授牌大会

2012年，市工商局制定《2012年度“守合同、重信用”公示工作方案》，对申报企业，在广泛征求意见，严格审查申报资料基础上，进行现场考察，从严把好质量关，使被评定企业成为诚信体系建设与常德形象典范。是年，全市有118家企业被评定为省级“守合同、重信用”企业，233家企业获市级“守合同、重信用”单位称号。

2001—2012年全市评定"重合同、守信用"企业数一览

表4—3—1—1　　　　单位:家

数量 年份	"重合同、守信用"企业数		
	合计	省级	市级
2001	159	16	143
2002	168	16	152
2003	164	82	82
2004	110	55	55
2005	223	39	184
2006	253	69	184
2007	210	103	107
2008	339	103	236
2009	341	120	221
2010	395	147	248
2011	434	143	291
2012	351	118	233

第二节　消费者信得过单位评比

1992年7月，国务院印发《关于严厉打击生产和经销假冒伪劣商品违法行为的通知》(国发〔1992〕38号)，规定在全国范围内进一步打击生产和经销假冒伪劣商品的违法犯罪活动。为配合打假治劣行动，净化市场，维护消费者利益，促进企业和个体工商户增强商品质量意识，提升服务质量，省政府、省消协分别下发〔1992〕68号及〔1992〕7号文件，根据上述文件精神，市消委会同市工商局从1993年起在全市范围内广泛开展"消费者信得过单位"评选活动。是年，经过企业自查自纠、自愿申报，相关职能部门组织初审、抽查，结合日常检查验收、消费者评选和市消委投票评分，市消委综合评审，是年5月29日，市消委作出《关于批准市武陵百货大楼、市交电大厦为"消费者信得过单位"的决定》(常消委字〔1993〕1号)，是年8月6日，市消委又作出《关于批准澧县兰江百货大楼、澧县供销大楼为"消费者信得过单位"的决定》(常消委字〔1993〕4号)。

1994年，市消委会同市工商局、市标准计量局、市卫生局、市物价局、市医药局、常德市广播电视台等单位，在全市范围内开展"消费者信得过单位"评选活动，通过申报、初审和综合评审，12月13日，石门县中医院等8家单位被市消委授予"消费者信得过单位"称号。

1995年，市消委会同市工商局、市物价局、市商检局、市技术监督局、市卫生局、市卫生防疫站、常德日报社、常德广播电视台等单位在全市工商企业和事业单位中开展"常德市消

费者信得过单位”评选活动，经过自愿申请及自查自纠、初审、综合评审，市消委授予常德卷烟厂等13家单位“常德市消费者信得过单位”称号，市武陵百货大楼等12家单位继续被市消委授予“常德市消费者信得过单位”称号。

1996年，市消委同有关部门继续深入开展“常德市消费者信得过单位”评选活动，经过各单位自愿申报，广大消费者评选，各级消委推荐，主管部门同意，市消委考核验收，常德市医药公司吉春堂医药店等9家企业被授予“1996年度常德市消费者信得过单位”荣誉称号。并对1996年以前授牌的25家市级消费者信得过单位进行复查，24家继续授予“消费者信得过单位”，1家复查不合格企业予以摘牌。

1997年，为落实中国消费者协会“讲诚信，反欺诈”年主题，促进企业和个体工商户诚信合法经营，保护消费者合法权益，市消委在全市范围内开展“常德市消费者信得过单位”评选活动，经过自愿申报、各级消委推荐、消费者评选、主管部门同意、市消委考核验收等程序，华都大酒店等3家企业被授予“1997年度常德市消费者信得过单位”，经复查评定，常德卷烟厂等32家企业被继续授予“1997年度常德市消费者信得过单位”，取消市北站商场“消费者信得过单位”称号。

1998年，市消委会同市工商局、市技术监督局、市物价局、市商检局、市卫生局、常德日报社等成员单位，开展“常德市消费者信得过单位”评选活动，认定常德市申湘汽车有限公司等7家新申报企业为“常德市消费者信得过单位”，并对上年度35家市级消费者信得过单位进行考核评议，并实地检查验收，其中30家企业复查合格，继续授予“常德市消费者信得过单位”称号，5家企业复查不合格，予以摘牌。

1999年，为落实中消协“安全健康消费”年主题，进一步促进经营者履行法定义务，诚实守信，依法经营，切实维护消费者合法权益，市消委在全市范围内开展年度消费者信得过单位(门店)、品牌和无假货商店推荐活动，经过初审和复审，是年，共新评选出“常德市消费者信得过单位(门店)”26家，经确认上年消费者信得过单位年检合格的30家。

2000年，为落实中消协“明明白白”消费年主题，市消委继续深入开展“常德市消费者信得过单位”评选活动，经企业申报，基层消费者组织推荐，广大消费者评选，市消委考核验收和常务理事会审定，常德市第一人民医院等16家单位被评为2000年度“常德市消费者信得过单位”；上年度评定的56家“消费者信得过单位”，经年检考核，有48家合格，被继续评为“常德市消费者信得过单位”，其余8家因停业及消费者投诉较多等原因被摘牌。

2001年，为倡导“绿色消费”，推动全市经营、服务企事业单位认真履行经营者义务，自觉抵制销售假冒伪劣商品，切实做到文明经商，优质服务，维护消费者合法权益，市消委在全市范围内组织开展“常德市消费者信得过单位”评选活动，通过经营者自愿申报，各基层消委推荐，广大消费者评选，经市消委二届六次常务理事会研究决定，认定25家新申报企业符合“消费者信得过单位”条件，上年认定的57家“消费者信得过单位”通过年检，新、老共82家企业被评为“2001年度常德市消费者信得过单位”。

2002 年，根据《消费者权益保护法》赋予消委向消费者提供消费信息、推荐名优、表彰维权先进企业的职能，围绕中消协确定的“科学消费”年主题，市消委在全市范围内开展“消费者信得过单位”评选活动。经过严格筛选和审核程序，是年，市消委授予常德市卷烟厂等 87 家单位为“2002 年度常德市消费者信得过单位”荣誉称号。

2003 年，中消协将年主题确定为“营造放心消费环境”，市消委紧紧围绕该主题开展工作，为促进企业守法经营，加强自律，切实维护消费者合法权益，市消委在全市范围内开展“常德市消费者信得过单位”评选活动。在评选过程中，各企业积极参与，踊跃申报，广大消费者认真评选，市消委组织相关职能部门进行全面考察，严格把关，经市消委三届四次常务理事会审定，决定授予常德市自来水公司等 103 家单位“2003 年度常德市消费者信得过单位”荣誉称号。

2004 年，市消委会同市工商局积极组织开展“消费者信得过单位”评选活动。评选条件为：经工商机关依法核准登记注册且连续从事生产经营活动两年以上；连续两年未受到行政、司法部门处罚，未发生损害消费者利益的行为；维权意识强，社会形象好，设立有消费者投诉处理机构，认真履行维护消费者合法权益义务，公平竞争，诚实守信，切实履行消费者承诺。经过审核和考察，常德市广积米业有限公司等 105 家企业被授予“2004 年度常德市消费者信得过单位”荣誉称号。

2005 年，市消委、市工商局围绕中消协确定的“和谐·健康·维权”年消费主题，开展以“引导消费者合理消费，配合政府建立城市信用体系”为主题的“消费者信得过单位”评选活动，本着企业自愿申报及公平、公正评定原则，根据市场调查和消费者投诉与反映情况，经征求主管部门意见，推荐活动领导小组严格审核批准，授予常德市芙蓉大酒店等 127 家企业为“2005 年度常德市消费者信得过单位”荣誉称号。

2006 年，市消委会同市工商局、技术监督局、物价局、卫生局、药监局、常德日报社、常德广电局继续开展“消费者信得过单位”创建评选活动，通过对初审合格的新、老“消费者信得过单位”进行复审，最终认定湖南武陵酒业有限公司等 160 家企业为“2006 年度常德市消费者信得过单位”。

2007 年，市消委在全市范围内开展“消费者信得过单位”评选活动。经企业自愿申报，基层消委推荐，市消委实地考察，报市消委四届一次常务理事会审查，认定常德华油燃气有限公司等 161 家企业为“2007 年度常德市消费者信得过单位”。

2008 年，为贯彻落实市委、市政府提出的“品牌战略，工业强市”科学决策，提升常德企业品牌形象，市消委在全市范围内开展“消费者信得过单位”评选活动，是年，常德市第一中医院等 173 家企业荣获“2008 年度常德市消费者信得过单位”荣誉称号。

2009 年，市消委印发《常德市消费者信得过单位评选办法》，办法明确了消费者信得过单位参评条件、评选程序、宣传表彰、监督管理等内容，进一步规范评选活动。是年，市消委围绕中消协提出“消费与发展”年主题，开展“消费者信得过单位”评选活动。经过严格的考核程序，最终确定常德市九芝堂医药有限公司吉春堂药店等 169 家企业为“2009 年度常德市消费者信得过单位”。2009 年以后，“消费者信得过单位”评选活动调整为“维权先进单位”评选。

1993—2009 年“消费者信得过单位”评选情况一览

表 4—3—2—1

数量 / 年度	消费者信得过单位		
	市级	县级	合计
1993	4	41	45
1994	8	87	95
1995	25	156	181
1996	33	165	198
1997	35	173	208
1998	37	192	229
1999	56	240	296
2000	64	253	317
2001	82	257	339
2002	87	253	340
2003	103	271	374
2004	105	271	376
2005	127	310	437
2006	160	363	523
2007	161	353	514
2008	173	362	535
2009	169	386	555

第四章 信息化建设

第一节 信息化机构及制度建设

一、信息化机构建设

2002年1月,根据省机构编制委员会办公室《湖南省省以下工商行政管理局所属事业单位设置方案》,市工商局设立信息中心,根据省工商局《关于增加常德市工商系统事业单位机构编制的通知》精神,市工商局信息中心为正科级事业单位。同时,各县级工商局设立信息中心。市工商局信息中心成立后,其主要职责是:计算机信息系统建设、维护和应用培训;信息收集、整理和处理;面向社会提供信息和技术服务。2007年,信息中心工作得到加强,其主要职责调整为:拟定实施全局信息化规划和网络,计算机管理规章制度;组织全局信息系统网络和数据库建设,对各县级工商局信息系统建设进行业务指导;对局域网络进行规划、设计和监控,保障局域网络正常运行;对市工商局弱电系统进行管理与维护;做好软件推广应用和技术培训,为信息化工作提供技术保障;协助各科室完成政务公开工作;对企业数据库进行管理与维护,及时对数据库中数据进行备份;负责机关各科室计算机耗材采购、领用、分发及计算机设备维护和维修;为工商行政管理工作决策提供完整可靠信息,为全市工商系统实施办公现代化服务。

二、信息化制度建设

2003年,市工商局制定《常德市工商系统信息化建设工作考核评分办法》,办法从机构建设、系统设备管理、网络软件及数据管理、“经济户口”建设、电脑收费管理、培训应用、红盾网建设管理等6个方面进行考核评分。

2004年,市工商局印发《常德市工商行政管理局关于加强信息化建设与应用管理实施意见》,意见从全市工商系统信息化建设指导思想、总体目标、基本原则等十个方面对全市工商系统信息化建设与应用管理进行规范;同时,意见还规定严格执行国家信息化建设有关采购、开发、管理、验收等方面工作规范和程序,对相关设备实行政府采购、公开招标。是年,市工商局还制定了《常德市工商行政管理局机关干部职工计算机应用操作达标标准》。

2005年,根据省工商局“金信工程”建设具体要求,市工商局结合2002年以来全市工商系统信息化建设与应用实践,组织相关人员进行广泛地调研和探讨,出台《常德市工商系统信息化管理暨应用考核办法》《常德市工商行政管理局加强红盾信息办公网信息发布管理办法》《常德市工商行政管理局机关科室信息化管理暨应用考评奖励办法》及《常德市工商行政管理局信息员管理暂行办法》等规范性文件，进一步规范全市工商系统信息化建设与应用管理。

2006 年，为推进办公自动化应用，市工商局印发《常德市工商系统信息化管理暨应用考核办法》《常德市工商系统信息化管理暨应用奖励办法》《常德市工商系统外网管理考核办法》等一系列管理规定，进一步明确信息化管理组织领导、管理应用、考核与奖罚兑现条件。

2009 年，为有效地利用企业登记档案为本系统业务工作和社会公众服务，根据《中华人民共和国档案法》和国家工商总局《企业登记档案资料查询办法》及《湖南省档案管理条例》，市工商局制定《电子档案扫描管理制度》《常德市工商行政管理局档案管理暂行办法》《企业登记档案资料查询制度》等 12 项制度，就企业档案信息资料采集及档案信息查询适用范围、方式、收费、管理等作出明确规定。是年 8 月，为提高信息化设备使用效能，加强对市工商局、各县级工商局因特网、局域网和计算机使用管理，依照《中华人民共和国计算机信息网络国际联网管理暂行规定》，市工商局印发《常德市工商行政管理局计算机及网络安全管理办法》，从硬件投入、软件运用、设备维护、工作创新等方面进行细化，促进信息化工作落实。

2009 年后，市工商局相继出台《信息化建设管理办法》《数据库管理制度》《软件管理与维护制度》《网络系统管理规定》《设备使用及维护管理制度》《系统安全管理制度》《机房管理制度》《网络和设备管理制度》《机房管理制度和电教室管理及数据备份》《红盾网信息审批制度》等一系列规范性文件，保障全市信息化系统良好运行环境和工作秩序。

第二节　信息化培训

2003 年，为贯彻落实省工商局“金信工程”实施方案精神，提高全市工商系统干部职工电脑操作技能，市工商局制定全市工商系统 2003—2005 年信息化培训计划，是年，市工商局与市人才交流中心举办计算机应用操作培训班，培训人员 159 人，培训以实用操作为主，采取由浅入深、注重实际的方法，内容涉及 Windows 系统操作、中文录入、公文和电子表格处理、OA 网上办公等，参训人员经计算机应用能力考核，全部达到中级水平。

2004 年，市工商局利用讲座、视频会议、在线教育等形式举办信息化知识培训 10 期，受训人员达 1000 多人次。石门县工商局、武陵分局分别进行所长等中层以上骨干计算机操作技能培训，澧县工商局、鼎城区工商局、桃源县工商局进行全员计算机操作技能培训。通过培训，参训人员能熟练掌握和运用计算机技术进行网上办公、查阅及使用网上信息等。

2005 年，市工商局举办信息化知识培训 10 期，培训人员 1000 多人次。是年 7 月，市工商局还配合省工商局在常德市举办 1 期“全省市场主体监管制度改革暨企业登记监管信用数据库录入建库”培训班。

全市工商系统信息化知识竞赛现场

2006年，根据人事部和省委组织部、人事厅、信息产业厅有关文件精神，市工商局拨出30万元专项经费，对全市工商系统年龄45周岁以下人员强制进行信息化知识培训，通过强化培训，共有1100人通过人事部计算机操作等级考试，合格率达95%。同时，为相关人员全面系统地掌握省工商局开发的综合业务系统新软件，市工商局还组织3期专题培训班，基层工商所内勤及市、县工商局机关科（股）室负责人共180人参加培训，培训考试合格率达98%。

2007年，根据省工商局工商综合业务管理系统推广计划，市工商局在全系统进行工商综合业务管理系统操作培训，受训人员达200多名。通过培训，所有参训人员均能掌握工商综合业务管理系统操作技能，为迅速推广、全面使用该系统奠定了基础。

2008年，市工商局举办全市工商系统信息网络管理员培训班，由湖南省工商综合业务管理软件开发公司和绿盟科技有限公司专业人员授课，27人参训。培训内容为新版工商综合业务管理软件管理应用，通过培训让参训人员了解新软件操作要领，为新软件在全市试点和推广应用奠定坚实基础。培训还针对网络安全进行讲解，强调各单位要增强信息网络安全意识，了解全局网络结构，明确相关单位及人员在网络维护中所承担的任务、角色及网络维护的方法步骤。

2009年，市工商局组织全市工商系统各单位业务档案管理人员进行跟班培训，组织业务岗位执法人员对湖南省工商综合业务系统进行了2期软件操作培训。

第三节 网络与硬件系统建设

市工商局网络与硬件建设始于2002年，是年12月，市工商局开始建设全市工商系统局域网，并建成网络拓扑结构为总线型，使用的服务器为1台经扩容的惠普电脑，操作系统为Windows2003，传输介质为同轴电缆。

2003年，市工商局加大信息化建设力度，共投资102.7万元基本完成硬件与网络建设。科学设计网络与硬件建设规划，完成市工商局办公大楼综合网络布线工程；完成市工商局办公大楼公共广播系统和会议音响系统安装与调试，并投入使用；市工商局机关考勤查询一体机投入使用；建成并启动市工商局办公大楼电子监控系统工程，建成一楼大厅电子显示屏并投入使用；市工商局信息中心硬件建设升级，网络服务器更换升级为 HP LH3000 或更高配置的专用网络服务器；完成市工商局机关及全市工商系统法制、公平交易、人事教育等业务系统的电脑设备采购；根据省工商局“金信工程”建设整体部署要求，建立“经济户口”主体数据库。截至年底，市工商局共投资 350 万元，初步建立市、县工商局及工商所三级局域信息网络，开通红盾信息网，进一步完备“经济户口”网络监管数据库体系，并逐步向无纸化办公过渡，全市工商系统共有电脑 250 台，服务器 25 台，交换机 14 台，路由器 12 台，光端机 12 台，各类打印机 185 台，UPS122 台，各类型号机柜 23 个，空调器 209 台，电子显示屏及投影仪各一套，2MB 数字线 11 条，市工商局机关指纹考勤系统、公共广播系统均建成并投入使用。

2004 年，OA 办公自动化系统在全市工商系统全面启动，为推动办公自动化的应用，市工商局完成市工商局机关和县级工商局计算机终端设备及附属设备采购与安装调试，印发《关于在全市工商系统推广使用 OA 办公自动化系统的通知》，要求在全市工商系统推广使用 OA 办公自动化系统。至此，市工商局内部流转公文及由市工商局向县级工商局和基层工商所下发的所有公文均通过办公网运行。随着计算机运用日益广泛，工商行政管理业务数据入库量日益增多，市工商局对局域网进行升级扩容。在桃源县工商局试点进行虚拟专用网改造，网络传输介质更换为双绞线，网络拓扑结构改为星型，数据传输可靠性大大提高。同时，市工商局投入约 30 万元采购安装 9 套在线式 UPS 电源系统，配备给市县两级中心机房，所有工商所也配备后备式 UPS 电源系统，网络在备用电源、数据备份、网络安全保障等方面均有较大提升，避免因停电带来的工作中断、数据丢失等意外事故发生。时年，市工商局投入资

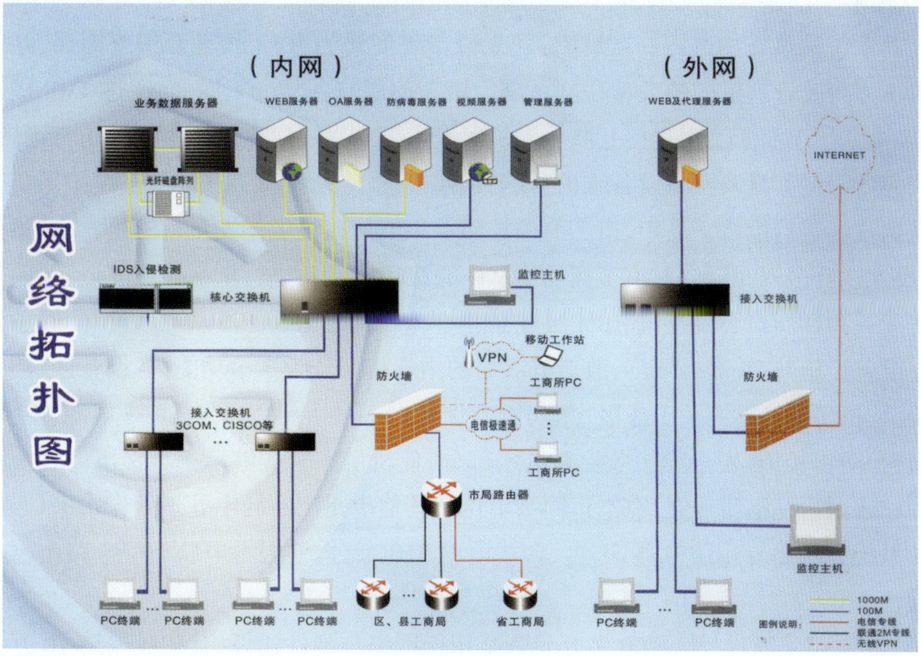

全市工商系统网络拓扑图

金统一采购 120 台电脑分配到全市各基层工商所应用于“四方集体定费,电脑管理收费”工作,完善“经济户口”监管系统,完成“经济户口”监管基础数据库采集、整理和录入。至年末,市工商局共完成信息化建设固定资产投入约 140 万元,全市工商系统共有电脑432 台,服务器 16 台,交换机 25 台,路由器 12 台,光端机 12 台,各类打印机 198 台,UPS 电源 105 台(套),各类型号机柜 23 个,空调器 209 台,电子显示屏及投影仪及视频会议系统各一套,2MB 数字线 11 条。

2005 年,市工商局围绕实施“金信工程”和建立“数字化工商”工作要求,投入约 20 万元,升级改造开通 88 条工商所到市、县工商局的“极速通”线路,对全市 88 个工商所及政务中心窗口原拨号上网方式进行联网方式改造升级,上网速度由原来 56kb/s 提高到 128kb/s;投入约 10 万元采购安装一批计算机终端设备和附属设备;投入 18 万元为全市部分基层工商所采购安装一批打印机及附属设施,使全市工商系统市、县、所三级网络成为高速快捷的“信息高速公路”。是年,市工商局针对信息中心机房和设备落后现状,通过学习借鉴兄弟单位经验,经过反复论证,制定全市工商系统信息化建设及信息中心机房设备更新二期工程方案,该方案按照“超前规划,统一标准,资源共享,规范管理,立足长远,满足需要”的目标进行规划,整套方案具有数字化、网络化、系统集成化和可扩展性,将综合布线、计算机网络系统、安全防范系统、视频系统、语音通讯系统、系统集成管理、机房工程等有机地结合起来,组成一套完整的信息化系统,为建成“全省一流,五年不落后”的市级工商局信息化中心机房目标奠定坚实基础。

2006 年,市工商局按照国家工商总局及湖南省工商系统“金信工程”建设工作要求,对全市工商系统网络结构进行一次调整,建立以市工商局为中心,覆盖县级工商局、基层工商所三级工商行政管理机构的大型联网系统。市工商局与各县级工商局,通过 4MB 极速通线路与 88 个基层工商所实现直接互联。为确保全市工商系统信息化网络系统正常运转,市工商局切实做好计算机及网络设备维护,做到定期检查、定期备份,发现问题,维护人员在第一时间赶到现场进行抢修。是年,市工商局按照上年度信息化工作安排,在财力十分紧张的情况下,投入 200 多万元资金对市工商局信息中心机房及设备进行全面升级改造,新的信息中心机房配备高性能核心交换机、IBM 服务器、防火墙设备、正版江民杀毒软件、网管软件及防火防盗设备设施共 20 多台(套),改造升级后的中心机房分为 3 个功能区:设备区、网络及信号交换区、机房环境检测及工作区。机房配套保障设备包括:动力配电、UPS 电源、空调新风、消防报警、防雷接地、安全集中监控系统六部分,使机房完全能够承担全市工商系统数据信息处理和通讯指挥枢纽功能,在本市同级单位和其他市州工商局中处于领先水平。年末,全市工商系统有网络专用服务器 18 台、台式电脑 550 余台、笔记本电脑 20 台、路由器 13 台、安全设备 3 套。

2007 年,市工商局投入 100 多万元资金用于网络与硬件建设,其中投入约 10 万元为市工商局机关新招录公务员采购电脑设备,投入近 10 万元资金购置 20 台电脑设备,对市工商局注册大厅及部分老化电脑进行更新换代；投入 80 万元资金为全市 88 个基层工商所分别配备一台电脑、一台高档针式打印机及扫描仪，基层工商所及窗口网络硬件建设得到加强。

2008 年，为适应新形势下工商行政管理人员现代教育培训需求，市工商局投入 40 多万元资金，在办公大楼九楼建立一个能容纳 50 多人进行学习、培训考试的多媒体电教室，电教室配置投影系统、数字电视系统及音响系统等设备，配备一台教师液晶电脑及 52 台学生液晶电脑，使电教室完全能够担负起全市工商系统人才教育培训和学习考试的功能。

市工商局多媒体电教室

2009 年，市工商局投入资金近 120 万元，完成市工商局档案室硬件建设和各类档案收集归档工作，率先在全省工商系统建立企业档案电子扫描车间，设立企业电子档案查询窗口。是年 10 月，省档案局、省工商局、市档案局组成晋级省特级档案室评估组对市工商局档案工作信息化规范化管理进行评估，市工商局档案室考核得分为 98.6 分，在原档案管理工作省二级基础上，晋升为“湖南省档案工作规范化管理”省特级，成为全省工商系统第一家获此殊荣单位。

2011 年，市工商局按照省工商局工作部署，在全市工商系统投入 30 余万元安装广告监测设备；为确保网络运行稳定性，在省工商局支持下，投入 20 多万元更换核心交换机和核心路由器；同时，积极主动向省工商局汇报基层工商所信息化建设情况，并获得省工商局 80 台电脑配备支持；投入 26 万元资金为市工商局机关工作人员配备 70 台办公用笔记本电脑。

2012 年 4 月 26 日，市工商局在澧县召开全市工商系统信息化工作会议，按照会议工作部署，全市工商系统加大信息化硬件建设投入，是年，市工商局完成信息化硬件设备等固定资产投入 96 万余元。投资 32 万余元对市工商局九楼会议室音响系统、投影系统进行升级改造，投入 5 万元更换 VPN 设备；同时争取省工商局支持，拨发价值 4 万元台式电脑 10 台，总价值 55.9 万元的核心交换机、路由器、服务器、存储器各一台。是年，市工商局不断强化信息化设备及网络维护力度，主要加强对网络、应用系统、服务器、终端等日常维护和安全检测，确保信息化设备及网络安全、高效运行。年末，全市工商系统有网络专用服务器 20 台；台式电脑 1225 台、笔记本电脑 216 台，做到市工商局机关全体人员、县级工商局班子成员每人一台电脑，县级工商局股（室）2 台以上、农村工商所 3 台以上、城区工商所5—8 台电脑，并为市工商局机关干部和县级工商局班子成员配备笔记本电脑 200 台，路由器 1 台、交换机 30 台、安全设备 5 套，各类业务数据量超过 800GB。

第四节　软件应用系统建设

一、软件开发利用

从2002年开始,市工商局着手初级软件建设,并组织相关人员进行调研,使用相应业务软件,基本上仅限于商标广告管理、市场登记管理等模块。

2003年,市工商局自主开发完成市工商局机关“电子考勤查询系统”和“行政处罚案件管理系统”两套应用管理软件,特别是行政处罚案件管理系统的开发和应用,对规范全市工商系统行政处罚案件执法程序,提高依法行政水平,监督规范行政处罚行为,降低行政执法成本,具有很强针对性和实用性。是年,国家工商总局下发内资企业登记管理软件,由于该软件只能在单机上使用,主要功能有企业登记、变更、年检、注销、执照打印和简单查询统计等,在使用过程中,为适应企业登记工作流程并且在局域网上运行,市工商局先后对软件进行相应修改和再开发,并开始在全市工商系统各登记窗口推广,该软件的使用结束了手写营业执照的历史,使内资企业和个体工商户档案查询简单方便,可按多种口径进行统计分析,为领导正确决策提供依据,为其他软件运行提供基础数据。

2004年,市工商局投入3.6万元安装一套50用户的企业版杀毒软件,并组织有关人员成功开发全市工商系统信息化设备管理应用系统,对全系统信息化设备配备、现状及维护进行全方位有效管理。是年,市工商局投入资金开发电脑收费软件,完善工商行政管理收费管理统计系统,统一采购120台电脑分配到全市各基层工商所应用于“四方集体定费,电脑管理收费”工作,形成一套系统完整而行之有效的电脑收费管理模式。

2005年,市工商局投入8.2万元安装一套中联绿盟的“冰之眼”NIDS—200入侵检测系统,加大市、县两级中心数据库和其他重要部门防护力度。

2006年,市工商局在湖南纽瑞孚软件系统有限公司支持下,对原办公自动化系统软件进行修改完善,升级成一套功能强大、使用方便的软件系统。同时全面系统地组织学习使用省工商局开发的综合业务软件,是年,国家工商总局下发统计报表汇总软件,为适应国家工商总局统计指标多样性,市工商局针对软件进行过多次修改。该软件的使用,结束工商系统业务统计报表先由下级单位人工汇总录入电脑打印上报改由电脑进行统计汇总的历史。

2007年,市工商局切实抓好工商综合业务管理系统一期子系统应用推广工作;完善“行政处罚案件管理系统”,是年,全市工商系统通过该系统成功立案13500件,结案约4900件;进一步做好“户外广告管理系统”推广应用及功能完善工作,年末,通过该系统完成各类户外广告登记2100多条。

2008年,市工商局开发并运行网上考试系统,利用该系统成功地进行省工商局信息化知识竞赛、全市工商系统新进公务员转正及市工商局机关公务员选拔等十余次考试;继续做好“行政处罚案件管理系统”、“户外广告管理系统”推广应用及功能完善工作。

2009 年，市工商局推广应用省工商局工商业务系统中新增加的股权出资等功能模块；开通政务中心年检窗口网络线路，推广使用企业年检网上申报系统，并给相关企业负责人及有关人员发送手机网上年检提醒短信 2000 多条。

2010 年，市工商局通过在武陵分局试点，开发并应用 PA 绩效考核管理系统软件。

2011 年，市工商局为降低行政成本，方便各类会议召开，自行研发会议系统软件，市工商局机关各科室需提请相关会议研究议题可在会前通过会议系统进行申报，申报审批通过后，安排时间、地点举行会议；开发流通领域食品安全监管系统软件，并在鼎城区工商局进行试用；是年，市工商局还成功将市场主体日常监管巡查、“12315”申诉投诉、办公自动化、流通领域食品安全监管等系统有机整合到手机平台上，工作人员在外出差，均可利用手机等移动终端进行移动办公；同时，进一步做好工商综合业务系统二期推广、应用工作。

2012 年，市工商局在做好“12315”申（投）诉、网络商品交易监管、外资属地监管等工商综合业务系统全面推广应用基础上，继续对“流通领域食品安全监管系统”的内容不断进行补充和完善，消费者可利用该系统及其终端自助查询食品相关信息，快速追溯问题食品进出流向，进行相关数据现场录入，对流通领域食品安全进行有效监管。

二、业务应用系统建设

（一）工商行政管理综合业务系统

从 2003 年开始，市工商局以综合办公大楼建设为契机，共投资 280 万元，分两期完成工商行政管理综合业务系统，通过该系统实现工商业务处理自动化，系统涵盖我的工作、名称管理、注册登记、监督管理、收费管理、综合查询、行政处罚、广告管理、商标系统、市场监管、消费者权益保护系统等，系统可以根据工作内容不同制定不同模块，每个模块对应不同审批流程，既相互独立又内部关联，系统可以根据职责、分工不同，细分每个岗位权限，并独立授权，确保权责分明。该系统投入运行，使所有工商业务工作处理实现电子化和自动化。注册登记模块，其流程分为资料录入、审查受理、审核决定、执照打印、发照、归档六个环节，每个环节由具有相应权限的人员进行处理，若出现问题，可迅速追查到相应责任人。广告监测模块可以 24 小时不间断监测辖区内所有电视频道和广播节目广告及平面广告，对常德从事网络广告经营单位所发布的网络广告进行数据采集汇总，自动对广告与非广告进行分拣，同时对监测数据进行分拆，实现监测信息发布、上报、证据备份、监测广告提示、广告案件登记、移送。

（二）食品安全电子监管系统

2012 年，针对流通环节食品安全监管“经营自律制度落实难、监管效能提升难”等突出问题,市工商局按照“源头可控、去向可查、问题可溯、责任可追”的食品安全监管总要求,以鼎城区为试点,积极探索流通环节食品安全监管新方式、新方法,研究开发“食品安全电子监管系统”。年初,市工商局食品安全监管科提出对系统的功能需求,4月,市工商局领导带领相关部门负责人赴山东、福建等地考察。5月,信息中心会同食品安全监管科进行系统需求调研。6月,信息中心和中国电信常德分公司签订软件开发协议,软件开发工作启动。7月,食品安全监管科、信息中心对系统软件开发阶段情况进行多次论证,信息中心再次协调软件开发公司多次征求食品安全监管机构的需求意见。8月,市工商局食品安全电子监管系统按照政府采购程序,签订系统软、硬件供需合同和移动执法终端及联通网络使用协议。8月29日,系统软、硬件及网络安装调试完毕,移动执法终端开通。8月31日,市工商局举办系统操作演示培训。10月,系统投入运行,共采集食品信息10828种、食品销售市场主体16421户、食品生产企业(个体)信息257户。该系统由网络平台、商场超市触摸屏及移动执法终端三方有机结合构成,食品销售企业通过互联网登录系统进行食品信息备案,消费者通过互联网和触摸屏进行食品信息查询,工商执法人员可运用工商办公网和移动执法终端登录。

系统主要功能:该系统分为工商监管、经营户和超市三个平台。工商监管平台供工商工作人员使用,根据工作岗位和职责赋予不同权限,用于辖区内食品经营户信息录入、资质上传,电子台账查询,食品追溯、基础检查、食品检查及生成各项统计报表;经营户平台供食品批发户使用,可实现用户信息自我完善,供货商资质、商品信息、食品批次信息录入,批次合格证明文件上传;超市平台供超市用户使用,用于超市信息维护,供货商信息及资质录入,批次食品信息批量上传,批次食品合格证明文件上传。三个平台既相互独立,又相互关联。系统的运行主要依托计算机及网络等平台,以商品条形码为切入口,以食品安全信息查询机、移动终端和网站等多个应用平台构成立体信息网,并通过“经济户口管理、进(销)货电子台账、问题食品追溯管理、移动监管巡查、食品保质临近过期预警、数据统计分析、食品信息查询、在线培训考试”等八大功能,使“食品台账电子化和监管巡查信息化”得以实现,极大地提高流通环节食品安全监管效能。

经济户口管理功能:监管人员通过电子巡查终端准确掌握辖区内食品经营户的基本信息及分布情况,食品经营主体的异动情况,做到监管主体底子清,情况明。

进(销)货电子台账功能:经营主体通过终端录入商品信息,并通过电信3G网络将数据传输到市工商局数据中心,数据库自动形成商品进、销货台账和食品流向及数量记录,实现食品经营主体索证索票、批次食品合格证明电子化,解决索证索票、建立进销台账“成本高、坚持难、规范难、保管难、查找难”等问题。

问题食品追溯管理功能:系统可以按生产厂家、生产批次等数据进行分类处理,一旦辖区发现“问题食品”,系统可以按照“问题食品”的相关信息进行搜索、归纳,生成“食品流向图”,“锁定”问题食品,并及时向监管人员下达追溯任务。

移动监管巡查功能:监管人员通过食品巡查终端实现食品经营主体经营行为和所经营

食品安全信息共 12 项内容的巡查，确保食品经营主体资格合法，督促食品经营主体落实食品进货查验、食品定期清查、不合格食品下架退市等经营自律制度，确定食品经营主体信用等级，方便分类监管。

食品保质临近过期预警功能：系统根据不同食品保质期要求分别设置食品保质临近过期预警信息，系统中食品一旦临近保质期，系统便会自动向经营主体、监管巡查人员发出预警提示，提醒及时处理。监管人员可以有针对性进行监管；消费者可通过电子查询终端警示谨慎购买。

数据统计分析功能：该系统配置了基础巡查问题统计、经营户分布统计、巡查到位率统计、食品质量巡查问题统计 4 项统计功能，一旦监管部门或上级政府需要某项数据，该系统自动生成，提高信息收集速度和信息统计准确性、实效性。

食品信息查询功能。监管人员和消费者可以通过该系统实时查询经营主体所销售的食品信息，确认其查验到的或购买的食品是否有合格证明、是否在保质期内、是否被列入问题食品等等，确保监管到位，消费明明白白。

在线培训考试功能：食品经营者可以通过该系统进行食品安全法律法规学习培训，在申请从事食品经营之前和每年定期在“食品安全学习考试系统”进行在线考试，提升食品安全责任意识、法律意识。

（三）办公自动化系统

2003 年初，为充分利用网络平台和现代化信息技术，实现无纸化办公，提高办公效率，市工商局开始筹备开发应用 OA 办公自动化系统，并完成局域网网页设计、制作及相关资料输入，为全市工商系统干部职工学习、交流提供一个高效、实用、安全、快捷的通道。2004 年，市工商局投资 6 万元购买湖南纽瑞孚软件系统有限公司代理的红帆软件，并结合自身实际开发工商 OA 办公自动化系统。2006 年，为克服原有办公自动化系统局限性，市工商局在原有 OA 办公自动化系统基础上，与湖南纽瑞孚软件系统有限公司合作，将原有办公自动化软件改造升级，系统采用流行的 B/S 结构，具有较强安全机制和良好跨平台特性，已形成纵向到基层工商所，横向到工商行政管理各项工作的办公自动化管理系统，实现机关办公自动化、文档一体化、工作信息化，最终实现无纸化办公。该模块将文件、公文、各项规章制度实现内部共享，同时提供信息存储、分类查询等操作，将系统内部人员工作合并在一起，高效地开展各项工作。具体有以下功能：

OA 历史记录：将每一年办公自动化数据打包，存储在服务器中，方便全市工商系统干部职工查询、阅览。

即时消息：即短信功能，供系统内部人员相互之间发送消息。

传阅信息：供系统内部人员相互之间传阅文档、图片、声像资料等。

通知公告：供上级机关向下级机关下发文件、对文件予以答复，并保存所需文件。

公文处理：可以为公文流转定义多种流程，并完成公文草拟、上报、签发、批阅等工作，并存档供查阅。

公用文档:将已保存的通知公告文件分类管理,供搜索查询使用,也可将无用文件删除。

考勤管理:可以提交请假、出差申请,并查询请假、出差记录。

人事信息:定义各部门、人员办公网权限,记录各部门、人员详细信息供查询。

公文档案:可查询自己起草的以及已公开公文,申请借阅全市工商系统所有公文。

控制面板:系统管理员管理其所在单位的办公系统,一般人员修改登录密码等功能。

工作动态模块包括综合信息和媒体工商两个部分。综合信息收集发布全市工商系统工作动态、工作经验交流、总结等;媒体工商收集全市工商系统在各种媒体上公开发表的新闻报道。

个人办公、公文管理、事务处理、公用信息、系统管理模块。系统配置了模板设置、流程控制、用户管理、备份恢复等功能模块。

此外,该系统还设置了快速链接 PA 绩效考核系统、市场主体信用分类监管系统、业务管理系统登录端口,有效地整合系统资源,促进办事效率提高。

(四)档案管理系统

2008 年,为充分发挥工商行政管理业务档案资源在监管服务中的作用,促进企业电子档案市、县联网查询,实现以档案实体保管为重点向以档案电子化管理为重点的管理模式转变,市工商局通过公开招标,投入约 45 万元在办公大楼二楼改建一个建筑面积为 500 多平方米的现代化电子影像档案室和查询窗口,配备“超越 2000”档案管理系统和省工商局统一的企业档案扫描系统等两套软件,购置两台高速扫描仪和扫描用计算机,建立电子档案扫描车间,聘用两名专业人员对全市新增企业档案进行扫描,实现企业档案随时登记、随时整理、随时扫描,使全市企业登记档案电子数据库与时递增,不断完善。

该系统将工商档案资料分为综合档案和业务档案两大类,建立电子、纸质档案“管理双轨制,保存双套制”运行格局,实现档案规范化管理,并将档案信息化建设与工商业务信息化建设同步规划、同步开发、同步实施,对纸质档案进行数字化处理,建立档案信息数据库。对综合档案中的文书、会计、基建档案和工商业务档案中的监督管理、行政处罚档案采用“超越 2000”档案管理系统进行条目录入;对行政许可及年检档案采用省工商局统一的“企业档案扫描系统”进行管理,通过扫描、排序、质检等环节后录入档案信息数据库。同时,系统还采用 IBM 盘阵定期备份和移动硬盘每天备份两种方式备份数据。在完成市工商局全部开业企业登记资料纸质档案扫描录入等电子化工作的同时, 还完成 6 个县级工商局企业档案扫描录入工作,对辖区内各类企业档案进行全面整理扫描,扫描实行统一领导,统一标准,集中培训,分散整理,集中扫描,全面实施全市工商系统企业档案电子化工程。为确保扫描质量,结合国家工商总局档案管理目录标准和省工商局档案相关管理规范, 市工商局制定统一企业档案目录,共两大类、34 种卷内目录,全系统共组织 30 余人,历时数月,将全市 120 余万页原始档案全部扫描录入档案信息数据库,实现全市工商系统企业原始登记档案电子化。截至

2012年年底，库容量已达248GB。

（五）会议系统

视频会议系统。2003年11月，市工商局决定建设市与县级工商局间视频会议系统，全市建成1个主会场，9个分会场，终端采用VECA—SEI—IOP，MCU采用UR—SACOM—1000。视频会议系统开通，为全市工商系统会议召开和开展业务培训等工作，提供省时、省事、节俭、高效的便利条件。2010年6月，市工商局依托省工商局至市工商局4M SDH线路，对原有视频会议系统进行改造，利用华为VP8036终端，开通与省工商局连接的视频会议系统。

会议管理系统。市工商局为降低行政成本，方便各类会议召开，自行研发会议系统软件，市工商局机关各科室需提请相关会议研究的议题可在会前通过会议系统进行申报，申报审批通过后，安排时间、地点举行会议。

（六）"12315"申诉举报系统

2008年5月，市工商局与杭州中软安人网络通讯有限公司签订合同，购买"12315"消费者申诉举报业务系统软件，并搭建市工商局"12315"电话呼叫中心平台。该软件为B/S结构，采用JAVA+Oracle开发，语音交换板卡采用DJ081A/ PCI（2中继2用户），具备交换功能、座席呼叫控制功能、前台登记、信息分类功能、查询功能、案件分流功能、统计报表及分析功能等多种功能。通过该系统，可以完成市工商局"12315"系统及各县级工商局系统部署工作，并实现全市"12315"申诉举报集中受理、网上分流、集中反馈的全新模式。

2009年，市工商局加大"12315"申诉举报系统投入力度，对"12315"系统进行升级改造，随着"12315"网络延伸、拓展及系统优化和先进设备运用，消费者维权渠道进一步畅通，"12315"申诉举报系统已成为集信息采集、应急指挥调度、统计分析、短信投诉、常规审批、延期审批、结案审批、应急审批、预警审批等审批管理功能为一体的综合性信息服务平台，这些功能的实现，确保申诉举报案件，事事有反馈，件件有结果，形成上下联动、快速反应的综合协调机制和信息互通、业务关联的消费者权益保护机制，以低成本社会资源为监管提供服务，全面强化指挥调度体系和情报体系建设，推进监管方式改革与创新，进一步提升监管执法和消费维权整体水平。

（七）PA绩效考核管理系统

2009年，市工商局针对过往"重视年终考核、忽视平时考核，考核过程单一化、程序简单化"等问题，通过在武陵分局试点，研发PA绩效考核管理系统。

该系统严格按照国家工商总局、省工商局和市工商局各项工作要求，设置待考勤、工作日志待申报、学习心得待申报、请假出差开会申报、异议申请、查询统计等功能模块。从细处入手，按工作岗位、工作内容、工作要求不同，制定不同的考核标准，并从工作纪律、工作落实、学习与参会、集体活动以及其他等几个方面，把考核细化到每一天，规定工作人员每天必须进行视频签到，并查看是否规范着装、中午是否饮酒；是否学习"两报一刊"，撰写心得体

市工商局PA绩效考核管理系统主界面截图

会；是否及时书写工作计划和工作日志；是否违章违规驾驶；是否及时阅读通知公告、处理公文等，凡是违反以上内容的，都会在系统中扣除相应分值，确保年度考核公平、公正。绩效考核系统的运行，不仅使得各项规章制度能够顺利贯彻执行，同时把考核细化到日常工作中，既提高绩效考核率，又提升干部素质。

(八)市场信用分类监管系统

2009年，针对市场监管难度不断加大，基层普遍面对台账多、查找难、统计繁等问题，市工商局通过充分调研，研发市场信用分类监管系统，该系统涵盖统计查询、电子台账、数据分析、分类监管、移动巡查功能和工作提醒等功能。系统功能全面、结构灵活、操作简单，运用方便，既降低监管成本，也提升监管效能。

统计查询功能：该模块统计灵活、方便、快捷，可按登记机关、监管结构、主体性质、行政区划进行查询统计，并生成柱状图，直观反映各监管区、乡镇经济户口分布情况和各重点类型和重点区域内户口分布情况，同时还可实现经济户口准确定位，使监管人员对辖区内每个经济户口都能有一个真实的认识和把握。

电子台账功能：该模块可根据实际需要，按主体类型、重点区域、重点行业等设定不同检索条件，生成各种台账，生成的台账机动、灵活、多样，且数据录入、更新也十分方便，避免人力、物力、财力浪费，克服纸质台账信息录入、更新不及时、数据不准确等弊端。

数据分析功能：该模块通过对各类工商业务数据汇总、比对、分析，宏观勾勒本区域经济发展水平以及发展前景，向当地党委、政府提供与国计民生相关的经济数据，服务党委、政府决策部署。

分类监管功能：该模块按照国家工商总局、省工商局关于企业信用分类监管有关文件要求，把新设主体初步定义为A级，通过制定企业信用升降表，把企业经营行为与升降表结合起来，实现信用等级自动升降，并根据信用等级确定巡查频次，使巡查具有针对性和实效性，减低巡查成本，确保巡查效果。

移动巡查功能：该模块通过把监管平台搭建到手机终端上，不需手写，只需通过查询、拍照、上传等几步简单操作就可以把巡查信息直接提交到后台服务器，提高监管效率，把监管人员从繁重的巡查工作中解放出来，更好地投入到依法监管市场、维护消费者合法权益工作当中。

工作提醒功能：该功能包括现场巡查提醒、登记事项提醒和行政指导提醒。即按照国家工商总局有关规定，在系统中根据信用等级、重点区域、重点行业等设定不同监管频次，经济户口巡查均按这一标准执行，做到全市工商系统巡查频次统一，解决巡查盲目性和随意性，规范监管人员巡查行为。同时，对于即将经营期限到期、前置许可到期、商标专用权到期的企业，可以通过行政指导提醒及时通知经营者，以免对经营者造成不必要的损失。

（九）服务“四化两型”管理系统

2010年，为深入推进服务“四化两型”（推进新型工业化、新型城镇化、农业现代化、信息化，建设资源节约型、环境友好型社会）工商联络员活动，创新服务成果和工作模式，服务企业发展，市工商局开发服务“四化两型”管理系统，该系统设计科学、操作简便、内容完整、形象直观，能全面按照省工商局部署的服务“四化两型”工作要求进行数据录入统计和工作督导检查评比，为工商联络员运用现代办公设备进行网上办公及相互学习、交流工作经验提供一个平台。

该系统共涵盖工作概况、工作动态、理论学习、政策法规、工作制度、经验交流、联络信息、服务记录、服务成效九个功能模块。

工作概况：介绍全市工商系统服务“四化两型”工商联络员工作概况、组织领导、机构设置等情况。

工作动态：以文字、图片形式反映全市工商系统服务“四化两型”工作动态，对各单位编发的《工作简报》以分列式形式进行报道。

理论学习：收集服务“四化两型”及帮助企业调结构转方式促发展的领导讲话和理论文章等。

政策法规：主要收集服务企业发展相关法律法规及规范性文件。

工作制度：包括省、市工商局有关服务“四化两型”工作意见、工作方案、工作流程、工作要求、工作纪律、工作评比等15项制度规范。

经验交流：该模块收录全市工商系统服务“四化两型”工商联络员工作调研报告和工作经验材料等；

联络信息：主要是全市工商系统服务“四化两型”联络企业情况图表展示，方便各级“四化两型”领导小组了解工作进度和工作质量，指导基层开展服务“四化两型”工作。

服务记录：联络员通过个人工作账号和密码登录“联络员登录”窗口，然后工商联络员依据纸质记录把相关信息录入电脑，形成一套完整的服务电子库，它是广大工商联络员服务走访企业情况汇总。

服务成效：该模块以文字、图片形式记载全市工商系统服务“四化两型”工作成效，主要反映工商联络员帮助企业解决实际困难和服务企业发展取得的成果。

（十）“一月学一法”“一月评两案”系统

为提高干部法律素质和履职履责能力，打造学习型机关，市工商局依托信息化技术建立起“一月学一法”“一月评两案”网络学习平台。

“一月学一法”平台:为充分调动干部职工学法积极性和主动性,提升工商行政管理人员执法水平,2007年,市工商局与软件公司合作开发一月学一法系统,该系统集学习、练习、复习、考试等功能于一身,每月月初由市工商局法制部门录入需要学习的法律、法规,并生成练习题,供干部职工日常学习,在月末通过人工组卷,生成百分制试卷,所有干部职工必须在规定时间内参加网上考试,考试完毕后,系统自动亮分,考分低于80分的视为不及格,需重新学习、考试。该系统共收录法律、法规、部门规章和规范性文件共53部,试题7665道。同时,将打字考试、公文写作融入该系统,并定期举行考试、竞赛。

“一月评两案”平台:市工商局法制部门定期在该平台上发布典型案例,供干部职工分析、评论,形成自己的见解,并录入该系统,达到信息共享的目的。该系统把案件类型按职能划分为注册监管、商标广告、市场合同、公平交易、依法行政、消费维权等几个方面,并要求全市工商系统各单位每月上报2例典型案例到市工商局法制部门,法制部门审核后,选取有代表性的2例,通过系统进行发布,以供评析。评析结束后,市工商局法制部门逐一对评析进行审核,优秀案例评析将被推荐到系统平台进行展示,供干部职工参考,查找差距,剖析自身不足。

第五节　红盾信息网建设

2003年,市工商局开通常德市工商红盾信息网(网站网址为:www.cdgsj.cn),随后9个县级工商局红盾信息网也陆续建成。网站均部署在惠普DL380G5服务器上，通过电信公司2MB专线接入互联网,成为市工商局政务公开的又一重要平台,是常德市政府信息网骨干网站和全国工商系统红盾信息网重要组成部分。2005年4月,常德红盾信息网被市信息化工作领导小组评为“2004年度全市政务门户网站优秀子网站”。2006年,市工商局投入专项资金,安排专人负责,对红盾信息网进行全新创新设计,并重新进行栏目布置,增强公共服务功能和网上发布广告等功能,使网站达到内容丰富、版面整洁、功能齐全和方便实用的要求。常德红盾信息网集中了市工商局多年积累的企业信息资料,具有动态可靠、权威可信的特点,可为政府宏观调控,行政机关执法,公检法办案,企业商贸活动、投资分析、行业调查,消费指南等提供大量参考数据。对维护市场经济秩序,规范市场经营行为,提高企业经营水平有积极作用。改版后的网站,包括机构概况、工商动态、政务公开、政策法规、满意机关、查询服务六大模块。

机构概况:公示常德市工商行政管理系统机构设置及领导简介。

工商动态:发布全市工商系统各类工作动态、新闻报道。

政务公开:介绍全市工商系统各机构职能及联系方式。向社会公开办事程序,介绍各类行政许可办理程序、前置审批条件及需提交的相关文件。为企业提供网上年检平台,并具备企业年检网上申请、网上年检预审结果查询等功能。

政策法规：宣传党的方针、政策及工商法律法规，向社会提供工商法律法规查询、咨询服务。

满意机关：是全市工商系统创建满意机关专栏，收集创满意机关工作动态、工作经验等。

查询服务：向社会提供全市企业基本资料查询以及网上已受理业务进度查询。

常德红盾信息网开设工商行政管理政务公开、法律法规信息查询、办事指南、工商信息查询、信息发布、网员天地、工商论坛、消费者之家、社会监督、企业园地、全国及省内红盾信息网导航等栏目。发布的主要内容包括：企业注册登记公告发布；商标注册信息查询；商标注册登记公告发布；驰名商标、著名商标公告发布；户外广告许可登记查询；“重合同、守信用”企业信息发布；各类市场信息查询；消费者权益保护信息查询；“3·15”投诉受理及处理结果查询。

第六节　档案信息化建设

一、档案硬件设施配套升级

2008 年 7 月，市工商局按照“安全、规范、高效、低碳”及档案管理与信息技术全面融合的原则，围绕“高起点规划、高标准设计、高质量建设、高水平管理、高效率利用”的总体思路，共投资 120 万元，全面着手档案硬件配套设施升级改造，按照库房、办公、扫描录入、接待、阅览五分开要求，建立“两库四室”，即纸质档案库与实物档案库，办公室、扫描录入室、查询接待室、阅览室，综合档案库总建筑面积 355 平方米，其中库房建筑面积 176 平方米、阅览室建筑面积 50 平方米、查询接待室建筑面积 95 平方米。配置可存入 30 年以上档案的密集架 31 列 155 组，其中文书库房密集架 6 列 30 组、人事库房密集架 4 列20 组、财务库房密集架 4 列 20 组、企业库房密集架 17 列 85 组、排架长度共 1674 米。配备铁质文件柜 3 个，阅览架 6 个；安装库房温湿度自动控制系统、库房火灾烟雾报警系统和防磁、防腐防虫害系统；配备去湿机 2 台、干粉灭火器 8 个；计算机、复印机、打印机、摄像机、照相机、刻录机、扫描仪、防磁柜、消毒柜、空气消毒机等现代化管理设备基本配齐，其配置可以安全保存本单位未来 30 年的档案资料。2011 年，市工商局根据档案工作信息化规范化管理达标升级需要，又配齐所有县级工商局所需的档案现代化设备。

二、档案信息数字化处理

2008—2012 年，市工商局加大档案信息数字化整合力度，将所有工商档案资料分为综合档案（文书档案、人事档案、财务档案、审计档案、基建档案、特殊载体档案）和工商业务档案（行政许可档案、监督管理档案、执法案件档案、其他工商业务档案）两大类，并进行数字化处理,建立电子、纸质档案"管理双轨制,保存双套制"运行格局。市工商局机关综合档案室共收集各类档案 44170 卷(件),其中综合档案 7816 卷(件),工商业务档案 36354 卷。在进行传统档案规范化管理同时,实行档案信息化建设与工商业务信息化建设同步规划、同步开发、同步实施,对纸质档案进行数字化处理,建立档案信息数据库。对综合档案中文书、会计、基建档案和工商业务档案中监督管理、行政处罚档案采用"超越 2000"档案管理系统进行条目录入。截至 2012 年年底,全市工商系统共录入案卷级条目 80908 条,文件级条目 4598 条,合计85506 条。对具有永久保存价值的 9151 件文书档案一并进行数字化处理。对行政许可及年检档案采用省工商局统一的"企业档案管理系统"进行管理,截至 2012 年年底,全市工商系统已扫描企业登记档案 125949 卷共 2619030 页,完成现存共 14908 户开业企业和 2004 年以后注销企业 8252 户、吊销企业 7098 户、2007 年以后年检企业 27809 户及备案企业 13558 家,共计 71625 家企业档案数字化处理工作,总容量达 181GB,采用 IBM 盘阵定期备份和采用移动硬盘每天备份两种方式备份数据;将重要业务数据提交省工商局异地保存。

三、档案管理软件运用

在档案管理软件选择使用上,市工商局严格按照档案管理部门和省工商局要求,综合档案选择"超越 2000"网络版档案管理软件管理,做到全市工商系统共享,并创造性地与 OA 系统实时连接。工商企业档案采用全省统一的"企业档案管理系统"管理,并与综合业务系统无缝关联。截至 2012 年年底,全市工商系统配备专(兼)职档案(微机)管理人员 15 人,全市工商系统档案管理规范化建设已投资 120 余万元,实现全市工商系统计算机联网,形成以数据及时收集、分析、综合、处理和统计报表汇总上报以及各种数据存档、查询和发布为主要目标的全市工商行政管理信息网络系统,为档案资料查找利用创造有利条件。2009 年 12 月,市工商局档案室晋升为机关档案管理省特级。2010 年,全市工商系统 12 个县级工商局中有 7 个单位档案室晋升为"省特级"档案室,3 个单位档案室晋升为"省一级"档案室。

市工商局档案室晋升为省特级档案室,图为省档案局领导为市工商局颁发牌匾

第七节　市场主体信息咨询服务

一、市场主体信息查询系统建设

2009 年，为有效地利用工商系统市场主体注册登记等档案资源，为工商系统业务工作及社会公众服务，市工商局根据《中华人民共和国档案法》《国家工商总局企业登记档案资料查询办法》及《湖南省档案管理条例》，结合全市工商系统市场主体注册登记等资料管理工作实际，制定《工商业务档案整理规范》《工商登记档案资料查询制度》，就档案查询适用范围、方式、收费、管理等作出明确规定，并积极向上级有关部门申报地方标准，使工商业务档案管理逐步走上规范化、标准化轨道，随后，市工商局电子公文、通知公告、传阅等全部通过网络流转，实现办公无纸化、办公自动化、办公移动化。OA 系统从程序上规范电子公文管理，所有电子公文全部集中存放在市工商局信息中心，实现一体化管理，电子公文录入、立卷、归档、查询和统计全部通过网络实现，使系统信息化建设与档案信息化建设深度融合，为方便社会各界人士查询档案信息，市工商局及县级工商局共设置 13 个工商业务档案查询窗口，使档案信息需求者能就近在工商业务系统网络内任意一台电脑上登录工商系统办公网，履行查（借）阅手续就可浏览到所需档案信息，一般情况下，查询档案信息每次只需 5 分钟左右。2009—2012 年，市工商局综合档案室接待档案信息查询服务 38000 多人次，为政府部门及社会各界提供档案信息资料 24000 多份，打印 25 万多页证据文档。

二、市场主体信息深度编研

为服务政府决策，2009—2012 年，市工商局运用档案信息，针对地方经济社会发展现状以及人民群众特别关注的热点问题，进行编研开发，形成调查报告或汇报材料，呈报地方党委政府，为地方党政部门决策服务。2009 年，市工商局根据部分市民反映，对市城区 30 多家农贸市场进行调查，并根据市场档案信息资料进行分析，编写

市工商局利用档案资源对市场主体信息进行深度编研

《根治市城区农贸市场脏、乱、差的调查报告》,时任市委书记卿渐伟批示市政府办理,市政府召开3次市长办公会,形成3个规范性文件,市财政每年列支3000万元,对农贸市场分期分批进行改造提质。同时市工商局还根据工商部门业务档案信息,编写《常德市市场主体情况报告》,为市委、市政府决策提供翔实依据,常德市“十二五”规划草案在构建发展市场主体的平台与营造企业家成长机制等多方面予以采纳。2010年3月,市工商局根据全市商标档案信息,编写《常德市商标发展情况报告》,市政府专题召开市长办公会,听取市工商局汇报后,作出实施商标品牌战略,加快经济发展的决定等。

三、市场主体信息档案成果利用

为提升内部管理,市工商局在整理利用档案成果过程中,通过开展深度编研,形成如《大事记》《常德市工商机构沿革》《常德市工商行政管理志》《基础数字汇编》《创建文明机关资料汇编》等原始资料,为教育干部职工提供丰富的素材。同时,通过全市工商系统法制机构审核把关及档案数字化处理,发现并及时纠正行政许可档案错误200余起、年检档案错误80余起、行政执法案件档案错误50余起,保证入库档案质量,并针对出现的问题及典型事例,加大干部教育培训力度,对其中属工作疏忽的问题,给予通报批评,属于违纪方面的问题,进行严肃处理,及时有效规避职业风险。

市工商局工商企业档案咨询中心

第五章　优化经济发展环境

第一节　优化政务服务

一、行政许可事项告知“一口清”制度

2010年，市工商局根据《行政许可法》《湖南省行政程序规定》等相关法律法规及市委、市政府相关文件规定，结合工商部门实际，制订并实施《常德市工商行政管理局行政许可事项告知“一口清”制度》。行政许可事项告知“一口清”是指申请人向工商机关申请办理行政许可等有关事项时，工商机关工作人员在受理、审核过程中，必须全面准确地一次性告知申请人依法应当提交的所有文件、证件以及有关程序、条件、依据和注意事项等。“一口清”涉及范围包括市场主体设立登记、变更登记、注销登记、名称登记、企业备案、股权出质登记、流通领域食品经营许可、展销会登记、户外广告登记等行政许可事项以及企业年检、个体工商户验照、动产抵押登记等事项。受理审查人员在受理、审核过程中告知内容主要包括：办理依据、办理条件、办理程序、申报资料、收费标准、办理时限等。市工商局在常德市政府网、常德红盾信息网公布上述政务公开的内容，广大群众可随时上网查阅和下载相关表格。同时还要求工作人员告知内容要详细、具体、明确、完整并采取书面形式。对违反承诺规定内容的，将视情节对相关责任人给予批评教育、降低考核等次、调离岗位等处理，情节严重的依照相关规定给予行政处分。行政相对人举报工商行政管理人员未按规定实行“一口清”承诺事项经查证属实的，每次支付当事人举报奖200元。工商行政管理人员在执行上述公务活动时收受行政相对人礼品、钱、物或接受请吃、请钓、请玩等消费活动的，经查实由监察机构责令责任人按消费金额的2倍支付给行政相对人；有“索、拿、卡、要”等行为的，经查实由监察机构责令责任人按“索、拿、卡、要”金额的5倍支付给行政相对人，并视情节轻重给予行政处分。

2010年，为组织落实好行政许可事项告知“一口清”制度，市工商局制定50多项行政许可、非行政许可审批和办事服务项目一次性告知单，各县级工商局均成立了承诺自律监督小组，负责投诉受理和处理。同时，公布举报投诉电话，要求各级承诺自律监督小组接到投诉后，按层级管理原则进行调查核实，一般情况3个工作日内处理答复，特殊情况，7个工作日内作出处理或书面答复，逾期每天付给投诉人赔偿金50元。若对工商局处理不满意的，可向各地优化办和机关效能监察投诉中心投诉。行政许可事项告知“一口清”制度的实施，促进了全市各类市场主体发展。至年末，全市新登记各类市场主体27219个，与上年同期相比增长17.73%。

2011 年,全市共有 2364 家企业通过行政许可事项告知“一口清”实现快速准入,办理时限相比上年同期平均缩短 6 个工作日。

2012 年,市工商局继续推行行政许可告知“一口清”。是年,共有 797 家市场主体接受行政许可告知“一口清”服务,行政许可事项一次性告知率达到 100%,行政许可当场办结率达到 70%以上,群众满意率达到 100%。

二、工商企业联络员制度

2008 年 9 月,根据省工商局《关于建立服务一化三基工商联络员制度的意见》(湘工商办字〔2008〕188 号)和《关于落实服务一化三基工商联络员制度又换问题的通知》(湘工商企字〔2008〕212 号)等文件精神,市工商局决定在全市工商系统建立服务“一化三基”(推进新型工业化,加强基础设施、基础产业、基础工作)工商企业联络员制度,开展“一对一”“多对一”联系服务企业活动。联络员由市工商局、县级工商局及工商所工商行政管理人员担任,联络员服务企业内容主要包括:开展市场准入服务,指导企业及其分支机构依法及时办理设立、变更及年度检验工作;开展商标注册服务,引导企业实施商标品牌战略,帮助企业申报注册商标,争创中国驰名商标、湖南省著名商标和常德市知名商标;开展合同管理服务,帮助企业加强合同管理,开展诚信经营,守法经营,争创国家级、省级、市级、县级“重信用、守合同”单位;开展打假维权服务,积极组织开展打击假冒伪劣,侵犯知识产权等专项行动,维护企业合法权益;开展信息咨询服务,利用工商部门掌握的信息资源,为企业重组、融资、销售提供及时、准确、合理参考意见,帮助企业做大做强;协助企业建立健全商品质量内部管理制度,加强产品质量管理,引导企业尊重消费者权益,争创市级消费者信得过单位;为企业提供法律法规宣传、咨询等服务,加强与联系服务企业联络、沟通,了解企业需求、困难,对企业反映的问题,凡属工商部门可以解决的及时予以解决;对超越工商部门职能权限的,发挥桥梁纽带作用,向地方党委、政府或有关职能部门反映,帮助协调解决;对一时确实难以解决的,创造条件解决,协助地方党委、政府维护发展和稳定大局。把联系服务企业作为了解企业和市场信息的重要调研渠道,及时发现具有普遍性、苗头性及深层次的问题,并形成调研报告,为党委政府制定相关政策措施提供决策依据。联络员对联系服务工作中遇到的重要情况和问题及时报告,年终形成联系企业专题报告。是年,全市工商系统共确定 400 家企业为服务“一化三基”重点联系企业,重点围绕农业产业化龙头企业、招商引资重点企业、工业园区企业,建立企业工商联络员制度,主要从企业商标事务、企业年检催检提醒、企业发展现状、企业困难和要求等多方面内容着手,全面了解企业对工商工作的意见和建议,全年共走访企业 846 家。

2009 年,全市工商系统组织工商联络员重点联系 400 家企业,走访服务企业 3869 次,帮助企业解决发展难题 2197 个,举办融资活动 15 次,使企业与金融单位达成融资意向 3.1

亿元，以动产抵押等方式融资6.5亿元，培育中国驰名商标1件、省著名商标32件、市知名商标26件。

2010年，全市工商系统各单位采取多种形式走访企业帮助企业解决实际困难。津市市工商局通过走访，了解到企业技术工人缺乏，联合劳动部门为企业招聘人才93名；武陵分局先后8次上门指导企业创知名商标；桃源县、安乡县工商局派专员入驻企业助推企业上市融资；澧县工商局帮助企业融资1.63亿元；汉寿县工商局、西湖分局大力扶持农民专业合作社发展；石门县、临澧县工商局竭力助推地方特色产业；鼎城区工商局、德山分局多次入驻园区现场办公，当场解决实际困难近100件。是年，全市工商系统联络企业1593家，上门走访企业4713次，帮助企业解决实际困难1109个，帮助企业融资6.9亿元，为企业挽回经济损失265万元，指导企业申报中国驰名商标5件，争创省著名商标38件，收到联络企业锦旗、牌匾93面，感谢信65封。

2011年，为深入贯彻落实省委、省政府"四化两型"战略部署和《省政府办公厅转发〈省工商局关于推进全民创业若干措施〉的通知》（湘政办发〔2011〕2号）精神，全市工商系统积极开展服务"四化两型"工商联络员活动，是年，全市共确定近2000家企业作为走访服务对象，通过上门为企业提供政策法律咨询等服务，走访各类市场主体9682家，收集企业反馈信息1039个，现场指导企业进行网上年检5102次，为企业提供法律咨询2323次，落实优惠政策减免收费53.62万元。

三、"企业六提醒"服务

2010年8月，市工商局决定对全市工商企业开展"六提醒"温馨服务（常工商发〔2010〕100号），将企业易忽视的违法行为提醒企业规避，指导企业规范经营，结合注册登记、企业年检、执照管理、商标监管等职能，主动服务企业，变事后处罚为事前指导、变部门权力为服务责任、变坐等服务为延伸服务。"六提醒"温馨服务内容包括：缴付出资到期提醒。对注册资本分期到位的企业，在章程约定的缴付出资到期之前，提醒企业按期办理实收资本变更登记手续，避免出现虚假出资行为。营业期限届满提醒。在企业营业期限届满或企业营业执照超过有效期之前，提醒企业及时办理变更或注销登记手续，避免出现无照经营行为。许可事项到期提醒。在企业前置许可到期之前，提醒企业及时办理许可证延期及工商变更或备案手续，避免出现超范围经营行为。企业年检到期提醒。在年检截止日期之前，对尚未申报年检的企业进行提醒，避免出现逾期年检行为。经营场所变更提醒。对企业拟改变经营场所或房屋租赁期届满的，提醒企业及时到工商部门办理经营场所变更登记，避免出现擅自改变经营场所或无经营场所的行为。注册商标到期提醒。对拥有注册商标专用权的企业，在商标有效期满前6个月，提醒企业进行商标续展申请，避免出现未申请续展而失去商标专用权。2010—2012年，市工商局通过对企业开展"六提醒"温馨服务，全市共发放《行政建议书》3755 封,提醒企业 1821 家,提供行政指导 2728 户次,帮助企业规避过失性违法行为 2104 例次。

四、“满意在市场,有事找工商”主题活动

2011 年,为加强市场监管,推进人民满意工商建设,市工商局印发《常德市工商行政管理局关于开展“满意在市场 有事找工商”主题活动的工作方案》(常工商发〔2011〕18 号),在全市工商系统开展“满意在市场,有事找工商”主题活动。活动要求各单位对所辖区域内所有集贸市场进行调查摸底,并分类建立集贸市场台账;成立集贸市场监督管理办公室,办公室配置 2 名以上市场监督管理员,每个工作日按照上班作息时间实行全天候驻场管理;市场监督管理员按照网格监管要求履行市场监管职责,做好市场内证照管理、经营行为规范、消费维权、优质服务等工作;各单位对所属市场监督管理员实行单独考核,对履责不到位的予以追责,对工作突出的予以奖励;开展“五星级农贸市场”“星级文明经营户”评选活动;在各市场健全个私协组织,加强行业自律,实现市场自我管理。通过开展“满意在市场,有事找工商”主题活动,达到市场监管、行政指导、服务市场主体、消费维权和促进发展满意的目标,使市场秩序更加规范,经营环境更加公平诚信,商品合格率、放心度不断提升,促进市场健康有序发展。是年,按照活动要求,工商部门对农贸市场进行规范化管理,增强市场经营者持照、亮照意识,对需要取得前置许可的,加强与相关职能部门联系、沟通,解决有证无照、证照不一问题。同时,加大市场日常监管力度和商品质量监测力度,充分履行工商行政管理职能,打击假冒伪劣、不正当竞争、商标侵权、短斤少两、欺行霸市、强买强卖、哄抬物价等违法行为。通过评选,新一村、芷兰 2 家农贸市场获得“2011 年度星级文明农贸市场”荣誉称号。

市工商局开展“满意在市场,有事找工商”主题交流活动

2012 年,全市工商系统继续开展“满意在市场,有事找工商”主题活动,各县级工商局集中工商所力量,强化监管,积极履职,重点解决出店出摊经营、占道经营问题;清理市场业主证照,依法查处未经许可擅自开办市场等违法经营行为;加大对食品经营户巡查力度,严厉打击销售“三无”、变质、过期食品违法行为。

第二节　推行行政指导

一、实施行政指导的范围

2011 年，省工商局印发《湖南省工商行政管理机关行政指导实施办法（试行）》（湘工商法字〔2011〕54 号），将工商部门所实施的行政指导定义为工商机关为实现特定行政目的，在其法定职权范围内，依据法律、法规、规章和政策，以辅导、规劝、提醒、建议、示范、公示等非强制性方式，引导公民、法人和其他组织作出或不作出某种行为的活动。行政指导包括针对特定行政相对人的具体行政指导和针对不特定行政相对人的抽象行政指导。具体范围包括：（一）需要从技术、政策、信息等方面帮助行政相对人维护其合法权益的；（二）需要预防行政相对人可能出现妨害行政管理秩序的违法行为的；（三）其他需要实施行政指导的情形。

二、推行行政指导的内容及方式

2011 年以来，市、县工商局按照行政执法或管理职责法定管辖权限实施行政指导，由内设机构和派出机构按照职责分工具体承办，法制机构负责指导和协调。各内设机构按年度拟定的行政指导工作计划，完善行政指导工作制度。行政指导方式主要是：制定和发布工商行政管理领域指导、引导性政策；对在工商行政管理工作中制作或者获取的相关信息进行收集、整理、分析，并依法向社会公众公开，为行政相对人提供引导性参考；通过推荐、评价等方式，引导行政相对人合法、规范经营；就行政相对人容易疏忽的工商行政管理相关事项进行提示；为规范行政相对人行为，就工商行政管理领域相关问题向行政相对人提出引导性、倾向性意见供其参考；就行政相对人容易发生或者可能发生的违法行为对行政相对人进行劝告、预警；符合法律、法规、规章和国家政策规定的其他指导方式。

三、推行行政指导工作的程序

工商机关可以主动启动行政指导，也可以依申请启动行政指导。对依申请启动的行政指导，工商机关应当在 5 个工作日内根据情况分别作出如下处理：申请事项属于工商机关职权和管辖范围的，予以受理；申请事项不属于工商机关职权和管辖范围的，不予受理；对不适宜实施行政指导的申请事项，不予受理。工商机关决定受理或不予受理的，应当经本机关负责人批准。决定受理的，出具“行政指导受理通知书”；决定不予受理的，出具“行政指导不予受理通知书”,并说明原因,告知理由。实施影响较小、时效性较强的行政指导,可采取书面或者其他合理形式即时进行,并填写“即时行政指导登记表”。除即时行政指导外,实施行政指导应履行审批程序并采取书面方式进行。

工商机关内设机构和派出机构主动启动行政指导的,应填写“行政指导事项审批表”,审批表应载明行政指导事项启动理由、依据、承办机构及承办人员,经本机关负责人批准后启动。实施行政指导承办人员不得少于两人。

工商机关可针对行政指导事项进行调查取证,要求申请人提交相关资料,听取行政相对人和利害关系人意见,并可以征询专家或者专业机构意见。实施行政指导涉及专业性、技术性问题的,应当经过专家论证,专家论证意见应当记录存档。

承办机构及其承办人员应当根据收集的相关信息、证据材料,及时草拟行政指导文件,情况复杂的必须要同时草拟行政指导实施方案,报经本机关负责人批准后实施。草拟的行政指导文件应规定行政指导对象、目的、内容、条件、理由、注意事项等。草拟的行政指导文件、行政指导实施方案经本机关负责人批准后,承办机构应按下列方式实施行政指导:属于抽象行政指导的,按照《国家行政机关公文处理办法》及工商机关公文发文办理有关规定,制作行政指导文件,通过适当方式向一定范围内不特定行政相对人公布;属于具体行政指导的,应当制作《行政指导意见书》并送达行政相对人。行政相对人要求提供与行政指导行为有关背景资料的,工商机关应当提供。

工商机关在公布抽象行政指导文件和送达具体行政指导意见书时, 应当告知行政相对人有自由选择和陈述意见的权利。工商机关应当认真听取、采纳行政相对人合理、可行的意见。

行政指导从受理或审批之日起,至公布抽象行政指导文件或送达具体行政指导意见书,抽象行政指导不超过45日,具体行政指导不超过30日,在上述期限内不能办结的,经本机关负责人批准,可以适当延长,但延长期限不得超过30日,并应当将延长期限的理由告知行政相对人。行政相对人采纳行政指导意见的,工商机关应当在法定职权范围内帮助行政相对人具体实施,以提高行政指导效率和质量。

工商机关实施行政指导不得与依法履行行政执法、监管职责相冲突;依法应当实施行政执法或者行政监管的,不得以行政指导来代替。在实施行政执法过程中,不得以实施行政指导为由,不履行依法应当履行的告知义务。工商机关应当建立行政指导登记簿并提供社会公众查阅。

工商机关各内设机构和派出机构应当将行政指导申请、受理(立项)、对象、内容、结果等记载于行政指导登记簿,法制机构应依照规定做好统计、上报工作。行政指导实施完毕,承办机构应当将行政指导有关材料及时立卷归档。

2011—2012年,全市工商系统共开展行政指导工作348次。

第三节　规范涉企检查及收费

一、规范涉企检查

为规范行政管理和执收执法行为，精简合并涉企检查，杜绝多头检查、重复检查，2007年3月26日，市工商局印发并实施《常德市工商行政管理局落实〈常德市优化济发展环境规范涉企行政执法检查与收费七项制度〉实施细则》，要求全市各级工商机关认真贯彻落实市委、市政府关于坚持按照法律法规规定原则和程序要求，在法定范围内依法开展行政执法检查。具体规定如下：对工业园区企业行政执法检查，实行检查备案制度。对德山经济技术开发区企业日常行政执法检查，除涉及公共安全和法律法规规定，市委、市政府和上级主管部门明确由市工商局或市工商局党组认为应由市工商局实施的行政执法检查除外，一般由德山分局依法实施；实行行政执法检查预告制度。全市各级工商机关列入定检、强检内容的事项，应于年初按照国家有关法律法规和地方实际编制年度检查计划，抄送被检查单位和市优化办备案，并向社会公示。除涉及重大公共安全、制假售假等因保密需要不便于预告的检查事项外；严格实行重大行政处罚公开听证制度。全市各级工商机关对行政相对人实施行政处罚的，应依法告知被处罚人享有听证权利。对行政相对人实施重大行政处罚应组织公开听证（涉及国家秘密、商业秘密、个人隐私以及不便公开听证的除外）；实行同城一家机构检查制度。全市各级工商机关要严格按照内设机构执法办案职责分工实施行政执法检查，并加强配合、协调，在日常监督中发现不属于本单位职权管辖范围的违法经营行为，应及时移交相关办案机构查处。全市各级工商机关在同一城区，对同一企业登记管理事项进行检查时，依照"谁登记，谁检查"原则，不得重复、交叉检查。同一城区，不同办案机构对同一企业同一问题或同一事项均有检查权的，按立案在先原则，先立案，先检查。按照法律法规规定数量和方式抽检，在抽样检测、检验中不得乱收费，不得以费、以物代检。全市各级工商机关及其工作人员在对行政相对人实施行政执法检查过程中，违反《常德市优化经济发展环境规范涉企行政执法检查与收费七项制度》和本实施细则规定，将根据《常德市工商行政管理局落实〈常德市行政过错责任追究办法〉实施办法》有关规定，实行责任追究。

2011年，市工商局进一步修订和完善《常德市工商行政管理执法办案暂行规定》《常德市工商行政管理执法责任制实施办法》等，要求各业务科室年初上报涉企检查计划报市优化办备案。凡对企业实施检查，事前必须向当地优化办备案。全年合计涉企备案51次，立案查处违规涉企检查案件1起。

2012年，市工商局对涉企检查、调查取证等执收执罚行为进行全面规范，对贯彻落实省市涉企相关文件提出详细要求。共在优化办备案78次，立案16起，涉企检查得到规范。

二、规范涉企收费

2003年,市工商局印发《关于规范个私协会费收取的紧急通知》,要求入会要体现自愿原则,严禁趁年检之机强制个体工商户和私营业主加入个私协会;对于自愿入会会员,应按标准收取会费,严禁超标准收费;对强制个体工商和私营企业入会或超标准收费的单位和个人予以追责。

2006年,全面规范消委、个私协会费收取和使用,大幅度降低年会费标准,规定每家私营企业两项年会费总额不得超过500元,个体工商户个私协会费每年不超过40元,不需缴纳消委会费。

2007年,查处个别基层工商所收费不开票据和违规收取"赞助费"问题。主要问题有:收费不开票,违反规定将行政事业性收费用于福利补贴;违规收取"赞助费"作为工商所的"小钱柜";以吃抵费、签单消费。给予相关工商所通报批评处分,对所长给予行政记过处分,并责令进行全面整改。

2008年9月1日起,停止征收个体工商户管理费和集贸市场管理费。全市工商系统认真落实停征政策,全面开展个体管理费和市场管理费预收款清退工作,按规定清退个体管理费503.06万元,清退市场管理费145.71万元。

2009年,市工商局印发《关于进一步规范全市工商系统执收执罚和行政管理行为的纪律规定》,对违反规定的,依据《行政机关公务员处分条例》及其他相关法律、法规、规章和政策规定对直接责任人、分管领导和主要负责人实行责任追究。是年,市工商局查处鼎城区工商局利用登记注册或年检搭车收取协会会费、索拿卡要,收取协会会费不当场开票及部分区域网吧日常监管收费不规范等问题,收缴违规收取的会费2.1万元。

2011年,市工商局根据财政部、国家发改委联合下发的《关于取消部分涉企行政事业性收费的通知》(财综〔2011〕9号)文件,取消部分行政收费,其中包括:营业执照副本收费、个体工商户营业执照副本收费、合伙企业分支机构年检收费、个人独资企业登记、变更登记和年检收费、私营公司分公司年检收费、财政补助事业单位和科技性社会团体从事经营活动或者设立不具备法人条件的企业变更登记费、筹建企业注册登记费、分公司年检收费、非公司制企业分支机构年检费、外商投资企业分支机构年检费、国际注册手续费(商标注册申请)、商标国际注册手续费(续展注册申请)、国际注册手续费(转让注册申请)、国际注册手续费(变更注册申请)、国际注册手续费(延展注册申请)、国际注册手续费(商标申请基础翻译费)。是年,市工商局查处武陵分局三岔路工商所收取协会会费不当场开票问题,并给予相关责任人及主要负责人纪律处分。是年,全市工商系统减免行政性收费77万元。

第四节　优化经济发展环境工作效果评估

一、市工商局机关优化经济发展环境工作效果评估

2003 年，常德市首次开展优化经济发展环境测评工作，是年，由于工商部门对优化经济发展环境工作不够重视，个别工商行政管理人员办事态度与优化经济发展环境工作要求存在较大差距，市工商局对影响和损害优化经济发展环境的人和事处理力度不大，导致在常德市优化经济发展环境首轮公开测评中，市工商局综合评分仅有 68 分，在 45 家行政职能部门中排名第 44 名。

市工商局召开优化经济发展环境征求意见座谈会

2004 年，市工商局联系企业 102 家，搜集意见建议 45 条，按照科室职能将责任分解，并一一落实。常德市召开全市优化经济发展环境第二轮公开测评会，对 58 家被测评单位进行投票测评，市工商局在测评中排在第 37 名。

2005 年，市工商局开展优化经济环境走访 2 次，走访企业 48 家，解决实际困难 7 个，搜集意见建议 83 条。是年市工商局在参与测评的 66 家单位中排名第 39 名，得分为 73.01 分。

2006 年，针对工商干部在服务与行政执法过程中存在“吃、拿、卡、要”及搭车收费等问题，市工商局印发《关于认真做好优化经济发展环境反馈意见整改工作的通知》，并实行责任分工，逐项整改。是年，市优化办按照优化经济发展环境测评考核办法对全市 69 个单位优化经济环境工作进行考核，市工商局排名第 58 位。

2007 年，市工商局开展行政执法责任制督导检查 2 次，走访企业 186 家、个体工商户 8200 多户，实施行政问责 2 起，处理 5 人，撤销案件 15 起。经市委、市政府同意，市纪委、市监察局、市法制办联合对市直 7 家行政执法单位开展行政执法责任制与效能监察试点工作效果评估，市工商局排在第 2 名，得分 97.81 分，为试点工作合格单位。

2008 年，市工商局按照“明责、履责、评责、问责”工作思路，有计划、有步骤地组织实施

行政责任制与优化经济环境工作。年底,市纪委、市监察局组织相关部门对市直单位工作效果进行评估,评估按"依法行政""服务质量""办事效率""工作作风""政务公开"五个方面量化评分,总分为100分。24个市直行政单位分在甲组,市工商局得分104.50分,排第4名(含加分项目),在全市经济工作会议上获得表彰。

2009年,市机关效能办与市优化办在全市范围内继续开展机关效能建设与优化经济环境工作效果评估,市工商局以深化行政责任制为抓手,以规范行政行为为重点,紧扣市委、市政府工作中心,服务全市经济社会和谐稳定发展大局,开展大走访大排查活动,走访企业、个体工商户等各类市场主体3999家,收集意见建议327个,并分别落实回复。经单位自评、市机关效能办与市优化办考评、民意调查(测评)、网上初审等环节,市工商局获得97.422分,在参评的72家单位中排在第4名,获得二等奖。

2010年,市工商局紧紧围绕"机关效能建设年"活动和建设人民满意工商机关两条主线,大力开展发展环境大整治行动,突出规范权力运行制度建设等重点,积极开展机关效能建设与优化经济环境工作。市效能办和市优化办对76家单位进行评估,日常考核由市优化办主考核,分值占40%,民意调查由国家统计局常德调查队调查,分值占60%。由于市工商局基础工作扎实,坚持依法办事,全市工商系统没有发生影响效能与环境的问题,社会评价度较好,市工商局得分93.63分,位列第5名。

2011年,市工商局根据"效能制度落实年"和经济发展环境问题"大走访、大排查、大整治"活动要求,规范权力运行,聘请18名政风行风监督员,召开行风座谈3次,收集各类意见建议200多条。市效能办、市优化办对全市127家单位效能建设与优化经济环境工作进行分类评估,被评估单位中有32家行政执法部门,市工商局得分为96.73分,位列第3名,荣获2011年度市直机关效能建设与优化经济环境工作二等奖。

2012年,为让社会各界全面了解工商行政管理工作,市工商局开展工商局长与您面对面活动,局长胡祖国通过电台、电视台向全市人民介绍工商行政管理工作开展情况;同时强化服务举措,全面优化政务环境,服务经济发展大局。年底,市效能办、市优化办对全市107家单位效能建设与优化经济环境工作进行分类评估,被评估单位中有25家行政执法部门,市工商局得分为95.15分,位列第3名,荣获2012年度市直机关效能建设与优化经济环境工作二等奖。

二、县级工商局优化经发展环境工作效果评估

2006—2012年,各县级工商局按照当地党委、政府优化经济发展环境工作整体安排,以"抓环境就是抓发展,抓发展就必须抓环境"为指导,强化优化意识,转变工作方式,创新服务举措,积极参与当地党委政府组织的优化经济发展环境效能评估工作,打造勤政务实、廉洁高效的政务环境,服务县域经济社会又好又快发展。

各县级工商局2006—2012年优化经济发展环境工作效果评估得分及排名

表4—5—4—1

项目＼年度		2006	2007	2008	2009	2010	2011	2012
武陵分局	分数	95.5		96	96.5	97	98	98.5
	名次	2		2	2	1	1	1
鼎城区工商局	分数	79.13	81.78		获得区先进单位	89.11	94.17	89.41
	名次	49	15			4	8	2
汉寿县工商局	分数	89.79	84.18	73.24	75.94	82.14	84.32	85.65
	名次	3	6	32	32	17	13	3
临澧县工商局	分数	95.02	95.66	94.45	93.75	96.50	92.07	
	名次	4	3	1	1	3	7	
桃源县工商局	分数	82.53		93.84	93.82	89.34	96.63	93.74
	名次	7		9	4	2	2	3
澧县工商局	分数	85.9	96.3	88.7	89.8	75	98.3	97.4
	名次	28	9	28	27	1	2	3
安乡县工商局	分数	82.07	83.19	77.04	92.83	95.06	88.03	90.37
	名次	19	17	9	4	4	5	2
石门县工商局	分数	32.26	87.81	89.81	79.39	满意度测评	93.13	92.57
	名次	42	9	7	11	20	10	4
津市市工商局	分数	72.02	85.66	80.45	81.78	82.50	85.90	79.19
	名次	42	25	20	11	7	7	7

第六章　服务中心工作

第一节　开展城市创建工作

1990年,市委、市政府响亮提出“创建文明城市”战略目标,在创建文明城市过程中,市工商局结合工商行政管理职能主要承担农贸市场创建工作和取缔马路市场及经营主体准入、经营秩序整治、食品安全等工作。

1991年4月,市工商局为迎接“国家卫生城市”检查,成立市工商局直属市场监督管理检查大队,并配备正副大队长及工作人员8名,是年7月,市场监督管理检查大队集中到市政府“创建国家卫生城市管理办公室”办公,主要负责市城区市场集中整顿工作,在当年全省“国家卫生城市”检查中,市场监督管理工作检查验收合格。

1992年,市工商局集中7月至9月三个月时间,投入精干力量重点对市城区马路市场进行全面整治,解决红旗路市场、甘露寺市场附近马路摆摊设点问题,同时其他一些街道及马路乱摆摊担问题也基本得以解决。9月上旬,在全省“国家卫生城市”检查评比中,市工商局市场整顿工作检查验收合格。

1993年,市工商局制定创建“国家卫生城市”及保证道路畅通工作方案,为进一步明确工作责任,实行局领导包干到工商所、机关工作人员包干到工商所监管责任区。根据创建工作需要,市工商局在市城区确定16处“五小”摊担区,把整顿马路市场作为城市创建的一项长期性、经常性工作,组织力量规范街道临摊散担,取缔无照经营。是年,市工商局共出动城市创建宣传车740多台次,取缔无证、无照经营摊点3500多个,撤除违章经营性搭棚210多处,城区经营秩序明显改善,为“中国常德1993桃花源游园会”营造良好市场经营环境,在全省“国家卫生城市”检查验收中相关工作全部验收获得满分,被市委、市政府评为红旗单位和目标管理先进单位。

1995年,市工商局立足工商行政管理职能,把文明集贸市场创建与文明城市创建工作结合起来,并对市场检查大队执法资源进行整合,执法人员由原来15人增加到45人,同时增加执法车辆4台,新增对讲机2台,按照创建标准对创建工作进行统一部署、统一督导检查,规范和整治城区“五小”摊担区16处,夜市摊点18处。是年,市工商局出动执法人员2000多人次、执法车辆1000多台次,加强对城区马路市场、临街摊担监督管理,拆除违章棚亭300多个,取缔违章摊点300多户。9月,在全省“国家卫生城市”检查评比中,市场管理工作检查验收获得满分。

1998年,市工商局联合城管、卫生、公安等部门,在履行每天日常市场巡查的同时,每月坚持 7—10 天夜间市场巡查督导，强化临街夜市区市场整顿，将市城区原来 11 个夜市区整顿合并后缩减为 4 个，将原来 14 个“五小”摊担区进行整顿规范后保留至 8 个，“朝阳路马路市场”“常蒿路西瓜市场”“红旗路市场”等长期占道经营问题得到解决，城区临街夜市区市容市貌得到改观。同时配合交警、城管部门取缔人力“慢慢游”（即人力三轮出租车）及无证机动三轮出租车，共取缔人力三轮出租车 600 多辆，取缔无证机动三轮出租车 1000 余辆，受到市政府通报表彰与奖励。

1999—2000 年，为迎接“国家文明城市”和“国家卫生城市”两大检查，市工商局进一步巩固前段城市创建工作成果，组织召开各种创建会议 37 次，组织模拟迎检和督导检查 17 次，重点对市城区市容市貌、占道或出店经营、户外广告进行督导整治，取缔布局不当夜市 4 个，捣毁销赃皮鞋的集中交易点 3 个，合并转移临街“五小”摊担区 7 个，规范长期以路为市的季节性水果市场 3 个，取缔桥北市场引桥西路 200 多户临时经营区；通过规劝教育、强制整改等办法，解决人民中路、建设西路、朗州路、青年南路等路段近千家经营户长期出店占道经营等问题，所有临街占道摆设的“三柜”（烟柜、槟榔柜、冰柜）和灯箱、招牌广告已一律进店，清除严重影响城市形象的脏源、乱源。同时，结合文明城市创建开展创建文明集市活动，强化集贸市场巡查监管，对集贸市场实行“垃圾袋装化、家禽宰杀炉灶化、蔬菜经营柜台化、经营业主文明化”管理。

2001 年，常德市开展国家文明城市、卫生城市、园林城市、旅游城市“四城联创”工作。市工商局积极投身“四城联创”，先后召开动员会及调度会，成立“四城联创”工作领导小组，组建创建工作班子，配备创建工作人员，层层签订责任状。按照创建职责分工，大力整治校园周边环境和经营秩序，参与网吧治理和监管，认真执行未成年人不得进入营业性网吧和非法定节假日不得进入电子游戏经营场所，以及不得在中小学周边 200 米内设立互联网上网服务营业场所和电子游戏经营场所等规定，营造健康、安全、有序网络环境。同时，做好集贸市场管理和旅游市场秩序整治工作，以整治集贸市场经营秩序、取缔非法集贸市场及蔬菜等食品检验检测为重点，全力参与“四城联创”工作。是年，市工商局先后出动 170 人次拆除违章搭建棚亭 207 个，取缔朝阳路、红旗路、武陵镇等区域占道经营马路摊点 270 个，制止出店经营门店 1720 户，在夜间巡查整治行动中，及时处理非法经营案件41 起，取缔非法旧皮鞋、旧书市、旧赃车交易场所 11 个，取缔学校周边非法经营的电子游戏场所 9 个，取缔“黑网吧”7 个。经检查团严格评定，市场监管及集贸市场评分居全省第一。

2002 年，通过集贸市场专项整治，全市 216 个集贸市场已全部进行登记和年检，查处无照经营 291 户，吊销营业执照 37 户，取缔群众反映强烈的高山街、丹阳楼、贺八巷等严重影响市容市貌及堵塞城市交通的马路市场 4 个，同时对市城区红旗路、北站、青阳阁等集贸市场“脏、乱、差”状况进行综合治理，使之达到检查验收要求。为确保集贸市场检查验收达标，市工商局督促市场主办方认真落实集贸市场设施改造、除“四害”、商品陈列及文明卫生相关环节工作，并投入经费 20 余万元，对红旗路等城区集贸市场经营设施进行改造升级，组织工商行政管理人员连续奋战40天,白天维护市场秩序,晚上冲洗集贸市场和清运市场垃圾,国家爱国卫生运动委员会专家验收集贸市场创建工作时对工商部门给予很高评价，集贸市场创建工作顺利通过国家卫生城市验收。

2005年,市工商局组织开展为期3个月的集贸市场专项整顿,通过专项整治,城区集贸市场内基本达到“四无三有”标准,即无假冒商品、无劣质不合格商品、无过期商品、无霉烂变质商品,有人值班、有公平秤、有举报箱和举报电话。重点整治集贸市场销售青蛙、蛇类等国家保护动物违法经营行为;同时以集贸市场蔬菜、食品检验检测为切入点,取缔非法经营未经检测的白板肉、病死肉类产品和有毒蔬菜等行为，让市民吃上放心菜、放心肉。

市工商局召开江北城区农贸市场迎“国检”复评工作动员会

2006年,常德市迎接国家卫生城市三年“复检”,市工商局按照创建工作分工,大力开展查处无照经营“红盾风暴”行动,出动执法人员203人,发放宣传资料6043份,下达责令整改通知书2463份,查处无照经营近600户,有力遏制无照经营行为;为规范集贸市场证照管理,提高经营户持照、悬照率,市工商局协调卫生等相关部门,采取特事特办,降低登记准入门槛、减免办证费用等途径,从快、从简地为2778户个体工商户办理营业执照,确保集贸市场经营户持照、悬照率达100%。

2007年,为确保集贸市场创建工作合格达标,市工商局制定《常德市工商行政管理局迎接湖南省国家卫生城市检查验收城区集贸市场创建工作实施方案》。是年,共检查集贸市场19个，对150户集贸市场蔬菜经营户经营的蔬菜进行抽样检查，对60余户经营户的3000余公斤抽样不合格蔬菜进行销毁。

2008年,常德市重新申报创建全国文明城市工作先进城市,为确保创建工作扎实有力开展,市工商局印发《常德市工商行政管理局关于创建全国文明城市工作方案》《常德市工商行政管理局关于扎实做好创建全国文明城市工作有关问题的紧急通知》等一系列文件,成立创建工作领导和工作班子,建立市工商局机关、武陵分局、鼎城区工商局、德山分局的协调工作机制,召开创建动员大会4次,督导碰头会20多次,坚持机关、市场、责任社区及值班路段四大创建板块的统筹兼顾。是年4月，根据市政府《关于加强诗墙公园外滩水域管理的通告》,市工商局组织武陵分局对诗墙公园外滩水域水上餐饮船舶进行集中整治,整顿清理水上餐饮船舶9艘;是年7—9月,组织开展“五小”门店(经营面积在150平方米以下的小餐馆;经营面积有20平方米以下的小美容美发店;30床以下的宾馆、旅店、招待所;就浴50人以下的洗浴、桑拿、淋浴、足浴场所；经营面积500平方米以下的歌厅、舞厅、卡拉OK厅）专项整治，针对江北城区5000多户前置条件不齐等“五小”门店无照经营突出问题，市工商局会同城区各社区及卫生防疫等部门采取简化手续、减免收费等措施进行规范治理，使“五小”门店持照率大幅度提高。时年，市工商局在城市创建过程中共出动执法人员500多人次，执法车辆400多台次，确保创建工作农贸市场监管不扣分、工商服务窗口不丢分、街道个体工商户监管不失分。

2009年，常德市争创第三届全国文明城市，市工商局按照市委、市政府创建工作部署，主要围绕集贸市场秩序维护与环境卫生整治、学校周边环境整治、城区6000多户“五小”门店整治等开展创建工作。为圆满完成创建工作任务，市工商局制定《常德市工商行政管理局落实创建全国文明城市工作机制实施方案》《常德市工商行政管理局迎接“全国城市公共文明指数测评”工作方案》，并召开专题会议对创建工作进行研究部署，进一步明确工作责任。6月，组织武陵分局、鼎城区工商局、德山分局开展集贸市场环境整治，会同武陵区、鼎城区政府及德山经济开发区管委会重点对桥南市场及美江、万安、火车站、五强溪等集贸市场脏乱差等问题进行集中整治，针对集贸市场业主不配合等问题，通过与当地政府深入集贸市场现场办公，及时解决集贸市场脏乱差问题；7月，组织200多名工商干部深入社区配合社区开展创建工作，与社区人员一同对辖区内“五小”门店进行专项整治，对不具备经营条件的，进行关停处置。同时针对经营户出店经营、悬照不统一等问题，与社区人员一同对辖区内临街门面逐户进行规劝和规范；8月，市工商局出动执法人员156人，配合各社区开展特种行业乱搭乱建问题综合治理，并配合商务部门对辖区内废旧市场进行专项整顿，实现废旧行业集中经营；10月，共出动执法人员1000人次、执法车辆150台次，组织开展学校周边环境专项整治，重点对学校周边200米以内电子游戏厅、卡拉OK厅、练歌房、音像图书销售点、培训教育中介机构等经营场所进行集中整治，检查经营户627家，取缔无照小饮食摊担35个，规范食品经营者建立进货台账65户，抄报公安、文化、卫监、药监、消防等前置许可部门经营者信息210个，责令停止销售不符合国家要求的玩具143件，收缴并销毁一批含色情、暴力内容书刊、光碟等不良文化产品。

2010年，市工商局主要围绕集中整治集贸市场经营秩序、整顿规范经营行为、集贸市场改造、文化娱乐场所秩序整顿、“牛皮癣”小广告整治及解决集贸市场脏乱差等开展创建工作，先后印发《常德市工商行政管理局迎接全国文明城市公共文明指数测评工作方案》《常德市工商行政管理局工商人员进社区工作主要内容及集贸市场监管工作要求》等文件，联合市文明办等4部门印发《常德市关于2010年广泛开展创建文明集市活动的通知》等一系列文件，协助有关部门制定集贸市场整治标准21条，网吧测评31条，商场（超市）测评标准47条等“迎检”达标规范。为确保各项创建工作落到实处，市工商局在经费十分紧张的情况下投入创建工作经费近100万元。6月，出动人员105人次、车辆20台次，开展禁卖野生蛇类、青蛙等突击检查，对朝阳路等集贸市场个别经营户贩卖野生青蛙行为进行查处，共放生野生青蛙

100公斤;出动执法人员150人次,车辆30台次,对火车站市场、桥南市场等集贸市场经营秩序进行集中整治。在火车站大市场举行推广使用食用松香拔鸭毛工作的启动仪式,随即开展城区集贸市场突击检查,发现6家经营户使用工业松香拔毛,查扣工业松香拔毛用锅6口;7月,市工商局采取与市场主办者和经营户签订责任状、落实长期驻场工商人员监管责任制等方法,较好地解决"创建成果难以巩固、迎检过后问题反弹"等问题;8月,多次出动执法人员,在城区各办事处配合下,牵头组织夜市专项整治行动,对无照经营及出店经营行为进行制止、劝导和规范,其间检查夜市经营户200余户,取缔无照经营户30余户;同时还对城区36所学校周边环境、"五小"门店、报刊亭及小广告进行专项整治,及时为51家报刊经营户、350余家"五小"门店经营户补办营业执照,共清理铲除小广告3000余条,办理市政府办、市创建办、武陵区创建办等交办的创建事项46件次。

2011年,市工商局主要围绕集中整治集贸市场经营秩序、整顿规范经营行为、集贸市场改造、文化娱乐场所秩序整顿、"牛皮癣"小广告整治等开展创建工作,先后制定印发《创建全国文明城市工作方案》《满意在市场有事找工商工作方案》《集贸市场整治月行动方案》《文明诚信市场评比工作方案》《工商干部进社区工作方案》《促进全国文明城市集贸市场、学校周边环境、"五小"门店专项整治示范店工作方案》《集贸市场驻场人员考核量化标准》《驻场人员监管职责》《"摊前三包"责任书》《流通领域食品安全经营单位承诺书》《集贸市场工作标准61条》等一系列文件。为稳步推进城区集贸市场文明创建全覆盖、常态化管理,市工商局在市城区各集贸市场设立集贸市场监管办公室,会同市个私协在部分集贸市场建立健全个私协组织,通过向经营者发放倡议书,在集贸市场悬挂横幅、标语等多种形式,增强集贸市场经营者文明意识。为把工商执法人员集贸市场驻场制度落到实处,市工商局还通过推行局领导每天早(6点)晚(7点)日常督导制,督导检查集贸市场驻场人员到岗到位,全面履行市场监管职责。同时开展"满意在市场,有事找工商"及"星级市场、文明集市和文明经营户评选"等主题活动,确保文明城市创建效果。是年,市工商局共投入近100万元创建工作经费,出动执法人员3178人次,整治集贸市场1800个次,检查娱乐场所等重点场所12721户次、取缔无证照经营118户、办理证照5754户;配合街道社区开展创建工作2000人次;整治规范"五小"门店4500余户,配合集贸市场改造5个,送达"五小"门店创建迎检通知和整改通知书400余份,补办营业执照745户;查处违法户外广告案件15起,责令整改城区残旧破损、存在安全隐患及影响市容户外广告153个;配合各办事处组织夜市整治行动20余次,检查夜市经营户400余户,补办营业执照40户,取缔无照夜市经营户110户;为315家食品经营户办理食品流通许可证;发放各类文明城市创建宣传资料20000多份;更换陈旧的市场门头、经营牌匾、各类指示牌101块,增设公益广告45块;配合有关部门疏通清理排污设施10多处,现场拆除青阳阁等集贸市场违章搭建2处、遮阳棚100余平方米;检测拔毛松香360批次,查处工业松香拔毛行为16起。是年,省文明办对常德市文明城市创建工作进行检查验收,对集贸市场管理工作给予高度评价,随即常德市被授予第三批"全国文明城市"荣誉称号。

2012年，市工商局按照市委、市政府关于城市建设与城市管理统筹安排，扎实开展全国文明城市创建与城市管理工作。为形成城市管理工作合力，市工商局坚持取缔与规范相结合、网格监管与集中整治相结合的方式，积极规范“五小”门店与夜市摊担经营行为，联合卫生、城管、社区等单位，对城区“五小”门店、夜市摊担实行逐一检查、逐一规范，对整改不到位的坚决依法取缔。是年，共补办食品流通许可证209个，取缔不符合要求的“五小”门店与夜市摊担45家。另外，开展城区报刊亭专项整治行动，为城区符合食品经营资格的90家报刊亭办理营业执照。主动配合社区、城管等主管部门，采取上门规劝和疏导等方式，劝导临街占道洗车修车、废旧回收的经营业主纠正违法行为，提高经营者文明经营意识。继续加大打击传销和创建无传销社区工作力度，积极会同综治办、公安等相关部门，充分发挥基层工商所、派出所及社区居委会作用，以综治工作为抓手，实施动态分类管理。通过加大对网络运营商的监督管理，从源头上控制黑网吧，严把网络信号接入。明确学校及学校周边、城乡接合部和旧城区为黑网吧整治工作重点区域，有针对性地开展走访排查，建立全市黑网吧黑名单数据库。同时，建立黑网吧信息公示和举报有奖制度，并将“黑网吧”整治工作纳入全市工商系统绩效考核。开展城区非法广告整治行动。重点对城区步行街、武陵大道、朗州南路、人民路两侧商业门店及武陵镇桥南大市场周边、德山镇新马路周边地段各类户外广告、商家店铺广告、宣传册（页）等进行全面清理整顿，共出动车辆15台，执法人员130人，检查门店307家，扣缴违法印刷品广告资料1200多份，广告牌31块，下达责令改正通知书8份，有效地规范城区广告市场秩序。为建立城市管理长效机制，市工商局针对市城区农贸市场“脏乱差”问题，组织专人深入城区各农贸市场开展调研，走访市场开办者、经营者和社区居民，听取建议和意见，并将相关信息综合后及时向市委、市政府提出合理化建议。同时，加快长效制度建设，出台《常德市星级文明农贸市场评选办法》《星级文明经营户评选活动实施办法》，与市文明城市创建办联合印发《市城区农贸市场监督管理工作规范》，起草《市城区农贸市场开办者监督管理暂行办法》等文件，从制度上强化监管常态化，明确经营者、开办者、监管者三方在准入环节上的责任，形成工商部门、市场开办者、经营者三方各负其责和共同管理的市场管理联动机制，促进市场长期、长效保洁，规范有序发展，有力推动农贸市场文明创建。

市工商局领导陪同省工商局副局长鲁先华考察农贸市场，指导文明市场创建工作

第二节 开展个体工商户、私营企业流动人口计划生育管理工作

1995 年,市工商局按照流动人口计划生育管理责任分工,成立流动人口计划生育管理领导小组,强化流动人口计划生育管理工作组织领导。为确保流动人口计划生育管理工作万无一失,市工商局进一步强化目标管理,通过层层签订责任状,明确工作责任与目标,对工作成绩突出的单位给予奖励,对计划生育工作达不到要求的,实行"一票否决"。同时,市工商局通过发挥个私协桥梁组织作用,建立健全计划生育管理监控网络,完善外来经营者流动人口计划生育管理档案,对计划生育管理对象实行跟踪管理、定期检查。是年,市工商局共组织流动人口计划生育检查 2 次,参检对象近 1000 人。

2001 年,市工商局把流动人口计划生育工作和业务工作同部署、同检查、同落实、同考核,做到计划生育工作与各项工作两促进、两不误;同时积极建立和完善依法管理、优质服务和综合治理的流动人口计划生育工作新机制,任何单位和个人无权乱开口子,凡已跨乡镇经营人员(男 18 至 66 周岁,女 16 至 49 周岁年龄段),必须持"流动人口婚育证明"方能核准登记"营业执照",否则一律予以驳回。

2002 年,市工商局结合工商注册工作,认真履行职责,将流动人口计划生育工作列入日常监管范畴,积极配合计划生育部门加强对流动人口计划生育管理服务,育龄流动人员申请办证时查验"流动人口婚育证明",由工商所建立"流动人口计划生育台账",实现流动人口由静态管理向动态管理转变。是年,市工商局累计查验"流动人口婚育证明"3680 余份,信息通报率和反馈率均达 100%;同时,强化流动人口计划生育工作检查,查处取缔流动人口无照经营行为,加强对计划生育用品零售市场和计划生育广告管理,严厉打击销售假冒伪劣商品行为和违法虚假广告,查处率达 98%。为落实中共常德市委计划生育领导小组〔2002〕6 号文件精神,6 月 15 日—8 月 15 日, 市工商局对各县级工商局流动人口计划生育工作进行全面系统检查,推动流动人口计划生育工作各项指标圆满完成。

2003 年,市工商局依据国务院《流动人口计划生育工作管理办法》,印发《常德市工商行政管理局关于做好流动人口计划生育管理工作的通知》,要求市、县工商局登记注册机构和各工商所相互配合,把是否持有"流动人口婚育证明"作为申请办理"营业执照"的前置审批条件,严把个体工商户从业人员流动人口主体准入关。各基层工商所在每年个体工商户验照时,对其"流动人口婚育证明"进行查验,并将查验情况在验照、注册登记簿和"经济户口"档案中如实反映,在年度个体工商户验照中,"流动人口婚育证明"验证率达到 100%。各基层工商所除把好新办"营业执照"的个体经营者"流动人口婚育证明"关外,对已经办理"营业执照"个体经营者育龄流动人口情况,分片、分行业进行严格检查和登记发照后回访,全面建立健全涉及流动人口姓名、性别、年龄、原籍、从事行业、经营地址、生育情况、节育措施内容的

“流动人口计划生育情况登记簿”，将“婚育证明”作为“经济户口”档案资料收集纳入管理，每月与当地计划生育部门核对登记簿、册内容，及时掌握变化情况，针对掌握的情况加强日常监督检查，依法查处无证经营者，对违反计划生育政策的及时报有关部门处理。

2004年，市工商局通过照前查验登记，认真履行查验登记流动人口婚育证明职责，认真做好前来申请办理“营业执照”的流动育龄人员宣传引导工作，及时宣传讲解提交“婚育证明”的政策法规规定及其重要性，引导督促申办人员凭婚育证明原件和复印件办理登记注册手续，然后将有关信息录入《申请工商登记流动人口婚育情况登记台账》，每月向当地计划生育部门通报一次查验登记流动育龄人员婚育证明情况。同时，通过市场巡查协助做好流动人口计划生育管理工作。各工商所网格监管人员在开展市场巡查工作过程中，把了解经营者计划生育动向作为巡查的一项工作内容，发现经营者有“超生、超怀”现象，及时与乡镇、街道办事处计生部门干部取得联系，通报情况，协助计划生育部门妥善处理。同时，加强与乡镇、街道计划生育部门密切配合，共同做好流动人口计划生育日常管理与服务工作。各县级工商局及基层工商所主动与区、乡镇、街道计生部门联系，按照工作统一安排及要求，深入到重点市场、重点地域，由网格监管人员引导、督促经营者落实乡镇、街道及社区计生部门布置的计划生育管理工作事项，积极协助做好经营者有关计划生育日常管理与服务工作。为加强计划生育药具、药品市场管理，规范经营秩序，全市工商系统始终将药具、药品市场管理作为整顿和规范市场经济秩序的一项重要任务，时年共对全市100多家药店、医药公司进行检查执法，下发整改意见30户，警告3户，责令改正2户，依法维护计划生育药具市场秩序。

2007年，市工商局制定并印发《2007年度流动人口计划生育综合治理工作考核方案》《关于开展流动人口计划生育综合治理工作考核的通知》等文件，结合自身职能把流动人口计划生育管理工作列入日常监管范围，将辖区经营户中流动育龄人口计划生育工作纳入日常规范化管理之中。市、县工商局及工商所成立流动人口计划生育管理工作机构，明确专人负责流动育龄人口计划生育情况查验造册建档、信息通报、已婚流动人口育龄妇女信息登记、统计数据报表等工作。要求监管人员结合日常监管工作，强化对经营主体计划生育国策宣传教育，配合所在街道社区分时段开展流动人口经营户婚育证明查验。在日常工作中，市工商局注重对新注册登记经营户严格把好育龄流动人口计划生育查验和造册，并对历年流动人口经营户通过每年一次的年检验照对其计划生育情况认真复查造册。同时每月按期及时向所在街道社区计划生育部门通报辖区流动人口计划生育查验情况，建立完善辖区流动人口计生情况管理档案。

2008年，市工商局立足工商行政管理工作职能，建立和完善依法管理、优质服务和综合治理的流动人口计划生育工作新机制，通过落实“三个到位”，使全市个体私营企业流动人口计划生育管理工作走上依法管理的运行轨道。为落实工作责任到位，市、县工商局及工商所层层签订目标管理责任书，把流动人口计划生育工作与工商行政管理工作同安排同考核，对计生工作年终考核实行“一票否决制”；为实现宣传教育到位，全市各工商所、基层个私协坚持利用每月学习例会制度，大力宣传计划生育基本国策和《人口与计划生育法》《湖南省人口与计划生育条例》，共召开会议 118 场次，举办专题培训 11 期，参会人数近 2 万人次，印发学习材料 17700 份；为兑现服务帮扶到位，市、县工商局认真落实下岗流动人口就业再就业优惠政策，对流动人口申办个体工商户“营业执照”的，实行“三优先”服务，即：优先受理、优先审核、优先发照。配合计划生育部门组织开展“关注母亲、关爱女孩、救助计划生育特殊困难家庭”活动，对从事个体经营独生子女户、生活困难户或家里有残疾孩子的，主动上门服务，免费办理营业执照。

2009 年，市工商局调整人口与计划生育综合治理工作领导小组成员，进一步明确综合治理责任，结合流动人口计划生育综合治理工作，认真把好注册登记及年检验照关，规范外来流动人口从事个体私营经济及从业人员“婚育证明”，对辖区内育龄流动人口从事个体私营经济的做到底子清、户数明，流动育龄人口验证、登记建档率达到 100%。在企业年检和个体工商户验照中，复审“婚育证明”1689 份，驳回无“婚育证明”申请 18 人。同时，积极配合计划生育、公安等部门开展打击“两非”专项整治活动，加强对医疗诊所使用流产药物、B 超及避孕药具零售市场检查力度。共查处违法发布计划生育广告案件 5 起，没收各种计生用具 232 件，没收违法印刷品广告 1000 余份。

2011 年，市工商局把计划生育工作作为“一把手”工程来抓，市、县工商局及各工商所均配备专(兼)职计生干部，层层签订责任状，将工作指标细化到人，将流动人口计划生育管理工作纳入日常管理中，对计划生育管理出现差错的实行“一票否决”。此外，全市工商系统还采取以会代训等办法培训计划生育专干，组织个体工商户认真学习计划生育相关法律法规，邀请计生部门专职干部为基层工商行政管理人员进行专题讲座，提高业务能力和管理水平。是年，全市工商系统为个体工商户举办流动人口计划生育管理工作培训班 6 期。为强化规范化管理，市工商局严格规范流动人口市场准入。流动人口申办企业或个体工商户营业执照时，严格查验其“婚育证明”并建立台账，“婚育证明”未经现居住地乡(镇、街道)查验盖章的，督促其尽快办理，并及时抄报计生部门。是年，全市工商系统共抄报“流动人口婚育证明”过期的个体工商户 98 户次，并全部整改

流动人口和计划生育综合治理工作台账

到位；及时督促新增流动人口个体工商户办理“婚育证明”79户，全市未发生1例个体工商户违反计划生育政策及计划外生育情况。同时，严格规范流动人口日常管理。全市实行流动人口月报制度，定期将工商部门掌握的流动人口育龄情况向当地计生部门反馈，全年信息通报反馈率均达到100%。在基层工商所建立计划生育管理档案制度，为流动个体私营经济从业人员建立“一档一册一账”详细档案，严格规范计生市场经营行为。是年，全市开展涉及计划生育技术广告专项检查23次，取缔计划生育违法广告53起。加大计划生育药品器械市场监管力度，严厉查处违法经营计划生育药械药具行为，全年出动计划生育药品器械市场检查人员1765人次，检查涉及计划生育药品器械经营单位831家，查处计划生育药品器械市场违法经营行为为12起。汉寿县工商局在检查药具市场时，成功办理一起因药具质量问题引发的案件。为落实各项服务措施，市工商局积极推行延伸服务，大力支持独生子女家庭特别是女孩户自主创业，将他们创办的企业纳入到服务“四化两型”工商联络员联络企业名单之中，实行重点扶持。全市工商系统全年走访此类个体工商户及企业231次，帮助解决实际困难45个。同时，推进计划生育特困家庭帮扶到位，配合当地计划生育部门开展“关注母亲、关爱女孩、救助计划生育特困家庭”活动，是年全市工商系统共为532户独生子女困难家庭创业减免工商登记费用，走访慰问独生子女困难家庭446户，发放慰问金46160元。

2012年，市工商局按照市委、市政府及省工商局总体部署和工作要求，进一步发挥工商职能作用，建立健全流动人口计划生育管理长效机制，将工作重心向基层工商所转移，以抓资料整理、建立台账和制度建设为突破口，加大督查力度，认真落实工作责任，形成“三级五统一”工作模式，即市、县、所三级查验婚育证明并录入业务系统办公网统一，全市工商系统落实优先优惠政策措施统一，考核评估标准统一，建立工作台账标准统一，建立电子档案和书式档案标准统一。市工商局机关率先垂范，建立健全查验“婚育证明”台账，年检台账，落实优先优惠政策工作台账，辖区市场流动人口业主和从业人口计划生育信息工作台账，“关注母亲、关爱女孩、救助独生子女家庭”工作台账，查处性别歧视广告案件工作台账和销售假冒伪劣避孕药具工作台账等，通过强化监管措施，提升全市工商系统流动人口和计划生育监管水平，达到长效管理的效果。

第三节　开展抗洪救灾工作

参与抗洪救灾既是市委、市政府中心工作，也是工商部门义不容辞的责任，市工商局作为抗洪抢险责任单位，主要负责协助市抗洪抢险指挥部工作，抽调干部参与上堤巡逻，组织群众抗洪救灾。1991年7月，常德市遭受百年一遇的特大洪涝灾害，市工商局派邹永忠、徐世清等5人到澧县余家台乡参加抗洪抢险，并为受灾群众送去1万元救灾捐款。1995年，常德市发生洪涝灾害，汉寿县灾情十分严重，大南湖乡出现垮堤事故，造成临近的周文庙乡7个行政村全部被洪水淹没，损失惨重，人民生命安全受到威胁。市委抽调市直机关干部组成

11个工作队赴汉寿抗洪救灾。市工商局副局长李世成带领7名机关干部组成的工作队被安排在周文庙乡。由于洪灾来得突然且灾情严重,灾民们情绪很不稳定,工作队向汉寿县委、县政府汇报该情况,县委书记刘本之到灾区安抚灾民情绪,并与工作队一起商讨制定救灾措施,并拿出5000元资金与上级拨发的救灾物资一同按需分发到受灾村组,使灾民生活得到基本保障。然后从县城调来15台大型抽水机强排渍水,半个月时间强排渍水200多公顷,抢种晚稻400多公顷。由于措施得力,灾情得以控制,损失降到最低,灾民情绪稳定。通过一个多月艰苦努力,圆满完成抗洪救灾任务,市工商局工作队被市委授予先进工作队荣誉称号。

1998年,长江中下游地区再次发生特大洪涝灾害,常德市安乡县、澧县、汉寿县、鼎城区部分地区灾情严重。7月25日下午,接市委通知,要求工商部门在有限的时间内组织6000份盒饭于次日凌晨送至安乡县抗洪救灾前线,解决抗洪救灾人员早餐问题。接到这个任务后,市工商局副局长刘锦章立即带着机关工作人员到武陵分局,与辖区个体工商户的管片工商干部一起敲开多家个体饮食店店门,请他们买菜生火赶做盒饭。经过多次来回督促,终于得到餐饮业主积极响应和支持。次日凌晨5点,将6000份盒饭装箱上车后,送到抗洪前线,并于凌晨7时按时发放到安乡抗洪抢险市县抢险人员手中。

市工商局会同市个私协组织开展赈灾活动

1999—2003年,常德市几乎年年遭受洪水袭击,工商部门在市委、市政府领导下多次组织工商干部上堤巡逻与指导,并参加抗洪救灾战斗。2004年以后,由于国家对水利建设投入加大,水利设施更加完善,尤其是三峡工程的修建,使得长江中下游地区洪灾和旱灾得以控制,没有出现连年大旱大涝。期间,市工商局作为常德市防汛抗旱领导小组成员单位,履行防汛抗旱职责。一方面,提供资金支持,市政府及部分区县(市)政府委托工商部门向企业和个体工商户收取防洪保安资金,用于抗洪救灾及水利设施建设和维护,工商部门每年都按质按量完成政府交办的工作,使防汛工作顺利开展。另一方面,每年政府指定一个洪涝灾害易发多发的乡镇作为工商部门防汛联系点,在汛期加强防汛督导,根据雨情、水情和气象形势,发布洪水预报、警报和汛情公报,及时上报相关情况,配合当地政府做好救灾协调工作和灾区群众安全转移等。

第五篇《

法制建设

第五篇　法制建设

改革开放以后，随着国家民主法制建设不断推进，全市工商行政管理工作逐步走上法制化轨道。法制机构不断健全，行政执法主体资格进一步确认，围绕"建设法制工商"总体目标，推行执法责任制，建立一系列规范行政执法行为的规章制度，从而强化执法监督力度，通过统一执法资格考试，开展行政处罚案件核审和听证工作，规范执法机构具体行政行为，开展行政复议应诉工作，促进依法行政水平提高。

第一章　法制制度建设

第一节　执法办案制

2002年3月，市工商局印发《常德市工商行政管理局执法办案立案备案规定》，明确市工商局机关各职能机构及各县级工商局所查办案件，当事人住所跨区县(市)的，立案后需报市工商局法制机构备案；查处市工商局登记注册的企业违反登记管理规定的案件，需到企业和个体私营经济监管科及注册登记分局登记；查处在市城区(不含德山开发区)违章发布各类广告(含利用广告方法进行虚假宣传)的案件，需到商标广告监管科登记；查处市工商局登记注册的企业违反商标管理规定的案件，需到商标广告监管科登记；查处在市城区违反建筑市场管理、房地产市场管理规定的案件，需到合同监管科登记；查处当事人住所跨县、市、区的不正当竞争的案件，需到公平交易分局登记。11月，市工商局根据《湖南省工商行政管理行政处罚办案程序暂行规定》和《湖南省工商行政管理局机关内设机构办案职责分工》，印发《常德市工商行政管理局执法办案暂行规定》，并从七个方面进一步规范执法办案程序，确保依法行政。立案与备案方面：立案须附相关材料(检举材料、申诉材料、控告材料、上级机关交办或者有关部门移送的材料、当事人交代材料、检查人员检查笔录等)，填写立案审批表，没有相关材料，不得立案调查。六类案件需通过市工商局法制机构向省工商局申请交由管辖，未经省工商局批准不得立案，即：中国驰名商标、省级著名商标的企业经济违法违章案件；上市股份有限公司的经济违法违章案件； 省级以上工商局登记注册的外商投资企业经济违法违章案件；外国企业和港澳台企业经济违法违章案件；省级以上新闻、出版等舆论宣传媒体广告违法案件；省工商局认为需要直接管辖的其他案件。凡以市工商局名义立案调查的案件,需按职责分工以市工商局相关科室为办案机构,由科室负责人签署意见,并指定办案人员后报分管局长批准。立案备案继续执行《常德市工商行政管理局执法办案立案备案规定》(常工商字〔2002〕12号)不变。属于跨省、市(州)的商标、广告违法案件的立案,另需通过市工商局商标广告监管科报省工商局商广处立案登记备查,结案材料报省工商局商广处备案。调查取证方面:未立案或立案未经批准的案件不得进行调查。没有发现违法事实或违法事实不明显的,不得随意向当事人发出调查函或询问(调查)通知书等文书。办案人员在调查取证时,应当出示工商行政管理行政执法证和县级以上工商机关证明文件。行政处罚方面:行政处罚决定书上的事实、理由和依据,应当与行政处罚告知内容一致。确因法定事由需要从轻或者减轻处罚的,应当附有当事人陈述申辩材料,填写行政处罚有关事项审批表,并经分管局长批准。下述三类案件应当提交案件审理委员会集体研究决定:需要吊销、收缴或者扣缴营业执照、吊销广告经营许可证等案件;对公民处没收违法所得或者罚款2万元以上,对法人或者其他组织处没收违法所得或者罚款10万元以上的案件;低于法定下限减轻处罚的案件。已经立案的案件应当在60日内作出处罚决定,确因案情复杂不能结案的,经分管局长批准最多可延期30日。经调查取证违法事实不成立的,应当填写销案审批表,办理销案手续。立案总数应当等于结案数、销案数与未结案数之和。文书送达方面:行政处罚决定应当在宣告后当场交付当事人,当事人不在场的,应当在7日内送达。行政处罚告知书和决定书应当直接送达给当事人。当事人是个人或者个体工商户的交本人签收,本人不在的,交由同住的成年家属或者所在单位签收;当事人是法人或者其他组织的,交其单位主要负责人或者收发部门签收;当事人指定代收人的,交代收人签收。直接送达文书有困难的,可以挂号邮寄送达或者委托送达。采取挂号邮寄方式送达的,应当同时附上送达回证,由当事人签收后寄回存档。只有在无法采取以上几种方式送达的情况下才能采取公告方式送达,并需有无法送达的相关证据。案卷归档方面:案件处罚决定执行完毕,办案人员应当及时将案件材料立卷归档。凡以市工商局名义办结的案件,应当在行政处罚决定执行完毕后15日内将案卷交市工商局法制科统一保管。案卷归档后,任何人不得私自增加或者抽出案卷材料。未经分管局长批准,任何单位和个人不得借阅案卷。处罚决定的执行方面:行政处罚决定一经作出,任何单位和个人不得随意更改,办案机构应当督促当事人在15日内自动履行。需要延期或者分期缴纳罚没款的,应当由当事人书面申请,办案机构填写行政处罚有关事项审批表,交财务、法制、纪检监察等机构审核,并经分管局长批准。行政处罚需要申请人民法院强制执行的,由办案机构提出,报经分管局长批准后,会同法制机构向人民法院办理申请手续。涉嫌犯罪案件移送方面:行政处罚案件需要移送司法机关的,应当按照《行政机关移送涉嫌犯罪案件规定》(国务院310号令)及省工商局《湖南省工商机关移送涉嫌犯罪案件若干规定》(湘工商公字〔2002〕30号)执行,由办案人员立即提出书面报告报办案机构和法制机构负责人在2日内审核,分管局长在2日内审定,局长或者主持工作的负责人在3日内作出批准移送或者不批准移送决定。批准移送的，由办案机构在24小时内填写涉嫌犯罪案件移送书，会同法制机构向同级公安机关法制机构办理移送手续。

市工商局召开全市工商系统法律文书培训会议

2006年7月，为进一步规范全市工商系统行政执法行为，彻底扭转执法办案中存在的突出问题，市工商局印发《常德市工商行政管理局关于规范执法办案的几项具体规定》，要求全市工商系统严格遵守省、市工商局立案备案制度。所有案件必须先立案、备案，才能发出询问（调查）通知书，凡未经立案、备案程序而先进行调查取证的，案件在办的要停办，已办的要撤销，并追究承办人责任；立案、备案时没有按规定附上检举材料、申诉材料、控告材料、上级机关交办或者有关部门移送材料、当事人交代材料、监督检查人员检查报告等相关材料的，一律不予立案、备案；已立备案案件，按规定应及时结案或销案，不准办“悬案”“吊案”，禁止随意弃案。凡立案超过90天未结案销案的，从2006年7月1日起，市工商局案件管理系统将自动停止立备案，情况特殊确需延期的须携带案卷交市工商局审查；在作出行政处罚后，作出行政处罚的单位90天内不得对同一当事人再次立案查处，确属涉及人身、财产安全的案件需立案查处的须报市工商局审批。调查取证必须按程序进行：所有案件必须先立案、备案，然后才能进行调查取证，对省工商局规定的“八大类”案件，应按规定办理交由管辖手续后，才能进行调查取证工作；证据要扎实，所有案件除应收集原始证据外，还应提交当事人（或委托人）的调查笔录或陈述说明材料（原件），否则，法制机构不得核审。各办案机构必须严格按照各自职能划分和管辖区域进行执法办案。广告违法案件确需适用《反不正当竞争法》办理的，应按《关于规范广告执法行为的紧急通知》（常工商发〔2005〕32号）文件规定，报市工商局商标广告监管科、政策法规科审批，否则，一经发现，案件一律撤销。提高办案质量，力争做到“零败诉”“零撤销”“零错案”，从2006年起，如有单位复议、申诉案件撤销（含自撤）率达30%的，年终行政执法质量考评时“行政处罚行为”内容记零分。处罚文书金额应与入库金额一致，需要减轻或从轻处罚的，应在下达正式文书之前按程序办理，处罚决定书上账号应统一、规范。外出强制执行的案件必须经市工商局审批，凡未经审批擅自外出执行的，执行款由市工商局收缴，年底行政执法质量考评时下降一个等次。

2007年4月，为加强对适用简易程序案件的管理，提高办案质量，促进依法行政，根据《行政处罚法》和国家工商总局《工商行政管理机关行政处罚程序暂行规定》，市工商局印发《常德市工商行政管理局进一步规范适用简易程序办案的规定》。适用范围：对违法事实确凿,并有法定依据,对公民处罚 50 元以下,对法人或者其他组织处以 1000 元以下罚款或者警告的行政处罚,可以适用简易程序,当场作出处罚决定。四种情形不得适用简易程序办理,法律、法规或者规章规定对公民罚款最低限额超过 50 元,对法人或者其他组织罚款最低限额超过 1000 元的;根据法律、法规或规章规定,作出对公民罚款最低超过 50 元,对法人或者其他组织的罚款最低超过 1000 元的;法律、法规对违法行为的处罚除作出罚款和警告外,还作出其他处罚种类的规定的;其他没有法定依据的情形。实施简易程序办案的程序是:适用简易程序当场查处违法行为,执法人员应当向当事人出示执法身份证件,当场了解违法事实,制作笔录,收集必要的证据。执法人员在行政处罚决定作出前,应当告知当事人作出行政处罚决定的事实、理由及依据,并告知当事人有权进行陈述和申辩,当事人进行申辩的,执法人员应当记入笔录。适用简易程序办案,应当填写符合《行政处罚法》第三十四条规定的行政处罚决定书,并当场交付当事人。适用简易程序办案,应使用有预定格式、编有号码的行政处罚决定书,处罚决定书应载明当事人违法行为、行政处罚依据、罚款数额、时间、地点及行政机关名称,并由执法人员签名或盖章,处罚决定书还应当告知当事人不服行政处罚的有申请复议或者提起行政诉讼的权利。办案机关和办案机构应建立适用简易程序案件的电脑登记台账,案件办结后,执法人员应及时录入有关信息,做到数据准确、填写规范,内容完整。适用简易程序查处的案件办结后,有关案卷材料应由执法人员整理成卷,交所在工商机关法制机构统一保存,案卷必须一案一卷,各类文书必须齐全,手续完备,并按案卷封面、案卷材料目录、处罚决定书、证据材料、其他有关材料的顺序装订。简易程序办案的执行:适用简易程序所办的案件,三种情况可以由执法人员当场收缴罚款,即:当场处以 20 元以下罚款的;对公民处以 20 元以上 50 元以下,对法人或者其他组织处以 1000 元以下罚款,不当场收缴事后难以执行的;在边远、水上、交通不便地区,当事人向指定银行缴纳罚款确有困难,经当事人提出的,当事人提出当场缴纳罚款的,应当有当事人的书面申请,或者由执法人员记录在卷,并由当事人签名或盖章。除上述情形外,适用简易程序所办案件的执行应当按一般程序所办案件办理,实行罚缴分离,执法人员不得当场收缴罚款。执法人员当场收缴罚款的,应当出具省财政部门统一制发的罚款收据,并自收缴罚款之日起 2 日内,交至其所在的工商机关,工商机关应当在 2 日内将罚款缴付指定银行。办案纪律:各办案机关应当制定和完善适用简易程序办案的有关制度,采取切实可行的措施,加强对各办案机构的指导和监督检查力度;严禁一般程序案件适用简易程序办理;严禁适用简易程序办理其他办案机构立案备案在先且尚未办结的案件;违反规定适用简易程序办案,所收取的罚款由市工商局予以收缴,并视情节和后果,给予有关人员党纪、政纪处分,直至追究刑事责任。是年 6 月,为贯彻落实省工商局执法办案规定,树立常德工商队伍执法新形象,市工商局印发《关于进一步明确办案纪律的通知》,要求全市工商系统办理域外案件必须严格遵守省、市工商局关于立案报批、立案备案的规定,未经省工商局批准交由管辖或者未经省、市工商局批准立、备案的,不得发出询问(调查)通知书等文书。凡在省、市工商局办公网办理销案手续的案件,无论是否办结,办案单位在办理销案手续后三个月内一律不能再办（市工商局案件管理系统会自动停止立案），如果在销案状态下继续办案的，该案件将视为无效案件（若有罚没款入库，入库金额由市工商局全额收缴）。各单位必须按照各自职责和管辖区域进行执法办案，市工商局机关业务科室根据各自职能对各县级工商局的对应机构进行指导，特别是办理商标广告案件，只能由商标广告管理机构或公平交易机构办理，工商所办理商标广告违法案件的，应当以商标广告管理机构为办案机构。在收集域外案件证据时，不仅要有本地经销商的材料，还要有当事人的调查笔录（或当事人的陈述说明材料原件），否则，法制机构不得通过核审，分管局长不得签字同意。各单位办理广告违法案件有下列情形之一的，必须先行向当事人发出《责令改正通知书》，逾期不改正的，方能对其进行行政处罚：在广告中使用的企业名称与核准登记的名称不一致，但广告中使用的字号、行业、组织形式相同的；在广告中使用绝对化用语、模糊用语、承诺性用语、修饰性用语等或者进行有关评比、排序、对比宣传的；广告内容轻微违法或者内容虚假但不会误导消费者的。各单位办理广告案件遵循如下程序：登录省、市工商局办公网进行立、备案申请，将违法广告发布的相关资料报市工商局商标广告监管科审批（也可电传审批），市工商局法规科根据商标广告监管科批准意见办理省、市工商局立（备）案批准。查处利用其他方法进行虚假宣传的案件要适用《反不正当竞争法》处罚的，各单位必须先行召开案审会研究通过后，再将案审会意见及所有案件材料上报到市工商局法规科，由法规科指定相关科室审批。办理商标侵权案件应本着"事实清楚、证据确凿、定性准确"的原则，坚决杜绝牵强附会、断章取义、小题大做等不良行为，对于商标侵权案件，必须在被侵权方投诉的前提下才能办理。办理商标广告案件应当坚持"过罚相当"的原则，公平、公正、合理地行使自由裁量权，严格防范自由裁量权的滥用。其中，查处虚假宣传适用《反不正当竞争法》的案件处罚金额超过 3 万元和适用《商标法实施条例》非法经营额无法计算处罚金额超过 4 万元的案件，必须报市工商局局长办公会议研究通过。在办案过程中应坚持政令畅通，凡市工商局领导依照程序交办的意见，各单位应严格执行。凡强制执行案件不报市工商局审批即联系法院下达裁定或外出执行的，其执行金额由市工商局全额收缴，凡执行金额超过市工商局审批金额的，超过部分由市工商局收缴。努力提高办案质量，最大限度减少复议、申诉案件，从 2007 年 7 月 1 日起，各单位复议、申诉案件撤销（含自撤）率应控制在 15%以内（3 件起计算），2008 年控制在 10%以内，2009 年控制在 5%以内，力争通过三年努力达到案件零撤销。对违反规定办理案件的，每出现 1 起，市工商局将责令办案单位取消该案件主要办案人员及核审人员年终评先资格，并责令同意办理该案件的分管局长引咎辞职，一年内出现 2 起违反规定办理案件的，市工商局将责令该单位局长引咎辞职。

2008 年 5 月，市工商局印发《常德市工商行政管理局关于当前执法办案有关问题进行规范的通知》，要求各单位应重点加强对本地经营户监管，着力维护本地市场秩序和消费安全；涉外案件除坑农害农等严重损害农民利益、严重危害食品安全、严重危害公共安全、制售假冒伪劣商品等类型案件外，其他类型案件原则上不要办理。在案件处罚自由裁量权适用上,应坚持“就低不就高”原则。在法律、法规、规章对同一违法行为设定多种处罚时,在保障实现法律目的和有效打击违法行为的前提下,应对当事人从轻处罚。应依据法律、法规、规章设定的处罚幅度,结合当事人违法事实、性质、情节、社会危害等轻重程度,对当事人给予相应幅度处罚,具体参照《国家工商行政管理总局关于工商机关正确行使行政处罚自由裁量权的指导意见》相关规定执行。坚持人性化办案,和谐执法。对于首次轻微违法行为,应本着教育为主、处罚为辅的原则,应先发出限期改正通知书,责令限期改正违法行为,逾期不改的,依法予以行政处罚,具体参照《常德市工商行政管理局关于加强行政指导、实行首查免罚的规定》的相关规定执行。在执法办案中,应依法与当事人进行沟通协商,避免粗暴执法侵害当事人合法权益。在执法办案中,执法人员要廉洁自律,树立良好的工商执法形象。各单位要严格执行国家工商总局“六项禁令”、省工商局“八条禁令”和市工商局“四项纪律规定”,规范执法行为,决不允许利用“案费证照”谋取私利。

2010年,为规范执法办案程序,严格依法行政,市工商局对全市工商系统行政执法工作进行全方位监督。在立案备案审查中,严格按照国家工商总局及省、市工商局要求进行初审把关,对不按规定立案的一律不予备案。对按规定必须向省工商局报备报批的案件,予以报备报批,否则不予核审,退回办案机构。全市工商系统统一启用省工商局办公网新的综合业务管理系统。在核审时,市工商局法制机构进一步从严要求,从严把关,依照执法办案制度,着重纠正在办案时重实体、轻程序,重证据调查取证、轻证据形式要件完善和处罚畸重及忽视违法行为从轻减轻情节等做法。是年,全市工商系统备案228起,其中市工商局机关备案56起。

第二节 执法责任制

2004年,市工商局以行政执法质量考核评议为重点,全面实行政执法责任制,成立行政执法质量考核评议工作领导小组,各县级工商局也成立相应组织机构,加强对执法质量考核评议工作的组织领导,做到全系统上下一盘棋。根据省工商局对各市(州)工商局全面考核评议的方法和标准,市工商局将七大考核评议项目细化为十项,根据职能科室职责分工,将每一个评议项目责任分解到科室,考核评议工作责任明确,考核办法具有更强操作性。为确保行政执法工作规范有序,根据执法考评要求建立和完善重了大案件集体审批制度、核审制度、听证制度、行政执法责任制度、立案登记备查制度、申请交由管辖案件报批制度、案件移送制度、按职责分工办案制度、行政处罚文书使用管理制度、案件主办协办制度等一系列规章制度,进一步规范行政许可、行政处罚、行政强制和执行行为。

2005年7月15日,市工商局根据省政府《关于进一步加强行政执法责任工作的通知》、省政府办公厅《关于省直行政执法机关进一步全面落实行政执法责任制的意见》和省工商局《湖南省工商行政管理局行政执法责任制实施办法》(湘工商法字〔2001〕第168号),印发《常德市工商行政管理局行政执法责任实施办法》,依据职责要求,将执法责任分解到政策法规科、公平交易分局、市场合同科、商标广告监管科、消费者权益保护科、企业和个体私营经济监管科、企业注册分局、外资投资企业注册管理科等职能科室,并落实到每个执法岗位和执法人员。执法责任制由执法依据、内容、责任构成。其法律依据分解到各职能机构,内容分为工商系统总体执法责任制与各职能机构执法责任两部分,按局长、副局长、科长、副科长和科员三级执法责任,落实到人。同时,实行行政执法首长负责制,局长主持全局法制工作,副局长协助局长主持分管科室执法工作,并承担分解的执法责任。各职能机构正职负责各专业执法责任,副职协助正职做好行政执法工作,并承担分解的执法责任,为确保执法责任贯彻实施,确保执法制约机制不断完善,市工商局成立行政执法责任制领导小组,领导小组下设办公室,办公室设在政策法规科,负责市工商局执法责任制协调、检查、评比等工作。是年 9 月 9 日,市工商局又印发《关于进一步落实实行行政执法责任制的通知》,进一步分解全市行政执法机构执法职权,并限时将执法职权分解到各执法岗位和执法人员,在强调落实执法责任的同时,对有违法和不当执法行为的行政执法机构和行政执法人员,严格按照《公务员法》《行政处罚法》《国家赔偿法》等法律法规和国家工商总局、省工商局及市工商局有关规定追究责任。

第三节　执法过错追究制

2003 年 2 月 25 日,市工商局依据《国家赔偿法》《行政处罚法》《工商行政管理机关行政处罚程序暂行规定》等法律法规及省工商局有关文件精神,印发《常德市工商行政管理局执法过错责任追究办法》(常工商发〔2003〕13 号),以下简称《办法》。《办法》规定执法办案中有下列情形之一的,属于执法过错行为,办案人员及所在机构(指内设分局、科、股、所、队,下同)负责人为责任人:不按规定立案备案或申请备案但已被责令撤销立案,仍擅自采取书面、传真、电话等方式向当事人或其他有关单位和个人调查取证的;实施或解除查封、扣押等行政强制措施未经法制机构审核,未经局长批准或者不按规定处理查封、扣押财物的;下达行政处罚告知书或处罚决定书未经法制机构审核并报局长签发的;将一般程序案件作为简易程序案件进行当场处罚的;未经法制机构审核并报主管局长批准擅自减轻处罚或减少入库额度的;以收取赞助款、会员费、管理费等方式对行政处罚案件作变通处理的;因执法人员不按规定程序办案导致案件被撤销或罚没款退库的;未经市工商局审批擅自申请人民法院强制执行行政处罚的。同时《办法》还规定办理行政审批事项(含名称预先核准、企业和个体工商户设立、变更、注销登记、广告登记、市场登记、动产抵押登记、合同鉴证等)有下列情形之一,也属于过错行为,经办人员及所在机构负责人为责任人:办理行政审批,审批事项不按规定报经局长批准的;超越职权范围办理行政审批事项的;不依法履行审查职责,办理行政审批事项有明显错误的;不依法吊销营业执照或撤销注册登记的。没有局长或分管局长签字,在公文、信件、证照等文本中加盖市工商局或各县级工商局等机关印章的,属于过错行为,掌管印章和加盖印章的人为责任人。《办法》对过错责任追究有具体规定:凡发生办法中过错行为的责任人,该年年度考核一律评为不称职等次;根据过错行为情节及造成的后果,按干部管理权限分别由县级工商局纪检监察机构提出对责任人处理意见,报所在单位党组(党委)讨论决定。

2003—2012 年,随着工商行政管理系统执法责任制、执法过错追究制等制度进一步落实,全市工商系统严厉查处一批在行政执法中不作为、乱作为以及违法违纪的行为,先后对县级工商局的 6 名主要负责人和分管局领导给予行政处分,对 30 名执法过错人员及执法机构负责人作出严肃处理。

第四节　重大案件集体审批制

2000 年,根据《行政处罚法》第三十八条第二款、《行政复议法》第二十八条第一款以及国家工商行政管理局《工商行政管理机关行政处罚程序暂行规定》第三十八条、第四十二条第二款规定,以及省工商局《重大案件集体审批制度(试行)》(湘工商法字〔1999〕97 号),市工商局印发《常德市工商行政管理局重大案件集体审批制度》,并成立重大案件集体审批领导小组。组长:黄腊喜,副组长:各位副局长、纪检组长,成员:李吉新、廖瑞清、唐贤璋、杨月林、胡祖国、薛开美、陈光军。下列案件需提交审批领导小组集体讨论:罚款 5 万元以上(含 5 万元)和没收违法所得 5 万元以上的案件;吊销营业执照的案件;走私贩私案件;办案机构与核审机构意见不一致的案件;需要移送公安机关的案件;上一次集体讨论后因特殊情况需变动处罚金额的案件;需变更或撤销行政处罚的案件;局长、副局长或办案机构认为有必要集体审批的案件。需要提交领导小组集体审批的案件,由各办案机构的负责人报组长同意后组织实施,并由经办人员汇报案件基本情况并提出处罚建议意见。审批时间原则上于每月最后 1 个星期进行,参与审批的人数不得少于规定人数的 70%,审批结果由办案机构予以记录。2002 年 6 月 3 日,市工商局印发《关于成立常德市工商行政管理局案件审理委员会的通知》(常工商法字〔2002〕34 号),撤销原市工商局重大案件集体审批领导小组,成立市工商局案件审理委员会,委员会由主任委员黄腊喜、副主任委员屠家云、杨万太、熊永钧、胡祖国及委员廖瑞清、潘绪庆组成。委员会会议由主任委员或副主任委员召集并主持,办案机构负责人和办案人员列席参加,办案人员担任记录员。之后,因工作需要,市工商局党组成员及科室主要负责人相继出现异动,重大案件审理委员会成员也相应调整,局长任主任委员,副主任委员由副局长担任,科室主要负责人为成员。同时,根据市工商局印发的《关于进一步加强法制建设的意见》,要求各县级工商局成立 7 人左右的案件审理委员会,局长兼任主任委员,分管法制或经济检查工作的副局长任副主任委员,副局长及经检、法制、财务负责人为成员,主要对重大、疑难案件进行审理并作出决定。

第五节　首查免罚制

2007年8月起，根据《行政处罚法》、国家工商总局《工商行政管理机关行政处罚程序暂行规定》及其他法律、法规、规章和市政府、省工商局有关文件规定，市工商局印发《常德市工商行政管理局关于加强行政指导、推行首查免罚的规定》，要求全市各级工商机关加强对辖区内经营者的行政指导，帮助经营者增强守法经营、公平竞争、诚实守信的经营意识。在查处违法经营行为时，应坚持处罚与教育相结合的原则，严格按照规定实行首查免罚。首查免罚是指工商机关发现公民、法人、其他经济组织的行为违反工商行政管理法律、法规、规章，情节轻微，尚未造成危害后果的，应当责令改正，不首先给予罚款的行政处罚。下列违法行为，应当责令改正，不得首先给予罚款的行政处罚。广告管理类：在广告中使用绝对化用语、模糊用语、承诺性用语、修饰性用语等或者进行有关评比、排序、对比宣传的；广告中使用的数据、统计资料、调查结果、文摘、引用语未标明出处的；在广告中以国家机关和国家机关工作人员名义进行宣传的；广告内容轻微违法或者内容虚假但不会误导消费者的；广告违反《广告语言文字管理暂行规定》的一般性规定的（含有不良文化的除外）；户外广告未经登记的。登记管理类：下岗职工、普通高校大中专毕业生、残疾人员等，未领取工商执照擅自从事个体经营的（除国家限制的建筑业、娱乐业以及广告业、桑拿、按摩、网吧、氧吧、运输业等行业外）；有超越经营范围行为，未按规定办理变更登记，且超越经营范围的项目不需办理相关行政审批的；擅自改变主要登记事项（经营范围除外），未按照规定办理变更登记手续的；将企业名称简略使用但无实质性改变，对他人的企业名称或知识产权不构成侵权的；使用保留期内的企业名称从事生产经营活动或者保留期限届满不按期将“企业名称登记证书”交回登记主管机关的；未将营业执照悬挂于住所或者营业场所醒目位置的；个体工商户逾期不缴纳管理费的。不正当竞争类：抽奖式有奖销售未明示其所设奖的种类、中奖概率、奖金金额或者奖品种类、兑奖时间、方式等事项的；其他违法行为轻微，不立即作出罚款处罚不会损害国家利益或者社会公共利益的。对上述所列违法行为，办案机关应当向当事人发出《行政建议书》，告知当事人违法行为性质、违反的法规、改正途径和期限，以及拒不改正应承担的法律责任。责令当事人改正违法行为的期限，法律、法规和规章有规定的，按有关规定办理；没有规定的，应当给予合理期限。对于当事人在规定的期限内拒不改正，继续其违法经营行为的，应当按规定予以查处。

第二章　法制宣传教育

第一节　普法宣传教育

1996年12月12日，根据省委、省政府批转省委宣传部、省司法厅《关于在全省公民中开展法制宣传教育的第三个五年计划的通知》以及省工商局文件（湘工商法字〔1996〕162号）精神，市工商局印发《常德市工商行政管理局“三五”法制宣传教育工作意见》，采取培训班、以会代训、举办法制图片展览、法制知识竞赛以及利用电视台、电台、报刊办好法律法规专栏（节目）等多种形式，在全市工商系统开展“三五”普法教育。市工商局对各县级工商局股、所长及法制骨干采取集中培训、考试、考核的方式，重点学习《宪法》《行政处罚法》《赔偿法》《公司法》《反不正当竞争法》以及其他与工商行政管理工作相关的法律法规。机关一般干部和基层工商干部在学习《宪法》和基本法律的同时，联系工作实际，重点学习《消费者权益保护法》《商标法》《广告法》等有关工商行政管理法律法规，做到熟练掌握和运用。

2002年，市工商局印发《关于进一步加强法制建设的意见》，要求各县级工商局采取三种形式抓好法律法规知识学习，提高工商行政管理人员素质。规定全市工商系统每月前三个周五下午固定为法律法规业务知识学习时间，最后一个周五下午为考试时间，均由法制机构组织，并建立考勤档案。一年内无故缺席3次或拒考2次者，当年年度考核定为不称职等次。采取市、县分级负责的办法组织法制培训，市工商局负责培训市工商局机关干部和各县级工商局正、副局长，纪检组长及股（室）所长；其他干部由各单位集中办班培训。市工商局每年举办2—3期培训班，每期不少于5天，各单位每季度要办1期培训班，每期不少于11天，培训内容由市工商局法制科和各单位法制股组织确定，培训资料及考试成绩由本级法制机构存档。非特殊情况不参加培训或培训考试成绩不及格，当年年度考核定为不称职等次。针对工商队伍执法水平不平衡的状况，各单位还组织开展“以老带新”“以熟带生”等结对

市工商局召开全市工商系统法律文书培训会议

子学习活动，让老同志及熟悉工商法律法规的业务骨干在法律法规知识学习和依法行政实践过程中搞好传、帮、教，帮助新同志尽快熟悉工商行政管理法律法规，不断提高行政执法水平。

2004年，市工商局利用各种渠道积极组织开展法制宣传活动。7月1日前后，开展以贯彻实施《行政许可法》和《公司法》颁布实施十周年为主题的法制宣传活动。全市工商系统设置拱门30个、气球60个和宣传盾牌120块，印发宣传资料2万份，接受群众法律咨询，介绍工商部门主要行政许可项目及许可条件、程序、时限等，让人民群众全面了解工商行政管理行政许可工作。同时，组织开展《行政许可法》学习等培训，专门订购《公务员行政许可法读本》和省工商局印制的《行政许可法》单行本各2100多册，发放到全市工商系统每个执法人员手中。各县级工商局自行组织《行政许可法》培训，市工商局组织部门骨干人员参加国家工商总局、省工商局和常德市政府法制办举办的《行政许可法》培训。5月，市工商局还邀请省工商局法规处负责人，通过视频会议向全市工商人员讲授《行政许可法》，全市1700多名执法人员参加培训，系统学习行政许可各项原则、制度及程序等。

2010年4月27日，市工商局召开全市工商系统法制工作培训会议。会议邀请市政府法制办钟吉雄科长授课，各县级工商局分管法制工作副局长、法制股长、法制核审员及市工商局机关工作人员100多人参加培训。培训内容主要包括《湖南省规范行政裁量权办法》《行政处罚文书的使用》《行政处罚的注意事项》等，授课紧密结合工商行政执法实际和国家工商总局、省工商局新要求，深入浅出，全面讲解。

2011年11月1日，市工商局依据国家工商总局《关于印发〈全国工商行政管理系统法制宣传教育第六个五年规划〉的通知》(工商法字〔2011〕149号)(简称《“六五”规划》)和省工商局《关于贯彻〈全国工商行政管理系统法制宣传教育第六个五年规划〉的实施意见》(湘工商法字〔2011〕241号)等文件精神，印发《常德市工商行政管理局关于贯彻〈全国工商行政管理系统法制宣传教育第六个五年规划〉的实施意见》。为认真落实《“六五”规划》，市工商局向全市工商系统各单位提出了一系列工作要求：各单位应根据《“六五”规划》确定的目标、任务和要求，围绕省工商局和当地党委政府中心工作，结合本单位实际，突出工作重点，制定年度工作计划，认真组织实施，确保《“六五”规划》全面贯彻落实；各单位学习中心组要将法律法规学习列为重要内容，每年安排其专题学习不少于两次，领导干部要带头学法遵法守法用法，不断增强和提高依法决策、依法管理、依法行政的意识和能力；各单位采取多种形式，加强法律法规的教育培训，特别是对通用法律知识与工商行政管理法律法规的学习，继续开展《湖南省行政程序规定》《湖南省政府服务规定》等地方性法规、规章学习和培训，不断提高广大工商行政管理人员熟练掌握运用法律法规的能力和依法行政水平；要坚持以人为本，服务群众的原则，立足本单位干部职工和广大经营者、消费者的实际法律需求，在法制宣传中突出群众导向，有针对性地加强对经营者的法制宣传教育，进一步增强经营者的法律意识和责任意识，促进经营者诚实守信、依法经营；要围绕新型消费领域、消费者诉求热点难点，加大消费者权益保护法律法规宣传力度,教育引导消费者树立科学文明新型消费理念,提升识假辨假能力和依法维权能力,把法制宣传教育过程变成服务群众过程;通过定期发布重大典型案件,以案说法,以案释法,增强法制宣传教育说服力,提高法制宣传教育实效。同时,根据不同地区、不同行业和不同人群的实际,采取举办法制宣传橱窗、法律知识讲座,法律知识竞赛、法制文艺作品创作大赛、法制故事会等形式,利用电视、广播、报纸、网站、期刊、电子显示屏和手机短信平台等加强工商行政管理法律法规的宣传教育。

第二节 岗位法制教育培训

1998年,市工商局召开专题会议研究执法岗位法制教育培训。一方面抓好公平交易检查证年检培训考试。市、县两级工商局将省工商局编印的《工商行政管理执法人员持证培训资料》发放给已持有公平交易检查证的干部,并举办专门法律法规培训班,讲授必读的法律法规并做好练习题,按省工商局统一命题试卷,由市工商局组织考试,考试合格者,所持检查证有效,考试不合格的由省工商局注销公平交易检查证,没有检查证或检查证被注销的,无资格承担执法工作;需新领公平交易检查证的,按省工商局要求参加培训、考试。另一方面抓好工商管理人员法律法规学习、培训。市工商局企业登记管理、个体登记管理、合同管理、商标广告管理、消委、个私协等业务机构列出必读法律法规,确定学习、考试范围,指导全市工商系统从事相关业务工作专干学习,并统一命题考试,考试一律闭卷,由市工商局派员监考,凡替代、抄袭、交头接耳等作弊者,取消考试资格并通报批评。同时,将考试成绩与岗位津贴、年度考核、评优评先挂钩。

2004年,市工商局组织开展为期10个月时间的岗位学法活动,举办岗位培训班10期,共1000多人参加岗位培训,培训主要内容,除学习公共法律知识外,根据学法对象所在业务岗位不同,分别重点学习一部以上与本岗位相关的专业法律法规。公共部分主要包括《行政许可法》《行政处罚法》《工商行政管理机关行政处罚程序暂行规定》。专业部分主要包括《行政复议法》《湖南省城乡集贸市场管理条例》《消费者权益保护法》《反不正当竞争法》等。

2009年8月17日,为不断提高全市执法人员业务技能和执法办案水平,市工商局印发《常德市工商系统行政执法岗位技能网络培训实施方案》。行政执法岗位技能网络培训按照“因需施教、学用结合”的原则,设置不同的培训内容,满足不同层次、不同类型、不同岗位人员培训需要,包含“一月学一法”和“一月评两案”两方面内容,即:每月学习一部法律,由法制科每月初将一部涉及工商行政管理方面法律法规的知识点编制成单选题、多选题和判断题三种类型试题,上传在办公网上供干部职工在线学习,月底由法制科在题库中随机自选100题形成试卷对干部职工进行在线考试;每月评析两个案例,由法制科每月分两次将两个实用典型案例,上传在办公网上供干部职工在线评析,每个案例评析时间限定半个月,评析内容由法制科审核筛选,确定优秀评析内容上网公布,供全市工商系统干部职工学习和参考。

第三节　专项教育培训

2007 年 6 月 20 日，为加强全市工商系统法制建设，不断提高行政执法人员法律素质和依法行政水平，根据《2007 年干部教育培训实施方案》（常工商发〔2007〕70 号）要求，市工商局印发《常德市工商行政管理局关于开展“一月学一法”活动的通知》，通过开展“一月学一法”活动，在全市工商系统营造“全员学法、常年学法”氛围。力争在三年时间内，使每位干部职工都能够熟练掌握与工商行政管理有关法律、法规及行政规章，真正做到人人学法、懂法、用法。为确保学习效果，市工商局还结合《工商行政管理执法岗位职位资格考试法规汇编》，制定法律法规学习计划，要求干部职工每月学习 1—2 部工商法律法规，并在市工商局办公网上开辟专栏对学员进行专题辅导，辅导内容包括相关法律法规的重要知识点、重点法条注释等。组织相关人员编写配套习题，上传至常德工商办公网，方便干部学习练习。为促进学法用法，市工商局月底组织干部职工对当月所学法律法规进行在线考试，在办公网上逐月公布测验成绩，并建立在线教育信息库，每月测验成绩纳入年终执法质量考评，按全年成绩平均分排名次，予以一定奖励。设单位一等奖 1 个，奖电脑 2 台；二等奖 2 个，各奖电脑 1 台。全年平均分不及格单位在年终行政执法质量考评时在总分中扣 5 分。为避免各单位走过场，市工商局定期对各县级工商局干部职工学习情况进行抽查，随机抽取 10 人进行考试，在考试平均分 85 分以上单位中，取前两名个人给予奖励，第一名奖励 500 元，第二名奖励 300 元。同时，组织开展全市工商系统法律法规知识竞赛，内容覆盖“一月学一法”所涉及的工商行政管理法律法规知识，各县级工商局均组队参赛，并评出一、二、三等奖分别给予奖励。此外，为促进领导干部带头学法，市工商局每年还安排时间对各单位领导班子成员进行一次法律法规考试。

市工商局“一月学一法”抽查考试

2008 年 1 月 17 日，市工商局对各县级工商局 2007 年度“一月学一法”网上在线考试及奖惩情况进行通报。各单位网上在线考试平均成绩分别为：石门县工商局 93.163 分、鼎城区工商局 92.223 分、澧县工商局 90.62 分、德山分局 89.3 分、安乡县工商局 84.135 分、武陵分局82.955分、西洞庭分局80.621分、汉寿县工商局79.67分、临澧县工商局62.065分、津市市工商局55.883分、桃源县工商局48.715分、西湖分局40.728分。依据文件（常工商发〔2007〕72号）要求，对获得2007年度“一月学一法”一、二等奖单位给予奖励：石门县工商局获一等奖，奖电脑2台；鼎城区工商局、澧县工商局获二等奖，各奖电脑1台。对考试成绩不及格的西湖分局、桃源县工商局、津市市工商局给予全系统通报批评，并给予在年终行政执法质量考评总分中扣减5分的处理。

2010年5月21日，市工商局印发《全市工商系统“一月学一法”学习效果进行抽查考试的工作方案》，对各县级工商局50岁以下在职干部职工按10%的比例抽查，抽查考试上半年、下半年各一次，“一月学一法”抽考考试设定80分为及格成绩。各单位按参考人员的平均分数进行排名。分别给予考试成绩前三名的单位3000元、2000元、1000元工作经费奖励，奖励的工作经费由排名最后的3名单位承担。德山分局、西湖分局、西洞庭分局单独排名，给第一名的单位1000元工作经费奖励，由排名最后单位承担奖励工作经费。参考人员考试不及格，可参加一次补考，补考再不及格，由所在单位对其问责，市工商局还将对考试不及格人员比例最高的单位班子进行问责。

第四节　开展“三争一创”活动

2001年2月，为全面加强全市工商系统法制建设，不断提高全体行政管理人员依法行政水平，市工商局党组决定从2001年起在全市工商系统深入持久地开展“争当法律法规知识学习标兵，争当办案能手、争办优秀案件、创法制工作先进单位”的“三争一创”活动。

2005年7月，市工商局印发《常德市工商行政管理系统2005年度“三争一创”活动方案》并在巩固前四年全市工商系统“三争一创”工作的基础上，结合实际不断完善“三争一创”活动内容，将原“三争一创”内容调整为“争当法律法规学习先进个人，争当文明执法先进个人，争当执法监督先进个人、创法制工作先进单位”。成立“三争一创”活动领导小组，由邓毅任组长，杨万太、熊永钧、胡祖国任副组长，万红、曾遥、廖毅军、李明建、潘绪庆为成员，领导小组下设办公室，潘绪庆兼任办公室主任。全市工商系统所有干部职工均可参加法规学习先进个人评选，从参加年底市工商局组织的工商法律法规知识考试优胜者中评选20名法律法规知识学习先进个人。在个人自愿报名、各单位自行组织考试的基础上，根据单位人数多少推荐1—5名（200人以上的单位推荐5名，150—200人的单位推荐4名，100—150人的单位推荐3名，50—100人的单位推荐2名，50人以下的单位推荐1名）优胜者参加年底市工商局统一组织的考试，根据考分的高低报领导小组审定。全市工商系统所有行政执法人员均可参加文明执法先进个人评选，共评选10名文明执法先进个人。当选“文明执法先进个人”必须同时符合以下条件：全年累计承办行政处罚案件在3件以上；年内承办案件无一例被撤销；年内未发生行政执法过错行为；年内行政执法中无其他违纪违规行为。各单位根据人数多少推荐 1—3 名(200 人以上的单位推荐 3 名,100—200 人以上的单位推荐 2 名,100 人以下的单位推荐 1 名)候选人,同时报送候选人所承办的 3 个案件的案卷。市工商局政策法规科按《常德市工商行政管理系统行政处罚案件抽查计分标准》对所报送的案卷进行评分,根据得分多少报领导小组审定。全市工商系统分管法制工作的局领导、法制机构工作人员及工商所法制员均可参加执法监督先进个人评选,全市评选 10 名执法监督先进个人。当选"执法监督先进个人"必须同时符合以下条件:年内审批或核审案件被撤销的不超过 2 件;年内未发生行政执法过错行为;评选办法:各单位推荐 2 名候选人,同时报送候选人所审批或核审的 3 个案件的案卷。市工商局政策法规科按《常德市工商行政管理系统行政处罚案件抽查计分标准》对所报送案卷进行评分,根据得分多少报领导小组审定。在年度执法考评中被考评为优秀等次且得分为前四名的单位,即为当年法制工作先进单位。先进个人由市工商局通报表彰并颁发荣誉证书,在年度考核中同等条件下优先确定为优秀等次,每人奖现金 300 元。先进单位按市工商局《关于转发〈湖南省工商行政管理系统行政执法质量考核评议奖惩办法(试行)〉的通知》(常工商发〔2005〕41 号)规定给予奖励。

第三章 法制监督检查

第一节 案件核审

1998年,市工商局建立并实施案件核审制度,各业务科(股)室承办的案件必须经法制机构核审后再送局长审批。全市工商系统的处罚决定书由法制机构统一编号,未编号的办公室不得加盖单位印章。

2001年4月下旬—5月中旬,市工商局对所辖12个县级工商局法制建设和执法工作进行检查,针对检查发现的问题,结合实际,出台三项规定:办案机构案件调查完毕后,应将案件调查终结报告,处罚决定书(底稿)、所有调查材料交法制机构核审;法制机构认为案件不合格的,填写《案件核审表》,提出具体核审意见后连同所有材料退回办案机构修改、补正。法制机构认为案件合格的,在《行政处罚决定审批表》中填写"同意办案机构意见,建议局长批准后告知当事人"的意见,在处罚(听证)告知书留底联上签具"法制股(科)已核审"并给出统一的告知书文号后连同所有材料交办案机构,办案机构交分管局长审批,分管局长分别在《行政处罚决定审批表》和处罚(听证)告知书留底联上签具具体意见;办案机构凭局长意见在告知书上加盖单位行政公章后送达当事人;当办案机构与核审机构就有关问题不能达成一致意见时,提交局长或者局长办公会议讨论决定。当告知书上的拟处罚决定重于正式处罚决定时,办案机构应填写有关事项审批表,在表中写明处罚决定发生变化的原因,提出新的处罚意见后连同当事人的申辩陈述意见或听证报告给局长审批;当告知书的拟处罚决定轻于正式处罚决定时,应当重新告知。告知程序完结或听证完结后,法制机构再对处罚决定书(底稿)进行核审,签具意见后由办案机构交分管局长签具具体意见,由办案机构凭局长意见进行打印、盖章、送达。

第二节 案件听证

2007年9月4日,国家工商总局颁布的《工商行政管理机关行政处罚案件听证规则》(总局令第29号)实施后,市工商局行政处罚案件听证更加规范。对属于听证范围的行政处罚案件在作出行政处罚决定之前,依法听取听证参加人陈述、申辩并质证。工商机关举行行政案件听证,保障和便利当事人行使陈述权、申辩权和质证权;遵循公开、公正、效率;依法实行回避制度;不得向当事人收取费用。工商机关作出下列行政处罚决定之前,应告知当事人有要求举行听证权利,即:责令停业整顿、责令停止营业、责令停止广告业务等;吊销、收缴或者扣缴营业执照、吊销广告经营许可证、撤销商标注册、撤销特殊标志登记等;对公民处以3000元、对法人或者其他组织处以30000元以上罚款;对公民、法人或者其他组织作出没收违法所得和非法财物达到第三项所列数额的行政处罚。是年,市工商局下达行政处罚决定书188份,其中属于听证范围的108起,实际举行听证10起。

2008年,全市工商系统共核审108起行政处罚案件(不含吊销营业执照的案件),其中属于听证范围的68起,实际举行听证7起,已下达处罚决定书的案件85起,没有一起被提起行政诉讼。

2009年,市工商局共核审85起行政处罚案件(不含吊销营业执照的案件),其中属于听证范围的45起,实际举行听证40起,已下处罚决定书的案件85起,有一起案件申请行政复议,复议结果是维持,无一起行政诉讼案件。

第三节　行政复议

2003年1月13日,为及时掌握重大行政复议案件有关情况,加强对行政复议工作指导和监督,提高行政复议案件办理质量,根据《国务院关于贯彻实施〈中华人民共和国行政复议法〉的通知》(国发〔1999〕10号)规定,市工商局在全市工商系统实施《湖南省重大行政复议决定备案制度》。备案范围:决定为限期履行、撤销、变更、确认违法的;决定维持应当适用听证程序的行政处罚决定的;决定给予行政赔偿的案件;依据相关法律规定行政复议决定为终局裁决的案件;其他重大、复杂案件的决定。接受备案的机关:县级以上人民政府作出的行政复议决定报上一级人民政府备案;县级以上人民政府的工作部门和其他具有行政管理职能的部门作出的行政复议决定报本级政府备案;市、州、县(市、区)工商行政管理、质量技术监督部门作出的行政复议决定报上一级主管部门备案;省工商行政管理、省质量技术监督部门作出的行政复议决定报省人民政府备案。备案内容:该案行政复议申请书;该案被申请人的答复书;该案行政复议决定书。备案时间:各级行政复议机关应当在行政复议决定下达之日起15日内,按上述规定上报备案。接受备案的机关对上报备案的行政复议决定,应当进行审查。主要审查是否属于行政复议受案范围,事实是否清楚,证据是否确凿,适用依据是否准确,是否显失公正。对明显缺乏事实根据、明显缺乏法律依据或者适用法律依据错误、不属于受案范围、决定显失公正的,接受备案的机关应当建议作出原行政复议决定的机关重新处理;坚持不改的,应当撤销其错误的复议决定。接受备案的机关应当针对审查中发现的问题,及时对所属备案机关的行政复议办案情况进行具体指导、监督,定期分析并通报重大行政复议决定的备案情况。县级以上人民政府及其工作部门的法制机构具体负责重大行政复议决定备案审查和监督管理工作。

2005 年,市工商局对当事人不服具体行政行为提起复议的,不论是口头申请还是书面申请,不论是向复议机关申请还是向原办案机关申请,只要符合法定条件,均积极受理。在办理复议案件时,坚持从严要求,严格把关,该撤销的坚决撤销。全年市工商局共收到复议申请 123 起,其中不予受理复议的 7 起,已办结的 101 起复议案件中,维持的 34 起,撤销 7 起,申请人撤回申请的 14 起,其他 46 起。

2006 年,全市共收到复议申请 155 起,受理 153 起,其中维持 49 起,撤销 5 起,申请人撤回 33 起,被申请人自己撤销 51 起,未结 15 起。受理总数比上年同期增加 18 起,被申请人自己撤销的比上年同期增加 12 起。

2008 年,市工商局严格遵循合法、公正、公开、及时、便民的原则,坚持从严要求,严格把关,用十分慎重的态度处理行政复议案件。全年受理行政复议案 26 起,其中维持 5 起,撤销 1 起,申请人撤回 17 起,被申请人自行撤销 3 起。受理总数比上年同期减少 92 件,呈直线下降趋势。是年,安乡、桃源两个县级工商局在案件核审中严格把关,没有一起行政执法案件被申请复议。

第四节　行政诉讼

2003 年 2 月 24 日,市工商局发文在全市工商系统实施《湖南省工商行政管理系统行政诉讼案件备案制度》。备案范围:各市、州工商局及其所辖县级工商局于 2002 年 1 月 1 日后发生的行政诉讼案件。备案材料:法院判决维持的行政诉讼案件报送判决书或裁定书备案;法院判决撤销或者部分撤销和变更的行政诉讼案件,除报送判决书或裁定书外,还应报送该案的起诉状和答辩状备案。进入二审、再审的案件,一审、二审和再审中的上述材料一并报送备案。报送备案材料的同时,应当提交省工商局统一格式的《湖南省工商行政管理系统行政诉讼案件备案表》(附件)。备案承办机构:各级工商机关政策法规机构是行政诉讼案件备案的承办机构。各市、州工商局及其所辖县级工商局发生的行政诉讼案件均由各市、州工商局政策法规科统一向省工商局政策法规处报送有关材料备案。备案时间:行政诉讼案件在法院判决后,收到法院判决书之日起 20 日内向省工商局报送备案材料。各县级工商局发生的行政诉讼案件是否向市、州工商局备案,由各市、州工商局决定。

2007 年,长沙市长信投资管理公司不服市工商局办理的常工商抵押第 98065 号企业抵押物登记决定,向法院提起行政诉讼。一审常德市中级人民法院判决市工商局赔偿该公司 378 万元。市工商局不服该判决,于年初向省高级法院提起上诉。时年 8 月初,省高级法院依法撤销了常德市中级人民法院〔2007〕常行初字第(00002)号行政判决。在此次应对行政诉讼过程中,市工商局法制科做了很多扎实工作,取得令人满意的结果,为市工商局避免了经济损失。

第五节　规范性文件备案审查

1998 年，市工商局印发《常德市工商行政管理局 1998 年法制工作意见》(常工商字〔1998〕001 号)，制定并实施规范性文件备案审查制度。文件审核：凡涉及工商行政管理业务的规范性文件，在局长审批之前，必须经法制机构审核，从法律法规角度把关，未经审核，办公室不批准打印，不加盖印章。文件备案：市工商局的规范性文件，一律送市政府法制办备案；各县级工商局的规范性文件，除送本级政府法制办备案外，还要送市工商局法制科备案。

2008 年 10 月，市工商局机关、各县级工商局按照省工商局《转发〈湖南省人民政府办公厅关于切实做好规范性文件清理和管理工作的通知〉的通知》(湘工商法字〔2008〕192 号)文件要求，对本机关在 2008 年 10 月 1 日之前制定的规范性文件进行全面清理。市工商局机关对 59 份规范性文件进行清理，其中清理出已失效文件 22 件，需要继续施行的文件 27 件，需要废止的文件 10 件。已经失效的文件，记录在案；需要继续施行，重新公布；需要修改的，进行修改。清理结束后，向社会公布继续有效、废止和失效的规范性文件目录，未列入继续有效文件的，不得作为工商行政管理工作依据。

2011 年，市工商局把规范性文件备案审查作为依法履行职责、有效实施管理的重要手段。市工商局法制科强化对规范性文件出台前的合法性备案审查工作。全年共审查并向市政府法制办、省工商局报送备案规范性文件 2 件。

第六节　申诉案件处理

2005 年，市工商局制定并实施申诉案件办理制度，对上级批转或者向市工商局直接申请的案件，市工商局一律按执法监督程序进行立案调查，及时办结，及时回复，对不按规定进行立案备案，违法实施当场处罚及其他人为原因程序违法的案件，不论当事人是否提出异议，不论罚没款是否入库，一经发现，一律撤销。是年全市工商系统共受理申诉案 28 起，其中省工商局批转 8 起，市优化办批转 6 起，市工商局直接受理 14 起。在上述申诉案中，维持 2 起，省工商局撤销 1 起，市工商局撤销 1 起，县级工商局撤销 12 起，其他 6 起，经审查申诉理由不能成立的 1 起，未结的 5 起。

2006 年，共受理行政申诉案件 14 起，撤销 2 起，当事人自撤 2 起，其他 6 起，未结 4 起。

2007 年，依照申诉案件办理制度，全市工商系统共受理申诉案件 6 起，被申请人自撤 1 起，未结 5 起。

2008 年至 2012 年，全市共受理申诉案件 47 起，其中按申诉案件办理制度办结 42 起，撤销 1 起，当事人自撤 2 起，未办结 2 起。

第七节　执法检查和考评

1995年2月16日，市工商局印发《常德市工商行政管理机关案件评查办法》。具体内容包括：案件评查是工商机关对在一定期间内办结的部分或全部行政处罚案件，按照一定标准采用记分和评议相结合的办法，评定承办案件的质量的检查活动。案件评查坚持实事求是的原则，针对评查内容统一评查标准，严格办案程序。案件评查按国家工商局和省工商局制发的有关程序与规范要求，客观公正的进行。案件评查实行单位自查与单位之间交叉检查相结合的方式进行，自查由本单位的办案、审理人员交叉检查，每年1—2次；交叉检查由市工商局统一抽调人员组成评查小组进行，每年一次。市工商局组织的评查案件范围，一般以时间为段或按案件类型、地域选点全面评查或抽查，各县级工商局组织的评查也可比照上述办法制定相应的检查评比办法。评查的主要内容和要求，按照办案工作制度和案件质量规定，评查的内容分为违法事实的证据、适用法律法规及处理程序规范等三大部分，具体要求为：违法主体的认定是否准确，违法主体的基本情况是否清楚，是否将处理时已消亡的主体仍定为处理主体，是否将第三人定为违法主体，是否将共同主体定为单一主体，共同违法主体是否分别处理，制发处理文书的机关是否有合法主体资格；主要违法事实是否清楚完整，违法情况的前因后果是否查清，无法查清的事实是否有交代，且影不影响对主要违法事实的认定；案件中的主要情节是否清楚，重要的相关情况是否查清，主要情节中的其他可能性(矛盾)是否排除，有关证据、证明、处理文书中认定的事实与审批认定的事实是否一致，需要查明的非法获利以及去向是否查明等；主要证据是否确实、充分、有效，当事人有无交代或陈述，当事人的交代或陈述与查证材料是否一致，其相互间的矛盾是否使用其他证据予以排除，调查询问笔录材料制作是否符合办案程序和工作规范规定，内容是否清楚，提取复制的主要凭证是否齐全、有效；计算违法物品的数量、金额有无相应依据，牟利金额计算是否准确，纳税情况是否查明并扣除，审批定案与处理文书的计算数据是否一致等；适用法律、法规定性的依据是否准确，处罚金额是否在法律、法规规定的幅度内，是否按条、款、项具体引用；处理是否合法、有据、适度，定性与处理适用法规是否一致，处罚种类是否恰当，其他应予考虑的因素是否考虑，有无显失公正的情况等；内容表述是否全面、清晰，主要情节是否清楚，表述内容是

市工商局召开全市工商系统依法行政工作暨经验交流会议

否有相应证据、证明，有矛盾之处如何认定及排除理由，有无定性、处理意见等；“五讲清”是否形成见面材料，是否按要求向当事人清楚地进行了说明，当事人对“五讲清”所持的意见是否记录在案，手续是否齐备等；处罚文书有无编号，标题是否规范及与内容是否一致，叙述是否清楚，文字是否通顺，用词是否妥当贴切，层次是否清楚，书写格式是否符合要求，内容是否翔实，用语是否规范，校对是否有误（无错、漏、别字），当事人应享有的权利是否写明等；程序是否符合国家工商局〔1993〕18 号令，手续是否齐备，案件办理的各环节是否使用按统一的格式制发相应的文书，强制措施使用是否正确，有无滥用职权或超越职权问题，处罚文书的执行是否生效后开始执行或当事人自愿提前履行，收购的财物是否按有关规定执行，执行中的减、免、缓有无依据，手续是否齐备等，应报批的是否报批；组卷是否按有关规定执行，有无混装、漏装、遗失情况，是否完整、规范等。实行百分制评分，每次评查工作结束后应进行总结，结合评分写出评查报告并就评查中发现的问题进行分析，提出改进意见，帮助被评单位总结经验教训，同时报上级工商机关。

2003 年 5 月 25 日，为建立健全执法监督约束机制，综合实施对行政执法活动的监督，促进依法行政，根据国家工商总局《工商行政管理机关执法监督暂行规定》和省工商局文件（湘工商法字〔2003〕197 号）精神，市工商局印发《常德市工商行政管理系统行政执法质量考核评议实施意见》。执法考评内容包括：工商行政管理许可（审批）行为；工商行政管理强制行为；工商行政管理处罚行为；工商行政管理复议及行政赔偿行为；行政处罚申诉检举及重大信访案件查办情况；考评过程中调查了解到的社会反映强烈的案件；贯彻执法责任制、执法过错责任追究制及关于规范行政执法的各项规章制度情况；行政执法基础工作。执法考评的对象为各市工商局机关、县级工商局以及工商所。第一阶段：试点阶段。省工商局确定第一阶段市工商局机关、汉寿县工商局及该局城关工商所为试点单位。2004 年 1 月下旬按本实施方案对试点单位进行考评，第一阶段不进行奖惩。第二阶段：全面实施阶段。从 2004 年 2 月开始，全省工商系统全面实施执法考核工作，是年开始，每年年终考评，并将考评结果作为对各考评对象予以奖惩的基本依据。执法考评方法为全面考评，采取分级进行，市工商局负责对各县级工商局的执法质量进行全面考核评议，各县级工商局负责对其所辖工商所全面考评。各县级工商局应按职责分工将执法考评内容分解到各内设职能机构和派出机构。省工商局将对各县级工商局及其工商所随机抽样复评。复评按照各市（州）、县级工商局对其执法考评对象制定的全面考评办法进行，抽查复评结果与原全面考评结果不一致的，以抽查复评结果为最终考评结果。省工商局将根据需要，先期邀请各市、州的省人大代表、省政协委员和市、州人大代表、政协委员各若干名，就地对各市、州工商局执法质量进行一次视察评议。也可能先期委托有关单位对各市、州工商局的执法质量进行一次民意调查。民意调查采取问卷形式，分别向个体工商户、企业、当地政府有关职能部门、其他社会各界进行群众满意度调查。执法考评分为优秀、达标、不达标三个等次，全面考评或抽查复评的计分在 85 分以上的为优秀等次，65—85 分的为达标等次，65 分以下的为不达标等次。凡在全面考评或抽查复评中不达标的单位,不再邀请人大代表、政协委员视察和进行群众满意度调查,被考评单位的最终考评结果即为不达标等次。全面考评在达标等次以上的单位,由省工商局视情况根据需要,再决定是否邀请人大代表、政协委员视察评议和进行群众满意度调查。人大代表、政协委员视察评议的问卷和群众满意度调查的问卷采用同一卷样《×××工商行政管理局执法质量问卷评议(调查)表》,收回的单张卷样按实际填写的项目,满意和基本满意在70%以上的为达标,低于70%的为不达标。收回的所有问卷中,达标试卷在70%以上的考评结果为达标,低于70%的考评结果为不达标。在人大代表、政协委员视察评议和群众满意度调查中不达标,且与全面考评的结果不一致的,要在一定范围内对考评对象组织复查考评,负责考评的工商机关根据复查考评情况综合研究,作出最终考评结论。各县级工商局制定对其所辖工商所的全面考评办法,报市工商局批准后实施。执法考评计分办法分两大项,即全面考评计分办法;人大代表、政协委员视察评议和群众满意度调查办法。对年度执法考评为优秀等次的单位及其主要负责人给予奖励。连续两年取得执法考评优秀等次的单位及其主要负责人,给予通报表彰和记功奖励。对执法考评不达标的要区别情况,采取挂牌整改、通报批评、取消评先资格、诫勉谈话、离岗接受培训、调整工作岗位等办法予以处理。

2005年,根据《关于做好2005年度执法质量考核评议工作的通知》(常工商发〔2005〕70号)要求,市工商局统一安排,2005年12月—2006年3月,抽调部分县级工商局法制机构的负责人分成2个考评小组,对12个县级工商局的行政执法质量进行全面考评(德山、西湖、西洞庭分局不参与此次评分)。考评情况报市工商局党组研究审定,确定最后考评结果。优秀单位(2个):石门县工商局(87.5分)、安乡县工商局(85.5分)。达标单位(7个):汉寿县工商局(82.5分)、武陵分局(81.3分)、澧县工商局(80.5分)、鼎城区工商局(78分)、临澧县工商局(75.9分)、津市市工商局(68分)、桃源县工商局(66.5分)。奖励:给予优秀单位石门县工商局奖励1万元,安乡县工商局奖励5000元。

2008年,市工商局印发常工商发〔2007〕71号文件,统一安排部署年度执法考评工作。12月初,由市工商局法规科牵头,抽调部分县级工商局法制机构负责人,组成两个考评小组,对12个县级工商局的行政执法质量进行全面考评(德山、西湖、西洞庭分局不参与评分)。经过考评小组严格检查,仔细评分,提出初步考评意见,并报市工商局党组审定,确定最后的考评结果。优秀单位(2个):石门县工商局、汉寿县工商局。达标单位(7个):澧县工商局、鼎城区工商局、桃源县工商局、临澧县工商局、安乡县工商局、津市市工商局、武陵分局。奖励:给予优秀单位石门县工商局1万元,汉寿县工商局5000元的奖励。

第六篇《

县级工商局工作概要

第六篇 县级工商局工作概要

1989—2012 年,全市工商系统由于体制的变化,所属县级工商局机构部分亦发生变化。

撤区建市后带来管辖区域的变化。1988 年 6 月,经国务院批准,撤销常德地区行政公署改为地级市,原常德地区所辖慈利县划归新成立的张家界市管辖。1989 年 1 月,常德市工商局与张家界市工商局就慈利县工商局有关事宜进行交接。

同样原因带来少数县域名称变化。原常德地区所辖常德市(县级)改名为武陵区,原常德县改名为鼎城区。1988 年年底,常德市辖武陵区、鼎城区、汉寿县、桃源县、石门县、澧县、津市市(县级)、安乡县、临澧县、国营西洞庭农场、国营西湖农场 9 个区县(市)2 个国营农场。其中武陵区设工商分局、鼎城区设区工商局,西洞庭工商所、西湖工商所仍保留原名称不变。

工商系统实行省以下垂直管理体制后的变化。1998 年 11 月,国务院印发《国务院批转国家工商行政管理局工商行政管理体制改革方案的通知》(国发〔1988〕41 号),决定改革工商行政管理体制,实施省以下垂直管理。1999 年 1 月,湖南省委、省政府下发的《中共湖南省委、湖南省人民政府关于批转省工商行政管理局〈湖南省工商行政管理体制方案〉的通知》(湘发〔1999〕3 号)、《湖南省人民政府关于全省工商行政管理系统自办市场移交工作的通知》(湘政发〔1999〕24 号)、《湖南省人民政府办公厅转发省人事厅、省工商局关于全省工商行政管理体制改革人员上收和分流工作实施意见的通知》(湘政办发〔1999〕30 号)等一系列文件,全省工商行政管理系统实施省以下垂直管理体制。依据上述文件,是年 12 月 7 日,经市政府、省工商局体改办批准,《常德市工商行政管理局体制改革人员上收和分流工作实施方案》开始实施,全市工商系统经过艰苦细致的工作,于当年相继完成体制改革任务,人、财、物实行省以下垂直管理。

随着改革的深入和经济不断发展,武陵区德山于 1992 年 8 月升格为经济开发区,原属武陵分局管辖的德山工商所升格为分局(正科级),不再隶属武陵分局,更名为“常德市工商行政管理局德山分局”;同样,西洞庭国营农场、西湖国营农场分别改为常德市西洞庭管理区和常德市西湖管理区,根据工作需要,西洞庭工商所、西湖工商所于 2001 年 9 月改为分局,名称为常德市工商行政管理局西洞庭分局、常德市工商行政管理局西湖分局。截至 2012 年年底,市工商局辖武陵、德山、西洞庭、西湖 4 个分局,鼎城、汉寿、桃源、石门、澧县、津市市、安乡、临澧 8 个县级工商局。

第一章　常德市工商行政管理局武陵分局工作概要

武陵区位于湖南省西北部,区域面积 269.5 平方公里,辖 7 个乡镇、5 个办事处,人口 53 万人。是湘西北经济文化重镇,常德市的政治、经济、文化中心,也是湖南省人民政府首批授予"小康区县(市)"荣誉称号的区县之一。

第一节　市场建设与监督管理

一、市场建设

1989 年前,常德市城区(包括德山)有集贸市场 23 个(其中:农贸市场 15 个、工贸市场 8 个),占地面积 53010 平方米,建筑面积 26344 平方米,总投资为 514 万元,年成交额 6886 万元,上市品种 240 多种,日上市经营人员 5000 多人次,日上市交易人员 8 万多人次。1989 年以后,随着商品经济不断发展,市场调节作用逐步扩大,以及城市建设快速发展,市城区原有集贸市场数量和规模与人民群众生活需要及城市发展要求差距较大,原有 15 个农贸市场中有 6 处为露天(马路)市场、8 个为工贸市场,无一处有正式场地和正规设施,且随着城市发展,原来形成的集贸市场布局也显得不尽合理,直接影响城市市容市貌和交通秩序。为此,分局按照市工商局集贸市场建设规划及担负职责,加大集贸市场建设步伐,先后筹集市场建设资金总额达 1926.4 万元,建设和改造集贸市场总面积达 25737 平方米,全区集贸市场进入快速发展时期。

1990 年,市政府召开市长办公会议,专题研究城区集贸市场建设问题,明确"八五"其间要在市城区桥南、桥北、北站、德山等地形成较大规模的综合集贸市场区,并制定市场建设有关土地征用、投资资金、贷款、税收等方面优惠政策。会议还确定集贸市场建设资金来源渠道是"税务部门从分成收入中列支一点、政府财政拨一点、城建费拨一点、社会集一点"。是年,分局集资 8.4 万元,完善青阳阁农贸市场和龙港巷综合市场部分基础设施。

1991 年,分局投入资金 340 万元,对桥北市场和北站市场进行扩建改造。桥北市场扩建后建筑面积达 11000 平方米,农贸大楼摊位近 1000 个;北站市场扩建后占地面积 9600 平方米,建筑面积 6263 平方米,共有各种摊位 1000 个。为把北站市场建成高水准的集贸市场,提升市场现代化水平,分局多次向市政府汇报扩建北站市场三层框架式楼层市场(简称一期工程),经市政府市长蔡长松指示,市场内新建高标准摊位,并配套电梯及电视监视系统,投资金额从原计划 453 万元增加到 740 万元,于 12 月 1 日开工建设,建筑面积 7890 平方米,新建高标准摊位500个，临时流动摊位100个。

1992年，分局投资478万元，新建洞庭北路工贸市场、东沿路农贸市场、长胜桥农贸市场，并改建长胜桥竹木市场，扩建龙港巷综合市场。至此，全区市场建筑面积合计9573平方米，仅龙港巷市场就达1900平方米，增加摊位200个。是年，分局还投资160万元，建设工业品市场2个，建筑面积4080平方米，容纳摊位927个。5月3日，在北站市场一期工程建设其间，市政府市长蔡长松又主持召开北站市场建设专题会议，决定再投资490万元，更新改造北站市场农贸区，兴建北站市场四层框架式综合市场楼（即二期工程），建筑面积7200平方米，并入一期扩建工程，形成一个现代化的大型综合集市贸易区，扩建工程于是年6月30日动工。

1993年，为配合文明城市创建，分局自筹建设资金30万元，规划和修建甘露寺等三处临时市场。同时，为改善甘露寺蔬菜批发以路为市的问题，与鼎城区化工厂联合开办甘露寺综合市场。年底，北站综合市场二期工程竣工，至此，北站综合市场总占地面积达7520平方米，建筑面积达15000平方米，可安置个体经营户1500户，为工商企业提供销售窗口100个。北站综合市场几经改扩建，成为市城区最大的农副产品集散中心。北站综合市场改造升级在解决城区乱摆摊、乱设点等问题的同时，也为周边旅社、商店、理发店、停车场等服务行业带来了发展良机。

1995年，针对新一村农贸市场脏乱差状况，分局投资30多万元，对其升级改造，新增摊位面积600平方米。

1999年，分局投资6万多元，对市城区茉莉村、新一村、红旗路等市场进行维修养护。

1999年，全市各级工商机关实行省以下垂直管理，集贸市场实行管办分离。按照省政府及省工商局要求，工商部门只在职权范围内履行市场监管职责，不再参与市场建设与经营。

2000年6月，分局自建、联建的10家市场全部移交市政府新成立的常德市市场服务中心，移交市场总资产原值2085.5万元，其中市场建设原值为1561.2万元。

二、市场管理

（一）集贸市场综合治理

1990—1993年，城区集贸市场交易活动日趋活跃，市场管理难度加大，为解决工商人员不足问题，分局聘请80人组成市场协管员队伍，参与集贸市场日常管理。各大中型市场建立综合治理办公室和治安执勤室，设立监督岗，治理集贸市场脏乱差、查处市场违章违法行为、保护消费者合法权益。为争创文明集市，落实集贸市场规范化管理，分局建立和完善一整套集贸市场管理机制，坚持季度检查、半年评比、年终考核，不断提升集贸市场文明程度和监管效能。

1994年，武陵分局制定《市场管理工作规划》《市场管理目标考核办法》《文明集市评比标准及计分细则》，对各类集贸市场建立档案、片卡，市场管理员佩戴统一制作的管理人员标志。为落实各项管理制度,分局通过定期编发市场管理简报、组织集贸市场行业小组开展评比竞赛,充分发挥经营者协税小组、物价监督小组、行业小组、治安执勤小组作用,使制度落到实处。坚持划行归市,在市场设置复秤处和公平秤,完善市场内吃住、购物、修理、搬运、租赁等"一条龙"服务体系,为经营者和消费者提供方便。同时,开展创建信誉市场活动,使得集贸市场管理逐步走向规范。

1995年,按照"畜牧检疫,工商监管,统一屠宰、分散经营"的原则,组织实行"定点屠宰、分散经营"。是年,在城区集贸市场查获注水肉8000多公斤,收缴不合格衡器340多件,罚款20万元。

1996年,龙港巷市场率先在全市实行市场垃圾袋装化,市场卫生状况进一步改善。进入20世纪90年代中后期,市场成交量和成交额大幅度上升,1989年市城区集贸市场成交量5753万公斤,成交额7357万元,到1996年后市场成交量始终保持在2.7亿公斤左右,成交额保持在5.3亿元左右。北站农贸市场、龙港巷综合市场、洞庭北路农贸市场、新一村农贸市场、青阳阁农贸市场、北站批发市场成为市级以上"文明集市",其中龙港巷综合市场1990—1995年连续6年被评为全国"文明集市"。

(二)集贸市场专项整治

1989年,为打击强买强卖、欺行霸市、掺杂使假、哄抢及盗扒团伙等违法犯罪行为,分局会同公安部门在城区市场内开展整治行动,共出动执法人员148人,车辆340台次,查处各类违法违章行为为650起,拆除违章货棚53处,纠正乱摆摊担256户,收缴不合格衡器216杆,取缔无照经营户230户,教育处理710人。是年3月5日,省委副书记、省政协主席刘正带领部分全国和省政协委员来龙港巷综合市场视察,给予充分肯定和好评。

1990年,分局开展市场整顿11次,查处欺行霸市、掺杂使假、短斤少两、强买强卖案件2450起,检查衡器23795杆,收缴不合格衡器885杆,罚款11616元;取缔马路市场3个,拆除各类个体违章棚212个,纠正乱摆个体摊担1235个,安排商品交易摊位1205个,清理垃圾125吨。

1994年9月14日,分局根据群众举报,对小西门农贸市场进行突击检查,查获销售病、死猪肉经销点4个,当众销毁病、死猪肉800公斤,市电视台予以曝光。

(三)生产资料、生产要素市场监督管理

1.新旧车辆、钢材、废金属等市场监督管理

20世纪90年代初,根据国家工商局"放而有度、活而有序、管而有法"要求,分局会同政府有关职能部门先后制定印发《常德市钢材市场管理暂行办法》《关于设立"常德市废金属交易市场"的通知》《常德市废金属交易市场管理暂行办法》《关于设立"常德市工业品生产资料市场"的通知》《常德市工业品生产资料市场实施细则》《关于加强常德市城区房地产市场管理的通知》等规范性文件,并成立生产资料生产要素市场管理所,配备工商干部8名,先后联合市物资局设立钢材市场、废金属市场、工业品生产资料市场及其管理机构;联合市交警支

队设立旧机动车辆交易所；联合市房管局设立房屋交易所。共建立钢材、工业品生产资料、新旧机动车、房产租赁、废金属和金刚石等7个生产资料生产要素专业市场，并在每个专业市场、管理机构和交易所派驻管理人员，与相关部门实行合署办公。1992—1993年，先后对全市240家钢材经营单位、3200个废旧金属收购站(点)、13个金刚石经营单位营业执照、法人资格、经营范围进行清理检查，对不符合法律法规规定的单位注(吊)销营业执照，保留107家钢材经营单位、2个金刚石经营单位和2466个废金属收购点。在清理检查中，还对常德市橡胶制品厂高价倒卖橡胶、钢材、汽油、柴油等重要生产资料非法牟利案件进行查处；对54家钢材经营单位和使用单位实施验证盖章，共促成钢材成交11186吨、有色金属交易143吨，成交金额2536万元；促成废钢铁、废金属成交11700吨，成交金额1235万元。同时，对22家工业品生产资料生产企业和经营单位的17个品种工业品生产资料(包括纯碱，烧碱、橡胶、凸版纸等)交易进行审验和验证，成交金额179万元。验证成交各种旧机动车747辆，成交金额1700多万元。

2.房屋租赁合同鉴证

1989年，市城区房地产市场已初具规模，房屋租赁市场作为房地产市场特殊形式日趋活跃。1991年年初，根据有关法规，武陵分局先后制定《关于加强常德市城区房地产市场管理的通知》《常德市城区自管房、私房租赁管理暂行规定》《常德市房地产市场管理暂行办法》等规范性文件，要求对城镇房屋租赁合同实行强制鉴证，参照有关合同文本，制订统一房屋租赁合同文本，配套制定《办理房屋租赁的程序》《房屋租赁合同鉴证须知》等实施办法，抽调2人，进驻市房管局房屋交易所与房地产管理部门合署办公，专门负责房产租赁市场的合同管理。是年，共对市城区企事业单位和个人出租的600余套房屋进行审核、验证，鉴证合同512份，成交各类房屋514套，为424户承租户办理“房屋租赁许可证”，面积2.6万平方米，交易金额达134万元。

3.建筑市场监督管理

随着计划商品经济发展，市城区建筑市场活跃，1994—1996年，以常德市建工处为主，工商部门配合，实施合同鉴证管理。成立“建筑市场管理办公室”，负责市城区建筑市场监督管理工作。通过审查建筑主体资格、工程质量、非法转包等，有效地对市城区建筑市场进行管理。两年间，查处违法案件60起，罚款12万元，维护建筑市场秩序。

第二节　个体私营经济培育发展

1988年6月撤市建区时，全区有个体工商户4724户，从业人员7132人，商品零售额6454.5万元。

1989—1992年，由于受各种因素影响，个体私营经济进入调整发展阶段。其间，有近1500户个体工商户停歇业，有近2200户个体工商户缩小经营范围，1989年，武陵区范围内仅登记个体工商户9户。

1993年10月,省政府作出《关于积极鼓励、大力支持、放手发展城乡个体私营经济的决定》,市政府市长吴定宪在当年政府工作报告中将发展个体私营经济列为需下决心抓紧抓好的十件大事之一,并响亮提出个体私营实行"四个不限制",即:不限发展比例、不限发展规模、不限经营范围,不限开业条件。区委、区政府也先后制定一系列发展个体私营经济措施,使个体私营经济步入持续、稳定、健康发展阶段,工商部门根据发展个体私营经济总的指导思想,大力改进工作作风,提供优质服务,减少环节,简化手续,放宽经营范围,允许"先上车,后买票,先经营,后规范"。在经营环节和机制上本着"扶上马、送一程"的宗旨,推动个体私营经济持续、稳定、健康发展。

1994年年底,全区共核准登记个体工商户5204户,从业人员11996人,注册资金3822万元。核准登记私营企业110家,注册资金884万元。同时,武陵区所辖国有集体饮食业行中95%以上实行个体承包经营;商业系统内80%实行柜组店面个体承包经营。

至1999年,武陵区"国有民营、公有私营"的商供企业共吸收个体经商户400多户,从业人员2000余人。随后,陆续有1000余人与企业脱钩,进入个体劳动者队伍,个体私营经济迅速发展壮大。

2000年以后,武陵分局进一步优化服务举措,出台一系列加快个体私营经济发展若干政策措施,扎扎实实为个体工商户、私营企业排忧解难,个体私营经济出现蓬勃发展态势。

第三节　公平交易执法

一、打击投机倒把及打假治劣

工商部门对经济违法案件查处分为两个时期,即1992年10月以前,称之为经济监督检查,重点查处投机倒把行为,保证国家计划顺利实施,1992年10月以后,工作重点转变为规范交易行为,维护市场秩序、保护公平竞争。

1989年,武陵分局认真执行国务院颁发的《投机倒把行政处罚暂行条例》,全年查处违法经济案件102起,其中倒卖汽车案12起,计15辆;倒卖黄金案8起,计1466.6克;倒卖卷烟案5起,计365万条;倒卖化肥案8起,计2352.6吨;倒卖农药案19起;诈骗案1起,其他案件20起,罚没入库金额70万元,向司法机关移送6起,涉案犯罪嫌疑人9人。

1993—1995年,重点打击制售注水猪、牛肉及假冒伪劣营养品的违法行为;查处制售假冒伪劣农药、种子、化肥的坑农行为;打击制售假冒伪劣"三无"产品及利用经济合同骗买骗卖的违法行为。仅1995年立案35起,结案16起,罚没金额43万元。查处假冒农药2.9吨、化肥96.75吨、劣质棉花1.99吨、冒牌空调120台、冒牌汽车20辆、劣质小型水泵75台、劣质电缆线5000米、"三无"灶具12台、过期罐头饮料40瓶、冒牌假酒100多件、注水牛肉及猪肉 4200 公斤、劣质化妆品 22 瓶。

1996 年，全国工商系统开展公平交易执法年活动。根据消费者举报线索，立案查处制假售假案件 70 起。5 月，根据举报查获常德市卫发贸易公司销售的劣质注射器，导致患者感染，分局责令常德市卫发贸易公司向受害者赔偿损失，处 3 万元的罚款，并吊销该公司营业执照。8 月 21 日，接消费者举报，称常德市第二中医院使用的一次性静脉输液针小包装上无厂名厂址，怀疑为假冒劣质产品。执法人员迅速赶往常德市二中医院，当场查获无厂名、厂址、无商标的 5 号一次性头皮针 1000 支，7 号一次性头皮针 10000 支，假冒上海产一次性无菌注射器 3000 支，经鉴定全部为假冒伪劣品，对该医院依法给予处罚。

1997 年，武陵分局利用各种形式，广泛宣传《消费者权益保护法》《产品质量法》《反不正当竞争法》等法律法规，增强消费者自我保护意识。根据消费者举报线索，全年查处各类案件80 起，结案 46 起，其中查处走私汽车案 3 起，医药回扣案 8 起，假羊皮衣案 5 起，假电脑案 4 起，假冒真皮沙发案 3 起，假酒制造窝点 3 个，查扣假化肥 104.75 吨，走私影碟机 150 台；查处盗版复制电脑软件案 2 起，查扣 CD 带 2000 多盒；捣毁宰杀病死猪窝点 3 个、牛肉注水窝点 2 个。

1998—1999 年，根据国务院《关于进一步深化粮食流通体制改革的决定》，立案查处私商粮贩、非国有粮食收储企业收购粮食以及个体私营粮食加工厂收购粮食等违法案件 30 起，查扣粮食 7.5 万公斤，罚没入库金额 12 万元。1998 年 2 月 10 日，出动执法人员 40 人，对武陵区北站市场、建设西路糖酒副食品批发门店、甘露寺副食品批发门店进行清查，当即收缴假“贵宝窑”瓶装白酒 5 箱，散装劣质白酒 800 公斤，捣毁制造假酒窝点 4 个。1999 年 9 月，查处冒用常德中药厂“天麻首乌片”注册商标案件，查扣一批假天麻首乌片。

2008 年 1 月，《投机倒把行政处罚暂行条例》宣布废止，武陵分局不再依据《投机倒把行政处罚暂行条例》查处经济违法违章案件。

二、打击传销活动

2005 年 11 月 4 日《禁止传销条例》实施，武陵分局依据职责开展“打击传销”专项工作。

2006 年 9 月，接湖北籍员某举报有一传销团伙在武陵区东江新发村一带进行非法传销活动。分局当即出动 5 名执法人员赶到案发地点，抓获一名传销头目并将其移送公安机关处理，其余 50 余名参与传销人员经说服教育后就地遣散。是年，武陵分局共捣毁传销窝点 18 个，遣散及帮教传销人员 800 余名。

2007 年，武陵区非法传销活动呈现发展蔓延势头，活动形式隐蔽、手段翻新、对抗加剧、屡打不绝，暴力抗法和群体性事件时有发生，已经严重影响全区经济秩序和社会稳定。为此，区政府建立打击传销工作联席会议制度，并在武陵分局设立武陵区打击传销工作联席会议办公室，明确由分局经检队承担该办公室打击传销的日常工作。通过建立“统一领导、统一组织、统一督办、统一协调、统一查处”的“五统一”机制，形成由各成员单位“一把手”负总责，分管领导亲自抓,各成员单位各负其责的打击传销工作格局,当年共出动执法人员3000余人次,出动执法车辆700余台次,印发宣传单1万余份,悬挂宣传横幅近百条,张贴公告2000余份,设立社区宣传橱窗72个,各媒体曝光传销典型案例90多起。是年,根据国家工商总局和公安部统一部署,武陵分局会同公安部门联合开展集中打击传销专项整治行动,共捣毁传销窝点120个,遣散遣送传销人员近6000余人次,解救受害被骗传销人员300多人,移送公安部门处理20多人,给相关社区送达加强出租屋管理《督办通知》15份,遏制传销活动在市城区发展势头。

2008年,武陵分局坚持打防并举,努力完善防范监控组织网络,建立齐抓共管的长效机制。5月,市政府市长卿渐伟主持召开市长办公会,要求有关部门"打击传销要迅速、有力"。7月上旬,浏阳市政府副市长黄阳带领政府办、政法委、工商、公安、民政、街道办事处等相关部门负责人共20多人,来武陵区学习交流打击传销工作经验。7月中旬,省政府副省长刘力伟、省政府副秘书长谈敬纯、省工商局局长刘国湘及副局长鲁先华、省公安厅经侦总队队长唐祥生及省政府办公厅、省工商局相关人员一行到常德考察社区开展创建"无传销社区"情况,高度评价常德市打击传销工作,并建议在全省进行推广。时年10月,全省创建无传销社区、乡镇现场经验交流会议在常德市召开,会上交流打击传销工作经验。是年,武陵分局共开展打击传销专项行动72次,端掉传销窝点96个,遣散遣送传销人员5870余名,解救受骗人员350名,16名传销头目或骨干由公安部门审查处理。由于措施得力,工作扎实,市城区传销势头从根本上得到遏制。之后,明目张胆、大规模的传销活动基本绝迹。

第四节　经济合同监督管理

1989年,工商部门对合同管理实施一次专项整治,集中抽调执法人员127人,对辖区经济合同履行情况进行检查,共检查经营单位3176个,经济合同27万份,涉及标的金额34亿元,合同履行中发生纠纷的2386份,确认无效合同34份。

1990年,办理经济合同案1064起,标的金额4978.46万元,收取鉴证费2092.3元;评选"重合同、守信用"企业10个;深入企业检查经济合同3000多份,帮助企业发函查询25件;举办经济合同培训班1期,培训人员101人;接待合同法律咨询305人次,解答法律法规难题257个。

1993年,鉴证经济合同517份,鉴证金额5437.3万元;受理各类经济合同案件15件,其中办结经济合同纠纷案件6件,争议金额161万元;深入企业、市场检查经济合同375份,金额468万元,确认无效合同案件340件,为当事人挽回经济损失386万元。当年在开展评审"重合同、守信用"企业活动中,32家企业被评为"重合同、守信用"单位。

1994年,鉴证经济合同418份,其中房屋租赁合同415份,其他合同3份,鉴证金额580万元,收取鉴证费14566元;检查经济合同38份,合同金额62万元;监督经济合同当事人履行合同 32 份，金额 110 万元。办理动产抵押物登记证 2 份，主债权金额 220 万元，收取登记费 4400 元。

1998 年，加强合同管理人员法制培训，进一步完善行政处罚制度，规范行政处罚行为。全年鉴证经济合同 115 份，鉴证金额 110 万元，收取鉴证费 6000 元；检查经济合同 456 份，合同金额 278 万元，其中发现不规范合同 428 份，涉及金额 240 万元；查处违法合同 2 起，处罚金额 6 万元；检查 26 家企业经济合同签订履行情况，监督合同当事人履行合同 15 份，金额 203 万元。时年，还对辖区企业进行《担保法》《企业动产抵押登记管理办法》宣传。全年受理企业动产抵押登记 1 起，主债权金额 14 万元。

1999 年，根据市工商局合同管理工作会议精神，结合辖区实际情况，印发《关于加强经济合同鉴证管理工作的通知》，要求各工商所、个体股、工商股、合同股联合对房屋租赁合同共同把关，在发照过程中，对所有房租合同一一进行鉴证。合同股组织专人到工商股清理企业档案，凡发现档案中房屋租赁合同到期末补签的，通知当事人在年检中补签，全年共鉴证合同 278 份，收取鉴证费 11208 元。

2000 年起，市工商局直接管辖武陵区辖区内的经济合同管理事宜，武陵分局不再承担合同管理工作。

第五节　流通环节食品安全监管

2002 年，分局成立消费者权益保护股，在辖区范围内启动“放心食品工程”，并成立“放心食品工程”工作领导小组。采取与各工商所、队签订目标责任状等办法，明确食品安全监管责任，全年查获病猪、母猪肉 600 公斤，变质过期肉制品 100 多件；取缔 4 家无证和卫生条件不合格米粉加工厂。同时，加强对市城区各农贸市场督导检查，查扣农药残留量超标蔬菜并就地销毁，让市民吃上放心菜。是年，集贸市场私宰、病害肉品基本消失，牛肉注水现象基本绝迹，定点宰场生猪宰量日平均达 450 头左右，高峰时达 490 头。设立 6 个无公害蔬菜检测站，在 9 个农贸市场开辟无公害蔬菜专营（销）区，农贸市场无公害蔬菜供应量日平均达 5000 公斤以上，与无公害蔬菜基地实行产销挂钩，无公害蔬菜上市量稳中见增。

2004 年，安徽阜阳劣质奶粉案发生后，分局开展食品安全大整治，在整治过程中共出动执法人员 260 人次，检查经营户 930 户，查处无照经营户 96 家，捣毁制假售假窝点 4 个，查处制售假冒伪劣案件 21 件，清查出不合格儿童食品 256 公斤。特别在开展全面清查劣质奶粉专项行动中，对照公布的 45 种劣质奶粉进行重点检查，共查扣不合格奶粉及其他儿童食品 70 公斤。

2005 年，对消费者投诉较多的商品开展检测和监管，集中查处在食品中掺杂使假、以次充好、经营过期霉变和有毒有害食品等违法经营行为，共检查食品生产、加工、经营户 500 家，查获假劣饮料 200 瓶、假劣酒 30 瓶、豆制品 26 公斤、腌熏制品 120 公斤、调味品 60 公斤。查获含瘦肉精的猪肉 10 公斤、注水牛肉 40 公斤、病死猪肉 30 公斤、含有毒物质的水发制品 35 公斤。碘超标的雀巢奶粉案发生后,组织开展专项整治行动,清查出不合格奶制品 20 公斤、儿童食品 43 公斤。当年还与部分食品经营厂(商)代表、市城区各大超市、商场、集贸市场经营者签订流通领域商品质量监管责任状。

2006 年,为分局 9 个工商所全部配备食品检测箱,加大食品检测力度。全年共检查经营户 2000 户,检查市场 21 个,检测各类农副产品 620 余次,销毁含有农药残留的蔬菜水果 150 公斤,查获不合格儿童食品 30 公斤,腌熏制品 76 公斤,含甲醛、吊白块的水产制品 400 公斤,变质粮食制品 3206 公斤,查处销售假冒伪劣食品案件 6 件,案值 8000 元,其中查处各类食品违法违章案件 4 件。是年 11 月 16 日,国家工商总局消费者权益保护局巡视员谢林带领甘肃省、云南省、贵州省工商局消保处负责人在省工商局副局长阳芳华、消保处处长伍作法等领导陪同下,深入市城区步行街、龙港巷农贸市场等地检查食品安全情况,充分肯定分局在食品安全监管上取得的成绩。

2007 年,分局认真宣传贯彻《特别规定》,共翻印《特别规定》1000 份,同时,制作宣传画、食品安全法律法规小册子 1000 份,发放到工商干部和食品经营户手中,并集中组织超市负责人、小食杂店、小摊点等食品经营业主学习《特别规定》。为抓好《特别规定》的落实,分局制定“三个 100%”的工作目标,即:对市城区 1923 家市场、超市 100%建立进货索证索票制度;对乡镇、街道、社区食杂店 100%建立食品进货台账制度;对市城区集贸市场猪肉及制品 100%来自定点屠宰场制度。“三个 100%”制度建立和落实,为市城区食品安全工作打下良好基础。

2009 年 7 月 1 日,《食品安全法》颁布实施,食品安全问题越来越受到社会关注,并成为社会热点。是年,武陵分局重点加大对各大蔬菜市场整治,采取 24 小时值班抽样检查,取得一定效果。

2010 年,分局以“12315”消费者申诉举报网络为依托,通过“12315”进社区、进村镇、进学校等途径,实现食品安全监管网络全方位覆盖。8 月 18 日,武陵分局联合常德市疾控中心,对市城区美江市场 10 多家经营户批发零售的甲鱼进行抽样检测,其检测结果有 1 家销售的甲鱼呈现“霍乱弧菌分离—0139—阳性”,分局对未出售的 85 公斤甲鱼立即依法封存,并对美江市场进行消毒处理,给经营户发放 3 天预防药品,没收并销毁 85 公斤不合格甲鱼,对销售不合格甲鱼的当事人作出处理,有效控制“霍乱”病毒蔓延。是年,武陵分局查处食品违法案件 29 起,清理取缔无照食品业户 210 户,捣毁制假酒窝点 1 个,发放食品流通许可证 1343 户。

2011 年,分局依法查处各类销售“三无”、冒牌、仿冒、过期变质以及不符合卫生要求的食品 320 公斤,过期变质饮料 470 瓶(袋),不合格食品 3226 袋,案值 2 万余元。利用快速检测箱检测食品 1728 个品种,委托送检 358 个品种,其中经检测不合格食品 35 样次,均依法进行了处罚,共销毁假劣食品 1580 公斤。

第六节　整治“黑网吧”

1998年,随着第一家网吧在市城区开张营业,网吧行业迅速发展,并发展成为一个全新的网络文化市场,网吧市场的形成与发展,在传播新知识、提供新信息、丰富市民精神生活的同时,也出现一系列问题,如不经审批无证无照经营网吧、允许未成年人上网,传播色情、暴力信息等,极大地扰乱了网络文化市场秩序、损害了青少年身心健康,引起社会特别是中小学生家长的普遍关注,面对全新的网络文化市场,武陵分局按照市工商局统一部署迅速介入监管,通过不断加大整治和打击“黑网吧”力度,使网络文化市场的经营秩序得到改善。

2002年,北京市海淀区无证经营的“蓝极速网吧”发生火灾,造成人员伤亡,社会影响极为恶劣。文化部、公安部、信息产业部、国家工商总局为此专门联合下发《关于开展“网吧”等互联网上网服务营业场所专项治理的通知》,根据通知精神,武陵分局在7—8月,组织精干力量对市城区和乡镇所有黑网吧进行查处,此次集中整治共取缔“黑网吧”21家,责令9家不规范网吧进行停业整顿。当年《互联网上网服务营业场所管理条例》颁布实施,分局组织声势浩大宣传活动,出动执法车辆18台次,人员120人次,发放资料3000余份,使市民特别是网吧经营者及中小学生知晓加强互联网上网营业场所监管意义及目的。

2004年,国务院办公厅转发文化部、国家工商总局、公安部、信息产业部、教育部、财政部、国务院法制办、中央文明办、团中央九个部委办《关于开展网吧等互联网上网服务营业场所专项整治的意见》,武陵分局依照该《意见》和相关法律法规及规章,加强对网吧等互联网上网服务营业场所的登记管理,严格依法确定互联网上网服务营业场所的市场主体资格,查处取缔黑网吧等无照经营活动。先后开展打击“黑网吧”等专项行动38次,查处无照或证照不齐全的“黑网吧”40家,查扣从事违法经营活动的专用工具、设备87件。为防止城区“黑网吧”死灰复燃,分局将查处过的“黑网吧”名单抄报给网络文化市场整治领导小组成员单位,提请电信部门截断“黑网吧”的网络输入信号,遏制“黑网吧”发展势头。

2007年,针对“黑网吧”有所抬头,并由城区向郊区及农村转移的趋势,市、区两级高度重视,并以市政府市长热线办的名义印发《整治城区“黑网吧”专项行动工作方案》,要求公安、工商等部门加大整治力度,整治和取缔重点向郊区及农村倾斜。是年,共开展4次整治和取缔“黑网吧”的专项行动,共检查网吧60多户,取缔7户。当年7月12日,分局执法人员在市场巡查中,发现城区有32家网吧在没有办理营业执照的情况下,提供上网服务,遂向常德市电信公司下达《行政执法建议书》,要求市电信公司在3日内对城区32家黑网吧的网络传送信号予以中断,但是市电信公司不但没有中断以上“黑网吧”的信号,反而又新接受了2户无照经营户的申请,并收取每户100元入网连接费、256元的宽带预交使用费、100元的调制解调器费,为无照“黑网吧”提供便利条件。据此,武陵分局对常德市电信公司违规为网吧接入信号给予处罚8万元的行政处罚。

第七节 消费者权益保护

2002年,武陵分局增设消费者权益保护股和申诉举报服务中心,依法受理消费者申诉举报、查处侵害消费者权益案件,是年,共受理消费者投诉1059起,调解成功1018起,为消费者挽回经济损失160余万元。接待消费者来信、来访咨询1978人次。

2004年,为预防和控制高致病性禽流感,分局"12315"实行24小时值班制度,及时处理消费者申诉举报。是年共受理消费者申诉举报120件,调解成功60件,双倍赔偿金额达1万元,为消费者挽回经济损失10余万元,查处侵害消费者权益案件50件,罚没入库6余万元。仅"红盾护农"农资市场专项行动,就共出动检查人员408人次,出动车辆100多台次,检查农资经营单位200个,取缔无照经营户20户,为农民挽回经济损失14.42万元。共查获假种子500公斤,假农药300公斤,假肥料2000公斤,假饲料及添加剂400公斤。

2005年,武陵分局强化"12315"消费者申诉举报网络规范化建设,并形成"12315"申诉举报中心分级执法、上下联合、横向联动的执法网络,按照"严防、严管、严查"工作要求,建立起"社会舆论、行业自律、群众举报、行政监管"的监管防控体系。是年,受理消费者举报电话438个,受理消费者申诉321件,处理301件,其中调解成功187件,为消费者赔偿2.82万元,挽回经济损失198万元;根据申诉举报出动执法人员260人次,出动执法车辆40台次,检查市城区各类集贸市场21个,大型超市、商场18个,食品经营单位20家,商品400多种,查处无照经营食品单位20家,经营过期变质食品15起,利用工业松香拔毛行为12起,假冒"茅台""五粮液""德山"牌等名酒18起,用霉变劣质大米加工米粉2起,查处侵害消费者权益案件79件,案值200多万元,罚没入库金额达50万元。

2007年,分局共接到消费者举报电话640个,受理消费者申诉420件,处理341件,其中调解成功210件,为消费者赔偿1.6万元,挽回经济损失120万元;根据申诉举报迅速出动执法人员167人次,出动执法车辆38台次,检查市城区各类集贸市场21个,大型超市、商场15个,食品经营单位50家,商品410多种,查处经营过期变质食品案12起,查处侵害消费者权益案件67件,案值150多万元,罚没入库金额达47万元。

2008年,分局主要对分布在城乡接合部食品生产企业、加工小作坊进行集中整治,共查处非法豆制品作坊15家。同时,通过口头宣传、发放食品安全资料、发布消费警示等方法,普及农村消费者食品安全知识,增强农村食品经营者诚信经营意识。

2010年,武陵分局深入推进消费维权工作,提高12315申诉举报中心的调处能力。当年共受理投诉、举报和咨询1380起、检举1起,深入现场165次,成功调解646起,为消费者挽回经济损失60.38万元;发布消费警示6期,及时办结率100%。是年,分局通过健全"12315"维权体系,建立工商所"12315"申诉举报站11个,明确专兼职人员22人,配备专用电脑22台,传真机、照相机、复印机各1台;在街道办事处及乡、镇建立"12315"维权领导小组12个,设立联络站135个，在市城区集贸市场设立“12315”维权站21个，接待消费者的法律咨询7800多人次，发放有关消费者权益保护宣传资料2.4万份。

第八节　创建文明城市

1990年，市委、市政府提出“创建文明城市”目标，在创建文明城市过程中，武陵分局作为城区工商分局，依据职责在创建文明城市中发挥着主力军的作用，主要承担经营主体准入、经营秩序维护、流通环节食品监管、学校周边环境整治、“五小”门店整治、打击黑网吧、打击传销、农贸市场整治长效管理、取缔无照经营等职责。

2002年，武陵分局进一步明确局长、所长、专干管理责任体系，层层签订责任状，落实创建责任。为使市场硬件设施符合“迎国检”要求，在经费十分紧张的情况下，挤出20万元，对市城区红旗路、北站、青阳阁等农贸市场“脏、乱、差”的状况进行综合治理，使之达到“迎国检”要求。为取缔群众反映强烈且影响市容市貌、堵塞城市交通的高山街、丹阳路、贺八巷等马路市场及临街摊担，除安排专人负责外，还抽调机关股室人员充实监管力量，全面推进马路市场和临街摊担取缔工作。临检前，武陵分局班子成员分别带队，分赴各集贸市场跟班巡查，带领干部职工奋战40余天，集贸市场和其他创建工作顺利通过国家卫生城市验收。

2009年7月，武陵分局组织机关干部深入社区，配合社区开展创建；8月，分局领导班子成员全部按责任区域分派到城区21个农贸市场坐镇督导；11月，组织开展学校周边环境大整治，重点对学校周边200米以内网吧、电子游戏厅、卡拉OK练歌房、音像图书销售点、小旅店、培训教育中介机构等经营场所进行整治。在整治行动中，共出动执法人员1000余人次、执法车辆150台次，检查经营户627家，取缔无照小饮食摊担35个，下达规范食品经营户建立进货台账责令改正通知书65份，实施抄报公安、文化、卫监、药监、消防等前置许可部门经营者信息210条。收缴并销毁无QS标志、无厂名厂址、过期食品160公斤，责令停止销售不符合国家要求的玩具143件。查处无照经营的“黑网吧”22家，暂扣电脑主机、路由器、显示器、机箱等上网设备151套，责成电信部门截断上网信号13家。收缴并销毁一批含黄色、暴力内容书刊、光碟等不良文化产品。

2011年，武陵分局开展“满意在市场，有事找工商”主题活动及“星级市场”“文明集市”和“文明经营户”评选活动，稳步推进市城区农贸市场全覆盖、高水平、常态化管理，农贸市场内做到证照齐、环境优、设施全、管理好。是年，全局共出动执法人员3178人次，检查重点场所12721户次、取缔无证照经营118户、受理证照5754户、整治规范“五小”门店4500余户，查处黑网吧35户，累计派发、张贴（悬挂）各类创建宣传资料20000多份，责令整改城区残旧破损、无主、存在安全隐患及影响市容户外广告和招牌广告153个，共检测拔毛松香360批次，查处工业松香拔毛行为16起，销毁问题食品23226袋（罐），圆满完成文明城市创建工作，武陵分局被市委、市政府授予“创建全国文明城市红旗单位”称号。

第二章　常德市工商行政管理局德山分局工作概要

常德市德山经济开发区于2010年6月经国务院批准(国办函〔2010〕101号),升级为国家级经济技术开发区,更名为"常德经济技术开发区"。升级后的开发区是全市新兴产业的集聚地,是区域经济发展的强大引擎,也是常德的"两型园区""千亿园区"。

第一节　市场建设与监督管理

1992年,德山分局把培育、建设市场列入重要工作日程,"建设一处市场,带动一片产业,富裕一方群众"成为全社会的广泛共识。是年,国家工商局发布第13号令《商品交易市场登记管理暂行办法》,分局为辖区内市场补办市场登记证,并完善统计报表和市场档案。

1993年12月24日,市委印发《关于稳定市场几项工作的紧急通知》,要求工商部门继续采取措施,平抑市场粮油价格,加强市场监管,对制售假冒伪劣商品和欺行霸市行为坚决予以打击。是年,分局与有关部门密切配合,开展"打假"和"打非"专项整治,强化市场监督检查职能。

1994年,德山分局以城市创建为契机,成立市场巡查队,强化市场巡查与监管,加大治理违章占街经营行为力度。

1995年,针对物价上涨,尤其是农副产品涨幅较大的情况,德山分局发挥职能优势,加强市场信息交流发布,出台优惠措施,减免市场管理费、摊位费;同时,打击欺行霸市、囤积居奇、哄抬物价等不正当经营行为,有效遏制商品价格上涨。

1996年,德山分局围绕国家工商局"公平交易执法年"和"工商形象建设年"工作部署,加强市场监督管理,全区实行生猪定点宰杀,未经检疫的生猪一律不准上市交易。为配合城市文明创建工作,分局调整市场执法队人员组成,配置市场整治专车,进一步强化城区市容市貌整治力度。同时,采取整治与规范相结合的办法,变"驱赶"为"安置",会同有关部门及时为流动摊贩提供经营场地,市容面貌焕然一新。是年,核发临时营业执照139户,查处违法违章34户。

1997年,按照市政府"拆卡兴市"思路,分局落实"三彻底"(市场彻底放开,一切来去自由;经营彻底放活,一切手续减免;政府彻底放利,一切服务无偿)、"六不"(不卡进,不卡出,不办照,不办证,不收税,不收费)等优惠政策,动员经营户到市场集中交易。

1998年,德山分局全面推行规范化管理和市场巡查制,结合创建"三优"市场,洞庭北路农贸市场在全区率先试行"市场巡查制",市场管理人员统一佩戴巡查标志,实行全天候市场巡查，及时处理违法违章行为。同时，按照全市粮食流通体制改革整体工作部署，扎实贯彻执行《粮食收购条例》，加强粮食市场监管。是年，分局还对全区白酒市场进行了专项整治。

1999 年，德山分局进一步强化粮食市场监管，巩固了市场监管成果。同时，坚持“政府引导、统一规划、合理布局、定址适中”的原则，鼓励社会各方参与市场建设，全区市场建设迈上一个新台阶。

2000 年，分局以“整顿市场秩序，整顿干部队伍作风”为中心，进一步加强粮食市场监管，要求各类粮食加工经营企业使用省工商局统一制作的加工台账、兑换台账和零售台账，做到粮、账、据相符，为全区 6 家精米厂核发“退出保护价粮食收购许可证”。是年，还对劳动力市场及中介服务机构进行摸底登记，并着手开展对经纪人资格认证和培训工作，新发展劳务中介机构 1 户。

第二节 经济监督检查与执法

1992 年 8 月，德山分局成立，全区经济监督检查工作步入一个新的历史时期，经济监督检查工作重点是反不正当竞争。是年，开展 5 次专项检查行动，查扣涉案物品总值 3.5 万元，罚款 1.2 万元。

1993 年，德山分局不断探索市场监管方式转变，拓宽经济监督检查领域，加大执法办案力度，密切与司法部门协作配合，推动“打假”工作深入开展，提高执法监管效率。是年，分局共查处假冒伪劣商品品种达 30 多个，总值 5 万余元。

分局执法人员在辖区内开展农资打假专项整治行动

1997 年，德山分局继续开展“公平交易执法年”活动，主要以“一反、二保、三打”（即反不正当竞争；保护经营者、消费者合法权益；打击走私、打击假冒、打击欺诈）为重点，强化市场监督和行政执法。结合开展“红盾护农”行动，深入镇村对全区 10 余户农业生产资料经营单位和个人进行全方位有效监管，4 户违章违法经营户受到相应处罚，农资市场秩序得到有效维护，当年供销系统农业生产资料营业额较上年增长 30%。进一步强化全区生产要素市场管理力度，积极介入中介市场监管，继续对全区经纪人及中介组织经营者进行了资格培训，有3 人获得资格证书，办理了 5 户经纪中介工商登记，规范了经纪中介经营主体。是年 12 月 16 日，“德山分局经济检查股”更名为“公平交易股”。

2004年7—8月,德山分局组织全体执法人员认真学习国务院颁布的《禁止传销条例》《直销管理条例》,搞好宣传发动。

2007年10月5日, 开发区管委会召开会议听取开发区打击传销工作联席会议办公室专题汇报,形成会议纪要,德山分局按照纪要精神制定具体实施方案,始终保持打击传销的高压态势,严厉查处传销。

2008年,德山分局会同公安部门共查处传销案件3起,捣毁传销窝点5个,劝返遣散传销人员近300人次。是年,分局共出动执法人员105人次,执法车辆37台次,解救被骗女大学生2名,移送公安机关刑事拘留5人、治安拘留7人。

2009年,德山分局贯彻市政府常务会议和打击传销工作联席会议精神,积极开展打击传销集中行动,是年4月,捣毁传销窝点5处,移送公安部门劳动教养传销人员2名,拘留传销人员9人,劝返遣散传销人员400余人,打击传销工作成效显著。

第三节　市场主体准入与监督管理

1988年6月,《中华人民共和国私营企业暂行条例》施行,私营企业档案开始建立,按独资企业、合伙企业、有限责任公司分类登记建档入册。1989年,德山分局坚持取缔、疏导、安置相结合,实行综合治理,开展无照个体工商户的清理工作,是年,共取缔无照经营户27户。

1991年,分局建立私营企业统计报表制度,年检工作逐步走向制度化。

1992年,为加快农村个体私营经济发展,德山分局降低个体私营企业准入门槛,放开经营范围,除少数计划管理商品外,其他商品均可放开经营。个体工商户经营成品油,只要地方政府批准,工商部门一律为其办理营业执照。凡国家已经放开的工业品和农副产品,允许个体工商户和私营企业从事批发零售业务和长途贩运。对于字号名称、注册资金、经营场地等方面全方位放宽登记条件。除法律、法规规定的以外,其他部门自行规定的"许可证"一律不作为营业执照的前置依据。是年12月,德山经济开发区第一届个体劳动者代表大会召开。

1993年,分局大胆支持个体经济发展,按照"发展一个工商户,减少一个贫困户,增加一个富裕户"思路,放宽注册登记条件,个体工商户凭居民身份证就可到工商部门登记注册。

1994年,为引导广大个体劳动者文明经营、守法经营,德山分局与区个协开展"信得过"个体工商户评比活动。

1997年,为进一步鼓励、支持个体私营经济拓展市场,分局推荐3户个体工商户及私营企业代表参加全省个体私营企业"名优产品"展销会。

1999年10月26日,德山分局根据省工商局统一部署,举行"私营企业、个体工商户招聘下岗职工洽谈会"。

2000年,德山分局充分发挥工商登记管理职能,引导国有企业以产权制度改革为中心内容,以公司为主要形式,以资本为纽带,以市场为取向实施规模经营等战略性调整,并确定

10家企业作为重点服务对象，并实行“一对一”或“多对一”服务。

2001年，德山分局通过严把市场主体资格准入关口，治理整顿“三无”企业，规范企业经营行为。同时，以开发区名义转发《整顿和规范市场主体行为，开展清理无照经营专项活动》等规范性文件，加大整治工作力度。为提高农业产业化水平，德山分局组织开展公司加农户、协会加农户、中介组织加农户的试点工作，并确定15家企业为帮扶对象，其中私营企业10家，农业产业化企业5家。

2002年，分局结合企业登记与监管，局、所上下联动启动管理模式改革，落实企业监管片区责任制，进一步健全和完善“经济户口”，对辖区企业全面彻底普查，加大监督管理力度。是年，在全区范围内先后开展3次“地毯式”清理整顿无照经营行动，共查处违法企业16家，补办营业执照130余户。

2003年，分局按照市委、市政府工作部署，全面兑现下岗职工再就业优惠政策，减免管理费和登记费，对“非典”其间返乡农民工经商办企业的，享受下岗职工同等待遇。是年，协助市劳动局、开发区组织人事局下发下岗职工再就业优惠证650本，免收登记费和管理费44万余元。

2004年，德山分局改革注册登记模式，全面实行“一审一核制”，积极推行并联审批，进一步提高办事效能，通过整体出售的形式将3家国有企业、集体控股企业转为私营企业，5家国有企业改制为“公司制”企业。同时，分局下放个体工商户营业执照发放权，委托工商所办理个体工商户注册登记。是年，开发区个私协完成换届工作，进一步健全行业协会自治组织建设。

2005年，分局结合企业年检，严把企业前置许可和公司注册资本审核关口，重点对食品、化学危险品和网吧等行业加大监管力度，对3家虚假出资的企业和18户无照经营户依法进行查处。为进一步完善经济户口管理制度，分局对开发区276户私营企业的信用等级进行认定，个体工商户和私营企业分层分类登记管理有了实质性进展。是年，新发展个体工商户110户，私营企业57家。

2007年，德山分局进一步拓宽企业行政指导范围，组织工商干部深入企业，就企业登记、经营维权及品牌战略等方面工作开展行政指导，共走访企业110多家，提出合理化建议150多条，督促企业改正违法违规行为60多起，对未按期到位资金的企业免予处罚，指导企业规范经营行为。分局采取短信群发催办年检、集中区域上门年检、重点企业预约年检等办法提高年检进度与质量，个体私营企业年检率达95%以上。

2008年，分局在科学划分监管区网格的基础上，对各辖区较为模糊的边界区域内的市场主体全面进行整体排查，特别在重、热点行业监管中，“分解到网格，落实到个人”的责任监管模式使监管工作真正做到了有的放矢，“近距离、高频率”监管方式将重点监管对象有效控制在视线范围之内。在开发区政务大厅设立工商登记注册“窗口”，并积极推进“优质服务”“文明行政”“透明行政”。是年，分局注册登记窗口被开发区评为窗口服务“红旗单位”。

2009—2011 年,德山分局积极推行服务“一化三基”“四化两型”工商联络员制度,精心挑选业务能力强、政治素质高、综合协调能力好的工商干部担任工商联络员,建立与企业“一对一”“多对一”的联络关系,通过进企业门、听企业言、知企业情、解企业难,连企业心等形式,为企业提供涉及注册登记、年检事项、商标品牌建设等相关政策法规咨询 153 余次,帮助解决实际困难 78 件。同时,大幅度缩短行政许可时限,企业法人开业登记注册由原来法定 20 个工作日缩减到 5 个工作日完成;法人分支机构开业登记缩减到 3 个工作日完成;变更登记也缩减到 3 个工作日完成;注销登记缩减到 2 个工作日完成;名称预先核准为 1 个工作日完成,对于个别特殊情况实行特事特办、急事快办。其间,分局连续三年被市委、市政府评为红旗单位;“优化经济发展环境、服务地方经济发展工作”被开发区评为红旗单位;政务大厅注册登记窗口被开发区评为红旗窗口。

截至 2012 年年底,开发区共有各类企业 638 户、个体工商户 1890 户,比 2006 年分别增长 31% 和 47%,开发区个体私营经营得到长足发展,全区个体私营经济呈现良好发展态势。

第四节　经济合同监督管理

1989—1992 年,德山分局全面履行经济合同检查管理职能,依法确认无效经济合同 5 起。其间,合同监管种类陆续增加了企业租赁合同、企业承包经营合同等,合同种类达 12 种之多。

1993 年,分局进一步拓宽经济合同鉴证范围,对重要生产资料购销合同及企业承包、财产租赁、借款等合同均纳入鉴证范围,并规定建筑工程承包合同必须经过工商部门鉴证。

1994 年,分局推荐上报 4 家企业参加省级“重合同、守信用”评比。

1996 年,《中华人民共和国担保法》颁发之后,国家工商局出台《企业动产抵押物登记管理办法》,从 1 月 20 日起,德山分局启动企业动产抵押物登记管理工作。

1998 年,为积极做好合同争议行政调解工作,德山分局依据《合同争议行政调解办法》成立了“德山经济科技开发区合同争议调解委员会”。

1999 年,新《合同法》颁布实施,10 月 1 日起生效,随即德山分局开始合同示范文本推行工作。

2000 年,分局在重点加强施工企业合同监督管理的同时,继续推行合同示范文本,并申报 16 户省地级“重合同、守信用”企业。

第五节　商标与广告监督管理

一、商标品牌建设与商标专用权保护

1996 年 4 月,德山分局根据《商标印制管理暂行办法》规定,通知有关企事业单位和个

体工商户凭“商标注册证”“营业执照”到工商部门开具印制证明，再凭印制证明到指定印制单位印制商标标识，严格禁止买卖商标标识和擅自印制商标标识。

2002 年，分局组织企业开展争创全省著名商标活动，3 个商标被认定为湖南省著名商标，另有 5 家企业的商标被认定为常德市著名商标。

2003 年，德山分局邀请省商标事务所专家讲授《商标战略与注册商标》，辖区企业负责人和商标管理人员 50 余人参加培训。同时，建立企业商标联系点制度，指导企业按照市场规律运用商标战略开拓市场。截至年底，申请注册商标 16 件，全区有效注册商标 37 件，其中湖南省著名商标 3 件，常德市著名商标 6 件。办理商标侵权案件 11 件，罚没 4 万元。

2004 年，开发区申报注册商标 17 个，申报省著名商标 3 个，申报市级著名商标 7 个；查处商标侵权案件 2 起，罚没款 1.47 万元。同时，启动“商标文化推进计划”，推动全区商标品牌建设。

2005 年，全区申报注册商标 11 件，湖南金健米业有限公司的“金健”商标与湖南恒安纸业股份有限公司的“心相印”商标被认定为中国驰名商标，有 1 件商标被认定为省著名商标，3 件商标被认定为市级著名商标，全年查处商标侵权案件 5 件。

2006—2011 年，德山分局把保护注册商标专用权作为整顿和规范市场经济秩序工作的重要内容，一方面，加强日常监管，注重企业经营行为的规范化，同时，实行上下联动，多次组织商标专项执法行动，严厉打击商标侵权行为，切实保护“心相印”和“武陵酒”等驰名商标、著名商标的专用权，为企业挽回经济损失 630 万元。另一方面，引导企业树立品牌意识，指导企业争创驰名商标、省著名商标和市知名商标，运用品牌战略开拓市场。截至 2011 年年底，开发区共有 58 家市场主体持有注册“商标”，数量共 182 件，其中企业 43 家、自然人 15 个；取得“商标注册证”的有 181 件，待审 1 件（金健米业的英文商标）。注册商标涉及行业主要有药品制造业、食品加工业、金属制造业、饮料制造业、造纸业、专用设备制造业、农副食品加工业、纺织服装业、通讯电子设备制造业、化工产品制造业、塑料制品业、林业、渔业、运输业等 17 个行业。全区有恒安纸业的“心相印”商标、金健米业的“金健 + 拼音”商标、湖南德山酒业有限公司的“德山 + 图 + 拼音”商标和湖南武陵酒有限公司的“武陵 + 图 + 拼音”商标等 4 件商标被认定为“中国驰名商标”，名列各区县（市）之首。常德广积米业有限责任公司的“广积 + 图形 + 字母”、湖南省常德武陵源管业有限责任公司的“武陵源 + 图形”等 7 件商标被认定为湖南省著名商标。

二、广告监督管理

2001 年，德山分局积极宣传《广告法》，新核准 2 户广告经营单位，并为一户原广告经营单位核发了“广告经营许可证”，制定《德山经济科技开发区户外广告管理办法》，并以开发区工委管委名义下发。开展了 2 次集中整治虚假违法医疗药品、保健食品广告专项行动。

2002 年 6 月至 7 月,德山分局针对辖区房地产广告宣传中含有虚假夸大误导消费等问题,在全区范围内对房地产开发企业、房地产权利人、中介服务机构的房地产项目预售、预租、项目转让以及相关的广告宣传集中整治,依照《广告法》《房地产广告暂行规定》对违法违章当事人给予相应处罚。

2003 年,全年开展 3 次“反误导、打虚假”广告专项整治,重点整顿不规范店堂广告,查处违法案件 15 件,罚款近 4 万元。

2005—2012 年,分局突出辖区广告日常监管与规范。2005 年,查处广告违法案件 5 件;2006 年责令整改 15 家;2007 年重点开展烟草广告专项整治与规范行动;2008 年查处非法“性药”广告 3 起,处罚 1.2 万元;2009 年结合全国文明城市创建,狠抓“牛皮癣”小广告治理、整顿与清除;2010—2012 年会同有关部门开展广告监管综合执法,查处违法广告案件 6 起,罚没 2.2 万元。

第六节　流通领域商品质量及食品安全监管

2002 年,分局集中力量组织市场专项整治 18 次,捣毁“制假售假”窝点 3 个。

2003 年,为全面履行流通领域商品质量监管职责,德山分局按照“预防为主、防打结合”工作部署,探索“四制两查”(即商品准入、查验、备案、退出制,商品质量日常检查、重点抽查)长效监管模式。是年 12 月,分局把推进商品质量监管关口前移工作作为整顿和规范市场经济秩序有力举措,落实工作责任,突出工作重点,要求经营者做到:查验“两个主体”(供货单位和生产单位)、查验商品质量和记好“两本台账”(进货台账和销售台账),通过重点商品抓好监管主要环节,创造性地开展流通领域商品质量监管工作。

2004 年,德山分局组织“红盾护农”百日行动,共查处各类农资违法案件 7 起,罚没款3.1 万元;查获假冒劣质化肥 15 吨,劣质农药 80 多公斤,种子 30 多公斤,端掉制假黑窝点 1 处,为农民挽回经济损失 1.2 万元。

2006 年,德山分局结合“12315”行政执法体系改革和“一会两站”建设,在基层工商所推广“户户建账、村村设点,乡乡建站,全区联网”的农村食品安全监管模式,逐步建立覆盖城乡的食品安全监管网络,有效提高食品安全监管水平和效能。

2007 年,德山分局把开展含有苏丹红成分食品专项检查作为流通领域商品质量监管的重点,全面落实监管责任。是年,共出动执法人员 96 人次、车辆 23 台次,检查超市和市场 18 家,检查食品经营户 135 家,查获武冈市九品堂卤菜食品有限公司生产的“兰花串”案 1 件,并对相关企业进行处罚;同时围绕具有湖南地方特色的米粉、槟榔、辣椒制品、腌熏制品、臭豆腐等重点食品,开展为期 3 个月的地方特色食品专项整治。

2008 年,分局“12315”申诉举报中心成立,为进一步完善“12315”消费维权体系,充分发挥“12315”个案调处和监督功能,在“快”和“好”上下功夫,基本做到消费申诉处理城区半个小时内、农村两个小时内赶到现场，初步建立消费者与经营者和解制度、经营者自律制度、消费纠纷调解制度，探索小额消费快速调解途径。

2009 年 6 月，《食品安全法》实施，为全面提升食品安全监管效能，分局全面推行网格监管服务制度，把辖区的监管范围划分为 10 个监管责任区，推行“小局大所”工作模式，全面履行各项法定市场监管职责。

2010 年，分局把流通领域重要商品质量抽检作为市场监管的重要手段和途径，共组织商品抽检 30 次，共 48 组，涉及 10 多个领域。

2011 年，分局进一步强化市场监管工作，通过全面落实“五无”监管区创建和强化市场巡查，完成了对全区 140 户食品经营户食品准入前置许可登记手续，建立健全进销货台账和索证索票制度。

2012 年，全面加强流通环节食品安全专项整治，以大中型超市、批发经营商和食杂店为重点监管对象，重点开展了乳制品、地沟油、食品添加剂专项整治行动，同时组织开展了对流通环节食品安全大范围有效检测。

第七节　消费者权益保护

2001 年 5 月 4 日，经开发区工委管委批准，德山开发区消费者委员会召开第一届全体理事会。次日，举行成立大会，公布协会章程。经向市民政局申请登记注册，正式取得社会团体法人资格，刘大清为首任会长。

2003 年，德山分局与消委组织开展“3·15”国际消费者权益日纪念活动，并现场接待消费者投诉、咨询，焚毁假冒伪劣商品，扩大消委影响，提高消费者自我保护意识。

2004 年 4 月，德山分局“12315”申诉举报网络维权体系建设初具规模，建立了一个中心，6 个举报站，全年受理投诉 48 件，不予受理或消费者自动放弃的共 7 件，转有关行政执法部门查处的 28 件，成功调解 13 件，为消费者挽回经济损失 7.98 万元。

2005 年，区消委共受理消费者投诉举报 72 件，成功调解 51 件，挽回经济损失 22.57 万元；推荐上报了“九芝堂”等 6 家企业为 2005 年“省级诚信标兵单位”和“诚信单位”。

2006 年 3 月，分局会同消费维权组织深入大街小巷开展法律

德山消委开展纪念“3·15”国际消费者权益日活动

宣传与咨询活动,并现场提供真假商品鉴别咨询。是年7月,组织了供水、供电等公用企业的服务质量社会评议活动。

2008年,成立消费者维权志愿者队伍,在电器、农资、机械、律师等行业中聘请有威望、有专业职称的专家担任"3·15"志愿者,主要是开展专业技术咨询、协助调解处理消费纠纷。

2009年,继续发挥农村消费者维权组织作用,在乡村建立食品监管网络,增强农村消费者安全和维权意识。

2010年,继续深入开展"家电下乡"等市场专项整治,配合有关部门加强对中标销售企业及其销售网点的管理,规范"家电下乡"销售行为,全力维护"家电下乡"市场秩序。

第三章　常德市工商行政管理西湖分局工作概要

西湖管理区始建于1954年,前身是“湖南省国营西湖农场”,属国家移民建场的农垦系统企业。2000年8月改为常德市西湖管理区,属常德人民政府派出机构,比照县级人民政府行使职能职权。

第一节　市场主体准入与监督管理

1989年，西湖工商所共发展个体工商户163户、211人，换发新个体工商户营业执照320户;发展私营企业8户、99人。

1991年10月,西湖农场(西发〔1991〕12号)下发文件,将工商和物价分设,撤销工商物价科,重新恢复“常德市工商行政管理局西湖工商所”。是年,西湖工商所对国有大型企业进行规范,新办各类企业24家,变更59家,注销17家,调整经营范围用语规范18家。举办专干培训班2期,开展企业登记管理“协管员”考聘工作。

1992年,西湖个体工商户达到477户,584人。私营企业达到13家、399人,比1991年同期增加8家、278人。

1993—1998年,西湖农场先后几次将工商所与物价部门合并或分设,不管机构如何变化,工商部门始终按照工商职能,坚持简化办照程序,取消多项多头审批条件。非公司制企业逐步实施由审批设立制向登记注册制过渡,允许企业自主选择经营范围和经营方式。对股份制公司和有限责任公司实行一审一核制。1998年,核准注册企业4家,变更8家,注销13家,为国有、集体企业和有限责任公司减免各项登记费24万余元,年检率达95%。截至1998年,全区个体工商户发展到588户,从业人员达698人;私营企业发展到678家,从业人员8970人。

2002年,分局推行“四方定费,上门送费,电脑开票”新模式,推行“阳光收费”,并落实“五统一”“五公示”,确保阳光作业。是年,邀请物价部门加入定费小组,“四方定费”发展为“五方定费”。

2003年,国务院《无照经营查处取缔办法》出台,西湖分局在区电视台全文播放,并出动宣传车流动宣传。同时,发挥“经济户口”的管理作用,建立企业信用记录制度,逐步推进信用体系建设。是年,摸底排查无照经营户133户,督促办照59户,立案查处74户,全区持照率达99.4%。

2004—2005年,相继开展“红盾巡航”和“红盾风雷”专项行动,查处取缔无照经营户

1400余户。

2006—2007年,分局通过科学编码绘图,划分网格监管责任区,全面推行网格监管责任制。2006年,全市工商系统"网格监管"工作现场会在西湖召开,全市工商系统各县级工商局局长、分管局长、监管股股长共90余人前来参观学习,《常德日报》、常德电视台、西湖电视台等媒体相继予以报道,市工商局将西湖分局的工作经验在全市工商系统推广。2007年,建立个体工商户信息采集制度,再度创新"阳光收费"。

2009年,分局实现个体工商户和企业重点监管类型及信用等级检索。开展并完成市场主体普查工作。全区应普查市场主体总户数为1417户,应普查企业户为91户,已普查企业户数为91户,农民合作社为32户,普查率、录入率均达到了100%;名存实亡的个体工商户数为284户,应普查个体工商户数为1010户,已普查个体工商户数为799户,其中年检普查20户,上门普查779户,普查率达到80%。普查出无照经营30户,全部下达责令整改通知书,并抄告相关部门30户,引导办照10户。清理、取缔、规范无照经营户560余户,罚没入库1.1万元。是年,西湖分局在整治无照经营方面获得市工商局颁发的"整治无照经营工作三等奖"。

2011年,分局出台《关于建立查处取缔无照经营行为工作机制的意见》,修改完善《取缔无照经营工作规范》和《查处无照经营整治工作制度》等十多项制度。

2012年,重新将辖区划分为49个监管网格,实行"定网格、定人员、定职责、定奖惩"。

第二节　经济合同监督管理

1991年,办结各类经济合同纠纷案件131件,争议金额12.26万元,调解74件。

1992年,处理各类经济合同纠纷34起,解决争议金额18.38万元,其中调解33件,裁决1件。

1993年,办结经济合同案件16件,解决争议金额14.8万元。其中调解结案44件,裁决结案1件,撤诉13件。处理非诉讼纠纷案件28件,解决争议金额100多万元。

1994年,全年共办结经济合同案件128起,合同金额15.9万元,解决争议金额22.4万元。处理非诉讼纠纷案件2起,解决争议金额21.8万元。

第三节　公平交易执法

一、打击投机倒把及开展市场专项整治

1989年,查处各类投机倒把案件15起,罚没10.27万元。

1992年,联合相关单位开展5次声势较大的"扫假"活动,共查处各类案件182起,捣毁

制造假酒窝点 1 个，当场收缴假酒 1200 瓶。

1993 年，查处走私汽车 9 辆、摩托车 11 辆，冒牌汽车 2 辆、彩电 126 台、黑白电视机 27 台。

1994 年，分局集中实施 24 小时监控，严厉打击倒卖粮棉行为。查获粮食 14 吨，棉花 27 吨。深入开展以“打假、打劣、打私”为主要内容的监督管理工作，查处各种违章违法案件 130 多起，没收非法所得 50 多万元。1995 年，查获冒牌、走私汽车 8 辆、摩托车 18 台、空调器 28 台、彩电 17 台、电缆线 1 万米、木材 74 立方米，黄金 100 余克。1999 年，开展打击不法粮商专项行动，没收粮食 90 余吨，罚没入库 31 万余元。

2000 年，把监管粮食收购市场工作放在首位，办结粮食案件 16 起，没收粮食 26.9 吨，罚没入库 3.9 万余元。2001 年，核发粮食、棉花收购资格证，查处非法收购粮食案件 35 起、违法收购棉花案件 9 起，没收粮食 24.5 吨。对农业建筑材料买卖实行“三查”：即到施工现场查、到销售地点查、定期和不定期查。

2001 年，查获一起倒卖烟叶案，查扣烟叶 52000 公斤，案值达 100 万元。

2002 年，捣毁一制造假烟窝点，销毁 6 万多元的假烟。2004 年，清理整治小酒厂 12 家，查封手续不全的散装白酒 97 公斤。

2005 年，西湖分局分 10 个行动组进行为期 7 天的“红盾护农”宣传活动，出动宣传车辆 8 台次，出动人员 48 人次，印发《红盾护农宣传手册》1000 余本，宣传单页 2000 余份。会同文化、公安等部门，联合开展全区“黑网吧”清理整治行动，取缔“黑网吧”4 家。

2006 年，开展为期 20 天的“红盾护农”行动，依法查处农资违法违章行为 27 起，收缴劣质农药、化肥 127 吨。

2009 年，农资市场实现监管关口前移，与 27 户农资经营户签订《农资经营户自律监管责任状》。查处 2 起假冒伪劣农资案件。

2010 年，分局被市工商局评选为“市场监督管理单项工作先进单位”。

2012 年 3 月，分局与西湖公安分局、西湖交警大队、西湖环保局、西湖电视台、西湖镇政府等联合开展一次大型焚烧假冒卷烟、烟叶行动，当场焚烧假冒卷烟 1500 件，烟叶 13500 公斤。查扣不合格草甘膦农药 201 件，整治无照经营和超范围经营农资户 8 户。

二、反不正当竞争

2001 年，针对部分具有垄断地位的公用企业中存在的不正当竞争行为，加大监督检查力度，重点立案查处区自来水公司指定销售用户、区财保强制保险等行为。

2004 年，为维护公平竞争的市场环境，分局继续开展打击不正当竞争行为，深入开展治理商业贿赂，对医药购销市场、中小学教科书发行市场及工程建设等领域开展执法检查，查处违反公平竞争案件 2 起，罚没入库 2.36 万元。

2006年,查处商业贿赂案件10起,案值30多万元,查处不正当竞争案件3起。

2012年,分局按照市工商局统一部署,把查处限制竞争行为作为工作重点,查处各类不正当竞争案件5起,罚没入库4万元。

第四节　流通环节食品安全监管

2004年,开展乳制品专项整治,成功调处2起因西湖先云超市销售劣质奶粉危害婴儿身体健康的消费纠纷,裁定由西湖先云超市赔偿2个受害方各1.8万元,共计3.6万元,由工商分局依法对先云超市予以罚款1万元的行政处罚。

分局执法人员开展流通环节食品安全专项整治

2005年,清查整治24种含苏丹红1号食品和被列入“黑名单”的38家企业销售的假劣商品及“正蒙”牌黄金搭档婴儿奶粉等食品。

2006年,开展食品安全检查,共查获八宝粥、旺仔牛奶、方便面、饮料等假冒伪劣食品300余件,价值约2.6万元。

2007年,西湖分局被市工商局评选为“食品安全专项整治工作先进单位”“目标管理先进单位”。

2008年,集中清查国家公布的69批次含有三聚氰胺的婴幼儿奶粉,印发各类宣传资料2400份,下架问题奶粉61公斤,受理消费者涉奶投诉60多件,现场咨询40余件,电话咨询20余件,为消费者退换奶粉10多公斤。

2009年,西湖分局被市工商局评选为“综合考核先进单位”“食品安全工作”三等奖。

2010年,分局相继制定《食品市场主体准入登记管理制度》《食品市场质量监管制度》《食品市场巡查监管制度》《食品抽样检验工作制度》《食品市场分类监管制度》《食品安全预警和应急处置制度》《食品广告监管制度》《食品安全监管执法协调协作制度》等八项制度。

2011年,探索建立“部门联动、网络联通、社会联访”和“创建食品安全示范点、示范村和示范区”的“三联三创”食品安全社会化监管新方式。

2012年,分局制定落实《食品安全责任追究制度》及《快速检测制度》等制度,在辖区内相继开展学校及周边食品安全、农村食品市场、乳制品市场、打击流通环节违法添加非食用物质和滥用食品添加剂专项整治行动,共检查门店162户,查扣过期食品8大类67瓶(袋),价值1500元,检查药品医疗门店5户,立案3件,罚没入库1.3万余元。

第五节　商标与广告监督管理

一、商标发展和商标专用权保护

1989 年，查处不规范的酒类商标 11 个，查出库存不规范商标标识 300 余万套，销毁库存侵权商标标识 68.5 万套。

1996 年，查处侵犯他人注册商标专用权案件 17 起，罚款 26 万余元。

1998 全年查处商标、广告违法案件 19 起，罚没金额 11.2 万余元，收缴销毁商标标识 32100 套。

2001 年，开展商标专用权保护工作查处商标、广告违章违法案件 22 起，罚没入库 12.15 万元。

2003 年查处商标侵权违法案件 1 起，案值 5 万多元。

2006 年 4—6 月立案 3 起，办结商标案件 1 起，罚没入库 10 余万元。

2008 年，摸底建立企业商标电子档案和品牌资料库，制定全局《实施商标战略五年规划》。

2012 年，实施品牌兴区工程。全区有效注册商标 20 件，其中涉农商标 3 件，逐渐创立了“农约飞箭”“一箭双雕”等一系列本地农副产品品牌。

二、广告监督管理

2001 年，开展“反误导打虚假”广告专项治理活动。印发宣传资料 500 多份，检查收缴违章违法的印刷品广告 13500 份，立案查处 19 起。3 月，开展“揭谎月”活动，重点揭露与“绿色消费”有关的食品、化妆品、保健品、药品、建筑装饰材料、日用消费品方面的虚假违法广告宣传，发放资料 5 万多份，现场曝光 3 次。

2006 年，进行长达 3 个月的医疗广告市场清理整治，查处违法广告案件 23 起，撤销违法广告 3 条。

2008—2012 年，深入开展“打虚假、树诚信”等行动，共集中整治各类广告市场 7 次，查处各类违法广告案件 107 起。罚没入库金额为 9.5 万元。

第六节　消费者权益保护

2001 年，分局联合相关部门开展“打假冒、保春耕、打假冒、保名优、打假冒，净市场”的专项市场整治活动，查处 26 家生产销售假冒绿色食品、绿色产品的不法经营户。组织开展

三、红盾护农

2007年5月,分局组织开展了为期3天的"红盾护农"行动,依法惩处农资违法违章行为12起,收缴劣质农药、化肥13吨。

2012年共出动行政执法人员20多人次,车辆13台次,检查了41户农资经营户,抽样并送检测中心的农资品种有19个,发现不合格的品种有7个,涉及农资经营户有3户,对销售不合格农资的3家经营户依法进行了处罚。

四、信用分类监管

2000—2012年,分局加强市场主体的年检验照工作,强化"经济户口"管理,建立企业信用记录制度,通过开展经营作风大检查,严厉查处逾期不年检、虚假出资、抽逃出资等行为,推进信用体系建设。2012年,全面实施市场主体信用分类监管。9月,开展并完成市场主体普查工作。全区应普查市场主体总户数为1147户,普查率、录入率均达到100%;企业年检率达到100%,个体工商户年检率达95%。

第四节　经济合同监督管理

1991年,办结各类经济合同纠纷案件39件,调解74件。

1992年,处理各类经济合同纠纷37起,解决争议金额15.63万元,其中调解32件。

1993年,办结经济合同案件55件,解决争议金额13.5万元,其中调解结案21件,裁决结案1件,撤诉5件。处理非诉讼纠纷案件28件,解决争议金额80多万元。

1994年,全年共办结经济合同案件128起,合同金额11万元,解决争议金额23万元,处理非诉讼纠纷案件1起。

2001年,组织专干、企业负责人参加市工商局及分局法规培训。推行各类合同示范文本460本,评选市级"重合同、守信用"单位3家。加强对粮食、棉花、商品房等购销合同的管理和鉴证工作。积极有序的对全区所有参加招投标的建筑安装工程承包合同进行鉴证,加强房屋租赁合同的监管和鉴证工作。2003年,分局合同鉴证工作终止。

第五节　流通环节食品安全监管

2009年,探索建立"部门联动、网络联通、社会联访"和"创建食品安全示范点、示范村和示范区"的"三联三创"食品安全社会化监管新方式。

2012 年，制定并落实《食品安全责任追究制度》及《快速检测制度》。实施“信用油放心工程”，相继开展学校及周边食品安全、农村食品市场、乳制品市场、打击流通环节违法添加非食用物质和滥用食品添加剂专项整治行动，共检查门店 204 户，查扣过期食品 11 大类 56 瓶(袋)，价值 2300 元，检查药品医疗门店 6 户，抽查食品 10 余种，出动执法人员 112 人(次)，共查处食品案件 3 件，罚没入库 1.5 万余元。

第六节　商标品牌建设

随着商标作用日益被人们所认识，西洞庭分局因势利导，加大宣传《商标法》力度，指导企业积极申报商标注册，使全区商标品牌事业有了长足发展，商标申请数量连年增加，与其相对应的有效注册商标数量也明显增加。截至 2012 年年底，全区注册商标已达到 35 件。其中中国驰名商标 2 件、湖南省著名商标 8 件、常德市知名商标 8 件。

第七节　法制建设

一、制度建设

2002 年，在全市工商系统“三争一创”活动中，分局被评为法制工作先进单位。

2005 年，落实省、市工商局制定的立案登记备查、案件交由管辖、内设机构办案职责分工、重大案件局长办公会议评审规则、三个一支笔审批、首查免罚、限时办结等制度规定。

2007 年，出台并执行《依法行政制度》《行政执法责任过错追究制度》《立案、备案、销案制度》《行政处罚案件审批制度》《行政强制措施制度》《案件移送制度》等 9 项制度，确保依法行政。

二、宣传教育

2000—2011 年，分局广泛宣传工商法律法规，举办法律知识竞赛活动 12 次。

2007—2012 年，坚持开展“一月一学一法”“一月评两案”学习活动，举办《食品安全法》《行政许可法》等法律法规培训 3 次。

三、规范执法程序

2008—2009 年，为规范执法行为，分局建立以工商行政指导书、责令改正通知书、维权程序公示书、工商服务回访书为重点内容的行政指导机制，出台并执行《行政处罚自由裁量权适用规则》等一系列制度,同时,统一执法标准,规范执法程序,解决执法过程中以罚代管、重罚轻管、先罚后管和执法随意等问题,促进和谐执法。

第八节　档案管理与信息化建设

一、档案规范管理

2011 年,分局投资 18 万元,按标准完成局综合档案室建设,同时,完善档案规范化管理。加强档案资料整理及数字化建设,档案管理做到精准、科学、规范。年底,分局档案室被省档案局授予省特级档案室。

二、信息化建设

2012 年,分局累计投入近 20 万元配备电脑 19 台,实现在职人员人手一台电脑,提前三年完成国家工商总局“五机”配备达标任务,还安装了视频会议系统,全面实行办公自动化。

第九节　队伍建设

工商部门实行省以下垂直管理后,分局在干部教育培训及管理上加大力度,创造性地开展了大量卓有成效的工作。2002 年,在全市工商系统率先开展了“学理论、学业务、学法律、学微机”的“四学”活动,开展了“每日一题,每周一案,每月一法,每年一考”的“四个一”法制学习活动,每年对学习内容进行抽查考试。在管理区率先实施“以考促学”的教育管理模式。每年开展廉政教育和警示教育,做到了防微杜渐、警钟长鸣。在干部管理上,实行定期干部轮岗,充分调动干部工作积极性。到 2009 年,工商队伍形象明显好转,执法能力显著增强。在全区开展的行风评议活动中,连续三年获得最佳单位。2009—2012 年,分局连续 4 年被区委、区管委评为目标管理先进单位,2012 年获全市工商系统绩效考核先进单位。

第五章　鼎城区工商行政管理局工作概要

鼎城区位于湖南省北部，洞庭湖西滨，沅水尾闾。东接汉寿；南临桃江、安化两县；西邻桃源县；北抵临澧县和津市市；东北隔澧水而望安乡县。1988 年县改区，总面积 2344.5 平方公里。总人口 83 万人，共辖 35 个乡镇(场)。

第一节　市场建设与监督管理

一、市场建设

1989 年，鼎城区工商局挤出资金 34.5 万元，对桥南市场、谢家铺市场进行改、扩建，增加建筑面积 405 平方米，增设摊位 200 多个，对照考核条件，全区达标文明集市 5 个。特别是桥南市场，采取集资和投资相结合的融资形式，扩大市场规模，改变市场面貌，市场秩序焕然一新，并通过各级各有关部门严格验收，被评为省级文明集贸市场。全年城乡集市贸易市场成交额达 1.15 亿元，比 1987 年增长 13%。

1992 年，鼎城区工商局坚持“两手抓”，一手抓软件，一手抓硬件。在大抓市场建设软件上，主要是强化对市场管理人员思想政治教育，增强服务意识；制订优惠政策，搞好市场全方位优质配套服务，为市场创造宽松经营环境。在狠抓市场建设硬件上，突出市场建设规模化、科学化、合理化，提高市场建设效率。桥南新市场建设占地 7.3 公顷，建筑面积 50000 平方米，总投资 4000 万元，可设摊位门面 6000 个，5 月动工，12 月底建成开业，工期仅半年多，区工商局高效率地完成了新市场建设任务。新市场的建成，使桥南市场容量大增。桥南市场以其庞大的规模、宏伟的气势、先进

桥南市场东大门

的设施、全方位的优质服务和科学的管理雄居中南,列入全国十大市场之列。在桥南新市场建设过程中,鼎城区工商局起到了“首席提琴手”的积极作用,为新市场建设立下了汗马功劳。在决定对桥南市场扩建之初,鼎城区工商局局长与区委、区政府的领导前往浙江、重庆、北京、福建、广州等地进行了市场考察,并组织班子对桥南新市场进行规划、设计,为区委、区政府主动当好参谋。认真组织,广泛宣传发动,向广大工商企业和个体工商户筹措新市场建设资金1100万元,为桥南新市场高质量建成奠定了基础。狠抓工程质量和工程进度,抽调专门力量,做好新市场开业划行归类和摊位安排。是年,桥南市场贸易成交额达3亿元,上缴税费550多万元,摊位门面从开业时300多个发展到4000个,从业人员近万人,平均每天人流量近7万人次,货物吞吐量2000吨左右,被评为全国文明集贸市场。桥南市场的繁荣,为鼎城区带来人流、物流、资金流,为促进全区经济发展起到兴产业、活流通、富群众的巨大作用,使一些思想守旧的人在观念上发生了重大转变,使更多人认识到市场建设的积极作用,桥南市场的成功使全区兴起市场建设热潮。至年底,全区集市贸易成交额达到4.88亿元,比上年增长25.58%。全区建专业市场1个,综合市场13个,建筑面积达122666平方米,总投资2985万元,基本形成以桥南市场为主体,各乡镇综合市场为网点的市场网络。

1995年,鼎城区工商局主动参与,正确引导,抓住机遇,积极配合区政府筹建占地38亩,总投资2000万元的湘西北最大的桥南蔬菜批发专业市场,新建了占地2.67公顷、总投资2500万元的桥南建筑装饰材料市场、仿古城农贸市场、家电市场。是年,鼎城区武陵镇范围内有专业市场11个,形成以桥南市场为中心,服装、小百货、鞋类、布匹、副食、药材、农副产品、木材、五金家电等九大市场环绕分布的比较完整的市场体系。总投资1亿多元,经营户达13000多户,从业人员3万多人,年成交额17亿多元,上缴税费1700多万元。10月,根据国务院办公厅转发国家工商行政管理局《关于工商行政管理机关与所办市场尽快脱钩的意见》的通知及湖南省人民政府批转省工商行政管理局《关于工商行政管理机关实行市场监督管理与市场服务分离的意见》的通知,在区政府及各有关部门的支持和帮助下,管办分离方案开始实施,进行了桥南竹木大市场的管办分离试点工作,并于11月底顺利完成。轻纺市场、朝阳路农贸市场分离迅速。

1996年7月,市场管办分离工作通过省工商局验收,区市场服务中心以及两个服务部正式挂牌成立,人员全部到位,在实施过程中做到了人心不散,工作不断,市场秩序不乱。是年,全区有集贸市场29个,有27个顺利通过市工商局验收。

2000年,根据工商行政管理体制改革精神,鼎城区工商局实行了省以下垂直管理,对原有的机构进行改革,对人员进行了分流,对市场实行管办脱钩。共收编干部职工300人,其中离退休人员26人,分流人员276人。在机构上撤销了桥南副食品市场管理所、桥南农贸市场管理所、桥南轻纺市场管理所、桥南商贸城市场管理所、大龙站工商所、港二口工商所。设立玉霞工商所。

二、市场管理

1989 年，区工商局强化对市场监督管理，整治经济发展环境，查处违法违章案件 1128 起，其中无证经营 461 起，短尺少秤 309 起，掺杂使假 48 起，假冒伪劣 60 起，欺行霸市 27 起，罚没金额 4.5 万元，收缴不合格衡器量具 442 件，销毁伪劣商品 1514 件；立案查处了重要生产资料案件 31 起，生活资料案件 15 起，查获的主要物资有尿素 753.45 吨；卷烟 916 箱；棉纱 107.5 吨；棉花 564.23 担；汽油 9 吨；钢材 270.58 吨；煤炭 7205 吨；大米 221.6 吨；农药 216.64 吨；钾肥 73.5 吨；彩电 857 台；进口汽车 2 台；纯碱 103.22 吨；铝锭 4.054 吨；聚丙烯17.4 吨；氢化钠 4.88 吨；食糖 11.558 吨。

1991 年，为打击假冒伪劣商品，组织 4 次大型打假行动。捣毁河洑乡三星村制假卷烟窝点和制售假青岛啤酒窝点，收缴假茅台酒 4300 瓶，假董公酒 25000 瓶，假商标 5000 套，假青岛、中德、强力啤酒 5000 瓶，冒牌酱油 5000 瓶，假烟 50365 条，假冒伪劣毛巾 1 万条，冒牌化妆品 300 件，查处“巴宁”“富豪”“蓝鸟”“小霸王”走私汽车 12 台，走私复印机 3 台。

1995 年，区工商局开展执法大检查，查处假酒 280 件，冒牌门锁 7 万把，冒牌水泵 302 台，冒牌白沙香烟 200 件，假皮鞋 17700 双，假饮料、酱油 4 万多瓶，注水肉 800 多公斤，假烟 7000 多条，假化妆品 300 多件，假洗衣粉 4 万包。是年 5 月，捣毁姚成伟假酒窝点，收缴假“宋河”酒 200 件，假“五粮液”酒 50 件，各类名酒空瓶 450 件。同时，加大垄断行业和特殊行业不正当竞争行为查处力度。8 月，对市第四、六两家医院及区药材公司收受回扣金额 5491386 元，区邮电局收受回扣的“大哥大”备机 10 台、BP 机 30 台进行查处。

2007 年，开展“红盾护农”专项行动，受理农民消费者申诉案件 13 起，查处假冒伪劣农资案件 3 起，罚没款 3 万元，为农民挽回直接经济损失 40 万元。在农村建立食品安全维权联络站 603 个，从事受理消费投诉的人员已达 700 多人。是年，捣毁传销窝点 21 个，驱散传销人员 1500 多人，遣返 100 多人，收缴用于传销的手机 125 台，销毁用于传销的书籍、资料 3000 多册(份)。

2009 年，捣毁传销窝点 13 个，驱散传销人员 400 多人，解救被骗人员 17 人，并销毁大量用于传销的书籍、资料、笔记本、手机卡。为规范“家电下乡”“汽车摩托车下乡”市场经营行为，根据国家工商总局《关于深入开展“家电下乡”“汽车摩托车下乡”市场专项整治工作的通知》文件精神，区工商局加强对销售网点管理，全方位开展日常监管巡查，打击违法经营行为。全区“家电下乡”“汽车摩托车下乡”中标销售企业和销售网点 289 家，销售“家电下乡”汽车、摩托车 6216 台，家电 40607 台，汽摩销售金额 5960.59 万元，家电销售金额 8036.24 万元，受理农民消费者咨询 110 件，处理申诉和举报案件 7 件，取缔无证经营 23 户，查处虚假广告案件 5 件、不正当竞争案件 1 件，价值 13.6 万元，为消费者挽回经济损失 3.4 万元。是年，共清理网吧 253 户，发现无证的 47 户，32 户以电子营业室形式开设，15 户“黑网吧”已通过通知电信部门切断网络信号等形式予以取缔。

2010年,建立公安、民政、金融、通信、乡镇社区等部门参与的联席会议机制,对传销活动开展立体的、全方位打击。取缔传销窝点53个,遣返传销人员1180多人,解救被骗人质15名,扣押收缴大量用于传销的书籍资料等物品。通过开展抵制传销宣传进学校、进社区活动,结合严防严打,有效遏制了传销活动在区内的蔓延。是年,开展取缔"黑网吧"专项整治行动,出动执法人员476人次,检查网吧户数210户,查处违规网吧6户,杜绝了区内"黑网吧"的存在。

第二节　市场主体准入与监督管理

一、企业登记与监督管理

1989年,为搞好企业登记管理,共举办11期企业法人学习班,参训人数达800人次。在企业登记中,做到严格把关,实地调查,认真审批。全年共换发企业营业执照1520家,其中法人企业638家,占应换照总数1123家的95%,新注册登记企业250家,其中全民企业61家,集体企业189家,按其行业分:工业企业69家,商业企业139家,交通运输业11家,服务业17家,建筑业6家,农、林、牧、渔水产业5家。办理停、歇业手续的企业1450家;转个体工商户450家;合并企业150家。加强对公司、中心的清理整顿,全区清理整顿公司、中心102家。采取自清自查、重点清查、立案查处相结合的办法,坚持自查从宽、被查从严、实事求是、宽严适度的原则。撤并31家不具备开办条件的公司、中心,吊销其营业执照,对债权债务进行清理,从业人员大部分重新安置。通过清理整顿,还解决了党政机关干部经商办企业的问题。是年, 全区有18名到企业任职或兼职的机关干部,16人辞去企业职务,2人辞去原行政职务。查处违法违纪案件6起,涉及6家公司,查处倒卖的物资有钢材80吨,生铁480吨,有色金属4.8吨,农药14吨,化肥100吨,还有农膜、粮食等物资,罚没金额共23500元。

1995年,根据上级企业登记管理的改革要求,积极支持企业转换经营机制,把好市场准入关。全年共受理登记工商企业81家,其中法人企业52家,经营单位29家,办理注销登记的354家,办理变更登记的128家,杜绝"空壳公司"的存在。1—4月对全区1853家企业进行年检,年检合格的1499家,清理整顿"假全民""假集体""假福利""假三资"企业,其中26家转办成个体、私营企业。

2001年,共有企业686家,新登记95家,注册资本(金)27318万元,办理变更登记308家,注销登记163家。

2002年,累计发展内资企业698家,其中新发展70家。内资企业实际年检580家,年检率92%,对限期未参加年检的企业依法吊销7家,申请注销119家,办理变更登记的120家。

2009年,全区应参加年检的企业1247家,实际年检1138家,免检企业80家,注销企业

12家，年检率91%。

2010年，区工商局出台《常德市鼎城区工商局行政审批职能相对集中工作方案》，将所有行政审批事项全部集中到区政务服务中心窗口办理。首先，区工商局授权局行政许可办公室（驻区政府政务中心）集中受理审核企业、个体工商户名称登记，企业设立、变更、注销登记，股权出资登记，流通环节企业食品经营许可，户外广告登记，展销会登记，企业动产抵押物登记，企业年检等行政许可、行政审批事项。实行“统一对外、集中办事”“就近办理、一级办结”的工作模式，最大限度地方便申请人。同时，自行开发服务软件，在政务中心工商服务窗口设立行政许可自助服务区，向前来办理行政许可、非行政许可的群众实现全开放、全方位的政务服务。在自助服务区内配备了办公桌椅、电脑触摸屏、电脑、打印机等办公设备，印制了工商机关行政许可、非行政许可审批办事服务项目服务指南，办事群众可以使用自助服务区内的办公设备，全面了解涉及工商部门行政许可、非行政许可审批事项的所有工作指南，可以上网了解企业登记资料、工商法律法规，查阅企业登记指南等方面信息，翻阅常见登记规范示范文本。政务公开达到了“四个一”，即“一看便知、一问便明、一查便懂、一办便成”。

2011—2012年，区工商局建立健全“一化三基”“四化两型”工商联络员制度，明确了服务重点，推动服务“一化三基”“四化两型”活动开展。其间，自行开发服务软件，服务“一化三基”“四化两型”工作，联系企业218家，针对新登记的市场主体法律意识淡薄、市场竞争力不强、资金短缺等问题，区工商局有选择性的把节能、环保等新型工业化企业和服务农村、农业基础产业企业作为帮扶重点，明确工商干部作为联络员进行“一对一”帮扶。

二、个体私营经济培育与监督管理

1989年年底，全区共有个体工商户9944户，其中换发营业执照7544户，新发展登记的2400户，歇业的1493户。实有个体工商户8451户，其中手工业767户，占9%，建筑修缮业2户，占0.02%，交通运输业840户，占9.9%，商业5037户，占58.6%，饮食业640户，占7.6%，服务业574户，占6.8%，修理业557户，占6.6%，其他业34户，占0.4%。私营企业发照登记的有27家。

1996年，鼎城区工商局紧紧围绕区委、区政府提出的工作思路将个体私营经济工作发展作为“一把手”工程，局长亲自抓，并采取多联系、多汇报、多督导的方式引起了各部门的重视，形成齐抓共管局面。其间，区委、区政府围绕全区个体私营经济发展工作先后下发4个文件，出台31条措施，制定区、乡（镇）、村党政“一把手”主抓个体私营经济的“一条鞭”制度，并作为一项重要内容列入了各级党委、政府年终考核岗位责任制。同时加强督导检查，由区委牵头，区工商局组织，落实“每季汇报、半年检查、年终评比”工作方案，加大个体私营经济发展的组织领导和检查考核力度。4月，在区个体私营经济领导小组组织下，组织相关部门负责人赴温州、义乌、石狮、汕头等地考察，探索出一条具有鼎城特色的个体私营经济发展之路,即“商贸城—加工镇—专业村”发展思路。同时,强化规范化管理,把个体私营经济管理工作作为工商行政管理工作的重要内容,加强“经济户口”管理,强化个体和私营企业日常监督管理,建立健全各项制度,查处取缔无证无照经营行为,落实规范化管理。4月,全区年检工作全面结束,全区应检个体工商户26284户,实检25837户,年检率98.3%,实际贴花14729户,占应贴花户数的96.8%,取缔无照经营户1014户,查处507户,罚款38000元。

2002年,全区累计发展私营企业346家,其中新发展35家。私营企业年检168家,占实际年检的49%,未年检的143家,外迁3家,办理注销10家。累计发展个体工商户15013家,新发展1821家,办理变更登记149家,注销登记24户。

2007年,区工商局加大农村经纪人培育力度,举办3期经纪人学习班,培训经纪人190多人,年末,全区持证经纪人达300人。

2009年,应参加年检的个体工商户16460家,实际年检12801家,注销3324家,通过年检,规范企业准入。

第三节　经济合同监督管理

1989年,区工商局在经济合同管理方面所做的工作有:宣传《经济合同法》,开展经济合同咨询,指导企业认真学习和自觉遵守《合同法》;开展“重合同、守信用”企业的考核评选,经区人民政府审定,全区共有40家企业被评为1988年度“重合同、守信用”的单位,由区政府颁发证书,并在《湖南日报》上刊登了公告,提高了企业的知名度和美誉度;以办理经济合同案件为重点,是年,区工商局共办经济合同案件620起,是1988年的13.2倍,其中受理合同纠纷463起,合同金额624.98万元,争议金额379.99万元,调解453起,裁决裁定3起,确认无效合同5起,撤诉1起,深入企业检查确认无效经济合同148件,合同金额603.09万元,为国家和集体挽回经济损失237万元。查处违法合同9起,合同金额247.86万元,罚没金额1.52万元。重点查处“皮包公司”“皮包商场”违法合同案件,使全区企业生产经营活动更趋合法、有序。

1996年,通过积极组织企业学习《经济合同法》《担保法》,指导企业正确签订、履行合同,运用合同手段开展合同交易,取得了较好的监管效果。一方面狠抓企业已签合同的检查工作,共检查405份合同,其中合同签字不完善的45份,到期未履行的28份;另一方面狠抓合同鉴证工作,全年共鉴证合同30份,其中,建筑工程承包合同17份,房屋租赁合同13份。查处违法合同1份,违法金额10万元,为15家企业挽回经济损失67万元。

第四节　商标与广告监督管理

1989年,为维护企业的合法权益、保护企业的商标专用权,区工商局主要做了以下工作:广泛宣传商标广告法律法规,使企业和个人了解执行《商标法》和《广告管理条例》,全区出墙报、黑板报 13 期，举办培训学习 11 次；搞好商标注册核转，接待咨询 200 余人次，申报注册商标 14 件，已核准注册商标 11 件，办理变更注册人名义 8 件，转让注册商标 3 件，商标使用许可合同备案 1 件；开展注册商标验证检查和酒类商标清理整顿，是年，对全区 81 个注册商标进行验证。在验证时对擅自改变注册人名义和地址、扩大使用商标和改变注册图形、已停止三年以上仍使用其注册商标等问题进行了处理；打击商标、广告违法违章行为，全年共查处商标广告违法案件 16 起，罚没金额 1.2 万元，销毁虚假张贴广告 600 份。

1996 年，区工商局指导企业注册商标，实施“商标品牌战略”，运用商标、广告开拓市场，为企业注册商标 5 件，续展商标 10 件。同时加强对商标专用权的保护，强化广告管理，严厉打击假冒商标违法行为和虚假广告，严格把好广告审查关，全年共查处商标违法案件 15 起，虚假广告 5 起，收缴假冒商标标识 10 万套，罚款 5.5 万元。

2007 年，查处商标侵权案件 20 起、违法广告案件 33 起，罚没入库 80.5 万元。如深圳市绿世纪生物科技有限公司以“30 金维他”仿冒“21 金维他”的违法行为被查处。是年，共查处商标侵权案件 20 起，案值 40 万元。

第五节　流通环节食品安全监督管理

2007 年，区工商局开展食品安全专项整治，全区共有食品经营户 2110 户，其中农村 1079 户、城区副食城市场 128 户、集贸市场 98 户、超市 59 户、小食品店 748 户。查处无证无照食品经营户 301 户，占总数的 29.3%。责令其办理卫生许可证和营业执照的 329 户，取缔条件不达标的经营户 123 户，帮助指导城区副食城市场、集贸市场、超市建立索证索票、进销货台账 185 户。帮助经营户与屠宰企业签订猪肉进货协议 98 份。指导小食品经营户建立进货台账 82 户，肉食经营户与区工商局签订食品安全责任书，城区 57 家超市与区工商局签订责任状和保证书。建立进货索证索票制度的达 100%，食杂店建立食品进货台账的达 100%，与屠宰企业签订进货协议的达 100%。

2010 年，聘请区人大代表、政协委员等 59 名为食品安全义务监督员，设立 58 个食品安全风险直报点，并向社会挂牌公示。通过鼎广电台《政务之窗》与听众互动，宣传工业松香拔毛的危害性，购买食用松香免费发放给经营户，制止工业松香拔毛。实行食品送货车备案制度，有计划、有步骤地推行农村食品安全示范点工作。对全区 41 个学校商店经营的小食品进行抽样检测工作，克服监管地域线长面广、商品品种繁多复杂、工作经费十分有限等困难，委托“中国检验认证集团湖南有限公司”“长沙市食品质量安全监督检测中心”“鼎城区质量监督检验所”等具有法定资格的检验机构对抽样食品进行检测，在 27 所学校商店检测出部分不合格食品，共罚款 30 万元，取得了良好的社会效益。

2011—2012 年，鼎城区工商局积极探索流通环节食品安全监管模式，自主开发了一套较成熟的流通环节食品安全电子化监管软件系统。该系统分为工商监管、经营户和超市三个

2012年11月15日,副省长盛茂林到鼎城考察流通环节食品安全电子监管工作

平台，三个平台既相互独立,又相互关联。系统的运行主要依托计算机及网络等平台，以商品条形码为切入口，以食品安全信息查询机、移动终端和网站等多个应用平台构成立体信息网,并通过“经济户口管理、进(销)货电子台账、问题食品追溯管理、移动监管巡查、食品保质临近过期预警、数据统计分析、食品信息查询、在线培训考试”等八大功能,使“食品台账电子化和监管巡查信息化”得以实现,极大地提高流通环节食品安全监管效能。

2012年,省政府副省长盛茂林专程到鼎城区工商局考察食品安全电子监管工作,并给予了充分肯定。省工商局局长李金冬先后两次到鼎城区工商局考察食品安全电子监管工作,并把鼎城区工商局作为全省工商系统在流通领域推行食品安全电子监管的试点单位。

第六节 “12315”消费维权

“12315”是工商部门服务民生、维护稳定、外树形象、内树权威的载体,2000—2012年,区工商局坚持“热情受理、及时办理、合法处理”的原则,充分发挥“12315”行政执法维权体系作用,使之成为工商部门密切联系人民群众的桥梁和纽带,得到人民群众和政府领导肯定,被誉为“第二信访局”,年均受理消费者申(投)诉近600件,办结率均为100%。

第七节 信用体系与商标品牌建设

2007年,区工商局充分发挥企业参谋作用,为企业发展出谋划策,全区新增著名商标2个,即“八百里”酒和“德山”牌水表。2009年,为湖南德源医药有限公司等3家企业申报了市知名商标;湖南湘北水泥有限公司等4家企业,湖南湘沅木业有限公司等8家企业分别被评为省级、市级“守合同、重信用”单位;常德市金桥糖酒有限公司、湖南天泽农业发展有限公司分别评为市级、区级“消费者信得过”单位。2012年4月,湖南精为天粮油有限公司的“精为天”商标被评为中国驰名商标;2012年9月,鼎城油茶协会申报的“鼎城油茶”成功注册为中国地理证明商标。

第六章　汉寿县工商行政管理局工作概要

汉寿县位于洞庭湖西滨，沅、澧水尾闾。全县辖28个乡镇和1个省级经济技术开发区。全县总面积2034平方公里，总人口82.19万人。

第一节　市场建设

1989年，县工商局采取部门投资、个体集资和社会助资等形式，多条渠道筹集资金，共筹得资金15万元，新建、改建、扩建了毛家滩、株木山、鸭子港、太子庙、岩汪湖、杨旗嘴、城关新兴路等7个农贸市场，占地面积2600平方米，建筑面积2000平方米，为全县商品经济发展提供了较好的平台。毛家滩乡是一个以回族维吾尔族为主的少数民族乡，历年来毛家滩乡集镇以路为市，上市人员戏称"下雨一身水，天晴一身灰"，"车从雾中来，人往水里钻"。为了改变这种状况，县工商局主动与当地政府联系，投资1.2万元，投工1600多个，平整场地2200平方米，建成了一个钢架水泥结构的市场，门面36间，营业面积1200平方米，促进了该乡经济发展和市场繁荣。

1991年，县工商局通过多种渠道融资600万元，在县城西兴建西套大市场。1992年2月13日开业，市场占地面积13950平方米，建筑面积15000平方米，其中两层建筑80套，可供1200家商户经营，日上市人数2万余人次，成为洞庭湖区乃至中南地区最大的综合农贸市场。市场外销商品有汉寿特产龟鳖、牛蛙、鲜鱼、茶叶、苎麻、花生、蜜橘、大米等；场内经营行业有日用百货、成衣布匹、针织毛线、五金交电、食杂瓜果、肉食水产、蔬菜禽蛋、土特产品等，日贸易成交额达1262万元。开业当天，时任中共湖南省委书记熊清泉、副省长储波在市委书记庞道

西套大市场开业现场

沐、市长蔡长松和汉寿县委书记左连生、县长肖有志等陪同下考察了西套大市场,熊清泉为市场题写牌匾。自开业以来,西套大市场先后 7 次获得省级“文明市场”称号,在参与全国“文明市场”评选中获得好评,中央、省、市领导多次到此考察,省内外工商同仁 65 批次850 多人曾到此参观,在湘鄂边境一带有较大影响力。

1989—1999 年年底,全县共投资 2000 余万元,新建、改建、扩建各类农贸市场 38 个,建筑面积 4 万平方米,拥有固定、临时摊位 15000 个。1999 年集市贸易成交总额达 25 亿元,占全县社会商品零售总额的 17%,较 1989 年增长 210%,全县城乡贸易市场发展呈现方兴未艾的良好局面。

2000—2004 年,县工商局根据县政府城镇规划要求,在原有市场建设基础上对全县各类市场进行区域划分,形成规模经营。

2005 年,为配合城区禁炮,也为安全经营起见,烟花爆竹市场从三堤两港迁至夹堤路口。

2008 年,新西路建材市场迁至五里桥建材市场。为此,县工商局充分发挥市场主体登记管理的职能作用,在经营地址的核定上予以引导和明确,促进了县城城市规范化管理,城区以外的各乡镇分期规划的市场网络也逐步完善。截至 2012 年年底,全县拥有各类市场 38 个。

第二节　市场监督管理

一、开展打击假冒伪劣专项活动

1993 年 3 月,县工商局召开“打假治劣动员大会”,并对查处的假冒伪劣商品进行公开销毁和电视曝光,以达到教育群众,打击制售假冒伪劣的目的。是年,经检办案 197 起,查处万元以上大案 25 起;查处假冒伪劣电冰箱 8 台,假酒 19394 瓶,冒牌酱油 3360 瓶,假种子 2800 公斤;查处非法经营化肥 6325 吨,农药 6939 吨,农膜 124 吨,棉花 346 吨;查处假冒商标和虚假广告案件 108 起,罚没金额达 17 万元,销毁侵权商标标识 74 万份。当年 10 月,在省工商局举办的“全省打假展览会”上,县工商局送展板 9 块,假品 12 件,参展物品质量获得省、市工商局好评。

1995 年,在县政府一名副县长具体领导下,县工商局先后 8 次召开全县打假治劣工作会,组织全局干部职工,前后开展打假治劣专项治理行动 4 次,开展突击检查 15 次,对全县 181 家国营企业、160 家私营企业、1648 家个体工商户进行全面检查。特别是 9—10 月,历时 45 天覆盖全县的以打击生产制售假冒伪劣饮料为重点的经营作风检查,收到很好的社会效益和经济效益,受到县委、县政府高度赞扬。据统计,此次打假治劣专项治理活动,共查获假冒伪劣商品 38 种,价值 25 万元;捣毁制售假酒窝点 2 个,收缴假茅台酒、假董公酒、假邵阳大曲、假洋河酒、假宋河酒、假西凤酒等560件；没收假红塔山、假白沙、假555、假希尔顿等假劣烟2.5万条；查获各种糜烂变质食品1180公斤；劣质磷肥300吨，劣质种子1800公斤，以及不合格家用电器120台，不规范、不标准衡器380杆。《湖南日报》《消费晚报》《常德日报》《工商之友》等报纸杂志，分别以军山铺工商所"巧辨假酒"、朱家铺工商所"勇追假稻种"、市管所"勇端假窝点"等为题进行宣传报道。

二、加强粮食市场监督管理

1989年元旦、春节前后，全县粮食市场比较混乱，无照经营、抬价抢购、非法倒卖、无准运证违章贩运粮食出境、甚至趁农民春耕在即而急需资金时进行强买强卖的情况非常普遍。319国道汉寿段，每天清早和晚上都有大量满载粮食的大小车辆开往益阳、长沙。鉴于此，县工商局组织全县9个工商所的60多名工商干部，深入农村粮食市场，加强专项整治，并主动争取交警部门配合，在太子庙设立检查站，严查扰乱粮食市场、坑害农民利益的违章违法活动。1个多月时间，全县共查获违章违法经营粮食的案件27起，查获非法贩运稻谷101吨、大米19吨，罚款近万元，当年4月28日《东方日报》予以报道。

1998年，为落实国务院粮食流通体制改革精神，县工商局组织各工商所广泛开展市场巡查，努力完善全县粮食收购企业资格证审批制度。从等级环节予以规范，未从粮食行政管理部门取得粮食收购资格的企业，一律不准参与粮食收购活动。粮食收购企业实行前置审批，对在登记中已核发粮食收购资格证的经营企业和个体工商户，由各工商所在农村分乡镇（场）、在城区分街道，逐户调查摸底，并督促办理营业执照变更登记；各乡镇（场）建立粮食监管台账，每个大米加工、饲料加工企业的监管都落实到专人负责。未取得粮食收购资格擅自从事粮食收购和经营活动的单位和个人，一旦发现，均依法予以查处。粮食市场专项整治活动历经2个月，全县有5名工商干部被殴打，9次36人被围攻、辱骂。当年结案75起，查扣稻谷113万公斤，其中没收稻谷7万多公斤，罚款6万多元。全县粮食入库超过5万吨，其中粮食定购2000多万公斤，占全年入库任务的90%，入库进度居全省前列。是年，汉寿县工商局被省工商局评为"全省粮食市场管理先进单位"；翌年，市场管理股股长曾广才分别被国家工商局、省工商局评为"全国粮食市场监督管理先进个人"和"全省粮食收购市场管理先进个人"，蔺来保、王明星、刘光辉、曾应才、饶宏义、苏立民等荣记"三等功"。当年7月1日，《文艺报》曾以长篇新闻报道《金色粮战》为题予以报道。是年，经工商执法人员摸底，全县共有329户个体私营企业从事粮食收购、加工和销售。通过全面清理、整顿和规范，全县依法取缔、变更营业执照109家，批准合法经营粮食加工、销售单位和个人220家，全县粮食市场逐步规范。

2000—2012年，县工商局加大对陈化粮及粮食市场监管力度，结合年检与日常管理，加强对粮食市场主体监督检查，查处无照经营，打击粮食销售过程中囤积居奇、欺行霸市、掺杂使假、以次充好等违法行为，保护粮农及消费者利益，建立全县陈化粮流向登记台账，实行跟踪监管。

三、打击走私贩私等不法行为

1991年5—6月，县工商局经检股查处5起非法加工倒卖黄金案，查处黄金96.2克；查处违章购买“无准运证”进口小汽车5辆，处罚款10万元。

1992年，查获倒卖卷烟26150条，处罚款1.75万元；查处假劣布胶鞋20.76万双，处罚款2.3万元；查获生产销售冒牌啤酒800余件，提交检察院审理，拘留2人；查处无“准运证”进口小汽车6辆，处罚款18万元；收缴非法组织销售假冒羊毛衫487件，毛毯821床。是年，县工商局查处进口走私汽车22辆，摩托车3辆，电视机30台，录音机29台，电子计算器201个，手表189只。

1993年8月，陕西西安市物资经贸总公司从广西北流恒生纸品有限公司和广西昭平永发进口汽车修配有限公司分别非法购进“公爵王”汽车2辆。10月4日，2辆“公爵王”汽车从广西桂林接回西安，途经汉寿县军山铺被当地工商所查扣。经县工商局和军山铺工商所核实，2辆“公爵王”均系非法买卖免税走私进口汽车，依据《投机倒把行政处罚暂行条例施行细则》规定，决定没收两台小轿车，并正式下达《处罚决定书》。但当事人不服，向常德市中级人民法院提出申诉。县工商局则从当事人违法事实入手，依据《投机倒把行政处罚暂行条例》，国务院关于“海上抓、岸边堵、陆上查、市场管”的打击走私分工，当庭予以反驳，市中级人民法院一审判决维持县工商局的《处罚决定》，打击进口汽车非法走私活动，在县内外造成强烈反响。

据统计，1992—1997年5年间，县工商局共查处走私摩托车43辆，涉及金额价值10.27万元，走私车辆91辆，涉及金额价值362.9万元，另没收汽车3辆。

四、甲鱼市场监督管理

汉寿享有“中国甲鱼之乡”的美誉。1995年，县政府在县工商局城郊所专门设立甲鱼市场管理办公室，负责全县甲鱼市场监督管理，为外地来县客商提供服务，打击甲鱼购销活动中“坑、蒙、拐、骗”行为，保护购销双方的合法权益。是年，为从事甲鱼养殖、加工、销售的48家个体工商户和私营企业颁发了营业执照；查处17起甲鱼欺诈交易行为，为外地客商挽回经济损失17.8万元。

1996年，开展帮购帮销活动，向全国各地寄发《甲鱼购销信息》2000多份，接待外地来县客户152人次，查处和制止甲鱼交易过程中缺斤少两、强买强卖等欺诈行为，并对未登记和虚假广告路牌予强制拆除，有效地打击甲鱼市场的不法行为。

五、商品展销会登记管理

依据《商品展销会登记管理办法》，县工商局对全县举办的各类商品展销会进行登记和监督管理，由市场规范分局负责登记审查，对符合商品展销会登记条件的，发给“商品展销会登记证”，登记证载明商品展销会名称、举办单位名称、商品展销会负责人、参展商品类别、商品展销会地点及起止日期等内容。举办单位领取“商品展销会登记证”后，方可发布广告，进行招商。2005—2012 年间，经工商局登记，全县共有 67 场次商品展销会。通过对商品展销会进行登记管理，监督举办单位和参展者公平交易，使假冒伪劣产品和欺诈消费者行为得到了有效遏止。

六、成品油市场监管

2000—2012 年，成品油的经营实行前置审批，工商所通过市场巡查，对辖区内未取得成品油经营资格的加油站、零售网点及时取缔。为防止成品油市场非法经营网点“死灰复燃”，工商部门每年在全县开展成品油市场的专项整顿。

七、运输市场和机动车交易市场秩序管理

2000—2012 年，县工商局每年组织开展以打击“一无（无照）”“两黑（黑车、黑船）”为内容的运输市场专项整治活动，建立全县汽车交易经营主体监管台账。

第三节　市场主体准入与监督管理

1989 年，全县共有法人资格企业 1883 家，其中农牧渔业 9 家，工业 312 家，建筑业 46 家，交通运输业 39 家，商业 1231 家，房地产 108 家，金融保险业 129 家，其他企业 14 家，以国有企业和集体所有制企业为主，形式比较单一，且以第一、二产业为主，注册资金过 100 万元的仅 8 家县属企业。

1990 年以后，县工商局围绕县委、县政府发展个体私营经济的目标，履行“引导、服务”职能，把发展个体私营经济作为新的经济增长点，全县个体私营经济有较大发展。

1992 年，县工商局帮助全县企业转换私营机制，放宽了企业经营范围，除国家明令禁止和限制的经营项目外，根据企业申请，从实际出发予以核定，经营方式由企业自主选择，促进了工商企业发展。年底，全县登记注册的工商企业达 753 家，企业注册资金达 5.66 亿元，分别比 1990 年增长 98.6%和 72%。同时通过宣传法律法规，支持、鼓励、引导有实力的个体投

资者兴办私营企业。

1993年10月,汉寿县被省委、省政府授予“个体私营经济发展先进县”,并在全省个体私营经济发展表彰大会上作典型发言,授予铜牌奖励。年底,全县共有个体工商户5126家,私营企业49家,从业人员13957人。

自1995年起,全县工商企业登记实行信息化管理,企业登记档案建立电子档案和书式档案。

1996年,县内企业实行资产重组和改制登记,先后有659家企业分立、合并、破产,对471家名存实亡的企业实行注销登记,清理个体、挂靠企业187家。

1997年,县工商局启用省工商局企业登记管理软件,实行电脑登记和检索。是年5—6月,县工商局耗资3万余元,以县委、县政府名义,组织38个县直委办科局开展“为个体私营经服务示范活动”,在县城十字街头接待各种咨询2000多人次,收集各种问题332个,现场解决问题208个,为发展个体私营经济创造了良好的舆论氛围和社会环境。

1999年,全县新增个体工商户2285户,私营企业26家,完成各类企业年检2171个,换发新版企业执照1260个,完成企业登记档案资料扫描677家,吊销企业34家,办理合同签证990份。经营行业逐步向生产型、科技型转变,第三产业的发展也较迅速。

2001年,县工商局办理企业法人登记注册151家,均为有限责任公司。

2002年4月,县工商局增设注册登记分局,履行工商注册登记职能,成为核定法人企业的内设机构,并对按照公司类型登记的企业实行名称预先核准,并对公司名称、住所、法定代表人、注册资本、企业类型、经营范围、营业期限、公司股东发起人的姓名或者名称等进行审核,经注册登记分局核准设立登记并颁发“企业法人营业执照”,公司凭照刻制印章,开立银行账户,开展经营活动。

2007年,按照县政府统一部署,在县政务中心设立工商登记窗口,主要受理企业开立、变更、注销、补发营业执照的申请,以及企业名称预先核准、前置审批项目的延期登记,核定企业名称、住所、经营场所、法定代表人或负责人,经济性质、经营范围、经营方式、注册资金、从业人数、经营期限。在企业申请办理注册登记时,对申请人相对材料齐全、符合法定形式的企业,“窗口”工作人员受理后,经分局负责人审核,当场作出准予登记的决定,核发营业执照,建立登记档案,即“一审一核制”。同时,依托工商行政执法职能,建立经济户口数据库,并在县工商局信息中心安装湖南省工商企业登记信息系统,实行企业登记档案信息管理“金信工程”。是年,《农民专业合作社法》颁布实施后,县工商局大力实施“合作社强农工程”。为促进农民专业合作社的健康发展,紧扣“培育、帮扶、规范、发展”八字方针,县工商局在注册窗口编印合作社登记指南,设立示范文本,开设“绿色通道”,提供“近距离、零收费、无障碍”的全程服务,形成发展计划刚性化、教育培训经常化、帮扶措施精细化、典型推介多样化的长效服务机制。通过预先介入,悉心指导,降低门槛,落实政策,使农民专业合作社步入发展快车道。

2008年，国务院取消对个体、私营企业收取管理费，工商监管主要是通过巡查，实现对市场主体经营行为的监管。

2009年，全县开展“无无照经营、无假冒伪劣、无传销、无消费者投诉积案、无对工商干部的举报”的“五无”监管区创建活动，加强对企业及个体工商户的规范化管理。同时积极推进个体工商户分层分类登记管理工作，采取“两步走”推进模式，全面实行个体工商户委托工商所登记，做到分层登记；其次是分类监管，出台《个体户信用信息归集与管理规定》等一系列办法，并开展守信评比活动和守信信息公示。是年，全县发展个体工商户2425户。

截至2012年年底，全县共有各类型企业1703家，分支机构362家。其中各类公司（企业）519家，科技型企业32家，规模以上工业企业164家，节能、环保型企业38家；注册资金过100万元企业497家，注册资金过1000万元企业62家。全县共有个体工商户、私营企业10321户，从业人数达31760人；经工商部门登记的农民专业合作社已达254家，入社会员达2590人，带动农户31251户，出资总额达71039万元。

第四节　商标与广告监督管理

1989年年底，全县注册商标56件，处理各类商标违法案件80起，罚款和没收非法所得8万余元。翌年，县政府发布《关于加强户外广告管理的通知》，并在全县主要集镇开辟户外广告张贴栏40处，由各工商所分别加盖“有效广告”专章，以鉴别其真假。当年全县共查处违反广告管理条例的各类案件30起，罚款7000元。其间，县工商局细化职能分工，设立商标广告股，各工商所明确商广专干。一方面采取多种形式广泛宣传《中华人民共和国商标法》及商标申请注册的作用和途径，并引导和帮助申报者办理商标注册申报，监督其合法使用，及时续展；另一方面对商标标识印刷行为进行监督管理，查处商标非法印制行为。

1996年，县工商局在商广监督管理中发生了一起震惊省城、波及京城和新闻界的要案。是年4月25日，太子庙工商所干部在日常检查时得到群众举报，“天发酒楼”停车场一辆挂云南牌照的铁壳大卡车内可能装有走私香烟或假冒商品，执法人员立即驱车赶到“天发酒楼”。经查询，货主徐某系益阳市赫山区兴发水泥包装厂厂长（私企业主），货车上装有塑料编织袋14.2万条，价值11.076万元。编织袋上标注有贵州省六枝矿务局印刷包装厂印刷的“神强”牌注册商标。经查徐某的企业既无商标印刷营业执照，又无商标印制许可证，也无商标注册证，纯系私自印刷，属商标侵权案例。根据《商标法》《商标法实施细则》和《商标印刷管理办法》规定，太子庙工商所将车上塑料编织袋全部暂扣待查，报县工商局同意立案（即“4.25”案）查处。此后，县工商局将此案分别向市、省和国家工商局汇报，并递交了相关报告。5月22日，省工商局领导研究决定：4月25日汉寿县工商局依法查扣益阳市赫山区兴发水泥包装厂非法印制“神强”牌注册商标标识的塑料编织袋一案，由汉寿县工商局按照有关法律法规查处。6月6日，国家工商局（〔1996〕150号）答复：益阳市赫山区兴发水泥包装厂印刷的带有

"神强"牌商标的塑料编织袋属于商标标识,应依法予以收缴。据此,6月8日,县工商局对此案下达了《行政处罚决定书》,并邮寄给徐某。6月12日,省、市工商局领导来汉寿专题调研"4.25"案,一致认为此案属依法行政,依程序办案,不属于非法上路的公路"三乱"行为。中共汉寿县纪委调查组也于6月16日向省工商局上报了专题调查报告,认为"汉寿县工商局查处'4.25'案不宜定为公路'三乱'行为",但此案依法查处很不顺利。由于当事人从中作梗,凭借《三湘都市报》6月6日《资阳汉寿有人搞"三乱"当场被抓》和《王茂林(时任湖南省委书记—编者注)痛责"三乱"》的两篇报道,硬将"4.25"案与农村"三乱"和公路"三乱"牵扯到一起,进行了大量不实报道,引起上下混乱。对此,县工商局根据省工商局"5.22"决定、国家工商局"6.6"答复,依据《商标法》相关规定,对"4.25"案采取果断措施,坚决执行了6月8日下达的处罚决定书,维护了法律尊严,保护了商标注册人权益。

截至1999年年底,全县共有各类注册商标60个,其中权利人国有、集体、股份制企业39个,占65%;个体工商户10个、私营企业主11个,占35%。全县共有商标印刷企业3家。打击仿冒行为,查处商标侵权案件85起,查处商标非法印刷案件3起。全县共办理广告登记87起,共有专业广告公司57家,个体兼营广告业务的2家,查处广告违法案件20起,罚款10万元。

2000—2012年,县工商局成立了创品牌联系企业领导小组,致力于实施商标品牌战略,确立了一对一的联系制度,并把创品牌的成果作为年度目标考核的内容之一。除了明确具体的联系人外,还把企业所在工商所所长、所在管区监管员列为第一、第二责任人,通过这种上下联动的工作机制,将创品牌工作寓于日常监管和服务中。为激发企业争创品牌的积极性和参与热情,县工商局台了创牌奖励办法,并组织到企业广泛宣传。对品牌创建获得的县政府及上级的奖励,实行奖励资金到创品牌企业,奖励标准为知名商标每件1000元,著名商标每件5000元,驰名商标每件2万元。同时,县工商局加强商标广告监管工作,积极查处辖区内商标广告违法案件,维护经营者和消费者合法权益。

第五节　流通环节食品安全监管及服务维权

民以食为天,食以安为先。进入21世纪以来,县工商局在深入整顿和规范市场经济秩序中,始终将食品安全专项整治工作作为重中之重。2003年7月,国务院办公厅下发《关于实施食品药品放心工程的通知》。翌年9月,国务院又下发《关于进一步加强食品安全工作的决定》,并明确规定,工商行政管理部门负责食品流通环节的监管。县工商局根据国家工商总局统一部署,开展食品安全专项整治行动,采取了如下措施:建立商品质量检测制度,加强商品质量监督检查工作,从技术手段上保证食品安全专项整治的落实;按照属地管理原则,落实干部岗位责任制,维护辖区市场交易秩序;以食品监测为重点,完善流通领域商品质量监测体系,从建立长效机制上保证整治的科学性;突出整治重点,切实保障农村食品市场消费安全;建立索证索票和进货台账制度,确保消费者权益不受损害。通过食品安全整治,全县初步形成了工商监管、行业自律、社会监督"三位一体"的食品安全监管长效机制,预警和应急处置机制进一步完善,食品安全整治取得显著成效。

2007 年 2 月 11 日,国家工商总局局长周伯华考察汉寿县城东市场

2007 年 2 月 11 日,国家工商总局党组书记、局长周伯华来到汉寿,慰问基层工商行政管理人员,考察农村食品安全工作。周伯华一行先后考察了城东市场和太子庙工商所,询问了市场经营情况,为工商干部送上了慰问金;考察听取了汉寿县农村食品安全工作的情况汇报。周伯华给予了充分肯定,并强调工商管理部门就是要努力建立公平、公正的市场环境,一定要把监管与发展结合起来,做到监管与法制统一、监管与服务统一、监管与执法统一,切实做好各项基础工作,搞好农村食品安全,确保一方百姓平安。

2008—2012 年,县工商局对食品市场的监管和整治常抓不懈,投入到食品检测的经费年均 5 万元,并查处了大量食品安全违法案件。

第六节　法制建设

一、法制宣传与培训

1992 年 2 月,县工商局增设法制股。每年"3·15"配合县消委在主要街道设立咨询台,向过往群众宣传工商法律法规。每部新的法律法规出台以后,及时予以宣传,使之家喻户晓。对执法程序方面的问题,采取以会代训的形式,组织执法人员以案学法,并依托常德工商办公网开展"一月学一法""一月评两案"和优秀案卷评选活动。每年结合企业年检、个体验照,执法人员上门有针对性地对其进行法制培训,向其宣传工商法律法规,增强其法律意识,并根据其需要,组织企业主要负责人在局机关集中举办法规培训班,为其答疑解惑,2005—2012 年,先后举办了 8 期企业法人培训班。

二、工商行政执法组织与协调

开展抽象行政行为审查,凡县工商局下发或与其他单位联合下发的文件实行文件会签,对与工商法规相抵触的内容予以修改。对其他单位查档取证由法制机构审查把关,对外出具的证据性文件需进行核审登记。积极探索行政指导的方式和途径,实施分类监管,对在网格监管中发现的问题区别处理:即经营户有轻微违规行为向当事人制发“工商建议书”;经营户违法后果不严重且能主动改正的一般违法行为向其制发“警示通知书”;经营户违法后果严重且造成一定影响的,由网格监管员填写“内部工作传递单”,交由依职权处理的专干处理,超出工商所处理权限的,填写“内部工作传递单”,上报县工商局相关职能股室处理。通过创造性的运用“工商建议书”“工商警示通知书”“责令改正通知书”“行政建议抄告函”“内部工作传递通知书”等工作文书,增强行政执法的透明度,严格人性化监管的程序,强化内设机构以及部门之间的工作衔接和协调性。发挥协调职能,规避行政执法办案风险,针对执法办案中的疑难问题,采取“走出去、请进来”的方式与法院行政庭、政府法制办加强执法联系,共同商讨执法中的难点、热点问题,避免和减少行政复议撤销和行政诉讼败诉的可能。成立汉寿县工商局案件审理委员会,定期或不定期对执法中的疑难案件集体研究审批,杜绝执法的随意性,同时加强执法信息沟通,理顺各方关系。2005—2012 年,案件审理委员会组织召开法制工作联系会议 100 多次,研究讨论案件 300 多件。强化执法责任对全局执法质量考核评议进行责任分解,明确各业务股室责任和行政许可规范要求,将全局执法行为全方位纳入法制监督,做到规范化、法制化。

县工商局召开法制培训会议

三、工商行政执法监督与管理

(一)规范行政许可审批

对照《行政许可法》的要求对执法中实施的 9 项行政许可事项(含行政确认)进行清理和归类。通过责任分解,明确各业务机构的责任,按照实施行政许可的规范要求,建立了公司、企业法人及其分支机构、个体工商户的登记注册发照、证照年度检验、名称预先核准、户外广告登记、股权出资登记、商品展销会登记、动产抵押登记、流通环节食品经营许可等9项行政许可台账，并建立档案资料。

（二）审核具体行政行为

为规范行政强制措施与行政处罚等具体行政行为，县工商局将上述两项具体行政行为纳入法制监督把关的重点。在案件办理中严格按照上级批准的“三定”方案规定，履行职责，归口办案，在立案登记上实行县工商局、市工商局、省工商局三级备案，在网上申报。对执法人员主体资格进行审查，要求持证执法。核审工作要调查、核审、审批“三权分离”。制定了行政处罚案件核审制度，通过审核从严把好程序关、事实关、证据关、定性关和自由裁量关。2008年，为贯彻实施《湖南省行政程序规定》，结合县工商局执法办案实际，制作了案件调查终结报告及行政处罚决定书的建议文本模式，全面开展使用说理式文书，规范办案行为，提高执法办案水平。

（三）规范行政处罚自由裁量权

为促进行政处罚裁量权的正确行使，防止滥用自由裁量权，提高工商部门的执法水平，加强廉政建设，根据《行政处罚法》《湖南省行政程序规定》的有关规定和国家工商总局《关于工商机关正确行使行政处罚自由裁量权的指导意见》，规范行政处罚自由裁量权的使用，县工商局确立了5个原则：即公平公正原则、过罚相当原则、处罚与教育相结合原则、程序正当原则、综合裁量原则，从而加强了处罚裁量权监督，增强了行政处罚的透明度。

第七节　群团组织建设

一、个体劳动者私营企业协会

1983年9月，汉寿县个体劳动者协会成立。1988年，县个体劳动者协会改为县个体劳动者私营企业协会。自1990年以来，工商局加强了对个私协工作的具体指导，做到个私协工作有组织机构、有专人负责、有活动经费、有活动场所，各分会都成立了“会员之家”。个私协主要围绕“三自”宗旨开展活动。自2000年以来，全县共召开个私协大会14次，参加的会员728人次。协会开展送温暖活动，为孤寡老人、贫困家庭、残疾人捐送米、油、副食品等慰问物资折合现金4.5万余元。对遭受不幸的会员给予精神上的鼓励和物质上的帮助，发放慰问金11.2万元，使个私协会员之间亲如一家。组织会员积极参与公益事业，开展献爱心活动，1995年、1996年、1998年县内先后遭受重大洪涝灾害，个私协组织会员捐款捐物，支援灾区人民，慰问参加抗洪抢险人员。1990—2004年，县个私协组织各种募捐款17.3万元，募捐、物资21种，共9车，帮助受灾群众。帮助会员维护自身的合法权益。个私协聘请了法律顾问，为会员提供法律援助和咨询服务。

二、消费者委员会

1993年,汉寿县消费者委员会(以下简称“消委”)成立,办公地点设在县工商局。名誉会长由县委、县人大、县政府、县政协有关领导担任。会长、副会长单位10个,由工商局、县政府办、城关镇、县法院、县广播局、县药监局、县卫生局、县质量监督局、县公安局的局级领导担任。常务理事单位20个,由行政部门、公共企事业单位的负责人担任常务理事。理事单位55个,由企事业单位、个体私营业主担任理事。下设办公室、投诉部、质量和计量监督部、物价监督部、卫生监督部、新闻舆论监督部、消保民诉庭、教育工作部和建设工作部等17个办事机构。在各工商所辖区以所为依托成立了8个消委分会。县消委开展的主要工作包括:宣传普及消费者知识,提高消费者维权能力,每年“3·15”来临之际,组织各会员单位开展宣传咨询活动;受理消费者投诉,面向社会公布了消委投诉举报电话,制作消委公益广告牌,各分会设立了投诉部,履行调解职能,解决消费纠纷,在投诉部设立消费投诉登记台账,做到每件投诉有回音、处理有结果;开展问卷调查和消费警示,加强社会监督,针对群众关注的消费热点、难点向社会发放消费问卷调查,重点对供水、供电、电信通讯、保险、大型超市、药房、酒店等经营企业的商品质量、服务质量、价格水平等组织消费者评议纳谏,反馈消费信息;积极参与行业协会活动,2008年县消委多次参加农资、汽车、建材、家装、保险、医疗等行业组织的活动,指导农资协会在经营业主中开展农资先行赔付制度,县城“花木兰农资经营一条街”的农资经营户作出农资先行赔付的公开承诺,并交付保证金。在保险行业、建材行业、食品行业,建立消费者投诉站。

第七章　桃源县工商行政管理局工作概要

桃源县位于湖南西北部，因境内景区桃花源而得名。县域面积 4442 平方公里，辖 39 个乡镇，共 97.6 万人。1989—2012 年，桃源县工商局务实进取，锐意创新，于 1996 年、2004 年被评为全国工商行政管理系统先进集体，并多次被市委、市政府评为“全市支持发展个体私营经济先进单位”和省、市工商行政管理系统“先进集体”称号。2010 年，荣获桃源县首届“十佳人民满意机关”称号，连续多年被县委、县政府评为“目标管理先进单位”。

第一节　市场主体准入与监督管理

一、工商企业登记管理

（一）工商企业登记

1991 年，新办各类企业 204 家，变更 559 家，注销 157 家，调整经营范围 1518 家，换发国徽营业执照 800 家，举办专干培训班 2 期。

1994 年，对非公司制企业逐步实施由审批设立制向登记注册制过渡，允许企业自主选择经营范围和经营方式。对股份制公司和有限责任公司实行改坐堂办照为上门服务，仅县工商局下所上门办照就达 152 人次。

1998 年，核准注册企业 124 家，变更 508 家，注销 353 家，为国有、集体企业和有限责任公司减免各项登记费 14 万余元。

1999 年，新发展企业法人 24 家，注销 174 家，新发展营业单位 111 家，注销 635 家，截至年底共有企业 1993 家

2000 年，县工商局从改革企业登记制入手，引导国有经济调整布局和国有企业战略改组。全年共核准注册企业 180 家，变更登记 220 家，注销 296 家。

2001 年，个体私营经济监督管理股与工商企业登记管理股合并为注册登记股，在全市率先建立高标准的县级工商局注册大厅。是年，发展公司 29 家，股份合作企业 24 家，其他企业 34 家。

2007 年，坚持实行“首办责任制”“一次告知制”“一审一核制”，新发展企业 92 家。是年，注册分局被评为全县“文明窗口”。

2012 年，实行行政许可“一口清”和“六提醒”制度，继续实行服务承诺制、限时办结制，新发展内资企业 13 家，注销 4 家。至年底，全县共有各类企业 1877 家，注册资金 239530 万元。

（二）工商企业监督管理

1.公司清理整顿

1989—1990年，根据中央精神，对全县99家公司（中心）进行清理整顿。其中降格处理6家，撤销2家，合并1家。同时，对247家批发企业进行整顿，缩小批发品种和取消批发业务165家，撤销13家。

1994年，对党政机关所办实体进行脱钩清理，其中保留29家，划转4家，停办36家，改无主管部门1家。

2.违法行为查处

1989年，查处企业违法违章案件75起，罚没2.82万元。

1990年，查处办结各类企业违章违法案件235起，罚没入库4.2元。

1991年，清理整顿13家“皮包”公司，对其中10家给予罚款，吊销5家，注销5家，保留3家。

1996—1997年，通过年检集中力量清理“三无”企业。

1999年，查处企业各类违章违法案件333起，罚没14万元。

2001年配合相关部门，检查776家生产经营防火单位，整改179家，取缔无证生产烟花爆竹企业53家，注销石油企业3家。

2003年，对全县10家矿山、178家危险化学品和易燃易爆品生产经营企业进行整顿。

2004—2009年，整治规范中介组织挂靠行为，关停黑网吧82家，停止互联网上网信号30家，查处为无照网吧提供互联网信息的企业一家。

2012年，依次开展清理整治房地产中介机构、打击销售作弊器材多项行动，并对非煤矿山、建筑施工、危险化学品、烟花爆竹等集中进行安全隐患排查。同时重点监管学校周边等热点、难点区域。

二、个体私营经济登记管理

（一）个体工商户及私营企业登记与培育

1988年8月，县工商局开始注册登记私营企业。是年发展私营企业3家。

1989年，换发个体工商户营业执照6021户，办理歇业2382户，发展个体工商户3063户，从业人员4153人；发展私营企业18家，从业人员195人。

1992年，个体工商户达到10977户，从业人员13711人；临时个体工商户达到3304户，从业人员5895人；私营企业达到30家，从业人员399人。

1993年，新发展私营企业32家，全县共有私营企业62家。

1994年，县工商局简化办照程序，取消部分前置审批条件，坚持送照上门，大力推进个体私营经济发展。

1995 年，帮助个体私营企业解决生产、经营中的突出问题 110 余件。举办长短期技术培训班 32 期，法律知识讲座 16 期，培训技术人员 490 人。265 人取得中华人民共和国特种行业操作证。本着“广收薄赋、放水养鱼”的原则，对确有困难和新办的从事科技性、开发性、生产性的个体私营业主适当减免管理费，全年减收 50 余万元；放宽生产经营范围，允许一业为主，兼营他业，新发展私营企业 155 家，从业人员达 6148 人。1995—1996 年桃源连续遭受特大洪灾，近 6000 户个私业主受灾，县工商局组织开展了“送温暖、献爱心”活动，先后派出近百工商干部帮助其开展生产自救，同时减免重灾户管理费累计 50 余万元。

1997 年，在注册登记时实行名称字号、经营场地、经营范围、经营对象“四放开”，鼓励个体私营经济发展。

1998 年，按照县委“把私营经济作为县域经济的发展主体”的思路，重点促进个体私营经济上规模、上水平、上效益。

1999 年，全县个体工商户达到 23715 户，从业人员达 36330 人，注册资金 13505 万元；私营企业发展到 678 家，从业人员 18970 人。

2000 年，全县已登记注册处于开业状态的个体工商户有 17555 户，注册资金达 9833 万元；共有私营企业 317 家，注册资本 10600 万元。

2001 年，新发展个体工商户 7437 户，包括临时经营户 2754 户，注销 8510 户；新发展私营企业 69 家，注销 135 家。

2002 年，实行电脑化注册登记，无前置审批的个体工商户的注册登记先由工商所初审资料，再由县工商局远程审批。是年，新发展个体工商户 4059 户。

2004 年根据省工商局要求，按照属地原则委托基层所进行个体工商户注册登记，实行一审一核制。

2005 年，新注册个体工商户 5116 户。随后几年，进一步规范个体工商户分层分类登记管理。

2007 年开始核准登记农民专业合作社，当年新发展农民专业合作社 18 家。

2009 年，注册私营企业 150 家，其中农民专业合作社 25 户。

2012 年，新发展私营企业 222 家，其中独资企业 113 家、合伙企业 12 家、有限责任公司 109 户、农民专业合作社 39 户，并成功注册全市首家农民专业合作社联合社。截至 2012 年年底，全县共有个体工商户 22297 户，34160 人；有私营企业 1087 家，从业人员 30695 人，注册资金达 195868 万元。

（二）个体私营经济监督管理

1.阳光收费

2002 年，推行“四方（工商，政府部门，人大、政协，个体工商户）定费，上门送费，电脑开票”新模式，并落实“五统一”“五公示”确保阳光作业。这一“定缴管三分离”模式在全市被予以推广。

县工商局漳江工商所召开阳光收费四方定费现场评议会

2003 年,全省经济户口电脑管理和收费改革现场会在桃源召开,“阳光收费”被省工商局定为“桃源经验”在全省推广。省内外数十个区县(市)工商局前来参观学习,《新华社内参》《中国工商报》《湖南日报》《常德日报》、常德电视台、桃源电视台等媒体相继予以报道。

2007 年建立个体工商户信息采集制度,再度创新“阳光收费”,这一模式一直推广到 2008 年 9 月全国停止征收“个体管理费”和“市场管理费”。

2.“五无”监管区创建

2009 年全省工商系统广泛开展“五无”监管区创建工作,桃源县工商局首先在茶庵铺工商所试点,随后在全县开展“五无”监管区创建工作,并被上升为政府行为。是年,市工商局在茶庵铺所召开现场会。

2010 年,成功运用新开发的“五无”创建系统,以“电子总揽、链式管理”的方式完成全县 49 个监管区的创建基础工作。

2011 年,出台《“五无”监管区创建责任追究实施办法(试行)》等多项制度,召开联席会议,形成“政府领导、工商主导、部门联动、社区共建、经营者参与、社会监督”的“五无”监管区创建模式。8 月,创建工作顺利通过省工商局验收并全部达标。“五无”监管区创建工作连续三年被市工商局评为“先进单位”。

3.查处取缔无照经营

2003 年,国务院《无照经营查处取缔办法》出台,县工商局在电视台全文播放,并广泛宣传。是年,查处无照经营户 974 户,罚没入库 4.5 万元,全县持照率达 95.4%。

2004—2005 年,相继开展“红盾巡航”和“红盾风雷”专项行动,查处取缔无照经营户 1400 余户。

2009 年,清理、取缔、规范无照经营户 1600 余户,罚没入库 18.1 万元。

2010 年,县政府建立以工商局为召集人的查处取缔无证无照经营联席会议制度,将查处无照工作列入各乡镇、部门社会综合治理考核范围。

2011 年,县工商局出台《关于建立查处取缔无照经营行为工作机制的意见》,修改完善《取缔无照经营工作规范》和《查处无照经营整治工作制度》等制度规范,并在全省查处取缔无证无照经营工作会议上作经验介绍。

2012 年，组织 29 家职能部门召开第三次查处整治无证无照经营联席会议，形成了“政府领导、工商牵头、部门联动、社会监督”的查处取缔无证无照工作模式，并制定了通过“保密邮箱”网上抄告制度。

第二节　市场建设与监督管理

一、建设培育市场

1989 年，县工商局投资 165 万元兴建集贸市场 9932 平方米，添置公平秤 98 台，肉案 140 个，货架 1230 平方米；发展个体贩运户 7544 户，引进商品 372 个品种。

1991 年，投资 225 万元，建设占地面积 29826 平方米、建筑面积 11490 平方米的集贸市场；同年还投资 27 万元与有关单位合建占地面积 7506 平方米、建筑面积 2812 平方米的农贸市场。

1992 年，投资 749 万元，新建城关桃花路、陬市、观音寺、漆河等 8 处集贸市场，新增固定门面 280 个，临时摊位 1067 个，引进 1.2 万人进场交易。全县综合市场增至 78 个，专业市场增至 49 个，工业品市场增加 4 个，生产资料和生产要素市场 23 个。

1993 年，投资 540 万元，新建陬市、三阳、观音寺市场，为 2000 多个体工商户解决经营门面和场地，发展贩运户 8705 户。

二、集贸市场管理

1989 年，完成集贸市场建档工作，并对市场实行“跟踪管理”。创建文明集市 11 个，其中省级 1 个、市级 2 个。

1990 年，查处各类市场违章违法案件 2210 件，罚没入库 4 万余元。

1992 年，在城关地区成立市场治安联防执勤室，加强市场治安保卫工作。

1993 年，对全县集贸市场和专业市场进行 48 次较大整顿，查处各类案件 937 起，创建文明集市 15 个。

1998 年，继续抓好文明集市的创建工作，重点对漳江地区的各种临时摊担进行划行归市，加强夜市管理。

2000—2003 年，县工商局按照《商品市场登记管理办法》，履行商品市场登记职责，为各类有形市场主办单位核发“市场登记证”。

2004 年，《行政许可法》实施后，对新设立的各类市场一律实施企业（市场）法人登记。

2000—2012 年，督促市场主办单位、经营者积极参与创建文明集市、文明县城活动，督促其为市场经营者做好卫生服务工作。同时积极提供政策、法律咨询服务。

第三节　经济监督检查及公平交易执法

一、经济监督检查

1989年,查处各类投机倒把案件359起,罚没74.27万元。

1992年,联合相关单位开展4次声势较大的"扫假"活动,共查处各类案件282起,捣毁制造假酒窝点1个,当场收缴假酒1200瓶。

1993年,查处走私汽车9辆、摩托车11辆,冒牌汽车2辆、彩电126台、黑白电视机27台。

1994年,集中实施24小时监控,严厉打击倒卖粮棉行为,查获粮食140吨,棉花27吨。深入开展以"打假、打劣、打私"为主要内容的监督管理工作,查处各种违章违法案件1300多起,没收非法所得50多万元。

1995年,开展打假打私专项治理行动,查处投机倒把案件126起,查获冒牌、走私汽车18辆、摩托车38台、空调器48台、彩电17台、电缆线4万米、木材274立方米,黄金360余克。

1999年,开展打击不法粮商专项行动,没收粮食140余吨,罚没入库57万余元。

2000年,把监管粮食收购市场工作放在首位,坚持"一打击、两规范",办结粮食案件16起,没收粮食26.9吨,罚没入库3.9万余元。与有关部门联合实施"畅通工程",办理个体车、船营业执照1250个。

2001年,查获非法经营烟叶2040担,案值达100万元。

2002年,清理加油站47家,查处非法加油站2家。开展毒鼠强专项整治行动,收缴毒鼠强0.5公斤,取缔无照经营杀鼠剂网点13家,游商小贩37人。

2003年年初,漳江工商所捣毁一贩卖病死猪窝点,销毁病死猪21头,罚款2万元,受到省市多家媒体关注。"非典"其间,查缴野生动物上百公斤,查处违法经营案件40余起,办结各类与非典有关的案件30余起,罚没入库20多万元。捣毁一制造假烟窝点,销毁60多万元的假烟。

2004年,清理整治小酒厂120家,查封手续不全的散装白酒197公斤。

2005年,开展了为期7天的"红盾护农"专项行动,查处农资违法违章行为32起、坑农害农案件15起,收缴不合格农机具34件,劣质农药、化肥123吨,罚没入库17.3万元。是年11月,成立禽流感防控指挥部,对辖区内的集贸市场、农村墟场和禽类产品经营单位严格实行巡查制度、索证索票制度、挂牌经营制度、情况报告制度,全县未发生一起禽流感疫情。

2006年,开展为期20天的"红盾护农"行动,依法惩处农资违法违章行为27起,收缴劣质农药、化肥127吨。

2012年，县工商局与县烟草局联合印发《清理整治卷烟市场无证无照经营工作实施方案》，组织开展查处假冒卷烟真假识别培训，并联合开展为期20天的专项整治行动，检查卷烟户187户，清理取缔无证无照户32户，规范烟草经营户7户。查扣不合格草甘膦农药201件，整治无照经营和超范围经营农资户18户，查处涉农案件25起，罚没入库6.5万余元。

桃源县工商局2005年“红盾护农”专项行动启动仪式现场

二、公平交易执法

（一）反不正当竞争

2001年，针对部分具有垄断地位的公用企业中存在的不正当竞争行为，加大监督检查力度，重点立案查处县自来水公司指定销售用户、县财保强制保险等行为。

2004年，查处违反公平竞争案件165起，罚没入库25.36万元。

2006年，查处商业贿赂案件10起，案值30多万元，查处不正当竞争案件3起。

2012年，查处各类不正当竞争案件10起，罚没入库14万元。

（二）打击传销和规范直销

2006年，县工商局规范直销经营网点40余家。

2008年，县工商局会同公安等部门捣毁4个传销组织，遣散27名传销工作人员。

2009年，创建16个无传销社区，开创“政府牵头、部门配合、社会参与、齐抓共管、群防群控”的工作新格局。开展8次集中行动，捣毁传销窝点2个，抓获传销头目、骨干3人，解救受害群众78人。

第四节　经济合同监督管理

一、鉴证备案及规范化管理

1990年，县工商局根据国家工商局《经济合同示范文本管理办法》，推行统一合同示范文本，发放经济合同示范文本510本，主要包括：购销合同、建筑工程承包合同、加工承包合同、房屋租赁合同、仓储保管合同、借款合同、保险合同等。

1992 年,检查经济合同 810 份,鉴证 558 份,合同金额达 235.67 万元,为企业挽回经济损失 318 万元。

1993 年,鉴证经济合同 537 份,审查和发放签订经济合同资格证 200 个,发放经济合同示范文本 540 本。

1994 年,强制性鉴证建筑承包合同 86 份,鉴证经济合同 788 份。

1996 年,开始实行企业动产抵押登记管理。

1999 年,重点鉴证建设工程承包合同和抵押贷款合同;同时拓宽鉴证种类,全年共鉴证经济合同 658 份,合同金额为 22500 万元。办理抵押物登记 15 件,价值 5235.7 万元,其中动产抵押 10 件,房产抵押 5 件,发放合同示范文本 105 本。

2000 年,鉴证经济合同 238 份,标的金额 7039 万余元;办结 32 起合同案,为相关单位挽回经济损失 550 余万元。

2001 年,组织专干、企业、法人、负责人参加法规培训,推行各类合同示范文本 460 本,评选市级“重合同、守信用”单位 3 家。加强了对全县所有参加招投标的建筑安装工程承包合同、房屋租赁合同的监管和鉴证工作。全年共鉴证经济合同 173 份,查处违法合同案件及其他违法行为案件 41 件。

2012 年,查处霸王条款案件 19 起。评选市级“重合同、守信用”企业 16 家,申报省级 16 家。

二、合同管理与调解仲裁

1989 年,县工商局成立了 11 个仲裁庭,均达到省工商局三等奖标准,其中桃花源仲裁庭达到省工商局一等奖标准。是年,调解 2896 件,裁决 3 起,解决争议金额 440 万元。

1991 年,办结各类经济合同纠纷案件 1312 件,争议金额 562.12 万元,调解 1274 件,裁决 3 件。

1992 年,处理各类经济合同纠纷 349 起,解决争议金额 318.38 万元,其中调解 315 件,裁决 1 件。1991—1992 年,县经济合同仲裁委员会连续两年被评为全省经济合同仲裁工作先进单位。

1993 年,办结经济合同案件 116 件,解决争议金额 414.8 万元。其中调解结案 101 件,裁决结案 1 件,撤诉 13 件。处理非诉讼纠纷案件 28 件,解决争议金额 100 多万元。是年,为确保合同仲裁的权威性与严肃性,市工商局与市中级人民法院联合发文,在县工商局成立工商法规执行室。

1994 年,全年共办结经济合同案件 128 起,合同金额 715.9 万元,解决争议金额 322.4 万元。处理非诉讼纠纷案件 12 起,解决争议金额 221.8 万元。1998 年自办协办合同仲裁案件 61 起。

第五节 商标与广告监督管理

一、商标监督管理与品牌建设

1989 年,核准商标 28 个,验证 73 个,验证率 100%,查处不规范的酒类商标 11 个,查出库存不规范商标标识 300 余万套,销毁库存侵权商标标识 68.5 万套。

1990 年,申报商标 21 件,获准注册 12 件,并统一对商标印制企业实行“一档三册”制度管理。一档即商标印制档案,三册即业务承接登记册、商标出入库登记册、废次商标标识销毁登记册。

1991 年,县工商局帮助企业申报商标 24 件,获准注册 14 件。

1992 年,申报商标 20 件,获准注册商标 18 件,办理变更 11 件,续展 4 件;查处 200 元以上的商标案件 43 起,罚没金额 18427 元。按期完成了 115 件有效注册商标的验证。

1993 年,为纪念《商标法》颁布实施十周年,重点开展送法上门、法规咨询日、法规培训等活动。是年,申报商标 19 件,获准注册 14 件,办理变更 1 件,转让 2 件,续展 7 件,完成商标验证 131 件,验证率 100%;接群众举报,端掉假“德山”大曲酒黑窝点一个,当场收缴假酒 804 件,并对 6 家销售假酒经营户进行严肃处理。全年查处商标案件 42 起,罚没金额 29300 元,收缴销毁商标标识 79800 套。

1996 年,查处侵犯他人注册商标专用权案件 17 起,罚款 26 万余元。

1998 年, 代办商标 5 件, 获准注册 6 件; 查处商标案件 19 起, 收缴销毁商标标识 32100 套。

2001 年, 县工商局加强对商标专用权保护, 查处商标违章违法案件 72 起, 罚没入库 32.15 万元,完成普通商标印制单位年检验证工作。

2003 年,县工商局查处商标侵权违法案件 10 起,案值 100 多万元。

2005 年,积极开展商标申报工作,逐步创立“腾琼”“古洞春”“鲁胡子”等一系列本地农副产品品牌。其中,“陬福”牌大米、“德江”牌棉纱被评为“常德市名牌产品”,“腾琼”获评省著名商标。

2006 年,指导“陬福”“古洞春”获得省著名商标的认定,开展查处商标案件业务培训,仅 4—6 月就办结商标案件 187 起,罚没入库 60 余万元。

2007 年,县工商局指导企业成功注册桃源大叶茶地理标志证明商标。

2008 年,摸底建立企业商标电子档案和品牌资料库,制定《实施商标战略五年规划》。

2009 年,成功指导“陬福”牌商标创中国驰名商标。陬市工商所被评为“全国工商行政管理系统商标工作先进集体”。

2010 年,帮助“古洞春”商标获评中国驰名商标。

2012年,实施品牌兴县工程,加强商标专用权保护,查处商标侵权案件27起,罚没入库11万元。全县共有有效注册商标494件,其中涉农商标76件,地理标志证明商标1件,中国驰名商标2件,省著名商标6件,市知名商标16件。

二、广告登记与监管

1989年,审查登记各类户外广告165条。查处违法违章广告案115起,罚没1.87万元。

1990年,节日其间突击检查广告经营单位、印制企业、集贸市场等,重点抓了城关、陬市两镇的户外广告清理整顿工作,查处虚假广告案件46起。

1993年,开展城镇路牌广告一条街、农村民墙广告一条街活动,指导企业利用广告开拓市场。

1996年后,县工商局重点清理整顿药品、医疗、保健食品等方面的广告。

1999年,登记审查各类户外广告738条,其中霓虹灯28个、路牌18个、灯箱50个、横幅642条。广告经营额达126.8万元。集中打击了招工、招聘方面的虚假广告,查处虚假招工招聘广告案件29起,全年共计查处广告违法案件51起,罚没11.4万元。

2001年,取消临时广告经营许可证的核发,推行广告代理制,发展广告经营单位10家,收回工商所的户外广告审批权。依法审批登记各类户外广告和店堂、牌匾广告4070余件,开展"反误导打虚假"活动和"揭谎月"活动,重点检查印刷品广告和揭露与"绿色消费"有关的虚假违法商业宣传,印发宣传资料50500份,收缴违章违法的印刷品广告13500份,立案查处19起,现场曝光3起。严厉查处违法医疗广告案件,罚款9万元。

2006年起,根据国家工商总局规定,印刷品广告和店堂广告不再进行发布前登记,转为事后监管。

2008年,深入开展"打虚假、树诚信"等行动,全年集中整治各类广告市场7次,查处各类违法广告案件107起。

2010年以后,广告登记授权注册分局办理。

2012年,联合相关职能部门开展虚假违法广告专项整治行动,建立联席会议制度,巡查广告市场30多次,监测电视台广告2000多条,查处广告违法案件18起,罚款12.5万元。

第六节　流通环节食品安全监管

一、制度建设

2009年,县工商局根据《食品安全法》规定开始食品流通许可登记,并完善相关许可等级制度。

2010 年，设立食品流通监督管理股，陆续制定出台《食品市场主体准入登记管理制度》《食品市场质量监管制度》《食品市场巡查监管制度》《食品抽样检验工作制度》《食品安全预警和应急处置制度》《食品安全责任追究制度》等十余项制度，并授权各工商所按照“属地管辖、一审一核、实质审查”的原则，办理食品流通许可。

到 2012 年，县工商局出台《食品流通行政许可事项告知“一口清”制度》，按照“一口清”制度共核发“食品流通许可证”3700 多个。

二、专项整治

2000 年，开展乳制品专项整治，收缴过期奶粉 1337 袋，太子奶 58 瓶、乳酸菌 80 瓶，追缴不合格奶粉 1039 袋。

2008 年，集中清查国家公布的 69 批次含有三聚氰胺的婴幼儿奶粉，印发各类宣传资料 24000 份，下架问题奶粉 1610 公斤，受理消费者涉奶投诉 600 多件，为消费者退换奶粉 100 多公斤。

2011 年，深入开展夏季百日执法及“打四黑除四害”专项行动，查处各类食品安全违法案件 128 起。

2012 年，实施“五统一”“六机制”，落实“食用油放心工程”。相继开展学校及周边、农村食品市场、景区等流通环节违法添加非食用物质和滥用食品添加剂专项整治行动。

三、食品快速检测和监测

2006 年，各工商所配备食品快速检测箱，提高食品安全监测手段。

2007 年，印发《食品安全检测箱保管使用规定》。

2009 年，利用食品检测箱在各大小超市检测近 500 余次，下架不合格食品 79 个品种、232 公斤。

2012 年，抽检流通环节食品 82 种，45 个品种不合格，其中抽取的 7 个样品散装食用油，全部合格。

县工商执法人员利用食品安全检测设备开展食品安全检测工作

四、规范食品经营行为

2007年,协同办理卫生许可证192个,取缔无照食品经营户112个,印发《特别规定》《工商行政管理所食品安全监督管理工作规范》《食品安全工作手册》260份,签订承诺书8000份。全面建立食品经营户的进销货台账和各大超市的索证索票制度,并开展经常性清理监督。是年,该项工作通过省、市工商局检查验收。

2009年,层层签订食品安全工作责任状,组织9次法律培训,发放资料1500份。

2010年,对全县800多名乡村干部和286所学校分管食品安全工作的副校长及6883名学生进行培训,强化其食品安全意识。

2011年,全面建立食品经营户诚信档案,开展诚信经营户评选活动。

2012年,启动创建食品安全示范街活动。

第七节　消费者权益保护

一、维权体系建设

(一)建立健全申诉举报中心

2001年,设立51个投诉站,配备专职人员22人、兼职120人,健全集受理、调解、执法、指挥职能于一体的"12315"消费者投诉举报中心,实行365天无节假日工作制。是年,受理消费者投诉402件,为消费者挽回经济损失202万元,查处侵害消费者权益案件29起。

2002年,开通"12315"电话,配备电脑,完善"12315"投诉举报及处理功能。全年受理消费者投诉123起,调解96起,立案查处27起,为消费者挽回损失310余万元。

(二)创新"三位一体"农村消费维权

2002年,县工商局大胆尝试"工商、消委、个私协"三位一体消费维权,并在黄石镇召开现场会。

2003年,建立包括县工商局"12315"申诉举报中心、9个工商所消费者举报站和21个市场消费者举报点的三级维权网络。

2005年,整合"12315"、消委、个私协职能,建立消费维权服务站40个、消费维权服务点116个,创建"三位一体"农村维权体系。受理农民消费者投诉、举报案件596起,挽回直接经济损失28万多元。"三位一体"模式在全市工商系统推广。

(三)全面建设"12315"平台

2010—2012年,通过逐步落实"一会两站"站点建设、设立完善共青团(红领巾)维权岗、加速"12315"短信平台建设、全面铺开"五进"工程、建立健全快速反应机制、联合调解机制、消费警示制度、基层站周报制度、案件查处机制和案件移送机制等多项机制，统筹推进“12315”信息互动、畅通民意、接受社会监督和听取群众意见，解决人民群众最关心、最直接、最现实利益问题的“四个平台”建设。

二、查处消费欺诈行为

2001年，县工商局联合多部门开展“打假冒、保春耕”“打假冒、保名优”“打假冒、净市场”的专项市场整治活动，查处26户生产销售假冒绿色食品、绿色产品的不法经营户，罚款38万余元。

2003年，组织开展“维权反欺诈”活动，重点检查美容美发业、餐饮业、旅游业、修理业四大行业，责令整改39户，查处47户，查处假冒伪劣商品和质量不合格物品81件。

2012年，共受理消费者申(投)诉405件。实现“受理率、调解率、回访率、满意率”均实现100%。

三、流通领域商品质量监管

2001年，县工商局先后开展多次专项打假活动，参加全省“红盾闪电”行动。查获过期、变质、劣质的化妆品、药品、建材等10余吨，查处假冒伪劣经营案件30余起，总涉案金额近80万元。

2007年，在漆河镇隆重举行“农村消费维权暨农村食品市场整顿年”启动仪式，进一步提高了农民维权意识。

2012年，抽样监测家具、橱柜、木地板18组，其中14组不合格。开展整治皮具箱包市场销售假冒伪劣行为、打击农村市场销售假冒伪劣行为、清查流通领域内不合格商品等系列专项行动，立案查处15起，案值40万元，罚没入库1.3万元。

第八节　法制建设

一、制度建设

2001年，县工商局印发《关于加强法制建设工作的意见》，建立《立案备案制度》《格式文书初审制度》《联审制度》《强制措施制约制度》《立卷归档制度》及《错案追责制度》等。

2002年，制定《行政行为操作规程》和《行政处罚案件立案备案制度》《案件主办人制度》。

2005年，建立《行政执法过错责任追究制度》《重大案件局长办公会议评审制度》以及

《行政执法责任制》。进一步落实重大行政复议决定、行政诉讼案件、规范性文件等三项备案制度。

2007年,印发《行政处罚案件备案、立案、销案制度》《行政处罚案件审批制度》《行政强制措施制度》《规范性文件审核制度》《行政执法过错责任追究制度》《行政执法监督制度》等九项制度。

2009年,制定《行政处罚条件操作规范》《关于如何制定说理性〈行政处罚决定书〉的规范意见》。

2010年,收集并整理县工商局历年的法制制度,形成《规范权力运行制度汇编》。

二、宣传教育

2000年,开展法律法规知识培训,举办法律知识竞赛。

2007年开始,充分利用"一月学一法""一月评两案"工商系统网络考试平台,坚持每月进行法律学习与考试。

2009年,举办《食品安全法》《行政许可法》等业务培训48次。

2009—2011年,相继编印《工商行政管理常用法律法规汇编》和《法律法规汇编》,并印发放给每个干部职工。

2012年,围绕"法治常德"建设工作,充分利用各类宣传载体和平台开展法制宣传和信息报送工作,共举办5期培训班,编发"法制快递"4期。

三、执法监督

(一)案件核审

2001年,为保证行政处罚案件质量,提高行政效率,成立县工商局行政处罚案件评审委员会,制定《大案要案疑难案件评审规则》,并实行案件质量检查、考核制度。

2006年,建立《行政执法重大事项局长办公会议评审制度》,行政处罚案件审核率达到100%。

2007年,制定《行政处罚案件审批制度》,规定所有适用一般程序的行政处罚案件必须提交法制股书面核审,实行三级审批制度。仅2012年,核审案件达200余件。

(二)案件听证

2003年,开始实施案件听证制度,及时依法组织听证,防止不当行政处罚行为,提高办案水平。

2004—2012年,县工商局按照国家工商总局《工商行政管理机关行政处罚案件听证规则》,规范行政处罚听证,对属于听证范围的行政处罚案件在作出行政处罚决定之前,依法听取听证参加人陈述、申辩并质证。其间，进行案件听证 13 次。

（三）行政救济

自 2000 年起，县工商局坚持在行政执法中充分给予当事人陈述权、申辩权、复议权，对违法事实不成立的案件坚决撤销。

2006 年，撤销股所行政案件 15 起，在市工商局申请行政复议和法院申请行政诉讼的案件无一起撤销或败诉。

2008 年，县工商局实现零申诉、零复议、零诉讼、零执行“四个零”的突破，在全县法制工作检查中名列第一名。

2012 年，县工商局全面推行说理式处罚文书，无一例提出复议和诉讼。

四、行政指导与规范“自由裁量权”

2008—2012 年，建立以《工商行政指导书》《责令改正通知书》《维权程序公示书》《工商服务回访书》为重点内容的行政指导机制，出台《行政处罚自由裁量权适用规则》等一系列制度，统一执法标准，完善执法程序，解决执法过程中以罚代管、重罚轻管、先罚后管和执法随意性难题，促进了和谐执法。

第九节　服务社会经济发展

一、服务农村经济发展

2000 年，县工商局先后筹资、捐资 4 万余元帮助驻点村改善公共设施，发展庭院种植。

2001 年，组织 3 批 28 名机关干部下村开展“五送”，投资 11500 元，协助筹资 2 万余元帮助解决点村用电难、吃水难、行车难问题，群众自发树立 “功德碑”。

2005 年，分期分批组织岗前培训，帮助 81 名经纪人取得执业资格。成立全市首个经纪人协会，17 名经纪人从单纯中介向既中介又购销的领域转变，在全国 20 多省市设立批发销售点 40 多个。

2006 年，县工商局成立农村经纪人协会和 5 个行业协会，新发展农村经纪人 80 人。

2007 年，经农村经纪人协会和经纪人中介外销农产品 1000 吨，产值达百万元。对口联系泥窝潭乡新农村建设点村，投资 5.4 万元建设公路 3.5 公里。

2008 年，实施“商标富民、合同帮农、经纪活农、红盾护农、维权便农”措施，创新服务“三农”工作机制。

2012 年，制定农村土地承包经营权流转合同示范文本，全县有 258 户农户已签订新合同文本，涉及农田、山林近千亩，不断增强农民维权意识和法制观念。

二、服务“四化两型”

2008年,实施“一化三基”工商联络员制度,专题召开优化经济环境恳谈会,走访企业116家,确定40家重点联系企业,提出合理化建议65条。

2009年,为联系企业提供政策法律咨询230人次,帮助企业解决困难38个,帮助融资8000万元,帮助磊鑫矿业合法节税20万元。帮助2823名返乡农民工、1367名下岗职工、22名大学生解决就业问题。

2011年,制定出台《关于进一步服务经济发展创建满意工商的意见》和《关于进一步推进全民创业服务经济发展的十二条措施》,从放宽准入、扶持发展、拓展服务、创新机制等方面促进全民创业就业。大力开展服务“四化两型”工商联络员活动,结合“访千户企业,解千道难题”与“大走访”活动,为企业提供政策法律咨询等服务780人次,帮助企业解决实际困难26个,协调帮助企业成功融资5560万元。

三、服务企业改革与发展

1991年,县工商局就“乡镇企业现状”展开调研,制定了《关于支持搞活企业,促进商品流通的十四条措施》,全力支持全县百余家企业快速发展。

1992年,建立37个企业联系点,局所两级均制定扶持企业方案,积极支持企业发展横向联营、引进外资及取得控制商品经营权。

1994年,帮助企业在外地设立窗口32处,打开对外销路;同年先后帮助企业解决贷款520余万元。积极支持“三资”企业的发展,全年为本地吸引外资740余万元。

1997年,支持企业建立现代企业制度,支持国有企业推行公司制改造,将有限责任公司登记由原来县工商局直接审核发照改由分局、各工商所初审把关后,县工商局再复核发照,为企业节约有关经费11万余元。

2001年,支持全县126家企业改组、改制,活用政策办理政企脱钩。是年,对口扶持枫树乡达奇棉纺厂,使其脱离困境。

2003年,对受非典疫情影响较严重的行业减免个体管理费和市场管理费3.8万元,对34家挂牌企业落实保护措施。通过简化手续、减免收费,大力支持招商引资,市经贸委特撰写《为招商引资铺路架桥,桃源县工商局有口皆碑》专题报道。

2010年,大力推行行政许可事项告知一口清制度,并对企业实施“六提醒”温馨服务制度。

2012年,实行企业宁静日制度,规定每月的1—20日,工商执法人员不得入企业进行检查。建立工业支柱产业和工业重点项目工商联系服务制度。

四、开展"满意在市场，有事找工商"主题活动

2011年，广泛开展"满意在市场、有事找工商"主题活动。全县各类市场均设有市场综合管理办公室、个私协分会和消费维权服务站，以及农产品质量和农残检测室，全面落实"设置一个宣传栏、印发一份公开信、派送一张便民卡、置放一台公平秤、签订一份责任状、下发一张测评表"的"六个一"工作。是年，查处市场违法案件47起，调解市场内消费纠纷107人次，有力维护了市场秩序，赢得了广大人民群众的赞誉。

五、指导个私协服务社会

2001年，县个私协组织开展学雷锋活动，慰问敬老院的孤寡残疾五保户。

2004年起，个私协聘请常年法律顾问，免费为会员进行3万元以下经济纠纷的诉讼服务。

2010年，搭建银企融资平台，全年累计帮助企业融资逾亿元。

2012年春节前夕，个私协共慰问困难会员24名，发放慰问金4800元，印制年画10000份。主办"雷锋在身边，美德永相传"大型慰问活动，走访慰问漳江敬老院、郑河敬老院，累计捐赠各种生活用品和物资折合人民币4.1万元。举办2次融资洽谈会，推荐融资服务对象71个，为个体工商户、私营企业融资1.81亿元。

第八章　临澧县工商行政管理局工作概要

临澧县位于常德市西部,居澧水下游,总面积1203.43平方公里,辖17个乡镇、1个经济开发区,人口45.3万人。

第一节　工商企业登记注册与监督管理

1989年,县工商局全年办理工商企业开业登记169家,分支机构144个,为65家企业放宽企业名称限制,为174家企业从宽核定经营范围,为8家非归口经营企业签发一次性经营特许证,为16家企业在广东、广西、海南、福建等地打开横向联系窗口,办理相关手续。全年查处违反《企业法人登记管理条例》的案件130起,罚没金额4.6万元;对193家名称不符、超越经营范围、转让营业执照或名集体实个体的问题企业进行了处理;清理整顿公司99家,撤销15家。

1990年,县工商局对全县510家企业进行年检,为12家企业在外省外县开设86个窗口办理了有关手续,为相关企业增加销售收入800多万元;调解企业在外地遇到经济纠纷12次,帮助收回欠款和挽回经济损失420多万元。全年查处违反《企业法人登记管理条例》的案件170起,罚没金额8.5万元,其中清理整顿商业批发企业和物资供销企业148家,撤销14家,保留134家。

1991年,全县发展企业84家,办理注册登记155个,办理变更登记314个,查处企业违法违章案件103起,罚没金额10.6万元,帮助企业在外地开设窗口25个,为企业增加销售收入3256万元。

1992年,新办理各类企业注册登记370家,为498家企业办理了变更登记,协助64家企业在全国20多个省市开设经营窗口118个,为外商办理注册登记7家。全县共有工商企业2002家(其中企业法人742家、营业登记1260家)。

1995年,全县登记各类工商企业396家,其中有限责任公司14家。支持企业在外设立窗口(分支机构)28个,协助企业处理各类纠纷21起,挽回经济损失200多万元。

1998年,对金田公司虚报注册资金骗取注册登记行为予以查处。同年,成立运输市场管理所,印发运输市场登记管理公告3000份,查处无照经营案件14起。全年办理企业注册登记69家,其中国营企业12家、集体企业9家、有限责任公司38家、其他企业10家。向省市申请棉花企业收购资格认定3家。

2000—2001年,查处“三无企业”130家,注销12家,关闭“八小”企业2家;查处无照企业6家，查处超越核定经营范围4家，处理不按规定办理年检手续151家，罚款1.7万元。

2002年，重点打击无照经营行为，整顿饮食、烟花鞭炮、矿山开采、医药等行业，共清理158户，取缔23户，督促办理营业执照21户，立案查处10户。同时加强对企业出资行为、前置条件及年检资料报送情况的审查，查处企业抽逃出资案件5起，注销名存实亡企业380家。

2004年，共注册内资公司23家，内资分公司80家，内资企业法人7家，内资营业单位65家，私营企业1094家，私营企业分支机构148家。

2005年，共登记内资分公司4家，内资营业单位5家，私营企业80家，私营企业分支机构18家。

2006年，启动农村经纪人培训发展工作，免费举办2期农村经纪人培训班，集中培训各类经纪人150人。

2007年，县工商局注册登记系统与省工商局联网，实现网上登记注册，提高登记准确性；出台《联系企业制度》《首问责任制度》《公开办事制度》《首次不罚制度》《关于规范企业年检工作的通知》等文件，优化政务环境。

2008年，随着《合伙企业法》《农民专业合作社法》《股权出质登记管理办法》相继出台，县工商局进一步优化服务举措，使全县拥有了新的企业群体和新的融资渠道，大力扶植清水鸭业、伍大姐系列风味食品等农产品加工销售龙头企业，帮助企业开拓农产品销售渠道，发挥农业的整体效应和特色效应，促进农民增收，企业增效。

2009年，县工商局完成所有企业档案的电子扫描工作，企业档案完全实行信息化管理，是年，共扫描各类登记档案4000多份。扎实开展“工商优质服务年”活动，严格执行省工商局二十条措施和市工商局促进经济平稳较快发展的十条措施，县工商局全体班子成员和中层骨干联系了清水鸭、安福精工、安福拖拉机等30家企业，招商鑫路通物流、担粮山现代农业、吉祥车业、三水铝制品加工等6个项目，引资1000多万元。

2010年，为提高工作效率，县工商局将有关股室职能整合，把广告登记许可、企业动产抵押登记、食品流通许可的核发权限移交注册分局，注册分局办公地点整体搬迁至县政务中心，新设立行政许可办公室，将全局涉及6个部门的多项行政许可在县政务大厅集中办理，是年，工商服务窗口被评为“红旗服务台”。

2011年，县工商局组织开展“四化两型”工商联络员活动，开展“访千户企业、解千道难题”大走访活动，并取得明显成效。是年，新发展企业75家，招商引资2000万元。政务中心工商服务窗口努力创建“于雪梅式服务窗口”，主动为20家新办企业成功申请“常德”“常德市”“湖南省”企业冠名。县工商局档案室晋升省特级档案室，为社会各界提供档案查询425人次，充分利用工商部门掌握的基础数据和信息；发布3期《市场主体发展报告》，为政府决策提供参考。

2012年，县工商局行政许可窗口搬迁至新建的县政务中心大楼二楼，全年新办企业登记49家,全县企业达到707家。行政许可回访无一例投诉,被访经营者对窗口服务满意率达99%,是年,工商窗口被县政务大厅评为“红旗窗口”。

第二节　个体私营经济培育发展与监督管理

1990年2月,县政府召开全县个体私营经济总结表彰大会,制定《关于继续鼓励发展个体私营经济的八条意见》,对个体工商户、私营企业从政策、法律及经营方向上进行引导,为个体工商户提供资金、场地、技术、信息服务。全年筹集资金2.4万元,向银行申请贷款20万元,为个体工商户解决了资金严重不足的困难。挤出980多间房屋租给300多户个体工商户改作经营门面;举办修理、缝纫、理发、财务等培训班15期。截至年底,全县共有个体工商户5865户,私营企业25家,从业人员9284人,共有注册资金639万元,全年个体工商户营业额达到5100万元,上缴国家税金500万元,交纳个体管理费50万元。

1991年,全县新发展个体工商户1291户,私营企业18家,新增注册资金849万元,并开展年检验照工作,个体工商户和私营企业验照率分别为95%、100%。全年共查处违反《城乡个体工商户管理暂行条例》及其细则的案件205起,罚没金额16.8万元。全县个体税收达620万元,其中纳税万元以上51户,上缴管理费3000元以上的55户。评出文明经营户210户,22户贡献突出的个体工商户及私营企业被评为全县个体私营经济标兵。

1993年,新发展个体工商户4000户,私营企业58家,截至年底,全县共有个体工商户7786户,私营企业101家,从业人员达12600人,注册资金2450万元。是年,国家工商局、中国个体劳动者协会授予县个协“全国个体劳动者职业道德教育先进单位”荣誉称号。

1994年,全县个体工商户20038户,私营企业318家,注册资金达到1.5亿元,个体私营经济创产值(含营业额)7.4亿元,从业人员达到42987人,上缴国家税金1350万元,年产值在1000万元以上的有1家,500万元以上的3家,100万元以上的65家。

1995年2月27日,召开全县个体私营经济工作会议,会议提出了发展个体私营经济的任务和政策措施,表彰了陈长新等19名个体私营标兵和刘键等100名文明经营户。同年,为改善个体私营经济生产和经营环境,遏制多头收费的势头,县委、县政府采取挂牌保护的措施,对城关镇(现为安福镇)“金德利有限责任公司”、合口镇“常德市杰新印染厂”等多家私营企业进行挂牌保护。

1999年,全县新发展个体工商户1380户,总数达16810家,新发展私营企业28家,总数达346家,个体私营经济从业人员达42672人,完成产值5.8亿元,营业额6亿元,入库税金1530万元。

2005—2008年,县工商局加大“四方定费”和“阳光收费”力度。2005年,县工商局及各工商所成立了“四方定费”工作领导小组,并制定了《个体户定费工作方案》,对个体工商户开展“四方定费”工作,即定费工作由工商干部、个协骨干、人大代表政协委员、个体工商户代表四方来协商定费，依据个体工商户的基本情况，做到合法、合理、公正、公平地定费。2006 年增收“两费”80 万元，此项工作一直坚持到 2008 年 9 月全国停征“两费”为止。

2009 年，根据省、市工商局的整体安排，县工商局以开展“五无”监管区创建活动为契机，在查处无照经营、食品安全监管、规范公用企业不正当竞争、打击传销等多方面建立了长效工作机制。

2010 年，县工商局严格按照市工商局创建“五无”监管区的要求，对经营地址和经营范围进行了规范，实时更新各项监管信息，实现对市场主体的准入、信用、退出过程全面有效监管，在年底全市“五无”监管区考核验收中，34 个监管区全部验收合格，8 个工商所被评为创建“五无”监管区工作先进工商所。

2012 年，县工商局开始推行市场主体信用分类监管，组织培训学习市场主体信用分类监管系统，对 2012 年 5 月 1 日前登记的经济户口进行实地普查和年检验照普查。继续推行服务“四化两型”工商联络员活动，推进全民创业。免费为下岗职工办理工商营业执照 35 件，新办理个体登记 730 户，全县个体工商户总数达到 16689 户。

第三节　市场建设与监督管理

1989 年，全县市场建设投资 341 万元，占地面积 21130 平方米，建筑面积 17900 平方米，市场成交额 8624 万元，其中，工商部门投资 45 万元兴建临澧第一市场，投资 56 万元扩建新安集贸市场。是年，县工商局对集贸市场进行 4 次检查，对木材、文化、医药市场进行 7 次整顿，同时加强了粮食、棉花市场管理。查处市场违章违法案件 429 起，其中短尺少秤 88 起，掺杂使假 59 起，以次充好 63 起，欺行霸市 13 起，哄抬物价 25 起，转手倒卖 9 起，无照经营 172 起，共罚款 11.03 万元。

1990 年，为搞活市场，满足城乡人民生活需要，县工商局组织 300 多个长途贩运户从外省外县引进各种蔬菜 400 多万公斤，各种水果 200 多万公斤，集贸市场成交额达 8800 万元。全年查处违反《城乡集市贸易管理办法》的案件 403 起，罚没金额 15 万元。

1991 年，改建和扩建合口市场，续建了城关市场，共计投资 215 万元，建筑面积 10000 平方米，新增固定门面 70 个，固定摊位 236 个。

1992 年，全县投资 320 万元新建临澧县农副产品批发市场和新安集贸市场。至年底，全县共有 8 个市场，总投资 1178.9 万元，建筑面积 48490.8 平方米，拥有固定摊位 1200 多个，临时摊位 1100 多个，收取市场管理费、房租、摊位费 180 万元。同年，全省市场建设管理现场会在临澧举行，临澧第一市场被中国企业评价中心湖南分中心，被省政府经贸办、省政府经济研究室信息中心和省统计局等单位评为“全省 60 家效益最佳集贸市场”之一，排名第 33 位。

1993 年，县工商局投资新建合口竹木市场和新安粮食初级批发市场。是年，全县有 3 个市场被评为“省级文明市场”,4个市场被评为“市级文明市场”。

1994年,全县市场建设投资(包括社会多家兴建投资)达1552万元。1月,查获甘肃生产资料汽车经销公司走私进口汽车案,罚没9.5万元。

1995年,开展大型打假专项行动4次,出动宣传车40台次,查获假冒吉普车18台,冒牌轿车5台,劣质空调81台,假烟440条,假酒385瓶,过期啤酒1820瓶,过期饮料1980瓶,冒牌酱油480瓶,捣毁制假黑窝点4个。3月,查处乐昌市交警队违反进口汽车管理规定非法购进使用进口车辆案,罚款2万元。5月,在全县17个乡镇设立定点屠宰点,让消费者吃上了放心肉。5—6月,对全县农资市场进行集中整顿,对非法经营的10家单位注销营业执照,并责成办理变更登记;对2家已发营业执照经营户予以注销,取缔非法个体经营户154家,共查扣尿素56吨,钾肥108吨,复合肥3.7吨,磷肥138吨,碳铵262吨,农药342件,全部由供销社收购,总价值61.42万元,办结案件103起,罚没金额30.05万元。

1998年1—6月,县工商局查处非法倒卖烟叶案5起,涉案烟叶600多吨,案值600多万元,罚没入库78万元。查获城关广州保税区执信医药设备公司走私彩色B超机案,安徽界首市高居其违法经营药品案,县邮电局人民书店无照经营案,罚没入库8万多元。同年9—11月,查处河南三门峡特殊有限公司、河北邢台国有粮食储备劳动服务公司、内蒙古通至中天有限公司非法经营玉米案3起,涉案玉米1200多吨,案值100多万元。

1999年,查处云南省陆良县中枢镇太某倒卖烟叶一案,涉案烟叶60000公斤,罚没入库20万元。全年共查处非法收购贩运粮食案件43起,没收粮食21.3万公斤,罚没入库28.7万元,包括内蒙古通辽中天粮油贸易有限公司非法经营300吨玉米案,县石化产品销售有限责任公司抽逃出资案等。

2000年,开展粮棉市场整治行动,查处倒卖粮棉行为8起,罚款9万元。

2001年,查处不合格建筑主体承包、转包工程等建筑市场违法行为12起,查处各类非法出版物及盗版书籍案件15起,查处公用企业滥用支配行为强制交易、限制竞争案件7起,共罚款11.3万元。

2002年,审检确认各棉花收购点的收购资格;查处1起倒卖陈化粮案件,涉及违法倒卖的陈化粮达21171吨,违法金额1800余万元。

2003年,开展运输市场专项整治,加强汽车回收拆卸拼装市场的监管,查处未经工商部门核准登记擅自从事报废汽车回收经营的违法行为8起。5—6月,开展“毒鼠强”专项整治活动,端掉违法窝点1个,查获各种“毒鼠强”药剂24215克,有力保障了人民群众的生命安全。

2004年,查处倒卖陈化粮案件1起,该案涉及倒卖的陈化粮1527吨,违法金额277.4万元。集中整治农资市场管理3次,查处假冒伪劣案件2起,违法销售农药案15起,罚款2万多元。检查了全县37家棉花收购加工企业,查处无证非法经营棉花收购贩子16人,罚款5万多元。

2005—2006 年，开展农资打假暨“红盾护农”专项行动，整顿市场 3 次，受理农资投诉 6 件，立案查处 14 件，为农民挽回经济损失 2.6 万元，查扣伪劣农业生产资料 4000 余公斤，没收不合格“喜登门”复合肥 8 吨，罚款 2 万元。

2007 年，县工商局所辖各工商所指导辖区农资经营户建立健全“两账两票、一卡一书”（即进货台账、销货台账、进货发票、销货发票、农资商品质量信誉卡、农资商品质量责任书）制度，并狠抓宣传与落实。

2008 年，全年检查农资企业 22 个，立案 5 起，处罚款 3000 元。在棉花市场监管中，查处无照经营棉花案件 18 起，罚款 1.5 万元。6 月，查处临澧县常新石化有限责任公司违法从事汽油批发经营案件，罚款 1.5 万元。

2009 年，取缔违规种子、农药、肥料经营户 8 家，取缔流动种子摊点 3 个，取缔经营条件不具备的兽药经营户 3 家；查获劣质 10%草甘膦水剂 205 件，不合格农药 630 件，假冒复合肥 12 吨。

2010 年，全年共检查农资经营户 863 户次，整顿市场 3 次，抽检农资商品 28 个，受理投诉 15 件，为农民挽回经济损失 10.5 万元。开展医药市场专项整治。查处临澧县第三人民医院、常德尔康医药公司、临澧县兴隆医药有限公司、常德地园医药公司等四家单位在药品购销中商业贿赂案件，罚没 20 万元。对全县 48 家房产开发公司及建筑材料销售商使用和销售的建筑材料进行抽样检测，对其中 21 个不合格主体进行立案查处，对临澧县福之源房产开发有限公司和临澧县通程电力公司在工程中使用不合格建筑材料的违法行为分别作出罚款 2 万元和 0.5 万元的行政处罚。

2011 年，县工商局会同县纪委、县检察院查处临澧县人民医院药品购销中商业贿赂案件，对该单位医务工作人员开单提成的违法行为作出罚款 180 万元的行政处罚。

2012 年，县工商局制定《临澧县工商局 2012 年网络商品交易及有关服务行为监管工作方案》，对全县网络商品交易经营户加强日常巡查和日常走访，并对所有网络商品交易经营主体进行网上录入和电子链接标识审核，录入网络商品交易经营主体 44 户，查扣不合格氯化钾 6 吨，查扣不合格草甘膦农药 30 件。

第四节　经济合同监督管理

1989 年，县工商局鉴证经济合同 20 份，金额 850 万元。办结经济合同案件 4118 起，罚没收入 12 万元，为企业和个体工商户挽回和避免经济损失 3500 万元。

1990 年，县工商局启动推行经济合同示范文本筹备工作，举办全县企业法人培训班 8 期，参训 460 人。全年参与经济合同鉴证 35 份，鉴证金额 280 万元，对 172 家企业的 4560 份经济合同进行检查，监督当事人履行经济合同 778 份，履约金额 6650 万元。全年共办结案件 3173 起，收取管理费、罚没款和追缴非法所得 41 万元。

1991 年,在全县范围内推行经济合同示范文本,依法订立经济合同 12500 份,参与经济合同鉴证 350 份,鉴证金额 238 万元,全年共办结经济合同案件 1832 起,其中仲裁 1635 件(裁决 6 件),确认无效经济合同案件 184 件,查处利用经济合同进行违法活动案件 13 件。解决争议金额 640.67 万元,返还财产 919.17 万元,赔偿损失 4 万元,为企业挽回和避免经济损失 650 万元。

1994 年,办结各类合同案件 202 件,其中仲裁 164 件,查处违法合同 38 件,鉴证合同 825 份。全年共举办经济合同法规培训班 6 期,参训人员 650 人次;办理企业法人签订合同资格证书 307 人,为企业避免和挽回经济损失 280 万元。

1995—2000 年,县工商局不断拓宽经济合同管理领域,加强对建筑安装、房屋租赁、房产交易合同管理,其间,评选出“重合同、守信用”单位 96 个。

2006 年,为企业盘活闲置资产,积极办理动产抵押登记 27 件,登记抵押物价值 6069 万元,担保主债权 2438 万元。

2009 年,定期到企业了解并帮助解决困难和问题,通过办理动产抵押登记帮助企业融资 7052 万元。

2011 年,为企业办理动产抵押登记 25 件,成功为临澧县腾飞实业有限责任公司等企业融资 1.4 亿元。

第五节 商标与广告监督管理

1989 年,全县申报注册商标 13 个。对商标印制行业进行检查和整顿 3 次,对 23 种酒类商标进行检查,查扣封存 10 种共 11 万份不规范商标标识,对 257.5 万份侵权商标标识予以收缴。全年查处违反《商标法》的案件 89 起,罚没金额 0.95 万元。

1990 年,全年申报并经国家工商局核准注册的商标 10 个。对全县 121 个注册商标进行了验证、建档,确定 5 家企业为商标印制、保管、使用的联系点。

1992 年,临澧县广告事业进入较快发展时期,橱窗广告、灯箱广告、路牌广告、民墙广告、印刷广告等多种形式的经济广告遍布城乡。是年,县工商局核准第一家广告经营单位,即临澧广告公司开始营业。当年,县工商局对全县广告市场进行 4 次检查,查处 3 家非法承制广告业务企业,查处非法张贴内容不真实及不健康的医药广告人员 37 名,收缴销毁虚假广告 4769 份,查处各类广告违章违法案件 52 起,罚没入库金额 1.86 万元。

1995 年 3 月 15—17 日,县工贸联合发展公司生产“白龙井”矿泉水商标注册被驳回,该公司仍使用“白龙井”商标,且注上“R”标记,县工商局依照《商标法》对其进行处罚。随后,县工商局为该企业重新向国家工商局申报了“三圣牌”商标,并帮助该企业更名为“临澧县白龙井矿泉水公司”,做到了管理与服务相结合。是年,查处商标违章违法案件 48 起,罚没入库 5.98 万元。收缴销毁非法印刷、买卖商标标识 20 多万份(套),印制模具 21 块。对临澧县官亭乡八达彩色印刷厂未取得商标印制许可权，擅自为安乡等地企业印制鞭炮商标 8000 多套的行为进行处理，收缴印版、模具 14 块，责令其立即停止违法活动。查处广告违章违法案件 25 起，罚没入库 2.78 万元。推行广告代理制，设置户外广告张贴栏 23 处。收缴虚假广告宣传单 15000 多份，撤除不规范的广告招牌 240 块，清除滥张乱贴广告 600 多处。

1998 年 1—6 月，县工商局对全县户外广告实行全面登记制度，共登记户外广告 290 起，收取登记费 1.45 万元，其中城关镇登记户外广告 225 起，收取登记费 1.1 万元。

1999 年，县工商局将“新厦”牌水泥商标向省工商局申报湖南省著名商标。查处湖北神鹰汽车股份有限公司经营假冒“东风”牌汽车案，罚款 3.4 万元。

2000—2001 年，申报注册商标 3 件，续展商标 1 件，转让商标 1 件，商标补证 2 件。办理商标违法案件 3 起，重点查处了县粮食购销公司在经营过程中违法使用“雪惠”商标一案，案值达 300 万元，罚款 6 万元。

2002 年，查处贵州西洋肥业有限公司生产的“西洋”牌复合肥、复混肥侵犯山东“撒尔奇”注册商标专用权案件，案值 38 万元，罚款 2 万元。同年，申请“中太”“百味美”“伟厦”等 7 件注册商标，积极引导烟花鞭炮企业注册本土品牌，提高企业市场竞争力和知名度。

2003 年，积极引导和扶持个体工商户进行商标注册，受理临澧县伍大姐风味食品厂“伍大姐”、临澧县杰海陶瓷有限责任公司“加贝美”等 10 个商标注册申请，其中成功注册商标 8 个。

2004 年，查处了赵某经营标有“德国多乐士（中国）有限公司”的“多乐士”系列油漆及侵犯他人注册商标专用权案，没收木器漆 12 件、多乐金装五合一 3 桶，处罚款 1 万元。

2005—2006 年，县工商局实施“品牌兴县”工程，帮助企业树立品牌意识，积极为企业申报注册商标，先后申请“凯丽”“力山”“雄风”等注册商标。加强对县电视台广告监测，通过监测，发现当事人在发布“清血糠安”“美国 U6”胶囊等保健食品电视广告时，存在宣传药物疗效等违法行为，并给予没收当事人广告费 2.4 万元、罚款 10 万元的处罚决定。全年办理广告违法案件 33 起，处罚没款 54.6 万元。

2007 年，为企业申请注册商标 12 件，全县注册商标总数达到 50 件，查处商标侵权案 23 起，罚没入库 43.5 万元。办理了侵犯“立邦”注册商标专用权案、佛山市南海区金蜻蜓鞋业有限公司侵犯“红蜻蜓”商标专用权案。为贯彻落实《奥林匹克标志保护条例》，切实加强奥林匹克标志专有权的保护工作，县工商局加大对奥林匹克标志专有权的保护，严厉查处侵犯奥林匹克标志专有权的违法行为，通过专项整治，共办理侵犯奥林匹克标志专有权案 4 起，案值 15.3 万元。其中对当事人吴为侵犯奥林匹克专用权一案，处罚款 5 万元。无锡市红月亮电动车厂侵犯奥林匹克标志专用权一案，处罚款 4.5 万元。

2008 年，全年成功申报注册商标 7 个，临澧县安福气门有限责任公司的“安福”牌商标成为省著名商标，临澧县伍大姐风味食品厂的“伍大姐”成为常德市知名商标。查处商标案件 16 起，罚没入库 41.6 万元。其中查处侵犯奥林匹克标志专用权案件 5 起，罚没入库 16.2

万元。

2009 年,临澧县合口镇出口花炮厂的“湘云”商标、湖南中泰特种装备有限责任公司的“中泰”商标被评为“常德市知名商标”,“中泰”商标 2009 年又被评为“湖南省著名商标”。是年,成功申报注册商标 12 件。制定了“2009—2011 年品牌发展规划”,绘制了“临澧县争创中国驰名商标、省著名商标、市知名商标发展示意图”。建立和完善《广告监测制度》《广告监管巡查职责制度》《广告行政许可审批制度》《违法广告公布制度》。全年共查处此类违法广告 12 件,罚款 13.9 万元。

2010 年,重点对湖南中泰特种装备有限责任公司、湖南安福气门有限公司、临澧县合口镇出口花炮厂、临澧县百家缘烟花爆竹产业发展有限公司等 11 家具有一定规模和地方特色的农副产品加工企业和工业企业进行重点扶持和指导,积极引导其争创中国驰名商标、湖南省著名商标。全年成功申报注册商标 21 件,地理标志证明商标 1 件,其中被评为省著名商标 2 件,知名商标 7 件,成为全县争创品牌最多的一年。

2011 年,县工商局向临澧县政府递交了《商标的现状与建议》。10 月,由王芪睿副县长带队,县工商局牵头组织县质监局,商务局、农业局等 11 个部门开展商标品牌战略实施专项调研活动,随后县政府起草了《关于推进实施商标战略的意见》。全年成功申报中国驰名商标 1 件(湖南安福气门有限公司的“安福”商标);省著名商标 2 件(湖南省胜芝化工有限公司的“五欣”商标、常德安福拖拉机有限公司的“湘安福”商标);市知名商标 2 件(临澧县汇丰米业有限责任公司的“湘上珠”商标以及“五欣”商标);指导申报注册商标 31 件。由县科技局牵头,县工商局,县技监局,县商务局等 7 个部门参加,开展了打击侵犯知识产权专项行动,对“都彭”皮具、“英豪船王”“波仕”牌服饰等涉嫌假冒伪劣的商品进行立案查处。全年查处商标侵权案 8 件、擅自从事印刷品经营活动案件 5 件,查扣涉嫌侵犯他人商标注册专用权“鸿雨”牌多乐士漆 163 桶,立邦“倍家美”漆 50 桶,浏阳“大瑶 DAYOA”商标标识 172600 张,五环烟花包装箱 4900 个。

2012 年,地理标志证明商标“临澧烟花”申报成功,使用时间为 2012 年 7 月 21 日—2022 年 7 月 20 日。

第六节　经济检查和法制建设

1989 年,临澧县工商局成立了经济检查大队和经济检查股,把经济检查的重点放在查处倒卖重要生产资料等投机倒把违法案件上。全年共查处投机违法案件 130 起,罚没金额 26 万元。

1990 年,共查处违法案件 292 起,罚没金额 150 万元。查获的主要物资有:进口汽车 5 辆、国产汽车 4 辆、进口卷烟 818 件、国产卷烟 6617 件、农药 4 吨、煤炭 16850 吨、钢材 5 吨、铝锭 15 吨、柴油 145 吨、棉花 54 吨、稻谷 510 吨等。

1991 年，为提高干部队伍的业务素质，增强办案水平，县工商局举办经济检查、合同监管、市场管理、企业登记、商标广告管理等专干培训班 12 期，通过提高执法人员业务素质，执法办案质量有了很大程度提高，复议案件明显减少，全年共查处违法违章案件 217 起，罚没金额 270 万元。

1993 年，为更好地履行经济监督检查职能，严厉打击制假售假及走私贩私行为，县工商局专门成立打假打私工作领导小组，由经检股牵头，各所队配合，进行识假知识宣传活动。全局共出动宣传车辆 12 台次，张贴宣传图片 80 多张，并通过县电视台、广播电台介绍识假知识，增强人民群众识假辨假的能力。举办假冒伪劣商品展览，在三大市场分别设立了展览室和假冒伪劣商品陈列柜，参加了省工商局举办的“打击假冒伪劣商品图片展览”，组织 2 次大型节日打假活动。全年查处经济违法违章案件 249 起，销毁旧服装 340 件、假烟 13 件、变质饮料 210 件，罚没金额 303 万元。

1994 年，县工商局下发国家工商局制发的“公平交易检查证”，其发证范围是：县以上工商机关从事查处不正当竞争行为，经考核符合上岗要求的办案人员。

1995 年，县工商局把打假活动作为规范市场主体行为，维护经济秩序的突破口，先后开展专项整治活动 4 次，出动宣传车 40 台次，查获冒牌吉普车 18 台、冒牌轿车 5 台、劣质空调 81 台、假烟 440 条、假酒 385 瓶、过期啤酒 1820 瓶、过期饮料 1980 瓶、冒牌酱油 480 瓶等，捣毁制假“黑窝点”4 个，假冒伪劣商品价值 890 万元，罚没入库 18 万元。

1996 年，根据省、市要求，县打假治劣领导小组和县打击走私办公室成立，具体工作由县工商局承办。全年共查处经济违法违章案件 378 起，罚没入库 60 多万元，打假物资价值 800 多万元。

1997 年，县工商局法制股成立。法制股的主要职责是：承担本系统行政处罚案件的核审和复议工作；协调行政诉讼案件的应诉工作；参与本局有关行政措施和规范性文件的起草和审核工作；负责有关工商行政管理法律法规的宣传、培训和普法教育工作；组织开展行政执法监督检查；指导全局法制工作。法制股成立后，各所配备了政治素质高、业务能力强的干部作专职法制员，认真履行案件核审职责。全年共核审适用一般程序处罚的行政处罚案件 326 起，简易程序处罚的案件 111 起，未出现一起行政复议和行政诉讼案件。

1998 年，案件核审工作进一步规范，全年共核审案件 397 起。案件核审的主要内容为所办案件是否具有管辖权、处罚对象是否准确、证据是否确凿充分、定性是否准确、适用法律法规是否准确、处罚是否适当、程序是否合法。是年，重点宣传国务院《关于进一步深化粮食流通体制改革的决定》和《粮食收购条例》。

1999 年，为了进一步加强对工商机关行政执法行为的监督，确实做到依法行政，县工商局成立了行政执法责任制领导小组，制定了一系列相应的措施和制度。主要包括经济检查办案中的有关规定、行政过错责任追究制度、案件核审制度。按照国家工商局的要求，重新印制了各种行政处罚文书，使行政处罚工作更加统一规范。全年共核审各类违法违章案件 409

起,其中复议案件1起,上级机关予以维持。

2000年,建立"两公开一监督制度"即公开办事程序、公开办事结果、接受群众监督。采取设立举报箱、举报电话、聘请社会义务监督员等措施,使执法监督走上规范化轨道。

2001年,成立以局长为主任的县工商局案件审理委员会,全年对本局重大、疑难案件集体审理 5 次,同时开展了法制建设"三争一创"活动。

到2002年年底,两年中下达纠正处罚决定书 2 件,清理不当立案10起,县工商局将市工商局的《行政执法工作和考核评分办法》的每一条款责任量化到人,评选出学习标兵10名、优秀经检工作检查员 6 名、优秀案卷10个、法制工作先进单位 3 个。

2003年,国务院颁发第370号令即《无照经营查处取缔办法》,为落实370号令,管片干部严格按乡镇、街道(村组)认真登记造册,核实无照原因,对全县清查出的600多家无照经营户分块切片,责任到人,视情况分类处理。对危害人体健康、存在重大安全隐患、威胁公共安全、破坏环境资源的四种重大无照经营行为进行查处取缔,全县共立案9起,督促办照31户,限期停产整顿5家。核审一般程序违法违章案件289起,罚没金额达236万元。

2005年,县工商局启用了常德市工商行政管理行政处罚案件管理系统,采用了电脑备案制度。对立案较多、立案不查、查案不结、超期结案及随意弃案的现象进行了清理。通过清理,共销案860件,撤销案件15件,督促速办案件38件。全年共核审案件465起,组织听证5件,其中维持4件、撤销1件。

县工商局开展"五五"普法宣传活动

2006年,县工商局成立了以局长任组长的"五五"普法领导小组,按照普法工作规划,抓"三个落实",即抓"经费落实、抓教材落实和抓师资落实"。由各业务股室中层干部负责主管业务的法律知识培训辅导,同时,聘请律师、上级机关业务骨干讲授专业法律知识,增强普法宣传效果。

2007年,核审行政处罚告知458起,行政处罚决定268起。

2008年,核审行政处罚告知338起,行政处罚决定226起。

2009年,核审行政处罚告知236起,行政处罚决定198起。提出了"确定重点办案领域,展开专业化办案"的新思路,确定了7个重点监管领域,采取公平交易分局、股室、工商所集中办理，以点带面的方式，加强对重点对象的监管，办理了一批社会影响大的案件。与纪委联合查处县人民医院医生收受回扣案、第三人民医院收受药品销售商商业贿赂案、农机公司骗取国家补贴案、危爆公司滥收费案。

2010 年，完成行政许可档案审查 1886 件，核审行政处罚告知 256 起，行政处罚决定 218 起。组织全局干部职工参加了国家工商总局组织的《农民专业合作社法》知识竞赛，荣获了国家工商总局颁发的“优秀组织奖”。

2011 年，积极开展“公正执法年”活动，对全局自 2008 年以来的行政处罚案件进行全面清理。完成行政执法依据清理和公告，审查行政许可档案 1288 件，核审各类经济违法违章案件 278 起，罚没入库 70 余万元。

2012 年，完成行政许可档案审查 1996 件，核审行政处罚告知 243 起，行政处罚决定 196 起。

第七节　消费者权益保护

2000—2004 年，县工商局以开展“3·15”消费者权益日活动暨“3·15”专项打假活动为契机，大力宣传消费者权益保护的有关法律法规，严厉查处假冒伪劣商品，共设立宣传牌 60 多块，提供咨询 1500 多人次，开展专项整治 7 次，受理消费者投诉 930 起，为消费者挽回经济损失 780 万元。

2005 年年初，出动 160 余人次重点对种子市场进行拉网式检查，查获临澧县种子公司和澧县种子公司经销假冒伪劣种子 340 余公斤。10 月，查处中石油临澧县城关加油站成品油掺杂使假一案，查扣当事人未销售完的掺杂使假汽油 3500 余升，货值 12250 余元，对当事人作出处罚款 3 万元的处罚决定。

2006 年，检查食品经营户 1187 户，开展儿童食品专项整治行动和学校周边食品市场检查，查扣不合格儿童食品 800 公斤。

2007 年，对全县水泥销售市场进行一次抽样检查，对湖南省临澧县新厦建材股份有限公司新厦水泥厂和临澧县人厦水泥厂每袋水泥少 1—3 公斤不等的行为进行立案查处，及时查扣重量不符合标准水泥 1300 余吨。6 月，对消费者投诉电动车质量问题进行检查，及时查扣广州显达助力车有限公司、浙江星月神公司生产的电动车 265 辆，对生产单位和销售单位均进行处罚。

2008 年 1—3 月，对全县卷烟、酒类、奶粉及其奶制品市场进行了拉网式清理整顿，查获假冒芙蓉王卷烟 86 条、假冒杏花村酒 65 瓶、假冒郎酒 42 瓶、假冒五粮液酒 27 瓶、假冒茅台酒 12 瓶，查扣不合格和过期变质奶粉及制品 2100 余袋。是年 5 月，根据消费者反映较多的木地板产品质量问题，对全县 28 户木地板经销商销售的木地板进行了抽检，共查扣不合格木地板 480 平方米，货值金额 5.7 万余元。

2009 年,对消费者申(投)诉反映的房地产开发商超标准向消费者(购房户)收取水电立户费问题进行了核实调查,调查发现湖南华安房地产开发有限责任公司、澧县祥锋房地产开发有限责任公司临澧青山书苑营销中心和临澧日泰房地产开发有限责任公司共计向 565 户消费者(购房户)收取高额水电立户费,合计 615560 元,县工商局对上述三家公司的违法行为进行了处罚,责令当事人向消费者退还多收的水电立户费钱款,为消费者挽回经济损失18 万余元。

2010—2011 年,县工商局对不合格取暖器、电热毯、油漆、卷烟、酒类、日化用品等商品进行了专项执法行动。对 7 户哄抬盐价、囤积居奇的行为进行了严厉打击和处理。对临澧县人民医院、临澧县兴隆医药有限责任公司、湖南世康药业有限责任公司、常德德海医药有限公司、湖南德源医药有限公司等药品销售企业在药品购销过程中的商业贿赂的违法行为予以立案查处,罚款 40 万元。

县工商局执法人员开展食品安全检查

2012 年,组织酒类市场专项检查,查处临澧县林波烟酒门市部,使用他人的企业名称销售干红葡萄酒,对当事人下达了处罚款 2 万元的处罚决定书。二季度,对液化石油气和建筑材料进行了抽样检查。抽取了 9 组液化石油气样品送相关检验机构检测,对经销不合格液化石油气的(临澧县湘北液化气站、临澧县平安液化气供应站、临澧县华丰液化气有限公司、临澧县湘穗旺盛燃气有限公司)4 家单位,分别下达了罚没 4—6 万元不等的处罚决定书。三季度对临澧县人民医院再次在药品购销过程中的商业贿赂行为,罚款 8 万元。

第九章　石门县工商行政管理局工作概要

石门县，位于湖南省北部，湘鄂边陲，澧水中游。东接临澧、澧县，西毗慈利、桑植，南邻桃源，北抵湖北省鹤峰、五峰、松滋诸县。全县总面积3,973平方公里。辖19个乡镇和2个农林场，总人口67.96万人。

第一节　市场建设与监督管理

一、市场建设

1988年年底以前，全县仅有2个工业品专业市场，37个乡镇牲畜交易所。随着县域经济的发展需要，1991年4月，县工商局自筹资金近400万元，在县城建设建筑面积达10000平方米、摊位达566个的楚江市场。同年12月20日竣工验收，1992年1月8日正式开张营业，从此结束了县城没有大型商品交易市场的历史。

1991年9月14日，建筑面积2548平方米、总投资10万元的新关农贸市场建成开业。

1993年3月初，县工商局投资1760万元在楚江镇宝峰路动工修建商贸城。

1994年10月16日，建筑面积24800平方米、门面750间的商贸城建成开业，成为湘西北最大的集贸市场，并在开业其间举行深秋商贸会等系列活动。

截至1999年4月，县工商局共投资2500万元，新建城乡集市贸易市场建筑总面积8.67万平方米，上市品种3000余种，全县集贸市场年成交额4.2亿元，丰富了城乡物资交流，方便了城乡人民生活。其间，有楚江市场、老西门工业品市场、夏家巷生猪交易市场被评为市级“文明集市”；楚江市场被评为省级“文明集贸市场”。

二、市场管理

1990年，县工商局查处违法违章案件1307起，罚没入库金额3.3万元，销毁假冒伪劣商品1834种(件)，收缴不合格衡器712杆，收缴非法出版物24960册。其中，7月20日，城关市场管理所查获100多条活蛇，并将其放生，4名蛇贩同时受到查处。

1991年，县工商局配合有关部门强化专业市场管理，查处违法违章案件732起。是年3月23日，县工商局市场管理人员在县火车站附近查获一名贩卖“娃娃鱼”人员，将2.1公斤娃娃鱼收缴并放生，同时依法对贩卖者给予了处罚。同年，全县开始实行生猪定点屠宰。

1992年,县工商局强化市场秩序整顿,开展创建文明集市活动,共查处各类违法违章案件1800多起,罚没金额3.7万元。

1994年,工商局与有关部门配合,先后开展4次大规模打假行动,没收病死、注水、变质猪、牛肉1400多公斤,劣质电线8吨,失准衡器350杆,销毁假冒伪劣商品48种,价值330多万元。

1999年,工商局先后出动执法人员130余人次,对市场上短斤少两、掺杂使假、欺行霸市、强买强卖等违法行为进行了严厉查处。收缴不合格衡器134杆,收缴假冒烟3500条,假酒845瓶。

2009年5月,县工商局在城区集中开展"限塑"清理整治"回头看"行动,共出动执法人员60人次,检查30个商品零售场所和70家经营户,查处一家无照经营塑料袋制品的个体工商户,没收商品零售店不按规定标明价格的塑料袋及不合格食品塑料袋1万个。

第二节　市场主体准入与监督管理

一、市场主体登记注册

1989年4月,全县换发企业营业执照与个体工商户营业执照,将工商企业登记管理由营业性登记转为法人登记,市工商局在石门县召开现场会肯定石门做法。截至5月底,共为7125户个体工商户、合作经营组织和私营企业换发营业执照。

1990年12月,县工商局、矿管局、电力局、公安局、税务局联合发出《关于各类矿山企业凭〈采矿许可证〉办理〈营业执照〉等有关手续的通知》,对矿山企业办理《营业执照》等手续进行规范。

1992年7月,开展"十清两补"活动,促进个体私营企业发展。是年,全县个体工商户发展到10511户,私营企业27家,从业人员达16800人,其中新发展个体工商户2458(含临照1911户),私营企业4家;新增从业人员6300人。

1993年4月,县工商局起草并由县委、县政府印发的《关于大力发展个体私营经济的四十条政策措施》实施。

1995年6月,县工商局组织拍摄《挺进大市场——石门县发展个体私营经济巡礼》专题片,该片多次在县电视台播放,使全县个体私营企业发展再次升温。截至当年年底,全县个体工商户发展到18628户,38101人;私营企业发展到362家,8603人,个体工商户和私营企业总户达18990户,从业总人数达47304人。个体私营经济年创产值2.85亿元,实现营业收入3.2亿元,入库税收1520万元。

1996年,全县个体工商户累计发展到20800户,私营企业450家,均超市委、市政府下达的目标任务,并创产值4.3亿元,实现营业收入2.8亿元,入库税收1910万元。

1997 年，县工商局注重企业登记中特殊问题的研究，并参加县财贸办组织的县供销社所属企业办理工商登记问题的专题研究会。会议依照有关政策法规，并结合实际，达成了“严格执行‘一店一照’、合理认定工商登记单位”等 6 条共识，并形成会议纪要，有效支持企业改制。同时，县工商局还为全县个体工商户发放了“行政事业性收费项目卡”和“行政事业性收费登记卡”，有效制止了乱收费、乱罚款、乱摊派行为。

截至 1999 年年底，县工商局共登记法人企业 328 家，营业企业 786 家，注册资金 9.67 亿元。

2000 年，县工商局新发展企业 116 家，其中有限公司 12 家。

2001 年，县工商局新发展企业 96 家，新发展个体工商户 4270 户。

2004 年，县工商局新发展企业 102 家，新发展个体工商户 2242 户。

截至 2012 年 7 月，全县注册登记的企业 1326 家，注册资本 21 亿元；注册登记的个体工商户 12974 户，注册资本 2.5 亿元；注册登记的专业合作社 128 家，成员单位总人数 2325 人，投资总额 3.41 亿元；另发展经纪人 762 人。

二、市场主体监督管理

1990 年，全县清理整顿公司工作结束，县工商局制订的撤、并、留方案获县政府批准，县清理整顿公司领导小组办公室随后发文，正式作出清理整顿公司 47 家，其中注销 22 家，保留 17 家，立案查处 8 家的决定。

1992 年，县工商局对 9057 户个体工商户和 34 家私营企业进行年检验照，其中个体工商户贴花 7119 户，办理歇业手续 1214 户；私营企业年检 24 家，办理歇业手续 10 家。

1996 年，县工商局制定清理整顿“三无、四假”企业工作方案，对“无资金、无经营场地、无机构”和“假全民、假集体、假外资、假福利”企业进行全面清理。

1998 年，县工商局对全县注册的各类企业进行全面检查，共检查法人企业 410 家，营业执照企业 856 家，查出未换照、未年检、擅自改变登记事项等问题的企业 254 家，并对其分别依法依规作出相应处理。为加强对全县个体工商户的监督管理，对个体工商户与私营企业实行一年一次的验照贴花。

截至 1999 年年底，全局累计查处违章经营户 1184 户，无照经营户 3792 户，共清理出“三无、四假”企业 59 家。

2000 年，县工商局以企业年检为抓手，狠抓监督管理，全县年检企业 1190 家，年检率达 84%，办理变更登记 248 家，注销登记 243 家，处理违章企业 178 起，吊销营业执照 130 家。

2004 年，结合换发营业执照，企业年检率达 97.4%，个体工商户验照贴花率达 87%。县工商局在坚持开展企业年检与个体工商户验照工作过程中，结合实际，适时派员深入企业实地进行集中年检服务，其做法得到企业一致好评，并在全省工商企业登记监管工作大会上作典型发言。同时,开展整顿公司出资行为专项行动,对全县140家有限公司的出资情况进行全面检查,并立案查处了有重大出资问题的公司20家。

2007年,县工商局高度重视对无照经营的查处,制定了《查处取缔无照经营专项整治行动实施方案》。

2008年1月,开展"查处取缔无证无照经营专项整治行动"。

2009年4月,县工商局制定出台《企业和个体工商户分类监管巡查试行办法》,在全县推行企业与个体工商户分类监管巡查。

2010年8月,县工商局与县综治办联合发文,将查处取缔无照经营工作纳入全县社会综合治理目标考核的范围,使该项工作上升为地方党委政府的综合管理内容。

2009年8月,县政府印发《关于开展创建"五无"监管区活动的实施方案》,将"五无"监管区的创建工作由原单一的工商部门行为升格为政府行为。随后,县工商局对"五无"监管区进行考核。为深化"五无"创建工作,县工商局还组织二层单位负责人,在新关、皂市工商所召开"五无"监管区创建现场会。

截至2012年7月,县工商局共清理无照经营户2980户,取缔"黑网吧"、无证矿山、无证食品经营户79户,立案查处918起,其中2011年7月,县工商局申请县人民法院依法对备受市、县长热线和省、市新闻媒体关注的一家重度污染环境的非法炼油厂强制关闭,在全县产生巨大影响。

第三节 公平交易执法

一、打击投机倒把

1989年,县工商局查处四川省东山县某单位推销180吨劣质农药案件。

1991年3—5月,查处澧县澧澹乡龚某与澧县烟草专卖公司羊湖口批发部人员勾结,采取非法手段购进货值39万余元的"红塔山""大重九""阿诗玛"等卷烟转手倒卖的案件。

1994年,查处伪劣商品48种,其中劣质稻种4吨、假烟2300条,并捣毁5个制假窝点。

1995年3月,福建省仙游县陈世钢贩运假烟210件、涉案金额100余万元,将其物品全部没收并处罚款4万元。是年4月,县工商局查获河南汝州市农民杨某等人在辣椒壳中掺入玉米皮、棉油、红色素,制成4465公斤辣椒粉到石门销售的案件,将其货物全部没收。

1996年,开展全县乡镇农资市场整顿,检查农资经营户256家,取缔无证经营142家,查获非法经营的化肥1090吨、农药11.8吨,假冒伪劣农资商品共四十余种,案值70余万元;查处非法农资经营店65个,收缴尿素、碳铵、磷肥780吨,农膜5.2吨,种子2.5吨;收缴劣质农膜100吨，假农药4吨，劣质种子800公斤，劣质化肥12吨。

二、打击走私贩私

1992年，县工商局查获走私日产车9辆，其中，豪华三菱吉普车5辆，德胜、尼桑、小霸王和公爵王车各1辆，总价值200万元。

1995年4月，查处常德市莱英达经贸发展公司从广东湛江倒卖的92辆日产铃木走私摩托车案，案值达193万元。

1997年，查获进口走私小汽车6辆，录像机20台。

1999年，查获进口走私小汽车10辆，走私香烟600件。

三、治理商业贿赂

1996—1997年，工商部门先后对全县21家医疗卫生单位购销过程中收受回扣的问题进行专项整顿，共查出回扣金额534万元，对问题突出的12家单位立案查处，为国家挽回经济损失320万元。

四、打击传销

2007年6月15日，县政府召开全县打击传销工作会议。

2009年2月，县工商局出动执法人员15人，一举捣毁楚江镇刘家坪居委会某居民家一传销窝点，遣返35名被骗参与传销人员。9月，工商局到县新科电子学校开展“防止传销进校园”宣传教育活动，并举行“拒绝传销、从我做起”签名活动，近1000名师生参加签名。同时，开展打击传销百日联合执法行动，共出动执法人员200多人次，查处传销案件3起，捣毁传销窝点5个，遣散传销人员200多人。

2011年6月，工商、公安联手出击，在县城楚江镇三江路、双红社区、曹家垱等居民点端掉传销窝点8个，抓获传销头目6名，教育遣返参与传销人员87人。11月，省打击传销检查小组深入石门县检查工作，检查小组对石门县打击传销工作给予了高度评价。

五、食品安全专项整治及消费维权

2002年11月，石门县开通“12315”消费者申诉举报专用电话，并成立“12315”消费者申诉举报中心，形成了由“一个中心、三级执法”组成的申诉举报体系，并逐步完善由行政执法机制、内部分流机制、部门协调机制、企业自律机制和社会监督机制组成的消费者申诉举报工作机制。

2004年4月，县工商局党组召开“食品放心工程”专题会议，制定了《食品药品放心工程实施方案》,明确对全县各大超市进行常态化食品抽检,并强化对基层检测人员的检测知识培训。

2008 年,“三鹿奶粉”事件发生后,县工商局出动执法人员 1000 余人次,对全县 958 家奶制品经营户进行拉网式排查,共下架问题奶粉 1144 公斤,封存无检验合格证奶粉 1102 公斤,为消费者退换奶制品 417 公斤。

2009 年, 县工商局先后组织节假日其间市场食品安全大检查 8 次, 出动执法人员 200 多人,检查了城区的所有超市、宾馆、农贸市场、车站站场和 1080 家食品经营户,查扣含吊白块干笋 28 公斤, 亚硝酸盐超标的板鸭 30 只, 捣毁用于工业松香拔毛的铁锅 12 口,“三无产品”4 瓶、过期食品 31 瓶,假冒“茅台”33 瓶、假冒“五粮液”51 瓶,假冒“德山大曲”礼盒装和“德大桶酒”共计 418 件。还在全县开展打击违法添加非食用物质和滥用食品添加剂行为专项整顿,封存亚硝酸钠 80 多斤,立案查处超范围经营食品添加剂 16 户和无照经营食品的个体工商户 9 户,并向 202 家从事食品经营的企业和个体工商户颁发了食品流通许可证。

县工商局查处一批假冒“德山大曲”

2010 年,先后联合县酒管办、食安办、质检等部门开展季节性食品安全检查,开展专项整顿 6 次,查扣假酒 1290 桶,以及过期食品、不符合卫生条件的肉粽、月饼等一批,全部进行了销毁,同时责令 25 家食品经营户限期整改。

2011 年 1 月,县工商局成功调解一起劣质柴油消费纠纷,通过调解,加油站一次性赔偿受害人维修费、误工费等费用 11 万元。6 月,“12315”申诉举报中心与县移动分公司联合处理一起违规收取学生家长校讯通服务费的群体投诉事件,为消费者挽回经济损失 5320 元。7 月,在全县范围内集中开展为期 45 天的“散装食用油”专项整治行动。同年 8 月,蒙泉工商所开展食用油专项整治行动,检查全镇 40 多家销售食用油的企业、超市和商店,现场抽检 13 个涉嫌不合格食用油样品,对无法提供检验报告、无商标标识的 1100 公斤食用油现场查封。同年 9 月,在县城城区部署开展酒类市场专项执法检查行动,共出动执法人员 64 人次,检查大型酒类批发商 10 户、超市 8 家、零售门店 61 户、茶楼 3 家、酒店 5 家,收缴过期啤酒 46 瓶、内部特供“酒鬼酒”7 瓶,立案 1 起。

2012 年 5 月,与县食安办联合召开“全县食用油放心工程业主培训暨食用油市场整治动员大会”，并对食用油市场进行了为期20天的整顿。截至2012年年底，全局共立案查处各类违章违法案件3953起，其中万元以上的大案要案138起。

第四节　经济合同监督管理

1992年，县工商局积极开展“重合同、守信用”企业评选活动，是年4月，召开全县“重合同、守信用”授牌大会，授予58家企业为“重合同、守信用”企业。

1993年，县政府批准县工商局成立石门县经济合同仲裁委员会，负责对经济合同纠纷的调解与仲裁。同年11月，县工商局采取五条措施，共查处柑橘流通经营中的强买强卖、短斤少两等违法违章案件25起，处理经济合同纠纷10起，为当事人挽回经济损失80多万元。

1996—1999年，县工商局积极开展经济合同法律法规宣传与培训，同时，根据县政府授权，开始办理财产抵押物登记。截至1999年年底，共印发宣传资料1.2万余册，举办经济合同法规培训78期，培训各类相关人员6000余人次，为企业单位和个体工商户提供各类经济合同文本2400余本，使全县签约、履约率得到较大提高。共办理企业动产抵押物和城市房地产或者乡（镇）、村企业的厂房等建筑物抵押登记142份，抵押金额5.4亿元；共授予513家企业为县级“重合同、守信用”企业；大唐石门电厂、县人民医院、县玉叶化肥有限公司等企业获省级“重合同、守信用”企业称号。共鉴证经济合同3931份，标的金额4.5亿元；检查经济合同9626份，金额3.7亿元；确认无效经济合同531份；调解、仲裁经济合同纠纷3234起；裁决争议金额1124万元；查处违法经济合同210起，罚没上缴国库116.18万元。在此其间，工商部门共为企业和个人挽回和避免经济损失近3000万元。

2001年，县工商局积极开展合同鉴证与“重合同、守信用”企业评选活动。是年，共办理合同鉴证56份，鉴证金额5540万元，办理抵押物登记23份，抵押物价值11553万元，主债权9542万，查处合同案件17件。是年，全县共评出“重合同、守信用”单位14家，其中省级2家，市级2家。

2004年11月，县工商局公布2003年度被各级授予的“守合同、重信用”单位名单，其中国家级1家，省级6家，市级8家，县级36家。

2008年5月，石门县“守合同，重信用”单位协会理事会宣布全县被省、市、县工商局评为“守合同、重信用”单位的63家企业和经营单位名单。该项工作延续至2010年7月，即石门县“守合同、重信用”协会与县工商局脱钩止。

2011年，县工商局共办理动产抵押登记6次，为企业融资842万元。截至2012年12月，县工商局共合同鉴证2123份，办理动产抵押登记131份，抵押金额4.65亿元，为企业化解融资难题发挥积极作用。

第五节 商标与广告监督管理

一、商标监督管理

1989年,县工商局积极指导企业树立商标观念,并开展"重商标,创品牌"及商标专用权保护等工作,查处了本县某公司倒卖5000瓶冒牌"西凤"酒从中非法牟利的侵权案件。是年5月,全市商标管理现场会在石门召开,全县共有注册商标83个。

1990年,县工商局强化对商标侵权行为查处力度,全力保护商标专用权。7月,查处了常德塑料制品厂和常德市塑料五厂为湖南雄磺矿非法印制"双山"牌过磷酸钙注册商标标识共计34万余件、"黄寺"牌复混肥注册商标标识2万余件的侵权案件。

1994年,县工商局向东山峰茶厂提出"改进茶叶包装,扩大广告宣传"的建议,使该厂"东峰"牌茶叶销售首次超1250吨,创利税820万元,经济效益超历史。是年5月,查处了个体工商户闫某非法生产假冒"白沙"香烟7800条的侵权案件。

1998年,为石门县高山反季蔬菜申报"佳源"牌商标和柑橘"湘冠"牌注册商标。

1999年,帮助县玉叶化肥有限公司把"玉叶"牌商标由市级知名商标培育成省级著名商标。截至年底,指导企业共向国家工商局商标局申报注册商标184件,共查处假酒、假烟、冒牌卫生纸等侵犯商标专用权案256件,涉案金额100余万元,缴销假冒商标标识15.3万套,罚没入库72.33万元,被国家工商局商标局授予1998年、1999年度"全国商标管理工作先进集体"称号。

2001年,全县共申报注册商标13件,办理商标使用许可2件,转让3件,变更3件,办理商标查询30件。

2009年,县工商局引导企业实施商标品牌战略,并采取多样形式开展"保护知识产权",全县拥有省级著名商标4件,市级知名商标3件;"石门银峰""石门柑橘"2件地理标志证明商标,为此,县工商局还被国家工商总局授予"全国工商系统商标工作先进集体"称号。

1989—2012年7月,全县共申报注册商标83件,办理商标使用许可5件,转让16件,变更10件,续展6件,办理商标查询128件。截至2012年年底,全县拥有有效注册商标165件,其中,中国驰名商标2件,省级著名商标3件,市级知名商标5件。

二、广告监督管理

1989年,石门县广告业起步不久,全县仅有广播电视公司、晚报社、腾龙广告艺术中心、气象台、时代广告公司、邮政广告公司、九国广告公司、博艺广告公司等8家注册登记的广告经营单位。

1992 年，县工商局审查发布户外广告 1500 条，查处广告违章案件 20 起。

1997 年，工商局加强了印刷品广告管理，规定未经审查登记不得发布户外广告，是年共查处广告违法案件 6 起。

1998 年，工商局开展“广告清理整治月”活动，共清理店堂广告 2131 份，缴销非法印刷品广告 1 万份，拆除擅自发布的广告牌 5 块，查处违法广告案 31 起。

1999 年，在全县范围内对药品、保健品印刷品广告进行全面检查，共检查医院、药店、诊所 48 家，收缴违法印刷品广告 1 万份，拆除大小广告牌 52 块，查处违法广告案 15 起。

2001 年 4 月，县政府颁布实施《石门县户外广告管理办法》。

2006 年 3 月，县工商局举办全县首届公益广告作品评选活动，吸引了全县 10 家广告公司参加。

2007 年 4 月，举办广告法律法规培训班，20 多家广告经营单位负责人参加培训。

2010 年 1 月，县工商局开展广告市场专项整治行动，重点对医疗、药品、保健食品及房地产市场广告进行检查，共查处违法广告 46 条，责令停播、停刊 21 条，下达责令改正通知书 37 份，立案查处 13 起。11 月，县工商局按照省工商局要求，完成安装广告监测设备一套，接入电视信号 3 个。12 月，对利用固定形式印刷品广告从事非法出版活动进行专项整治。

2012 年 5 月，在县城区集中开展虚假违法广告清查执法行动。

第六节　服务社会经济发展

一、服务企业发展

（一）培育经济大户

2000 年 4 月，成立全县经济大户建设领导小组。

2004 年 6 月，法人股东湖南三江电力有限责任公司 3 名自然人股东出资 800 万元，组建湖南九澧水电建设有限公司，向县工商局申请公司名称预先核准，县工商局初审后同意并向省工商局呈报并获准。

2009 年 4 月，县工商局为湖南强盛水泥有限公司的 3 个自然人股东办理了股权出质登记，这是县工商局办理的全县首例股权出质登记。5 月，通过工商联络员穿针引线，帮助湖南健人保健食品有限公司引进资金 200 万元。

2010 年 4 月，县工商局在湖南省促进个体私营经济发展银企融资洽谈会石门县分会场，促成石门县薮城石膏实业有限公司和石门县天顺茶业有限公司与中国工商银行石门县支行签订融资 700 万元的贷款协议。

(二)实施商标品牌战略

2002 年 11 月,石门县山寨旺食品有限公司"山寨旺"系列产品在中国第八届"国际名优特新"农副产品博览会上获得金奖,当场签订 200 万元订货合同。

2007—2009 年,全县先后有湖南石门特种水泥有限公司的"坝道"牌水泥、石门县东山峰茶叶有限公司的"东山峰"牌茶叶、白云山国有林场"冠云牌"茶叶商标获湖南省著名商标。

2010 年 4 月,县工商局开展"一所一标""一所一品"活动,建立商标储备库。6 月,县工商局组织湖南合磷化工有限公司、石门县夹山长松酒业有限责任公司、石门县金山寨旺苦荞麦专业合作社、石门县柑橘协会、湖南盛节节高食品股份有限公司等五家企业参加"创常德知名商标"活动。9 月,市工商局认定"石门柑橘"、山寨旺、壶瓶山等 3 件注册商标为全市知名商标。

2012 年 3 月,县委书记和工商局局长赴北京向国家工商总局汇报"石门银峰"茶叶、"壩道"水泥争创中国驰名商标事宜。同年 4 月,"石门银峰""壩道"商标被国家工商总局商标局认定为中国驰名商标,实现石门县中国驰名商标零的突破。

二、服务"三农"

(一)"红盾护农"行动

2005 年度,县工商局被国家工商总局评为"红盾护农先进县"。

2009 年 3 月,县工商局为保农村春耕生产,联合农机局和质监局,对县城及周边地区从事农用车辆、农机具及配件的经营户与维修网点展开专项打假行动,对 30 多家农机经营单位进行了逐个检查。是年 9 月,在开展"红盾护农"农资市场整治行动中,依法对石门县烟草分公司销售的不合格烟草专用钾肥进行了立案查处。

2010 年 3 月,由县政府牵头,在农资大市场举行全县农资打假联合行动暨"红盾护农"行动启动仪式,工商、农业、质监、农机、畜牧等部门的执法人员共 300 多人参加行动。依法没收"杀扑磷"农药 20 瓶、"富万钾"调节剂肥料 40 瓶,查扣假冒"长玉 1 号"玉米杂交种子 80 公斤。5 月,县工商局挂牌成立"服务农村经济发展推进社会主义新农村建设"领导小组,推出"商标富农""合同帮农""合作社强农"等推进新农村建设"九大支农工程",经县政府批转后得到了各乡镇、农林场和县直各单位的大力支持。

2011 年 3 月,县工商局被县委授予"建整扶贫工作先进单位"。

2012 年 6 月,成功调解一起 87 名农户使用不合格氮钾肥导致茶树、橘树受损案,为消费者挽回经济损失 32.3 万元。

(二)培育发展经纪人

2006 年 12 月,县工商局召开石门县经纪人协会成立大会,随后,连续举行了 5 期全县经纪人培训班,参训的 109 人中,有农村经纪人 55 个、一般经纪人 54 人。

第七节　法制建设

一、机构建设

1991年2月，县工商局设立法规应诉股。1995年更名为“法制监督管理股”，负责全县工商法律法规宣传、咨询，行政案件审核、复议和应诉，维护工商行政管理部门的执法权威和执法形象，保护企业法人和消费者利益。

二、制度建设

1995—1999年，先后制定了《关于实施〈工商行政管理机关行政处罚程序规定(试行)〉的意见》《关于实施〈工商行政管理机关行政处罚程序暂行规定〉的意见》《关于加强执法监督，进一步规范行政执法行为的几项规定》《行政执法过错责任追究办法》。在执法监督过程中，对于一般程序的处罚案件，由办案人员调查并写出调查终结报告后，交法制股对案卷进行“九审”，确保办案质量。至1999年，共办结案件2005件，罚没入库741.6万元，其中，申请复议40件，行政诉讼5件，复议撤销3件，改变2件，行政诉讼撤销1件，撤回申请复议13件。

2001年年初，县工商局先后印发《关于办案程序中的几项规定》和《工商行政管理所法制工作规则》，随后又先后制定实施《行政执法责任制实施办法》《行政执法规范》《个体工商户分层登记管理办法》《企业登记一审一核制度试行办法》等。

2010年，先后印发《说理式行政处罚文书操作试行办法》和《行政处罚自由裁量权参照标准》。

三、法制宣传教育

2002年8月，县工商局举办全体执法人员培训班。

2010年5月举办“红盾护农”及说理式行政处罚文书培训班；是年5月，举办各大型农贸市场经营畜禽的个体工商户业主参加的推广“食用松香甘油酯”拔毛培训班以及广告法规培训班。

2011年2月，专门组织法制骨干学习《湖南省工商综合业务管理系统》二期系统操作。是年5月，县工商局17名副所长在局电教室参加食品安全法抽查考试，并进行食品快速检测知识培训，参训人员还到县城一农贸市场当场检测二氧化硫残留、吊白块、甲醛等项目，进行实习操作。

2010年12月，县工商局在市工商局开展的“一月学一法”抽查考试中，以平均95.88分

县工商局开展"送法下乡"服务

获全市工商系统第一名。

2011年4月,县工商局2次举办食品检测培训和快速检测技能培训班。同年6月,组织全局所有在职人员、各监管责任区内的食品经营业主共684人,参加了由国务院食品安全委员会办公室联合卫生部、农业部、国家工商总局、质检总局、食品药品监管局等部门共同举办全国食品安全法律知识竞赛,获"全国食品安全法律知识竞赛组织奖",从而成为全市工商系统唯一获此殊荣的县级工商局。同时,工商局选派朱宇光和陈志军分别到北大、湖大的法学院进修。

2012年3月,县工商局干部易法安获国家工商总局个体司主办、中国工商报社承办的个体工商户登记法律知识竞赛二等奖。

四、法制监督检查

1999年5月—2012年7月,全局共审结各类违章违法案件3900余件,其中,纠错43件,行政诉讼3件,行政复议11件,申请人民法院强制执行243件。2011年12月,县工商局在市工商局2011年度依法行政工作检查中,有2份行政处罚案卷被评为优秀案卷;依法行政、行政处罚工作在全市分别名列第五和第三名。

第十章　澧县工商行政管理局工作概要

澧县位于洞庭湖西北岸，地处湘鄂边界，与湖北公安县、松滋市接壤，总面积 2075.01 平方公里，辖 15 镇 17 乡，总人口 93 万人。

第一节　市场建设与监督管理

1980 年，县工商局率先投资修建澧县第一个集贸市场——城关镇劳动街宏卫市场。

1989 年，有 4 个市场被评为县级文明市场、4 个市场评为市级文明市场，其中梨园小商品市场被评为省级文明市场，12 名市管员被评为“六好市管员”。

1990 年以来，县工商局根据国家工商局颁发的《集贸市场管理基本规范（试行）》，以及省人大颁布的《湖南省城乡集贸市场管理条例》等相关文件，重点对攸关农民切身利益的农资、粮食、种子、棉花、医药、成品油等专营市场进行专项整治。是年，组织开展市场专项整治 14 次，取缔非法经营农资单位和个体工商户 308 家，查处投机倒把农资、粮食和棉花等人员 181 人。

1991 年 12 月，县工商局副局长樊希贵作为全省唯一的县级工商局代表，参加在广州召开的“全国粮食市场管理经验交流会和理论研讨会”，并宣读粮食市场监管调研文章，获得好评。

1992—1993 年，县工商局先后制定《关于搞活我县企业、搞活市场、搞活流通十项措施》以及“一放宽、三从优、四不限”等相关规定，积极鼓励和扶持农民、外地经营户以多种形式进入澧县流通领域，从事多种经营。

1995 年，查处违法农资经营户 220 家，取缔非法经营 107 家，查获假农药 259 件，假劣杂交稻种 17.5 吨，棉种 800 公斤，掺杂使假稻谷 20 万公斤。1996 年，清理无照无证经营农资户 342 家，处理劣质杂交稻种 5710 公斤、劣质棉种 1100 公斤、假冒皮棉 14 件。

1998 年，查处违法经营农资案件 141 起，取缔非法经营户 110 家，查处假农药 15 吨，捣毁生猪私宰场 5 个。

2000 年，查处非法经营稻谷大案 8 起，查封违章经营稻谷 62.31 吨，查获不合格农药 1257 件、假劣化肥 10 吨、劣质菜种 200 公斤，受理农户投诉 86 起，为农民避免直接经济损失 28 万多元。截至 2000 年年底，澧县实有各类集贸市场 17 个，总占地面积 116557 平方米，使用面积 102207 平方米，总投资 3685.87 万元，拥有门面摊位 3120 个，年成交额 31149 万元，日人员流量 41800 人次，经营品种 1 万余种，其中工商部门先后投资 787.3 万元，建成市场10个,占地面积34721.8平方米,建筑面积22931平方米,拥有固定门面、摊位1937平方米,日均上市人数26400人次,日成交额约为60.81万元,上市品种1950多种。2000年4月,工商部门实行省以下垂直管理,所办市场全部移交县政府。

2001—2002年,开展打击倒卖粮棉专项整治行动,立案219起,查处倒卖粮食9345.7吨、棉花935.13吨。其中澧县粮食购销公司倒卖存储于国家粮库的8086吨陈化粮案,是新中国成立以来澧县最大一起被查处的倒卖粮食案。

2003年,结合春耕、夏种和秋收,组织"打击假劣农资、维护农民利益"的"红盾护农"专项行动。

2004—2012年,在农资打假专项行动中共立案212起。在2006年的专项整治行动中,查获假劣稻种10000多公斤、不合格化肥55吨、不合格农机具116件,取缔非法经营农资单位29家,市管分局局长向延清荣获"全国工商系统'红盾护农'先进工作者"称号。

第二节　市场主体准入与监督管理

一、企业与个体工商户登记注册

1989年,县工商局根据国家工商局《关于做好企业法人登记注册和换发证照工作的通知》文件精神,推行办照程序公开、办照手续公开、收费标准公开,严格按照"受理、审查、核准、发照、公告"五个法定程序,分别核准登记注册和换发法人营业执照1934户、营业执照1395个,核准私营企业7家,其中商业2家、工业5家。是年,澧县部分个体工商户由于害怕"政策有变",相继出现停业歇业或缩小经营规模等情况,为此,县工商局发动全局人员走家串户,上门大力宣传党的个体经济政策,使近千家停歇业户重新营业。年末,澧县共有各类企业3329个,其中全民所有制561个,集体所有制2745个、合营企业23个,从业人员78517人,注册资金39 040.13万元;个体工商户8757户,是1980年的500倍;有从业人员13441人,占全县总人口的1.6%,有注册资金2166万元,营业额10532.37万元。

1993年2月,县委、县政府出台关于发展私营企业"五个不限制""两个不准"的优惠政策,即不限制开办条件、生产规模、经营权利、经营方式和发展比例,不准任何人向私营企业乱罚乱收乱摊派,不准以任何形式改变私营企业的所有制性质和经营管理权,确保私营企业享受集体企业的一切优惠待遇。

1994年,全县私营企业实现跨越式发展,全年新发展私营企业169家,私营企业由1993年的34户增至203家。其中年产值过500万元的有6家,100万元以上的有42家。

1996年,由于市场疲软、流动资金短缺,私营企业发展速度减缓、产值滑坡。针对这一变化,工商部门及时推出"四个到位",即宣传扶持到位、人员力量到位(投入全局50%的力量抓发展)、目标考核到位、资金保障到位(利用10%的两费收入抓发展),以及强化"四个职责",

即参谋职责、协调职责、管理职责、维权职责等措施，全力确保私营企业持续发展。年末，全县私营企业达360家，拥有注册资金近1亿元，从业人员7679人，年总产值2.7亿元。同时，县工商局充分利用登记职能，积极支持公有制企业改制改组，是年，全县共有12家公有制企业实行资产重组，变更所有制形式。为加大服务个体私营经济力度，县工商局还制定《个体私营经济工作评分细则》，把个体私营经济发展工作纳入全局目标管理项目，提出“四支持”，即政策支持、信息支持、经营场地支持、技术服务支持；“四服务”，即办照、咨询、调解与维权服务；坚决制止乱检查、乱收费、乱罚款，为个体私营经济发展大力营造宽松环境。全年新发展个体工商户2000余户，其中1800余户营业执照为上门办理，占办照总数的90%以上。

1997—2000年，分别新发展私营企业79家、33家、28家、36家。截至2000年年底，澧县实有各类登记企业1839家，注册资金140358.85万元，其中国有企业279户、集体企业254户、内资公司97户、内资分公司120户、内资企业法人534户、私营企业555家；个体工商户累计达32416户，总注册资本58261万元，就业人员87697人。

2002年5月，县工商局投入14万多元，通过市工商局统一购置13台电脑以及打印机等相关配件，组建了由Windows2000网络服务器组成的局域网络，在全县工商系统建立以信息中心为核心，以属地管理为原则，以“一卡一档一机”为基础，以计算机网络为手段，以基层工商所为依托的“经济户口信息化管理体系”。

2004年，县工商局充分利用局域网络资源优势，开始实施网上审批与远程发照模式。年初，县政府成立政务服务办证大厅，县工商局派出干部设立“工商登记服务窗口”，办照采取流水式作业，一切手续一次性办毕，极大方便办照对象。年末，全县登记上网个体工商户达10621个，各类企业1589个。

县工商局登记窗口工作人员为办事群众提供咨询服务

2005年，全面推行个体工商户分层分类登记和“一审一核”制，个体工商户开业登记由辖区工商所直接审批发照。

2009年，县工商局进一步放宽登记条件，以“非禁即入”“非禁即可”为基本准则，当年新发展各类市场主体2258个，新增注册资本63497万元。

2010年，县工商局按照县委政府的部署，在新政务中心增设行政许可窗口和行政许可审批室，共设置6个工商窗口，配备6名业务骨干，将所有行政审批职能归口到注册大厅，并在全县率先推行行政许可告知事项“一口清”制度。工商窗口连续2年被县政府评为“满意窗

口”“文明窗口”;

2011 年 8 月,县政务中心工商窗口被授予为“2011—2012 年全省依法办事示范窗口”。

截至 2012 年年年底,全县经济户口总数达到 21415 户,其中各类企业 2321 家,拥有注册资金 512786 万元;个体工商户 19094 个;农民专业合作社 132 家,拥有社员 2296 人。

二、企业与个体工商户监督管理

1991 年,县工商局举办企业法人培训班 12 期,参训企业法人 420 人次,印发《企业法人登记管理与实施细则》1120 册。到 1995 年止,共举办企业法人培训班 23 期,培训企业法人 1106 人次,印发相关法规资料 3114 份。

1992 年,县工商局会同县个协加强个体私营企业“三自教育”,是年 3 月,召开全县首次个体劳动者先进表彰大会,公开表彰依靠诚实守法、勤劳致富的 76 名个体劳动者。

1994 年,县工商局根据《企业年度检验办法》等法律法规及规章开始对企业实施年检,是年年检 953 家,年检率达到 90%。结合年检查处违反《企业法人登记管理条例》案件 32 起。

1995—2000 年,县工商局坚持实行企业年检制度,依法按年度对企业进行年检,其间,年检率平均达到 95%以上。同时,依照中共中央办公厅中办发〔1993〕17 号文件精神,克服种种困难和阻力,对全县党政机关所办经济实体和其他挂靠党政机关、国有与集体企业的公司进行全面的清理。截至 2000 年年底,全县 29 家党政机关所办经济实体全部按程序、按标准办理脱钩手续。依法查处了 14 家挂靠公司的经济欺诈行为,吊销其营业执照,维护了企业的合法权益。

2001 年,针对无照经营有所抬头,市场秩序一度混乱的状况,县工商局向全县企业和个体工商户发放监管手册 8205 本,广泛宣传有关政策法规,要求各类市场主体增强自律意识,坚持依法准入,守法经营。与此同时,加大年检力度,结合年检查处无照经营等违法违章行为。是年,共完成企业、个体工商户年检验照 8000 多户,年检率为 96%。通过年检,查处无照经营行为 400 多起,补办营业执照 800 多个;查处虚假出资、抽逃出资等违章违法企业 93 家。

2002 年,县工商局重点清理集贸市场以及农资经营、电脑网吧、私营诊所等行业的非法入市行为,取缔无照经营户 450 户。是年,企业和个体工商户年检率达到 98%,名列全市工商系统第一名。

2003—2004 年,县工商局全面推行市场巡查制,成立了巡查大队,各分局、工商所成立巡查中队并下设多个巡查组,巡查组以日常监督检查、排解交易纠纷、受理申诉举报、维护消费者合法权益为主要任务。“市场巡查制”变被动管理为主动管理,静态管理为动态管理,并使长效管理与集中整治相结合,提升了市场监管水平。

2005 年,县工商局建立和推行《个体工商户信用评价指标体系和评价办法》,根据其信用状况相应分为 A、B、C、D 四个类型，实行分类监管。推行网格化监管模式，将全县监管区划分为若干网格，每一个网格指定监管责任人，并建立日常监管台账，使市场监管更加精细化。

2009—2010 年，县工商局将市场巡查与网格化监管有机结合，全面推行创建“五无监管区”，即无假劣商品、无无照经营、无传销、无消费者投诉积案、无对工商人员的投诉，并通过责任、制度、措施“三到位”确保创建落到实处。全局 46 个监管区，达到“五无”标准的 33 个，创建率为 72%。同时为了得到地方党政部门的支持，与相关部门建立了联席工作机制。

2011 年，为加强市场主体经济户口档案管理，县工商局投入 20 多万元建成 140 多平方米的专用档案室，达到了省一级规范化标准。同时，加大无照经营查处取缔力度，截至 2012 年年底，共清理取缔无照经营户 3583 户。

2012 年，县工商局推行数字定位巡查，进一步完善信用分类监管。数字定位巡查以信息化定期提示为依托，运用独有的数字代码准确定位巡查人员的巡查现场，以便及时了解督促和协助巡查人员开展工作。信用分类监管是根据日常市场巡查与网格化监管所获取的经营主体信息进行综合量化评估，分出四个类别，即 A 类为守信、B 类为警示、C 类为失信、D 类为严重失信，然后实施分类监管。数字定位巡查制与信用分类监管制，使市场监管由粗放型向精细化转变，由传统监管手段向现代科学监管手段转变，极大地增强了市场监管的效能。

第三节　经济监督检查

一、打击投机倒把

1989 年，部分不法商人对粮食、棉花、卷烟、农药、化肥、国库券、公债等国家专控专营物资与债券进行倒卖。县工商局针对这一情况，不断加大打击力度，始终把国家专控专营物资作为监管重点。是年，查处投机倒把等违法经济案件 110 起，其中企事业单位违法案件 92 起，占案件总数的 83.6%。

1990 年，查处倒卖有价债券 8 起，涉及国库券、公债 4 万元，外汇额度 4 万美元。

1990—2000 年，共查处投机倒把案件 1057 起，查获倒卖卷烟 23481 件、化肥 9600 吨、农药 536 吨、种子 167 吨、成品油 137 吨、钢材（含铝材)265 吨、粮食 5448.48 吨、棉花 2773.98 吨。

二、打击走私贩私

1989—2000 年，共查办走私贩私案件 301 起，查处走私进口车 260 辆、摩托车 410 辆、彩电 266 台、空调 183 台、录放影碟机 111 台、照相机 30 架、有严重污染的旧呢大衣和西服 2182 件。

1996年,根据上级要求撤除了所有的公路检查站,但打击走私贩私的工作从未停止。依照国务院〔1991〕26号《关于大力加强反走私斗争的通知》精神,积极配合公安部门,依靠群众举报,通过其他合法手段和渠道,一直坚持打击走私贩私行为。

三、打击假冒伪劣和不正当竞争

1989年,自国务院下发《关于严厉打击在商品中掺杂使假的通知》文件后,县工商局把打击假冒伪劣、制止不正当竞争行为摆在重要议事日程, 每年坚持开展打假专项行动。1990—2000年,共立案1128起,查处假劣稻种6吨、棉种50吨、菜种200公斤、农药61吨、化肥149吨、油菜籽3.8吨、药品123件、糖精14.6吨、酱油8165件、桐油14.4吨、饲料22.5吨、洗面奶6500瓶,假茅台、五粮液、德山大曲、川酒王、浏阳河等白酒19331件,假冒芙蓉王、红塔山等名烟1986件,劣质矿泉水和娃哈哈饮料200余件,假虎骨200公斤,掺杂红高粱的辣椒粉10吨,假冒汽车27台,假冒著名商标标识45万份,捣毁制造假劣商品黑窝点21个,处理不正当竞争违法行为20余起。1995年,澧县工商局被国家经贸部、国家质量监督总局、国家工商局评为"全国打击生产销售假冒伪劣商品违法行为先进单位"。

2001年,县工商局成立以局长为组长的打假领导小组,组成60人打假队伍,当年办理涉假案件200多起,捣毁制售假劣商品窝点20个。

2002年,开始筹建"12315"打假投诉举报网络体系,是年,组织开展10次打假行动。

2003年,重点打击制售假劣生产资料、建材、奶制品、药品等危害人民群众生命与财产安全的违法行为,其间立案480多起,捣毁制售假劣商品窝点16个。

2004年,对石油、电力、保险、金融、自来水、邮政等公用企业和具有垄断地位的企业全面开展专项整治,制止其乱收费、强行限买等不正当竞争行为。

县工商局执法人员查处不合格农资

2005年,对部分入市商品进行抽样检测。当年在财力十分紧张的情况下,仍然拿出12万元检测经费, 对40多个重要消费品抽样送检,及时发现并堵住近十种假冒劣质商品流入市场。是年,严厉查处一起掺杂使假煤炭大案,其涉案的95.7吨煤炭中,近半是掺进的黑色碎石。

2007年,县工商局成立打击传销专项整治领导小组,制定了《打传工作方案》。6 月，与县公安局联合发布《关于严厉打击传销规范直销行为的公告》，随即开展 6 次打击传销行动，捣毁传销窝点 21 个，遣散传销人员 200 多人。在此次专项行动中，有 5 名工商执法人员被打伤住院，有 26 名传销人员被依法拘留。

截至 2012 年年底，打假立案 366 起，捣毁制假窝点 43 个，查处假劣农药 4 243 公斤(件)、化肥 862 吨、粮棉种子 20820 公斤、假冒名烟 3246 条、名酒 432 件另 5220 瓶、化妆品与洗洁精 32139 件(瓶)，假劣农机具 178 件、伪劣建材 12265 吨、假劣变质牛奶 1350 公斤、副食品 600 公斤、碎碎冰 84000 支、不合格成品油 13.34 吨、不合格摩托车 45 台，查处不正当竞争案件 590 起。

第四节　经济合同监督管理

1989 年，为帮助企业负责人了解并掌握经济合同法律法规，增强合同履约意识，县工商局有计划地培训企业法人和合同管理人员。同时，完善经济合同仲裁机构，开展经济合同仲裁工作，相继建立城关镇、澧阳区、大堰垱区、红湖区、梦溪区仲裁庭。

1991 年，县工商局开始推行使用全国统一的经济合同示范文本，组织企业开展“重合同、守信用”评选活动。同时，全面开展经济合同鉴证及无效经济合同的确认工作，严厉打击经济合同欺诈行为。

1995 年 9 月 1 日，根据省工商局〔1995〕17 号文件精神，澧县经济合同仲裁委员会及其派出仲裁机构终止撤销。截至年底，澧县经济合同仲裁委员会(含仲裁庭)共调解经济合同纠纷 918 起。

1996 年，《中华人民共和国担保法》颁布，3 月 15 日，县工商局在澧县啤酒厂进行动产抵押登记试点，按照试点模式，当年完成动产抵押登记 37 件。

2000 年，县工商局在强化施工企业合同监督管理的同时，继续推行合同示范文本，并积极开展动产抵押登记与“重合同、守信用”企业评选工作。截至年底，全县共举办合同法规学习班 38 期，参训人员达 2000 余人次，为企业印发合同宣传资料 5000 多份，接待合同咨询来信来访 2000 多件次，评选“重合同、守信用”先进单位 337 个，其中有 10 个单位被评为市级“重合同、守信用”单位，澧州啤酒厂被评为省级“重合同、守信用”单位；共办理动产抵押登记 198 件，涉及资金 75832 万元；鉴证各类经济合同 1476 份，标的金额 10598.2 万元；办理经济合同违法案件 77 起，罚款入库 54.6 万元。

2001 年，合同监管职能纳入市场管理分局，监管的主要内容逐渐转向为企业开展动产抵押登记。

2004 年，为企业和个体工商户办理动产抵押登记 31 件，帮助企业融资 1 亿元。

2009 年，进一步加强动产抵押登记管理，大力宣传《担保法》《动产抵押登记办法》，帮助企业完善动产抵押登记台账，并依据台账对借贷金额、时效、债权经常回访，确保债权及时实现。当年办理动产抵押登记35件,融资1.7亿元。

2011年,办理动产抵押和股权出资登记40件,为企业融资近2亿元。

2012年,办理股权出资18件,为企业融资8000万元。8月,县工商局运用合同监管职能,开展整治“霸王条款”行动,打击利用合同格式条款欺诈消费者的行为,检查通信、邮政、超市等经营场所200余处,对违规经营者丁某的“霸王条款”首次给予1000元罚款。

第五节 商标与广告监督管理

一、商标监督管理及品牌建设

(一)商标监督管理

1989年,县工商局为保护商标专用权,维护商标所有者和消费者的合法权益,不断加强商标的注册与使用监督,加大查处假冒、侵权商标的力度。是年,查处各类商标违法案件45起,收缴销毁侵权商标标识90万套,罚款入库3万元。同时,指导企业开展商标注册,截至年底,全县共获准注册商标79个,为66家企业所拥有。注册商标产品以酒类、水泥、鞭炮、化工产品为主,其中有12个注册商标产品获“部优”、13个获“省优”、12个获“市优产品”称号。

1990年,为增强企业注册商标意识,县工商局强化商标服务,全方位提供有关商标注册法规及政策咨询,帮助企业查阅国家商标公告,防止申报与他人相同或近似的商标,为企业商标标识设计出主意、当参谋,积极为企业代理商标申报手续。为消除商标印制过多过滥现象,县工商局恢复商标印制定点制度,共核定定点印制单位12家。同时,对商标印制行为进行监督检查,对非法印制商标行为予以查处。

2000年,县工商局进一步加大商标申报注册服务力度,强化商标专用权保护。截至年底,共代理申报注册商标73个,其中核准36个。立案查处商标违法案件193起,查获销毁假冒商标标识663900件,假德山大曲胶帽套150万个,取缔4家印制假冒商标标识的地下印刷厂。

2001—2012年,县工商局共立案查处注册商标侵权行为197起,其中2001年1起、2002年2起、2003年20起、2004年9起、2005年23起、2006年62起、2007年30起、2008年16起、2009年5起、2010年14起、2011年15起、2011年连续查处10起侵犯“晚安”注册商标专用权系列案。

(二)商标品牌建设

2001年,澧县“国人”与“万家”注册商标被评为湖南省著名商标。

2009年,澧县工商局向县委、县政府积极提交《澧县创品牌战略建议》,得到了领导高度重视,专门成立“商标品牌战略领导小组”,并设立著名商标政府奖励专项基金。当年引导和指导企业申报农产品及其加工产品注册商标12件,申报省级著名商标4件。

2011 年，湖南重庆啤酒国人有限公司的“生态”商标被认定为“中国驰名商标”，实现了中国驰名商标零的突破。12 月 31 日，澧县荣获“全省品牌战略示范县”称号。

2012 年，通过县工商局的积极推荐申报，湖南盈成油脂工业有限公司“盈成”和湖南平安医械科技有限公司“平安”商标被认定为中国驰名商标。年末，澧县已拥有注册商标 859 件，其中中国驰名商标 3 件、省级著名商标 13 件、市级知名商标 22 件，位居全市前列。

二、广告监督管理

1989 年，澧县有证专业广告公司只有 1 家，兼营广告单位 4 家，个体广告专业户 2 家。之后，广告业兴起，促进了澧县经济的发展，但相继出现了乱发布、乱张贴、乱收费的现象，有的发布虚假广告，误导、欺诈消费者。

1990—1991 年，县工商局组织 5 次打击虚假广告专项行动，查处广告违法案件 25 起。

1997—1998 年，查处违法广告案件 104 起。

2000 年，查处广告违法案件 52 起，收缴非法广告印制品 2.5 万件。截至 2000 年年底，澧县实有持证合法广告经营单位 10 家，其中个人独资企业有 6 家。

2001—2012 年，县工商局共登记审核户外广告 3266 件，其中 2001 年 368 件、2002 年 400 件、2003—2004 年 851 件、2007 年 428 件、2008 年 220 件、2009 年 300 件、2010 年 259 件、2011 年 201 件、2012 年 239 件；共立案查处违章违法广告案件 479 起，其中 2001 年 58 起、2002 年 63 起、2003 年 83 起、2004 年 58 起、006 年 47 起、2008 年 14 起、2009 年 9 起、2010 年 10 起、2011 年 7 起、2012 年 46 起。2001—2002 年，重点清理医疗广告，检查城乡医疗单位 426 家（含个体），拆除大型药品违法广告牌 28 块。2005—2006 年，大力开展 “打虚假、树诚信”广告专项整治行动，进一步完善户外广告审核登记、备案制度和日常巡查监管制度，共清除虚假大型广告牌 32 个，限令县电视台停播虚假医疗、保健品广告 25 条。2007 年，广告审批归口到办证大厅工商窗口，实行网上审批，并制定《广告经营资格审批指南》和《户外广告登记审批指南》。2011 年 5 月，县工商局添置价值 2 万多元的数字化广告检测设备，对县电视台发布的药品、食品、医疗器械等广告进行全方位、全时段监测。当年对县电视台等 50 多家广告经营单位责任人举办广告法规学习培训。是年 11 月 18 日，澧县广告协会成立，拥有会员 55 户。2012 年 5 月，建立澧县广告行业 QQ 交流群，有 40 多个经营户加入，9 月加强网络商品交易监管，查处利用网络发布虚假广告行为。

第六节　流通环节食品安全监管

2002 年，县工商局联合卫生、防疫、质检、公安等 10 家单位，对全县 10 个大型集贸市场进行了为期 4 个月的食品安全专项整顿，查处违法经营行为 200 多起，查扣假劣食品、药品

1000多件,注水猪肉与变质海鲜1979公斤。

2003年,开始全面实施“放心食品工程”,配合有关部门建立蔬菜生产基地3个、米粉生产厂家2个。是年春季发生非典型性肺炎病毒传播重大疫情,县工商局组织多支市场巡查队进行24小时巡查,及时查处借防非之名赚昧心钱的案件7起,没收劣质药用香包700个、消毒液70公斤、口罩1300个,被县政府评为“抗击非典工作先进单位”。

2004年,对全县食品加工业进行全面清查,查封不合格米粉厂12家,捣毁生产劣质儿童饮料食品、注水猪牛肉地下作坊14个。

2005年,县工商局把主要力量转入流通领域商品质量监管,在全县建立以食品为主的商品质量监管前移工作示范点40个,全年捣毁不合格食品加工黑窝点5个。

2007年,开展“农村食品市场整顿年”活动,指导督促以农村食品为主要销售对象的经营者建立“两账两票”、商品准入、检验检疫、商品抽查、不合格商品自动退市等五项制度。

2009年,专门设立流通环节食品安全监管股,对食品经营户实施精细化管理,同时建立32家“创建农村食品安全示范联系点”。是年,对学校及周边食品经营组织3次专项整治,指导150户经营店建立了进销货台账。

2012年8月15日,全市食品安全工作暨食用油监管工作现场会在澧县召开,会上全面推介了澧县工商局对散装食用油实施“五统一、六机制”的监管模式。“五统一”即统一监管公示、公开承诺、标识标签、进销台账、监管流程;“六机制”即现场抽查备案制、巡查内容明确制、一票通监管对接制、进销双方留样制、散装油批次检测制。2009年、2011年、2012年县工商局分别被县政府评为“全县食品药品安全工作先进单位”。

第七节　法制建设

2000年,县工商局出台《行政执法中失职、渎职行为责任追究办法》,将依法行政列入重要议事日程。

2002年,进一步完善办案制度,制定了一套比较系统、完整的《行政执法责任制》,共17章99条。其中包括《重大案件集体审理制度》《行政案件听证制度》《行政案件复议制度》《行政赔偿案件追偿制度》。

2003年,重点抓《规范执法主体资格制度》的落实,坚持“着装执法、持证执法、亮证执法”。

2004年推出《案件查办跟踪制度》,所有案件均由法制机构跟踪实施监察与督办。

2005年,出台《案件主协办制度》,明确执法人员办案不空位、不越位、不缺位。

2006年,进一步完善《行政执法责任制度》和《立备案制度》,使行政执法责任明确化、执法行为规范化、执法监管制度化。

2007年,开展“依法行政年”活动,推出“文明办案制”。

2008—2009 年，提出办案严把“三道关口”，即立案关、审核关、陈述申辩关，更好地维护行政相对人合法权益。

2011—2012 年，在全市工商系统首推“专业化办案”新办法、新模式，相继成立 11 支专业化办案小组，确保案件无差错、无瑕疵，确保依法行政水平上台阶。

第八节　服务社会经济发展

一、优化经济发展环境

2002 年年初，县工商局成立优化经济环境领导小组，由局长任组长，在全局范围内组织开展“优化经济发展环境”大讨论，引导全局人员摆正优化经济发展环境与规范市场经济秩序的关系，明确创建“服务型工商”的目标。

2003 年，制定《优化经济发展环境实施方案》，推出《首问首办责任制》《违规警示制》等四项新制度，并在《常德日报》公开优化经济发展环境“六项承诺”。

2004 年，为落实国家工商总局“六项禁令”、省工商局“八条禁令”，结合本地实际出台“办照四放开”“执法五从严”“处罚六从轻”“办案七不查”“收费八不准”等优惠措施，建立了下岗再就业“绿色通道”。

2006 年通过电视台，公布《优化经济发展环境 10 条纪律和 20 个不准》，在全县张贴廉政告知书 2000 张。截至年底，共为 1442 位下岗再就业人员减免各项费用 228.3 万元。

2009 年，出台《服务地方经济发展七条措施》，要求全体执法人员转变执法观念，广泛运用行政指导、建议、告诫等方式规范经营行为，做到重教育轻处罚、少处罚多规范、少责难多服务。当年案件起数比上年同期减少 18%，处罚金额减少 52%。

2010 年，县工商局顺应“两费”停征的职能转型新形势，为强化服务意识，增强服务效能，在办证大厅工商窗口率先推出行政许可告知事项“一口清”新服务模式，即向服务对象发放“一口清”告知单，明确告知办理证照所需要的一切相关资料、办理程序、办结时间、收费标准等，为申请人提供全方位、一站式服务，杜绝申请人两头跑、多次跑的现象。当年受理各类行政许可咨询 4000 多人次，办理行政许可 2000 多件，年检 1100 多件，受到广大群众的一致肯定和称赞。是年，“一口清”服务模式在全市推广，县工商局在全县优化经济发展环境工作效果评估中得到 75 分，排名第一，并被县委、县政府评为“优化经济发展环境先进单位”。

2011—2012 年，在贯彻落实“一化三基”工商联络员制度中，开展经济发展环境问题“大走访、大排查、大整治”活动，200 多名工商干部通过“一对一”“多对一”联系帮扶活动，走访企业及个体工商户等各类市场主体 454 家，收集意见、建议 53 个，为各类市场主体解决实际困难 316 件，提供政策咨询 500 多人次。2011 年，县工商局被县委、县政府评为“优化经济发展环境先进单位”。

二、打造“12315”工商维权服务品牌

2003年,县工商局开始实施农民维权服务品牌“农资投诉先行赔付制度”。4月,消委秘书长刘登敏在处理一起劣质棉种投诉案件中,发现当时正逢棉花下种季节,如及时补种不会影响当年棉花收成,于是他积极建议销售方马上给棉农补种,先抢农时,补种完成后再协商解决其他赔偿问题。由于补种及时,棉农当年获得丰收,买卖双方的损失都降到最低。这种“补救—定损—调解—赔偿”的“农资投诉先行赔付”新模式,经过不断完善和推行,广受农民欢迎。

2004—2005年,为打造“12315”消费者维权服务品牌,县工商局会同县消委开始创建“12315”消费者维权体系,在全县安置了1000块印有“12315”举报电话的大型铝制牌,并通过电视台反复宣传造势。

2006年,县工商局进一步完善“农资投诉先行赔付”制度,是年,全县农民获得先行赔付的种子达3.6万包,价值100多万元。之后,“农资投诉先行赔付”模式先后在全市、全省推广,《中国消费者报》《中国农民日报》、湖南电视台等多家媒体进行全面报道,县工商局获得2006年度“全国消费维权创新奖”。

2008年,县工商局在全县行政村与城镇社区,建立食品安全暨消费维权投诉联络站501个,确保“12315”的触角伸向全县各个乡(镇)村及社区,体系更加完善,消费者投诉更为方便。

2010年,县工商局和县消委、县广电局联合推出《“3·15”在线》视频维权新模式,为消费者提供一个全方位、多角度互动和维权平台,使“12315”逐渐成为发现案源的主要渠道、维权服务的重要途径,提升工商形象的知名品牌。

截至2012年年底,县工商局通过“12315”消费者维权体系共受理消费者投诉2136件次,为消费者挽回经济损失近1000万元。

第十一章　安乡县工商行政管理局工作概要

安乡县地处常德市北部，与湖北省公安县接壤，全县总面积1087平方公里，总人口58万人，辖20个乡镇。

第一节　市场建设与监督管理

1989—1990年，县工商局以“治理经济环境，整顿经济秩序”为重点，认真贯彻落实党中央提出的“稳定压倒一切”指导方针，围绕治理整顿和深化改革中心任务，认真整顿全县市场经济秩序。

1991—1993年，工商局拆迁原城关中心农贸市场，投资423万元新建澧陵工农贸市场，建筑占地面积2160平方米，商铺38间，摊位208个。1991年11月，时任省委书记熊清泉考察新建的澧陵工农贸市场并给予高度评价。同年，新建市场还有城关桥东农贸市场、城关县府街农贸市场、城关天后宫农贸市场、城关人大农贸市场、大鲸港农贸市场、下渔口农贸市场、黄山头农贸市场等，改造了城关复兴路工贸市场，市场建设投资累计达823万元，建筑占地面积达8600平方米。

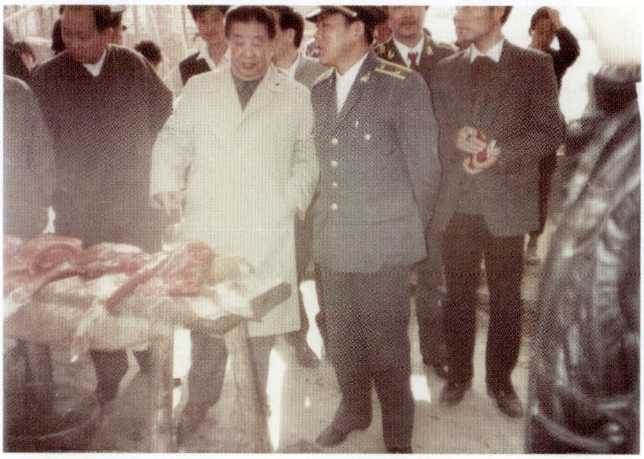

1991年11月，时任湖南省省委书记熊清泉视察澧陵工农贸市场

1994—2000年，紧紧围绕“公平交易执法年”和“工商形象建设年”主题，构建以非公有制经济为主体的经济体制新框架，县工商局突出个体私营经济发展，培育市场体系，狠抓市场建设，强化市场监管。1999年5月，由县政府与中铁十九局合作投资兴建的安乡大市场正式开工，2001年6月正式开业。

2001年，实行省以下垂直管理体制以后，县工商局将兴建的市场全部移交地方政府，但对辖区内市场建设仍不遗余力地给予大力支持与指导。按照“谁投资谁受益”的原则，工商部门积极动员社会力量兴建各类市场，市场建设进入迅猛发展的新时期。原有集贸市场规模逐步扩大,服务设施进一步完善,新的集贸市场不断出现。

2002—2005 年,县工商局进一步强化市场监管,全面落实行政执法责任制和市场巡查制。市场监管重点是:农资市场、消费品市场、文化市场、运输市场、医药市场等。围绕上述重点开展“打假保节日”“打假保春耕”“打假保权益”“打假保名优”等四个方面专项行动,查获假冒伪劣商品 7382 件(种),查处违法案件 83 起,罚没入库金额达 300 多万元;会同有关部门,开展对文化市场的清理整顿,对辖区内歌舞娱乐服务场所及游戏、网吧、广播电视器材经营场所进行严格清查,检查 57 户,限期整改 42 户,整顿合格后重新登记的 2 户,取缔 13 户。查获非法出版书刊、光碟 2050 册(件);开展医药市场专项整顿,依法查处无照经营药店、诊所51 家,办理营业执照 47 个,查处药品侵权、药品虚假广告案件 14 起,罚没入库金额达 10 多万元。在 2003 年抗击“非典”市场管理中发挥重要作用,对安乡县经济社会稳定和发展做出积极贡献。

2006—2011 年,围绕“依法行政年”“加强基层建设,构建和谐工商年”和“农副食品市场整顿年”三大主题,按照监管与发展、监管与服务、监管与维权、监管与执法这“四个统一”要求,紧紧围绕服务地方经济发展这条主线,强化市场监管,全面履行工商行政管理职能,各项工作均取得显著成效。2006 年, 县工商局积极支持有关单位兴建嘉和建材批发市场,2007 年,积极参与安乡蔬菜水果批发市场的兴建与管理。形成以县城为中心遍布各乡镇的多种经济成分,多种流通渠道、多种经营方式、多种经营格局共同发展的市场体系。2006—2007 年,目标管理综合评比连续 2 年被评为全市工商系统第三名,并被县委、县政府授予“目标管理红旗单位”荣誉称号。深入开展“红盾护农”行动,根据湘工商市字〔2005〕170 号文件精神,大力发展“农村经纪人”,其间,登记注册各类“农村经纪人”500 余人,促进农副产品流通,有效增加农民收入,加快全县农村经济发展。《食品安全法》颁布后,县工商局按照市工商局统一部署,全面实施食品放心工程,深入开展食品安全专项整治,加大消费维权力度,食品安全监管工作卓有成效,自 2008 年起,县工商局强化食品安全监管,连续 4 年获得“全县食品安全监管先进单位”称号。

第二节　市场主体准入与监督管理

一、企业登记注册与监督管理

1989 年,县工商局认真落实县委、县政府一系列关于企业发展的优惠政策,在不违背相关法律法规前提下,放宽注册条件,简化登记程序,缩短发照时间,为外地客商进得来、留得住创造宽松的经济发展环境。是年,县工商局对全县 39 家公司进行清理整顿,重新建立企业档案。

1992 年,县工商局在企业登记注册中实行“三个放宽、一个简化”措施,简化企业登记审批程序，对企业经营范围、方式及分支机构设立大开绿灯。

1995 年，县工商局加强对辖区企业规范化管理，开展党政机关所办经济实体脱钩工作，对全县 14 家党政机关所办经济实体进行清理。

1996 年，对 1994 年 1 月 30 日以前登记的有限责任公司进行重新规范登记。

2001—2005 年，根据国家工商总局工商企办字〔2001〕第 250 号和省工商局湘工商企字〔2001〕第 167 号文件精神及市工商局统一部署，开展整治“三无”企业和无照经营专项行动。对全县所有企业进行全面检查，查出问题企业 110 家，其中“三无”企业 11 家，弄虚作假、骗取年检企业 7 家，擅自改变住所或经营场所 12 家，虚假出资 7 家。检查后变更登记事项 32 家，注销 8 家，吊销 8 家，并且对企业档案中前置审批手续进行清理，通过清理发现全县所有企业中有 102 户无前置审批手续或手续已过期。工商干部采取上门督办和文字通知等办法进行催办，限期补交、补办相关证件，对逾期不能补交的，变更其经营范围或注（吊）销其营业执照。

2006—2008 年，县工商局进一步处理好监管与服务之间关系，在和谐监管上下功夫，变被动服务为主动服务，变浅层服务为深层次服务，变滞后服务为超前服务，充分发挥注册登记职能，简化办事程序，提高办事效率，实行“一厅式”审批，“一条龙”服务，“一站式”办理，全面开通登记注册“绿色通道”。申办企业只要申办资料齐全，并且符合法律法规要求，均当场给予登记发照。2008 年 7 月，安乡首家农民专业合作社“安乡县盛康蜜蜂养殖合作社”正式成立。

2009—2012 年，依托注册登记窗口，通过创新服务模式，简化审批程序，加快审批速度，不断提高服务效率，受到群众的好评。对县政府重点联系的 26 家企业，工商局郑重承诺在一个工作日内完成书面材料审查并一次性通过年检。对年检中发现企业的一般违法行为采取“首错免罚制”，坚持教育规范在先的原则，给予警示、免予处罚、跟踪指导、督促纠正，受到了县委、县政府的肯定。截至 2012 年年底，全县注册登记企业 232 家，外商投资企业 6 家。

二、个体工商户、私营企业登记注册与监督管理

1989—1990 年，按照国家工商局相关文件精神和省、市工商局部署，县工商局对全县个体工商户和私营企业进行法制教育、形势教育、职业道德教育，按照“积极引导、鼓励扶持、加强管理、兴利抑弊，促其发展”的原则，开展检查、清理、整顿，坚持以社会主义公有制经济为主，“三个有利于”为指导，全面落实发展个体私营经济政策规定，积极鼓励、引导个体私营经济在国家政策允许范围内健康发展。

1992—1994 年，县委、县政府根据“发展个体私营经济要有更高的认识，更大的魄力，更宽的政策，更快的速度”的指示精神，成立以县委副书记为组长，7 位县级领导、16 位科局领导为成员的个体私营经济领导小组，办公室设在县工商局。每年年初召开一次全县个体私营

经济工作会议,各乡镇相继成立个体私营经济领导小组及办公室,形成全县各级各部门齐抓共管个体私营经济工作新格局。

1995年,县工商局出动150人次,组成34个检查组,对全县个体私营经济进行全面检查,共查出遗失营业执照12户,转让营业执照8户,营业执照过期185户,均按规定作出处理。检查商品10万余件,查处400多起制售假冒伪劣商品案件,端掉制假窝点2处。查处无照经营370户,取缔25户,限期补办营业执照345户。年末,全县个体工商户12821户,注册资金4860万元,从业人数32000多人。

1996—2000年,按照"一切符合'三个有利于'的所有制形式可以而且应该用来为社会主义服务;一切反映社会化生产规律的经营方式和组织形式都可以大胆利用"的方针。解放思想,放开手脚,做好"三个转向",即服务主体转向个体私营经济、项目建设主体转向个体私营经济、投资安排转向个体私营经济。同时,对下岗再就业人员从事个体私营经济给予大力扶植,采取"先上车,后买票,先试业,后办照,先服务,后管理,先发展,后收费"的"四先四后"优惠措施,为全县个体私营经济快速发展创造一个宽松环境,促进安乡个体私营经济持续、快速、健康发展。其间,工商部门为个体工商户提供有价值经济信息410多条,解决各种困难965起,帮助落实生产经营资金386万元,组织生产原材料价值460万元,销售产品价值890万元,引进人才21人,引进新项目191个,为38家生产加工大户解决经营场地9100平方米。

2001年,全省统一换发个体工商户《营业执照》,通过换照,纠正了多年来只统计增长户数,不削减歇业户数的不当做法。通过换照,摸清了全县非公有制经济的数据,即全县实有个体工商户、私营企业共11297家,从业人员3.8万人,注册资金1.5亿元,个体私营经济总产值(营业收入)达10.2亿元,实现个体私营经济税收2200万元。

2002—2012年,县工商局认真学习省委、省政府《关于加快民营经济发展的决定》,出台并实施一系列鼓励、引导、支持民营经济发展的措施。放宽经营范围。除国家法律、法规明令禁止进入的行业和领域,均允许民营企业从事生产经营,自主选择经营范围和经营方式;降低注册登记门槛。允许新设立的民营企业注册资本实行分期注入,分批到位;放宽投资人资格。除国家法律、法规另有规定外,凡有民事行为能力的人

县工商局召开服务企业恳谈会,为企业发展排忧解难、出谋划策

员均可凭居民身份证和有关证明申办私营企业和个体工商户；简化登记前置审批手续。除国家法律、法规规定的行业外，企业登记前置审批一律取消；缩短办证时限。企业设立登记在15个工作日内作出核准登记或不予核准登记的决定；大力推进民营企业的诚信建设；严格依法行政，切实维护民营企业的合法权益。其间，按照省、市工商局的工作要求，认真贯彻执行《个体工商户分层分类登记管理办法》，对全县的个体工商户和私营企业信用状况分为A、B、C、D四个管理类别进行分层次管理。同时完成了个体工商户和私营企业的档案数据录入，实现了网上监督管理。截至2012年年底，全县共有个体工商户10927家，从业人数17972人；私营企业493家，雇工8306人；农民专业合作社102户。全县个体私营经济发展平稳，私营企业实力不断增强，产业结构相对稳定。

第三节　经济合同监督管理

1989—1995年，县工商局为强化合同监督管理，一方面帮助企业建立经济合同管理组织，积极推行企业合同管理规范化、制度化；另一方面做好经济合同鉴证与检查工作，认真履行合同鉴证把关职责。其间，全县共鉴证经济合同315份，先后6次对362家企业经济合同进行检查，查处条款不清、责任不明合同，避免经济纠纷发生。同时，认真调解仲裁经济合同纠纷，调解仲裁合同纠纷86起，争议金额达1036万元，组成追讨拖欠款小组，协助38家企业追回欠款400多万元。1995年9月，《中华人民共和国仲裁法》颁布实施，按此法的规定，工商局不再承担经济合同仲裁工作。

1996—2000年，认真组织学习、宣传《合同法》，举办企业厂长、经理及合同管理人员培训班20多场次，参训人员达1000多人。积极组织企业开展“重合同、守信用”评选活动，增强企业的合同自律意识，督促企业提高合同履约率，帮助企业提升知名度、信誉度。每年均评选出省级、市级、县级“重合同、守信用”企业共40余家，并分别在相关媒体上刊登公告。大力推行《经济合同示范文本管理办法》的施行，强化对企业合同帮扶。

2001—2012年，县工商局加强企业合同监督管理，广泛深入开展“讲诚信、反欺诈”及“守合同、重信用”活动，树立“诚信安乡”的良好形象，评选出国家级“守合同、重信用”单位1家，即“湖南德成建筑工程有限公司”；省级“守合同、重信用”单位4家，即：安乡县人民医院、常德康达饲料有限公司、湖南凯乐建筑工程有限公司、湖南德成建筑工程有限公司；市级、县级“守合同、重信用”企业37家。积极办理动产抵押登记。仅2001年，工商局受理动产抵押登记7起，抵押物价值511万元，抵押债权400多万元。加强合同调解，办理合同纠纷调解20多起，为企业挽回经济损失达1000万元以上，维护了企业和消费者的合法权益。同时加强建筑合同鉴证工作，仅2001年，鉴证建筑合同5个，合同金额达700多万元。2002年11月，国务院取消《合同鉴证办法》，工商机关对合同鉴证的职能结束。

第四节　商标与广告监督管理

1990—1993年,县工商局共培训广告经营者100多次,开展广告执法上千次,查处了一批社会影响大、群众反映强烈的广告违法案件。

1994年,《湖南省户外广告管理办法》颁布,县工商局加强户外广告日常检查。全年审批户外广告92起,驳回8起,纠正15起。9月,按照市工商局的要求,对全县药品医疗、医疗器械广告进行为期1个月的专项整顿,收缴非法印制广告8000多份、横幅40条,纠正县电视台违规广告12起,查处农业银行、信用社等单位违法户外广告累计4起,罚款1.4万元。是年5月,县工商局集中对全县8个商标印制定点单位和一个香烟商标印制企业进行检查,检查台账、档案和商标印制真实情况。全年查处商标案件92起,罚款1.2万元。

1999年4月,安乡县委办、县政府办出台《关于宣传标语和户外广告管理办法》。

2000年,县工商局加强了对商标法的宣传力度,全年宣传20次。同时对商标违法案件进行了查处,如对县三安卫生用品厂的注册商标使用违法行为罚款2000元,并销毁违法商标标识2万多枚。

2001年,根据《中华人民共和国商标法》和《中华人民共和国商标法实施细则》对辖区内商标使用单位和商标印制单位进行商标法律法规知识宣传培训4次,同时年检商标使用单位和商标印制单位25家,发现冒充注册商标1家,侵犯商标使用权1家,未在使用该注册商标的同品上标明被评人的商品产地1家,共罚款42000元。同时,加大广告监管力度,是年,县工商局根据《中华人民共和国广告法》,对安乡县3家广告经营单位进行了年检,对5家定点广告印制单位进行排查,取缔1家不符合印制要求的广告单位。全年审批户外广告135起,驳回7起,纠正10起,收缴非法印制的广告2113份,布幅30条,罚款共5.5万元。

2002年,开展"反误导、打虚假"广告专项整治活动,共查处广告违法案件105件,罚没金额150万元。

2005年,县工商局强化商标管理与服务,鼓励支持企业争创省级著名商标和国家级驰名商标,通过建立企业联系点,确定辖区内一批信誉高、产品质量好、发展潜力大的10家企业,作为注册商标和创名牌的重点联系企业。同时,加强商标专用权保护,是年4月,根据省工商局《关于开展保护知名商标专用权集中行动的通知》,县工商局成立了保护知名商标专用权集中行动专项整治小组,重点对服装、皮具、鞋业、摩托车、化肥、种子专卖店、超市进行了为期1个月的突击检查,收缴假冒名牌产品128件(只),价值3万多元。同年10月,安乡县金大地化肥有限责任公司的"金大地"注册商标,被评定为湖南省著名商标,实现了湖南省著名商标"零"的突破。

2006年,县工商局全力支持企业开展创品牌活动,通过主动介入、热心服务,成功帮助安乡来得富食品有限公司和凯斯机械有限公司获得了"湖南省著名商标"。

2006—2008 年，县工商局商标监管工作在全市目标考核中连续三年荣获第三名。

2010 年，安乡县首枚地理证明商标“黄山头板鸭”正式进入申报程序。

2012 年，县丰康生物科技股份有限公司就“丰康”商标正式提请申报中国驰名商标。截至年底，全局共查处各类违法广告案件 1290 余起，没收各类违法违规印刷品广告 29850 份，拆除户外广告 870 块(条)，取缔店堂广告 767 块，行政处罚金额 498 万元；全县共拥有有效注册商标 518 件，其中省著名商标 11 件、市知名商标 10 件。

第五节　消费者权益保护

1997 年前，县工商局未设立具有执法职能的专职消费者权益保护机构，消费者权益保护职责通过工商部门多个业务股室综合执法实现。1998 年，设立“12315”消费者举报台，接受消费者举报、咨询，受理工商职责范围内的消费申诉，办理维护消费者合法权益案件。

2000 年，查处县电力局收受用电户的用电费保证金一案，消费者依法获得了退还保证金额 26 万元。

2001 年，县工商局成立消费者权益保护股。

2005 年，督促指导全县 12 家重点农资经营户与农户签订“农资先行赔付办法协议书”，正式推行农资产品先行赔付制度。

2008 年 3 月 10 日，“12315”消费者申诉举报中心正式成立运行，自此，安乡县工商局消费维权工作步入到“一个形象对外、一条热线维权、一个体系服务、一套机制运行”的新时期。是年 9 月，三鹿问题奶粉事件曝光后，“12315”热线坚持 24 小时值班，接受消费者投诉。并出动执法人员对全县所有经营奶粉的超市、商场、市场、食杂店等经营场所进行了全面清查，全县未出现一起问题奶粉群体消费纠纷事件，确保了人民群众生命财产安全和社会稳定。

2011 年 3 月，全县发生食盐抢购风波，“12315”实行 24 小时值班制，向群众进行正确的舆论引导。执法人员深入各大超市、市场等盐业销售网点进行监控，控制了事态发展。

截至 2012 年年底，全县已建立乡镇消费者维权乡镇领导机构 20 个，建立村级消费维权站点 200 个，建立社区消费维权站点 31 个。县工商局和县消协联合举办“3·15”国际消费者权益日宣传活动 24 次，宣传《消费者权益保护法》等法律法规，开展投诉、咨询、伪劣假冒产品展示等维权宣传活动，全局受理消费投诉 1686 起，调解成功 1571 起，为消费者挽回损失 600 余万元。

第六节　公平交易执法

1990 年，依法查处棉花案件 33 起，罚款 29 万元；粮食案件 13 起，罚款 7 万元；查获假冒伪劣和非法出版书刊 2050 册。

1991 年,县工商局焚烧查处的假冒伪劣产品

1991 年,县政府从工商、公安、交通、县供销社抽调 22 名工作人员,成立棉花检查大队,昼夜值班,共查处倒卖棉花案件 113 起,棉花 101.83 吨,行政罚没金额 41 万元,严厉打击倒卖棉花不法行为,维护国家棉花收购秩序。是年 7—9 月,县工商局抽调 61 名工商干部,22 名个协工作人员组成 23 个检查组,对全县市场进行检查,共抽查产品 60340 件,其中冒牌的 302 件,伪劣的 217 件,过期变质的 368 件,违禁品 37 件,并对上述物品依法收缴并销毁。

1993 年 2 月,《中华人民共和国反不正当竞争法》颁布实施,县工商局坚持依法行政,依法查处不正当竞争行为。

1994 年,对全县消费市场进行大规模大范围专项整顿 4 次,出动执法人员 600 人次,出动车辆 56 台次,检查各类企业及分支机构 4400 户次,个体工商户 14000 户,捣毁制假窝点1处,查获假冒烟酒,劣质电器、皮鞋等 128 个品种,价值 15 万元。

1995 年 11 月,查获以周某为首,制造假“国公”、假“洋河”、假“双沟”等名酒的 15 人团伙一个,移送公安机关处置 5 人,罚款 3 万元。

1997 年,查处安乡县第一例不正当竞争案件,罚没金额 1500 元。

1998 年,查处首列公用企业限制竞争案件,罚没款 5000 元。

2001 年,根据国务院《关于开展严厉打击制售假冒伪劣商品违法犯罪活动联合行动的通知》精神,成立了安乡县打击生产销售假冒伪劣商品工作领导小组。副县长毕家生同志任组长,公安、工商、质监、卫生、宣传、检察院、法院等 20 个单位为领导小组成员单位,并下设“打假办”。重点查处了假冒伪劣化肥、种子、农药、农机及农机配件、建材、电线电缆、插头插座、药品、医疗器械、食品、饮料、烟酒、化妆品、燃气具等关系到人民健康和生命财产安全各类物质,没收销毁各类假冒伪劣产品 352 件(个)。

2002 年 4 月,县工商局经济检查大队更名为公平交易分局。根据国家工商总局部署,对严重扰乱国家经济秩序和损害群众利益的重点部位、重点商品、重点市场集中力量、集中时间,组织了 85 次专项治理活动,有效地维护了全县市场经济秩序。是年 3 月 17—15 日,县工商局组织一次大规模打假活动,出动执法人员 415 人次,宣传车 31 台次,张贴宣传标语 120 多条(幅),共检查经营户 1341 户,收缴假农药杀虫脒 18 件,过期农药 837 包,收缴各类假酒

128 瓶，过期药酒 130 件，各类饮料、酱油、副食品、化妆品 158 件，特别是在这次行动中，查获电信局销售的劣质电话线 60 卷，案值 48 万元。

2004 年 3 月，县工商局先后开展了“打击传销进学校、进企业”的宣传活动，印发宣传单、海报 10000 余份。

2005 年 11 月，根据上级要求，成立了由县委常委、分管副县长为组长，政法委、县政府办、工商局、公安局、财贸局、县法院、县检察院等 19 个单位负责人和有关人员组成的“安乡县禁止传销工作领导小组”，形成了打击传销工作由政府牵头、各部门齐抓共管的良好局面。

2008 年，县工商局进一步强化公平交易执法，帮助企业增强自我保护意识，维护合法权益，县工商局主动向 58 家企业传授相关法律知识，免费提供咨询服务，积极开展“打击假冒、欺诈”行为，进一步完善“打假扶优”的互动机制。保护知识产权，查处商标侵权行为。是年，办结商标侵权案件 15 起，涉及出版物、药品和食品，处罚告知金额 62 万元。如内蒙古新华报业中心主办的《读者俱乐部》期刊，将他人的“读者”注册商标侵权使用，被处罚金 1．5 万元，并责令改正。同时，规范自销行为，打击非法传销。6 月 20 日，县政府召开全县打击传销活动工作联系会议，对重点单位和地区进行摸底排查，把打击传销活动作为维护社会稳定及“平安安乡”结合起来，县工商局结合 9—10 月全省防范和打击传销宣传活动月，组织开展国务院《禁止传销条例》《直销管理条例》专题宣传活动，印发宣传资料 2000 份，出动执法人员 40 人次，悬挂标语横幅 10 条，在全县集镇码头张贴《关于严厉打击传销规范直销行为的公告》100 份。是年，县工商局公平交易执法工作荣获全市目标考核第三名。

2010 年，开展打击侵犯知识产权和制售假冒伪劣商品行为的“双打行动”。

2011 年，开展“禁电捕鱼、禁捕鸟、禁捕蛙、禁捕蛇”专项整治。

第七节　法制建设

1997 年 3 月，成立县工商局政策法规股，法制建设逐渐步入规范化轨道。

2001 年，狠抓法律知识培训和学习。局机关和工商所每周星期五下午为法律法规学习时间，法规股负责制定学习和考核计划，考试成绩与年度考核挂钩。是年，县工商局组织法律知识考试 5 次，参考率达 98%。开展“三争一创”活动，即争当法律法规知识标兵，争当办案能手，争办优秀案件和创法制先进单位。

2003 年，县工商局组织执法人员重点学习国务院《无照经营查处取缔办法》，并组织专项法规知识考试，143 人参考，及格率 100%。9 月，38 名同志参加全省企业下岗人员政策法律培训，考试成绩总分获全市工商系统第一名。

2005 年，以全面推进《依法行政实施纲要》为主线，以提高执法人员素质为目的，狠抓法制培训，是年 2 月和 8 月，组织全局 143 名执法人员参加《行政许可法》《商标法》和《产品质量法》培训。同时，以规范办案为重点，严把行政案件核审关。全年各办案机构报送法制股的一般程序案件379件,核审中因证据不足而退回案卷58件,因事实不清、程序不合法退卷补充材料和完善相关手续的32起,经审核报分管局领导批准发听证告知书的223起,送达政处罚告知书118份,合计341起,下达行政处罚决定书341起,一般程序案件核审率达100%。

2007年,县工商局法制建设工作在全市工商系统年度目标考核中,荣获全市第一名。

2008年,制定印发《安乡县工商行政管理局行政执法组织工作实施方案》《安乡县工商行政管理局内设机构办案职责及其分工》《安乡县工商行政管理局立案备案制度》《安乡县工商行政管理局行政执法过错追究暂行规定》《安乡县工商行政管理局行政处罚案件核审制度》《安乡县工商行政管理局行政执法监督制度》《安乡县工商行政管理局规范性文件备案制度》。是年,法制建设工作在全市工商系统年度目标考核中获得第二名。

2009年,县工商局印发《安乡县工商局法制培训规范》。是年10月,市工商局举办全市工商系统首届法律知识抢答赛,一共18支代表队参加,县工商局代表队获第一名。

2010年,县工商局推出监管执法工作"多极网格监管体系",通过建立宏观的组织架构,避免工商执法只注重抓内部工作任务而忽视同本地政府职能部门联动的局限性,让行政相对人、消费者、行风监督员、上级纪检监察部门等不同层次的监督动态化、前置化、经常化,通过落实层级监督制度,对全局法制建设起到强有力的推动作用。

2012年,根据"法治常德"和"法治安乡"工作精神,县工商局印发《安乡县工商局"法治安乡"建设工作实施方案》,在全局范围内开展法律法规培训工作,增强执法人员依法行政意识、完善依法行政相关制度、提高执法水平、强化执法监督、夯实法制基础、化解矛盾纠纷等方面成效明显。4月,县委法治办对工商局在推进"法治安乡"建设工作中所做的贡献予以通报表彰。2009—2012年,全局共开展法制培训50余次,参考人员达8000余人次,涉及食品安全法、反不正当竞争法、公司法、商标法、广告法等法律、法规、规章及规范性文件80余部,

第十二章　津市市工商行政管理局工作概要

津市市地处湖南省洞庭湖西北岸，居澧水下游，为九澧门户。面积563.85平方公里，辖4个街道办事处和5镇2乡，共26.88万人。

第一节　市场建设与监督管理

一、市场建设

1989年以前，津市有6个农贸市场、3个工贸市场。1989年2月，津市工商局投资10万元与津市阳由乡共建襄阳农贸市场，建筑面积1567.8平方米。

1990年，市工商局组织个体工商户集资33.157万元兴建澧水大桥工贸市场1200平方米。先后组织一完小、二完小、中医院等单位，将临街面围墙、房屋改造为经营门店138间，建筑面积1120平方米。改建明珠楼工贸市场，经营面积1600平方米。

1991年9月，投资200万元兴建和平市场，1992年8月竣工开业，建筑面积5800平方米，是津市最大的农贸市场，设置了专门的市场管理所履行市场监管职责。

1992年10月，与阳由乡护市村合建了建筑面积1800平方米的三眼桥市场。

1993年，新建金三角市场、扩建涔澹农场综合市场，改建大桥工贸市场。6月，与市商业局合建的品元宫市场竣工；该市场投资350万元，营业面积15000平方米，上下两层560个摊位。

截至1999年年底，津市共有各类集贸市场26个，建筑面积为42400平方米。

二、市场管理

1989年，完成了全市24个市场的建档建卡；共查处市场违章案件484件，罚款1.57万元。

1990年，统一了9种市场登记和违章处罚程序手续；积极介入汽车市场管理，收取管理费1.5万元。

1991年，先后7次整顿农贸市场。是年夏季，津市渍灾严重，近郊153.7公顷蔬菜基地毁于一旦。工商局先后从湖北、四川、安徽等地引进蔬菜598400公斤，满足需求，平抑价格。

1993年,与公安、司法部门联合,在和平市场、品元宫市场设立了公安执勤室和调解委员会,共查处皮棉17.8万公斤,籽棉1.8万公斤,蚕茧4.5吨。

1995—1997年,开展市场整顿活动,实施了生猪定点宰杀。1996年,开展了6次市场专项治理;出动执法人员210人次,检查各类生产、销售企业98家,取缔制假窝点12个,收缴各类假冒伪劣商品,总价值6万余元。

1998年,共查获非法收购粮食3.4万公斤,收缴假香烟380条、假酒50余件、过期食品500公斤、注水肉850公斤。1999年4月,查处了津市白衣镇假劣棉种案。

2000年,查处棉花非法经营案件5起,扣缴小轧花机和土打包机282台,罚款3万元。查获津市7人合伙购买改造原"仙桥商场"违章销售案,罚款10万元。

2001—2004年,在全市范围内开展了农资市场"打假"及生猪屠宰市场专项整治行动。2003年,共端掉生猪私宰窝点7个,收缴销毁病死及公、母猪肉等有害肉3000公斤。2004年,开展"红盾护农"打假行动6次,抽查各类农资产品70余种,收缴假劣化肥1.5吨、"三无"农药30余瓶、劣质稻种80公斤、棉种30包。

2005—2006年,开展"红盾护农"专项行动,共查处涉农案件5起,处罚8.6万元,并与农资经营户签订了不合格商品退市及商品销售质量承诺责任状。

2011年,开展"红盾护农"专项行动,累计检查农资经营户900户次,抽查12种肥料,送检4批种子,立案13起,罚款7.3万元,通过强化市场执法力度,全年共立案249件,结案137件。

2012年,开展液化气市场专项整治,立案3起,罚款1.3万元,并对16种复合肥现场抽样检查,立案查处2件,罚款2.2万元。

第二节　公平交易执法

一、打击投机倒把

1989年,查获津市无线电三厂倒卖工业回收黄金案,没收非法所得1.196万元。是年,共办理各类投机倒把案件41起,罚没金额7.8万元。

1990—1991年,查处津市缫丝厂等三家企业投机违法收购或销售蚕丝、化纤布料等案,共罚没18万元;查处湘澧盐矿违章销售钢材案,罚没2万元。

1992年,查获、销毁假冒伪劣商品折价7.45万元。

1994年,查获澧县小渡口轧花厂与龙山县土产公司非法倒卖棉花大案,查扣一级棉花17.2084吨,违法金额28.9101万元。

1995年4月,查获涔澹供销社与怀化市某公司倒买倒卖棉花48吨,罚没入库13万元。是年,共捣毁制假窝点3个,查处销假网点45个;查获假劣农药2000多公斤、化肥37吨,收缴假劣鞭炮30000多万响、健力宝380瓶、高橙1480瓶、酱油5000多瓶、八宝粥1170瓶、高蛋白营养粉1550盒等，案值6.8835万元。

1996年，查获违章经营的各种化肥180吨、农药10吨，罚没5000元。

1998年，查处违章收购棉花6起，计20余吨。

二、打击走私贩私

1993年，市工商局加大对走私贩私的打击力度，重点查处走私小汽车。

1994年，查处津市水利局违法购进旧奥迪小车等案件3起，罚款5万元。

1998年，查处李某非法倒卖黄金案。还先后查处了18台走私汽车，共罚款7.23万元。

1999年3月，查处了罗某走私小车并改号挂军牌案，罚款4万元，涉案以从外地单位转购二手车为主，品牌包括奥迪、吉星达、皇冠、丰田佳美、桑塔纳等。

三、打击传销及不正当竞争行为

1989—1991年，市工商局查处各类违章违法案件2863起，处罚金额423.11万元，收缴假冒香烟4325条、假酒62315瓶、假化肥276吨、假劣种子12.3吨。

1996年，检查了总价值3836.6万元的药品交易，清理出回扣款470.4万元。查处津市百货大楼超额度有奖销售违章行为。

1997年，查缴“药品回扣”款项1万多元。

1999年3月，查处津市邮电局隐含收取代缴费的不正当竞争案，罚没7万元。

2002年，市工商局扩大监管领域，查处了津市自来水公司强制性收费案，共罚款5万元。与法院外出强制执行案件8件，到位金额80万元。

2003—2004年，查处联通公司津市营业部等公用企业利用垄断地位进行不正当竞争的案件5件。查处益阳市某啤酒企业对“青岛”啤酒的侵权行为，查封侵权啤酒35件，类似案件共查处5起。2003年罚没入库179.04万元，2004年罚没入库162.42万元。

2006年，市工商局与公安部门联手捣毁了在津市新洲名为“消费经济员”的网络传销窝点。

2007年，查处传销案件2起。查处津市教育局所属秋实公司等一批企业的商业贿赂行为。查扣了一批假冒广州宝洁公司产品，案值6万余元。

2012年，对电力、电信、邮政、移动、烟草、供水等垄断型单位不正当竞争行为进行了立案查处，罚没5万元。

第三节　市场主体准入与监督管理

一、市场主体登记注册

1989年,全市共有工商企业1022户,从业人员40073人,拥有注册资金33582.75万元。是年,换发企业营业执照300余家,法人执照300余家;注册登记个体工商户1040户。

1990年,全市企业开业登记69家,变更法人营业执照270家。

1992—1993年,共办理570家企业的变更登记,拓宽企业经营范围,同时,积极引导个体私营经济向服务业、农副产品加工业、贩运业、种养业等第三产业发展。

1994年,办理企业变更登记215户,注销办照不经营的企业150户。

1995年,津市个体私营经济迅猛发展,全市共注册登记个体工商户6681户,比上年5529户增长20.8%;注册资金5067万元,比上年1654万元增长200%。全市个体私营经济总产值7036万元,销售总额36414万元,完成国家税收940万元。

1997年,市工商局简化办照手续,全市个体工商户增长至8035户,注册资金6219万元,从业人员18222人,占全市人口8.7%。

1998年,市工商局进一步强化证照管理,并明确各工商所的管理工作目标,共办理企业各项变更登记98家;确认国有、集体企业36家,认定私营企业46家。

1999年,全市共有各类企业729家,其中,企业法人登记(非有限公司)340家,营业单位286家,有限责任公司57家,分公司36家,新开业登记注册54家。

2000—2002年,全力服务企业改革发展,参与推行全市企业"两个买断",对破产的21家企业及改制的58家企业进行上门指导,使之"产权明晰、责权分明"。

2003年,督促新办营业执照170家。

2004年,对注册登记内容与实际生产、经营不相符的26家企业进行了限期变更。

2005—2008年,依据相关法律法规及规章严格审查市场主体,维护市场主体准入秩序。

2009—2010年,强化服务窗口功能,推行行政许可事项告知"一口清"制度。其间,对津市开发区企业免收登记规费7.7万元。

2011—2012年,宣传落实《合伙企业法》等法规。2012年,引导申办企业的个体工商户转型为独资企业43家。年末,全市有农业专业合作社34户,占全市企业的4.49%;有个体工商户6358户,占全市市场主体的89.13%。

二、市场主体监督管理

1989年,年检年审企业1100余家,组织个体工商户经营作风检查51次,查处无照经营户721户，督促办理营业执照300户、换发营业执照350户，收取各种登记费4.27万元。

1990年，重点整顿了商业批发企业，取消批发资格55个，缩小经营范围61个。

1991年，对人力车、砂卵石经营、水上运输、废旧收购等无证经营户进行整顿，并为部分经营户补办了营业执照。

1992—1994年，严格核定企业经营范围和经营方式，查处无证个体工商户151户，罚款3500元，查处其他违法案件5起，罚款1.16万元。

1995年，查处名存实亡的企业90家，其中有诈骗行为的企业11家。

1996年，清理注销无资金、无场地、无机构的“三无”企业290家。

1997年，查处涉嫌诈骗的40家“泡泡公司”，吊销了7家公司的营业执照。

1998年，重点查处“假集体”企业，注销了167户名存实亡的企业。

1999年元至4月，查处了5家违反注册登记法律法规的企业。下半年，市工商局介入车辆运输市场管理，办理临时营业执照334个。

2000年，通过摸底清理，对个体工商户进行“四方”定费。

2003年，查处抽逃出资、虚假出资案件36件，罚款1.7万元，并认真开展个体工商户的“四方定费”工作。

2004年，个体工商户管理费实行电脑开票，规范化运作，全市个体管理费收入比上年递增30%。

2006—2008年，进一步推行办公自动化，开始进行网上年检。2006年，推进企业信用分类监管。2008年，查处9家违规注册登记的企业，共处罚1.8万元。

2009—2010年，开展“一化三基”服务，为企业排忧解难。停征“两费”后，逐步实现职能转型，加大市场主体监管力度，查处注册登记中的弄虚作假行为。

2011年，加大“五无”监管创建力度，清理出无证无照经营户629户，查处无照经营案件24件，罚没金额1.8万元。

2012年，深入企业开展走访活动，共为企业、个体工商户办实事、排忧解难48起。年检企业509家，对个体工商户验照贴花4809户。

第四节　经济合同监督管理

1989年，举办经济合同学习班2期，培训153人次；处理经济合同案25起。

1990年，查处了津市粮油食品厂宋某欺诈签订承包合同案，依法没收宋某非法所得2.627万元，将2.316万元返还该厂。

1991—1992年，帮助市物资系统等单位开展合同法规培训。其间，为市二轻、机电、车桥厂等单位，培训经济合同签约人568人次。

1993—1995年，深入企业检查经济合同及其履行情况，为企业开展合同法律法规咨询服务。1994 年,检查本市 64 家企业经济合同,受理案件 6 起。1995 年,查处合同违法案件 7 起,为单位和个人挽回经济损失 582 万元。

1996—1997 年,共办理抵押登记 25 份,抵押财产金额 9627 万元。1997 年,鉴证工程承包合同 23 份,金额 2203 万元。

1998 年,考核推荐了 32 家津市市"重合同、守信用"企业。

1999—2002 年,强化合同"三证"基础性工作。1999 年,发放"法人资格证、负责人证明书、授权委托书"共 142 份。2002 年,推荐评选"重合同、守信用"企业 50 家。

2003 年,组织企业合同检查 2 次,审核动产抵押 16 份,查处欺诈合同 1 份。

2004—2009 年,组织学习《合同法》和《行政许可法》。

2008 年,对企业开展信用帮扶,评选本市"重合同、守信用"企业 23 家,其中向省、市推荐 3 家。为企业办理抵押登记 22 起,融资近亿元。

2010—2012 年,共办理动产抵押登记 49 起,股权出质登记 12 件,总计为企业融资 2.1 亿元。仅 2012 年,累计为本市企业进行动产抵押登记 16 起,涉及贷款金额 4000 万元。

第五节　商标与广告监督管理

一、商标监督管理

1989 年,组织开展伪劣商品查处和假冒伪劣商品展览,办理商标验证、变更、注销手续 12 个。

1990 年,宣传贯彻《商标法》,共申请商标注册 29 个,核准注册商标 5 个,比上年增长 3.1 倍。全市共有注册商标 137 个。

1991 年,指导本市蚊香厂等 17 家企业进行商标管理。先后为市五金电厂等 10 多家企业,到广东、河南等地查处假冒侵权行为,为企业挽回经济损失 97 万元。

1992 年,组织全市 5 家企业参加首届湖南省著名商标的评选,津市蚊香总厂的"斑马"牌蚊香商标被评为省著名商标。

1993 年,建立了企业商标工作联系网。

1994—1995 年,共查处商标侵权 5 起。先后五次深入商标印制单位,宣传贯彻《商标法》。

1996—1998 年,查处商标案 17 起,取缔了 5 家商标印制不合格企业。

1999 年,对已注册的 115 件注册商标进行年检,责令 12 件注册商标专用权人按《商标法》并补办有关法律手续。

1999—2001 年,宣传贯彻《商标法》,对全市已注册商标进行验证,向上级申报注册商标;查处彭某制售假"斑马"牌蚊香一案,处罚 1 万元。

2003年，查处湖北某酒业公司擅自使用“年年红、老伙计”商标侵权案，罚款1万元。

2004—2006年，查处了赛达食品公司侵犯北京丹美食品公司“田园”商标专用权等大案。全年共查处各类商标案件180起。

2007—2010年，着手帮助“中意糖果集团”和“雪丽造纸公司”分别申报国家驰名商标和省著名商标。2009年4月，“中意+图”商标被评为中国驰名商标。实现了津市市国家驰名商标零的突破。

2011—2012年，推行以“商标事务建议书”为主要内容的商标行政指导文书。倡导企业积极注册商标，培育、保护、拓展注册商标。

二、广告监督管理

1989年，举办广告法规学习班，查处广告违章案件20起，罚没7140元。

1990年，查处市某节煤炉厂虚假广告，罚款1000元。

1991—1993年，宣传贯彻《广告管理条例》，开展户外广告清理。1992年9月，主持召开了有40多家企业参加的广告工作会议。

1994—1996年，全方位检查广告经营单位的广告发布，共查处违法违章广告案38起。

1998年，责令拆除违规户外广告4处，停播违规广告3起。

1999—2001年，加大广告审查力度，强化商标专用权保护。1999年3月，查处陕西咸阳某制药厂擅自在本市发布药品广告的行为。2000年，为130家单位和个人颁发一次性广告经营许可证。

2002—2005年，推进津市政府“品牌强市”战略实施，严厉查处违法、虚假广告。2002年，查处了咸阳某公司发布的“长美减肥胶囊”虚假广告。

2006年，对户外广告、印刷品广告登记发证132件。

2007—2012年，重点查处虚假广告案件。2008年，查办虚假广告案件3起。2011年，开展了医疗药品广告专项整治。2012年，强化了电视广告和户外广告管理。是年，登记户外广告30件，清理收缴违法户外广告牌5块。

第六节　消费者权益保护及食品安全监管

一、消费者权益保护

1994年3月28日，津市市消费者委员会（简称“消委”）成立，高连清任主任，吴云桂任副主任兼秘书长。是年，受理消费者投诉28起，调解处理24起，为消费者挽回经济损失2.85万元。

从1995年起,每年的3月15日,都围绕《消费者权益保护法》的宣传贯彻开展活动。1995年3月,调解了一起价值4.05万元食用油以次充好的纠纷。下半年,《中国消费者报》《湖南日报》《消费晚报》先后刊登了津市蚊香总厂贯彻《消费者权益保护法》,注重产品质量的报道。

1996年1月,成立了三洲驿、汪家桥、和平市场、襄阳街、新洲镇、渡口镇6个消委分会。

1998年,在棠华乡和湖南车桥厂设立消费者投诉站。

1999年3月,消委设置了质量与计量纠纷仲裁、物价监督检查、卫生监督检查、舆论监督部等机构。

2002年,津市市工商局成立了消费者权益保护股,全面履行市场检查职责,全力查处消费者投诉案件。

2004年,与常德市工商局消保科一道对“丰彩”“广兴”两家超市食品区、蔬菜区进行了抽样检测,重点查处严重质量不达标食品。

2005年12月,查处了消费者程某所购热水器,因安装不当,造成其妻煤气中毒案。

2009年,查处了6家房地产开发公司在合同中,将“进户门”表述为“防盗门”的欺诈消费者行为。

2012年,侧重了市场消费维权,9月,查处了灵泉镇米厂贺某用60吨越南大米冒充本地大米以次充好的行为。

二、食品安全监管

2005—2006年,与相关经营户签订了不合格食品退市及销售质量承诺责任状。

工商执法人员对调味品开展执法检查

2007年,市工商局组织大力宣传贯彻国务院发布的食品管理《特别规定》。

2008年,组织各类食品市场专项检查10次,共查处过期食品13个品种,“三无”产品8个品种,价值2万多元。

2010年,对学校周边商铺及食品摊点进行了13次检查,全年组织各类食品市场检查35次,立案查处17起,罚没2万余元。

2011年，成立流通环节食品监管股，累计向省、市食品检测机构委托检测罐头、面粉、火锅底料、食用油、婴幼儿配方奶粉、小食品等87批次。

2012年，进一步加强食品安全监管。经过2个多月蹲点调查，于6月19日，与公安部门联合执法一举端掉了雷志国、黄风英制售假牛油的窝点。现场查获假牛油12饼，加工原料用油3吨，车辆2台，锅炉1台。此案作案手段恶劣、造成危害较大，被定为国家公安部督办案件。经过工商、公安联合专案组近3个多月的调查、侦破，共刑拘涉案嫌疑人3人，罚没收缴入库金额12万元；震慑了食品领域不法分子，维护了食品消费安全。

第七节 法制建设

一、法制机构及制度建设

1991年，设立了法制应诉股，通过履行法制机构案件核审与执法监管职能，减少行政诉讼案件发生。

1996年4月，“法制应诉股”更名“法制监督管理股”（对外加挂经济合同监督股的牌子）。

2000—2012年，津市工商局根据工作需要和上级要求，编写了《工商行政管理实用手册》，制定了实施“一月学一法，一月评两案”的学习制度，每月由各二层机构办案骨干讲析一部法律，并以一月一考的形式予以巩固。制订了《津市市工商局行政处罚行为规范若干规定》《行政执法过错责任追究制度》和《明确内设机构办案职责分工的规定》等制度规范。

二、法制宣传教育

1992—1998年，宣传贯彻《反不正当竞争法》《公司法》等相关法律法规。制定了严格的案件核审、行政复议应诉、赔偿、听证以及行政执法、监督检查等制度，提升了行政执法水平。

1999年3—4月，举办了7期普法培训班，参加人员1350人，发放资料3500份。

1999年—2004年，开展了个体工商户的法律法规教育，宣传贯彻《反不正当竞争法》《行政处罚法》《公司法》等相关法律法规。

2005—2007年，以“一月学一法，一月一考”推动全局法制宣传教育，提高全员整体素质。

2008—2009年，采取“自觉＋督导＋奖惩”办法，利用网络平台开展“一月学一法”活动，效果显著。2008年9月，对16名未参加“一月学一法”考试的同志予以每人200元罚款。

2010—2012年，以横幅、板报、传单等形式广泛宣传《消费者权益保护法》《个体工商户条例》等法律法规。

三、法制监督检查

2000—2004 年,对违法案件档案实行高标准规范管理,要求办案当事人在案件办结后,10 日内交法制股存档。2003 年,对不按程序办案的 3 名工作人员给予黄牌警告。2004 年,核审案件 258 件,核审率达 100%。

2006—2010 年,主动纠正不当行政处罚决定,多次举行听证会。按照依法行政相关要求,将执法权限分解到内设机构,进一步对自由裁量、强制执行等行政行为予以规范,复议、诉讼案件逐步减少。

2011 年,全局共立案 249 件,结案 136 件,罚没入库 45 万元。

2012 年,根据“法治津市”工作会议精神,提交津市市工商局法制工作组织机构名单、工作方案,并按方案要求稳步推进。

第八节　信息化建设及档案规范化建设

一、信息化建设

2002 年,成立信息中心,其主要职责是:计算机信息系统建设、维护和应用培训;信息收集、整理与处理;面向社会提供信息技术服务。

2003 年,开通“12315”投诉举报电话,各股室及工商所基本配置了电脑。

2006—2008 年,出台《网格责任监督管理办法》,组织 50 人次进行 2 次电脑培训,加大信息化基础建设投入。

2009 年,对全局登录办公网情况与通知通告收阅情况及时进行监测,保证办公自动化系统应用落到实处。

2010 年,建立津市工商局门户网站,并通过电信公司专线接入互联网,成为津市市工商局政务公开的重要平台。

2011—2012 年,改造局办公楼二楼会议室视频教学系统。加强对工商综合业务软件应用,提高经济户口数据质量,信息化建设注重向基层转变。

二、档案规范化建设

2008—2010 年,市工商局始终把档案工作作为加强工商内部建设的重要内容。2010 年,成立档案工作领导小组,投入 15 余万元用于档案基础建设,并明确各股室一名同志为兼职档案员。通过建立健全各项档案管理制度,加强各类文件材料收集,归档率达 100%,2010 年

11 月,市工商局档案室被省档案局评为“省特级档案室”。

2011 年,加强档案信息化服务,实现档案信息资源社会共享,是年,共接待各类档案信息查询人员 326 人次。

2012 年 4 月,完成了 2011 年度全年档案资料的入库。年末,送市工商局扫描行政许可档案共 118 件、监管档案 95 件。

第九节　服务社会经济发展

一、服务企业发展

(一)牵线融资

2010 年 7 月,津市工商局、个私协与津市邮政银行携手,举办了“促进个体私营经济发展,服务新农村建设”银企融资洽谈签约会。7 月 28 日—8 月 23 日,有 40 户业主共贷款 400 万元。

(二)档案服务

2008 年 7 月,原湖南汽车车桥厂改制,其母公司中联重科计划对该企业增加投资,工商局为其提供并打印了近千张所需登记档案资料,全力为车桥厂的改制与发展提供档案信息查询服务,促成了母公司的投资。

2010 年 8 月,为津市法院提供了企业原始注册、变更资料,帮助湖南雪丽造纸有限公司诉讼案件胜诉。

(三)实施商标品牌战略

协助市政府草拟了《津市人民政府关于加强品牌建设的意见》。2012 年 9 月 28 日,召开了规模盛大的推进商标品牌建设工作大会,增强了企业实施商标品牌战略的信心和决心。截至 2012 年年底,津市市拥有中国驰名商标 1 件(“中意”糖果)、正在申报的中国驰名商标 1 件(“中意”果冻)、正在指导申报的中国驰名商标 2 件(梅花、三鑫);正在申报待审批的地理证明商标 1 件(津市牛肉米粉),湖南省著名商标 9 件,常德市知名商标 6 件。

二、服务“三农”

(一)开展“红盾护农”专项整治

2011 年 3 月,成立了 “红盾护农”行动领导小组,在 2 月和“3·15”,组织车队开展了两次为期 1 周的送法律、送知识下乡的“红盾护农”宣传活动。

2012 年,共开展农资市场专项检查 6 次,出动执法人员 55 人次,执法车辆 20 台次,查扣假劣农资 2.9 吨,立案调查 3 起,处罚入库 1.3 万元。

(二)培育发展农村经纪人

2006年10月,组织65人参加经纪人培训,并成立了津市市经纪人协会。

2012年,在原160名经纪人的基础上,新发展了15名经纪人。大力宣传经纪人在发展市场经济中所起的作用,支持和指导经纪人协会组织会员,开展交流经验、传递信息、权益维护等活动。

三、加强群团组织建设

1999年5月,津市市工商局个私协加强对个体私营企业的形势、法规、职业道德等教育。是年8月,温州籍个体业主何某遭车祸身亡,个私协主动协助其家属处理后事,组织100多名会员参加追悼会。积极为会员维权,仅2000年就为13户个体酒家讨回赊账100多万元。同时,开展"名优特新产品推荐活动",向省、市消委推荐津市市信誉高的"斑马蚊香""麦穗味精""浪力纯净水"等产品参加省市名优产品评选。截至2000年年底,共调解纠纷1000余起,为会员挽回经济损失1000万元。

2002年起,消委的工作重心转向宣传《消费者权益保护法》、评选"消费者信得过单位"。

2003年,组织"广兴""丰彩"超市及侨信房产开发公司,举办了"3·15"有奖知识抢答赛。

2005年,督促移动、电信、电视台等单位推出保护消费者权益承诺。

2006年,个私协积极举办扶农、捐助等各类公益活动,是年8月,会员龚丽君家遭火灾,正在集会的理事们当场捐助5650元。是年,消委评选2005年度为津市"消费者信得过单位"44家。

2012年,消委牵头先后组织相关单位对建材等行业进行3次清理整顿。

据统计,2000—2012年,个私协每年编发个私协简讯10期以上;为各种社会公益事业捐款捐物上1000万元。同时,加强了与各地媒体的联系,推介表彰了彭丕菊、傅绍荣、石北村、张方富、程木甚等爱岗敬业、致富思进、热心公益事业的优秀个体私营经济业主。

附　录

附　　录

重 要 文 献

中共常德市委　常德市人民政府
关于进一步发展个体私营经济的若干规定

（试　行）

常发〔1993〕13号

（1993年5月6日）

为了进一步发展个体、私营经济，根据国家有关法律、法规和政策，结合我市实际，特作出如下规定。

一、进一步放宽经营范围。

1.允许个体工商户、私营企业以一业为主，兼营多业。商业行业可批零兼营，经营除国家法律法规和省政府明文禁止和限制经营以外的各类商品。

2.鼓励个体工商户和私营企业跨地区、跨行业实行多种形式的经营。

3.鼓励个体工商户、私营企业与国有、集体企业实行多种形式联营，开展代购、代销、代储、代运、代加工等经营活动。

4.个体工商户、私营企业可承包、租赁、兼并、购买小型国有或集体企业。

5.鼓励个体工商户、私营企业创办股份制合作企业。

6.鼓励个体工商户、私营企业引进外资，与外商合资、合作办企业或承接“三来一补”业务。

7.个体工商户、私营企业可报经有关部门批准，开办私立幼儿园、学校、医院、个人诊所。

二、进一步放宽登记条件，简化手续。

8.凡具备一定经营能力和条件的本市和外地的城乡人员均可申请在本市范围内从事个体、私营企业经营；党政机关分流的干部、职工和企事业单位的富余人员及停产、半停产企业放长假的职工，凭单位证明可以申请临时营业执照，从事个体、私营经营。

9.个体工商户、私营企业申请登记注册时，除国务院和省、市政府规定的行业外，工商行政管理机关核准登记不再索要“许可证”。

10.私营企业的注册资金限额,商业零售型企业从十万元减少至五万元;商业批发型企业从三十万元减少至二十万元;咨询服务型企业减少至三万元。

11.个体工商户招聘、雇请人员,私营企业增设分支机构,不受数量限制。

12.生产规模较大的私营企业,经工商行政管理部门批准,可冠用省、市、县行政区划名称。

13.个体工商户、私营企业的图章可以参照刻制国有、集体企业图章的规定刻制。生产型的个体工商户、私营企业可使用工业企业统一发票。个体工商户、私营企业的发票,任何单位不得拒绝作为报销凭证。

三、进一步开辟市场,为个体、私营企业提供经营场所。

14. 提倡多渠道兴建各类市场,特别要大力培育和发展以本地产品为主的专业批发市场,为个体工商户和私营企业提供足够的经营摊位和场所。

15.在不影响交通和市容的情况下,在城镇适当开辟“五小”摊担区和早市、夜市区。

16.个体工商户、私营企业可利用城镇街道两侧的公私房屋开业经营。

四、进一步完善优惠政策,扶持个体、私营经济的发展。

17.税务部门要帮助私营企业按财务会计制度建立会计账务,按国家税法依率计征;不具备建账条件的个体工商户,由税务部门定期定额征税;对实行定期定额征税的个体工商户,定税期内一般不得调整税负。

18.新开业的个体工商户、私营企业,可酌情免收一至三个月的营业税和管理费。对地处边远偏僻山区的个体工商户、私营企业,可再免收三个月的管理费和营业税。

19、新办高科技、外向型、资源加工型及安置城镇待业青年、残疾人达从业人员百分之六十以上的私营企业,比照集体、乡镇企业给予减免税费照顾;享受减免税费后仍有困难的,经税务、工商行政管理部门核实批准,可免征税费一至三年。

20.生产型的私营企业,所得利润继续用于扩大再生产的,经税务部门批准,可免征一定期限的所得税。

21.各级金融组织,要为个体工商户和私营企业开户和结算提供方便,对效益好有偿还能力,但资金周转有困难的个体工商户和私营企业,应给予贷款支持。

22.具备经营条件的进城个体工商户,由公安部门按有关规定办理户口,享受当地政府规定的待遇。

23.个体工商户、私营企业的从业人员在评先选模、参与国家政治生活等方面,享有全民、集体职工同等的政治待遇;个体工商户、私营企业中的专业技术人员,可由人事部门评定专业技术职称。

24.个体工商户、私营企业经商、建厂使用土地,城建规划部门应依据城镇规划提供用地位置,土地部门依法提供用地。

五、进一步做好保护个体、私营企业合法权益的工作。

25.坚决制止向个体工商户、私营企业乱收费、乱罚款、乱摊派。除国务院和省、市政府规定的收费项目外,各地各部门自行制定的收费项目一律无效。对个体工商户和私营企业收取费用,必须持物价部门颁发的《收费许可证》,使用财政部门制定的统一收据,并公开收费依据和收费标准,接受群众监督。违反规定的,个体工商户、私营企业有权拒付和提起诉讼。

26.除省、市政府有文件规定外,工商行政管理机关不得利用“发照”替代其他部门收取各种名目的费用和推销报纸杂志。

27.个体工商户、私营企业的营业执照是依法允许经营的凭证,除工商行政管理机关依法收缴、吊销外,其他任何单位和个人都无权收缴、吊销。乱收营业执照给个体工商户、私营企业造成经济损失的,要承担经济责任。

28.工商行政管理机关和税务、物价、劳动、卫生、公安、城建、土地等部门在各自的职责范围内,依法对个体、私营企业进行监督管理和指导服务,规范其经营行为,保护合法权益。

六、进一步加强对个体工商户和私营企业的教育管理。

29.个体工商户、私营企业招聘专业技术人员、雇佣员工,一般应通过人才、劳务市场,并按照平等自愿、协商一致的原则以书面形式签订劳动合同,确定双方的权利、义务。劳动合同要经相关行政管理部门备案。

30.个体工商户、私营企业的生产经营活动,要严格遵守和执行国家法律、法规和政策规定。

31.严禁个体工商户、私营企业使用童工。个体工商户和私营企业要改善经营条件和雇佣人员的生活环境,不得侵害他们的合法权益。

32.充分发挥个协组织“自我管理、自我教育、自我服务”的作用,加强对个体工商户、私营企业从业人员的法制教育和职业道德教育,特别要加强依法纳税的教育。要加强各级工商联对个体工商户的思想政治工作,使他们做有道德、守纪律、遵章守法的生产经营者。

33.各级党委政府要把发展和管理个体、私营经济工作列入重要日程,制定规划,落实目标责任,促其健康发展。

常德市人民政府
关于加快个体私营经济若干规定的通告

常政通告〔1994〕1号

(1994年1月17日)

个体、私营经济是社会主义市场经济的重要组成部分。为了进一步促进我市经济的持续、快速、健康发展,根据国家有关法律、法规和政策,特制定加快发展个体私营经济若干规定,现通告如下:

一、允许个体工商户和私营企业从事除法律、法规和政策明文禁止以外的生产经营。

二、鼓励个体工商户和私营企业跨地区、跨行业经营、联营,创办股份制合作企业,承包、租赁,兼并、购买小型国有企业和集体企业。

三、鼓励个体工商户和私营企业与外商合资、合作办企业或承接"三来一补"业务。

四、除特许行业和污染环境的禁限项目外,凡具备规定条件申办个体工商业和私营企业的人员,均可持本人身份证(城镇人员还需持职业状况证明),直接到当地工商、税务部门办理登记手续。属边远山区、贫困地区的,可优先开业,后登记。

五、企事业单位的富余人员及停产、半停产企业放长假的职工,凭单位证明可以申请临时营业执照,从事个体经营。

六、除有限责任公司性质的私营企业外,生产型、科技型私营企业的注册资金可不受注册金额规定的限制。

七、多渠道兴建和配套各类市场,大力培育和发展以本地产品为主的专业批发市场,为个体工商户和私营企业提供足够的经营摊位和场所。

八、在不影响交通和市容的情况下,经批准可在城镇适当开辟"五小"摊担点,早市、夜市区及个体经营一条街。

九、税务部门要帮助私营企业建立会计账务,依法依章征税,对生产型、科技型企业在享受税收优惠、购买使用发票上,视同国有、集体企业;有关金融单位要为个体工商户私营企业开户和结算提供方便,采取抵押或担保方式,给予贷款支持;对边远山区和贫困地区新开业的个体工商户、私营企业,可酌情免收一定时期内的管理费。

十、具有经营条件的进城个体工商户和私营企业主,可向公安部门申请办理户口手续,享受当地政府规定的待遇。

十一、个体工商户和私营企业的从业人员在评先选模、参与国家政治生活等方面,享有与国有、集体企业职工同等的权利。个体工商户和私营企业的专业技术人员,可由人事部门与有关部门统一组织评定专业技术职称。

十二、实行税费负担卡制度。税费负担卡以外的收费,个体工商户、私营企业有权拒缴。

十三、保护个体工商户私营企业的合法权益。对扰乱社会治安、侵害个体工商户、私营企业主人身安全的行为,公安司法机关要依法予以严厉打击。

十四、工商、税务、劳动、卫生、公安、城建、国土、物价等部门依法对个体工商户、私营企业进行监督管理和指导服务。

个体工商户、私营企业必须服从管理,守法经营,不得生产经营假冒伪劣产品,欺行霸市,强买强卖,损害消费者的合法权益。

十五、个体工商户和私营企业,招聘技术人员,雇佣员工,要签订劳动合同,并报有关行政管理部门备案;要努力改善经营条件和雇佣人员的生活环境,自觉维护他们的合法权益。严禁使用童工。

十六、个协组织和工商联要加强对个体工商户私营企业人员的法制教育和职业道德教育,使他们做到“爱国、守法、敬业”。

本通告自发布之是起执行。

中共常德市委办公室　常德市人民政府办公室 关于进一步发展个体私营经济的若干规定的实施细则

常办通字〔1994〕9号

(1994年3月19日)

第一条　根据中共常德市委、常德市人民政府常发〔1993〕13号文件以及常德市人民政府《关于加快发展个体私营经济若干规定的通告》,特制定本实施细则。

第二条　凡国家法律、法规和政策没有明文禁止的,个体私营企业均可从事生产和经营;限制个体工商户、私营企业经营的,在边远山区、贫困地区,也可特许经营。

鼓励城乡个体工商户、私营企业从事生产加工、种植、养殖业,允许从事开店,办厂等多业并举的生产经营。

第三条　允许个体工商户,私营企业创办股份制企业,通过合资入股参与国有、集体企业联营。鼓励个体工商户、私营企业通过合法程序引进外资,创办合资、独资、合作企业或承接"三来一补"业务;允许与具有进出口经营权的企业联营开展外贸代理业务;并支持有条件的个体、私营企业到国外开办企业。

第四条　鼓励个体工商户开办私营企业,私营企业可到外地设立分支机构。私营企业的资本、规模、雇佣人员不受限制。

第五条　减少前置审批,制止行业垄断,除法律、法规和省政府规定需要"许可证"的特许行业和污染环境的禁限项目外,凡具备开办条件的个人,均可持本人身份证到拟开业地工商行政管理部门直接办理登记注册手续;企事业单位的富余人员,停产、半停产企业的职工,均可凭单位证明直接向工商行政管理机关申请临时营业执照。

第六条　对新开办、有困难的个体工商户、私营企业,经工商行政管理部门批准,允许试营业1—3个月,再办理营业执照。凡调整产业结构,开发新产品,允许先试产、试销,待产品定型后办理变更登记手续。

第七条　允许私人独资、联合或在工商行政管理部门组织下集资建市场。在不影响交通、市容的情况下,在城镇适当地方开辟个体私营经营一条街,"五小"摊担区和早市、夜市区。

第八条　对投资三万元、从业人员八人以上的科技型、生产型、外向型私营企业和注册资金十万元以上的私营企业,可以核发企业法人营业执照。个体工商户和私营企业的专利、商标和依法经过鉴定的技术成果,可作价参与联营、入股。

第九条　个体工商户和负无限责任的私营企业,注册登记时,可不受资金数额规定的限制。

第十条　在不影响他人生活与休息的情况下，允许个体工商户、私营企业以家庭住房作为科技、修理、文化、服务的经营场地；允许以符合卫生标准的家庭伙房作为经营饮食业的场所。

第十一条　允许私营企业选择与行业规模相适应的名称、字号、商号；私营企业可冠行政区划名称。冠省、市名称的，须经省、市工商局核准。允许刻制与国有、集体企业同样规格的图章。

第十二条　鼓励私营企业创办企业集团。凡具备以下条件报经政府批准，可以组建企业集团：1.有一个实力较强的核心企业，核心企业注册资金不低于500万元人民币；2.有三个以上具备法人条件的紧密型成员企业；3.有若干个半紧密型成员企业或有协作关系的松散型企业；4.有全体成员同意加入集团的书面意见和集团章程。

第十三条　个体工商户、私营企业享有贷款权。金融部门对个体工商户、私营企业的合理资金需要，按效率原则采取抵押、担保等方式给予贷款支持。

第十四条　允许个体工商户、私营企业选择一家金融机构开设基本账户。开户的金融机构要为个体工商户、私营企业提供结算方便，及时办理结算，按现金管理规定，提供付现服务。

第十五条　允许进城经营的个体工商户、私营企业购买商品房；可以向公安机关申请城镇居住户口，按规定交纳城市增容费后，公安机关可办理城镇户口迁移手续，其子女入托、入学享受当地居民同等待遇。

第十六条　对个体工商户、私营企业集中的经营区和大型市场，教育部门要妥善解决个体工商户、私营企业从业人员的子女入学问题。

第十七条　个体工商户、私营企业生产经营所需场地。能源等，规划、城建、国土、电力等部门要纳入计划，统筹安排。对个体工商户、私营企业经批准使用的场地，不得随意收回、侵占。因建设用地需要拆迁的，有关部门应本着"先安排，后拆迁"的原则办理，并依法给予补偿。

第十八条　个体工商户、私营企业的产品鉴定、检验等，有关部门要及时办理；其从业人员在参军、招工、升学、评先、选模、参与国家政治生活等方面，享有全民、集体职工同等待遇，个体工商户、私营企业中的专业技术人员，可由人事部门和工商联评定专业技术职称。大中专毕业生和机关干部、职工自愿到私营企业工作的，其人事关系可保留在原单位或自找单位保留。

第十九条　对侵犯个体工商户、私营企业财产安全和从业人员人身安全的，司法机关要及时依法打击，构成犯罪的，要追究刑事责任。

第二十条　实行"收费卡"制度，坚决制止向个体工商户、私营企业乱收费，乱罚款、乱摊派。凡省政府颁发的"收费卡"未列的收费项目，个体工商户、私营企业有权拒缴和控告。个协、私协可以协会名义出面予以制止,并可协助被侵害人向法院起诉。

第二十一条 个体工商户、私营企业违反有关规定须停业整顿和扣押、收缴、吊销营业执照的,由发照机关依法定程序办理,不得委托其他行政机关或个人处罚。

第二十二条 个体工商户、私营企业较集中,党团员较多的地方,可申请建立党团基层组织,可以从先进分子中培养发展党、团员。对那些特别优秀的个体工商户、私营企业主要向党委部门提出政治安排的建议。

第二十三条 严禁采取"交公""赎买""挂靠"等形式接管个体工商户和私营企业;严禁挂靠单位向个体工商户、私营企业收取管理费用。严禁挂靠单位和其他行政事业单位到个体工商户、私营企业报销发票。

第二十四条 个体工商户、私营企业要坚持亮证经营,明码标价,不得损害消费者的合法权益。

第二十五条 认真开展创"文明集市""文明经营户""守法经营户"的活动。凡有走私贩私、经营假冒伪劣商品和国家明文禁止的非法出版物等行为的,一律不得评先,触犯刑律的,依法追究刑事责任。

第二十六条 要加强个体工商户、私营企业的政治思想教育、法制教育、道德教育,使其依法经营,照章纳税,自觉维护国家利益、社会公共利益和消费者利益。

第二十七条 各级个协、私协要进一步强化"自我管理、自我教育、自我服务"的职能,积极帮助个体、私营企业排忧解难,维护他们的合法权益。

常德市人民政府办公室
常德市知名商标认定和保护办法

常政办函〔2008〕4号

（2008年1月11日）

第一条　为全面实施商标品牌战略，进一步加大商标培育力度，规范知名商标认定工作，推动我市企业争创省著名商标、中国驰名商标，促进经济发展，根据《中华人民共和国商标法》《中华人民共和国商标法实施条例》《驰名商标认定和保护规定》《湖南省著名商标认定与保护办法》等法律法规和有关规定，结合我市实际，制定本办法。

第二条　本办法所称常德市知名商标是指在市场上享有较高声誉，为相关公众广为知晓，并依照本办法予以认定的注册商标。

常德市知名商标以被认定的注册商标及其核定使用的商品和服务为限。

第三条　市工商行政管理部门负责常德市知名商标的认定和保护工作。

第四条　常德市知名商标的认定遵循公平、公正、公开原则，采取集中或者个案认定的办法。

第五条　常德市知名商标应当符合下列条件：

（一）该商标注册已满两年（高新技术商品商标注册满一年）；

（二）使用该商标的商品在省内外市场上具有较高的知名度；

（三）使用该商标的商品销售额、利税、市场占有率等主要经济指标在市内或者省内同行业中领先；

（四）使用该商标的商品质量优良。

第六条　申请认定常德市知名商标实行自愿原则。

本市范围内的注册商标所有人认为其注册的商标符合本办法第五条规定条件的，均可申请认定常德市知名商标。

在我市设立的生产型企业被许可使用外地区、省外注册商标所有人的注册商标，符合本办法第五条规定条件的，也可申请认定常德市知名商标。

第七条　申请认定常德市知名商标，申请人须向市工商行政管理部门提出申请，填写“常德市知名商标认定申请表”，并提供下列证明材料：

（一）“营业执照”或者其他资格证明复印件；

（二）“商标注册证”复印件；

（三）使用该商标的商品销售额、利税、市场占有率等主要经济指标在市内或者省内同行

业中领先的证明材料;

(四)使用该商标的商品销售区域的证明材料;

(五)使用该商标商品的质量证明;

(六)商标注册人授权商标使用人申请常德市知名商标的,还须提供《商标许可使用合同》复印件和授权申请文书。

第八条 市工商行政管理部门应当在收到申请人提交的申请和有关证明材料之日起十五日内,对有关材料进行书面审查,符合要求的,发给《常德市知名商标认定受理通知书》;不符合要求的,退回申请和证明材料,并说明理由。

申报材料基本齐备,但需要补正的,市工商行政管理部门应当通知申请人在十五日内按照指定内容补正。逾期不补正的,退回申请和证明材料。

第九条 市工商行政管理部门受理申请后,应当按照本办法第七条所列条件进行调查、核实、论证,并征求有关部门、行业协会和社会团体及申请人所在地区县(市)工商行政管理部门的意见,在三个月内作出认定或者不予认定的决定。

第十条 对符合常德市知名商标条件的,由市工商行政管理部门予以公告,自公告之日起十五日内,任何单位和个人均可以向市工商行政管理部门提出异议。公告期满无异议或异议不成立的,予以认定,发给《常德市知名商标证书》;对不符合条件的,不予认定,书面通知申请人,并说明理由。

常德市知名商标认定工作一般每年一次。

第十一条 常德市知名商标有效期为3年,自公告之日起计算。知名商标所有人需要保留该知名商标的,有效期满前3个月重新申请认定。期满不再申请的,该知名商标自动失效。

第十二条 知名商标所有人可以在核定使用的商品及其包装、装潢、说明书、广告宣传及其他业务活动中使用“常德市知名商标”字样或标志,同时应当标明认定有效期。

第十三条 被认定为常德市知名商标的,市工商行政管理部门择优向省工商行政管理部门推荐认定湖南省著名商标或者向国家工商行政管理部门推荐认定中国驰名商标。

第十四条 知名商标一经认定,在本市范围内即受到下列保护:

(一)常德市知名商标自公告之日起,他人将与该知名商标相同的文字或近似文字作为企业名称的一部分或者字号使用,且可能引起公众误认的,工商行政管理部门不予核准登记;

(二)任何单位和个人不得擅自使用被认定为知名商标商品的特有的名称、包装、装潢或者与其近似的名称、包装、装潢,以免造成混淆,引起购买者误认;

(三)知名商标在异地被侵权假冒的,市工商行政管理部门应当及时帮助知名商标所有人依法维权;

(四)法律、法规、规章规定的其他保护。

第十五条 有下列情形之一的,常德市知名商标所有人应当依照《中华人民共和国商标法》及其实施条例的规定办理有关手续，并报市工商行政管理部门备案：

（一）知名商标所有人的名义、地址发生变更的；

（二）知名商标所有人依法转让其常德市知名商标的；

（三）知名商标所有人依法许可他人使用其常德市知名商标的。

第十六条 各级工商行政管理部门应当加强对常德市知名商标使用、保护情况的监督检查，打击假冒常德市知名商标行为，切实保护常德市知名商标所有人的合法权益。

第十七条 有下列情形之一的，由市工商行政管理部门撤销其常德市知名商标资格，并予以公告，同时停止其在商品和经营活动中使用"常德市知名商标"字样或标志：

（一）申请人弄虚作假，伪造证明材料，骗取常德市知名商标的；

（二）超越知名商标注册核定商品范围使用"常德市知名商标"标志，拒不改正的；

（三）在有效期内，因质量等问题不符合知名商标条件的；

（四）有其他违反法律法规行为，严重影响知名商标信誉的。

有前款所列行为的，任何单位或者个人可以向市工商行政管理部门提出撤销该知名商标的建议。

第十八条 工商行政管理工作人员及其他有关人员在认定和保护常德市知名商标工作中，滥用职权、徇私舞弊的，应当追究行政责任；构成犯罪的，依法追究刑事责任。

第十九条 本办法自发布之日起施行。

常德市工商行政管理局
关于促进常德经济平稳较快发展的十条措施

(2009 年 3 月 9 日)

为了实现市委、市政府提出的发展速度快于全省、发展效益高于全省、发展质量优于全省的目标,充分发挥工商行政管理职能,实现常德经济平稳较快发展,在全面贯彻执行省工商局《关于促进经济平稳较快发展的若干措施》的基础上,结合常德实际,特制定如下措施:

一、放宽市场准入条件

放宽对名称登记的限制,允许市城区以外注册资本 80 万元以上的企业冠“常德”或“常德市”名称;放宽对注册资金的限制,允许知识产权、土地经营权、资源开采权、专利技术成果、股权等通过评估认定作为注册资本金,设立公司制企业。分期出资设立的公司,对出资期限到期但无违法记录的企业,因资金紧张等原因难以按时缴付出资的,依申请允许延长出资期限 1 年;放宽对经营场所的限制,允许申请人将居民住房用作住所、经营场所登记,允许经过物理分割的同一法定地址注册多家企业。法律、行政法规另有规定的,依照其规定办理;确有合理原因无法提交产权证明的房屋,允许提交建筑工程竣工验收备案证书作为产权证明。经营场所在营业面积超过 5000 平方米的大型超市内,允许提交依法成立的大型超市的营业执照作为产权证明。经所在地村民委员会审查同意,允许农民以宅基地房屋自营或出租给他人开办个体工商户,从事小型商业零售、“农家乐”等经营活动或者作为农民专业合作社的经营场所;试行重点项目筹建登记制度,凡政府部门落实省委、省政府和市委、市政府扩大内需促进经济增长决策确定的重点项目,符合市场主体登记条件的,在取得法定的企业登记前置审批文件前,可凭有关文件办理筹建登记,经营范围核定为“筹建”,待取得前置审批文后,工商部门再核定其具体的经营范围。

二、支持全民自主创业

落实省市关于鼓励全民创业各项优惠政策。支持返乡农民工创办企业、个体工商户和农民专业合作社,从现在起到 2010 年 12 月 31 日,农民工创办个体工商户的,凭村委会证明,一律免收登记费和工本费。下岗失业人员、高校毕业生、残疾人和退役军人经商办企业,免收登记类和证照类费用。试行注册资本“零首付”政策,2010 年 12 月 31 日前设立登记的注册资本为 10 万元以下的有限责任公司(一人有限公司除外),经投资者共同申请并作出书面承诺,可免缴首期注册资本,但须在法定期限 2 年内缴足。免费提供企业登记公告服务,自 3 月 1 日起,市工商红盾网免费为企业法人设立登记、变更名称登记发布登记公告。

三、改进企业年检方式

加强提醒告知服务，综合运用公告、挂号信、电话、电子邮件、短信、红盾网、走访等多种方式，加强对企业年检的提醒告知服务。实行预约年检和网上年检，凡重大投资项目，或公司比较集中及分支机构较多的企业，根据实际情况，可由企业申请年检预约，预约办理不受时间、地点限制，业余时间及节假日均可实行预约服务，并可上门年检。从 3 月 1 日开始，申请人可以从“常德工商红盾信息网”上获取登记信息、下载年检表格、申报年检材料，工商部门在网上审查办理，进行网上年检申报。严禁利用年检之机搭车收费。

四、拓宽企业融资渠道

按照《湖南省股权出质登记实施办法》和《湖南省股权质押融资指导意见》，引导和支持企业通过股权出质贷款融资，办理股权出质登记不收取费用。支持企业以动产抵押登记和商标专用权质押登记进行融资，只要申请动产抵押登记资料齐全、符合法定形式，当场办结。可以以生产设备或产品、半成品、原材料以及现有的动产设备设抵，或以即将获得的动产设押，上述动产抵押，可凭相应证明提出抵押登记申请，工商部门予以办理。开通出质、抵押信息查询，工商部门设置专门服务窗口，面向金融机构和小额贷款公司、担保公司提供拟放贷企业、被担保企业的工商登记管理信息和有无出质、抵押登记信息的查询服务。鼓励国有控股企业、私营企业、自然人及有关机构等出资建立担保公司、小额贷款公司和村镇银行，经有关部门批准，依法办理注册登记。

五、大力推进商标品牌工程

建立商标品牌发展梯级储备库。开设商标培训课堂，全年为规模企业举办创品牌培训班 1—2 期，提高企业创品牌能力。在全市确立 86 家企业为争创省著名商标和中国驰名商标重点联系企业，实行跟踪指导、跟踪服务，力争全年发展市知名商标 24 件、省著名商标 18 件、中国驰名商标 1 件。

六、全力服务产业集群和重大项目建设

指导支持企业与国家重点产业项目衔接，在烟草、纺织、铝材及新材料、食品、林纸、机电、医药、建材、电力、盐化工、旅游等产业集群优化重组或新组建一批大型企业集团。指导支持符合国家产业政策的产业转移项目，对工业园区、重点项目、重点企业实施全过程跟踪服务，促进项目顺利推进，促进园区企业发展壮大，做好登记注册服务。

七、支持农村经济发展

鼓励投资人向农业投资，创办种植、养殖业，农产品加工业，旅游休闲业等企业和个体工商户；允许农民专业合作社成员以土地承包经营权出资，具备条件的由县级工商局委托所在地工商所核准登记农民专业合作社；鼓励、引导运销大户、种养能手和农村科技人员等从事经纪业务，壮大发展农村经纪人队伍；加强农村市场监管，加大“家电下乡”“农机下乡”商品的监管力度，积极维护“万村千乡市场”的经营环境，深入开展“红盾护农”行动，严厉打击制售假冒伪劣农资坑农害农行为；开展合同帮农，发展“订单农业”，严厉查处设置合同陷阱、骗取合同保证金等涉农合同欺诈行为。

八、推行"一化三基"工商联络员制度

在全市确立400家企业为重点联系企业,开展"一对一""多对一"的联系走访服务活动,每名干部全年至少走访企业4次,了解企业生产经营情况,为企业排忧解难。对于省、市确定的重大投资项目,需要组建公司或者办理增资、改制登记的,实行联络员跟踪服务。

九、扎实推进12315行政执法体系建设

建立和完善市、县、所三级联动的"12315"网络信息平台,建立"12315"快速反应机制,接到投诉,城区内在15分钟之内赶到现场,农村在第一时间赶赴现场,妥善处理和调解消费纠纷。强化"12315"数据的综合分析,定期公布"12315"数据分析报告,加强消费提示和消费引导,营造公平有序的市场环境和良好的消费环境。

十、严格依法行政和提高工作效率

牢固树立"发展为重,服务为先"的工作理念。认真贯彻实施《湖南省行政程序规定》,认真落实行政执法责任制、过错责任追究制、首办责任制、服务承诺制和限时办结制,切实规范自由裁量权的行使;对一般违法违规行为,重在教育规范;实行说理式行政处罚和行政处罚回访制度。整合行政许可职能,设立专门的行政许可机构,实行一站式服务。

常德市人民政府办公室
关于推进全民创业服务经济发展的十二条措施

常政办发〔2011〕30号

（2011年7月19日）

为深入贯彻落实《湖南省人民政府办公厅转发省工商局〈关于推进全民创业的若干措施〉的通知》（湘政办发〔2011〕2号）和《中共常德市委常德市人民政府关于激励和推动全民创业的意见》（常发〔2008〕9号）精神，充分发挥工商行政管理职能，推进全民创业，促进全市经济社会又好又快发展，结合工作实际，制定以下措施：

一、放宽企业冠名条件。本市行政区域内新设立的企业只要同行业不重名，均可直接申请冠用“常德市”“常德”字样名称登记，不受注册资本（金）限制。企业申请冠名“常德市”“常德”的，由市工商局委托县级工商行政管理机关审核。

二、下放企业登记权限。原由市工商局登记的集团公司全部下放到企业所在地的县级工商行政管理机关登记。经营场所不在市城区的企业（除股份公司、特殊的普通合伙企业、有限合伙企业外），不受注册资本（金）限制，由所在地县级工商行政管理机关登记。《食品流通许可证》核发权整体下放到企业（个体工商户）所在地县级工商行政管理机关，必要时，县级工商行政管理机关可以委托工商所核发个体工商户的《食品流通许可证》。市工商局登记的由自然人出资，经营场所在市城区，且注册资本（金）在200万元以下（含200万元）的企业，登记机关调整为市城区工商分局。新设立注册资本（金）在200万元以上（不含200万元），经营场所在市城区的企业，由申请人自愿选择在市工商局或市城区工商分局登记。常德经济技术开发区辖区内企业（除股份公司、特殊的普通合伙企业、有限合伙企业外）在德山工商分局登记。

三、落实并联审批和行政许可事项告知“一口清”制度。在受理行政许可过程中，工商行政管理工作人员必须采取书面告知形式，具体、完整、全面、准确的一次性告知申请人依法应当提交的文件、证件以及有关程序、条件、依据和注意事项。工商行政管理工作人员不按规定落实“一口清”制度的，严格追究行政责任。

四、开展“六提醒”服务。对企业缴付出资到期、营业期限届满、许可事项到期、年检到期、经营场所变更、注册商标到期等六种情形，工商行政管理机关要主动提醒企业办理相关手续，防止企业出现过失性违法行为。工商行政管理机关未落实“六提醒”服务的，不得给予当事人行政处罚。

五、优化工商证照发放服务。对企业（个体工商户）的设立申请、食品流通许可申请，能当场核发证照的,当场核发;不能当场核发的,由企业(个体工商户)自主选择邮寄送达或自行领取方式。采取邮寄送达方式的,由工商行政管理机关与邮政部门负责衔接邮寄事务,并及时将办、发证照信息告知申请人。个体工商户还可以选择免费送证照上门服务。企业年检实施网上申报,不能当场通过的,可以自愿选择邮寄送达或自行领取证照方式。

六、规范企业年检工作。继续实行统一年检期限、统一年检提示、统一补检、统一吊销的“四统一”管理,提升企业年检效能和服务水平。

七、实施工商联络员制度。深入开展服务企业、服务农村活动,工商联络员要做到“五个一”,即引导规范一户以上无照户转为有照户,发展培育一个以上市场主体,联系走访一家以上商标品牌企业,帮助一个以上市场主体扩大经营规模(或转变经营性质),帮扶一家以上农民专业合作社。

八、培育壮大市场主体。允许个人独资企业、合伙企业、个体工商户用原经营场所、原前置许可有效证件(经原前置许可审批单位书面同意)、原字号名称升级设立公司。允许非公司中小企业法人进行公司制改造时，按变更登记办理。允许创业人员共同出资设立的有限公司,在首期出资到位的情况下,可申请将其余注册资本(金)到资期限延长1年;因无法到位、企业申请减少注册资本的,准予办理变更登记、通过年检。经法定监护人书面同意,允许未成年人作为股东或发起人出资设立公司制企业(1人有限公司除外);允许无民事行为能力人依法继承、接受赠予成为公司股东。

九、推进商标品牌战略。支持企业开展自主品牌建设,积极引导有自主知识产权、竞争力强的企业注册自主商标。鼓励、引导行业协会和相关组织注册地理标志,利用品牌战略扩大经营规模。

十、支持企业拓宽融资渠道。引导和支持企业通过股权出质贷款融资,不收取办理股权出质登记有关费用。支持企业通过股权出资新办企业。支持企业以动产抵押登记和商标专用权质押登记进行融资。支持私营企业、自然人以及有关机构出资设立担保公司、小额贷款公司和村镇银行,支持设立区域性商业银行。积极发挥协会的桥梁纽带作用,为银行和企业搭建合作平台。

十一、加强市场监管。以查处不正当竞争、保护知识产权、打击假冒伪劣、规范劳动力市场和人才市场为重点,依法打击虚假广告、制假售假、商标侵权、合同欺诈、商业贿赂和非法中介等违法行为,规范市场交易行为,建立和完善市场监管长效机制。

十二、鼓励全民自主创业。鼓励、指导下岗失业人员、高校毕业生、残疾人和退役军人经商办企业。下岗失业人员、高校毕业生、残疾人和退役军人自主创业的,免收登记类和证照类费用。支持个体工商户扩大规模,引导经营能力强的个体工商户依法向生产经营规模化、组织形式企业化发展。

常德市人民政府
关于进一步加强工商行政管理工作的意见

常政发〔2011〕15 号

（2011 年 8 月 3 日）

各县市区人民政府，常德经济技术开发区、柳叶湖旅游度假区、西湖管理区、西洞庭管理区管委会，市直有关单位：

为认真贯彻落实《湖南省人民政府关于进一步加强工商行政管理工作的意见》（湘政发〔2011〕3 号）精神，更好地发挥工商行政管理在市场监管、行政执法和服务经济社会发展中的职能作用，全面提高工商行政管理水平，促进我市经济社会又好又快发展，结合我市实际，现就进一步加强工商行政管理工作提出如下意见：

一、深刻认识新时期加强工商行政管理工作的重要性

工商行政管理部门是政府负责市场监管和行政执法的职能部门，承担着市场主体准入与监管、规范市场秩序、保护消费者合法权益、促进经济社会又好又快发展的重要职责。进一步加强工商行政管理工作，对于加快转交经济发展方式、优化经济结构，推动全民创业、做大经济总量，促进扩大内需、构建和谐社会具有重要的意义。各级各部门要切实提高认识，加强对王商行政管理工作的领导，加强工商行政管理队伍建设，支持工商行政管理部门依法行政。

二、充分发挥工商行政管理职能，服务常德经济社会又好又快发展

（一）充分发挥服务职能

1.促进市场主体总量增长和质量优化。优化市场主体准入环境，积极培育市场主体发展，千方百计扩大市场主体总量和质量。

2.推进实施商标战略。充分发挥商标服务职能，大力实施商标战略，建立商标注册和管理工作长效机制，积极指导市场主体申报注册商标，培育著名商标、驰名商标，实现注册商标总量、中国驰名商标和湖南省著名商标全市拥有量的新突破。

3.支持引导广告业快速健康发展。加强广告业发展指导，规范广告市场准入行为，引导和培育广告市场主体发展。鼓励企业运用广告策略扩大企业、产品和服务知名度，增强市场竞争力。建立和完善广告市场监管体系和广告监测机制，加强广告市场监管和整治，严厉查处虚假违法广告，营造诚信健康的广告市场环境，促进广告业健康发展。

4.拓展企业融资渠道。充分发挥工商部门服务企业融资的职能，积极利用股权出资、股权出质、动产抵押登记和商标专用权质押登记等形式，支持市场主体融资发展。指导个体劳动者私营企业协会发挥桥梁纽带作用,举办融资洽谈签约会,为银企合作搭建平台。鼓励和支持民间资本参与兴办担保公司、小额贷款公司、村镇银行,帮助中小企业解决融资难题。

5.大力促进全民创业。充分利用工商部门促进全民创业的职能优势,认真贯彻落实省政府办公厅《转发省工商局(关于推进全民创业若干措施)的通知》(湘政办发〔2011〕2 号)精神,激发全民创业热情,建设创业型社会。

6.开展信息参考服务。加强对各类市场主体发展情况的综合调研分析,定期编制市场主体发展报告,通报各类市场主体发展态势、存在的主要问题以及对策建议等信息,为政府决策提供参考依据,为投资者和经营者提供咨询服务。

(二)充分发挥监管职能

1.开展市场专项整治。围绕人民群众关切的热点难点问题,积极组织开展市场专项整治行动。针对食品安全问题或隐患突出的重点品种、重点区域、重点时段,开展食品安全专项整治行动,确保流通环节食品安全。深入开展打假保民生、打假保名优、打假保农耕等执法行动,依法查处制售假冒伪劣商品违法行为。严厉打击传销,切实维护群众合法权益和社会稳定。加大反垄断和反不正当竞争工作力度,深入治理商业贿赂,维护公平竞争的市场秩序。加强对合同欺诈的查处力度,维护市场交易安全。

2.加强流通领域商品质量监管。健全完善商品质量监测工作机制,加大商品检测力度,依法查处商品质量违法行为。加强重点商品质量准入和自律制度建设,督促市场主体认真履行进货查验等制度。

3.积极参与社会治安综合治理。加强配合协作,充分发挥工商行政管理部门在社会治安综合治理、查处取缔黑网吧、扫黄打非、校园周边环境整治、净化社会文化环境等方面的职能作用,努力维护社会和谐稳定。

4.建立市场监管长效机制。扎实开展"无无照经营、无假冒伪劣、无传销行为、无消费投诉积案、无对工商人员举报"的"五无"监管区创建活动,构建市场监管长效机制。进一步加强经济户口管理和市场主体信用分类监管,建立基础监管标准化、日常监管属地化、监测检查科学化、监管责任具体化、监管执法效能化的市场主体监管机制。

(三)充分发挥消费维权职能

充分发挥工商"12315"的作用,加快"12315"快速反应机制建设,强化工商"12315"网络功能,整合消费维权力量,增强工作效能和服务水平,构建行政执法、行业自律、社会监督相结合的消费维权王作格局,树立"为民、高效、便捷"的工商"12315"形象,打造政府解决群众消费诉求的互动平台。依法查处侵害消费者合法权益的行为,及时发布消费警示和消费提示,营造安全放心的消费环境,提振消费信心,使人民群众安全消费、放心消费,释放消费潜力,促进消费结构升级,全面提升消费维权的工作效能和服务水平。

三、切实加强领导,为工商行政管理部门依法行政创造良好环境

(一)进一步加强对工商行政管理工作的领导。各级政府要把工商行政管理工作纳入重要议事日程,加强领导、统筹协调。政府常务会或专题会等,应研究工商行政管理工作,听取工商行政管理部门的工作汇报,帮助解决工商行政管理工作中存在的困难和问题。

(二)进一步加强对工商行政管理部门执法工作的支持。各级各有关部门要破除地方、部门保护主义,支持工商行政管理部门依法履行职责;要充分发挥部门联席会议的作用,进一步建立健全打击传销、查处取缔无照经营和整顿虚假违法广告联合监管工作机制。在工商部门监管执法过程中,对阻挠工商部门依法履行职责的,公安机关要依法查处。对在法定期限内不申请行政复议或未提起行政诉讼,又不履行工商行政管理机关行政处罚决定的,由工商部门向人民法院依法申请强制执行。监察部门要支持工商部门依法依规履行市场监管职能,对干扰工商监管执法的党员干部和其他公职人员,按照规定严肃查处;加大行政效能监察力度,对工商部门依法行政过程中需要提供支持配合而相关责任部门推诿扯皮造成责任事故或较大负面影响的,要依纪依规追究有关部门领导和相关责任人的责任。金融机构要依法积极协助工商等部门对涉嫌经济违法行为的往来账目和资金进行查询、暂停结算。新闻媒体要进一步加大对工商监管执法工作的跟踪报道力度,为工商执法营造良好的舆论环境。

(三)进一步加大对工商行政管理工作的经费保障力度。各级财政要加大对工商行政管理部门专项工作经费保障力度,逐步增加投入。从2011年起,市财政将市消费者委员会工作经费纳入预算安排。商标创牌经费按照《常德市人民政府办公室关于深入推进实施商标战略的意见》(常政办发〔2010〕51号)有关规定执行。按照分级负责的原则,市、县两级财政继续支持安排工商部门打击传销工作经费。从2011年起,审、县两级财政根据实际工作情况,安排一定的流通领域食品检测经费。对工商部门牵头处理的重大突发性事件,市、县两级财政部门视情况给予适当经费补助。

(四)进一步加大对工商行政管理部门基础设施建设的支持力度。各级各有关部门要帮助工商部门妥善解决基础设施建设方面的实际困难和问题,为工商行政管理工作创造良好的条件。工商部门基础设施建设用地实行行政划拨,并按照分级负责原则,由工商部门根据需要提出用地计划,国土资源部门按政策办理相关用地手续。对工商部门获准立项的基础建设项目,相关部门在土地征用、城建规划、权证办理等方面给予相应的政策优惠,涉及的行政性、服务性收费按照中央、省、市有关规定给予优惠。各级各有关部门要积极协调解决好工商部门基础设施建设中征地拆迁、工程招投标等方面存在的困难和问题,确保工程建设顺利进行。

先进集体与先进个人名录

市工商局加强队伍建设,不断提升工商行政管理人员素质,充分发挥工商行政管理职能作用,在履行市场监管职责、维护市场经济秩序中涌现出一大批先进集体与先进个人,为促进常德社会经济又好又快发展做出了积极贡献。

一、先进集体

(一)获国家工商总局以上机关表彰的先进集体

获奖单位	年度	荣誉称号	授奖单位
常德市工商局	2014	全国文明单位	中央文明委
常德市工商局	2013	全国工商系统先进集体	人力资源和社会保障部 国家工商总局
常德市工商局	2008	2008 年度全国工商系统“红盾护农”先进单位	国家工商行政管理总局
常德市工商局	2009	2009 年全民健身活动先进单位	国家体育总局
常德市工商局	2009	全国工商行政管理系统信息化工作先进集体	国家工商行政管理总局
常德市工商局	2012	“流通环节食品安全监管有奖征文”优秀组织奖	国家工商行政管理总局食品流通监督管理司、中国工商行政管理学会
常德市工商局	2012	2011 年度诚信市场创建活动先进单位	国家工商行政管理总局
鼎城区工商局	2005	红盾护农行动先进单位	国家工商行政管理总局
鼎城区工商局	2008	授予灌溪工商所先进工商所荣誉称号	国家工商行政管理总局
鼎城区工商局	2008	陈化粮监管先进单位	国家工商行政管理总局
鼎城区工商局	2008	授予灌溪工商所“全国工商系统先进单位”	国家工商行政管理总局
石门县工商局	1996	全国工商行政管理系统先进工商所(磨市所)	国家工商行政管理总局
武陵区工商局	1990	全国文明集市(龙港巷综合市场)	国家工商行政管理总局
武陵区工商局	1992	全国文明集市(龙港巷综合市场)	国家工商行政管理总局
武陵区工商局	1994	全国文明集市(龙港巷综合市场)	国家工商行政管理总局
武陵区工商局	2000	全国工商行政管理系统先进工商所(桥北女子工商所)	国家工商行政管理总局

续表

获奖单位	年度	荣誉称号	授奖单位
常德市工商局	2014	全国文明单位	中央文明委
常德市工商局	2013	全国工商系统先进集体	人力资源和社会保障部 国家工商总局
安乡县工商局	2004	全国工商行政管理系统先进工商所（董家垱工商所）	国家工商行政管理总局
临澧县工商局	1992	全国工商行政管理系统先进集体	国家工商行政管理总局
桃源县工商局	1996	全国工商行政管理系统先进集体	人事部、国家工商行政管理总局
桃源县工商局	2004	全国工商行政管理系统先进集体	人事部、国家工商行政管理总局
石门县工商局	2000	全国工商行政管理系统先进工商所（宝峰所）	国家工商行政管理总局
石门县工商局	2000	全国商标管理先进集体（商广股）	国家工商行政管理总局
石门县工商局	2008	全国工商行政管理系统先进集体	人力资源和社会保障部、国家工商行政管理总局
石门县工商局	2010	全国工商行政管理系统先进集体	人力资源和社会保障部、国家工商行政管理总局
石门县工商局	2011	2011 年全国食品安全法律知识竞赛优秀组织奖	国务院食品安全委员会办公室

（二）获省级机关表彰的先进集体

获奖单位	年度	荣誉称号	授奖单位
常德市工商局	2005	企业登记监管信用信息数据库建设合格单位	湖南省工商局
常德市工商局	2007	湖南省 2007 年全民健身月活动先进单位	湖南省体育局
常德市工商局	2007	全省工商系统信息化工作先进单位	湖南省工商局
常德市消委	2007	2007 年度全省农村消费维权“一会两站”建设先进单位	湖南省工商局、省消委
常德市工商局	2008	2005-2007 年度全省内部审计先进单位	湖南省审计厅
常德市工商局	2008	全省工商系统信息化知识竞赛先进单位	湖南省工商局
常德市工商局	2008	全省工商系统信息化知识竞赛优秀组织奖	湖南省工商局
常德市工商局	2009	湖南省 2009 年全民健身日活动先进单位	湖南省体育局
常德市工商局	2009	湖南省档案工作规范化管理省特级	湖南省档案局
常德市工商局	2010	全省工商系统队伍教育整顿工作先进单位	湖南省工商局
常德市工商局	2010	全省工商系统队伍教育整顿“回头看”优秀单位	湖南省工商局

续表

获奖单位	年度	荣誉称号	授奖单位
常德市工商局	2011	全省工商系统“12315”法律知识竞赛三等奖	湖南省工商局
常德市工商局	2011	非税收入票据年检优秀单位	湖南省财政厅
常德市工商局	2011	全省工商系统“十一五”干部教育培训工作先进单位	湖南省工商局
常德市工商局	2011	2010 年度全省工商系统人事统计工作二等奖	湖南省工商局
常德市工商局	2011	省级“青年文明号”	共青团湖南省委
常德市工商局	2012	非税收入票据年检优秀单位	湖南省财政厅
常德市工商局	2012	2012 年度全省工商系统人事统计工作二等奖	湖南省工商局
常德市工商局	2012	湖南省人民满意的公务员集体	中共湖南省委、省人民政府
常德市工商局	2012	全省工商系统 2011 年度优秀内部审计项目一等奖	湖南省工商局
常德市工商局	2012	全省工商系统创先争优先进单位	湖南省工商局
常德市工商局	2012	省级“巾帼文明岗”	湖南省妇联
常德市工商局	2012	湖南省 2012 年文明标兵单位	中共湖南省委、省人民政府
武陵区工商局	1989	全省文明集贸市场（龙港巷综合市场、北站市场）	湖南省工商局
武陵区工商局	1990	规模最大集贸市场第 7 名（北站市场）	湖南省政府财经贸易办公室
武陵区工商局	1991	1990 年度经济合同仲裁工作先进单位	湖南省工商局
武陵区工商局	1991	省级文明集市（北站市场、桥北综合市场）	湖南省工商局
武陵区工商局	1992	1991 年度工商行政管理系统先进工商所（城北工商所）	湖南省工商局
武陵区工商局	1993	省级文明集市（北站市场、桥北综合市场）	湖南省工商局
武陵区工商局	2003	巾帼文明示范岗（女子工商所）	湖南省工商局
鼎城区工商局	2006	授予灌溪工商所、玉霞工商所“五好工商所”	湖南省工商局
汉寿县工商局	1989	“四好”文明市场（新兴路综合市场）	湖南省工商局
汉寿县工商局	1991	“四好”文明市场（蒋家嘴综合市场）	湖南省工商局
汉寿县工商局	1993	“文明集市”（西套大市场、蒋家嘴综合市场）	湖南省工商局
汉寿县工商局	1998	1998 年度全省粮食市场管理先进单位	湖南省工商局
汉寿县工商局	2000	全省工商系统法制工作先进单位	湖南省工商局
汉寿县工商局	2010	消委工作先进单位	湖南省工商局

续表

获奖单位	年度	荣誉称号	授奖单位
汉寿县工商局	2010	湖南省档案工作规范化管理省特级	湖南省档案局
汉寿县工商局	2011	湖南省省一级档案工作规范化管理先进单位	湖南省档案局
桃源县工商局	1991	1990 年度经济合同仲裁工作先进单位	湖南省工商局
桃源县工商局	1991	1990-1991 年度全省文明集贸市场	湖南省工商局
桃源县工商局	1992	1991 年度经济合同仲裁工作先进单位	湖南省工商局
桃源县工商局	1994	湖南省文明集贸市场	湖南省工商局
桃源县工商局	1995	全省工商行政管理系统先进工商所（漆河所）	湖南省工商局
桃源县工商局	2005	全省工商行政管理系统先进工商所（漳江南区所）	湖南省工商局
桃源县工商局	2007	全省工商行政管理系统"五好"工商所（茶庵铺所）	湖南省工商局
桃源县工商局	2009	全省工商行政管理系统老干部工作先进集体	湖南省工商局
桃源县工商局	2010	2009-2010 年度湖南省依法办事示范窗口单位	湖南省依法治省领导小组
桃源县工商局	2011	湖南省消费维权先进单位	湖南省工商局、省消委
桃源县工商局	2012	"五无监管区"创建先进监管区（漳江北区第四监管区）	湖南省工商局
石门县工商局	1998	全省保护消费者合法权益先进集体	湖南省工商局、省消委
石门县工商局	2004	湖南省依法办事示范窗口单位	湖南省依法治省领导小组
石门县工商局	2005	全省工商系统先进集体	湖南省工商局、湖南省人事厅
石门县工商局	2005	湖南省 2005 年度文明窗口单位	湖南省精神文明建设指导委员会
石门县工商局	2007	湖南省煤炭企业登记监管工作先进单位	湖南省工商局
石门县工商局	2011	2011-2012 年度全省依法办事示范窗口单位	湖南省依法治省领导小组
澧县工商局	2011	2011-2012 年度全省依法办事示范窗口单位	湖南省依法治省领导小组
澧县工商局	2011	湖南省 2011 年度文明窗口单位	湖南省精神文明建设指导委员会
澧县工商局	2011	湖南省商标战略实施示范县	湖南省工商局

二、先进个人

(一)获国家工商总局以上机关表彰的先进个人

姓 名	年 度	工作单位	荣誉称号	授奖机关
唐贤璋	1991	常德市工商局武陵分局	全国优秀工商行政管理人员	国家工商局
李宏祥	1996	临澧县工商局	全国优秀工商行政管理人员	国家工商局
陈国跃	1999	常德市工商局	优秀工作者	国家工商局 企业注册局
陈光军	2005	常德市工商局	红盾护农先进个人	国家工商总局
晏丰儒	2007	常德市工商局	全国流通环节产品质量和食品安全专项整治工作先进个人	国家工商总局
杜红波	2008	常德市工商局	食品安全工作先进个人	国家工商总局
孙超云	2008	汉寿县工商局	全国工商系统优秀工商行政管理人员	国家工商总局
文慧群	2009	常德市工商局	商标工作先进个人	国家工商总局
彭清华	2000	常德市工商局武陵分局	全国先进工商所长	国家工商总局
曾广财	1999	汉寿县工商局	1998年至1999年粮食市场监督管理工作先进个人	国家工商总局
孙超云	2008	汉寿县工商局	全国工商系统优秀工商 行政管理人员	国家工商总局
杨红霞	2010	汉寿县工商局	全国工商系统 2006-2010 年法制宣传教育先进个人	国家工商总局
许传美	2001	桃源县工商局	先进工作者	国家工商总局
龙一平	2008	桃源县工商局	全国工商系统优秀工商 行政管理人员	国家工商总局
许传美	2009	桃源县工商局	全国工商行政管理系统第十四期县局局长培训班文体活动积极分子	国家工商总局行政学院
易法安	2012	石门县工商局	法律知识竞赛二等奖	国家工商总局个体司、中国工商报社
张立春	1999	澧县工商局	粮食市场监督管理工作先进个人	国家工商总局
向延清	2006	澧县工商局	全国工商系统“红盾护农”先进工作者	国家工商总局
李祖平	2012	澧县工商局	个体工商户登记法律知识竞赛三等奖	国家工商总局个体司

续表

姓 名	年 度	工作单位	荣誉称号	授奖机关
赵绪贵	2012	澧县工商局	个体工商户登记法律知识竞赛三等奖	国家工商总局个体司
黄敦宇	2005	临澧县工商局	红盾护农先进个人	国家工商总局
方晓杰	2000	鼎城区工商局	优秀工商行政管理人员	国家工商总局

（二）获省级机关表彰的先进个人

姓名	年度	工作单位	荣誉称号	授奖机关
胡祖国	2003	常德市工商局	嘉奖	湖南省工商局
胡祖国	2004	常德市工商局	嘉奖	湖南省工商局
胡祖国	2006	常德市工商局	嘉奖	湖南省工商局
胡祖国	2007	常德市工商局	嘉奖	湖南省工商局
胡祖国	2008	常德市工商局	三等功	湖南省工商局
胡祖国	2008	常德市工商局	优化经济发展环境工作先进个人（记三等功）	湖南省机关效能建设领导小组
胡祖国	2009	常德市工商局	优化经济发展环境工作先进个人（记三等功）	湖南省机关效能建设领导小组
胡祖国	2011	常德市工商局	嘉奖	湖南省工商局
胡祖国	2011	常德市工商局	三等功	湖南省人事厅、湖南省文明办
胡祖国	2011	常德市工商局	2010 届文明单位责任人记二等功	湖南省人社局、湖南省文明办
胡祖国	2012	常德市工商局	湖南省五一先锋	湖南省总工会
周发仁	2007	常德市工商局	2006 年度农村基层组织建设和扶贫开发工作二等功	省委农村基层组织建设领导小组
周发仁	2010	常德市工商局	全省商标工作先进个人	湖南省人力资源和社会保障厅、湖南省工商局
周发仁	2010	常德市工商局	二等功	湖南省人力资源和社会保障厅、湖南省工商局
周发仁	2010	常德市工商局	全省商标工作先进个人（二等功）	湖南省人社厅、省工商局
周发仁	2011	常德市工商局	湖南工商系统“十一五干部教育培训工作先进个人”	湖南省工商局
周发仁	2012	常德市工商局	嘉奖	湖南省工商局
晏丰儒	2007	常德市工商局	流通环节产品质量和食品安全专项整治工作先进个人	湖南省工商局

续表

姓名	年度	工作单位	荣誉称号	授奖机关
晏丰儒	2011	常德市工商局	全省查处取缔无照经营工作先进个人	省查处取缔无照经营办公室
刘丛宏	2010	常德市工商局	嘉奖	湖南省工商局
黄腊喜	2000	常德市工商局	嘉奖	湖南省工商局
陈国跃	1990	常德市工商局	先进工作者	湖南省工商局
黄继兵	2003	常德市工商局	第一期处干班优秀学员	中共湖南省工商行政管理局党校
黄继兵	2010	常德市工商局	嘉奖	湖南省工商局
黄继兵	2001	常德市工商局	二等功	湖南省工商局
李宏祥	1992	临澧县工商局	湖南省工商行政管理系统1991年度先进工作者	湖南省工商局
李宏祥	1995	临澧县工商局	1994年度全省工商行政管理系统记三等功	湖南省工商局、湖南省人事厅
唐贤璋	1990	常德市工商局武陵分局	1989年度全省工商行政管理系统先进工作者	湖南省工商局
唐贤璋	1992	常德市工商局武陵分局	湖南省工商行政管理系统1991年度先进工作者	湖南省工商局
刘锦章	2009	常德市工商局	湖南省工商系统先进离退休人员	湖南省工商局
刘锦章	2012	常德市工商局	湖南省工商系统先进离退休人员	湖南省工商局
肖淑萍	2012	常德市工商局	湖南省工商系统先进离退休人员	湖南省工商局
高进心	1992	常德市工商局	湖南省工商系统1991年度先进工作者	湖南省工商局
高进心	1995	常德市工商局	1994年度全省工商系统记三等功	湖南省工商局、湖南省人事厅
刘锦章	2008	常德市工商局	《消费者组织应运而来》在省局“潇湘红盾情”征文活动中获三等奖	湖南省工商局、湖南省工商学会
刘锦章	1999	常德市工商局	论文《对发展常德市个体私营经济的调查与思考》获省工商局1998年调查研究月活动调研文章二等奖	湖南省工商局
文慧群	2006	常德市工商局	商标工作先进个人记二等功	湖南省人事厅、湖南省工商局
张代新	1998	常德市工商局	保护消费者合法权益先进个人	湖南省工商局、省消委
梁建平	2011	常德市工商局	“十一五”干部教育培训工作先进个人	湖南省工商局
盛咏梅	2011	常德市工商局	2008-2010年度全省内部审计工作先进工作者	湖南省审计厅
刘　英	2004	常德市工商局武陵分局	二等功	湖南省工商局

续表

姓名	年度	工作单位	荣誉称号	授奖机关
张星星	1994	常德市工商局	先进工作者	湖南省工商局个私协
岳彦臣	1999	常德市工商局	一九九九年度湖南省工商系统优秀政务信息员	湖南省工商局
岳彦臣	2002	常德市工商局	二00二年度通联工作优秀通讯员	湖南省工商局
岳彦臣	2008	常德市工商局	2006-2007 年度新闻宣传工作先进个人	湖南省工商局
刘国强	2010	常德市工商局	全省商标工作先进个人记二等功	湖南省人力资源和社会保障厅、湖南省工商局
刘国强	2007	常德市工商局	2006 年“反盗版百日行动”先进个人	省“打黄打非”工作小组办公室
廖鹏浩	2011	常德市工商局	打击侵犯知识产权和制售假冒伪劣商品专项行动先进个人	湖南省人民政府办公厅
陈华辉	1995	常德市工商局武陵分局	二等功	湖南省工商局、湖南省人事厅
陈华辉	1997	常德市工商局武陵分局	授予全省工商行政管理系统十佳干部称号	湖南省工商局
孙超云	2008	常德市工商局	全省工商系统流通环节产品质量和食品安全专项整治工作先进个人	湖南省工商局
杨志勇	1995	常德市工商局武陵分局	三等功	湖南省工商局、湖南省人事厅
贺　冰	2008	常德市工商局武陵分局	杰出青年卫士	共青团省委
朱爱军	2012	常德市工商局武陵分局	2011 年度全省打击传销先进个人	湖南省打击传销联席会议办公室
石赤云 童仁义	1989	汉寿县工商局	先进工作者	湖南省工商局
李迪夫	1991	汉寿县工商局	先进个人	湖南省工商局
曾广财	1999	汉寿县工商局	全省粮食收购市场管理先进个人	湖南省工商局
余自贵 徐亚力 开　慧 周亚明	2001	汉寿县工商局	三等功	湖南省工商局
余自贵	2005	汉寿县工商局	先进个人	湖南省人事厅 湖南省工商局
曾庆久	2006	汉寿县工商局	三等功	湖南省工商局
文启玉	1992	桃源县工商局	优秀仲裁员	湖南省工商局
朱滨源	2006	桃源县工商局	湖南省商标工作先进个人	湖南省工商局

续表

姓名	年度	工作单位	荣誉称号	授奖机关
李石凯	2011	桃源县工商局	十佳监管能手	湖南省工商局
卢先星	2012	桃源县工商局	全省工商行政管理系统先进离退休个人	湖南省工商局
潘兴海	2004	石门县工商局	二等功	湖南省工商局
潘兴海	2006	石门县工商局	二等功	湖南省工商局
陈志军	2011	石门县工商局	十佳管理标兵	湖南省工商局
谢业振	1991	石门县工商局	先进工作者	湖南省工商局
谢业振	1994	石门县工商局	二等功	湖南省工商局、湖南省人事厅
王典军	2002	澧县工商局	打假先进个人	湖南省工商局
夏治金	1990	津市市工商局	先进工作者	湖南省工商局
刘泽金	2005	津市市工商局	一等功	湖南省工人事厅、湖南省工商局
刘　勇	2010	津市市工商局	全省商标先进个人记二等功	湖南省人力资源和社会保障厅、湖南省工商局
刘泽金	2004	津市市工商局	一等功	湖南省人事厅、湖南省工商局
熊宜安	1995	安乡县工商局	全省工商系统三等功	湖南省工商局、湖南省人事厅
卜功鑫	1991	临澧县工商局	先进工作者	湖南省人民政府
徐晓君	2004	临澧县工商局	先进工作者、立二等功	湖南省人民政府、湖南省人事厅
周绍喜	2011	临澧县工商局	十佳维权能手	湖南省工商局
刘进民	1990	鼎城区工商局	先进工作者	湖南省工商局
孔凡军	1993	鼎城区工商局	先进个人	湖南省工商局
刘进民	1995	鼎城区工商局	三等功	湖南省工商局、湖南省人事厅
张建华	2001	鼎城区工商局	二等功	湖南省工商局
孔凡军	2003	鼎城区工商局	优秀个人	湖南省工商局
李贤明	2007	鼎城区工商局	三等功	湖南省工商局
李贤明	2011	鼎城区工商局	十佳办案能手	湖南省工商局

（三）获市委、市政府表彰的先进个人集体

姓名	年度	工作单位	荣誉称号	授奖机关
胡祖国	1992	常德市工商局	记功	常德市人民政府
胡祖国	1995	常德市工商局	记三等功	常德市人民政府

续表

姓名	年度	工作单位	荣誉称号	授奖机关
胡祖国	1998	常德市工商局	记三等功	常德市人民政府
胡祖国	2000	常德市工商局	记三等功	常德市人民政府
胡祖国	2008	常德市工商局	记二等功	常德市人民政府
胡祖国	2008	常德市工商局	平安建设功臣（二等功）	中共常德市委、市政府
胡祖国	2008	常德市工商局	创建全国文明城市工作先进个人	中共常德市委、市政府
胡祖国	2009	常德市工商局	记二等功	常德市人民政府
胡祖国	2010	常德市工商局	十佳人民满意公仆	常德市人民政府
胡祖国	2010	常德市工商局	2009年度全市目标管理岗位责任制年度考核三等功	中共常德市委、市政府
胡祖国	2010	常德市工商局	2010年度全国城市公共文明指数测评迎检工作记二等功	中共常德市委、市政府
胡祖国	2011	常德市工商局	记三等功	常德市人民政府
胡祖国	2011	常德市工商局	2010年度十佳人民满意公仆	常德市人民政府
胡祖国	2011	常德市工商局	十佳人民满意公仆	常德市人民政府
胡祖国	2012	常德市工商局	市直目标考核嘉奖一次	中共常德市委、市政府
晏丰儒	1997	常德市工商局	记三等功	常德市人民政府
晏丰儒	1998	常德市工商局	记二等功	常德市人民政府
晏丰儒	2009	常德市工商局	2009年度平安建设功臣	中共常德市委、市政府
刘丛宏	1999	常德市工商局	二等功	常德市人民政府
刘丛宏	2011	常德市工商局	二等功	常德市人民政府
刘丛宏	2011	常德市工商局	创建全国文明城市工作先进个人（二等功）	中共常德市委、市政府
熊永均	1990	常德市工商局	社教工作记功	常德市人民政府
熊永均	2003	常德市工商局	城市创建工作二等功	常德市人民政府
熊永均	2012	常德市工商局	创先争优优秀共产党员	中共常德市委
陈国跃	1996	常德市工商局	三等功	常德市人民政府
陈国跃	1999	常德市工商局	三等功	常德市人民政府
黄继兵	1995	常德市工商局	三等功	常德市人民政府
李宏祥	1996	常德市工商局	防汛抗洪表现突出嘉奖	常德市人民政府
唐贤璋	1990	常德市工商局武陵分局	记大功	常德市人民政府
唐贤璋	1995	常德市工商局	市级劳动模范	常德市人民政府
刘锦章	1998	常德市工商局	嘉奖	常德市人民政府
刘锦章	2000	常德市工商局	1999年度财贸工作先进工作者	常德市人民政府
高进心	1990	常德市工商局	记功	常德市人民政府
屠家云	1993	常德市工商局	记功	常德市人民政府
屠家云	1994	常德市工商局	记功	常德市人民政府

续表

姓名	年度	工作单位	荣誉称号	授奖机关
高进心	1992	常德市工商局	记功	常德市人民政府
高进心	1993	常德市工商局	记功	常德市人民政府
高进心	1994	常德市工商局	记功	常德市人民政府
高进心	1995	常德市工商局	记三等功	常德市人民政府
李世成	1991	常德市工商局	农村社教工作记功	常德市人民政府
孙振清	2010	常德市工商局	记三等功	常德市人民政府
李明建	1989	常德市工商局	记功	常德市人民政府
李明建	1990	常德市工商局	记功	常德市人民政府
罗劲军	1993	常德市工商局	记三等功一次	常德市人民政府
陈　红	2012	常德市工商局	“十佳人民满意公仆”	常德市人民政府
张星星	1992	常德市工商局	三等功	常德市人民政府
熊永钧	2012	常德市工商局	优秀共产党员	中共常德市委
谭建中	1998	常德市工商局	二等功	常德市人民政府
陈艳妮	2009	常德市工商局	优秀共产党员	中共常德市委
岳彦臣	1996	常德市工商局	三等功	常德市人民政府
刘绍清	2011	常德市工商局	全市老干工作先进个人	中共常德市委、市政府
刘远景	1995	常德市工商局	三等功	常德市人民政府
彭清华	1999	常德市工商局	三等功	常德市人民政府
彭清华	1998	常德市工商局	三等功	常德市人民政府
陈华辉	1995	常德市工商局	二等功	常德市人民政府
陈华辉	1996	常德市工商局	二等功	常德市人民政府
李明秋	1993	常德市工商局武陵分局	三等功	常德市人民政府
李明秋	2011	常德市工商局武陵分局	三等功	中共常德市委、市政府
向　毅	1998	常德市工商局武陵分局	三等功	常德市人民政府
余海燕	2000	常德市工商局武陵分局	三等功	常德市人民政府
符　浩	1998	常德市工商局武陵分局	三等功	常德市人民政府
李福全	1997	常德市工商局武陵分局	“十佳“工商管理人员	常德市人民政府
刘　建	1995	常德市工商局武陵分局	三等功	常德市人民政府
肖庆军	1993	常德市工商局武陵分局	三等功	常德市人民政府

续表

姓名	年度	工作单位	荣誉称号	授奖机关
黄正德	1994	常德市工商局武陵分局	三等功	常德市人民政府
黄小燕	1997	常德市工商局武陵分局	三等功	常德市人民政府
黄小燕	2000	常德市工商局武陵分局	三等功	常德市人民政府
夏湘忠	1996	常德市工商局武陵分局	三等功	常德市人民政府
刘文华	2000	常德市工商局武陵分局	三等功	常德市人民政府
丁为富	1997	常德市工商局武陵分局	三等功	常德市人民政府
谭华建	2010	常德市工商局武陵分局	三等功	常德市人民政府
裴　俊	1996	常德市工商局武陵分局	三等功	常德市人民政府
刘大清	1994	常德市工商局武陵分局	三等功	常德市人民政府
黄建平	1996	常德市工商局武陵分局	三等功	常德市人民政府
黄建平	1999	常德市工商局武陵分局	三等功	常德市人民政府
刘　军	1997	常德市工商局武陵分局	三等功	常德市人民政府
刘　军	1998	常德市工商局武陵分局	三等功	常德市人民政府
杨志勇	1994	常德市工商局武陵分局	三等功	常德市人民政府
杨志勇	1996	常德市工商局武陵分局	三等功	常德市人民政府
陈礼贵	1998	常德市工商局武陵分局	三等功	常德市人民政府
付启溢	1993	常德市工商局武陵分局	三等功	常德市人民政府
熊纯成	1995	常德市工商局德山分局	三等功	常德市人民政府
宋道球	1998	常德市工商局德山分局	三等功	常德市人民政府

续表

姓名	年度	工作单位	荣誉称号	授奖机关
甘春福	1998	常德市工商局德山分局	三等功	常德市人民政府
田海波	2001	常德市工商局德山分局	三等功	常德市人民政府
王　平	2011	常德市工商局德山分局	三等功	中共常德市委
彭　军	1997	汉寿县工商局	二等功	常德市人民政府
蔺来保	1998	汉寿县工商局	目标管理岗位责任制考核三等功	中共常德市委、市政府
肖清河	2010	桃源县工商局	见义勇为先进个人	中共常德市委、市政府
谢业振	1995	石门县工商局	二等功	常德市人民政府
胡定柏	1994	澧县工商局	常德市劳动模范	常德市人民政府
柳圭宜	1993	澧县工商局	常德市劳动模范	常德市人民政府
李万明	1995	安乡县工商局	市级劳动模范	常德市人民政府
王荣福	1992	安乡县工商局	市级劳动模范	常德市人民政府
徐晓斌	2011	鼎城区工商局	三等功	常德市人民政府

商标名录

一、常德市中国驰名商标名录

序号	认定年度	商标持有单位	商标名称
1	2012	湖南三尖农牧有限责任公司	三尖及图
2	2012	湖南广益粮油棉有限公司	湘雅及图
3	2012	常德市汇美食品有限公司	鑫湘汇及图
4	2012	湖南常德牌水表制造有限公司	常德
5	2012	常德广积米业有限公司	广积及图
6	2012	湖南惠生肉业有限公司	歪脖脖
7	2012	湖南万家工贸实业有限公司	万家及图
8	2012	万福生科（湖南）农业开发科技有限公司	陬福
9	2012	湖南石门特种水泥有限公司	壩道+图+拼音
10	2012	湖南平安医疗器械有限公司	平安+图
11	2012	石门茶叶协会	石门银峰
12	2012	湖南盈成油脂工业有限公司	盈成
13	2012	湖南精为天粮油有限公司	精为天
14	2011	湖南安福气门有限责任公司	图形
15	2011	湖南德山酒业营销有限公司	德山+图
16	2011	湖南武陵酒有限公司	武陵
17	2011	湖南重庆啤酒国人有限责任公司	生态
18	2010	湖南桃源县古洞春茶业有限责任公司	古洞春
19	2010	湖南湘鲁万福农业开发有限公司	陬福
20	2009	津市市中意糖果有限公司	中意
21	2005	湖南恒安纸业有限公司	心相印
22	2005	湖南金健米业股份有限公司	金健
23	2002	常德卷烟厂	芙蓉+拼音+图

二、常德市有效著名商标名录

1	常德市东风纺织服装有限责任公司	东帆	25
2	湖南洞庭药业股份有限公司	图形	5
3	常德七星泰塑业有限公司	七星	19
4	湖南一品江南调味食品有限公司	一品江南	30
5	常德富民桥食品菜业有限公司	富民桥+拼音	29
6	常德鹤王蚊香有限公司	鹤皇+拼音+图	5
7	湖南省石门县白云山国有林场	冠云+拼音+图	30
8	湖南省湘澧盐矿	钻塔+拼音+图	1
9	常德市胜利化工有限公司	桃花源+图	1
10	湖南三尖农牧有限责任公司	三尖+图	31
11	湖南省桃源杰新纺织印染有限公司	杰新+拼音+图	24
12	湖南腾琼野茶王茶业有限公司	腾琼+图	30
13	湖南安福气门有限公司	图形	7
14	安乡金大地化工有限公司	耘夫乐+图	1
15	澧县银丰水泥有限公司	湘码+拼音+图	19
16	澧县甘溪水水泥有限责任公司	甘溪+拼音+图	19
17	常德国力变压器有限公司	图形	9
18	湖南省常德市皇冠桌台球总厂	球王+图	28
19	湖南武陵酒有限公司	武陵+图	33
20	津市市金湘猪鬃实业有限公司	金湘+图+拼音	21
21	湖南鸿祥生物工程股份有限公司	梅花+图+拼音	40
22	津市十八子食品有限公司	木子	29
23	湖南桃源县古洞春茶业有限责任公司	古洞春	30
24	湖南湘鲁万福开发有限公司	瞅福	30
25	常德双鹤日化有限公司	鹤皇	5
26	湖南常德航力服饰有限公司	航力+图	25
27	湖南德源医药有限公司	图形	35
28	湖南精为天粮油有限公司	精为天+图	29
29	湖南佳达电线电缆有限公司	湘佳达+图	9
30	湖南天泽农业发展有限公司	天泽乐+图	30
31	湖南宏旺石油有限公司	宏旺	4

续表

序号	商标持有单位	商标名称	类别
32	湖南常德牌水表制造有限公司	常德+字母	9
33	湖南双狮橡胶制品有限责任公司	双狮+图+字母	7
34	常德市武陵贺童太味酱板鸭厂	童胖子	29
35	常德市武陵区三湘酒厂	三湘九泰	33
36	湖南常德湘联实业有限责任公司	湘联+图形	19
37	湖南德山酒业营销有限公司	德山+图+字母	33
38	常德广积米业有限公司	广积+图+字母	30
39	湖南金健药业有限责任公司	金健	5
40	湖南云锦集团有限公司	天锦+图	23
41	湖南省常德市武陵源管业有限公司	武陵源+图形	6
42	常德八百里酒业有限公司	八百里	33
43	湖南常德德山表业有限公司	德山+图	9
44	常德湘沅木业有限公司	湘沅	19
45	湖南老实人食品酒业有限公司	朗州	33
46	常德鼎兴布艺有限公司	鼎兴	24
47	常德汇泉食品有限公司	联升+图形	29
48	湖南重庆啤酒国人有限责任公司	重庆+图	32
49	湖南重庆啤酒国人有限责任公司	国人	32
50	湖南洞庭春米业有限公司	金洞庭春	30
51	湖南洞庭春米业有限公司	金洞庭春+图	30
52	澧县太青有机食品有限公司	元丰通宝双上绿芽	30
53	湖南石门玉叶化肥有限公司	玉叶+图	1
54	石 门 县 柑 橘 协 会	石门柑橘	31
55	桃源县漆河兴隆大米厂	钱缘+图形	30
56	桃源县泰香粮油科技开发有限公司	世外桃源	30
57	湖南林钰王科技环保有限公司	林钰王+图	20
58	常德桃花源动力机械有限公司	桃花源	7
59	湖南广源麻业有限公司	广源+图+字母	23
60	临澧县清水鸭开发有限公司	洞庭清水	29
61	湖南汇鑫铜业有限公司	励达+图形	9
62	湖南王饺儿食品工业有限公司	王饺儿	29
63	湖南正园饲料有限公司	正园+图	31
64	湖南广益粮油有限公司	湘雅+图	29

续表

序号	商标持有单位	商标名称	类别
65	湖南省丰康生物科技股份有限公司	丰康生物+图形	31
66	大湖水殖股份有限公司	大湖	31
67	大湖水殖股份有限公司	洞庭	14
68	常德市华星电器有限公司	犇星+拼音	35
69	常德市亮万家家居广场有限责任公司	亮万家	35
70	湖南双佳农牧科技有限公司	湘佳+图形	29
71	湖南湘北水泥有限公司	湘北+图形	19
72	常德市金雁电线电缆厂有限公司	中南+图形	9
73	桃源县蜀中情特色食品厂	蜀中情+拼音+图	29
74	常德市壹德壹食品有限公司	壹德壹	43
75	常德湘大环保科技有限公司	辣妹子+图形	20
76	鼎城区十美堂镇河洲甲鱼养殖场	河洲	21
77	湖南合磷化工有限公司	坝道+图形	1
78	湖南津佳兔业科技食品产业有限公司	津佳+图形	29
79	湖南创德力西电气有限公司	东方箭	7
80	常德市邓权建材有限公司	邓权+图形	17
81	湖南省兴业肉类机械有限公司	兴业+图形	7
82	湖南常德浪力食品饮料有限公司	浪力	32
83	常德安福拖拉机有限公司	湘安福	12
84	湖南广益粮油棉有限公司	祝丰+图形	30
85	湖南鑫源缸套有限责任公司	三鑫+图形	7
86	湖南盛节节高食品股份有限公司	节节高	29
87	常德金仙耐磨材料有限公司	金仙	7
88	湖南省胜芝化工有限公司	五欣+图形	1
89	药圣堂（湖南）制药有限公司	子午	5
90	湖南重庆啤酒国人有限责任公司	一品	32
91	澧县张公特色食品厂	张公	29
92	湖南惠生肉业股份有限公司	歪脖脖	29
93	湖南省津市市张老头卤腊味食品有限责任公司	张老头	29
94	津市市绿康食品有限公司	津味绿康	29
95	常德傅大姐风味食品有限责任公司	傅大姐	29
96	湖南洞庭药业股份有限公司	图形	5
97	常德鹤王蚊香有限公司	鹤王+拼音+图	5

续表

序号	商标持有单位	商标名称	类别
98	澧县甘溪水水泥有限责任公司	甘溪+拼音+图	19
99	常德七星泰塑业有限公司	七星	19
100	湖南一品江南调味食品有限公司	一品江南	30
101	常德富民桥食品菜业有限公司	富民桥+拼音	29
102	湖南腾琼野茶王茶业有限公司	腾琼+图	30
103	湖南省石门县白云山国有林场	冠云+拼音+图	30
104	湖南省湘澧盐矿	钻塔+拼音+图	1
105	湖南三尖农牧有限责任公司	三尖+图	31
106	安乡晋煤金牛化工有限公司	耘夫乐+图	1
107	澧县银丰水泥有限公司	湘码+拼音+图	19
108	湖南谊诚化工有限责任公司	谊诚+拼音+图形	1
109	湖南新合作三维农资有限公司	瑞兰 R+图形	1
110	湖南珠峰科技有限公司	珠峰+图形	1
111	湖南鸿鹰祥生物工程股份有限公司	梅花+拼音+图形	1
112	湖南中汉高分子材料科技有限公司	中汉牌+图形	2
113	湖南省汉寿县特种涂料厂	文美+拼音	2
114	湖南宏旺石油有限公司	宏旺	4
115	湖南创业德力西电气有限公司	湘创电气	9
116	湖南佳达电线电缆有限公司	湘佳达+图形	9
117	常德国力变压器有限公司	CBD	9
118	湖南中泰特种装备有限责任公司	中泰+拼音+图形	9
119	湖南平安医械科技有限公司	平安卫士+图形	10
120	湖南万家工贸实业有限公司	万家+拼音+图形	11
121	常德市鼎城湘旺塑胶建材厂	尚美莱 Shionmily	19
122	常德市远智棕毛制品有限公司	欢颜	20
123	津市市金湘猪鬃实业有限公司	金湘+拼音+图形	21
124	常德市景云塑业有限公司	景云塑业 JY+图形	22
125	湖南广益粮油棉有限公司	广益+图形	22
126	湖南金帛化纤有限公司	凝美+拼音+图形	23
127	湖南津市市益林麻棉纺织印染厂有限公司	飞洋+图形	23
128	湖南常德航力服饰有限公司	航力+图形	25
129	湖南省常德市皇冠桌球台总厂	球王+拼音+图形	28
130	澧县太青山有机食品有限公司	太青牌+拼音+图形	29

续表

序号	商标持有单位	商标名称	类别
131	湖南省涔澹农场加工厂	涔澹香+拼音	29
132	常德市武陵兄弟酱板鸭食品加工厂	柳叶湖 lyh+拼音+图形	29
133	临澧县戴胡子食品有限公司	戴胡子+拼音+图形	29
134	临澧县伍大姐风味食品厂	伍大姐+肖像	29
135	常德市伊康食品有限公司	伊一康+拼音	29
136	湖南省石门县犟哥野生素食研制中心	犟哥+图形	29
137	湖南省康多利油脂有限公司	康多利+图形	29
138	澧县千诺拉油脂有限责任公司	图形	29
139	桃源县漳江镇万家油脂厂	福千府	29
140	常德市汇美食品有限公司	鑫湘汇+拼音+图形	29
141	常德市汇美食品有限公司	祝丰+图形	29
142	津市市十八子食品有限公司	木子	29
143	石门县桩巴龙茶行	桩巴龙+拼音+图形	30
144	湖南天泽农业发展有限公司	天泽乐+图形	30
145	湖南金德米业有限公司	德中德+图形	30
146	桃源县陬市穗丰精米厂	龙凤+拼音	30
147	湖南陈氏面业有限责任公司	睿婧	30
148	澧县雷公塔镇彭述林粉厂	澧州+拼音+图形	30
149	湖南湘湖水产有限公司	仙湖	31
150	湖南荣丰饲料有限责任公司	图形	31
151	湖南德山酒业营销有限公司	御品德山	33
152	湖南好味园酒业有限公司	家传+拼音	33
153	益丰大药房连锁股份有限公司	益丰大药房 Yifeng Pharmacy	35
154	湖南常德欣运集团股份有限公司	欣运集团+图形	39
155	常德九子酒店管理有限公司	九子香辣蟹+图形	43
156	湖南康普制药有限公司	康普	

三、常德市有效知名商标名录

序号	商标持有单位	商标名称	类别
1	常德市东风纺织服装有限责任公司	东帆	25
2	常德市洞庭古井酒业有限公司	德大+图	33
3	常德市精为天米业有限公司	精为天+图	30
4	湖南宏旺石油有限公司	宏旺	4
5	湖南省石门县白云山国有林场	冠云+拼音+图	30
6	石门县茶叶产业协会	石门银峰（证明）	30
7	桃源县小康油脂加工厂	康多利+图	29
8	湖南三尖农牧有限责任公司	三尖+拼音+图	31
9	常德市胜利化工有限公司	祧花源+图	1
10	湖南省桃源杰新纺织印染有限公司	杰新+拼音+图	24
11	桃源县蜀中情特色食品厂	蜀中情+拼音+图	29
12	湖南常德浪力食品饮料有限公司	浪力	32
13	常德市西洞庭新湘糖业有限公司	湘陵+图	30
14	临澧县伍大姐风味食品厂	伍大姐+图	29
15	湖南省澧县张公特色食品厂	张公	29
16	汉寿县林钰王家俱有限公司	林钰王+	20
17	湖南荣丰饲料有限责任公司	图形	31
18	常德市武陵区三湘酒厂	三湘九泰	33
19	常德富民桥食品菜业有限公司	富民桥+拼音	29
20	常德市壹德壹食品有限公司	壹德壹	43
21	湖南运达机械制造有限公司	图形	12
22	桃源县鲁胡子辣酱有限责任公司	鲁胡子+图形	30
23	桃源县漆河兴隆大米厂	钱缘+拼音	30
24	桃源县陬市东林泰香米业中心	世外桃源+拼音	30
25	湖南佳达电线电缆有限公司	湘佳达	9
26	湖南天泽农业发展有限公司	天泽乐+图	30
27	湖南德源医药有限公司	图形	35
28	常德市腾记九三鸭霸王餐饮店	腾记九三	29
29	常德市武陵兄弟酱板鸭食品加工厂	柳叶湖	30
30	湖南省常德市皇冠桌球台总厂	球王+图	28
31	湖南康普制药有限公司	康普	5
32	荣祺食品罐头（汉寿）有限公司	拼音+图	29
33	常德桃花源动力机械有限公司	桃花源	7

续表

序号	商标持有单位	商标名称	类别
34	湖南平安医疗器械有限公司	平安+图	10
35	湖南盈成油脂工业有限公司	盈　成	29
36	湖南省石门县犟哥野生素食研制中心	犟哥+图	29
37	湖南双佳农牧科技有限公司	湘佳+图形	31
38	常德市汇美食品有限公司	鑫湘汇+图+拼音	29
39	湖南广益粮油棉有限公司	湘雅+图	29
40	湖南省津市市张老头卤味腊味食品有限责任公司	张老头	29
41	津市十八子食品有限公司	木子	29
42	湖南中泰特种装备有限责任公司	中泰	9
43	临澧县合口镇出口花炮厂	湘云	13
44	湖南王饺儿食品有限公司	王饺儿	29
45	湖南正园饲料有限公司	正园+图	31
46	常德市鼎城区裕佳食品有限公司	图形	29
47	常德鼎兴布艺有限公司	鼎兴	24
48	湖南老实人食品酒业有限公司	朗州	33
49	常德湘沅木业有限公司	湘沅	19
50	湖南省常德市天美乐冷冻食品有限公司	天美乐+图形	30
51	湖南湘北水泥有限公司	湘北+图形	19
52	常德汇泉食品有限公司	联升+图形	29
53	常德常摩摩擦材料有限公司	常摩+图形	6
54	桃源县桃花源燕老三民间腊味食品厂	燕老三+图形	29
55	桃源县陬市穗丰精米厂	龙凤+图形	30
56	常德市武陵区德鸿餐厅	德鸿	43
57	常德市玉洁食品有限公司	玉洁	29
58	常德盛益满饮用水经营有限责任公司	盛益满	32
59	常德市鹏驰汽车服务有限公司	鹏驰一站+拼+图	37
60	临澧县百家缘烟花爆竹产业发展有限公司	百家缘+图形	13
61	临澧县裕荣花炮厂	裕荣+图形	13
62	临澧县米扬米业有限责任公司	米米扬+图形	30
63	临澧县中储粮油工贸有限责任公司	百味美+图形	29
64	临澧县清水鸭开发有限公司	洞庭清水	29
65	傅大姐风味食品有限责任公司	傅大姐+图形	29
66	湖南汇鑫铜业有限公司	励达+图形	9
67	汉寿鑫源纺织印染有限责任公司	堃（kun） 鑫	24

续表

序号	商标持有单位	商标名称	类别
68	湖南常德金仙耐磨材料有限公司	金 仙	6
69	汉寿锦鳞香绿色食品有限公司	锦鳞香	29
70	澧县太青山有机食品有限公司	太青	29
71	湖南湘珠湘北化工有限公司	湘坤王+图形	1
72	湖南广益粮油棉有限公司	祝丰+拼音+图形	30
73	石门金山寨旺生态苦荞麦专业合作社	山寨旺+拼音	30
74	石门县柑橘协会	石门柑橘	31
75	湖南盛节节高食品股份有限公司	节节高+图形	29
76	湖南合磷化工有限公司	坝道+图形	1
77	石门县夹山寺长松酒业有限责任公司	壶瓶山	33
78	常德德山好味园酒业有限公司	家传福+图形	33
79	湖南省常德市武陵源管业有限公司	武陵源+图形	6
80	安乡明尔康引用水有限公司	勇鹏泉	32
81	大湖水殖股份有限公司	大 湖	31
82	大湖水殖股份有限公司	洞 庭	14
83	常德市金雁电线电缆厂有限公司	中南+图形	9
84	澧县星香源国际大酒店有限责任公司	星香源	43
85	湖南金德米业有限公司	德中德+图形	30
86	湖南双佳农牧科技有限公司	湘佳+图形	29
87	桃源县桃花源萃源擂茶食品厂	谢老头+图形+英文	30
88	湖南省兴业肉类机械有限公司	兴业+图形	7
89	湖南省胜芝化工有限公司	五欣+图形+拼音	1
90	安乡万顷丰肥业有限责任公司	万顷丰	1
91	桃源县佳奇食品有限责任公司	桃花源+图形+拼音	30
92	湖南鑫源缸套有限责任公司	三鑫+图形	7
93	湖南新合作三维农资有限公司	瑞蘭+图形	1
94	常德市邓权建材有限公司	邓权+图形	17
95	湖南常德九品福绿色食品有限公司	九品福+图形	30
96	石门县寨垭茶叶专业合作社	茗永翠	30
97	湖南明利米业有限公司	明立丰	30
98	常德龙弟酒店管理有限公司	龙弟+拼音	43
99	安乡县嘉丰禽蛋食品有限责任公司	灵 丹	29
100	湖南天源纺织有限责任公司	兰 绣	23
101	常德湘大环保科技有限公司	辣妹子+图形	20
102	临澧县汇丰米业有限责任公司	湘上珠+图形	30

续表

序号	商标持有单位	商标名称	类别
103	湖南省丰康生物科技股份有限公司	丰康生物+图形+拼音	31
104	津市市绿康食品有限公司	津味绿康	29
105	湖南津佳兔业科技食品产业有限公司	津佳+图形	29
106	常德市华星电器有限公司	华星+拼音	35
107	湖南石门壶瓶山茶业有限公司	图　形	30
108	常德市武陵区广源水产品批发行	河　洲	31
109	澧县千诺拉油脂有限责任公司	图　形	29
110	湖南广益粮油棉有限公司	广益+图形	22
111	益丰大药房连锁股份有限公司	益丰大药房	35
112	常德市亮万家家居广场有限公司	亮万家及图	35
113	常德市武陵区芦山大庆松花皮蛋厂	吉庆及图	29
114	常德湘北建材制造有限公司	湘北及图	19
115	湖南常德欣运集团股份有限公司	欣运及图	39
116	常德九子酒店管理有限公司	九子香辣蟹及图	43
117	常德创美装饰工程有限责任公司	创意无限 美行天下及图	37
118	常德汇泉食品有限公司	怡亨+拼音	32
119	常德市鼎城湘旺塑胶建材厂	尚美莱	19
120	常德小飞象乳业发展有限公司	小飞象及图	30
121	常德市景云塑业有限公司	景云塑业及图	22
122	湖南金丝鸟麻业有限公司	草花	24
123	湖南金帛化纤有限公司	凝美及图	23
124	常德市伊康食品有限公司	伊一康	29
125	湖南谊诚化工有限责任公司	谊诚及图	1
126	石门县桩巴龙茶行	桩巴龙及图	30
127	桃源县德强花炮制造厂	德强及图	13
128	桃源县漳江镇万家油脂厂	福千府	29
129	桃源县义哥清真牛肉食品厂	义哥及图	29
130	湖南津山口福食品有限公司	津山口福	29
131	桃源县锦绣农牧发展有限责任公司	湘黔情	30
132	桃源县漳江镇王记益中香食品加工厂	王记益中香及图	29
133	湖南省康多利油脂有限公司	康多利及图	29
134	湖南洞庭牧业有限责任公司	通程	31
135	湖南鲸港草食猪食品有限公司	富田及图	29
136	湖南椰康食品有限公司	亚之傲及图	29

续表

序号	商标持有单位	商标名称	类别
137	汉寿县目平湖食品有限责任公司	目平湖	29
138	常德市金玉米业有限公司	农家春及图	30
139	汉寿县天王字牌厂	天王	16
140	常德市城头山绿色饮料有限公司	奥溢爽	32
141	湖南平安医械科技有限公司	平安卫士及图	10
142	常德市远智棕毛制品有限公司	欢颜	20
143	湖南陈氏面业有限责任公司	睿婧	30
144	澧县雷公塔镇彭述林粉厂	澧州+图+拼音	30
145	临澧县九里泉水花炮厂	飞宾及图	13
146	湖南省余丰出口烟花鞭炮有限公司	余丰及图	13

常德百强私营企业撷英

一、1998年常德市个体私营企业百强龙虎榜

(按上缴税收多少排序)

	企业名称	法定代表人	产值(万元)	税收(万元)
1	常德市杰新纺织厂 常德市长新纺织厂	陈长新	7780	115.1
2	桃源县德江棉纺厂	周德江	2500	102
3	常德市肉类机械厂	张成红	950	37.45
4	常德鼎城粮食机械厂	蔡大云	1000	35
5	临澧县合口石膏矿厂	陈长金	1200	34.2
6	常德市天地康鬃刷厂	王志毅	564	32
7	石门水帘洞煤矿	陈国森	400	29
8	汉寿县阳南塘供销精麻厂	游灿福	590	28.7
9	临澧县合口腾飞实业公司	王道亚	800	22.7
10	桃源县陬市钢球厂	黎开亮	2680	22
11	澧县宏兴房地产公司	刘毛平	400	22
12	常德市鼎城晨光皮件品厂	罗晨光	900	21
13	临澧县金得利有限公司	朱金德	800	20.2
14	临澧县杉板歇家石膏矿	李主恩	800	20.2
15	石门县第三建筑公司	龚清风	408	20
16	常德市第二开关厂	高光友	380	19.97
17	临澧县新安棉纺厂	伍志勇	1000	18.5
18	石门县澧东建筑工程公司	杨祖圣	300	18
19	常德市洞庭烟草材料厂	王应事	450	17.78
20	桃源县宏达窗纱厂	王宏江	300	15
21	汉寿县灭蚊片厂	聂良才	230	13.8
22	汉寿百禄桥苧麻脱胶厂	李德保	250	12.7

续表

	企业名称	法定代表人	产值（万元）	税收（万元）
23	常穗市环城鬃刷厂	罗绍情	400	11.4
24	常德市柳叶湖酒家	林友清	146	11
25	常德市湘北机械厂	陆　斌	350	10.7
26	鼎城区胜利五金厂	龚浩东	300	10.5
27	汉寿县阳塘湖木制品厂	刘恒山	350	10.2
28	汉寿县华美彩色印刷厂	马永忠	110	10
29	澧县洞市汉家湾煤矿	游　勇	110	10
30	湖南省弧焊机厂	豫次锐	600	9.9
31	临澧县华联机电公司	黄大明	230	9.2
32	临澧县九龙餐馆	杨绪平	200	9.2
33	鼎城区武陵家电批发都	李武陵	1000	9.1
34	常德市南亚染整厂	姚建保	200	9
35	桃源县新鑫机械厂	张文丽	300	9
36	临澧县浩浩酒楼	李斌武	300	8.43
37	石门县官渡桥麻儿窝煤矿	杜登全	91.2	8.2
38	鼎城视佳光学实业公司	蔡世平	400	8
39	石门县官渡桥回龙湾煤矿	周炎初	95.1	7.8
40	常德市永丰节能材料厂	刘茂才	300	7.5
41	安乡大湖口棉短绒加工厂	熊光孝	800	7.4
42	常德市天声歌舞剧院	张全国	102.9	7.2
43	汉寿县铸造材料厂	熊成章	220	7.2
44	常德市满意实业公司	满　意	2100	7
45	常德市鼎城纸业公司	杨庆红	350	7
46	临澧县青山水泥一厂	谢业耀	500	7
47	常德市鼎城缔宇公司	毛建斌	300	7
48	津市市开泥塑料包装厂	何玉贵	200	6.8
49	临澧县望城砖厂	杨祥光	400	6.5
50	澧县方石坪龙峰煤矿	游丛平	70	6
51	常德市广欣胶辊厂	刘厚禄	60	6

续表

	企业名称	法定代表人	产值（万元）	税收（万元）
52	桃源县桃冠机械厂	张文敏	200	6
53	石门县桥南机电设备公司	文绍明	210	6
54	津市市西湖酒家	朱方华	100	6
55	津市市天源大酒家	王观亨	100	6
56	石门县官渡桥新盛煤矿	张炎武	83	5.7
57	常德市桥南汽车运输公司	杨启贵	480	5.5
58	常德市京湘矿业发展公司	高宏千	128	5.47
59	常德市三株营销公司	吴炳新	100	5.3
60	石门县官渡桥红湾煤矿	张青云	55	5.1
61	常德市四海机械厂	詹世俊	63.9	5
62	常德市世雄建材设备公司	樊世雄	450	5
63	桃源县腾琼保健茶厂	吉光腾	160	5
64	石门县陈家嘴石膏矿	杜方欣	100	5
65	石门县海达物资贸易公司	廖金红	100	5
66	安乡县鑫岚化工公司	杨成坤	123	5
67	汉寿县福星彩印厂	彭艳劳	148	5
68	汉寿县深龙石化公司	周献勇	100	5
69	汉寿县龙群实业公司	余新美	100	5
70	安乡县民福五交化	李　武	300	4.8
71	临澧县祁氏实业公司	都　舟	500	4.7
72	澧县羊湖口猪鬃厂	架家富	250	4.7
73	常德市德兴印刷厂	张兴华	60	4.7
74	桃源县古洞春茶叶公司	卢万俊	148	4.5
75	常德市大众汽修厂	罗先桥	120	4.5
76	临澧县合口早餐馆	黄春娥	110	4.39
77	石门县龙腾贸易公司	龙利庆	80	4.3
78	安乡县天龙大酒店	金庚华	130	4.2
79	安乡大湖口农产品经营部	熊选汉	400	4.1
80	常德鼎城熊氏家电公司	熊　丰	300	4.08
81	常德市双星电子公司	帅先文	350	4.08
82	常德南坪轧钢厂	黄大华	70	4
83	常德市荃友大酒店	王观俊	300	4

续表

	企业名称	法定代表人	产值（万元）	税收（万元）
84	临澧县新安湘北加油站	翟丕明	900	4
85	湖南澧县春兰家俱公司	刘先春	300	4
86	桃源县子龙实业公司	肖子龙	260	4
87	石门县科峰电子实业公司	杨万能	80	4
88	安乡县长荣批发部	姚 静	500	4
89	安乡县湘林出口板厂	魏壁华	100	4
90	鼎城利通设备安装公司	李一川	340	4
91	安乡县福利橡胶厂	唐振铁	290	4
92	安乡大湖口农产品购销部	熊兴舫	300	4
93	安乡县蓝天宾馆	肖文玉	140	4
94	安乡县百花苑酒店	彭桃香	150	4
95	安乡县雨花天酒店	马清良	300	4
96	安乡县阳光大酒店	唐雪珍	200	4
97	常德燎原绝缘厂	唐中秋	100	3.9
98	石门县东方石化公司	王章元	200	3.8
99	澧县振华木制地板公司	罗春生	200	3.7
100	澧县福兴冷冻厂	周 慧	150	3.7

二、1999年常德市个体私营企业百强龙虎榜

（按上缴税收多少排序）

	企业名称	法定代表人	产值（万元）	税收（万元）
1	常德市杰新纺织印染厂（临澧） 常德市长新纺织厂（汉寿） 常德市武陵染整织布厂（鼎城）	陈长新	4000	134.4
2	桃源县德江棉纺厂	周德江	3120	106
3	湖南运达彩印包装有限公司	马念军	4200	100
4	澧县信苑水泥有限公司	李志祥	1800	80
5	澧县金远水泥有限公司	孙祖元	1000	80
6	澧县金丰水泥有限公司	孙昌松	750	65
7	临澧县湘西铁合金有限责任公司	谭德炳	1000	59.6
8	常德市鼎城武陵水泥有限公司	杨启贵	1500	50
9	汉寿百禄桥芋麻脱胶厂	李德保	1200	45.3
10	常德市鼎城粮食机械厂	蔡大云	1250	43
11	澧县小渡口镇大围交易所	袁超海	1200	40
12	澧县金龙玉凤酒店	刘表	800	40
13	澧县宏兴房地产开发有限公司	刘毛平	800	38
14	常德市肉类机械厂	胡兴业	1200	32.5
15	常德市天地康鬃刷厂	王志毅	650	32
16	临澧县新安棉纺厂	伍智勇	1100	32.1
17	石门县冶金物资有限公司	匡之堂	800	29
18	临澧县合口石膏矿	陈长金	800	26.4
19	临澧县九里水泥厂	黄西平	500	25
20	桃源县陬市钢球厂	黎开亮	1280	24
21	临澧县杉板歇家石膏矿	李主恩	500	22.4
22	常德市华文科教有限公司	周向前	500	21.7
23	常德市晨光皮件品厂	罗晨光	1050	21.4
24	常德市洞庭烟草材料厂	王应事	500	20
25	安乡县银嘉宾馆	彭德林	800	20
26	汉寿高氏曲轴有限公司	高腊喜	500	19
27	津市市鸿鹰祥生物工程有限公司	李洪兵	600	18

续表

	企业名称	法定代表人	产值（万元）	税收（万元）
28	常德市环城鬃刷厂	罗绍情	400	18
29	常德市湘北电镀厂	陆斌	300	18
30	江西汇仁营销公司石门分公司	陈涛	315	17
31	常德市天马电器配套设备公司	高光友	300	17
32	汉寿阳南塘供销精麻厂	游灿富	530	17
33	常德市明胶二厂	谢丕德	300	16
34	临澧县仁达钢铁厂	张水才	600	16
35	桃源万福大米厂	杨荣华	1000	15
36	澧县富达包装厂	杨道春	300	15
37	汉寿县德辉房地产有限公司	黎辉	900	13.7
38	澧县千里香酒业有限公司	熊宏平	300	13
39	常德市佳垣电器有限公司	眯志	250	13
40	双寿金厦建筑工程有限责任公司	李昌衣	500	12
41	临澧县宝丰和酒家	杨绪平	140	11.6
42	临澧县合腾飞实业有限责任公司	王道亚	300	11．4
43	桃源县桃冠机械厂	张文敏	370	11
44	常德市东风帆布厂	高绪秀	200	11
45	汉寿县恒原汽车配件厂	许贯红	450	10
46	桃源县腾飞机械厂	滕学军	320	10
47	澧县太青八达化工有限公司	代林福	200	10
48	汉寿县双板桥木制品加工厂	朱能国	400	9.5
49	石门县科峰电子实业有限公司	杨万能	400	9.5
50	汉寿县铸造材料厂	熊成章	220	9
51	桃源县稀土有限公司	张国强	240	8.4
52	临澧县合口早餐馆	邵宏斌	loo	8.1
53	石门县第三建筑工程有限公司	龚清风	400	8
54	常德市广欣胶辊厂	刘后禄	200	7.8
55	常德市夜巴黎歌舞院	黄益群	100	7.6
56	汉寿县芳辉胶合板厂	刘华	560	7
57	临澧县浩浩酒楼	李斌武	90	7
58	临澧县祁氏实业有限责任公司	祁舟	320	7
59	临澧县停弦卫生洁具厂	章祖贵	350	7

续表

	企业名称	法定代表人	产值（万元）	税收（万元）
60	桃源县永乐旅游产品有限公司	龚永乐	240	7
61	津市市开源塑料包装厂	何玉贵	260	7
62	石门县桥南机电设备有限公司	文绍明	400	6.5
63	石门县东方石化有限公司	王章元	400	6.5
64	桃源县琼腾保健茶厂	吉光腾	400	6.5
65	临澧县钰龙铜件厂	匡业书	400	6.2
66	临澧县万宝山水泥有限责任公司	毕松林	200	6
67	桃源县带肋钢筋设备厂	胡定其	127	6
68	安乡县宏达水运贸易有限公司	汪正安	800	6
69	常德市柳叶餐馆	林友清	120	6
70	常德市桥南汽车运输有限公司	杨云英	50	6
71	常德市天地人广告装饰有限公司	李炜	130	5.9
72	津市市茜茜家具城	李茜	120	5.8
73	常德市毛家饭店	毛沽青	110	5.8
74	临澧县特种电磁线厂	黎立	120	5.5
75	常德市鼎城区胜利五金厂	龚浩东	80	5.5
76	桃源县长青液化气站	邓建政	220	5.5
77	常德市满意实业有限公司	满意	300	54
78	桃源县拖拉机改装厂	李小平	220	5.2
79	临澧县华联物资经营部	黄大明	70	5.2
80	桃源县古洞春茶叶有限公司	卢万进	160	5.1
81	桃源县和平茶厂	张年永	160	5
82	临澧县九里铸钢厂	乔光玉	110	5
83	临澧县望城建材厂	颤采金	110	5
84	安乡县鑫岚化工厂	杨成坤	400	5
85	安乡县车用消声器厂	周锡功	400	5
86	常德市亚西亚餐馆	何林	100	5
87	常德市万安电力工程有限公司	管湘进	250	4.9
88	桃源县洞仙酒家	万建国	110	4.6
89	临澧县新安青云酒楼	陈世忠	70	4.6
90	津市市天源大酒店	王观亨	60	4.5
91	桃源县新建机电厂	廖其建	200	45

续表

	企业名称	法定代表人	产值（万元）	税收（万元）
92	常德市阳光大酒店	代曙明	100	4.5
93	安乡县金荣批发部.	姚静	500	4.5
94	安乡县福利橡胶厂	唐振铁	400	4.5
95	安乡县泰华橡胶厂	黄谷良	400	4.5
96	常德市四海机械厂	詹世俊	150	4.3
97	桃源县黄土坡加油站	王世球	100	4.2
98	临澧县龙腾贸易有限责任公司	龙利庆	60	4.2
99	桃源县经济砖厂	马作新	100	4.15
100	桃源县郑驿粮机配件厂	郭义强	210	4.15

索　引

A

B

C

D

E

F

G

H

J

K

L

M

N

P

Q

R

S

T

W

X

Y

Z

编 后 记

根据国务院“每20年续修一次”志书的规定及省市地方志工作规划安排,《常德市工商行政管理志》编修工作自2012年5月正式启动,是《常德市志》系列丛书的一部分。经过广大编修人员的艰苦努力和全系统干部职工共同配合协作,《常德市工商行政管理志》于2015年8月付梓出版,历时三年。

《常德市工商行政管理志》采用了篇章节目体,共6篇36章190节,近90万字,图表230幅,全面记述了1989年至2012年24年间常德市工商行政管理事业的发展历程以及所取得的成就,是上一部《常德地区志·工商行政管理志》(1855—1988年)的延续,是一部完善的部门志,是全市工商系统干部职工集体智慧的结晶。

2012年5月,市工商局成立了《常德市工商行政管理志》编修领导小组,局长胡祖国任组长,其他局领导及退休局领导屠家云任副组长,纪检组长欧阳平安具体抓工作落实,各县级工商局、科室、直属行政机构,事业单位、挂靠社团组织主要负责人为成员。并设立编纂工作办公室,周明安任主任及执行主编,熊全广、童芳清任执行副主编,李明建、曾思远为工作人员。同月10日,召开常德市工商系统志书编纂工作会议,部署编纂工作。31日,市工商局邀请市委党史办副主任周华辉、方志科科长周波就志书资料收集、归类、使用及相关编纂方法为全市工商系统编修人员授课。

2012年5—6月,经过反复斟酌与推敲,形成篇目定稿并获得方志办审核通过。随后,编志办将篇目分解,落实到人。周明安为志稿总纂,并负责落实概述、凡例、附录、编后记及服务社会经济发展等内容;熊全广落实市场主体准入与监管、市场经济秩序管理两篇;童芳清落实机构队伍建设与财务资产管理、法制建设两篇;李明建落实大事记和图片整理工作;屠家云负责县级工商局工作概要把关;曾思远负责日常工作。

经过近两年的精心谋划和艰苦卓绝的努力,2014年3月形成初稿。市方志办、市工商局领导、机关各科室以及各县级工商局详细审阅了志书初稿,并对有关部分提出了建议和修改意见;周华辉、葛锐、周波、丁兴宇等方志专家对《常德市工商行政管理志》志稿提出了许多宝贵意见。编纂人员几经修改形成送审稿,再根据各方面的意见进行了反复核实、修改,最后经编委会领导同志审定通过。

刘锦章、李世成等老同志帮助解决了本志编写中有关资料缺乏的重要问题,市工商局各科室以及各县级工商局为资料收集和文稿校对做出了很大努力。尤其值得指出的是岳彦臣为志书提供大量图片,张跃强、龙珑、熊健君、王景、杜鹃等同志为校稿付出了艰辛的劳动。同时,方志出